朝日
ジュニア学習年鑑
2023

ASAHI Junior Gakushu Nenkan 2023

朝日新聞出版

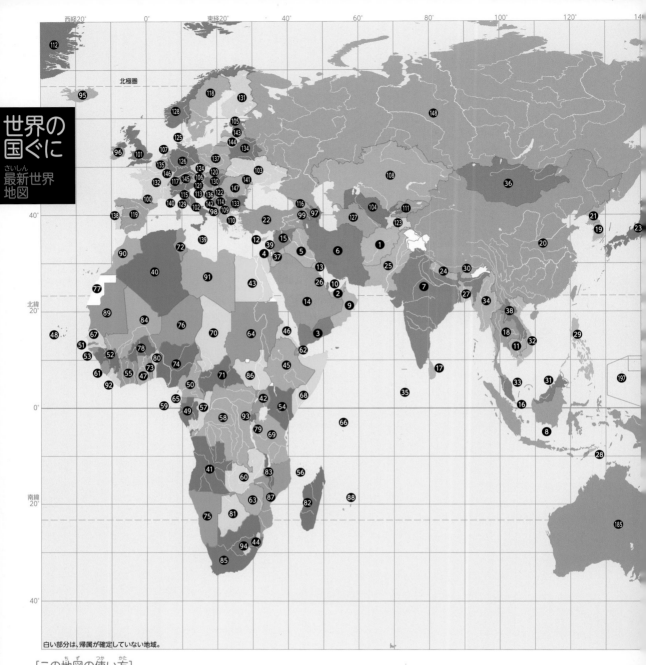

世界の国ぐに

最新世界
地図

白い部分は、帰属が確定していない地域。

[この地図の使い方]

◎国名が分かっていて位置を知りたいとき―大州別に
　ならんでいる国名の番号を地図のなかからさがす。
◎位置が分かっている国名を知りたいとき―その位置
　の番号を国名がならんでいるなかからさがす。
◎国旗が知りたいとき―巻末の「世界の国旗」の番号
　もしくは国名からさがす。
・219ページからの「世界の国ぐに」も参照すること。

アジア

1 ― アフガニスタン
2 ― アラブ首長国連邦
3 ― イエメン
4 ― イスラエル
5 ― イラク
6 ― イラン
7 ― インド
8 ― インドネシア
9 ― オマーン
10 ― カタール
11 ― カンボジア
12 ― キプロス
13 ― クウェート
14 ― サウジアラビア
15 ― シリア
16 ― シンガポール
17 ― スリランカ
18 ― タイ
19 ― 大韓民国
20 ― 中華人民共和国
21 ― 朝鮮民主主義人民共和国
22 ― トルコ
23 ― 日本
24 ― ネパール
25 ― パキスタン
26 ― バーレーン
27 ― バングラデシュ
28 ― 東ティモール
29 ― フィリピン
30 ― ブータン
31 ― ブルネイ
32 ― ベトナム
33 ― マレーシア
34 ― ミャンマー
35 ― モルディブ
36 ― モンゴル
37 ― ヨルダン
38 ― ラオス
39 ― レバノン

アフリカ

40 ― アルジェリア
41 ― アンゴラ
42 ― ウガンダ
43 ― エジプト
44 ― エスワティニ
45 ― エチオピア
46 ― エリトリア
47 ― ガーナ
48 ― カボベルデ
49 ― ガボン
50 ― カメルーン
51 ― ガンビア
52 ― ギニア
53 ― ギニアビサウ
54 ― ケニア
55 ― コートジボワール
56 ― コモロ
57 ― コンゴ共和国
58 ― コンゴ民主共和国
59 ― サントメ・プリンシペ
60 ― ザンビア
61 ― シエラレオネ
62 ― ジブチ
63 ― ジンバブエ
64 ― スーダン
65 ― 赤道ギニア
66 ― セーシェル
67 ― セネガル
68 ― ソマリア
69 ― タンザニア
70 ― チャド
71 ― 中央アフリカ
72 ― チュニジア
73 ― トーゴ
74 ― ナイジェリア
75 ― ナミビア
76 ― ニジェール
77 ― （西サハラ）
78 ― ブルキナファソ
79 ― ブルンジ
80 ― ベナン
81 ― ボツワナ
82 ― マダガスカル
83 ― マラウイ
84 ― マリ
85 ― 南アフリカ共
86 ― 南スーダン
87 ― モザンビーク
88 ― モーリシャス
89 ― モーリタニア
90 ― モロッコ
91 ― リビア
92 ― リベリア
93 ― ルワンダ
94 ― レソト

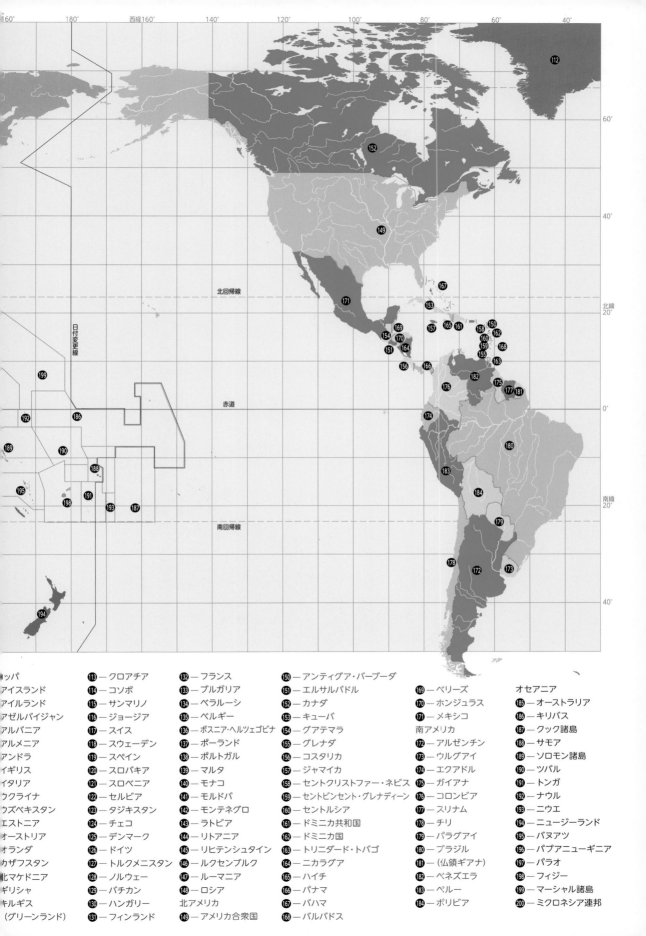

朝日ジュニア学習年鑑 2023
クイズ

答えは
この本の中に
あるよ！

問 1
[時事ニュース編]

2022 年 2 月にロシアがウクライナに侵攻して発生したウクライナ難民を、日本は「避難民」と表現し、難民条約に基づく「難民」とは違う枠組みで受け入れています。日本は諸外国に比べて低い難民認定率が問題になっていますが、例年何％くらいでしょう？

1. 30%　**2.** 15%　**3.** 1%

問 2
[時事ニュース編]

FIFA ワールドカップが開催されたカタールの面積は 1 万 1586 平方キロメートル。これは、日本のある都道府県より 50 平方キロメートルほど狭いです。その都道府県とはどこでしょう？

1. 北海道　**2.** 秋田県　**3.** 岡山県

問 3
[学習編]

SDGs（持続可能な開発目標）には、2030 年までの実現を目指す「貧困をなくそう」「人や国の不平等をなくそう」などの目標があります。では、この目標は全部でいくつあるでしょう？

1. 48　**2.** 26　**3.** 17

問 4
[学習編]

初代の伊藤博文氏から 101 代の岸田文雄氏まで 64 人いる日本の歴代総理大臣の中で、在任中もしくは退任後に何らかの形で殺害されたのは 7 人です。では、次のうち、東京駅で暗殺された総理大臣は誰でしょう？

1. 大隈重信　**2.** 原敬　**3.** 加藤高明

問 5
[統計編]

日本で「そば」（2021 年）が一番とれる都道府県はどこでしょう？

1. 長野県　**2.** 山形県　**3.** 北海道

※解答は最終ページ

朝日 ジュニア学習年鑑 2023

ASAHI Junior Gakushu Nenkan

もくじ

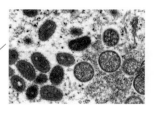

時事ニュース編

2022年2月にロシアがウクライナに侵攻し、多くの犠牲者や難民が発生しました。ウクライナの原子力発電所への攻撃が心配されています。ロシアのプーチン大統領が核兵器使用をほのめかすなか、核兵器禁止条約と核拡散防止条約に関する会議が開催されました。世界で原油や穀物などの価格が高騰するなか、新型コロナウイルス感染対策と社会経済活動の両立をはかる「ウィズコロナ」が進められています。環境では、地球温暖化が原因と考えられる異常気象の発生が問題となっています。国内では参議院議員通常選挙が行われ、自民党が勝利しました。サッカー・2022FIFAワールドカップで日本が9位に入ったり、大リーグの大谷翔平選手が偉大な記録を樹立したりするうれしいニュースもありました。

Check!
学んでおきたい周辺情報

ひとつのニュースのまわりには、日々の学びに役立つ情報が多くあります。たとえば、FIFAワールドカップを見たら、最多優勝国はどのような国かを調べるなどして、ニュースで学習を広げていきましょう。

ココが出る!
受験に役立つキーワード

「2022年時事ニュース編」では、新聞やテレビのニュースで使われる難しい言葉や、専門用語を選び出して、詳しい解説をつけました。中学や高校の入試でも取り上げられやすいキーワードなので要チェック!

2022年 国際ニュース総まとめ

ロシアのウクライナ侵攻や世界の情勢がよくわかる

ロシアのウクライナ侵攻は、国際社会に大きな衝撃を与えました。イギリスでは在位70年のエリザベス女王が死去し、中国では習近平氏が中国共産党の最高指導者として異例の3期目に突入しています。カタールではサッカー・2022FIFAワールドカップが開催されました。

ロシアがウクライナに全面侵攻

2014年のクリミア半島占領に続く軍事行動を、アメリカやヨーロッパ、日本など多くの国が批判しました。

ロシアのプーチン大統領（左）とウクライナのゼレンスキー大統領（右）。

ロシアとウクライナには長年にわたる因縁がありました

ウクライナのある地域は、中世にはキエフ・ルーシ（公国）という国があり、今のロシアやウクライナはこの国がルーツです。20世紀になると、世界で初めての社会主義国であるソビエト連邦（ソ連）ができ、広大な領土を持つ国となりました。しかし、1991年にソ連が崩壊して多くの国に分かれ、ロシアもウクライナも、このときに独立しました。

ただ、ソ連時代の首都モスクワを含むロシアが人口の多さも領土の広さもウクライナを圧倒しているため、ロシアのプーチン大統領は「ロシアが兄でウクライナなどが弟」という関係とみているようです。

独立して民主主義国になったウクライナは、親ロシア政権と親欧米政権の間で揺れました。2014年に親ロシア政権が倒れると、プーチン大統領は黒海に突き出たウクライナ領のクリミア半島を占領してロシアに併合したのです。さらにウクライナ東部で独立を目指す親ロシア派の武装組織を支援し、ウクライナ軍との小規模な戦闘が続きました。この「ウクライナ東部紛争」をやめさせるため、15年2月にロシアとウクライナ、そして仲介のドイツ、フランスを交えた4カ国首脳が「ミンスク合意」と呼ばれる停戦合意に署名しましたが、戦闘は止みませんでした。

プーチン大統領は22年2月21日、ウクライナ東部の親ロシア派組織が自ら名乗る「ドネツク人民共和国」と「ルガンスク人民共和国」の独立を一方的に承認する大統領令に署名し、24日にロシア軍はウクライナに全面侵攻しました。プーチン大統領は演説で「ロシア、そして国民を守るにはほかに方法がなかった」と主張しています。

ウクライナ東部の親ロシア派の人々が「ウクライナ側から虐待などのひどい仕打ちを受けているため、彼らを保護する」というのが、戦争を始めたロシアの表向きの言い分です。

ロシアとウクライナをめぐる相関図

ヨーロッパ アメリカ

反発

経済制裁

ウクライナ
・ヨーロッパとロシアにはさまれた旧ソ連国
・親欧米路線と親ロシア路線で政権を競ってきた

経済・軍事支援

NATO、EUに加盟希望

ウクライナの領土。2014年にロシアが併合し、実効支配

クリミア半島▶

親ロシア派支配地域の独立承認
ロシア軍が侵攻、各地で攻撃実施

反発

返還目指す

併合

ロシア
これ以上、近隣国がNATOに入るのを阻止したい

ウクライナの NATO 加盟を阻止するための侵攻と考えられます

プーチン大統領がウクライナに侵攻した理由としては、ウクライナがロシアとヨーロッパにはさまれた位置にあり、ウクライナのゼレンスキー大統領が望む北大西洋条約機構（NATO）加盟が実現すれば、ロシアのすぐ隣までNATOが勢力を伸ばすことになるからだと考えられます。旧ソ連の一部だったバルト3国（エストニア、ラトビア、リトアニア）が０４年にNATOに加盟する際にも警戒感を表明していたプーチン大統領は、ウクライナのNATO加盟にも反対でした。

22年2月にロシアがウクライナ侵攻を始めた段階では、ロシアは首都キーウ（キエフ）を一気に占領し、ロシアの言うことを聞く大統領を据えてウクライナ全体を支配下に置くことを考えていたとみられています。しかし、ゼレンスキー大統領はロシアと戦うことを選び、欧米の支援を受けたためキーウを攻め落とすことができませんでした。また、アメリカ、ヨーロッパ、日本などの多くの国は、ロシアに対してロシア通貨のルーブルと外貨との交換を難しくする、ロシアが外国に持っている資産を差し押さえる、ロシアの輸出品に高い関税をかけるなどの経済制裁を発動しました。

ロシア軍は、ウクライナ東部と中南部に力をそそぎ、占領地を広げましたが、8月に入ってウクライナ軍が占領地を取り返しはじめました。

そこで、プーチン大統領は9月30日にウクライナ東部のルハンスク、ドネツク両州と、中南部のザポリージャ州、南部のヘルソン州の4州をロシアに併合すると一方的に宣言しました。4州では、9月20日に親ロシア派勢力が「ロシアへの編入」を問う住民投票を実施すると発表し、その後行われた住民投票で、大多数の住民が賛成したとしています。この4州併合について、10月12日に行われた193カ国で構成される国連総会では、賛成多数でロシアを非難する決議が採択されています。

4州での住民投票実施を発表した翌日には、プーチン大統領が予備兵の市民約30万人を招集し、ウクライナ侵攻に動員することを明らかにしています。住民投票と新たな動員がセットになっていたのは、4州の併合という「戦果」を国民に示すことで不満をそらし、動員をスムーズに進めたいという思惑があったとみられています。

北大西洋条約機構（NATO） アメリカとヨーロッパの国ぐになどによる集団安全保障機構（集団で自分たちを守るための組織）。本部はベルギーのブリュッセル。1949年、12カ国で発足し、2022年12月現在、加盟国は30カ国。当初は、ソ連（現在のロシアやウクライナなど）や東ヨーロッパの国々によるワルシャワ条約機構（東側）陣営とNATO（西側）陣営が対立する東西冷戦の時代だったが、冷戦が終結し、1991年のワルシャワ条約機構解体後は、加盟国だった東ヨーロッパのポーランドやルーマニアなども次々とNATOに加わった。2022年5月には、フィンランドとスウェーデンが加盟申請した。ウクライナも「将来の加盟国」とされている。

※旧白ロシア：1922年のソビエト社会主義共和国連邦（ソ連）結成時におけるロシア共和国、ウクライナ共和国、ザカフカース共和国など15の共和国のひとつ

現在のロシアと NATO 加盟国

ロシア

NATO加盟国
（ほかにアメリカ、カナダ、アイスランド）

NATO加盟批准手続き中の国

将来のNATO加盟国

このほか、アイスランド、アメリカ、カナダでNATO加盟国は全30カ国（22年12月現在）

スウェーデン　フィンランド　ノルウェー　カリーニングラード州（ロシアの飛び地）　エストニア　ラトビア　リトアニア　ロシア　ベラルーシ　※（旧白ロシア）　デンマーク　イギリス　オランダ　ポーランド　ベルギー　ドイツ　チェコ　スロバキア　ウクライナ　ルクセンブルク　フランス　スロベニア　ハンガリー　ルーマニア　ジョージア（旧グルジア）　イタリア　クロアチア　ブルガリア　スペイン　モンテネグロ　アルバニア　ギリシャ　トルコ　ポルトガル　北マケドニア

ウクライナからの避難民と日本の難民受け入れ

ロシアによるウクライナ侵攻により、多くのウクライナ人が住む場所を追われています。避難した人々は世界各国や日本でどのように受け入れられているのか、現状や課題をまとめました。

欧州連合（EU）はウクライナからの難民を積極的に受け入れています

2022年2月に始まったロシアのウクライナ侵攻で、多くの人々がウクライナの国内外に避難しています。

国連人道問題調整事務所（OCHA）などの推計によると、ヨーロッパ全土で記録されたウクライナからの難民は約798万人にのぼります（23年1月17日現在）。

欧州連合（EU）は、ウクライナ侵攻直後から難民の受け入れに積極的な姿勢を示してきました。EU理事会は22年3月に、ウクライナから逃れてきた人々の緊急保護策を決定しています。

保護策では、ロシアの侵攻によってEU域内に逃れてきたウクライナ人を対象に、通常の難民申請のような個別の手続きを省いて滞在を認め、住居や医療、福祉などの支援を提供しています。働いたり、子どもたちが教育を受けたりすることもできます。期間は原則1年ですが、状況が良くならなければ、最長3年まで延長できるとのことです。

一方で、2015〜16年に中東のシリアなどから100万人以上の人々が欧州をめざした「欧州難民危機」では、国境を閉ざし、難民の受け入れを徹底的に拒んだ例もありました。両者の対応の違いは差別ではないかと批判する声もあります。

近隣国に逃れた難民（避難民）の数 ＊1

ウクライナと隣接するポーランド、スロバキア、ハンガリーは、加盟国間で人が自由に移動できる「シェンゲン協定」に参加しています。例えばポーランドに入国したら、加盟するほかのヨーロッパ25カ国と原則として出入国審査なしで行き来できます。ウクライナから避難してきた人々の入国を認めることは、ヨーロッパ全体の問題にも直結するといえます。

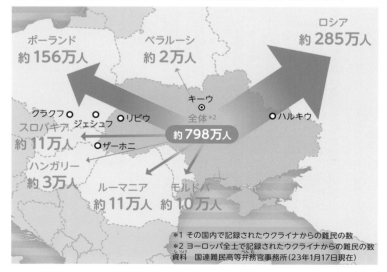

ロシア 約285万人

ポーランド 約156万人

ベラルーシ 約2万人

スロバキア 約11万人

ハンガリー 約3万人

ルーマニア 約11万人

モルドバ 約10万人

クラクフ　ジェシュフ　リビウ　キーウ　ザーホニ　ハルキウ

全体＊2 約798万人

＊1 その国内で記録されたウクライナからの難民の数
＊2 ヨーロッパ全土で記録されたウクライナからの難民の数
資料　国連難民高等弁務官事務所（23年1月17日現在）

欧州連合（EU）　2度にわたる世界大戦の反省から、戦争を繰り返さないという理念のもとにできあがった共同体。ヨーロッパの政治や経済などを統合するために結成された。EU内では人、モノ、お金が自由に行き来できる。2002年には共通通貨ユーロの流通が始まった。20年1月末にイギリスがEUを離脱したため、現在の加盟は27カ国。

欧州難民危機　15〜16年に、紛争下のシリアなど中東やアジアから、難民申請を求める100万人以上がギリシャに上陸し、ドイツなどをめざした。ハンガリーは難民認定を厳しくする法律を施行し、国境で入国を阻むフェンスの建設も進めてセルビア、クロアチアとの国境を遮断したため、難民らが周辺国に殺到し混乱した。

難民条約　1951年に国連で採択。「難民」を「人種や宗教、国籍、特定の社会集団に属することや政治的な意見を理由に、自国にいると迫害を受ける恐れがあるために他国に逃れた人」と定義し、受け入れた国に保護を義務づけている。近年は、紛争を逃れてきた人も難民として保護するのが国際的な考え方になってきている。

インドシナ難民　1975年のベトナム戦争終結に前後し、ベトナム、カンボジア、ラオスが相次いで社会主義体制へ移行した。混乱や迫害を恐れ、3国から140万人以上が国外へ逃れた。日本は国連の難民条約に加入する前の78年、国際社会の要請を受けてインドシナ難民の受け入れを特例的に決めた。これをきっかけに日本は81年に難民条約に加入した。78〜2005年の間に日本に逃れたインドシナ難民は1万1319人。難民事業本部の調べでは、20年までに、1704人が日本国籍を取得した。

日本のウクライナからの避難民と「難民」との扱いの差には批判もあります

ウクライナから8000キロメートル以上離れた日本にも、2256人が避難しています（23年1月18日現在）。

日本政府は、ウクライナからの人々を「避難民」と表現し、難民条約に基づく「難民」とは違う特例的な枠組みで受け入れています。まずは90日間の「短期滞在」の在留資格で入国し、その後、1年間働くことができる「特定活動」の資格への切り替えを認めます。また、国はウクライナからの避難民に一時金16万円（16歳以上）、生活費を1日1人2400円（12歳以上）支給しています。この対応に関して、ほかの国での紛争から逃れてきた人々への対応との差があまりにも大きいと指摘する声もあります。ウクライナ以外から保護を求めて来た人は、知人やボランティアに頼って生きるしかない人がほとんどであるのが現状です。

21年のクーデターや政権崩壊などで祖国を追われたミャンマーやアフガニスタンの人々をはじめ、多くの人々が難民としての保護を求め、日本に暮らしている現実があります。しかし、日本は難民認定率が例年1%程度と諸外国に比べて極端に低いという問題があります。21年は難民審査請求求数が4046人ありましたが、そのうち難民と認定した外国人は74人[1]（約1.8%）にすぎません。ちなみに、カナダの難民認定率は62%、アメリカは32%です[2]。

また、出入国管理及び難民認定法（入管難民法）の改正問題もあります。現在の入管難民法では在留資格がないなど、国外退去を強制する理由がある人はその事実だけで外国人収容施設に収容できると定めます。現行法では、収容されている外国人が難民認定の手続きをしている間は送還できないため収容が長期化し、収容中に死亡する例も発生しています。

入管難民法改正案（23年1月現在）では、紛争から逃れた人らを難民に準じて保護するという、ウクライナからの避難民の多くが対象となる「補完的保護対象者」の創設が盛り込まれています。その一方で、難民の母国への送還を停止する難民申請を2回に制限していることなどは、難民が入国を拒まれたり、迫害される恐れのある国に送還されたりすることがないよう保護されなければならないという「難民保護の原則」に反するという批判もあります。

第三国定住制度 難民キャンプなどで一時的に保護された難民を、当初保護を求めた国から新たに受け入れに合意した第三国へ移動させること。
ミャンマー難民 1980年代、ミャンマーで発生した少数民族の武装組織と国軍の戦闘から逃れた人たち。日本は2010〜19年に194人のミャンマー難民を受け入れた。
シリア難民 2011年頃から政府軍と反体制派の内戦状態にあるシリアからの難民。
アフガニスタン 2021年8月にイスラム主義勢力タリバンが首都カブールを占拠し実権を握った。日本大使館の現地職員や家族約170人は日本に避難し、22年8月にはそのうち98人が難民認定された。

日本の難民受け入れの歴史

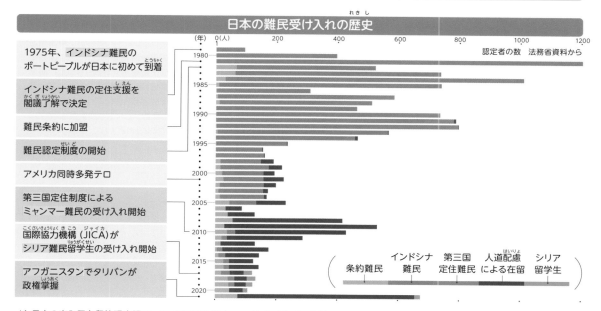

- 1975年、インドシナ難民のボートピープルが日本に初めて到着
- インドシナ難民の定住支援を閣議了解で決定
- 難民条約に加盟
- 難民認定制度の開始
- アメリカ同時多発テロ
- 第三国定住制度によるミャンマー難民の受け入れ開始
- 国際協力機構（JICA）がシリア難民留学生の受け入れ開始
- アフガニスタンでタリバンが政権掌握

認定者の数 法務省資料から

条約難民　インドシナ難民　第三国定住難民　人道配慮による在留　シリア留学生

*1 日本の出入国在留管理庁調べ　*2 UNHCR Refugee Data Finderから

ウクライナで原発事故の危機

ウクライナは4カ所の原子力発電所（原発）にある計15基の原子炉で電力需要の半分をまかなっており、チェルノブイリ（チョルノービリ）原発事故を起こして廃炉になったチェルノブイリ原発もあります。原発が、ロシアによる脅威にさらされています。

↑ウクライナ・チェルノブイリ原発前で警備するウクライナ軍の兵士たち（2022年4月26日撮影）。

東京電力福島第一原発事故を上回る規模の被害が出る可能性があります

ロシアは22年2月24日にウクライナに侵攻を始めるとチェルノブイリ原発を一時占拠し（4月に撤退）、3月4日にヨーロッパ最大級の原子力発電所であり、発電能力の4割を占めるザポリージャ原発を制圧しました。

ザポリージャ原発には、出力100万キロワットの原子炉が6基並んでいます。ザポリージャ原発は放射性物質の外部への放出を防ぐ原子炉格納容器を備えていますが、外部電源を喪失したうえで非常用ディーゼル発電機が破壊されれば全電源の喪失になりかねません。電源が喪失すれば、原子炉を冷やすことができずに過熱して破損・融解する炉心溶融（メルトダウン）が発生します。またその過程で水素が大量発生し、水素爆発に至ります。

ザポリージャ原発で1基でも事故が起きた場合、東京電力福島第一原発事故を上回る規模の被害が出る可能性があるといいます。住民の避難が必要となる可能性がある範囲は原発の周囲約700kmで、ウクライナ、ロシア、ブルガリア、ルーマニア、トルコなども含まれるうえ、黒海が汚染されるかもしれません。

ザポリージャ原発には、9月にザポリージャ原発の現地調査に着手した国際原子力機関（IAEA）の職員が常駐するようになってからも周辺で激しい砲撃が続き、10月には外部電源を失い、原子炉を冷却するための電力を非常用電源に頼る危機に何度も陥ったといいます。ロシアのプーチン大統領は10月にザポリージャ原発の「国有化」を命じる大統領令に署名しました。IAEAはザポリージャ原発周辺に「安全保護地帯」の設置を求めていますがかなわず、23年1月23日現在も繰り返し攻撃を受けているといい、事故の発生が心配されています。

チェルノブイリ（チョルノービリ）原発事故 1986年4月26日、旧ソ連（現・ウクライナ）のチェルノブイリ原発で発生。外部電源を失った場合のテストで、出力を下げて運転中に原子炉が暴走して爆発し、炉心がむき出しになり火災が続いた。発生から10日間で福島第一原発事故の6倍以上の520京ベクレルの放射性物質を放出した。ヨーロッパの広範囲も汚染され、一部は日本にも届いた。高濃度汚染地域はウクライナ、ベラルーシ、ロシアにまたがり、避難した人は約40万人にのぼった。

放射性物質 放射線とは、中性子や電子といった粒子、ガンマ線などの電磁波を指す。生物の細胞を傷つけ、病気の原因になることもある。放射性物質は放射線を出す物質のことで、自然界にも存在するが核エネルギーを取り出す際にも生まれる。放射能は放射性物質の「放射線を出す能力」のこと。

東京電力福島第一原発事故 2011年3月11日に東北地方太平洋沖地震が起き、巨大津波が東北地方の太平洋沿岸を襲った（東日本大震災）。東京電力の福島第一原発も津波をかぶって停電し、原子炉を冷やせなくなった。原発は水素爆発し、大量の放射性物質が周辺に飛散。福島県民だけで16万人以上が避難した。逃げ遅れた病院患者約50人が亡くなった。

国際原子力機関(IAEA) International Atomic Energy Agencyの略。核拡散防止のための査察を担うことから「核の番人」と呼ばれ、原子力の平和利用促進と軍事転用防止を図る国際機関。本部はオーストリアのウィーン。加盟国は175カ国（22年3月現在）。意思決定機関は、35カ国で構成する理事会。核不拡散と技術協力の両面で、役割の重要性が増している。

ウクライナ国内の原発

チェルノブイリ原発(閉鎖)

リウネ原発(4基)

リビウ ○

フメリニツキー原発(2基)

南ウクライナ原発(3基)

⊙キーウ（キエフ）

ウクライナ

ザポリージャ原発(6基)
22年3月からロシア軍が占拠し、10月にプーチン大統領がロシアの「国有化」を命じる大統領令に署名

()内は原子炉の数

ロシア

黒海

核兵器禁止条約と核拡散防止条約

プーチン大統領が核兵器使用をほのめかす中、22年6月には核兵器禁止条約(核禁条約)の第1回締約国会議がオーストリアのウィーンで、8月には核拡散防止条約(NPT)の再検討会議がアメリカのニューヨークにある国際連合(国連)本部で開催されました。

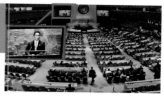

↑NPTの再検討会議に日本の首相として初めて出席し、演説する岸田文雄首相(22年8月1日、国連本部で撮影)。

核禁条約の会議に日本は参加せず、NPTの再検討会議は決裂しました

核禁条約の第1回締約国会議には、条約を批准していない約30のオブザーバー国を含む83カ国・地域が参加しました。オブザーバー国は会議の意思決定には関与できませんが、議場での発言や資料配布ができます。北大西洋条約機構（NATO・P7）に加盟し、アメリカの核弾頭が配備されている点で日本と同じく「核の傘」の下にあるドイツなどはオブザーバー国として参加しましたが、日本は参加を見送りました。日本の不参加について、核兵器廃絶国際キャンペーン（ICAN）などは不満を示しています。会議で採択された政治宣言では、ロシアを念頭に「核の脅し」を非難し、核の力で他国に攻撃を思いとどまらせる核抑止論を否定しました。

NPTの再検討会議では、岸田首相が「核兵器のない世界」への努力を強調する演説をしました。会議では、191の締約国・地域が共通の目標を盛り込んだ最終文書をまとめられるかが焦点でした。しかし、ウクライナに関する記述をめぐりロシアが合意せずに会議は決裂し、最終文書を採択できずに終わりました。

核兵器保有国の動向とNPT・核兵器禁止条約

核兵器禁止条約
■ 68…批准した国・地域
■ 92…署名した国・地域
(2023年1月9日現在)

NPT
✔…加盟国
✔…脱退を表明

●…核兵器保有国
…核弾頭の推定保有数

批准は条約に加盟すること、署名は条約の内容について国家の代表者が合意することをいう

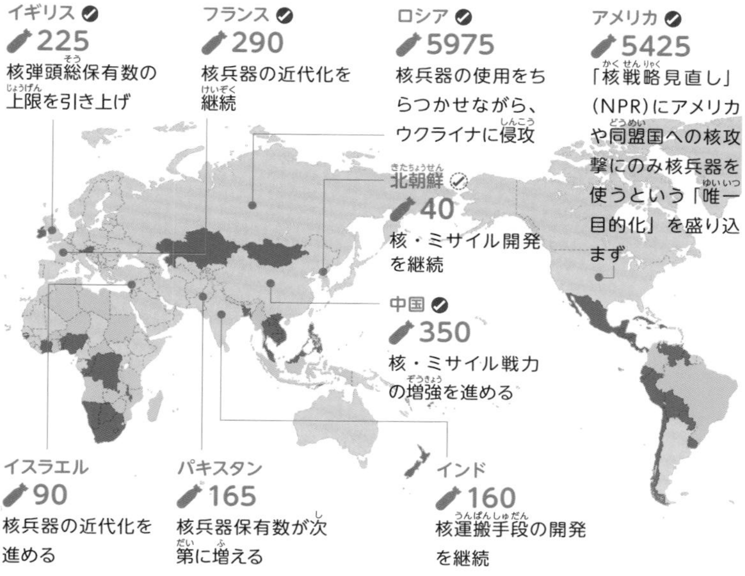

イギリス ✔
225
核弾頭総保有数の上限を引き上げ
フランス ✔
290
核兵器の近代化を継続
ロシア ✔
5975
核兵器の使用をちらつかせながら、ウクライナに侵攻
アメリカ ✔
5425
「核戦略見直し」(NPR)にアメリカや同盟国への核攻撃にのみ核兵器を使うという「唯一目的化」を盛り込まず
北朝鮮 ✔
40
核・ミサイル開発を継続
中国 ✔
350
核・ミサイル戦力の増強を進める
イスラエル
90
核兵器の近代化を進める
パキスタン
165
核兵器保有数が次第に増える
インド
160
核運搬手段の開発を継続

核弾頭の推定保有数の出典：長崎大学核兵器廃絶研究センター(RECNA)、シンクタンクの報告書など

核兵器禁止条約　核兵器の使用や保有、開発などを全面的に禁止する世界初の条約。2017年7月、国連で122カ国の賛成で採択された。条約は21年1月に発効したが、批准した68カ国・地域以外に効力は及ばない。核保有国のアメリカ、ロシア、中国、イギリス、フランスは条約に反対で、アメリカの「核の傘」に頼る唯一の被爆国である日本も不参加。

核拡散防止条約(NPT)　核兵器の拡散を防ぐため、1970年に発効した条約。別名、核不拡散条約。現在、191カ国・地域が加盟。核を持つ5カ国(アメリカ、イギリス、フランス、ロシア、中国)は核を減らす義務があり、他国は保有を禁じられている。インド、パキスタン、イスラエルは加盟しておらず、北朝鮮は脱退を宣言している。5年に1度、運用状況を確認する再検討会議を開催。

国際連合(国連)　第2次世界大戦を防げなかったことを反省し、1945年に国際連盟に代わって設けられた、世界の平和と安全を守るための機関。本部はアメリカのニューヨーク。現在は193カ国が加盟。

核兵器廃絶国際キャンペーン(ICAN)　2007年に発足した国際NGO。核禁条約が国連の会議で採択されるよう尽力し、17年にノーベル平和賞を受賞。

ウクライナ侵攻も一因となりインフレが加速中

世界有数の穀倉地帯であるウクライナとロシアが戦争状態になったことにより、小麦やトウモロコシなど穀物の価格が世界で高騰しています。日本もその影響を受けています。

ウクライナとロシアは世界的な穀物輸出国で、ロシアは産油国でもあります

ウクライナはトウモロコシの輸出量が世界4位、小麦は5位（アメリカ農務省調べ）の産地で、「世界の穀物庫」と呼ばれています。また、ロシアとウクライナを合わせると、世界の小麦生産量の約3分の1を占めます（国連調べ）。

小麦は2021年にアメリカで起こった干ばつで収穫量が減るなどの影響があり、国際的に値上がりしつつありました。22年2月のウクライナ侵攻以降ロシアが黒海を封鎖したため、ウクライナからの農産物の輸出が滞り、小麦やトウモロコシなどの価格がさらに上昇しました。8月からウクライナの食糧輸出が再開されましたが、輸出されずにウクライナ国内に留まった穀物は最大で2500万トンです。国連貿易開発会議（UNCTAD）の報告書によると、アフリカの25

カ国が小麦の輸入のうちの3分の1以上をロシアとウクライナの2カ国に依存しています。アフリカ大陸では、ウクライナ侵攻が始まる前から干ばつや紛争、新型コロナウイルスの感染拡大などにより食糧危機が起きていました。世界食糧計画（WFP）によると、深刻な食糧不足に陥っている人は82カ国で約3億4500万人にもなります。ウクライナ侵攻による食糧危機の加速が心配されています。

また、ロシアのウクライナ侵攻への制裁として、主要7カ国（[G7] 日本、アメリカ、カナダ、フランス、イギリス、ドイツ、イタリア）および欧州連合（EU・P8）は石油などロシア産資源の輸入禁止などを科しました。コロナ禍からの経済活動の再開で需要が増え値上がりした原油価格が、ロ

シアからの供給が滞る危機感から一段と上昇しました。世界でインフレーション（インフレ）が加速しているのは、ウクライナ侵攻も原因のひとつといえるでしょう。

> 世界食糧計画（WFP）　飢餓のない世界を目指して活動する国連の食糧支援機関で、1961年に設立。本部はイタリアのローマ。緊急時に命を救い、暮らしを守ることや、その後の暮らしの再建、慢性的な飢餓や栄養不足を減らすことなどを目標とする。2020年にノーベル平和賞を受賞。
>
> インフレーション（インフレ）　ある程度の長期間にわたってモノの価格が上がり続ける現象。逆に、下がり続ける現象をデフレーション（デフレ）という。給料が上がり、みんなが買い物をしたがることで起きる「いい物価上昇」は経済成長につながる。ところが、給料は増えないのに価格だけが上がる「悪い物価上昇」になると、家計はもっと厳しくなる。

ロシアのウクライナ侵攻が世界経済に与えた影響

ロシア
世界有数の産油国
小麦などの輸出国

ウクライナ
小麦やトウモロコシなどの輸出国

▶ 原油や穀物の価格が高騰 ▶ 世界でインフレが加速 ▶ インフレを抑えるためにアメリカなどで利上げ（P30）

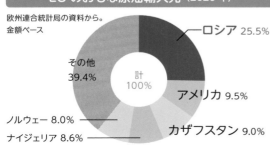

EUのおもな原油輸入元（2020年）
欧州連合統計局の資料から。金額ベース

- ロシア 25.5%
- アメリカ 9.5%
- カザフスタン 9.0%
- ナイジェリア 8.6%
- ノルウェー 8.0%
- その他 39.4%

計 100%

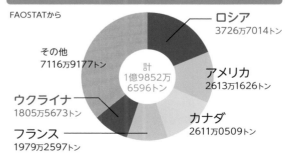

世界の小麦輸出量における主要国の割合（2020年）
FAOSTATから

- ロシア 3726万7014トン
- アメリカ 2613万1626トン
- カナダ 2611万0509トン
- フランス 1979万2597トン
- ウクライナ 1805万5673トン
- その他 7116万9177トン

計 1億9852万6596トン

日本も小麦など農作物や酪農、エネルギー資源が影響を受けています

日本は小麦の8割以上を海外から輸入しており、日本政府は、毎年4月と10月に輸入した小麦を製粉会社などに販売する「政府売り渡し価格」を決めています（P150）。国際的に小麦の価格が上昇したため、22年4月の政府売り渡し価格は各銘柄の平均で17.3％引き上げられました。

また、家畜の餌となる配合飼料の原料となる穀物価格は、中国の需要増やロシアのウクライナ侵攻の影響などもあって高騰したため、酪農家などの負担が増しています。

さらに、日本は農作物に使う化学肥料の原料（窒素、リン、カリウムなど）のほぼ100％を輸入に頼っています。窒素肥料のおもな原料である天然ガスは、ロシアが世界2位の生産国です。リンやカリウムも原料となる天然鉱石がロシアで多く採れるため、化学肥料の価格が高騰しました。日本政府は、配合飼料や化学肥料の価格の高騰分の一部を補填するなどの支援策を発表しています。

エネルギー問題も深刻です。日本は、液化天然ガス（LNG）の輸入の8.8％、原油の3.6％をロシアに頼っています（21年）。日本は、1970年代に起きた「オイル・ショック」（P88、89、98）の教訓として、中東頼みだったエネルギー資源の輸入先を広げる必要がありました。そこで、石油とLNGの開発プロジェクト「サハリン1」「サハリン2」に、日本の商社なども出資することになったのです。2009年からサハリン2で生産が始まったLNGの約6割が日本に輸出され、発電所の燃料や都市ガスの原料などに使われています。LNG火力発電所は、日本の発電量の4割弱を占める主力電源です。LNGは原油や石炭、食料と違って備蓄も難しいため、LNGが不足して発電所が運転できなくなれば、日本の電力は不足します。

ロシアのプーチン大統領は「サハリン1」「サハリン2」を運営する会社の資産を、ロシア政府が新設する企業の所有とするなどの大統領令に署名しました。欧州連合（EU）やアメリカのロシアに対する制裁に協調する日本に、揺さぶりをかける意図だという見方もあります。

小麦の大半は輸入に頼っている

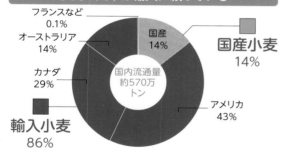

フランスなど 0.1%
オーストラリア 14%
カナダ 29%
国産 14%
アメリカ 43%
国内流通量 約570万トン

国産小麦 14%
輸入小麦 86%

グラフの数値（％）は、国内に流通している小麦の量（約570万トン）に占める割合（2016〜20年度の平均数量）。農林水産省まとめ。日本は、ロシアとウクライナからは小麦を輸入していない

日本のおもなLNGの輸入先と距離

日本の年間輸入量（2021年）
約7432万トン

サハリン2 1800km
1万1000〜1万2000km
4400〜6000km
7000km
カタール
オマーン
アラブ首長国連邦（UAE）
マレーシア
ブルネイ
インドネシア
オーストラリア
日本

距離はおもなガス田から東京までの航行距離

日本の原油の輸入先（2021年）

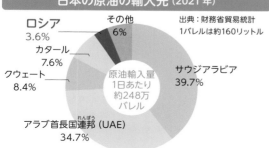

出典：財務省貿易統計
1バレルは約160リットル

ロシア 3.6%
その他 6%
カタール 7.6%
クウェート 8.4%
アラブ首長国連邦（UAE）34.7%
サウジアラビア 39.7%
原油輸入量 1日あたり約248万バレル

日本のLNGの輸入先（2021年）

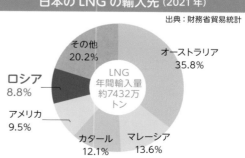

出典：財務省貿易統計

その他 20.2%
ロシア 8.8%
アメリカ 9.5%
カタール 12.1%
マレーシア 13.6%
オーストラリア 35.8%
LNG年間輸入量 約7432万トン

エリザベス女王が死去しました

2022年9月8日、イギリスのエリザベス女王が96年の生涯に幕を閉じました。70年と214日に及ぶその在位期間は、イギリス史上最長です。ここでは、エリザベス女王の人生を振り返ります。

→ロンドン・オリンピック開催前に競泳会場を視察するエリザベス女王（12年7月28日撮影）。

第2次世界大戦やイギリスの EU 離脱などを見届けた激動の人生でした

エリザベス女王の在位は世界の君主の中でも、フランスのルイ14世（在位1643～1715年）の72年間に次ぐ、史上2番目の長さです。最後の公務は、9月6日に行われたイギリス史上3人目の女性首相、リズ・トラス氏の任命でした。トラス氏は10月20日にイギリス史上最短の任期で辞任を表明し、リシ・スナク氏がイギリス初のアジア系首相に就任しています。

ウェストミンスター寺院で行われた国葬には、日本の天皇、皇后両陛下をはじめ、世界中から指導者たちが一堂に会し、4日間で25万人もの人が最後のお別れに訪れました。現代の国王のほとんどは、憲法で力を制限された立憲君主で実質的な権力をもたず、「君臨すれども統治せず」と言われます。

しかし、エリザベス女王は国内外のさまざまな場面でその力を発揮しました。彼女が首長を務めるコモンウェルス（英連邦）諸国の首脳たちと協力し、南アフリカ共和国で半世紀近くも続いたアパルトヘイト（人種隔離政策）を終わらせたのはその一例です。

まさに、イギリスやコモンウェルス各国に捧げた人生だったといえるでしょう。

イギリスや世界の歩み	西暦	エリザベス女王の足跡
	1926	4月、ロンドンの祖父母宅で生誕
世界恐慌が始まる	29	
	36	父ジョージ6世が即位
第2次世界大戦終結	45	
	47	初の公式訪問で南アフリカへ。フィリップ殿下と結婚
	48	チャールズ氏（後のイギリス国王）誕生
	52	2月、父が急逝。王位を継承し、25歳で女王に即位
欧州共同体（EC）発足	67	
イギリスがECに加盟。第4次中東戦争。オイル・ショック（P88-89）	73	
	75	初の訪日
ベルリンの壁崩壊。中国で天安門事件（P91）	89	
湾岸戦争勃発。ソ連が崩壊（P92）	91	
欧州連合（EU）発足	93	
香港がイギリスから中国に返還	97	ダイアナ元妃（チャールズ氏の元妻）が自動車事故死
イギリスがアイルランドとベルファスト合意	98	
NATOがコソボ空爆	99	
アメリカ同時多発テロ（P94）	2001	
イラク戦争開始（P94）	03	
リーマン・ショック（P95）	08	
	11	イギリス君主として100年ぶりにアイルランド訪問
	15	高祖母（祖父の祖母）ビクトリア女王（在位1837～1901年）を抜き、イギリス歴代最長在位に
イギリスがEU離脱。新型コロナウイルスの世界的流行始まる	20	
	21	フィリップ殿下が99歳で死去
	22	イギリス君主初の在位70年。96歳で死去

コモンウェルス（英連邦） イギリスを中心とし、インド、オーストラリア、ニュージーランドなどかつてイギリス帝国の植民地や自治領だった国ぐにをはじめとする計56カ国からなる、ゆるやかな連合体。歴代のイギリス国王が首長を務めている。経済などの面で結びついて助け合っており、モザンビークなど、かつてイギリスの植民地ではなかった国もコモンウェルスに加わっている。

欧州共同体（EC） European Communitiesの略。本部はブリュッセル。欧州石炭鉄鋼共同体、欧州経済共同体、欧州原子力共同体などを合わせて、1967年から単一組織になり、93年に欧州連合（EU）に発展。

ベルファスト合意 北アイルランド紛争（アイルランドへの帰属を求める少数派のカトリック系住民と、イギリスへの残留を望む多数派のプロテスタント系住民の間の紛争で、死者は3000人以上）を終結させた合意。

習近平総書記の3期目続投が決定

2022年10月16〜22日に中国で第20回共産党全国代表大会（党大会）という5年に1度の会議が行われ、党最高指導者の習近平総書記が「2期10年まで」という慣例を破り3期目の続投を決めました。

↑党大会後、中国共産党の新たな指導部が発足し、会見する習近平総書記（22年10月23日撮影）。

台湾について「武力行使の放棄を約束しない」と明言しました

3期目の続投が決まった習近平総書記が率いる中国は、台湾、香港、ウイグル問題などを抱えています。

台湾は自らを「国」と、中国は台湾を中国の一部分と位置づけています。中国本土では第2次世界大戦後、国民党と共産党が「国共内戦」を戦いました。1949年、内戦に勝った共産党の下で中華人民共和国の建国が宣言されると、国民党政権は台湾に逃れ、両者は台湾海峡を挟んでにらみ合っています。習総書記は、台湾については最大の努力で平和統一を目指すとしつつ「決して武力行使の放棄を約束しない」と明言し、「祖国統一」への覚悟を示しました。

香港は中国の領土ですが、97年に返還されるまではイギリスの植民地だったため、中国本土とは政治や経済、司法などの仕組みが違います。中国は香港の返還にあたり、50年間香港の「高度な自治」を保障する「一国二制度」を守ると国内外に約束しました。

しかし、2020年に香港国家安全維持法（国安法）が成立したことにより、一国二制度は崩壊の危機にあります。

中国の新疆ウイグル自治区には、トルコ系でイスラム教を信仰するウイグル族が多く暮らしています。中国政府の民族政策などへの反発からしばしば対立が起き、09年にはウルムチ市でウイグル族と漢族が衝突して2000人近くが死傷しました。

中国政府はその後、ウイグル族を弾圧し、施設に強制収容したり、移動の制限や強制労働なども行ったりしているとしてアメリカや欧州連合（EU・P8）などから問題視されています。

アメリカでは22年6月から、新疆ウイグル自治区で強制労働により作られた製品の輸入を禁止しています。

習近平氏が総書記に就任した後の主なできごと

年	月	できごと
2012	11	第18回党大会。習氏が党総書記に就任
13	10	北京・天安門前に車が突入。当局はウイグル独立派による「テロ」と主張
14	9	香港で大型デモ「雨傘運動」始まる
17	10	第19回党大会。習総書記が2期目に
18	3	憲法が改正され、国家主席の任期の「2期10年まで」が撤廃される
	7	アメリカのトランプ政権が中国製品の関税を引き上げ。アメリカ・中国が経済戦争に
19	6	香港で「逃亡犯条例」改正案をめぐり抗議デモが本格化
20	1	武漢で新型コロナウイルスによる死者を発表。感染が拡大
	6	香港国家安全維持法（国安法）施行。民主派への圧力強まる
22	2	北京冬季オリンピック開催。閉幕直後にロシアがウクライナに侵攻
	8	アメリカのペロシ下院議長が訪台。中国軍は台湾周辺で演習を行い、緊張が高まる
	10	第20回党大会。習総書記が3期目に

一国二制度 一国の中で社会主義と資本主義の二つを併存させる中国の統治方式。1997年、イギリスから中国に香港が返還されたとき、香港では法律上、中国本土では制約される言論・報道・出版の自由、集会やデモの自由、信仰の自由などが保障されていた。

香港国家安全維持法（国安法） 中国が20年6月に制定した、香港で国家分裂や政権転覆の動きを取り締まる法律。国家の安全維持を名目に中国当局が直接香港を統制することを認めるもので、香港の「高度な自治」が崩れることとなる。

雨傘運動 香港で2014年9月28日から79日間続いた大規模デモ。17年の香港政府の行政長官選挙で、中国側が事実上、民主派の候補者を排除する仕組みを決定したことに反発した学生らが、雨傘を一斉にさして道路を占拠し民主化を要求した。しかし、中国側から譲歩を得られずにデモは終結した。

日本と中国、韓国、ロシア、北朝鮮との関係

日本は中国、韓国、ロシアとの間に領土問題を抱えています。また、北朝鮮は挑発的な軍事行動を繰り返しています。海をはさんだ隣国との関係を、ここで整理しておきましょう。また、日本の領土、領海、排他的経済水域（EEZ）についても押さえておきましょう。

海をはさんだ国ぐにとは緊張が続いています

中国 尖閣諸島をめぐって対立しています

日本と中国（中華人民共和国）の国交が正常化したのは1972年です。日本と中国は東シナ海にある尖閣諸島などをめぐって対立しています。尖閣諸島は沖縄県石垣市にあり、魚釣島など五つの無人島と岩で形成されています。総面積は約5.53平方キロメートルで、竹島の約27.7倍です。1895年に明治政府が正式に日本の領土としました。中国が尖閣諸島の領有権を主張しだしたのは、1970年代。

尖閣諸島の海底に、石油や天然ガスが埋まっている可能性が高いと判明したためといわれています。日本政府は一貫して「尖閣諸島は日本固有の領土であり、領土問題は存在しない」との立場です。

2023年1月に行われた岸田文雄首相とアメリカのバイデン大統領の日米首脳会談では、日米安全保障条約は尖閣諸島にも適用されることが確認されています。

韓国 竹島をめぐって対立しています

1965年に日本と韓国は国交を回復しました。竹島（東島、西島と数十の岩礁）は、島根県隠岐の島町にあり、総面積は約0.20平方キロメートル（東京ドーム約4.5個分）です。日本が1905年に日本の領土としましたが、52年に韓国が自国の領土と宣言。韓国では竹島を「独島」と呼び、軍隊が警備にあたるなどして占拠しています。日本は国際司法裁判所での解決を提案していますが、韓国は応じていません。

ロシア 北方領土問題はどうなる？

日本が第2次世界大戦で負けたあと、歯舞群島と色丹島・国後島・択捉島（北方四島）の北方領土をソ連（現在のロシアなど）が占拠しました。北方領土の総面積は約5003平方キロメートルで、福岡県とほぼ同じです。

1951年に日本がアメリカなどと結んだサンフランシスコ講和条約に旧ソ連は不参加でした。日本

排他的経済水域（EEZ） 沿岸から12カイリ（約22キロメートル）までが沿岸国の領海で、主権がおよぶ。領海の外側は公海だが、沿岸から最大で200カイリ（約370キロメートル）までの海域には沿岸国の経済的権利がおよび、漁業・鉱物資源の探査や開発などが認められる。他国の船は、領海内では沿岸国の安全などを害しない無害通航のみが認められる。EEZは公海なので、自由に航行できる。

日米安全保障条約 1951年に日本とアメリカの間で調印（70年以降は自動的に延長）。第5条で、日本の政治がおよぶところに限り、日本とアメリカの共同防衛を義務づけている。

北方領土問題 第2次世界大戦後、日本とソ連（現在のロシアなど）との間で発生した、北方四島の帰属をめぐる問題。日本側は、ソ連が終戦後、日本の領土であった北方四島を不法に占領したとして、現在はロシアに対してその返還を求めている。

日本の海洋

- 2012年の大陸棚限界委員会で審査が先送りされたところ
- 2012年の大陸棚限界委員会で大陸棚に認められたところ
- 排他的経済水域（EEZ）

ロシア
中国
北朝鮮
竹島
韓国
日本

北の端 択捉島（北海道）
北緯45°33'
東経148°45'

四国海盆 小笠原海台 海域

西の端 与那国島（沖縄県）
北緯24°27'
東経122°56'

尖閣諸島
沖縄本島
台湾

東の端 南鳥島（東京都）
北緯24°17'
東経153°59'

沖大東海嶺 南方海域

南硫黄島海域

南の端 沖ノ鳥島（東京都）
北緯20°26'
東経136°04'

九州パラオ海嶺 南部海域

太平洋

とソ連が国交を回復したのは、56年に日ソ共同宣言を結んでからです。当時は、ソ連軍に占拠された北方領土の問題は棚上げされ、平和条約（戦争を正式に終わらせる合意）を結んだのちに、歯舞群島と色丹島を日本に引き渡すとされました。

しかし、ソ連は択捉島、国後島を含む4島は第2次世界大戦の結果としてソ連に移ったという立場を取り、ロシアもこの考えを引き継ぎました。これに対して日本は、北方領土は日本固有の領土であり、ソ連（ロシア）が不法占拠をしているという立場なので平和条約は締結に至らず、交渉が続いてきました。

そして、2022年3月にロシアは日口平和条約締結交渉を続ける意思はないと表明しました。22年2月のロシアによるウクライナ侵攻後、日本がアメリカや欧州連合（EU・P8）などとともにロシアに対して行った制裁への報復と受け止められています。

北朝鮮 挑発を繰り返しています

2022年は、北朝鮮が国際的な

非難を無視して核兵器と大陸間弾道ミサイル（ICBM）の開発を繰り返し、約70発もの弾道ミサイルを発射しました。このうち、10月に撃った中距離弾道ミサイル（IRBM）は、2017年9月以来5年ぶりに日本列島の上空を通過し、太平洋に落下しました。このため、日本の一部の地域で全国瞬時警報システム（Jアラート）が作動しました。これらの行動は、北朝鮮に対して弾道ミサイル及び核関連活動を直ちに停止することなどを義務付けた国連安全保障理事会（安保理）決議に違反しています。しかし、22年5月にアメリカが提案した制裁決議案は、中国とロシアが拒否権を行使したため否決されています。国連による制裁

Check！ 「防衛増税」ってなに？

岸田文雄首相は22年12月、防衛費の安定した財源を確保するため、27年度までに年約1兆円の増税を段階的に実施する方針を示しました。「防衛増税」と呼ばれるもので、野党や自民党内部からは「（増税により）景気がますます冷え込む」などと批判されています。

にはあまり期待できません。

日ソ共同宣言 1956年、日本とソ連（現在のロシアなど）が調印した共同宣言。第2次世界大戦の日本とソ連の戦争状態を終わらせ、両国の外交関係を回復させる内容。

大陸間弾道ミサイル（ICBM）・中距離弾道ミサイル（IRBM） 弾道ミサイルとは、主にロケットエンジンで推進し、高く打ち上げた砲弾のように放物線を描いて飛ぶミサイル。大陸間弾道ミサイルは、有効射程距離が5500キロメートル以上と大陸を横断するほどの長距離を射程に収める。アメリカ、ロシア、中国が保有し、インドも発射実験に成功したと発表している。中距離弾道ミサイルは、有効射程距離が3000～5500キロメートル程度。

全国瞬時警報システム（Jアラート） 政府がミサイルの飛来情報や地震、津波などの緊急情報を発すると、総務省消防庁がもつJアラート送信システムの人工衛星や地上回線を使っておもに携帯電話会社や自治体を経由し、そこから住民へと送られるしくみ。

国連安全保障理事会（安保理） 世界の平和と安全を維持するうえで、重要な役割を担う国連の組織。国際的なもめごとを話し合いで収めたり、解決に向けた条件を勧告したりする。勧告を無視する国に対しては、輸出入を制限するなどの制裁を科すこともできる。安保理は五つの常任理事国（アメリカ、イギリス、フランス、ロシア、中国）と、国連総会で選出される10の非常任理事国の合計15の理事国で構成される。手続き事項に関する決定には、15理事国のうち9理事国が賛成すれば可決される。実質事項に関する決定には、9理事国の賛成に加えて5カ国の常任理事国すべてが賛成しなければならず、常任理事国が1カ国でも反対したり拒否権を行使したりした場合は、決議は否決される。非常任理事国10カ国の任期は2年で、毎年5カ国が地域ごとに改選される。日本は22年6月に開催された国連総会（193カ国）で、184の賛成票を得て安保理の非常任理事国に当選した。日本の選出は16～17年以来12回目で、全加盟国中最多。

Jアラート（全国瞬時警報システム）のしくみ

総務省消防庁の資料から

ミサイルが飛んできたら……

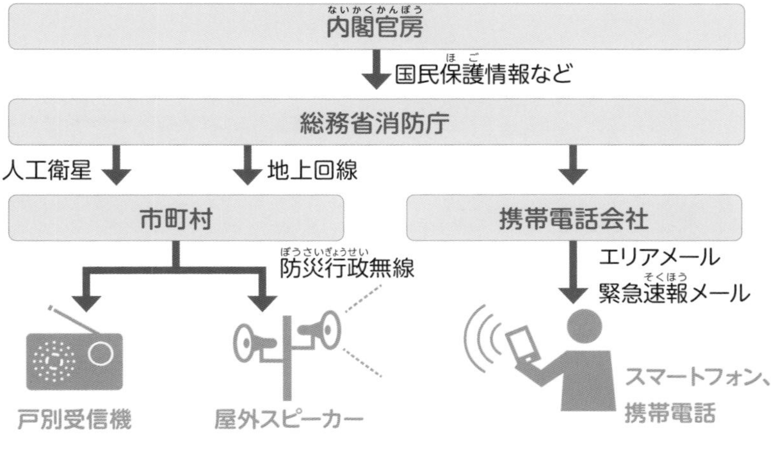

内閣官房

↓ 国民保護情報など

総務省消防庁

人工衛星 ↓ ↓ 地上回線

市町村 ← → 携帯電話会社

防災行政無線

エリアメール
緊急速報メール

戸別受信機　　屋外スピーカー　　スマートフォン、携帯電話

新型コロナウイルスの現在

2019年末に新型コロナウイルス（COVID－19）が中国の湖北省武漢市で発見されてから3年目の22年は、変異株オミクロンが世界を席巻し、感染者が爆発的に増えました。しかし、各国は、感染対策と社会経済活動の両立をはかる「ウィズコロナ」を進めています。

「ウィズコロナ」下での感染抑止が課題です

22年12月末現在、世界の新型コロナウイルス感染者は累計6億5961万人にのぼります。しかし、新型コロナウイルス感染者の「全数把握」をやめる国が増えたため、実際の感染者数は十分に把握できていません。

日本も、全数把握の簡略化を22年9月に全国一律で導入しました。高齢者や妊婦などの感染者は保健所が把握しますが、若者や軽症者は自己管理が基本です。また、日本は、22年10月に海外からの個人旅行を解禁し、3回のワクチン接種か出国前の陰性証明があれば、日本入国時の検査を原則として不要としました。

その結果、22年11月の訪日外国人客（インバウンド）は93万4500人で、10月に比べ約1.9倍に増えました（日本政府観光局［JNTO］調べ）。

各国が「ウィズコロナ」を模索する中、感染者ゼロを目指す「ゼロコロナ」政策を続けてきたのが中国です。大規模なPCR検査を繰り返し受けさせ、陽性になった人たちを徹底的に隔離したり、感染が広がった場合はロックダウン（都市封鎖）したりすることで国民に厳しい行動制限を課し、コロナの封じ込めを図りました。

中国最大の経済都市である上海市をロックダウンするなどのゼロコロナ政策で経済が冷え込んだため、22年11月末には、北京や上海など少なくとも十数都市でゼロコロナ政策への抗議行動が起きています。

そこで中国共産党は、22年12月に無症状や軽症の感染者は自宅で隔離して療養することを認め、PCR検査の規模も縮小しました。さらに、23年1月8日からは中国への入国者に義務付けてきた隔離も撤廃しました。ゼロコロナ政策は事実上、終了したといえます。しかし、急激な政策変更の影響で、中国国内では新型コロナウイルスの感染が拡大し続けています。

日本も、22年末から新型コロナウイルスの感染拡大が起きました。死者数も過去最速のペースで6万人に迫っています。「ウィズコロナ」を進める中、経済の活性化と感染抑止のバランスをどう取るかが問われています。

> **新型コロナウイルス（COVID－19）**
> 2019年末、中国の武漢市で発見された新種のコロナウイルス。世界中で大流行し、感染の拡大と収束の波を繰り返している。日本では23年1月18日現在では第8波にあり、感染は減少傾向だが死者数は過去最高水準が続く。感染者のうち、高齢者や持病がある人は重症化しやすい。感染経路は、おもに飛沫感染と接触感染。インフルエンザウイルスと比べ、感染力や致死率が高いと考える説もある。

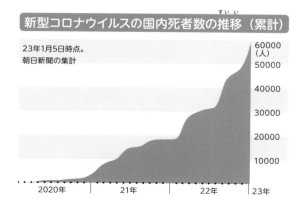

新型コロナウイルスの国内死者数の推移（累計）

23年1月5日時点。
朝日新聞の集計

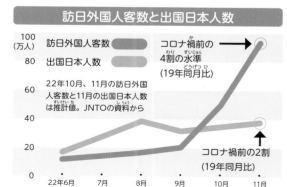

訪日外国人客数と出国日本人数

訪日外国人客数
出国日本人数

コロナ禍前の4割の水準（19年同月比）

22年10月、11月の訪日外国人客数と11月の出国日本人数は推計値。JNTOの資料から

コロナ禍前の2割（19年同月比）

サル痘が流行しました

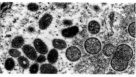

↑サル痘ウイルスの電子顕微鏡画像（アメリカ疾病対策センター[CDC]提供）。

世界保健機関（ＷＨＯ）は22年7月、サル痘について「国際的に懸念される公衆衛生上の緊急事態」を宣言しました。ヨーロッパやアメリカを中心に増えているサル痘とは、どのような病気なのでしょう?

発熱や頭痛、筋肉痛が続いたあと発疹が出ます

サル痘は、1958年に実験動物のサルから見つかったサル痘ウイルスへの感染で発症します。サルだけでなく、リスやプレーリードッグ、ウサギなどにも感染します。

ヒトへの感染がアフリカ中央部の現コンゴ民主共和国で1970年に発見されて以来、コンゴやナイジェリアなどで、感染した動物と接触したとみられる人を中心にした感染が報告されてきました。22年5月にイギリスでアフリカへの渡航歴のない感染者が見つかって以来、世界各地で人から人へと感染が広がっています。

サル痘は、感染から症状が出るまでの潜伏期間が6〜13日といわ

れています。まず発熱や頭痛、筋肉痛などが1〜5日続いた後、発疹が出ます。通常は2〜4週間で自然に治りますが、乳幼児や免疫疾患などの持病のある人は重症化する可能性があります。致死率は3〜6％ほどとされていますが、多くの人は軽症で済んでいます。

22年からの流行では、亡くなったのは75人で、日本では8人の感染が報告されています。感染者数が多いのは、アメリカ、ブラジル、スペイン、フランス、コロンビア、イギリスです（CDC調べ・23年1月10日現在）。

サル痘ウイルスは、感染した人の血液や体液、発疹の中に存在し

ます。このため、感染者の体液や皮膚の発疹部位、感染者が使った寝具などに触れると誰でも感染する可能性があります。感染を防ぐには、感染者との接触を避ける、手洗いをよくするなどの対策が有効です。また、天然痘（P43）に対するワクチンには、サル痘への感染や重症化を防ぐ効果があるとされています。なおWHOは、サル痘の新たな名称をM痘にすると発表しています。

世界保健機関（ＷＨＯ） World Health Organization。世界の人々の健康問題解決のために設けられた国連の専門機関。1948年設立。本部はスイスのジュネーブ。

世界のサル痘感染状況

● 22年から23年1月までに新たにサル痘が報告された国　8万3271人

以前からサル痘が報告されている国　1200人

イギリス
フランス
スペイン
アメリカ
コロンビア
ブラジル
日本

感染者総数　8万4471人
2022年1月1日からの統計。2023年1月10日現在

サッカー・FIFA ワールドカップ開催

↑ドイツ戦の後半、堂安律選手（8番）のゴールで同点に追いつき、喜ぶ日本代表の選手たち（22年11月23日撮影）。

2022年11月20日から12月18日にかけて中東のカタールで第22回サッカー・FIFAワールドカップが開催されました。カタールでの外国人労働者や性的少数者（LGBTQなど）の人権なども問題となりました。

アルゼンチンが優勝し、日本の最終順位は 9 位でした

サッカー・FIFAワールドカップ（W杯）は世界各地域の予選を勝ち抜いた代表チームが世界一をかけて争う大会で、4年に1度行われます。第22回FIFAワールドカップは、アルゼンチンが36年ぶり3回目の優勝を果たしました。

7大会連続7度目の出場の日本は、1次リーグ初戦でW杯優勝経験国のドイツに勝ちました。日本が優勝経験国に勝つのは初めてのことです。さらに、同じく優勝経験国のスペインを破って初の2大会連続決勝トーナメント進出を

果たしました。決勝トーナメント1回戦でクロアチアに延長戦の末、PK戦で敗れたものの、最終順位は9位でした。W杯優勝経験国のドイツとスペインに歴史的勝利を収めたことは、1993年の「ドーハの悲劇」（P92）になぞらえて「ドーハの歓喜」と呼ばれています。

2026年開催の第23回W杯は、アメリカ・カナダ・メキシコの3カ国共同開催で、出場チームが32チームから48チームに増えます。3チームずつの16組に分かれて1次リーグを行い、上位2チームが

←スペイン戦後半で、逆転のゴールにつながるパスを出す日本の三笘薫選手。このパスは、VAR（ビデオ・アシスタント・レフェリー）により、上空から見たときにボールの端がラインにかかっていたことからアウトオブプレーではないと判定されました（三笘の1ミリ）（22年12月1日撮影）。

決勝トーナメントに進む案などが検討されています。また、アジア地区の出場枠も、4.5から8.5チームに増えます。0.5は予選で他地区との大陸間プレーオフを勝ち抜けば本戦のW杯に出られるという意味で、アジアからは最大9チームが出られるようになります。

出場枠が増える背景には、強豪国以外のチームにも出場機会を広げ、サッカーの人気をもっと広めたいというFIFAの狙いがあります。また、試合総数が64から80に増えるため、チケット代や放映権料などによる収入増も見込めます。

もっとも、出場チームの力の差が広がる可能性もあり、試合の質の低下が心配されています。

48チームを迎え入れる開催国の負担を軽くするため、FIFAは2カ国以上で開く共催も認めました。日本は2050年までに、2002年（日韓共催）に続き、再びW杯を開催することを目指しています。

Check! FIFA ワールドカップ優勝回数ランキング

5回優勝しているブラジルは、1930年に行われた第1回ワールドカップから22大会連続で出場している唯一の国です。イングランド、スコットランド、ウェールズ、北アイルランドの4つの国から成り立つ連合王国のイギリスは、サッカーやラグビーのワールドカップでは例外として1つの国から4チーム出場させることが認められています。

順位	優勝国	回数
1	ブラジル	5
2	イタリア	4
2	ドイツ	4
4	アルゼンチン	3
5	ウルグアイ	2
5	フランス	2
7	イングランド	1
7	スペイン	1

FIFA 国際サッカー連盟（Fédération Internationale de Football Association）。1904年設立。本部はスイスのチューリヒにあり、211（2023年1月現在）の国・地域が加盟する世界最大のスポーツ団体。男女のワールドカップなどを主催・運営する。

カタールの外国人労働者や性的少数者の人権が問題となりました

熱戦にわいた一方で、開催国のカタールが移民労働者や性的少数者（LGBTQなど）を非人道的に扱っているとされ、問題になりました。

カタールの面積は1万1586平方キロメートルで、秋田県（約1万1638平方キロメートル）よりやや狭いです。人口約251万人のうちカタール国民は1割程度で、残りの9割は南アジアやアフリカ出身の外国人労働者とされています。

カタールはサッカー・FIFAワールドカップ（W杯）の開催に向けて、スタジアム7カ所や空港、道路、ホテルを新しく整備しました。しかし、カタールは夏の気温が50℃にもなります。国際人権団体や報道機関は、W杯開催が決まった後の2010〜20年に、過酷な環境下で建設に携わったインドやパキスタン、ネパール、バングラデシュなどからの外国人労働者が6500人以上死亡したと指摘しています。また、賃金がきちんと支払われていなかったり、カタールでは同性愛が法律で禁止されていたりすることが問題視されました。

欧州連合（EU・P8）の欧州議会は、22年11月に移民労働者や性的少数者に対するカタールの非人道的扱いを非難する決議を採択しています。このとき、多くの欧州議会議員が多様性や反差別を意味する「ONE LOVE」と記された腕章を着用しました。この腕章は、7チームの主将がW杯で着用する予定でした。しかし、FIFAはユニホームなどに政治的メッセージを載せることを禁止しています。腕章を着用した場合は警告など競技上の処分対象になるとFIFAから通達があったため、着用されることはありませんでした。

ドイツの選手は、日本と戦う試合の前に記念撮影のために整列したとき、11人全員が右手で口を覆い隠しました。ドイツのフリック監督は試合後、この行動について「FIFAが我々の声を封じていることを示すジェスチャーだ」と語っています。

第22回W杯は、カタールが抱えている人権問題などをスポーツが持つ好感度や感動、興奮で洗い流す「スポーツ・ウォッシング」だったと指摘する声もあります。

←日本ードイツの試合前、口元を右手で覆って写真撮影に臨むドイツの選手ら（22年11月23日撮影）。

←第22回FIFAワールドカップ決勝の舞台となった「ルサイルスタジアム」の外壁の一部には、建設に携わった労働者の写真が貼られていました（22年4月1日撮影）。

Check！ 11〜12月に開催されたのはなぜ？

FIFAワールドカップは、通常6〜7月に開催されます。ヨーロッパの主要リーグは原則的に夏に始まって春に終わるなど、世界のサッカースケジュールはFIFAワールドカップの夏開催を前提に組まれています。

しかし、その時期、カタールの気温は50℃にもなります。また、2022年2月には冬季五輪、同4月にはイスラム教の断食月（ラマダン）があることから、第22回FIFAワールドカップは22年11〜12月に開催されることがFIFAの理事会で決まりました。開催地ではなく時期の変更となったのは、カタールを中心とした中東の豊富な資金がヨーロッパのサッカー界に流れ込んでいるからだと指摘する声もあります。

性的少数者（LGBTQなど）　レズビアン（Lesbian・女性の同性愛者）、ゲイ（Gay・男性の同性愛者）、バイセクシャル（Bisexual・両性愛者）、トランスジェンダー（Transgender・心と体の性が一致しない人）、クエスチョニング（Questioning・自分の性別、好きになる相手の性別がわからない）など、性についての少数派。

カタールが法律で同性愛を禁止するのは、国教とするイスラム教の聖典コーランが禁じているからだ。コーランは、男性同士が親密な村に神が災いをもたらしたという話を取り上げて、同性愛者を「言語道断」といさめている。

2022年

なるほど！
環境ニュース総まとめ

世界の異常気象と再生可能エネルギーがよくわかる

2022年は、世界各国で地球温暖化が原因とみられる異常気象が発生しました。地球温暖化を防ぐための世界各国の取り組みについて知りましょう。

COP27 で世界の異常気象が問題となりました

国連気候変動枠組み条約の第27回締約国会議（COP27）が、2022年11月6日から20日までエジプトで開催されました。会議で問題になった世界の異常気象についてまとめました。

パキスタンは記録的な大雨で国土の約3分の1が冠水しました

22年6月中旬から9月上旬にかけてのパキスタンの降雨量は、過去30年の平均の5.5倍を超えた地域もあります。国土の3分の1が冠水して洪水や土砂崩れなども相次ぎ、人口の15%にも及ぶ3300万人が被災し、1700人以上が死亡したとされます（日本赤十字社調べ）。異常気象の原因には地球温暖化があるとされ、COP27ではシャバズ・シャリフ首相が「（パキスタンは）二酸化炭素（CO_2）などの排出量は非常に少ないにもかかわらず、破滅的な洪水が起きた。これは人災だ」と訴えました。COP27に先立ちまとめられた報告書によると、各国のいまの対策だけでは、2030年の温室効果ガス排出量は10年より10.6%多くなるとのことで、パリ協定の目標達成にはほど遠い状況です。また、21世紀末には、産業革命前からの気温上昇が、現在の1.1℃から約2.5℃になる恐れがあるといいます。

2022年に発生した異常気象の主な影響とメカニズム

気象庁のデータから

中国

高温
四川省成都市と重慶市で連日40℃超え。長江流域のダムの水量が4〜7割減少

多雨
広東省や福建省などの113の河川で洪水が発生

ヨーロッパ

高温
フランスのボージョレ地区では若いブドウの木が枯れ、ワインの製造に大きな影響が出た

少雨
ドイツではライン川の水位が低下。石炭などが通常の半分以下しか運べなかった

パキスタン

多雨
大雨により1700人以上が死亡

温暖化も影響

日本も2022年夏は2010年に次ぐ猛暑でした

気象庁によると、22年夏(6〜8月)の日本の平均気温の基準値(1991〜2020年の30年平均値)からの偏差(個々の数値と平均値との差)は+0.91℃で、1898年の統計開始以降、最も高かった2010年(+1.08℃)に次ぐ数値となりました。日本の夏(6〜8月)の平均気温はさまざまな変動を繰り返しながら上昇しており、長期的には100年あたり1.19℃の割合で上昇しています。東京都心の猛暑日(最高気温35℃以上)は過去最多の16日に達する一方で、7月中旬から8月中旬にかけては各地で記録的な豪雨があり、山形県では最上川が氾濫。線状降水帯

の発生も相次ぎました。気象庁はその要因として、「ラニーニャ現象」「偏西風の蛇行」「地球温暖化」の3つを挙げています。

国連の気候変動に関する政府間パネル(IPCC)は、気温上昇が1.5℃を超えると、豪雨や干ばつなどの異常気象が起こりやすくなると報告しています。2021年にイギリスで行われたCOP26では、各国が産業革命前からの気温上昇を1.5℃に抑える事実上の世界目標で合意し、この合意はCOP27でも維持されました。この世界目標を達成するには、2030年までに温室効果ガス排出量を半減させる必要があります。

地球温暖化 二酸化炭素(CO₂)などの温室効果ガスが大気中で増えすぎて、温室のように地球を暖めることで、世界の平均気温が上がること。

国連気候変動枠組み条約 大気中の温室効果ガスの濃度の安定化を目指し、地球温暖化がもたらす悪影響を防止するための国際的な枠組みを定めた条約。

温室効果ガス 大気に含まれ、地球を暖める性質をもつ気体(ガス)。CO₂、メタン、一酸化二窒素、フロンなどがある。

パリ協定 2020年にスタートした地球温暖化対策の国際ルール。前身は05年に発効した「京都議定書」。産業革命前と比べ、世界の平均気温の上昇を2℃より低く抑えるために、温室効果ガスの排出を今世紀後半に「実質ゼロ」にすることを目指す。

産業革命 18世紀後半のイギリスで起きた技術革新。石炭などの化石燃料を燃やしてこの時代に発明された「蒸気機関」などの動力源にすることで、工場で機械を使って物をつくることが可能になり、生産性が飛躍的に高まった。しかし、大気や水の汚染が深刻化する弊害もあった。

線状降水帯 風上側で積乱雲が次々と発生して連なることで、狭い範囲の同じ場所で強い雨が長時間降り続く。大きな災害をもたらす危険があるため、気象庁は22年6月から、線状降水帯の予測情報の提供を始めた。

ラニーニャ現象 太平洋の赤道域の日付変更線付近から南アメリカ沿岸にかけての海面水温が、通常より低い状態が1年ほど続く現象。逆に高い場合は「エルニーニョ現象」となる。日本においてはエルニーニョ現象では冷夏・暖冬、ラニーニャ現象では暑夏・厳冬になる傾向がある。

偏西風 天気が西から東に変化する要因となる風。北・南半球の中緯度地方の上空をいつも吹いていて、地球の自転による力で西寄りの風になる。近年、偏西風が日本付近で北に大きく蛇行することで太平洋高気圧が強く張り出し、猛暑や大雨の一因となっているとみられる。

国連の気候変動に関する政府間パネル(IPCC) 気候変動の評価機関。国連環境計画(UNEP)と世界気象機関(WMO)によって設立され、事務局はスイスのジュネーブにある。世界中の科学者の協力の下、論文などに基づいて定期的に報告書を作成し、気候変動に関する最新の科学的見解を提供する。

… 異常高温
… 異常低温
… 異常多雨
… 異常少雨

偏西風が蛇行(イメージ)

日本

高温	東京都心で猛暑日が16日と過去最多に
多雨	7月中旬〜8月中旬に北日本を中心に記録的豪雨

赤道

ラニーニャ現象　　低水温

再生可能エネルギーの課題とは？

再生可能エネルギーを基盤とする脱炭素社会を実現するために、太陽光発電と洋上風力発電に国や各自治体が注目しています。その課題点などをまとめました。

↑ゴルフ場跡地を利用して建設された「赤穂メガソーラー発電所」（兵庫県上郡町、21年7月31日撮影）。

太陽光発電は景観への支障や使用済み太陽光パネルの処理などが課題です

地球温暖化が進むほど、異常気象（P22）が起きやすくなるといえます。このため、日本、アメリカ、ヨーロッパなど120カ国以上が二酸化炭素（CO_2）を出さない脱炭素社会を推進し、2050年までにCO_2などの温室効果ガスの排出量を「実質ゼロ」にすると表明しました。日本は石炭火力発電所は廃止しないものの、2050年までの「実質ゼロ」に向けて、太陽光や風力など再生可能エネルギーを使った発電所を増やし、電源構成の再生可能エネルギー比率を30年度に36〜38％にすることを目指しています。また、温室効果ガスの排出量を30年度に13年度比で46％削減する目標を掲げています。

東京都が25年4月から戸建て住宅も含む新築建物に太陽光パネルの設置を原則として義務付けるなど、再生可能エネルギーとして期待されている太陽光発電には課題もあります。

そのひとつが、景観への支障です。国は再生可能エネルギーを普及させるため、再生可能エネルギーを使って発電された電気を一定の期間、決まった価格で買い取るように電力会社に義務付ける固定価格買い取り制度（FIT）を12年から始めました。そのため、太陽光発電は国内で急速に拡大しましたが、一方で各地で森林を切り開いて太陽光発電を開発することが増え、土砂崩れの原因になったり、景観が損なわれたりすることが問題になりました。

そこで、国は20年から出力3万キロワット以上の大規模太陽光発電所（メガソーラー）について、その影響を国が評価する環境アセスメントの対象にしています。22年2月には、埼玉県小川町の山林に建設予定だったメガソーラーに対して、環境破壊や土砂崩れの心配があるとして萩生田光一経済産業相（当時）が抜本的な計画の見直しを求める勧告を出しました。

もうひとつの課題が、太陽光パネルの処理です。太陽光パネルの耐久期間は20〜30年間といわれ、36年頃には年間17万〜28万トンの使用済み太陽光パネルがゴミとなる見込みです。放置されたパネルから鉛などの有毒物質が漏れ出る危険性も指摘されており、その処理方法の確立が求められています。

再生可能エネルギー 水力や風力、太陽光、地熱、バイオマスなど、自然から得られ、発電などに使っても資源がなくならないエネルギー。石油や石炭、天然ガスなどの化石燃料は資源に限りがある。再生可能エネルギーは化石燃料を使う火力発電と違い、発電するときなどに地球温暖化の原因となるCO_2をほとんど出さないという利点もある。再生可能エネルギーの対義語は枯渇性エネルギーで、化石燃料やウラン（原子力発電）などの埋蔵資源を指す。

脱炭素社会 地球温暖化の原因のひとつであるCO_2の排出量を全体としてゼロにする社会のこと。化石燃料を火力発電や工場で使わず、再生可能エネルギーへの転換や、やむを得ず出したCO_2は植林などで吸収するか、地中に埋めて外に出さないなどの取り組みがある。2050年の「実質ゼロ」に向けて、日本をはじめ各国は、CO_2削減の目標値を表明している。

実質ゼロ やむを得ずCO_2を排出しても、植林などを行ってCO_2を吸収させるなどしてプラスマイナスをゼロにすること。「カーボンニュートラル」ともいう。

2030年度の日本の電源構成の目標

				原子力	再生可能エネルギー
2019年度（実績）	天然ガス 37%	石炭 32%	石油 7%	6%	18%

火力76% ／ 脱炭素電源24%

				3%	
2030年度目標（2015年策定）	27%	26%		20〜22%	22〜24%

火力56% ／ 脱炭素電源44%

				2%	水素・アンモニア1%程度
2030年度新たな目標	20%	19%		20〜22%	36〜38%

火力41% ／ 脱炭素電源59%

洋上風力発電は海中の生物や漁業などへの影響がわかっていません

2022年12月、秋田洋上風力発電が建設した日本で初めての大規模な洋上風力発電所が、秋田県の能代港（能代市）で営業運転を開始しました。23年初頭には、2カ所目の洋上風力発電所も秋田港（秋田市）で動き出しました。2カ所を合わせた洋上風力発電33基の規模は計14万キロワットで、一般家庭約13万世帯分の電気がまかなえるといいます。

秋田県は、北海道や青森県と並ぶ国内有数の洋上風力の適地です。環境省などによると、秋田沖は年間の平均風速がおおむね毎秒6.5〜8.5メートル。適地の目安のひとつとされる毎秒7メートル以上を満たす場所が多く、風向きも比較的安定しているといいます。

経済産業省によると、21年度の総発電量に占める再生可能エネルギーの割合は20.3％。内訳は太陽光がもっとも多い8.3％で、風力は陸上を含めてもまだ0.9％にすぎません。

日本の国土面積あたりの太陽光の導入容量はすでに主要国の中でもトップクラスで、大規模な適地にはほぼ導入済みです。電源構成の再生可能エネルギー比率を拡大するという政府の目標を達成するためには、洋上風力発電の拡大が不可欠です。

そこで政府は洋上風力を再生可能エネルギーの「切り札」に位置づけ、「海洋再生可能エネルギー発電設備の整備に係る海域の利用の促進に関する法律」（再エネ海域利用法）をつくりました。各地の港湾や漁港などを除いた「一般海域」と呼ばれる沖合の利用ルールを定めたもので、選ばれた発電事業者は最大30年間にわたって海域を使えます。

洋上風力発電の計画は全国に広がりつつあります。とはいえ、洋上風力発電には、建設中や稼働後における海中の生物や漁業への影響が詳しくわかっていないという課題があります。一方で、洋上風力発電機の基礎部分に海藻などがついて魚などが居着くことへの期待もあります。

秋田洋上風力発電では稼働後も、風車の稼働による音や、海の生き物への調査を行うことにしています。

洋上風力発電の候補地

再エネ海域利用法に基づく公募に向けた候補地。
この他にも11カ所が「一定の準備段階」にある

【秋田県】
八峰町・能代市沖 ⑤
能代市・三種町・男鹿市沖 ②
男鹿市・潟上市・秋田市沖 ⑦※
由利本荘市沖（北側・南側）③

【山形県】
遊佐町沖

【長崎県】
西海市江島沖 ⑥※
五島市沖 ①

【青森県沖】
日本海（北側）
日本海（南側）

【新潟県】
村上市・胎内市沖 ⑧※

【千葉県】
銚子市沖 ④
九十九里沖※
いすみ市沖

● 促進区域
● 有望な区域

①〜④は公募済み、⑤〜⑧は公募中
※は2022年度に新たに指定・整理した区域

上・能代港湾に並ぶ洋上風力発電の風車（22年12月22日撮影）。
下・海上から洋上風力発電の風車を仰ぎ見たところ。巨大さがよくわかる（22年12月6日撮影）。

参院選、安倍元首相銃撃、円安などがよくわかる

2022年は第26回参議院議員通常選挙（参院選）が行われ、自民党が勝利しました。参院選での応援演説中に自民党の安倍晋三元首相が銃撃され死亡した事件は、世界に衝撃を与えました。また、約32年ぶりに1ドル＝150円台という円安を記録。西九州新幹線が開業し、大谷翔平選手が偉大な記録を樹立しました。日本の「今」を知っておきましょう。

第26回参院選が行われました

2022年7月10日に第26回参院選が行われ、自民党が全国に32ある1人区で28勝し、全体でも8議席増やし63議席を獲得して勝利しました。ここでは、参院選での争点と参院選の意義についてまとめました。

↑当選確実となった候補者の名前に花を付ける自民党の岸田文雄首相（右）と高市早苗氏（22年7月10日撮影）。

物価高対策などが争点となり、自民党が勝利しました

参院選では35人の女性が当選し、参院での女性議員は64人とこれまでで一番多くなりました。しかし、参院の全議員248人に占める割合は26%にすぎません。

今回の参院選の主な争点は、ウクライナ危機（P6）などをきっかけにした物価の値上がりへの対応でした。岸田文雄首相は、経済対策を進めるためにも与党が力を持つことが重要だと説明しました。自民は、防衛予算の増額や憲法改正、原発の再稼働を進めていくことなども訴えました。

野党は、岸田政権の物価高対策を「不十分」と批判し、消費税率を一時的に引き下げたり、国民一人ひとりに10万円を配ったりすることなどを提案しました。しかし、野党は互いに候補者の調整ができず、与党の候補にバラバラに挑むケースが目立ちました。21年の衆議院議員選挙では、選挙協力した立憲民主党と共産党が議席を減らす一方で日本維新の会などが議席数を増やし、野党間の主導権争いが激しくなったことなどが影響したと考えられます。これにより、自民と公明党の与党に押し込まれた野党が負ける選挙区が目立ちました。

憲法改正も話題になった今回の参院選では、与党に加え、改憲論議に積極的な維新と国民民主党も合わせると、非改選を含めて改憲発議に必要な3分の2の議席を上回っています。岸田首相は「（憲法改正について）議論をリードしたい」と話しています。

衆議院と参議院の勢力図 （）内はそのうちの女性議員の数

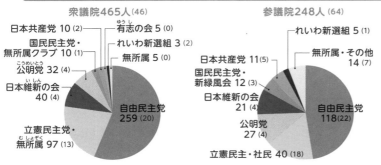

衆議院465人(46)

- 日本共産党 10 (2)
- 有志の会 5 (0)
- 国民民主党・無所属クラブ 10 (1)
- れいわ新選組 3 (2)
- 公明党 32 (4)
- 無所属 5 (0)
- 日本維新の会 40 (4)
- 自由民主党 259 (20)
- 立憲民主党・無所属 97 (13)

参議院248人(64)

- れいわ新選組 5 (1)
- 無所属・その他 14 (7)
- 日本共産党 11 (5)
- 国民民主党・新緑風会 12 (3)
- 日本維新の会 21 (4)
- 公明党 27 (4)
- 自由民主党 118 (22)
- 立憲民主・社民 40 (18)

※人数について、衆議院は23年1月5日現在の衆議院公式サイト「議員情報 会派名及び会派別所属議員数」、参議院は22年8月2日現在の参議院公式サイト「議員情報 会派別所属議員数一覧」による。

参院選は「中間評価」の意味合いが強い選挙です

参院選は、どの政党に政権を託すかを選ぶ衆院選とは少し性質が違います。参議院議員の任期は6年で、定数の半数が3年ごとに改選されます。衆議院と違って参議院には解散がないので、国会議員から選ばれている内閣総理大臣がきちんと仕事をしているかどうかを国民が定期的に採点する「中間評価」の意味合いが強いといえるでしょう。

国会は、議員の数が多い党が有利になるしくみがあります。質問がたくさんできたり、国会の進め方をめぐる発言力が強くなったりします。また、仮に首相が率いる与党が参議院で過半数を割れば、衆議院と参議院で多数派が逆転してしまいます。その場合、与党は法律を作るために参議院で野党の協力をあおぐことが欠かせなくなります。与党にとっては、衆議院と参議院の両方でできるだけ多くの議員を抱えることが、思いどおりに政治を動かす力になります。

参院選で問われた課題は、政府・与党の提案に基づき、国会で法律が作られたり予算が組まれたりします。本来、野党は、与党が提出した法案などをチェックする役割を担います。しかし、最近はこうしたチェック機能が弱まっているとの見方もあります。与党の政策を批判するより、一緒になって制度を作ることに力を入れる野党も出てきました。

政治に対する国民の関心が低ければ、与党も野党も困難な問題は先送りしたいのが本音です。国民の関心の高さを示す投票率は、第26回参院選では52.05％で、第25回参院選（19年）の48.80％を上回りました。18、19歳の投票率は35.42％と第25回参院選の32.28％よりは上ですが、18歳以上が投票可能になって初めて行われた第24回参院選（16年）の46.78％には届きませんでした。まずは私たちが、選挙でしっかりと意思表示をすることが大切です。

憲法改正　日本国憲法を改正するには、衆議院と参議院それぞれの総議員の3分の2以上の賛成で国会が発議し、さらに国民投票で過半数が賛成する必要があると憲法96条に定められている。国民投票について定める「日本国憲法の改正手続に関する法律」（国民投票法）は2010年5月に施行され、投票年齢については満18歳以上の者としている。また、21年6月11日に成立した改正国民投票法は、大型商業施設への共通投票所の設置などが定められている。

内閣総理大臣　内閣の首長である国務大臣。首席（トップ）の大臣という意味から、普通は「首相」と呼ばれる。国会議員の中から指名され、天皇が任命する。首相の主な仕事は、国の方針を決め、外国の大統領や首相と話し合い、自衛隊を指揮することなど。

政党交付金　政党助成法に基づき、政党要件を満たして交付を申請した政党に政治資金を出すしくみ。国民が1人当たり年250円を負担する計算で税金から支出され、その党に所属する国会議員の数や、選挙の得票数に応じて配分される。なお、制度に反対する共産党は申請をしていない。

衆議院と参議院

衆議院		参議院
任期が短く、解散があるから、国民の意見を反映しやすい	特徴	任期が長いので、問題をじっくり話し合える
465人 小選挙区選出 289人 比例代表選出 176人	議員定数	248人※2 選挙区選出 148人 比例代表選出 100人
4年 任期途中で解散があれば、その時点で終了	任期	6年 3年ごとに半数が選挙で入れ替わる
あり	解散	なし
18歳以上	選挙権	18歳以上
25歳以上	被選挙権※1	30歳以上

※1　選挙に立候補できる権利。

※2　2018年7月に成立した「改正公職選挙法」によって参院議員の定数が6増に。参議院の定数増は48年ぶり。

Check!「政党要件」とは？

参院選中、旧社会党の流れをくむ「護憲」政党の社民党が「政党要件」を維持できるかが話題となりました。

公職選挙法で国政政党と認められるには、5人以上の国会議員がいるか、直近の衆院選か参院選で有効投票の2％以上の得票が必要です。国政政党にならないと政党交付金がもらえなかったり、衆院選で重複立候補ができなくなったりします。第26回参院選では当選したのは福島瑞穂党首1人で、衆院議員を合わせて2人しか国会議員がいませんが、比例区で得票が有効投票の2％を超えたため政党要件を満たし、国政政党に踏みとどまりました。

安倍元首相が銃撃されました

2022年7月8日、奈良市の街頭で参議院議員選挙の応援演説中だった安倍晋三元首相（67歳）が、銃で撃たれ死亡しました。手製の銃で、警備の手薄な背後から安倍元首相に近づいて発砲した山上徹也容疑者は、その場で逮捕されました。

↑安倍元首相の国葬が行われた日本武道館（東京都千代田区）（22年9月27日撮影）。

容疑者の動機は宗教団体への恨みとされています

山上容疑者は「宗教団体に恨みがあり、安倍元首相がその宗教団体とつながりがあると思った」と動機を供述しているそうです。政治家の政策や政治姿勢に反感を持ったのではなく、個人の恨みによる犯行とのことです。山上容疑者は、23年1月13日に殺人などの罪で起訴され被告となりました。

この宗教団体とは、韓国で創設された世界平和統一家庭連合（旧統一教会）のことです。1980年代から90年代にかけて、つぼや印鑑などを高額で買わせる霊感商法などが問題となりました。91年に入信した山上被告の母は、土地を売るなどして1億円以上の献金をしたといいます。母が自己破産して貧しさに苦しんだ山上被告は、この宗教団体によって人生を壊されたという強い恨みを持っていたとみられます。なお、宗教団体のほかにも、法人・団体からの悪質な寄付の勧誘を規制するとともに、被害回復をしやすくする「法人等による寄付の不当な勧誘の防止等に関する法律」が、2023年1月から施行されています。

山上被告の恨みが安倍元首相に向かった理由には、この宗教団体と関係の深い団体が催した大会に安倍元首相がお祝いのビデオメッセージを出していたことなどがあるとみられています。

宗教団体は政治家とのつながりにより信用を得るなどのメリットがあり、政治家は票や選挙運動の手伝いが得られるなどのメリットがあるため、特定の宗教団体とつながりがある政治家は少なくありません。日本国憲法は政教分離の原則を定めており、政治家の支援が特定の宗教団体の勢力拡大につながることは、好ましくないと指摘する声もあります。

第2次世界大戦終結後（1945年〜）の主な要人殺害・暗殺事件

年	国	要人	どんな人か
1948	インド	マハトマ・ガンジー氏	「非暴力、不服従」でイギリスからの独立を実現したインド建国の父
1960	日本	浅沼稲次郎氏	当時の社会党委員長（P86）
1963	アメリカ	J.F.ケネディ大統領	アフリカ系アメリカ人の公民権法案を議会に提出するなど人種差別廃止に貢献（P66）
1968	アメリカ	キング牧師	非暴力主義を貫いたアフリカ系アメリカ人公民権運動指導者
1979	韓国	朴正熙大統領	約30年間にわたって「漢江の奇跡」と呼ばれる韓国の高度経済成長を実現
1981	エジプト	サダト大統領	1977年にアラブ首脳としてイスラエルを初訪問、平和条約を締結しノーベル平和賞受賞
1984	インド	インディラ・ガンジー首相	インド初の女性首相。インド初代首相ネール氏の娘
1995	イスラエル	イツハク・ラビン首相	パレスチナ解放機構（PLO）をパレスチナの自治政府として承認、ヨルダンとの平和条約に調印。ノーベル平和賞受賞
2007	日本	伊藤一長長崎市長	被爆地の市長として核兵器の廃絶運動を行う
2007	パキスタン	ベナジル・ブット元首相	イスラム諸国家における初の女性首相
2022	日本	安倍晋三衆議院議員	第90・96・97・98代首相。通算在職日数3188日は憲政史上（1890年以降）最長（P63）

政教分離の原則 国家や自治体は宗教と結びついてはならないとする原則（日本国憲法20条1項後段及び3項、89条）。戦前に国家と神道が結びついた反省に立ち、個人の思想・信条の自由や信教の自由を守るための制度であって、政治に格差是正を求めたりするなどの宗教団体の政治的活動を妨げるものではないとされる。

Check! 暗殺と殺害はどう違う？

暗殺とは「[おもに政治上・思想上の対立などから]ひそかにねらって殺すこと」を指し、殺害は「[人を]殺すこと」をいう。安倍元首相殺害は個人の恨みによる犯行なので、新聞などでは「殺害」と表記されている。

参考資料：三省堂国語辞典第7版

安倍元首相の葬儀を「国葬」としたことには批判もあります

　安倍元首相の葬儀は、「国葬」として2022年9月27日に日本武道館（東京都千代田区）で執り行われました。国葬は国が主体となって行う葬式で、費用は国の予算から支出されます。内閣府によると、安倍元首相の国葬には海外218の国・地域・国際機関からの要人を含む4183人（速報値）が参列しました。また、警備や要人警護のため、最大で約2万人の警察官が動員されました。政府の発表によると、安倍元首相の国葬にかかった費用は式典経費や警備費、海外要人の接遇費などを含めて合計約12億円（概数値）です。

　国葬に反対した共産党の志位和夫委員長、社民党の福島瑞穂党首は欠席しました。立憲民主党の泉健太代表は、「国葬の法的根拠や費用などの問題が解消できていない」として党執行部9人の出席を見送っています。

　首相経験者の国葬は、1967年の吉田茂氏以来戦後2例目です。安倍元首相の葬儀を国葬とした理由について、岸田文雄首相は「我が国は暴力に屈せず、民主主義を断固として守り抜くという決意を示していく」としました。また、国内外から幅広い哀悼・追悼の意が寄せられたことなども踏まえたとしています。

　第2次世界大戦前には「国葬令」がありましたが、対象や形式などを直接定めた法令がないのに（2023年1月19日現在）、安倍元首相の葬儀を国葬として行ったことが問題となっています。

　岸田首相は、国の儀式は内閣府が行う事務だと定めた内閣府設置法を根拠としましたが、同法施行以降で行われた「国の儀式」は天皇の国事行為以外に例がありません。また、岸田首相は政府要人などの死去に伴う葬儀に各

国の政府要人らが出席する機会を利用して展開する「弔問外交」の意義も強調しました。安倍元首相の国葬に、海外からはアメリカのハリス副大統領やインドのモディ首相、オーストラリアのアルバニージー首相、シンガポールのリー・シェンロン首相らが参列し、会談を行っています。

　しかし、00年の小渕恵三元首相の「内閣・自民党合同葬」にはアメリカのクリントン大統領や韓国の金大中大統領ら156の国・地域の当時の首脳や駐日大使らが参列しています。「国葬」と弔問外交の間には、直接の関係はないともいえるでしょう。

首相経験者の主な葬儀の形式

	葬儀の実施年月 （死去した年月）	葬儀の形式	特徴
池田勇人氏	1965年8月 （同年8月）	自民党葬	自民党が主催
吉田茂氏	67年10月 （同年10月）	国葬	政府が主催。費用は全額国費で負担
佐藤栄作氏	75年6月 （同年6月）	国民葬	政府、自民党、国民有志による共催。費用は一部国費負担
岸信介氏	87年9月 （同年8月）	内閣・自民党合同葬	政府と自民党による共催。費用は一部国費負担
田中角栄氏	93年12月 （同年12月）	自民党・田中家合同葬	自民党と田中家による共催
中曽根康弘氏	2020年10月 （2019年11月）	内閣・自民党合同葬	政府と自民党による共催。費用の一部、約7959万円を国費で負担。近年の首相経験者では主流の形式

Check！　国葬の弔砲、なぜ19発？

　安倍元首相の国葬では、自衛隊が弔意を示すために大砲で空砲を19発撃った。この「弔砲」が19発だった根拠として、防衛省は「栄誉礼等及び礼砲の実施要綱について」と題して防衛相が各幕僚長に出した通達を挙げる。海外からの賓客が訪問した場合に儀式上必要なときに自衛隊が礼砲を行うとされ、「首相その他の国賓」は「19発」、「閣僚、陸海空軍大将」は「17発」、「国旗、元首」は「21発」を3〜5秒間隔で1発撃つことと定められている。

約32年ぶりの円安を記録

2022年10月20日、アメリカの通貨であるドルに対する日本の円の価値が下がり、1ドルが150円台になりました。戦後最高値の1ドル＝75円32銭をつけた11年に比べ、ドルに対する円の価値は半分になったことになります。その理由を探りました。

↑一時、「1ドル＝150円台」をつけた為替相場を表示するモニター（22年10月20日撮影）。

日本とアメリカの金利の差が広がったことが原因です

円の価値が、外国の通貨と比べて上がることを「円高」、下がることを「円安」といいます。

22年10月に1ドル150円台と1990年8月以来約32年ぶりの円安ドル高となった原因は、日本とアメリカの金利の差が広がったことにあります。日本もアメリカも景気がよくないために、金利をゼロに近いところまで下げたままにする金融緩和政策を長くとっていました。金利が低いとお金を借りる人が増えて景気がよくなり、物価が上がります。アメリカの物価が上昇したため、アメリカの中央銀行（国家や一定地域における金融の中心となる銀行）である連邦準備制度理事会（FRB）は22年3月、金利を上げて物価を抑える政策にかじを切ったのです。

一方、22年10月の時点では日本銀行（日銀）は超低金利政策を変えていなかったので、アメリカと日本の金利差が広がりました。

金利の高いところでお金を運用したほうがもうかるため、ドルを持ったほうが金利収入をたくさん得られます。そこで、円を売ってドルを買う動きが強くなり、円の価値が下がったというわけです。

円安になると、輸出先でモノの価格が下がりますが、輸入品の値段は上がります。日本が輸入に頼るガソリンや小麦粉など、さまざまな商品の値段が上がりました。

国が借金のために発行する「国債」のうち、返済期間が10年のものの利回りが長期金利の指標になっています。日銀は22年12月に長期金利の上限を、0.25％程度から0.5％程度に引き上げました。

日銀が事実上金利を上げたことによって日本とアメリカの金利差が縮まったことにより、23年1月3日には1ドル＝129円台まで円高となっています。

円安のメリット、デメリット

円高	
1ドル＝100円	

ドルに対して円の価値が下落

↓

円安	
1ドル＝150円	

円安のメリット
- 輸出先でのモノの価格が下がる
- モノが売りやすくなって輸出企業にはプラス
- 訪日観光客を呼び込みやすくなる

円安のデメリット
- 輸入するモノの価格が上がる
- 輸入企業にマイナス
- エネルギー関連や食品の値上げなど家計に負担
- 海外旅行が割高になる

金利 お金を貸したり借りたりするときの利子の割合のこと。利子は、お金を借りる側が貸す側にお礼として払うお金。金利が高くなると銀行などからお金を借りようとする人が減って景気が悪くなり、金利が低くなると借りようとする人が増えて景気がよくなる。各国の中央銀行は金利を上げ下げして、景気を調節している。

金融緩和 中央銀行が景気がよくなるよう促すために実施する政策。景気が悪いときは金利を下げたり、資金の供給量を増やしたりすることで、投資や消費などの経済活動を促す。これに対して、中央銀行が景気の過熱や物価上昇を抑制するために金利を引き上げるなどして市場での通貨供給量を減らし、投資や消費などの経済活動を抑制することを金融引き締めという。

日本銀行 日本の中央銀行。「発券銀行」（日本銀行券［お金］を独占的に発行）、「銀行の銀行」（民間の銀行にお金を貸したり、民間の銀行からお金を預かったりする）、「政府の銀行」（政府の資金を管理し、国債の発行事務などを行う）などの業務を行う。

西九州新幹線が開業しました

佐賀県の武雄温泉駅と長崎県の長崎駅を結ぶ西九州新幹線が、2022年9月23日に開業しました。全長66キロメートルは、新幹線としては全国で最短です。在来線と乗り継ぐ博多―長崎の所要時間は最速1時間20分と、従来より30分ほど短縮されました。

武雄温泉―長崎の間には佐賀県の嬉野温泉、長崎県の新大村、諫早の駅があります。建設費は6197億円で、国と両県などが負担します。施設を国側から借りるJR九州も、線路などの使用料として年5.1億円を30年間、国側に対して支払います。

西九州新幹線は、整備新幹線事業に基づくものです。整備新幹線とは、全国新幹線鉄道整備法に基づき、1973年に基本計画から整

西九州新幹線

九州新幹線 鹿児島ルートとはまだつながっていない

未整備区間 約50キロメートル

全長66キロメートルは全国の新幹線で最短！

今回開業した区間 66キロメートル

博多 / 在来線 / 福岡県 / 新鳥栖 / 佐賀県 / 武雄温泉 / 江北 / 肥前鹿島 / 在来線 / 佐世保市 / 嬉野温泉 / 新大村 / 九州新幹線 / 諫早 / 長崎県 / 長崎

↑長崎駅を出発した西九州新幹線の一番列車「かもめ2号」（22年9月23日撮影）。

備計画に引き上げられた5路線を指します。5路線は北海道（新青森―札幌。新青森―新函館北斗は完成）、東北の延長（盛岡―新青森＝完成）、北陸（東京―金沢―新大阪。東京―金沢は完成）、九州・鹿

児島ルート（博多―鹿児島中央＝完成）、九州・西九州ルート（博多―長崎。武雄温泉―長崎が今回完成）です。

北陸の延伸計画に対しては、一部で反対の声もあります。

大谷翔平選手が1シーズンでの2桁勝利、2桁本塁打を達成！

2022年8月9日、アメリカのメジャーリーグ（大リーグ）・エンゼルスの大谷翔平選手がアスレチックス戦に「2番・投手兼指名打者」で先発出場し、6回無失点で10勝目を挙げました。さらに25号本塁打も放ち、1918年のベーブ・ルース以来104年ぶりとなる「1シーズンでの2桁勝利、2桁本塁打」を達成しました。シーズン終了時には、近代大リーグで初めて投手、打者ともに規定数（投球回、打席）にも達しました。

大谷選手の投打での活躍により、22年3月には大リーグのルールも変わりました。それまで打順

に入った先発投手が交代した後はどこかの守備につかないと打席に立てませんでした。22年からは、守備につかず打つだけの指名打者として出場を続けられるようになりました。これは、アメリカでも「大谷ルール」と呼ばれています。

23年3月には、野球の国際大会の「第5回ワールド・ベースボール・クラシック」（WBC）が開催されます。日本代表「侍ジャパン」のメンバーとして大谷選手も選ばれており、さらなる活躍が期待されています。

→ アスレチックス戦で力投するエンゼルスの大谷翔平選手（22年8月9日撮影）。

Check! ベーブ・ルースってどんな人？

1895年生まれ。1914年に19歳でレッドソックスに投手として入団。18年に投手として13勝7敗、打者として11本塁打で、2桁勝利、2桁本塁打を達成。20年にヤンキースへ金銭トレード。大リーグ在籍22年間で本塁打は714本、投手としては94勝46敗の成績を残し、48年に53歳で亡くなった。

ニュースのことば

【 フェムテック 】

→

月経や妊娠・出産、更年期といった女性が直面する心身の悩みに寄り添い、技術の力で解決をめざす商品やサービスを「フェムテック」といいます。急速に市場規模が拡大し、大手百貨店や家電量販店などに売り場が次々と登場しています。なぜ、これほど盛り上がっているのでしょうか?

技術の力で女性の健康課題を解決する商品やサービスのことです

フェムテックとは、「フィメール（女性）」と「テクノロジー（技術）」を組み合わせた造語です。月経を記録・管理するアプリや、ハイテク繊維を使った吸水ショーツ、月経痛の緩和に使われるピル（薬）のオンライン処方サービス、出産や加齢によって緩むとされる骨盤底筋をトレーニングでひきしめる道具など、フェムテックにはさまざまな商品やサービスがあります。女性の社会進出やジェンダー平等が進む中で、女性の心身の健康課題を解決するための選択肢を増やし、自分らしいライフプランの実現を手助けするものとして、2016年ごろから欧米で広がっています。

日本でもここ数年、フェムテック市場が急成長しています。矢野経済研究所の調査では、国内のフェムテック市場の規模は701億円（22年見込み）で、3年間で2割増えました。20年には「フェムテック振興議員連盟」も誕生。もともとスタートアップなど中小企業が多かった分野ですが、政府の後押しを受けて大手企業の参入も進んでいます。最近では、インターネット上はもちろん、大手百貨店や家電量販店にも商品が並び、身近な存在になっています。

世界でフェムテックが広がっている背景には、コロナ禍の影響もあります。体調を崩した人、DV（配偶者、恋人などからの暴力）や性被害にあった人が増え、「体や性に関することは自分自身で決めたい」「自分の体に関心をもって健やかに過ごしたい」という女性たちの願いがフェムテックの需要につながっているといいます。これまで、体や性の悩みは「個人的なこと」「がまんして当然」と思われがちでしたが、フェムテックはこうした価値観を変えて、女性の選択肢を増やします。一時的なビジネスのブームで終わらせず、女性がよりよく生きられる社会づくりに生かしていきましょう。

ライフステージにあわせて選ぶ

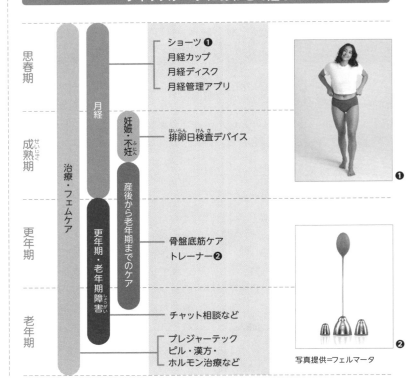

ライフステージ			
思春期	月経	治療・フェムケア	ショーツ❶／月経カップ／月経ディスク／月経管理アプリ
成熟期		妊娠・不妊	排卵日検査デバイス／産後から老年期までのケア
更年期	更年期・老年期障害		骨盤底筋ケアトレーナー❷
老年期			チャット相談など／プレジャーテック／ピル・漢方・ホルモン治療など

写真提供＝フェルマータ

テレビや新聞で見るニュースには、わからないことばがいっぱいあります。ここでは、2022年に話題になったニュースの中から、知っておきたいキーワードをピックアップしてまとめました。

【NFT】
エヌ エフ ティー

↓

デジタル上のデータや作品などに「本物」であるとの証明書をつけて売買する「NFT」。ツイッターの最初の投稿が約3億円、画面上のアート作品が約75億円など、NFTの登場で複製が簡単なはずのデータが高値で取引されるようになりました。NFTとはどのようなものでしょうか？

デジタル作品を「1点モノ」にする技術。75億円で落札作品も

従来のデジタルデータは簡単に複製や改ざんができるため、データそのものに希少な価値はありませんでした。そうした「ただのデータ」を価値ある「1点モノ」に変えたのがNFT（Non Fungible Token）です。日本語では「代替不可能なトークン」と訳されます。

NFTは、あるデジタルデータが本物かどうか、所有者が誰なのかが客観的にわかる証明書のようなものです。ビットコインなどの暗号資産（仮想通貨）と同様にブロックチェーン（分散型台帳）と呼ばれる技術で管理します。ブロックチェーンとは暗号技術で守られた、誰でもアクセスできる台帳のようなもの。ここに作品や保有者の情報を書き込むことで履歴が記録され、複製や改ざんが難しくなります。

売買は「マーケットプレース」と呼ばれる交換サイトで暗号資産を使って行われます。ツイッターの共同創業者のジャック・ドーシー氏が2006年に世界で初めて投稿したツイートが約3億円、米国のアーティスト・Beepleのアート作品が約75億円で落札され、話題を集めました。アートやゲーム、音楽はもちろん、漫画やプロスポー

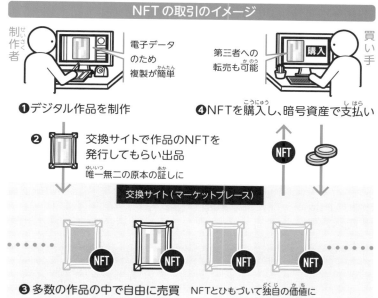

NFTの取引のイメージ

制作者　電子データのため複製が簡単

買い手　購入　第三者への転売も可能

❶デジタル作品を制作

❷ 交換サイトで作品のNFTを発行してもらい出品
唯一無二の原本の証しに

❹NFTを購入し、暗号資産で支払い

交換サイト（マーケットプレース）

❸多数の作品の中で自由に売買　NFTとひもづいて独自の価値に

ツの動画なども取引され、新たなビジネスとして注目されています。

新技術だけに、課題も多くあります。インターネット上にある第三者のアート作品を無断で複製した「盗品」が出品される事態が相次ぎ、著作権をめぐってトラブルになっているほか、詐欺にあった購入者が補償を受けられないケースも。また、転売で利益を得ようとする投機的な取引が過熱し、不当に価格がつり上げられる危険性もあります。法令の整備や不正を検知するシステムの導入など、出品者も購入者も安心して売買するための対策が急がれています。

暗号資産（仮想通貨）　インターネット上でやりとりされる、通貨のような機能をもつ電子データのこと。偽造できないとされるデータ（暗号）を使っている。ビットコインやイーサリアムなど多数の種類がある。価格は需給や国際情勢などによって変動し、値動きが激しい。もうけをねらって投資している人も多い。

【雇い止め】

2023年3月以降、大学や研究機関などの任期付き研究者が大量に「雇い止め」されるかもしれないと問題になっています。科学技術の研究が実を結ぶまでには長い年月を要し、雇い止めで研究を続けられなくなると成果につながりません。科学技術力の低下や「頭脳流出」が懸念されています。

日本の科学技術力、国際競争力が危機に瀕しています

契約期間の終了をもってそれ以上の契約をしない「雇い止め」の背景にあるのが、2013年に施行された改正労働契約法です。1年契約などの有期雇用で働く人が契約更新を重ねて通算5年を超えると、定年まで働ける無期雇用に移れる「5年ルール」が導入されました。不安定な働き方を減らすためのルールで、権利を得た労働者が無期雇用への転換を希望すれば雇う側は拒めません。

研究者の場合は、特例として5年ではなく10年とする「10年ルール」とされています。文部科学省の調べでは、23年3月末で有期雇用の期間が10年となる研究者は国立大学だけで3099人。ところが、この権利を手に入れる直前で多くの研究者が契約を打ち切られています。国からの補助金が減って経営が苦しくなる中、大学が無期雇用になる人を減らそうと期限の10年が来る前に大量の雇い止めを行っているのです。日本の科学技術をリードする理化学研究所では職員の8割が有期雇用で働いていますが、23年3月末に200人以上が雇い止めになります。

有期雇用の期限切れは続々と発生するので、研究者の大量雇い止めは23年3月以降も続きます。雇い止めになって再就職を望んでも、他の大学や研究機関のポストは限られていてなかなか次の職は見つかりません。職を求めて研究者が海外に渡る「頭脳流出」も問題になっています。近年では、中国が巨額の研究費を投じて多数の日本人研究者を引き抜いています。

研究者の大量雇い止めや頭脳流出が影響し、日本の科学技術力ははっきりと後退しています。科学技術力は論文数が指標になりますが、注目度の高い科学論文数の世界ランキングで日本は約20年間で4位から12位に下落。これ以上、国際競争力を低下させないためにも、安心して研究を続けられる雇用の確保が大切です。

注目度の高い科学論文数の順位

文部科学省の資料から。ほかの論文に引用された回数が各分野で上位10%に入る論文の数

1998年～2000年平均	論文数（本）
1位 米国	30710
2位 英国	6071
3位 ドイツ	4991
4位 日本	4369
5位 フランス	3609
6位 カナダ	2842
7位 イタリア	2128
8位 オランダ	1814
9位 オーストラリア	1687
10位 スペイン	1398
：	
13位 中国	1217

2008年～2010年平均	論文数（本）
1位 米国	36910
2位 中国	9011
3位 英国	7420
4位 ドイツ	6477
5位 フランス	4568
6位 日本	4369
7位 カナダ	4078
8位 イタリア	3450
9位 オーストラリア	2941
10位 スペイン	2903

2018年～2020年平均	論文数（本）
1位 中国	46352
2位 米国	36680
3位 英国	8772
4位 ドイツ	7246
5位 イタリア	6073
6位 オーストラリア	5099
7位 インド	4926
8位 カナダ	4509
9位 フランス	4231
10位 スペイン	3845
11位 韓国	3798
12位 日本	3780

2022年のできごと

1 January >>> 2 February >>> 3 March

1 January

●4日　トヨタ、米国での販売が初の首位
2021年のアメリカ合衆国（米国）での新車販売台数でトヨタ自動車が米ゼネラル・モーターズ（GM）を上回り、初めて年間首位になった。GMは1931年に米フォード・モーターを抜いて以来90年守っていたトップの座を譲った。

●5日　北朝鮮、日本海に向けて弾道ミサイル
北朝鮮は、変則的軌道で迎撃を困難にさせる「極超音速ミサイル」と称する短距離弾道ミサイルを発射。2022年中に北朝鮮が撃った弾道ミサイルは約70発に及び、これまでの発数を大きく上回った。

●8日　デジタル教科書、全小中学校に提供へ
紙の教科書をデータ化した外国語（英語）のデジタル教科書が2022年度から全小中学校に無償で提供されることに。2024年度の本格導入に向けた実証事業。

●15日　受験生ら刺傷、高2逮捕
午前8時35分ごろ、大学入学共通テストの会場となっていた東京大学前の路上で、共通テストを受験しにきた高校生2人と男性が相次いで背中を刺された。警視庁は殺人未遂容疑で高校2年生の少年を現行犯逮捕した。

事件現場となった東京大学前の路上では、大学入学共通テストが実施されるなか、警視庁による鑑識活動が行われた

●15日　海底火山噴火、トンガに津波
南太平洋のトンガ諸島沖で午後1時10分ごろ（日本時間）、大規模な火山噴火が起きた。噴火したのは首都ヌクアロファから北に60kmあまり離れた海底火山で、トンガ国民の大半が被災。噴火による津波が発生し、日本でも警報が出た。

●19日　2021年の訪日客最少24.5万人
日本政府観光局は、2021年の訪日外国人客（インバウンド）が24万5900人（推計値）だったと発表した。新型コロナウイルスの感染拡大による入国制限が影響し、コロナ前の19年と比べて99.2％減った。

●26日　大学入学共通テスト、問題流出
大学入学共通テスト初日に、世界史Bの試験中、何者かが問題を電子機器などで撮影して外部にいる大学生に送り、解答を得た疑いがあることがわかった。27日に容疑者が母親に付き添われて警察に出頭した。

2 February

●4日　母の名記さず出生届提出　内密出産へ
熊本市の慈恵病院は、匿名を希望して出産した西日本の10代女性の赤ちゃんについて、母親の名前を記さず出生届を出す国内初の内密出産に踏み切る意向を表明。

●4日　北京冬季五輪、開幕
第24回冬季オリンピック競技北京大会が、午後8時からの開会式で開幕した。

開会式で入場行進する日本選手団。この大会で日本は冬季五輪で最多となる金メダル3個、銀メダル6個、銅メダル9個を獲得した

●11日　ロシア選手、ドーピング検査陽性
国際検査機関（ITA）は、北京冬季五輪フィギュアスケート団体で優勝したロシア・オリンピック委員会（ROC）のカミラ・ワリエワ選手がドーピング検査で陽性と発表。その後、スポーツ仲裁裁判所が女子シングルへの出場を認めたが、4位に終わった。

●12日　藤井聡太竜王、最年少で五冠
将棋の藤井聡太竜王が、第71期王将戦7番勝負の第4局で渡辺明王将（名人・棋王と合わせ三冠）に勝ち、対戦成績4勝0敗でタイトルを奪取した。王位と叡王、棋聖も保持する藤井竜王は、史上4人目の五冠を19歳6カ月の最年少で成し遂げた。

●20日　医学部合格率、女性が上回る
全国に81ある国公私立大の医学部医学科の2021年度入試で、女性の合格率が13.60％となり、男性を0.09ポイント上回ったことが、文部科学省の調査でこの日までにわかった。

●24日　ロシア軍、ウクライナ侵攻
ロシア軍がウクライナへの全面的な侵攻を開始。首都キーウなど各地の軍事施設がミサイル攻撃や空爆を受けたほか、地上部隊も国境を越え、主要都市に迫った。

●25日　米最高裁判事、初の黒人女性指名
米連邦最高裁判所のリベラル派判事が引退表明したことを受け、バイデン米大統領は後任に初の黒人女性で、首都ワシントンの連邦控訴裁のケタンジ・ブラウン・ジャクソン判事を指名すると発表した。

●25日　非難決議案は廃案、国連安保理
国連安全保障理事会はロシアのウクライナ侵攻を批判し、ロシア軍の即時撤退を求める決議案を採決。常任理事国であるロシアが拒否権を行使し、廃案になった。

3 March

●4日　ロシア軍、ウクライナの原発を砲撃
ウクライナの原子力規制当局は、欧州最大級のザポリージャ原子力発電所がロシア軍に占拠されたと発表。ロシア軍の砲撃で火災が発生したが鎮火され、周囲の放射線量に目立った変化はないという。

●4日　北京冬季パラリンピック開幕
ロシアの軍事侵攻が激しさを増すなか、北京冬季パラリンピックが開幕。ロシアとベラルーシの選手は出場が認められなかった。

●7日　原油高騰、13年ぶり高値
ウクライナ侵攻を続けるロシアに対し、米欧がロシア産原油の輸入を禁止する制裁を検討していると明らかになり、原油高がさらに進んだ。米国産原油の価格は2008年7月以来の高値水準に達した。

●9日　韓国、5年ぶり保守政権へ
韓国大統領選で保守系最大野党「国民の力」の尹錫悦前検事総長が当選。朴槿恵政権以来、5年ぶりに保守系へと政権交代する。

大統領選に勝利し、ソウルの韓国国会で記者会見を行う尹錫悦氏

●23日　ゼレンスキー大統領、国会で演説
ウクライナのゼレンスキー大統領が日本の国会でリモートで演説し、日本の援助に対して感謝の意を述べ、日本政府に国連改革やロシアとの貿易禁止も求めた。

●24日　G7「不当な侵略」とロシアを非難
主要7カ国（G7）がブリュッセルで首脳会議を開き、ロシアによるウクライナ侵攻を「不当な侵略」と非難し、「プーチン大統領の責任を追及する」とした共同声明を採択した。

●24日　北朝鮮、ICBM「火星17」発射
北朝鮮が大陸間弾道ミサイル（ICBM）の発射実験をし、日本の排他的経済水域（EEZ）の内側に落下した。北朝鮮は新型の「火星17」だと主張した。

●25日　坂本花織選手、フィギュア世界選手権初優勝
フィギュアスケート世界選手権で坂本花織選手が初優勝。日本女子の優勝は6人目。

●27日　「ドライブ・マイ・カー」アカデミー国際長編映画賞
米ロサンゼルスで発表された第94回米アカデミー賞で、濱口竜介監督の「ドライブ・マイ・カー」が国際長編映画賞を受賞した。

4 April

●1日　成人年齢引き下げ、18歳に
成人年齢が20歳から18歳に引き下げられた。2018年6月に成立した改正民法の施行に伴うもので、すでに18歳に引き下げられた選挙権年齢とあわせ、若者の社会参加を促す狙いがある。

●5日　宇宙飛行士に4127人応募
宇宙航空研究開発機構（JAXA）は2008年以来の宇宙飛行士の募集に対し、過去最多となる4127人の応募があったと発表した。

●7日　小6の6.5%が「ヤングケアラー」と判明
大人の代わりに家族の世話をする「ヤングケアラー」が小学6年生の6.5%（15人に1人）、大学3年生は6.2%（16人に1人）いることが厚生労働省の調査でわかった。

●10日　佐々木朗希投手、完全試合達成
千葉ロッテの佐々木朗希投手が、ZOZOマリンスタジアムであったオリックス戦で完全試合を達成。1994年5月の槙原寛己投手（巨人）以来、28年ぶり16人目の快挙で、20歳5カ月での達成は史上最年少。

●12日　血液型が違う親子間で、生体肺移植に成功
重い肺疾患の女性に、通常は適さない組み合わせとなる血液型の父親から肺を移植する手術が成功したと京都大学医学部付属病院が発表した。京大によると「血液型不適合」の生体肺移植の成功は世界初。

●15日　日本の人口、過去最大64万人減
総務省は、2021年10月1日の人口推計を発表した。外国人も含めた総人口は、前年比64万4千人減の1億2550万2千人で11年連続の減少だった。減少数、減少率ともに比較可能な1950年以降で最大だった。

●19日　全国学力調査、ICT題材ふんだん
小学6年生と中学3年生を対象にした文部科学省の全国学力調査が実施された。教科は国語、算数・数学、理科で、GIGAスクール構想などを背景に、ICT（情報通信技術）を扱った出題が随所に見られた。

●23日　北海道で26人乗組の観光船不明
午後1時13分ごろ、北海道斜里町の知床半島西部沖を航行中の観光船「KAZU I（カズワン）」が「浸水している」と通報があり、連絡が途絶えた。2022年中に乗客乗員計26人のうち20人の死亡が確認された。

海底に沈んだ観光船「KAZU I（カズワン）」は5月26日、作業台船「海進」のワイヤでつり上げられ、海面に姿を現した

5 May

●5日　子どもの数、41年連続で減少
総務省は、4月1日現在の15歳未満の子どもの数が1465万人で、前年より25万人減ったとの推計を公表した。1982年から41年連続の減少で、記録がある50年以降の最少を更新した。

●11日　フィリピン大統領選 マルコス氏が勝利宣言
9日投開票のフィリピン大統領選で、マルコス元上院議員が記者会見を開き、「3100万人の有権者が団結を求めて投票してくれた」と勝利を宣言した。父も約20年間フィリピンの大統領をつとめたが、独裁者として追放された。

●20日　G7、ウクライナへ198億ドル
ドイツのボンで開かれた主要7カ国（G7）財務相・中央銀行総裁会議は、ウクライナへの資金支援として年内に計198億ドル（約2兆5千億円）を出すことを盛り込んだ共同声明を採択した。

●22日　バイデン米大統領が来日
米国のバイデン大統領が就任後初めて来日。安全保障と経済の両面でアジアへの関与を重視する姿勢を打ち出した。23日には日米首脳会談で日米同盟の「拡大抑止」と「対処力」を強化することを確認した。

5月23日に行われた日米首脳会談で握手する岸田文雄首相（右）とバイデン米大統領

●23日　体育の授業は「マスク不要」に
政府は、新型コロナウイルスに関する「基本的対処方針」を変更し、マスクの着用について、体育の授業や、屋内でも人との距離が2m以上確保でき、会話をほとんどしない場合には、着用の必要がないと明記した。

●24日　米国小学校で銃乱射、21人死亡
米テキサス州の小学校で男が銃を乱射する事件があった。地元警察によると、児童19人と教員2人の計21人が死亡。容疑者は地元に住む18歳の男で、現場で警察と撃ち合いになって射殺された。

●24日　「インド太平洋地域に約6.3兆円の支援・投資」確認
日米豪印4カ国（クアッド）による首脳会合が、首相官邸で開かれた。台頭する中国への対抗を念頭に、今後5年間でインド太平洋地域への500億ドル（約6.3兆円）以上の支援や投資と、連携の強化を打ち出した。

6 June

●6日　仲邑菫二段、最年少100勝
囲碁の中学生棋士・仲邑菫二段が13歳3カ月の史上最年少で公式戦100勝目を挙げた。趙治勲名誉名人が1972年5月に達成した15歳11カ月を抜き、50年ぶりの記録更新。10月14日、三段に昇段。

●8日　自立支援「22歳の制限」撤廃 改正児童福祉法成立
虐待や貧困などを理由に児童養護施設や里親のもとで暮らす子どもへの支援について、対象年齢を22歳までとしてきた制限を撤廃する児童福祉法などの改正法が参議院本会議で可決、成立した。都道府県が自立に向けた支援が必要と判断する間は、同じ施設などで暮らせるようにする。

●9日　日本の国連安全保障理事会入り決定
日本の国連安全保障理事会入り（非常任理事国）が決まった。193カ国が加盟する国連総会で投票があり、184カ国から支持を得た。任期は2023年1月から2年間。

●10日　共通テスト、スマホ一斉オフに
2022年1月の大学入学共通テストで、受験生がスマートフォンを使って問題を外部に流出させた事件を受け、大学入試センターは不正防止策を発表。試験開始前に監督者の指示で一斉に電源を切ってかばんに入れさせるほか、イヤホンも使用禁止に。

●15日　こども家庭庁、2023年春に新設
子ども政策の司令塔となる「こども家庭庁」の設置関連法が、参議院本会議で与野党の賛成多数で可決、成立した。子どもの権利を守るための基本理念を定めたこども基本法も同時に成立。こども家庭庁は2023年4月に新設される。

●21日　核兵器禁止条約の初会議、開幕
核兵器の保有や使用を全面的に禁じる核兵器禁止条約の第1回締約国会議がウィーンで始まった。ロシアが「核の脅し」を続けるなか、核兵器が使われることへの強い懸念の声が相次いだ。

唯一の戦争被爆国でありながら条約を批准していない日本政府はオブザーバーとしての参加も見送った

●24日　米最高裁が「中絶禁止」を容認
米連邦最高裁判所は、人工妊娠中絶を憲法で保障された権利として認めた1973年の判決を覆す判断を示した。これに基づき、多くの州で中絶の禁止を含む規制強化への動きが予想される。

7 July >>> # 8 August >>> # 9 September

7 July

●2日　KDDI大規模障害、全面復旧に86時間
携帯電話大手のKDDIで、全国的に音声通話やデータ通信が利用しづらい障害が発生。全面復旧の確認まで約86時間かかり、音声通話で約2316万人、データ通信で775万人以上が影響を受けた。

●5日　NATO30カ国、北欧2国加盟に署名
北大西洋条約機構（NATO）加盟の全30カ国は、北欧のフィンランドとスウェーデンの加盟議定書に署名した。両国は長く中立政策をとってきたが、ロシアのウクライナ侵攻で方針を変えた。

●8日　安倍晋三元首相、撃たれて死亡
奈良市の近鉄大和西大寺駅前の路上で、応援演説中の安倍晋三元首相が背後から銃で撃たれ、死亡した。

事件は2日後に投開票を控えた参議院選挙の応援演説中に起こった。写真は現場近くに設置された献花台の遺影

●14日　山下良美主審が
女性初のサッカープロ審判に
日本サッカー協会は、山下良美審判員とプロフェッショナルレフェリー契約を結んだと発表した。女性審判員では初。

●15日　線状降水帯　初の予測情報
気象庁は、九州地方（奄美地方をのぞく）と山口県で、夜から翌日午前にかけ、短時間で集中豪雨をもたらす「線状降水帯」が発生する可能性があると発表した。6月から発生の半日ほど前に予測情報を伝える運用を始め、実際に発表したのは初めて。

●19日　フィギュア羽生結弦選手、競技退く
フィギュアスケート男子で五輪2連覇を果たした羽生結弦選手が会見で「プロのアスリートとしてスケートを続けていくことを決意した」と語り、今後は競技会には出場せず、プロとして活動していく意向を表明。

●23日　サル痘、緊急事態宣言　WHO
天然痘に似た感染症「サル痘（後にmpoxに改称）」がアフリカ大陸以外でも相次いで確認され、世界保健機関（WHO）は、「国際的に懸念される公衆衛生上の緊急事態」を宣言。25日には、国内でも「サル痘」の感染者が確認された。

●24日　西矢椛選手、Xゲームスケボー初V
米カリフォルニア州ビスタで行われたXゲーム米国大会のスケートボード女子ストリートで、東京五輪金メダルの西矢椛選手が初優勝した。

8 August

●1日　岸田首相「NPT、守り抜く」
核軍縮を促し、核拡散を防ぐ国際的な枠組みである核不拡散条約（NPT）再検討会議が、米ニューヨークで開幕した。岸田文雄首相は日本の首相として初めて出席し、演説。「核兵器のない世界」に向け、五つの行動からなる道筋を打ち出した。

●2日　ヤクルト村上宗隆選手、
5打席連続本塁打
プロ野球・ヤクルトの村上宗隆選手が、中日戦（神宮球場）で日本史上初となる5打席連続本塁打を達成した。

●3日　米ペロシ氏「米国は台湾見捨てない」
台湾を訪問している米連邦議会のペロシ下院議長は、蔡英文総統や頼清徳副総裁ら政権幹部と会談した。ペロシ氏は「米国は決して台湾を見捨てない」と語り、今後も台湾との安全保障や経済における結びつきを深めていく姿勢を強調した。

●9日　大谷翔平選手快挙、104年ぶり
米大リーグ・エンゼルスの大谷翔平選手が、敵地でのアスレチックス戦に「2番・投手兼指名打者」で先発出場し、今季10勝目（7敗）を挙げた。1918年のベーブ・ルース選手以来104年ぶりとなる「1シーズンでの2桁勝利、2桁本塁打」を達成した。

●17日　9歳4カ月、藤田怜央さんが
最年少囲碁棋士に
囲碁の関西棋院は、9月1日付で9歳4カ月の小学3年生・藤田怜央さんをプロ採用すると発表した。3年前に10歳0カ月でプロ入りした仲邑菫二段より早く、世界最年少棋士の誕生となる。

●22日　今夏の猛暑「異常気象」
6月下旬～7月初めに記録的な猛暑となったことなどを受け、気象庁は異常気象を分析する専門家でつくる検討会を開いた。会長の中村尚・東大教授は「平均気温の記録を更新し、時期も非常に早かった。異常と言って差し支えない」と述べた。

●22日　仙台育英、甲子園優勝　東北勢初
第104回全国高校野球選手権大会は、兵庫県西宮市の阪神甲子園球場で決勝が行われた。仙台育英（宮城）が下関国際（山口）に8-1で勝利し、東北勢として初の全国制覇を遂げた。

閉会式で優勝旗を受け取った仙台育英の佐藤悠斗主将。深紅の優勝旗が初めて東北に渡った

9 September

●2日　ザポリージャ原発、IAEA職員が常駐へ
ロシア軍の占領下にあるウクライナ中南部ザポリージャ原発の視察を終えた国際原子力機関（IAEA）のグロッシ事務局長がウィーンで記者会見し、職員2人を原発に常駐させる方針を明らかにした。

●5日　園バスに放置され、女児死亡
静岡県牧之原市の幼保連携型認定こども園「川崎幼稚園」で、園外の駐車場に止めてあった送迎用バスに取り残されて、河本千奈ちゃん（3歳）が死亡した。

●5日　イギリス次期首相にトラス氏
英国ジョンソン首相の後任としてトラス外相が与党・保守党の新党首に選ばれた。故サッチャー、メイ両氏に続くイギリス史上3人目の女性首相となる。

●8日　自民179人、旧統一教会と接点
自民党は、党所属国会議員と「世界平和統一家庭連合（旧統一教会）」や関連団体との関係についての点検結果をまとめ、衆参両院議長をのぞく379人中179人の接点があったと公表した。

●8日　エリザベス英女王死去
英国のエリザベス女王が96歳で死去。在位期間は70年あまりで同国君主として最長。

●22日　政府と日銀、円買い介入
政府と日本銀行は、円安ドル高に歯止めをかける狙いで、東京外国為替市場でドルを売って円を買う「為替介入」を実施した。ドル売り円買いの介入は24年ぶり。

●23日　西九州新幹線、開業
西九州新幹線が開業した。佐賀県の武雄温泉駅と長崎駅を結ぶ全長66kmの独立した区間で、新幹線としては最短だ。

武雄温泉駅の一番列車「かもめ1号」に、手を上げて出発の合図をする一日駅長の岩井世蓮くん（前列右）と、駅長の山本芳嗣さん（同左）

●27日　安倍晋三元首相の国葬実施
安倍晋三元首相の国葬が日本武道館で行われた。首相経験者の国葬は戦後2例目。開催をめぐる国論が二分される中で実施された。

●30日　ロシア、ウクライナ4州強制併合
ロシアのプーチン大統領は、軍事侵攻で占領したウクライナ東部、南部の4州を自国に併合すると一方的に宣言した。占領地域で「行政」を担う親ロシア派が強行した、「ロシアへの編入」を求める「住民投票」が成立したと強調。併合文書に調印した。

10 October >>> 11 November >>> 12 December

10 October

●4日　北朝鮮のミサイル、日本上空を通過
北朝鮮が発射した弾道ミサイル1発が青森県付近の上空を通過し、太平洋上の日本の排他的経済水域（EEZ）外に落下。日本上空を通過するのは2017年9月15日以来。

●5日　若田光一さん、5回目の宇宙へ
宇宙航空研究開発機構（JAXA）の若田光一飛行士ら4人が乗る米スペースXの宇宙船「ドラゴン」が打ち上げられた。若田さんの宇宙飛行は5回目で、日本人の最多、最年長記録となる。

●5日　大リーグ・大谷翔平選手、史上初の投打ダブル規定到達
エンゼルスの大谷翔平選手が今季最終戦に「3番・投手兼指名打者」で出場。打者としてすでに2年連続で規定打席に到達していた大谷選手は、1回を投げ終えた時点で規定投球回数の162回に到達。投打ダブルでの規定到達は大リーグ史上初の快挙。

●11日　コロナ水際対策、大幅に緩和
新型コロナウイルスの水際対策が大幅に緩和され、海外からの個人旅行受け入れが解禁された。3回目のワクチン接種か出国前の陰性証明があれば、入国時の検査が不要に。

●12日　イプシロン、打ち上げ失敗
JAXAは、小型固体燃料ロケット「イプシロン」6号機の打ち上げに失敗した。

●20日　円安、一時150円台、32年ぶり
東京外国為替市場で円相場が一時、1ドル＝150円台まで下落、32年ぶりの円安水準を更新。米国が利上げに踏み切った3月以降、異例のペースで円安が進んだ。

●24日　山際大志郎経済再生大臣が辞任
世界平和統一家庭連合（旧統一教会）との関わりが表面化していた山際大志郎経済再生大臣が辞表を提出した。事実上の更迭。

●24日　英新首相にスナク氏
経済政策で失敗し、就任44日で辞任を表明したトラス英首相の後任として、与党・保守党はスナク元財務大臣を新党首に選出。スナク氏は25日、首相に任命された。

スナク氏は両親がインド系で、英国史上初めてアジア系の首相が誕生することになった

●29日　韓国ソウル雑踏事故で159人死亡
ソウル市内の繁華街「梨泰院」で、ハロウィーンイベントのため路地に密集した大勢の人が折り重なるように倒れる事故が発生。日本人2人を含む159人が死亡した。

11 November

●8日　442年ぶり、皆既月食と惑星食の「ダブル食」
月が地球の影に隠れる「皆既月食」と、月が天王星を隠す「天王星食」の「ダブル食」が全国の広い範囲で見られた。日本で皆既月食と惑星食の「ダブル食」が観察できたのは1580年の土星食以来。

●9日　葉梨康弘法務大臣
「死刑のはんこ押す、地味な役職」発言
葉梨康弘法務大臣は法務大臣の役割に触れ「死刑のはんこを押し、昼のニュースのトップになるのはそういうときだけという地味な役職」と発言。岸田文雄首相は11日、葉梨氏を事実上、更迭した。

●14日　川崎レナさん
「国際子ども平和賞」受賞、日本人初
児童権利擁護団体「キッズライツ財団」は、子どもの権利擁護などに大きく貢献した若者に贈られる「国際子ども平和賞」を、大阪のインターナショナルスクールに通う17歳の川崎レナさんに授与した。若者の声を社会に届ける活動が評価された。日本人の受賞は初めて。

●15日　世界人口80億人に
世界の総人口が、国連の推計で80億人に達した。2030年には85億人になる見通し。ただ、増えている国は一部地域への偏りが顕著で、日本のように少子高齢化などの課題を抱える国も多い。

●16日　米中間選挙、共和党、下院の過半数奪還が確実
米中間選挙の連邦議会下院選（定数435）で、共和党が4年ぶりに過半数を獲得。上院は民主党が優位を維持し、両院で優位政党が食い違う「ねじれ議会」となる。

●20日　寺田稔総務大臣が辞任
政治資金などの問題が相次いで明らかになった寺田稔総務大臣に対し、岸田文雄首相は2022年度第2次補正予算案の国会審議を前に、事実上の更迭に踏み切った。

●30日　「風流踊」が無形文化遺産に
盆踊りや念仏踊りなどの民俗芸能「風流踊」が、ユネスコ（国連教育科学文化機関）の無形文化遺産に登録されることが決まった。

写真は秋田県雄勝郡羽後町西馬音内で行われている「西馬音内の盆踊」

12 December

●1日　「村神様」が2022年の流行語大賞に
「2022年ユーキャン新語・流行語大賞」が発表。プロ野球ヤクルト・村上宗隆選手の活躍をたたえた「村神様」が年間大賞に。

●5日　日本、サッカーW杯8強入り逃す
サッカーの第22回W杯カタール大会で、強豪ドイツ、スペインに勝利して決勝トーナメント1回戦にのぞんだ日本代表だったが、前回大会準優勝のクロアチア代表にPK戦で敗れ、惜しくも8強入りを逃した。

サッカーW杯でクロアチア戦にのぞむ日本代表選手たち

●5日　防衛費、5年間で43兆円に
防衛力の抜本強化をめぐり、岸田文雄首相は2023年度から5年間の防衛費について、総額約43兆円とするよう指示。現行計画の1.5倍以上の歴史的な増額となる。

●10日　不当寄付勧誘防止法が成立
世界平和統一家庭連合（旧統一教会）の問題を受けた不当寄付勧誘防止法が参議院本会議で可決、成立した。

●11日　民間初の月面着陸船打ち上げ
日本のベンチャー企業「ispace」が開発した月着陸船が打ち上げられた。民間初の月探査計画「HAKUTO-R」の第一歩で、月への到着は2023年4月末ごろの予定。

●13日　井上尚弥選手、4団体統一王者に
プロボクシングの世界バンタム級4団体王座統一戦で、3団体統一王者の井上尚弥選手は世界ボクシング機構（WBO）王者ポール・バトラー選手（英国）にKO勝利。世界で9人目、日本人初の主要4団体統一王者となった。

●19日　「地球の30％保全」を国際目標に
国連の生物多様性条約締約国会議（COP15）は、生物多様性の維持に重要な地域など、地球の30％を保全することを柱とする2030年までの新たな生態系保存目標を採択した。

●27日　秋葉賢也復興大臣が辞任
岸田文雄首相は政治資金問題などが指摘された秋葉賢也復興大臣と、差別発言を続けた杉田水脈総務政務官を事実上、更迭した。

●30日　スーチー氏に禁錮、刑期33年に
ミャンマーでクーデターを起こした国軍に拘束された民主化指導者、アウンサンスーチー氏に対する全19件の判決が出そろい、すべてで有罪判決が下された。刑期は懲役と禁錮を合わせて33年に達する。

キッズ ミニ百科

これまで知らなかったことに触れるのは、
なんだかワクワクしませんか？　知識は楽しみながら増やすもの。
キッズミニ百科には、学習や生活に役立つ知識がいっぱいです。
あなたの興味を広げ、さらに楽しむための
さまざまな事柄が載っています。

SDGs
感染症とその歴史
世界の人口と紛争
世界の富豪と GDP
世界の首脳、世界遺産
日本の世界遺産、日本の無形文化遺産
日本の世界農業遺産
日本の世界ジオパーク
日本の郷土料理

日本の歴代総理大臣
アメリカの歴代大統領
ノーベル賞
世界と日本の宗教

絶滅危惧動物・植物
名前の由来

宇宙開発

日本史と世界史 できごと
オリンピックの歴史

SDGs（持続可能な開発目標）

学校の授業でも取り上げられているSDGs。SDGsが目指すものや、自分たちにできることは何かを考えていきましょう。

国連で決まったSDGs

SDGsとは、2015年の国連総会で採択された「我々の世界を変革する：持続可能な開発のための2030アジェンダ(計画)」という文書の一部から取られた国際目標で、「Sustainable」(持続可能な)、「Development」(開発)、「Goals」(目標)の頭文字からできています。

SDGsは人間と地球が繁栄するための行動計画であり、自由と平和を追い求めるものだと前文には書かれています。そして、持続可能な世界を実現するためには、まずはあらゆる貧困をなくすことが最大の課題だとしています。この実現のために、すべての国はもちろんのこと、世界中の人々が協力してこの計画を実行する必要があります。そして、この計画を実行するにあたって「誰一人取り残さない」ことを誓っています。

国連が決めたSDGsの目標

SDGsは2030年までの実現を目指す17の目標と、具体的な課題となる169のターゲットから構成されています。いまのままでは「貧しい人々が取り残され、地球環境はより悪化して世界が立ち行かなくなってしまう」という強い危機感のもとに定められました。

「持続可能」とは、「ずっと続けていくことができる」ということ。次の世代、その次の世代のための環境や資源をこわすことなく、いまの生活をよりよい状態にするための目標ともいいかえられます。豊かだと思われている日本でも、子ども6人のうち1人は貧困で、ジェンダーギャップ指数(男女格差の度合いを表し、上位ほど格差が小さい)は世界146カ国中116位。SDGsの観点からも取り組まなければならない課題は多いのです。

SDGs 17の目標

1	貧困をなくそう	10	人や国の不平等をなくそう
2	飢餓をゼロに	11	住み続けられるまちづくりを
3	すべての人に健康と福祉を	12	つくる責任 つかう責任
4	質の高い教育をみんなに	13	気候変動に具体的な対策を
5	ジェンダー平等を実現しよう	14	海の豊かさを守ろう
6	安全な水とトイレを世界中に	15	陸の豊かさも守ろう
7	エネルギーをみんなに そしてクリーンに	16	平和と公正をすべての人に
8	働きがいも経済成長も	17	パートナーシップで目標を達成しよう
9	産業と技術革新の基盤をつくろう		

日本のSDGsの取り組みの例

③ すべての人に健康と福祉を

日本の取り組みへの評価は「課題は残る」が目標達成に向けて進んでいる状況。ユニバーサル・ヘルス・カバレッジ(UHC＝すべての人が適切な保健医療サービスを支払い可能な費用で受けられる状態)の達成を中心に据え、2019年6月のG20大阪サミットで、3年で8.4億ドルの拠出を表明した。

さらに、2022年にアフリカ7カ国(チュニジア共和国、ウガンダ共和国、コンゴ共和国、コンゴ民主共和国、ベナン共和国、マラウイ共和国および南スーダン共和国)における感染症対策強化のためのデジタルヘルス・システム推進支援のため、ユニセフへ13億6300万円の無償資金協力を実施することを決定。資金支援での取り組みが評価される一方、人的な提供には課題が残っている。

④ 質の高い教育をみんなに

日本の取り組みは「目標達成」の評価を得ている。SDGsの採択時に日本は「平和と成長のための学びの戦略」を発表。「みんなで支えるみんなの学び」というビジョンのもと、乳幼児教育、初等教育、中等教育、高等教育、就労・起業の生涯学習をとおして「学び合いを通じた質の高い教育」を実現することを展望として掲げた。

一般企業も支援を展開している。フィリピンで小学校の新校舎を建設したり(三菱自動車、2019年)、カンボジアで暗くなっても学べるようにソーラーランタンを寄贈したり(パナソニック、2013〜18年)、ベトナムで運動プログラムを提供し、初等教育に導入する取り組みを支援したり(ミズノ、2015年〜)と活発だ。国内では、高等学校の無償化で一定の成果をあげているが、習いごとや塾などはまだ格差があることが課題だ。

◇江戸時代の日本は、ものを修理して使い続け、無駄にするものは一つもない完全リサイクル社会であり、SDGs先進国だった。

5 ジェンダー平等を実現しよう

日本の取り組みは「深刻な課題がある」という評価だ。2022年における日本のジェンダーギャップ指数は116位で、主要7カ国（G7）で最下位。99位の韓国や102位の中国やASEAN諸国よりも低い。特に深刻なのが政治で、国会議員（衆議院議員）の女性割合、大臣の女性割合が低く、過去に女性首相がいない点も低い評価につながっている。男女の賃金格差や女性管理職の少なさ、大学進学の男女差、理系進学の男女差なども評価を下げる一因だ。政府は、女性の社会復帰を支援するために、男性の育児休業取得を促進する「イクメンプロジェクト」を推進してはいるが、道半ば。発展途上国に向けての取り組みとしては、インドの都市鉄道に女性専用車両を設置したり（2010年〜）、学校内に女子トイレを整備したりする活動、農業普及推進における女性への教育や、女性工学系教員の育成などを支援している。

11 住み続けられるまちづくりを

防災に関する取り組みは「課題は残る」との評価だが、一定の評価は得ている。日本は、地震や台風など数多くの災害を経験した防災先進国としての経験を生かした知識や技術を活用し、防災対策や災害復旧復興などで積極的な支援を行っている。

2015年に、仙台で開かれた第3回国連防災世界会議で防災の国際的指針「仙台防災枠組2015-2030」が採択された。翌年発表の「仙台防災協力イニシアティブ・フェーズ2」で洪水対策などに2019〜2022年の4年間で500万人に対する支援を実施するとともに、行政官や地方リーダー計4万8000人および次世代を担う子どもたち計3万7000人、合計8万5000人の人材育成・防災教育を提供している。また、仙台防災枠組達成に向け、2019〜2020年の2年間で80カ国の防災計画策定・改定を支援している。

13 気候変動に具体的な対策を

日本の取り組みの評価は「深刻な課題が残る」状況。2018年のデータで日本の二酸化炭素排出量は世界の3.2%を占め、世界で5番目。こうした状況を受け、2021年には二酸化炭素などの温室効果ガス排出量を2030年度に2013年度比で46%減を目指すことを表明した。日本の二酸化炭素排出量はここ数年で確実に減少しているが、電気自動車の普及や、LEDなどの省エネにつながる機器への転換、クールビズなどの国民運動の推進もその一助となっている。

企業や自治体による取り組みもある。旭化成はアルカリ水電解システムで「グリーン水素」を開発し実証実験を行う（2021年〜）。見附市（新潟県）は「歩いて暮らせるまちづくり（ウォーカブルシティ）」を推進。東京都では大手住宅メーカー約50社に対し、都内で新たに建てる住宅に太陽光パネルなどの設置を義務づける方針を発表している。

14 海の豊かさを守ろう

日本の取り組みの評価は「深刻な課題が残る」とされている。海洋国家である日本は、海洋環境の保全および海洋資源の持続可能な利用を重視。2019年6月のG20大阪サミット議長国として、海洋ごみ問題を主要課題の一つとして取り上げ、G20首脳間で海洋プラスチックごみによる新たな汚染を2050年までにゼロにすることを目指す「大阪ブルー・オーシャン・ビジョン」を共有し、G20以外の国にも共有するよう呼びかけることに合意した。

海洋ごみを減らすために、国内ではレジ袋の有料化、プラスチックストローの廃止、代替プラスチックの開発、海岸の清掃活動などに企業、行政、個人が取り組んでいる。環境省と日本財団による共同事業「海ごみゼロアワード2019」で評価された海洋ごみを熱分解処理する装置（ワンワールド・ジャパン）にも注目が集まっている。

SDGsのロゴデザイン

2019年6月、小幡淳一撮影

カラフルなSDGsのロゴデザインは、スウェーデン出身のクリエーティブディレクター、ヤーコブ・トロールベックさんの制作。トロールベックさんは、17の目標と169のターゲットという、文字が多くて複雑なものをいかにわかりやすくするかを考えました。よりポジティブに、未来へ、目標へ向かっていると感じさせる言葉はないか、面白くて、内容を正しく伝えるにはどんな図解がいいか、いろいろなバリエーションのスケッチをつくりました。言葉を視覚化するための試行錯誤を繰り返して、現在のロゴが完成したのです。

◇ プラスチック製のストローを使わない、マイ箸を持ち歩く、飲み物は水筒に詰めていく。そんな身近なところからSDGsを実践しよう。

感染症とその歴史

人類はその誕生以来、多くの犠牲を出しながら感染症と戦ってきました。言いかえれば、今を生きる私たちは、過去の感染症からの生還者たちの子孫ともいえます。感染症の歴史を知ることは私たちの未来を知ること。地球上で人類がこれからどう生きていくのか、一緒に考えてみましょう。

感染症とは・・・

感染症は、私たちを取り巻く環境（空気・水・土壌・動物）の中に存在している病原体（細菌・ウイルス・真菌・原虫・寄生虫）が、人の体内に侵入することで引きおこされる病気のこと。

感染症が発症する条件

感染源、感染経路、宿主の三つがそろった時に感染症は発症します。

宿主
ウイルスや細菌が増殖できる
場所（抵抗力の弱い人）

感染経路
接触感染
飛沫感染（せき、くしゃみ、鼻水）
空気感染
物質媒介型感染（汚染された食物、水、血液、器具など）
昆虫媒介型感染（蚊、ハエ、ネズミ、ノミ、ダニなど）

発症

感染源
感染した人・動物・昆虫
病原体で汚染された物や食品

こんなにある！ 動物由来感染症

虫に刺されたり、動物とふれあったりしてうつる病気。代表的なものを紹介しましょう。

蚊	日本脳炎、黄熱、デング熱、ウエストナイル熱、マラリア、チクングニア熱、ジカウイルス感染症
ノミ	ペスト
ダニ	クリミア・コンゴ出血熱、ツツガ虫病、日本紅斑熱、ダニ媒介性脳炎、回帰熱、重症熱性血小板減少症候群
イヌ	狂犬病、パスツレラ症
ネコ	ネコひっかき病、トキソプラズマ症、パスツレラ症
鳥	オウム病、クリプトコッカス症、ウエストナイル熱
ネズミ	ペスト、ハンタウイルス肺症候群、腎症候性出血熱、レプトスピラ症
コウモリ	ニパウイルス感染症、エボラ出血熱、重症急性呼吸器症候群（SARS）、狂犬病

感染症の歴史

人類が登場する以前から地球上にはウイルスや細菌が存在していた。そのため人類誕生の瞬間から感染症との戦いの歴史は始まった。14世紀にはヨーロッパで人口の約3分の1がペストで死亡。20世紀にはインフルエンザパンデミックをおこしたスペインかぜに約5億人が感染、約5000万人が死亡したといわれる。しかし人類も負けてはいない。18世紀以降、感染症を予防するワクチンの開発や、細菌を殺す抗生物質の発見が相次ぎ、予防や治療方法も進歩してきた。なかでも天然痘の根絶は、人類が初めて感染症に勝った証しといえる。

しかし、1976年にエボラ出血熱、1981年に後天性免疫不全症候群（エイズ）、2003年に重症急性呼吸器症候群（SARS）など、未知の感染症が次々に発生。人や物の移動が高速化するにつれ、新型コロナウイルス感染症やサル痘のように、感染は一部地域では終わらず、急速なスピードで世界中に広がるようになった。

流行の最終段階「パンデミック」

新型コロナウイルスのように、一つの感染症が世界的に流行するのが「パンデミック」（感染爆発）。その前の段階が、散発的に小集団でおこる「アウトブレイク」（集団発生）、特定の集団・地域などで短期間に高頻度で発生する「エピデミック」（流行）。他に、少数の患者が散発的に発生する「スポラディック」（散発発生）、特定地域に同一感染症が発生する「エンデミック」（地方流行・風土病）などがある。

後天性免疫不全症候群（エイズ）

HIV（ヒト免疫不全ウイルス）の感染により引きおこされる感染症。性的な接触による感染が最も多く、血液を介しての感染や、母親から乳児への母子感染などもある。日本では非加熱血液製剤による薬害エイズで注目を集めた。現在は、抗ウイルス薬により、感染しても早期服用で通常の生活を送ることも可能になっている。

◇ 日本では「感染症法」により、対象となる感染症、感染した場合のさまざまな規制が決められている。

感染症にまつわるおもなできごと

感染症は、十字軍の遠征、モンゴル帝国の拡大、産業革命、世界大戦など、歴史上の大きなできごとをきっかけに拡大していきました。多くの被害を出したペスト、天然痘、コレラ、結核、インフルエンザを中心にその歴史を見てみましょう。

＊太字は日本のできごとを示します。

ミニ百科

世紀	年・おもなできごと	
6	541	東ローマ帝国でペスト①流行、人口の約半数が死亡（「ユスティニアヌスのペスト」）。旧西ローマに流行拡大（～8世紀半ば）
		日本で天然痘②流行
8	752	**疫病や災厄を鎮めるため東大寺大仏が造られる**
10	994	**日本で天然痘②流行。藤原道長の2人の兄・道隆、道兼も死亡**
11	1096	十字軍の遠征始まる（～1272）
13	1206	モンゴルでチンギス・ハーン即位
	1241	モンゴル軍がヨーロッパ遠征
	1258	モンゴル軍がバグダッド占領、アッバース朝を滅ぼす
14	1320ごろ～	中国でペスト①大流行
	1331	**京都で天然痘②流行。疫病を鎮めるため「百万遍念仏」が行われる**
	1339	英仏百年戦争始まる
	1340ごろ～	ヨーロッパでペスト①大流行。ヨーロッパの人口の3分の1から3分の2の2000万～3000万人が死亡。「メメント・モリ（死を思え）」という言葉が流行
15	1492	コロンブス、アメリカ航路を発見
	1498	バスコ・ダ・ガマ、インド航路を発見
16	1521	コルテスがアステカ帝国を征服、天然痘②大流行
	1533	ピサロがインカ帝国征服、人口の60～94％が天然痘②で死亡
18	1760年代～	イギリスで産業革命始まる
	1775	アメリカ独立戦争
	1783	アメリカ合衆国独立
	1789	フランス革命
	1798	ジェンナーが種痘②開発
19	1817	インド・カルカッタでコレラ③流行、アジア全域からアフリカまで広がる（～23）
	1822	**日本でコレラ③大流行（文政コレラ）。長崎から流行が始まった（箱根から東は感染していない）**
	1825	イギリスで世界初の鉄道が開業
	1826	コレラ③大流行、アジア、アフリカ、ヨーロッパ、南北アメリカまで広がる（～37）
	1830ごろ	イギリス・ロンドンで5人に1人が結核④で死亡
	1840	コレラ③大流行（～60）
	1855	中国・雲南省でペスト①大流行
	1858	イギリスがインド支配を完成
	1858	**伊東玄朴ら江戸の蘭方医が神田お玉ケ池に種痘所②を開設**
	1862	**日本でコレラ③再流行**
	1872	**富岡製糸場が操業開始**
	1880ごろ～	**日本で軍や工場労働者に結核④患者が多く出現**
	1881	コレラ③大流行（～96）
	1883	コッホがコレラ菌③発見
	1885	**日本で天然痘②流行（～87）**
	1892	**日本で天然痘②流行（～94）**
	1894	香港でペスト①大流行
	1894	**北里柴三郎、ペスト菌①発見**
	1896	**日本で天然痘②流行（～97）**
	1899	コレラ③大流行（～1923）
20	1902	**東京、横浜でペスト①発生、ペスト菌を媒介するネズミを1匹5銭で買い上げ**
	1910	中国東北部でペスト①流行
	1914	第1次世界大戦（～18）
	1918	スペインかぜ⑤が世界的流行。感染者5億人、死者5000万人
	1939	第2次世界大戦（～45）
	1955	**日本の天然痘②根絶**
	1957	アジアかぜ⑤流行
	1960	ベトナム戦争（～75）
	1968	香港かぜ⑤流行
	1977	ソ連かぜ⑤流行
	1980	世界保健機関（WHO）が天然痘②根絶を宣言
	1997	鳥インフルエンザ⑤流行
	2020	新型コロナウイルス感染拡大

北里柴三郎
写真提供／
国立国会図書館ウェブサイト

◇インフルエンザは20～21世紀に4回パンデミックをおこしている。

①ペスト

ペスト菌に感染したネズミの血をノミが吸い、そのノミが人間を刺すことで感染。中世ヨーロッパでは「黒死病」といわれ恐れられた。モンゴル帝国がユーラシア大陸のほぼ全域を支配し、東西交易がさかんになったことが蔓延の原因の一つ。ペスト菌は1894年、日本人細菌学者の北里柴三郎、フランスの細菌学者アレクサンドル・イェルサンが同時期に発見。20世紀に入り、抗生物質が発見され治療できるようになった。

②天然痘

古代インドが起源といわれる天然痘ウイルスによる感染症。シルクロードの交易や仏教の伝播などで蔓延したとされる。1798年にイギリスの医学者エドワード・ジェンナーが、予防接種「種痘」を開発。世界中で予防接種が行われるようになり、流行は徐々に消えていった。1980年には世界保健機関（ＷＨＯ）が天然痘根絶を宣言。2022年から世界的に感染が広がる「サル痘」は天然痘に症状が似ていて、天然痘ワクチンが効果があるとされる。

③コレラ

コレラ菌で汚染された食物や水を摂取することで発症。起源はインドのガンジス川流域といわれる。世界に広がった背景には、イギリスのインド支配や産業革命による交通網の発達があるとされる。感染力が非常に強く、江戸末期から明治時代には日本でもたびたび流行し、各地でパニックを引きおこした。コレラ菌はドイツの医学者ロベルト・コッホが1883年に発見。現在では衛生環境のよくない発展途上国でおもに見られる。

④結核

結核菌によっておもに肺に炎症がおこる病気。1882年にロベルト・コッホが結核菌を発見。空気感染や飛沫感染がおもな感染経路だが、特に産業革命により、衛生状態が悪く過酷な労働条件下で流行した。1930年代から1950年まで日本人の死因の第1位を占めていたが、有効な治療薬が開発され、患者数は激減。ただし他の先進諸国に比べると日本の結核罹患率は高く、2022年にようやく世界保健機関（WHO）の分類で「低蔓延国」となった。

⑤インフルエンザ

さまざまな型があり、人だけでなく鳥や豚にも感染。毎年流行を繰り返す「季節性インフルエンザ」は多くの人がかかったことがあり、免疫を持っているが、数十年に1回出現する「新型インフルエンザ」はほとんどの人が免疫を持っていないため、短期間で感染が拡大する。1918年の「スペインかぜ」は、第1次世界大戦に従軍した兵士の間で感染が広がり、パンデミックを引きおこした。その後も「アジアかぜ」「香港かぜ」などが流行。

世界の人口と紛争

日々、世界のどこかで、紛争や飢餓で多くの人々が苦しんでいます。また、急激な人口増加に悩む国もあれば、日本をはじめ出生率の低下が心配される国もあります。世界が抱えているさまざまな問題を考えてみましょう。

ウクライナ戦争

2022年2月24日にロシアが隣国のウクライナに攻め込み、戦争が始まった。ウクライナの激しい抵抗と、欧米諸国をはじめとする国際社会の強烈な反発を招き、ロシアは世界から孤立している。

がれきとなったウクライナ・キーウ(キエフ)のショッピングモール(2022年)。

シリア内戦

2010年末に起こった民主化運動(「アラブの春」)で本格化した政府軍と非政府軍の内戦と、過激派組織「イスラム国」(ＩＳ)の勢力拡大により、死者は9年間で38万人を超え、難民も百万人単位となっている。国内の世界遺産全6件が危機遺産に指定された。

激戦地アレッポ市街の半壊したビル。

パレスチナ紛争

今も続く、世界最大級の紛争。祖国に戻ろうとパレスチナ移住を促進するユダヤ人は、1948年にパレスチナにイスラエル建国を宣言。以後、アラブ人との対立が深まり度重なる中東戦争へ。エルサレムは、イスラム教徒にとってもユダヤ教徒にとっても宗教の聖地という難しい問題がある。

パレスチナ自治区ガザで、イスラエル軍による白リン弾で被害を受けた女性。

南スーダン内戦

長い内戦の末、2011年にスーダンから分離独立したが、自国で採れる石油の支配権をめぐって大統領派と副大統領派が対立、13年から戦闘が続いている。国連平和維持活動(ＰＫＯ)が行われ、日本の陸上自衛隊もPKO部隊を派遣(17年5月撤収)。20年2月、暫定連立政権が発足した。

国内避難民保護区に身を寄せる人々。

世界の人口とおもな紛争国・地域

新疆ウイグル独立運動

クルド独立運動

中国・台湾問題

エチオピア・エリトリア国境紛争

ソマリア内戦

ミンダナオ紛争

リビア内戦

イエメン内戦

アラブ最貧国で資源も乏しく、約1千万人が飢餓にあえぐ「世界最悪の人道危機」。2011年、「アラブの春」の波が及んで当時の政権が崩壊、15年に暫定政権と反政府武装組織による内戦が勃発した。前者はサウジアラビア、後者はイランの支援を受け、覇権を争う2国の代理戦争を担っている。

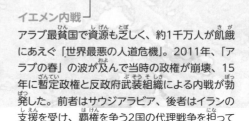

アフガニスタン・ヘラートにあるマスラック国内避難民キャンプで食料の配給を待つ子どもたち(2002年)。

アフガニスタン内戦

2001年、米同時多発テロ事件の主犯とされるオサマ・ビンラディンをかくまっているとして、アメリカはアフガニスタンのタリバン政権を攻撃。政権は崩壊、カルザイ大統領(当時)を中心とする新しい国造りが進められた。しかし、民族間の権力争いが絶えず、平和への道は遠い。19年には中村哲医師が殺害された。

◇ 国連難民高等弁務官事務所は1950年の設立から5000万人以上の難民を支援し、54年と81年にノーベル平和賞を受賞。

チベット問題

政教一致の伝統社会を守るチベットに、1949年、中国政府は社会主義改革を強要。これに反対するラマ僧らが武装蜂起したが、59年、ダライ・ラマ14世はインドへ亡命し、65年、チベット自治区として中国の領土となった。この問題が再び注目されるようになったのは、2008年の北京オリンピック開催の前にラサで行われた大規模デモを中国政府が武力で鎮圧した報道が流れたのがきっかけ。現在も中国支配に反対する活動家への弾圧が続いている。

チベット自治区ラサを巡回する中国政府の武装警察部隊。

ダライ・ラマ14世

インドへ亡命後、チベット自治政府樹立運動を指導。完全独立を撤回し、チベットを中国の一部としながらも、外交権と防衛権以外の自治権を獲得するための非暴力によるチベット解放運動が評価され、1989年にノーベル平和賞を受賞。

東日本大震災の被災地を訪れたダライ・ラマ14世。

米同時多発テロ事件

2001年9月11日、国際テロ組織「アルカイダ」にハイジャックされた民間航空機2機がニューヨークの世界貿易センタービルに激突。さらに、ワシントン近郊の国防総省庁舎とペンシルベニア州に1機ずつ墜落。3025人もの死者を出した自爆テロ事件は世界を震撼させた。

跡形もなく崩壊した世界貿易センタービル。

メキシコ先住民解放運動

南沙（スプラトリー）諸島領有権問題

コロンビア反政府運動

ペルー反政府運動

ソロモン諸島部族間抗争

※人口は、2020年時点。World Health Organization（世界保健機関）「World Health Statistics 2022」（世界保健統計2022）を基にした

人口（単位：人）
- 12億
- 1億
- 5000万
- 1000万
- 500万
- 500万以下
- 資料なし

……紛争中の国・地域

日本でも受け入れているミャンマー難民家族（2010年）。

迫害から逃れるため、ミャンマー西部国境を流れるナフ川を渡る少年（1992年）。

ミャンマー少数民族独立運動

1948年に独立を果たしたミャンマーだが、政権内は分裂を繰り返した。国民の約7割を占めるビルマ族が、残りの少数民族を圧迫。いくつかの民族が独立を求めて武力闘争を展開する。

アウンサンスーチー

ミャンマーの国家顧問兼外務大臣。軍事政権下で民主化運動を指導し、1989年から、民政へ移行する前年の2010年まで断続的に自宅軟禁された。1991年、ノーベル平和賞を受賞。近年、国内にいるイスラム系少数民族ロヒンギャへの残虐行為を非難しない態度に国内外から批判の声も。2021年、国軍に拘束される。

支持者の前に姿を見せたスーチー氏（2010年）。

地域によって違う人口の増加

2022年の世界人口は約80億人。52年には100億人を超える見通しで、とくにアフリカや西アジアで増加する。日本は56年に1億人を下回る。2021年の出生数は81万1622人で、合計特殊出生率（女性1人が一生の間に産む子どもの数）は1.30と、人口を維持するのに必要な2.07を大きく下回っている（国連人口部、厚生労働省）。

2050年の予想人口ランキング

（単位：百万人）

50年の順位	22年の順位	国名	人口総数
1	2	インド	1670
2	1	中国	1312
3	6	ナイジェリア	377
4	3	アメリカ	375
5	5	パキスタン	368
6	4	インドネシア	317
7	7	ブラジル	231
8	15	コンゴ民主共和国	217
9	12	エチオピア	215
10	8	バングラデシュ	204
17	11	日本	104

出典：UN,World Population Prospects:The 2022 Revision

◇ 日本の人口は2008年の1億2808万人をピークに減少。一方で高齢人口の割合が急速に上昇している。

世界の富豪とGDP

国内で生み出されたお金や品物、サービスの価値の総額を表すのが、国内総生産＝Gross Domestic Product (GDP)。この額が多いほどお金持ちの国といえますが、圧倒的な1位のアメリカは、国の富が上位1％の富裕層に

世界の富豪ベスト15

（アメリカの経済誌「フォーブス」が2022年4月5日発表）
※1$(ドル)＝123円で算出、年齢は同誌発表による

1.イーロン・マスク (アメリカ) 50歳
2190億$ (26兆9370億円)

電気自動車を製造するテスラの共同創業者で最高経営責任者 (CEO)。2020年には有人宇宙船の飛行を成功させた。

2.ジェフ・ベゾス (アメリカ) 58歳
1710億$ (21兆330億円)

インターネット通販アマゾンの創業者、会長。ワシントン・ポスト紙の社主。離婚で「史上最大の財産分与」を行い、元妻は30位に。

3.ベルナール・アルノー (フランス) 73歳
1580億$ (19兆4340億円)

35歳でブランド企業に注目。ヴィトンやディオールを擁するモエ・ヘネシー・ルイ・ヴィトン社の会長兼CEO。

4.ビル・ゲイツ (アメリカ) 66歳
1290億$ (15兆8670億円)

大学3年生の時にマイクロソフト社を立ち上げた。1995年から2007年まで13年連続、09年以来の首位復帰となった14年から17年まで4年連続で世界長者番付1位。

5.ウォーレン・バフェット (アメリカ) 91歳
1180億$ (14兆5140億円)

コカ・コーラやアメリカン・エキスプレスなどの成長株で利益を得た世界一の投資家。「投資の神様」の異名も。

慈善活動は、セレブの証し!?

欧米のセレブリティー（有名人）は、慈善活動や発展途上国を支援する活動に積極的に参加することで社会貢献に努めている。その背景には、キリスト教の「持てる者が持たざる者に手を差し伸べるのは当然」とする教えや「友愛」の精神と、身分の高い人には、その立場に伴って大きな義務があるとする「ノブレス・オブリージュ」の考え方がある。しかし、社会貢献はセレブだけができる特別なことではない。お小遣いで寄付をする、ボランティアをするなど、わたしたちにできる社会貢献を考え、行動しよう。

東日本大震災の被災地を訪れたベルギーのマチルド皇太子妃（現・王妃。P49）。キリスト教を重んじるヨーロッパの王族は慈善活動に熱心だ。

GDPとは

GDPには、市場で取引されている時価で表す「名目GDP」と、物価変動の影響を除いた「実質GDP」がある。経済成長率を見るときには実質GDPを用いる。

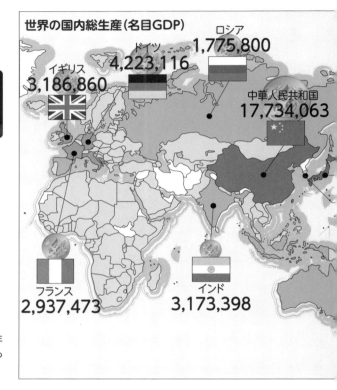

世界の国内総生産（名目GDP）

ロシア **1,775,800**

ドイツ **4,223,116**

イギリス **3,186,860**

中華人民共和国 **17,734,063**

フランス **2,937,473**

インド **3,173,398**

6.ラリー・ペイジ (アメリカ) 49歳
1110億$ (13兆6530億円)

世界最大のインターネット検索サイト、グーグルの共同創業者。スタンフォード大学在籍中にセルゲイ・ブリンとグーグルを設立し、初代CEOとなった。

7.セルゲイ・ブリン (アメリカ) 48歳
1070億$ (13兆1610億円)

グーグルの共同創業者。ロシア生まれで、6歳の時に数学者の父と宇宙科学者の母に連れられてアメリカに移り住んだ。

8.ラリー・エリソン (アメリカ) 77歳
1060億$ (13兆380億円)

シカゴ大学中退後、エレクトロニクス会社に就職。33歳の時、1400ドルでコンピューターソフト会社オラクルを設立した。

9.スティーブ・バルマー(アメリカ)66歳
914億$ (11兆2422億円)

マイクロソフト社の元CEO。米プロバスケットボールNBAのロサンゼルス・クリッパーズのオーナー。

◇ 22年世界長者番付に入ったビリオネア（保有資産10億ドル以上）たちが保有する資産の合計は約12兆7000億ドル(1562兆1000億円)。

集中し、中間層の60％の人の資産の総額より多いといわれるほど貧富の差が大きい国でもあります。世界第2位の経済大国・中国も同様の問題をかかえています。GDPの大きい国で生じる格差の原因を考えてみましょう。

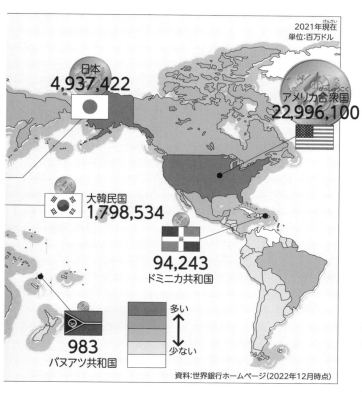

2021年現在
単位：百万ドル

日本
4,937,422

アメリカ合衆国
22,996,100

大韓民国
1,798,534

94,243
ドミニカ共和国

983
バヌアツ共和国

多い ↑ 少ない

資料：世界銀行ホームページ（2022年12月時点）

 10. ムケシュ・アンバニ（インド）64歳
907億$（11兆1561億円）
石油やガスなどの天然資源の開発や石油化学製品製造、小売業など多くの事業を手がける、リライアンス・インダストリーズのCEO。

 11. ゴータム・アダニ（インド）59歳
900億$（11兆700億円）
新興財閥アダニ・グループ会長。港湾管理、発電、不動産などを手がけるインドのインフラ王。

 12. マイケル・ブルームバーグ（アメリカ）80歳
820億$（10兆860億円）
大手情報サービス会社ブルームバーグ創業者。2002年から13年までニューヨーク市長を務めた。

 13. カルロス・スリム・ヘル（メキシコ）82歳
812億$（9兆9876億円）
メキシコの通信王、不動産王として知られる。2010年から13年まで世界長者番付1位。

 14. フランソワーズ・ベタンクール（フランス）68歳
748億$（9兆2004億円）
世界最大の化粧品会社、ロレアル創業者の一人娘である母の遺産を相続。

 15. マーク・ザッカーバーグ（アメリカ）37歳
673億$（8兆2779億円）
ソーシャルネットワーキングサービス（SNS）のサイト、フェイスブックを運営するメタのCEO。保有する同社株の99％を社会貢献活動に使うといわれている。

ミニ百科

| IT・通信 | 投資 | アパレル | 不動産 | スーパー・小売業 | 複合企業 | 化粧品・日用品 | 電気機器 |

日本の富豪ベスト10

「フォーブス」誌の2022年世界長者番付で、保有資産10億ドル（1230億円）を超える富豪は2668人。日本からは40人がランクイン。

 54. 柳井正 73歳
261億$
（3兆2103億円）
ファーストリテイリング会長兼社長（ユニクロなどを展開）。
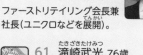

398. 高原豪久
60歳
64億$（7872億円）
ユニ・チャーム社長。

622. 伊藤雅俊
97歳
46億$（5658億円）
イトーヨーカ堂創業者。

61. 滝崎武光 76歳
239億$（2兆9397億円）
キーエンス創業者。
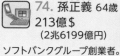

490. 永守重信
77歳
54億$（6642億円）
日本電産会長。

728. 似鳥昭雄
78歳
40億$（4920億円）
ニトリホールディングス会長。

74. 孫正義 64歳
213億$
（2兆6199億円）
ソフトバンクグループ創業者。

536. 三木谷浩史
57歳
51億$（6273億円）
楽天会長兼社長。

801. 森章 85歳
37億$（4551億円）
森トラスト会長。

851. 野田順弘
83歳
35億$（4305億円）
オービック会長。

◇ フォーブス誌の世界長者番付は1987年に始まり、第1回から8年連続で日本人（堤義明、森泰吉郎）が1位だった。

世界の首脳

各国・地域のリーダーや国際機関の代表が一堂に集い、国際情勢、世界経済、環境問題など幅広い議論を行う、「主要20カ国・地域首脳会議（G20サミット）」。世界の行方を担うトップ20はどんな人たちか確認しておきましょう。

※年齢は2022年12月末日時点。

主要7カ国（G7）および欧州連合（EU）
※国名の五十音順。〇の数字はG7サミット出席回数

アメリカ合衆国大統領
ジョー・バイデン 80歳（1942年11月20日〜）②
就任：2021年1月20日　政党：民主党
弁護士から転身し、29歳で上院議員に当選。直後に自動車事故で妻と娘を亡くし、シングルファーザーとして2人の息子を育てる。オバマ政権時代に副大統領を務め、医療保険制度改革法の成立に尽力。現在の妻ジル氏は教育者としての仕事を続けている。

イギリス首相
リシ・スナク 42歳（1980年5月12日〜）〇
就任：2022年10月25日　政党：保守党
イギリス史上初のアジア系首相。両親はインド系で父は医師、母は薬剤師。妻はインドの大手IT企業創業者の娘。オックスフォード大学を卒業後、スタンフォード大学で経営学修士を取得。大手金融会社を経て政治家に。夫妻で莫大な資産を持つ。

イタリア首相
ジョルジャ・メローニ 45歳（1977年1月15日〜）〇
就任：2022年10月22日　政党：イタリアの同胞
イタリア初の女性首相。ローマの下町に生まれ、15歳の時にムソリーニの精神を受け継ぐネオファシスト政党「イタリア社会運動」の青年組織に加入して政治の道へ。事実婚によるジャーナリストのパートナーとの間に娘がいる。

カナダ首相
ジャスティン・トルドー 51歳（1971年12月25日〜）⑦
就任：2015年11月4日　政党：自由党
父も首相経験者。大学卒業後、数学とフランス語の教師に。人種・宗教・性別の多様性を尊重し、閣僚の男女比を半々に、さらに性的マイノリティーの人を大臣に任命する。43歳の若さで就任し、アイドル的な人気も。靴下のコレクションが自慢。

ドイツ首相
オラフ・ショルツ 64歳（1958年6月14日〜）①
就任：2021年12月8日　政党：社会民主党
17歳で社会民主党に入党。ハンブルク大学で法律を学び、弁護士資格を取得。ハンブルク市長も務める。4期16年務めたキリスト教民主・社会同盟のメルケル前首相に代わり、社会民主党、緑の党、自由民主党の3党による連立政権で首相に就任。

日本首相
岸田文雄 65歳（1957年7月29日〜）①
就任：2021年10月4日　政党：自由民主党
会長を務める「宏池会」（岸田派）出身の首相は宮沢喜一元首相以来30年ぶり。宏池会の創始者・池田勇人元首相の地元・広島県出身でもある。父と同じ東京大学を目指したが大学受験に3回失敗し、早稲田大学法学部に入学した。

フランス大統領
エマニュエル・マクロン 45歳（1977年12月21日〜）⑥
就任：2017年5月14日　政党：無所属
官僚を養成する国立行政学院を卒業し、36歳で経済大臣に抜擢され、39歳でフランス史上最年少の大統領になった超エリート。大胆な労働市場改革に取り組み、EUの改革にも積極的。24歳年上の妻は高校時代の恩師。

欧州理事会常任議長（大統領）
シャルル・ミシェル 47歳（1975年12月21日〜）③
就任：2019年12月1日　政党：改革運動
ベルギー出身。18歳で州議会議員、23歳で下院議員に当選、2014年に同国の現行制度下最年少の38歳で首相になった。外相や欧州委員を務めた父親の背中を追いかけ、政界を駆け上ってきた。趣味はバイクやテニス。

G20は、なぜ始まった？

G20（Group of Twenty）は、主要7カ国（G7＝Group of Seven）に加え、12の新興国、欧州連合で構成されている。G20サミットは、2008年に深刻化した金融危機に対処するためG8*（当時）の枠を超え、20カ国・地域の首脳が会合をもったのが始まり。新興5カ国「BRICS」ほか、急成長する新興国をメンバーに入れないことには世界経済を立て直せないためG20に拡大した。

*ロシアが2014年にクリミア半島を併合したことでG7首脳はロシアのG8参加を停止した。

◆日本で開催されたサミット◆

2019年6月28〜29日、日本が初めて議長国を務めたG20が開かれた。これまで日本で開催されたサミットを確認しておこう。

年	開催地（通称）	議長
1979	東京（東京サミット）	大平正芳
1986	東京（東京サミット）	中曽根康弘
1993	東京（東京サミット）	宮沢喜一
2000	沖縄県名護市（九州・沖縄サミット）	森喜朗
2008	北海道洞爺湖町（北海道洞爺湖サミット）	福田康夫
2016	三重県志摩市（伊勢志摩サミット）	安倍晋三
2019	大阪市（G20大阪サミット）	安倍晋三

◇ サミットは「山の頂上」という意味の英語。サミットを成功に導く各国代表の補佐役を登山隊の道案内にかけて「シェルパ」という。

◎各国については、P219からの「世界の国ぐに」と巻末の「世界の国旗」を参照のこと。

G20に参加する12の新興国

※国名の五十音順。※は新興5カ国(BRICS)

ミニ百科

アルゼンチン大統領
アルベルト・フェルナンデス
63歳(1959年4月2日〜)
就任:2019年12月10日
政党:正義党(通称ペロン党)　AFP時事

労働者層を主な支持基盤とする政党のリーダー。約1000億ドルに膨らんだ債務を管理し経済を立て直す任務を抱えている。

インド※首相
ナレンドラ・モディ
72歳(1950年9月17日〜)
就任:2014年5月26日
政党:インド人民党

パキスタンとの関係改善が課題。紅茶売りの貧しい家で育ち、13億人の頂点に上り詰めた。元気の源は毎朝するヨガ。

インドネシア大統領
ジョコ・ウィドド
61歳(1961年6月21日〜)
就任:2014年10月20日
政党:闘争民主党

ジャカルタ特別州知事から大統領へ。カリマンタン(ボルネオ島)への首都移転計画を発表した。ヘビーメタル好き。

オーストラリア首相
アンソニー・アルバニージー
59歳(1963年3月2日〜)
就任:2022年5月23日
政党:労働党

シングルマザーの子として生まれ、公営住宅で育つ。派手さはないが、実直な政治家と評価され、社会正義の実現を目指す。

サウジアラビア国王
サルマン・ビン・アブドルアジーズ・アール・サウード
87歳(1935年12月31日〜)
即位:2015年1月23日

絶対君主制国家なので国家元首兼首相となる。2017年に1000人を超える随行団と来日し、富豪ぶりが話題に。

大韓民国大統領
尹錫悦
62歳(1960年12月18日〜)
就任:2022年5月10日
政党:国民の力

元検事総長。司法試験を受け続け、9回目で合格して検事に。両親とも大学教授。座右の銘は「楽しく働いて楽しく生きよう」。

中華人民共和国※国家主席
習近平
69歳(1953年6月15日〜)
就任:2013年3月14日
政党:中国共産党

国家主席の任期制限を撤廃した。副首相だった父が失脚し、少年時代は農村で過酷な生活をした。妻は国民的歌手。

トルコ大統領
レジェップ・タイイップ・エルドアン
68歳(1954年2月26日〜)
就任:2014年8月28日
政党:公正発展党

EU加盟が長年の課題。議院内閣制から実権型大統領制に改憲し、大統領権限を強める。

ブラジル※大統領
ルイス・イナシオ・ルラ・ダシルバ
77歳(1945年10月27日〜)
就任:2023年1月1日
政党:労働者党

2003年から大統領を2期務めた。汚職で有罪判決を受けたが、その判決は無効に。再び大統領選挙に立候補して勝利。

南アフリカ共和国※大統領
シリル・ラマポーザ
70歳(1952年11月17日〜)
就任:2018年2月15日
政党:アフリカ民族会議

汚職・腐敗の一掃、経済再建を掲げる。2019年ラグビーワールドカップ決勝を観戦しに、はるばる日本にやってきた。

メキシコ大統領
アンドレスマヌエル・ロペスオブラドール
69歳(1953年11月13日〜)
就任:2018年12月1日
政党:国家再生運動

元メキシコ市長。メキシコ初の左派政権。米トランプ政権に国境の壁建設、貿易交渉で揺さぶられた。

ロシア連邦※大統領
ウラジーミル・プーチン
70歳(1952年10月7日〜)
就任:2000年5月7日
政党:統一ロシア

首相時代も含め20年を超える長期政権。旧ソ連時代、反体制派を監視するKGBのスパイだった。柔道は黒帯の実力。

世界の王室・皇室

(ヨーロッパ10カ国、アジア6カ国、オセアニア2カ国、中東7カ国、アフリカ3カ国)
※国名の五十音順

日本の皇室をはじめ、世界には28の王室・皇室があります。国政に関与することはほとんどの国でありませんが、国民の統合、国際親善に重要な役割を担っています。

オランダ
ウィレム・アレキサンダー国王 55歳
1967年生まれ・2013年即位

オランダ王室116年ぶりの直系男子。母親から王位を継承。

スペイン
フェリペ6世 54歳
1968年生まれ・2014年即位

皇太子時代にヨット選手としてバルセロナ五輪に出場。

イギリス
チャールズ3世 74歳
1948年生まれ・2022年即位
ダイアナ元妃との離婚や、カミラ王妃との再婚が話題に。

デンマーク
マルグレーテ2世 82歳
1940年生まれ・1972年即位

モットーは「神のご加護、国民の愛、デンマークの強さ」。

トンガ
ツポウ6世 63歳
1959年生まれ・2012年即位

前国王(兄)の死を受け即位。父4世は大の親日家だった。

タイ
ワチラロンコン国王 70歳
1952年生まれ・2016年即位

ラマ10世。2019年、タイでは69年ぶりとなる戴冠式を行った。

ベルギー
フィリップ国王 62歳
1960年生まれ・2013年即位

前国王の長子。マチルド王妃(P46参照)との間に2男2女。

モロッコ
ムハンマド6世 59歳
1963年生まれ・1999年即位
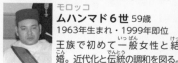
王族で初めて一般女性と結婚。近代化と伝統の調和を図る。

ブータン
ワンチュク国王 42歳
1980年生まれ・2006年即位

国是は「国民総幸福」。東日本大震災の被災地を慰問した。

ヨルダン
アブドラ2世 60歳
1962年生まれ・1999年即位

訪日歴10回超えの親日家。「スタートレック」の大ファン。

↺現在、欧州の王室では男女区別のない長子継承制が多数。男子継承制のスペインでも、直系の男子がいない場合は女王が認められる。

世界遺産

世界遺産の始まりは、1959年にエジプト・ナイル川のダム建設で水没するヌビア遺跡群を、国連教育科学文化機関（ユネスコ）が世界中によびかけて保護したことがきっかけでした。そして、72年にユネスコ総会で世界遺産条約が採択され、世界遺産リストが作られました。自然や、昔の人が残してくれた大切な文化を守り、後世に伝えるのが目的です。

※2022年12月現在、締約国数は194、登録件数の内訳は、自然遺産218件、文化遺産897件、複合遺産39件（合計1154件）。

（　）内は、所在地と認定年

歴史的城塞都市カルカッソンヌ（フランス　1997年）

フランスとスペインを隔てるピレネー山脈のふもとにある、城の街カルカッソンヌ。ここは地中海と大西洋、ヨーロッパ大陸とイベリア半島を結ぶ重要なポイントだったので、防衛するためにいろいろな工夫がされている。

ケベック旧市街の歴史地区（カナダ　1985年）

セントローレンス川沿いに広がる市街全体が文化財になっている、北アメリカでただ一つの城塞都市ケベック。この街のシンボルは1893年に建てられたホテル「シャトー・フロントナック」。まるでお城のような建物は、フランスの植民地時代のなごり。

●文化遺産　■自然遺産　▼複合遺産
（　）内は、所在国と登録年

グランド・キャニオン国立公園
（米国　1979年）

米国西部を流れるコロラド川の途中にある、長さ450km、幅最大30kmの谷。谷の幾重にもしま模様に重なった地層は、20億年分の地球の年輪。谷の上と底とでは、気温が20℃も違う。

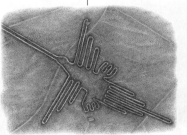

ナスカとパルパの地上絵
（ペルー　1994年）

空からしか見られない大地に描かれた地上絵。なんのために描かれたのだろう？　ナスカの人々が天からの救いを願ったのだろうか。ハチドリやサル、イヌなど30ほどの動物のほかに長い直線やうず巻き模様なども。

アブ・シンベルからフィラエまでのヌビア遺跡群（エジプト　1979年）

ナイル川の上流の岩山をくりぬいて造られた巨大な神殿。紀元前13世紀にラムセス2世によって建てられた。入り口の左右にある、高さ約20mの4体の像はすべてラムセス2世だ。

「負の遺産」

人類が犯した過ちをくり返さないための教訓の意味があり、①戦争や紛争に関連したもの、②人種差別や強制労働に関連したものに大別できる。①は、広島の原爆ドーム（日本。P52参照）、バーミヤン渓谷の文化的景観と古代遺跡群（アフガニスタン）など。②は、ロベン島（南アフリカ）や奴隷貿易の拠点だったゴレ島（セネガル）などがある。

世界遺産に登録されるまで（文化遺産の場合）

当事国が世界遺産条約を締結し、物件を推薦、法律で保護しているのが基本条件。

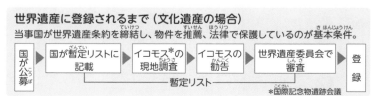

国が公募 → 国が暫定リストに記載 → イコモス*の現地調査 → イコモスの勧告 → 世界遺産委員会で審査 → 登録

————暫定リスト————

*国際記念物遺跡会議

◇　世界遺産リスト登録は1978年に開始。第1号は、ゴレ島など文化遺産8件、ガラパゴス諸島など自然遺産4件。

プラハ歴史地区（チェコ　1992年）
6世紀後半、スラブ民族が集落をつくったことに始まるプラハ。「黄金の都」「百塔の街」「建築博物館の街」などとよばれている。二つの世界大戦の戦火をまぬかれ、教会や古い建物が中世の姿のまま残っている。

ローマ歴史地区、教皇領とサン・パオロ・フォーリ・レ・ムーラ大聖堂
（イタリア・バチカン　1980、90年）
ローマの古代遺跡のなかで最も知られているのが円形闘技場コロッセオ。紀元72年に着工し、8年で完成した。1階は貴賓席、2階は庶民の木製席、3階が立ち見席で、地下に剣闘士や猛獣を収容していた。

ラサのポタラ宮歴史地区
（中国　1994、2000、01年）
ポタラ宮は17世紀にチベットを統一したダライ・ラマ5世が、「赤い山」とよばれる標高3650mの丘の斜面に建てた宮殿。東西に400m、高さ115mの13階建ての建物で、部屋が約1000室もある。

古代都市スコタイと周辺の古代都市群（タイ　1991年）
13世紀初めにタイ人がつくった最初の国家、スコタイ朝の跡。政治を行ったワット・マハタート王宮寺院を中心に200以上もワット（塔）があった。北側のワット・シーチュムにある高さ14.7mの大仏は、見上げるとやさしく見つめてくる。

エルサレムの旧市街とその城壁群（ヨルダンによる申請遺産　1981年）
ユダヤ教、キリスト教、イスラム教と三つの宗教の聖地であるエルサレムは、周囲を1km四方の城壁に囲まれている。なかでも約1300年前に建てられたイスラム教の「岩のドーム」は、金色に輝いている。

ウォンバット

タスマニアデビル

タスマニア原生地域
（オーストラリア　1982、89年）
長い間、海に隔てられ、太古の自然が残ったオーストラリア南東の島、タスマニア。あごの力が強く、恐ろしい鳴き声をあげるタスマニアデビルや、子どもを生後半年までおなかの袋で育てる愛らしいウォンバットなど、絶滅をまぬかれた動物たちが生息している。

グレート・バリア・リーフ
（オーストラリア　1981年）
全長2000kmを超える世界最大のサンゴ礁。大きさは日本列島と同じくらい。サンゴの層がつくられ始めたのは約200万年前といわれる。約400種のサンゴと1500種の魚、4000種の貝などが生息する。

世界遺産のおもな特徴
■自然遺産…風景や陸・海の動植物、または森や山などの地形。
●文化遺産…歴史的、芸術的にすばらしい建物や彫刻、絵画など。
▼複合遺産…自然遺産と文化遺産の両方の特徴をあわせ持っている。

◇世界遺産保有国はイタリアが58件で1位、続いて中国56件（2022年12月現在、共同登録を含む）。

日本の世界遺産

日本は長い歴史が育んだ独特の文化と、南北に広がる国土が生んだ多様な自然環境に恵まれています。こうした風土で培われた日本の世界遺産は、文化遺産20件、自然遺産5件を数えます（2022年12月現在）。それぞれ、どういった点が評価され世界遺産になったのか、調べてみましょう。

番号は登録順　■文化遺産　□自然遺産　（　）内は、所在地と登録年

①法隆寺地域の仏教建造物
（奈良県　1993年）

法隆寺は、聖徳太子の宮殿があった斑鳩にある世界最古の木造建築物。周辺地域には中宮寺、法起寺、法輪寺など日本の仏教寺院建築の移り変わりがうかがえる文化遺産が集まっている。

②姫路城（兵庫県　1993年）

白壁で統一され、サギが羽を広げたような外観から「白鷺城」の別名も。周囲を二重の堀で囲んだり、通路の壁に狭間という鉄砲や矢を撃つ穴を作ったり、戦に備えた工夫がなされている。江戸時代の初めに池田輝政によって築かれた。

③屋久島（鹿児島県　1993年）

山頂から海岸までの約10kmの中に亜熱帯から亜寒帯の植物群が分布し、多様な生態系が息づいている。樹齢1000年以上の屋久杉が生い茂る森は、映画「もののけ姫」で見たような光景だ。ヤクザル、ヤクシカといったこの島固有の動物もいる。

④白神山地
（青森県・秋田県　1993年）

標高100mから1200mの山岳地帯。8000年前の自然が残るブナの森は、多様な生物を育てる「いのちの森」。ここに集まる昆虫は2300種以上。

⑤古都京都の文化財
（京都府・滋賀県　1994年）

1200年の歴史ある町に残る、清水寺、平等院、金閣寺、銀閣寺、延暦寺、二条城など、平安時代から江戸時代までの17件が登録。日本一古い本殿をもつ宇治上神社、日本一高い木造の塔、東寺の五重塔も見られる。

⑥白川郷・五箇山の合掌造り集落
（岐阜県・富山県　1995年）

岐阜県白川村の59棟と富山県南砺市五箇山地区の29棟の合掌造り家屋。手のひらを合わせたような大きな急勾配の屋根は、豪雪地帯に生きる人の知恵。

⑦原爆ドーム（広島県　1996年）

1945年8月6日、人類初の原子爆弾が投下された町に残る歴史の証人。戦争の悲惨さを伝え、平和を願って保存されている「負の遺産」。もとの名は広島県産業奨励館といい、県の産業を発展させるための展示会などを開く施設だった。

⑧厳島神社（広島県　1996年）

平清盛が建造した、竜宮城を表したといわれる寝殿造りの優雅な神社。満潮時には大鳥居が海に浮かんでいるように見える。「安芸の宮島」で知られ、松島（宮城県）や天橋立（京都府）とともに日本三景として有名。

⑨古都奈良の文化財
（奈良県　1998年）

平城宮が置かれ日本の首都として栄えた奈良は、8世紀の中国や朝鮮との交流を示す物品が数多く見られる町。東大寺、興福寺、唐招提寺など計8件とその周辺地域が登録。春日大社では神の使いとされるシカが参拝者を迎える。

⑩日光の社寺（栃木県　1999年）

徳川家康を祭る日光東照宮とともに、二荒山神社、輪王寺が登録。日光東照宮を象徴する陽明門は、時を忘れて見入ってしまうことから「日暮の門」ともよばれている。「日光を見ずして結構と言うなかれ」の格言もある。

⑪琉球王国のグスク及び関連遺産群
（沖縄県　2000年）

グスクは城のこと。権力争いが激化した三山時代（1322～1429年）に築かれた。2019年10月31日に焼失した首里城は、琉球王が住んだ最大のグスクで、約450年間、政治と文化の中心だった（写真は焼失前）。

⑫紀伊山地の霊場と参詣道
（和歌山県・奈良県・三重県　2004年）

吉野・大峯、熊野三山、高野山の3霊場と古都奈良や京都を結んだ参詣道で、世界遺産に道が登録されためずらしい例。神社や寺院などが自然環境と一体になって景観をつくり出している。

◇オホーツク海につき出た知床半島。「シレトコ」は、アイヌの言葉で「大地の果てるところ」を意味する。

13 知床（北海道　2005年）

川と海と森が一体になった独特の生態系、希少な動植物の生息地であることなどが評価された。
冬の知床の海を覆いつくす流氷は圧巻!

14 石見銀山遺跡とその文化的景観（島根県　2007年）

16世紀から20世紀まで操業した世界有数の銀鉱山遺跡。銀山を盗掘から守った山城の遺構が歴史を物語る。国の重要伝統的建造物群保存地区。

15 小笠原諸島（東京都　2011年）

30余りの島からなり、父島、母島両島は全域が海鳥の繁殖地。独自の生態系をもつ動植物の宝庫で、その進化の過程がわかるところから「東洋のガラパゴス」ともよばれる。

16 平泉—仏国土（浄土）を表す建築・庭園及び考古学的遺跡群—（岩手県　2011年）

平安時代末期に奥州藤原氏が建てた寺院や庭園などで構成。浄土思想が表現され、なかでも国宝建造物第1号に指定された中尊寺金色堂は、一面に金箔が施されていて豪華。

17 富士山—信仰の対象と芸術の源泉—（山梨県・静岡県　2013年）

山頂の信仰遺跡群や周辺の神社など25件が登録。自然遺産として登録申請を目指していたが、登山者らが出した大量のゴミが問題視され断念した。写真は、富士山と三保松原。

18 富岡製糸場と絹産業遺産群（群馬県　2014年）

富岡製糸場（設立1872年）は、115年間操業し世界の絹産業の発展に寄与した。絹産業遺産群として高山社跡、田島弥平旧宅、荒船風穴が登録。

19 明治日本の産業革命遺産　製鉄・製鋼、造船、石炭産業（岩手県・静岡県・山口県・福岡県・熊本県・佐賀県・長崎県・鹿児島県　2015年）

軍艦島の名で知られる端島炭坑（長崎市）など、炭鉱、製鉄、造船業などにかかわる23施設。江戸時代末の開国期から明治時代にかけての約50年間で急速な産業化を達成した段階を示す遺産として評価された。

20 ル・コルビュジエの建築作品—近代建築運動への顕著な貢献—（東京都　2016年）

20世紀を代表する建築家ル・コルビュジエの作品を日本やフランス、ドイツなど7カ国が共同推薦。構成資産の一つ、国立西洋美術館本館は、日本唯一のコルビュジエ作品。実業家松方幸次郎がヨーロッパで集めた美術品を収蔵・展示するため、1959年に建設された。

21 『神宿る島』宗像・沖ノ島と関連遺産群（福岡県　2017年）

古代の祭祀と海の交流の跡を残す島。銅鏡や黄金の指輪、朝鮮半島の馬具、シルクロード由来のガラス製品など約8万点（すべて国宝）が出土し、「海の正倉院」ともよばれている。

22 長崎と天草地方の潜伏キリシタン関連遺産（長崎県・熊本県　2018年）

江戸幕府が禁じたキリスト教をひそかに信仰した潜伏キリシタンが育んだ文化を示す遺産群。島原・天草一揆の舞台だった原城跡、大浦天主堂など12の資産から成る。

23 百舌鳥・古市古墳群—古代日本の墳墓群—（大阪府　2019年）

堺市の百舌鳥、羽曳野市・藤井寺市の古市にある、4世紀後半〜5世紀後半に造られた古墳49基。墓としては世界最大級の全長486mを誇る大山古墳（伝仁徳天皇陵）、全長425mの誉田御廟山古墳（伝応神天皇陵）などが登録。

24 奄美大島、徳之島、沖縄島北部及び西表島（鹿児島県・沖縄県　2021年）

世界的に希少な動植物が多く、豊かな生物多様性を守るために重要な地域であることが評価された。奄美大島と徳之島だけにいる国の特別天然記念物のアマミノクロウサギや、西表島のイリオモテヤマネコ、沖縄本島北部にいるヤンバルクイナなど絶滅危惧種が数多く生息する。

アマミイシカワガエル

25 北海道・北東北の縄文遺跡群（北海道・青森県・岩手県・秋田県　2021年）

国の特別史跡・三内丸山遺跡（青森県青森市）をはじめ、大湯環状列石（秋田県鹿角市）、大平山元遺跡（青森県外ケ浜町）、北黄金貝塚（北海道伊達市）など縄文時代の17遺跡について、農耕以前の定住生活のあり方や複雑な精神文化を示すとしてその価値が認められた。

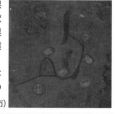

大船遺跡（北海道函館市）

◇ 百舌鳥・古市古墳群には29基の陵墓（皇室の祖先の墓）があるが、被葬者と築造時期が合わないなどの疑問も。陵墓は原則非公開。

日本の無形文化遺産

ユネスコ（国連教育科学文化機関）無形文化遺産は、伝統芸能や口承文化などを人類共通の遺産として守り伝えるため、各国が2003年に条約を結んで始まりました。締約国は180カ国、世界全体では567件、日本からは22件が登録されています（2022年12月現在）。どんな遺産があるか調べてみましょう。

番号は登録順　●重要無形文化財　●重要無形民俗文化財　○文化審議会決定　○選定保存技術　（）内は、所在地と登録年

❶能楽 (2008年)
笛、小鼓、大鼓、太鼓の伴奏に乗せ、歌い舞って進行する音楽劇の能と、滑稽なせりふ劇である狂言の総称。室町時代に大成し、後の人形浄瑠璃文楽や歌舞伎にも大きな影響を与えた。

豊作に感謝して奉納された能（宇佐神宮能楽殿＝大分県宇佐市）。

❷人形浄瑠璃文楽 (2008年)
人形遣い、三味線弾き、太夫とよばれる浄瑠璃語りが三位一体となって作り上げていく。三味線弾きが進行役となり、太夫が語り、それに合わせて人形遣いが人形1体を3人がかりで操る。

人形がテンポよく踊る「二人三番叟」。

❸歌舞伎 (2008年)
劇、舞踊、音楽の要素をあわせ持った日本独自の伝統芸能。約400年前、出雲阿国によって始まり、かぶき踊り、若衆歌舞伎、野郎歌舞伎をへて今日の形式になった。すべての役を男性が演じ、女性役は女形とよばれる。

「お祭り」の舞台に立つ、十八代目中村勘三郎さん（2011年）。協力／松竹株式会社

❹雅楽 (2009年)
宮廷・社寺などに伝わる合奏音楽。日本古来の神楽、東遊などの音楽と舞、中国や朝鮮を経由して渡来した管絃と舞楽、平安時代に作られた催馬楽、朗詠とよばれる声楽曲からなる。

独特の楽器が雅な音色を奏でる。

❺小千谷縮・越後上布
（新潟県　2009年）
塩沢・小千谷地区で作られる麻織物。越後上布は1200年以上の歴史がある。雪が苧麻の繊維に適度な湿気を与え、雪上の晒しが漂白に役立つといった雪国特有の技術が伝承されている。

真っ白な雪原にしきつめられた越後上布。

❻奥能登のあえのこと
（石川県　2009年）
豊作をもたらす田の神をまつる儀礼。収穫後から耕作前まで家の中に迎え入れられた神は、迎えた日と送り出される日は入浴と食事でもてなされ、その間は神棚や床の間で休む。

ごちそうを並べて、田の神を接待しているところ。

❼早池峰神楽（岩手県　2009年）
花巻市大迫町の大償・岳の2地区に伝承される神楽で、早池峰山を霊山として信仰した山伏によって演じられていた。早池峰神社の8月1日の祭礼などで公開される。

室町時代に能が大成する以前の姿をとどめている。

❽秋保の田植踊
（宮城県　2009年）
仙台市太白区秋保町の3地区に伝わる。小正月（旧暦1月15日）にその年の豊作を願うもので、きらびやかな衣装をまとった早乙女が田植えの所作で踊る。

現在は小・中学生の女子が中心になって伝承している。

❾大日堂舞楽
（秋田県　2009年）
約1300年前に都から伝わった。地域の4集落が異なる舞を伝承し、能衆とよばれる人たちが世襲で継承。

鹿角市八幡平の大日堂で正月2日に演じられる。

❿題目立
（奈良県　2009年）
毎年10月12日、奈良市上深川町の八柱神社に奉納される。源平の武将を扱った演目を独特の抑揚をつけて語る。

演じるのは17歳の青年に限られ、成人儀礼の性格をもつ。

⓫アイヌ古式舞踊
（北海道　2009年）
北海道の先住民族・アイヌの人々によって伝承されている歌と踊り。生活と密接に結びついたものが多い。

独特な刺しゅうや紋様がほどこされた衣装で踊る。

⓬組踊（沖縄県　2010年）
沖縄に古くから伝わる歌舞劇。歌舞伎と似た形式で、音楽・舞踊・せりふからなる。琉球王朝時代、明や清からの使節団をもてなすために、踊奉行の玉城朝薫が創作したのが始まり。

夫婦・親子の情愛をえがいた古典組踊「花売の縁（はなういぬえん）」。

◇ 2022年にはフランスの「バゲット」が無形文化遺産に登録された。

ユネスコ無形文化遺産登録（代表一覧表記載）までの流れ

締約国*からユネスコに申請（各年、50件の審査件数の制限）

*180カ国（2022年11月現在）

→ 評価機関による審査

→ 政府間委員会で決定
① 記載
② 情報照会（追加情報の要求）
③ 不記載（4年間、再申請不可）

日本の世界遺産 (P52-53参照)
日本の無形文化遺産

■は世界遺産、●は無形文化遺産
※❶～❹、⑰㉑は含まない。

ミニ百科

❸結城紬（茨城県・栃木県　2010年）

栃木県小山市とその近辺、茨城県結城市で作られている、日本の紬を代表する絹織物。1200年以上前から伝わる製法を守り、亀甲模様の細工絣などの生産が続けられている。

織り機の原形をとどめるとされる地機で織り上げる。

⑭壬生の花田植(広島県　2011年)

その年の稲作の無事と豊作を祈願する伝統行事。飾り牛が代かきをした後、笛や太鼓などの囃子に合わせて、絣の着物にすげ笠をかぶった早乙女が田植え歌を歌いながら苗を植えていく。

はでな装飾をされて代かきをする飾り牛。

⑮佐陀神能(島根県　2011年)

松江市鹿島町の佐太神社の御座替祭(毎年9月24〜25日)で行われる神事芸能。400年近い伝統があり、全国で一番数が多い出雲流の神楽の源流であると考えられている。

佐太神社の縁起を語る、神能「大社」。

⑯那智の田楽(和歌山県　2012年)

熊野那智大社で毎年7月に開かれる例大祭で、豊作を祈って奉納する。ビンザサラや締太鼓、笛の伴奏とともに優美に演じられるのが特色。京都から約600年前に伝わったとされている。

中世の田楽が忠実に受けつがれている。

⑰和食：日本人の伝統的な食文化―正月を例として―(2013年)

2013年12月に、ユネスコ無形文化遺産に登録された。これまで日本から登録されたのは、国内で指定された重要無形文化財や重要無形民俗文化財だけだったので、「和食」の無形文化遺産への登録は異例といえる。「和食」が登録された理由として、料理そのものではなく、年中行事との関わりなど日本人の社会的慣習としての食文化が評価されたことがあげられる。

⑱和紙：日本の手漉和紙技術

(島根県・岐阜県・埼玉県　2014年)
2009年に登録された「石州半紙」(島根県浜田市)に、本美濃紙(岐阜県美濃市)と細川紙(埼玉県小川町、東秩父村)を加えて新たに登録。コウゾだけを原料にした手すきの技術が、伝統的工芸技術として認められた。

すいた和紙が積み重なっていく。

⑲山・鉾・屋台行事

(18府県　2016年)
東北から九州まで33件の祭礼行事。高山祭の屋台行事(岐阜県高山市)、博多祇園山笠行事(福岡市)、唐津くんちの曳山行事(佐賀県唐津市)など。

八戸三社大祭の山車行事(青森県八戸市)。

⑳来訪神　仮面・仮装の神々

(秋田県・岩手県・宮城県・山形県・石川県・佐賀県・鹿児島県・沖縄県　2018年)
東北から沖縄まで8県10の行事。仮装した「来訪神」が家々を訪れ、人々を祝福したり戒めたりする。

なまけ者をこらしめる「男鹿のナマハゲ」。

㉑伝統建築工匠の技：木造建造物を受け継ぐための伝統技術

(2020年)
文化財保存のために不可欠な「建造物木工」「檜皮葺・柿葺」「左官(日本壁)」など木造建造物の修理にかかわる17件の伝統的技術。

屋根に檜皮を葺く職人。

㉒風流踊(24都府県　2022年)

広く親しまれている盆踊りなど、各地の歴史や風土に応じてさまざまな形で伝承されてきた41件の民俗芸能。2009年に登録された「チャッキラコ」(神奈川県)に加えて登録された。

踊りの振りが美しい「西馬音内の盆踊」(秋田県)。

◇ 「協同組合」も無形文化遺産。2016年、ドイツが申請した「共通の利益を形にする協同組合の思想と実践」が評価された。

日本の世界農業遺産

世界農業遺産は、伝統的な農業や農村文化、景観などが維持されている地域を国連食糧農業機関が認定し、世界共通の財産として継承することが目的。23カ国72地域、日本では13地域が認定されています（2022年12月現在）。

（　）内は、所在地と認定年

トキと共生する佐渡の里山（新潟県　2011年）

生物多様性農法で米を作るなど、国の特別天然記念物トキを中心に、人と生物が豊かに暮らせる島づくりに取り組む。

田んぼでエサを探すトキ。

能登の里山里海（石川県　2011年）

棚田や、潮風から家屋を守る竹の垣根など伝統的な農山漁村の景観を維持。農耕神事「あえのこと」（P54参照）も継承している。

白米千枚田で田植えをする人々。

清流長良川の鮎（岐阜県　2015年）

鮎漁が盛んな長良川。鮎は地域に守られた清流で育ち、地域の人々は鮎の恩恵を受ける。美濃和紙（P55参照）作りにも清水が不可欠。

鮎漁はかがり火の明かりだけで行う。

森・里・湖に育まれる漁業と農業が織りなす琵琶湖システム（滋賀県　2022年）

伝統的な琵琶湖漁業を中心とする「里湖」とも呼ばれる循環型システム。1000年の歴史を持つエリ漁や独特の食文化が継承されている。

矢印の形に網を張って魚を追い込む。

にし阿波の傾斜地農耕システム（徳島県　2018年）

400年以上の歴史がある、急斜面での農耕が多様な動植物や山村景観を保全。農耕にまつわる伝統行事も受け継がれている。

傾斜地農法で雑穀や野菜を栽培する。

阿蘇の草原の維持と持続的農業（熊本県　2013年）

希少な動植物が数多く生息する日本最大級の草原を維持する阿蘇地域。火山性で養分の乏しい土壌を改良して循環型農業を行う。

あか牛が放牧される草原。

高千穂郷・椎葉山地域の山間地農林業複合システム（宮崎県　2015年）

険しい山間地でモザイク林などによる森林保全管理、伝統的な焼き畑農業、棚田の米作りなど、複合的林業をすすめている。

椎葉村で受け継がれてきた焼き畑。

みなべ・田辺の梅システム（和歌山県　2015年）

農業に不利な土壌と傾斜地を活用して、良質な梅を持続的に生産するシステムづくりに成功。梅は地域の基幹産業になっている。

山の斜面いっぱいに咲く梅の花。

持続可能な水田農業を考える「大崎耕土」の伝統的水管理システム（宮城県　2017年）

気象変化に応じた水管理で冷害や洪水を克服してきた大崎地域。屋敷林「居久根」などが生物多様性の維持に貢献している。

広い平野のそこここに居久根が点在する。

峡東地域の扇状地に適応した果樹農業システム（山梨県　2022年）

ブドウやモモなどの果樹の適地適作が古くから行われ、独自のブドウの棚式栽培が開発され、現在まで継承されている。

季節ごとにさまざまな風景を見せるブドウ畑。

静岡水わさびの伝統栽培（静岡県　2018年）

静岡県はわさび栽培発祥の地。江戸時代から続く、肥料を極力使わずに湧水が含む養分で栽培する農法を受け継いでいる。希少な生物が数多く生息している。

病害が少ないというわさび栽培地。

静岡の茶草場農法（静岡県　2013年）

掛川周辺地域では、県の特産品である茶の栽培を伝統的な茶草場農法で行い、その農法の実践が生物多様性をも促している。

希少な生物が多数生息する茶草地。

クヌギ林とため池がつなぐ国東半島・宇佐の農林水産循環（大分県　2013年）

小規模なため池を連携させ、効率的な土地・水利用を行う。クヌギ原木のシイタケの栽培が森林の新陳代謝を促している。

箱庭のような田染荘小崎地区。

◇ 佐渡は野生のトキが最後まですんでいた島だ。日本のトキが2003年に絶滅後、中国のトキを繁殖させている。

日本の世界ジオパーク

ジオパークは、重要な地形や岩石、火山など地質遺産を生かした自然公園のこと。世界ジオパークは、2004年にユネスコ（国連教育科学文化機関）の支援で設立された世界ジオパークネットワーク（ＧＧＮ）によって認定されます。

（　）内は、所在地と認定年

洞爺湖有珠山ジオパーク(北海道　2009年)

約11万年前の巨大噴火で生まれた洞爺湖、2万〜1万年前に噴火をくり返して生まれた有珠山。火山活動で形成された雄大な自然と共に生きてきた人間の歴史が感じられる。

洞爺湖(右)、有珠山(左)。右手前の昭和新山は有珠山の噴火でできた。

隠岐ジオパーク(島根県　2013年)

島根半島の北40〜80kmの日本海に点在する四つの有人島と多数の無人島から成る。ユーラシア大陸と一体だった時代からの大地の変化の過程がわかる地質、その大地の上で独自の進化をとげた生態系、北方系から南方系までの多様な植物などが見られる。

見どころの一つ、赤尾展望所(島根県・西ノ島町)。放牧地でもある。

阿蘇ジオパーク

(熊本県　2014年)

最大の見どころは、約27万年前から何度か起こった巨大噴火によって形成されたカルデラ。1000年以上にわたって野焼きを行い維持している草原や、火山信仰する住人の姿などから、自然を慈しみ、恐れながら生きてきた人間の歴史・文化が見て取れる。

樹氷が見られる冬の阿蘇。草千里展望所(阿蘇市赤水)。

アポイ岳ジオパーク(北海道　2015年)

約1300万年前の巨大プレートの衝突によりできたアポイ岳。国の特別天然記念物に指定された高山植物が生育し、固有種が集中する群落もあり世界的に珍しい。標高810m。

北海道固有種のアポイアズマギク。

糸魚川ジオパーク(新潟県　2009年)

糸魚川-静岡構造線が走る地質学上重要な地域。本州を二つに分ける大断層や、国内有数のヒスイの産地などを有し、太古から刻まれてきた大地の営みにふれることができる。

巨大なヒスイの原石。

伊豆半島ジオパーク(静岡県　2018年)

エリアは県東部の7市8町。かつては南洋にあった火山島の集まりで、約60万年前、本州に衝突して半島化した。二つの活動的火山弧が集まる世界で唯一の場所。海の浸食作用で削られた城ヶ崎海岸。全長は約9kmにわたる。

山陰海岸ジオパーク(京都府・兵庫県・鳥取県　2010年)

エリアは京丹後市の経ヶ岬から鳥取市西端まで。日本列島がアジア大陸の一部だった約2500万年前まで遡って、日本海形成の経過がわかる貴重な地形・地質や、この土地の自然・風土に培われた人々の文化・歴史も知ることができる。

左奥は鳥取砂丘(鳥取市)。

室戸ジオパーク(高知県　2011年)

室戸半島に位置する室戸市全域が範囲。室戸岬は過去の大地震をきっかけに隆起し、1000年で平均2mという驚異的な速さで今も隆起を続ける。地球のダイナミックな活動が観察できるスポット。

雨雲の間から姿を見せた室戸半島(室戸市)。

島原半島ジオパーク(長崎県　2009年)

雲仙火山を中心に島原・雲仙・南島原の3市にまたがる。この地域には温泉や湧水地も多く、火山は災害をもたらすだけではなく、人に恵みももたらすものであることがよくわかる。甚大な被害を出した雲仙岳の平成噴火(1990〜95年)を映像と音で体験できる記念館もある。

中腹付近まで雪化粧した平成新山。

地域発展に取り組む姿勢もポイント

ジオパークは、貴重な地形や地質の保全だけではなく、その土地の文化や歴史、生態系も対象で、それらを活用して地域の活性化や教育など、地域社会の持続可能な発展に取り組む地域が認定される。世界46カ国177地域のジオパークがGGNに加盟している(2022年12月現在)。なお、日本ジオパークに認定された地域は全国で46カ所(世界ジオパーク認定の9カ所を含む)。近くにあったら行ってみよう！

◇ ジオパークの「ジオ(geo)」は、ギリシャ語で地球を意味する言葉に由来し、大地、地球、地下といった意味。

日本の郷土料理

郷土料理とは、地場産物を独自の調理法で食べ継いできた料理のこと。その背景には、土地の気候や風土、歴史なども大きく関係しています。自分が住む地域の郷土料理について調べ、伝承されてきた理由を考えてみましょう。

北海道・東北地方

石狩鍋（北海道）
ぶつ切りにしたサケを、野菜や豆腐と煮込む、みそ仕立ての鍋料理。他スープカレー

提供／石狩観光協会

八戸せんべい汁（青森県）
肉や魚の鍋物に専用の南部せんべいを割り入れる。煮込んだせんべいの食感が絶妙。他いちご煮

提供／VISITはちのへ

ひっつみ（岩手県）
小麦粉をこね、ねかせたものをひっつみ（ひきちぎり）、肉や野菜と煮込んだ汁物。他盛岡冷麺

ずんだ餅（宮城県）
枝豆で作ったあん（ずんだ）をからめた餅。「ずんだ」は、豆を打つ「豆打」のなまりという説も。他牛タン焼き

提供／宮城県観光プロモーション推進室

きりたんぽ鍋（秋田県）
鍋物に、飯をすりつぶし串に付けて焼いた「たんぽ」をちぎって加えたもの。他横手やきそば

いも煮（山形県）
サトイモを主にした、具だくさんの鍋料理。秋には屋外で芋煮会が行われる。他どんがら汁

こづゆ（福島県）
豊富な山の幸を貝柱のだし汁で煮たお吸い物。正月や冠婚葬祭に。他にしんの山椒漬け

関東地方

そぼろ納豆（茨城県）
納豆に切り干し大根を混ぜ合わせ、しょうゆなどで調味して漬け込む。他あんこう料理

しもつかれ（栃木県）
煎り大豆、塩ザケの頭、おろし大根などを煮込んだ総菜。初午の日に作る。他宇都宮餃子

おっきりこみ（群馬県）
麺と野菜の鍋物。料理名は、鍋に麺を切って入れ、切っては入れする様子から。他焼きまんじゅう

提供／ググッとぐんま写真館

冷汁うどん（埼玉県）
ゴマとみそに薬味野菜などを加えて作った冷たい汁にうどんをつけて食べる。他やきとん

イワシのごま漬け（千葉県）
塩漬けのイワシを、ゴマや赤トウガラシなどと酢に漬け込んだ保存食。他太巻き寿司

提供／千葉県観光物産協会

深川丼（東京都）
アサリの身とネギをみそで煮たものを、どんぶりに盛ったご飯にかけて食べる。他くさや

提供／江東区観光協会

へらへら団子（神奈川県）
平たい形の団子にあんをからめた。「へらへら」は団子の形から。他よこすか海軍カレー

提供／横須賀市

北陸・甲信越地方

のっぺい汁（新潟県）
サトイモやギンナン、サケ、イクラなど、里や海の幸が一度に味わえる汁物。他笹寿司

ます寿し（富山県）
すし飯にマスの切り身をのせ、笹の葉で包んだ押しずし。笹には抗菌効果が。他ぶり大根

提供／とやま観光推進機構

治部煮（石川県）
鴨肉を、すだれ麩や野菜と炊き合わせ、とろみをつけたお椀物。輪島塗の椀に盛って。他かぶら寿し

提供／石川県観光連盟

さばのへしこ（福井県）
サバを塩漬けにした後、米ぬかをまぶして漬け込み、発酵させて作る。他越前おろしそば

ほうとう（山梨県）
幅広の麺とカボチャなど、旬の野菜をみそ仕立ての汁で煮込んだ麺料理。他吉田うどん

おやき（長野県）
小麦粉の皮の中に野菜や山菜のあんを入れて蒸し焼きにした、ふっくらした焼きもち。他信州そば

提供／ながの観光コンベンションビューロー

東海地方

朴葉みそ（岐阜県）
朴葉にみそをのせ、ネギやシイタケなどの具とともに焼いたもの。他栗きんとん

うなぎの蒲焼き（静岡県）
ウナギに甘辛いタレをつけて焼いたもの。浜名湖ウナギは特産品。他富士宮やきそば

提供／静岡県観光協会

味噌煮込みうどん（愛知県）
コシの強いうどんと鶏肉や油あげ、卵などを豆みそ仕立ての汁で煮込む。他ひつまぶし

「農山漁村の郷土料理百選」に選ばれた郷土料理は99種類。自分がいちばん好きなふるさとの味を加えて、百選を完成させよう。

◇ほうとうは、武田信玄が戦のときに食べたのが始まりという説も。甲州市では毎年秋に「武田陣中ほうとう祭り」が開かれている。

※料理は、農林水産省「農山漁村の郷土料理百選」から。http://www.maff.go.jp/j/nousin/kouryu/kyodo_ryouri/index.html
他は、その他の主な郷土料理やご当地人気料理。具材や味つけは、地域や家庭でそれぞれ異なります。

ミニ百科

近畿地方

てこね寿司（三重県）
カツオの刺し身を酢飯と混ぜたすし。もとは船上で食べられた漁師飯。他伊勢うどん

提供／志摩市観光協会

ふなずし（滋賀県）
塩漬けのフナを、飯とともに何カ月も漬け込んで発酵させたなれずし。独特のにおいがある。他鴨鍋

提供／びわ湖大津観光協会

京漬物（京都府）
伝統技術で、特産の京野菜を千枚漬け、すぐき漬け、しば漬けなどに。他賀茂なすの田楽

提供／京都府漬物協同組合

箱寿司（大阪府）
型に詰めたすし飯に、魚介や卵焼きなどをのせて押し固めて作る。押しずし。他たこ焼き

提供／大阪観光局

いかなごのくぎ煮（兵庫県）
早春にとれたイカナゴの新子（幼魚）で作った佃煮。釘のような形が名前の由来。他明石焼き

提供／明石観光協会

柿の葉寿司（奈良県）
甘酢に漬けた塩サバをすし飯にのせ、柿の葉に包んで作った押しずし。他三輪そうめん

提供／奈良県

鯨の竜田揚げ（和歌山県）
クジラ肉の揚げ物。捕鯨文化が受け継がれる和歌山ではクジラは身近な食材。他めはりずし

提供／太地町役場

中国地方

あごのやき（鳥取県）
旬の新鮮なアゴ（トビウオ）をすり身にして加工した練り物。あごちくわ。他かに汁

提供／鳥取県

出雲そば（島根県）
そばの実を皮ごとひいた粉で打った素朴な味。朱塗りの丸い器（割子）で食べる。他しじみ汁

ばらずし（岡山県）
瀬戸内海の魚介類をぜいたくに使ったちらしずし。おめでたい席の料理。他ママカリずし

提供／岡山県観光連盟

カキの土手鍋（広島県）
カキの鍋料理。土鍋の内側に土手のように盛ったみそで調味しながら食べる。他あなご飯

提供／広島県

ふく料理（山口県）
ふくちり（鍋）、ふく刺しなど。山口では、フグを幸福にちなみ「ふく」と呼ぶ。他岩国寿司

四国地方

そば米雑炊（徳島県）
だし汁に鶏肉や豆腐などを入れてよく煮込み、ゆでたソバ米を加える。他ぼうぜの姿寿司

讃岐うどん（香川県）
「讃岐」は香川県の旧名。ざる、ぶっかけ、釜あげなど食べ方はいろいろ。他あんもち雑煮

提供／香川県観光協会

じゃこ天（愛媛県）
近海でとれた小魚を骨も皮も丸ごとすり身にして形を整え、油で揚げたもの。他宇和島鯛めし

提供／愛媛県観光物産協会

かつおのたたき（高知県）
カツオをあぶって刺し身のように切り、薬味と一緒にポン酢などで食べる。他皿鉢料理

九州・沖縄地方

がめ煮（福岡県）
鶏肉と野菜の煮物。料理名は食材をがめりこんで（寄せ集めて）作ったことから。他水炊き

提供／福岡市

須古寿し（佐賀県）
箱に敷きつめたすし飯を四方に区切り、錦糸卵やエビなどの具を飾る。他呼子イカの活きづくり

提供／佐賀県観光連盟

卓袱料理（長崎県）
長崎独自の和・華・蘭料理。数人で円卓を囲み、大皿料理を取り分けて食べる。他佐世保バーガー

提供／長崎県観光連盟

からしれんこん（熊本県）
レンコンの穴に辛子みそを詰めた揚げ物。形が熊本藩主細川氏の家紋に似ている。他太平燕

手延べだんご汁（大分県）
小麦粉で作った団子をひも状にのばし、野菜などの具と煮込む。他ブリのあつめし

冷や汁（宮崎県）
アジとゴマ、みそをすり混ぜ、冷たい汁でのばし薬味を加えたものを、熱々の麦飯にかけて。他チキン南蛮

鶏飯（鹿児島県）
細かく裂いた鶏のささみと錦糸卵などをご飯にのせ、鶏汁をかけて食べる。他つけあげ

提供／鹿児島県観光連盟

沖縄そば（沖縄県）
豚骨やカツオ節でとったスープの麺。具に豚のあばら肉とかまぼこを添えて。他いかすみ汁

提供／OCVB

◆ 雑煮は、正月の行事食。宮廷文化の伝統が残る関西は丸もちでみそ仕立て、武家の支配が長かった東日本は角もちにすまし汁が多い。

日本の歴代総理大臣

歴代	就任日・氏名	在職中のおもな出来事
1	1885.12.22 伊藤博文(1)	保安条例公布
2	1888.4.30 黒田清隆	大日本帝国憲法発布／東海道線全通
	1889.10.25 臨時兼任	三条実美(内大臣)
3	1889.12.24 山県有朋(1)	教育勅語発令／第1回帝国議会召集
4	1891.5.6 松方正義(1)	大津事件
5	1892.8.8 伊藤博文(2)	日清戦争／下関条約調印
	1896.8.31 臨時兼任	黒田清隆(枢密院議長)
6	1896.9.18 松方正義(2)	新貨幣法公布(金本位制確立)
7	1898.1.12 伊藤博文(3)	
8	1898.6.30 大隈重信(1)	日本美術院創立
9	1898.11.8 山県有朋(2)	治安警察法公布／義和団事件に出兵
10	1900.10.19 伊藤博文(4)	八幡製鉄所操業
	1901.5.10 臨時兼任	西園寺公望(枢密院議長)
11	1901.6.2 桂 太郎(1)	日露戦争／ポーツマス条約調印
12	1906.1.7 西園寺公望(1)	韓国統監府開庁／鉄道国有法公布／南満州鉄道設立
13	1908.7.14 桂 太郎(2)	伊藤博文暗殺／大逆事件／関税自主権回復
14	1911.8.30 西園寺公望(2)	日本初の五輪参加／明治天皇死去
15	1912.12.21 桂 太郎(3)	第1次護憲運動
16	1913.2.20 山本権兵衛(1)	袁世凱が中華民国大総統就任／シーメンス事件
17	1914.4.16 大隈重信(2)	第1次世界大戦参戦／東京駅開業
18	1916.10.9 寺内正毅	ロシア革命／シベリア出兵開始／米騒動
19	1918.9.29 原 敬	ベルサイユ条約調印／国際連盟加入
	1921.11.4 臨時兼任	内田康哉(外務大臣)
20	1921.11.13 高橋是清	ワシントン会議
21	1922.6.12 加藤友三郎	シベリア撤兵完了
	1923.8.25 臨時兼任	内田康哉(外務大臣)
22	1923.9.2 山本権兵衛(2)	虎ノ門事件
23	1924.1.7 清浦奎吾	第2次護憲運動
24	1924.6.11 加藤高明	甲子園球場竣工／治安維持法・普通選挙法公布
	1926.1.28 臨時兼任	若槻礼次郎(内務大臣)
25	1926.1.30 若槻礼次郎(1)	日本放送協会(ＮＨＫ)設立／大正天皇死去
26	1927.4.20 田中義一	芥川龍之介自殺／初の普通選挙(総選挙)
27	1929.7.2 浜口雄幸	世界恐慌／金輸出解禁
28	1931.4.14 若槻礼次郎(2)	満州事変／上越清水トンネル開通
29	1931.12.13 犬養 毅	血盟団事件／五・一五事件
	1932.5.16 臨時兼任	高橋是清(大蔵大臣)
30	1932.5.26 斎藤 実	国際連盟脱退／滝川事件
31	1934.7.8 岡田啓介	美濃部達吉「天皇機関説」問題化／二・二六事件
32	1936.3.9 広田弘毅	ベルリン五輪／日独防共協定成立
33	1937.2.2 林 銑十郎	文化勲章制定、最初の授与式
34	1937.6.4 近衛文麿(1)	盧溝橋事件／南京大虐殺事件／国家総動員法制定
35	1939.1.5 平沼騏一郎	国民精神総動員委員会設置
36	1939.8.30 阿部信行	第2次世界大戦開始
37	1940.1.16 米内光政	生活必需品10品目の切符制実施
38	1940.7.22 近衛文麿(2)	日独伊三国同盟締結／大政翼賛会発足
39	1941.7.18 近衛文麿(3)	日本軍、仏領インドシナに進駐開始
40	1941.10.18 東条英機	太平洋戦争開始／勤労動員命令
41	1944.7.22 小磯国昭	日本本土爆撃開始／学童集団疎開開始
42	1945.4.7 鈴木貫太郎	広島・長崎原爆投下、ポツダム宣言受諾
43	1945.8.17 東久邇宮稔彦	日本降伏文書に調印
44	1945.10.9 幣原喜重郎	婦人参政権・労働組合法公布／天皇人間宣言
45	1946.5.22 吉田 茂(1)	日本国憲法公布・施行

※臨時代理などは歴代から除きました。また、数次にわたり連続して就任した内閣総理大臣の通算在職日数は、個々の内閣の終了日と開始日が重なるため、それぞれの在職日数の合計より少なくなります。出身地は、戦前は「出生地」、戦後は「選挙区」としました。

1・5・7・10代
伊藤博文(1841〜1909年)
通算在職日数：2720日
出身地：山口県

大日本帝国憲法の制定を牽引。枢密院・貴族院議長(いずれも初代)を歴任。立憲政友会を創設。初代統監として韓国併合に尽力、朝鮮の独立運動家・安重根に暗殺された。

2代
黒田清隆(1840〜1900年)
在職日数：544日
出身地：鹿児島県

大日本帝国憲法を発布した。藩閥で内閣を構成し、幕末に欧米と結んだ不平等な条約の改正に努めたが失敗し辞職。開拓長官時は北海道の開発に尽力した。

3・9代
山県有朋(1838〜1922年)
通算在職日数：1210日
出身地：山口県

改正条約を実践し領事裁判権を撤廃、治安警察法を公布した。また徴兵令を制定するなど近代陸軍の創設に尽力。政党政治を嫌って巨大な派閥をつくり、権力をふるった。

4・6代
松方正義(1835〜1924年)
通算在職日数：943日
出身地：鹿児島県

地租改正、殖産興業政策を進めたのち大蔵大臣になる。日本銀行を創設し兌換銀行券を発行して物価暴騰をおさえた。金本位制を確立するなど国家財政の整備に尽力。

8・17代
大隈重信(1838〜1922年)
通算在職日数：1040日
出身地：佐賀県

立憲改進党創設、板垣退助と初の政党内閣(隈板内閣)を組織。17代在職時第1次世界大戦に参戦、二十一カ条要求を強行。黒田内閣外務大臣時、暴漢に襲われ右脚を失う。

11・13・15代
桂 太郎(1847〜1913年)
通算在職日数：2886日
出身地：山口県

山県有朋のもと陸軍の要職を歴任、軍制改革を進めた。日英同盟改定、ポーツマス条約調印、韓国併合、関税自主権の回復を行った。第1次護憲運動により辞職した。

12・14代
西園寺公望(1849〜1940年)
通算在職日数：1400日
出身地：京都府

伊藤博文のあとを受けて立憲政友会総裁に就任、2度首相になるが陸軍と対立して辞職。以後、元老として立憲政治、政党内閣制を支持。ベルサイユ条約調印で首席全権を務めた。

16・22代
山本権兵衛(1852〜1933年)
通算在職日数：549日
出身地：鹿児島県

海軍大臣をへて首相になるが、就任の翌年にシーメンス事件により辞職。関東大震災発生の翌日に再び首相になり社会主義者らを弾圧。虎ノ門事件の責任をとって辞職した。

18代
寺内正毅(1852〜1919年)
在職日数：721日
出身地：山口県

第1次桂太郎内閣への入閣を皮切りに陸軍大臣を歴任。韓国併合を強行し初代朝鮮総督になった。官僚出身者だけで組閣、シベリア出兵を断行した。米騒動により辞職。

19代
原 敬(1856〜1921年)
在職日数：1133日
出身地：岩手県

本格的な政党内閣を組織、ベルサイユ条約調印、国際連盟に加入した。平民宰相とよばれたが、普通選挙に反対するなど世論の非難を浴び、東京駅で暗殺された。

20代
高橋是清(1854〜1936年)
在職日数：212日
出身地：東京都

大蔵大臣(蔵相)から立憲政友会総裁に就任、首相になった。一時引退するが蔵相として復活、金融恐慌を支払い猶予令(モラトリアム)で収拾、金解禁、軍需インフレ政策を推進した。二・二六事件で暗殺された。

21代
加藤友三郎(1861〜1923年)
在職日数：440日
出身地：広島県

第2次大隈内閣から高橋是清内閣まで海軍大臣を歴任、ワシントン会議の全権を務めた。立憲政友会の支持で組閣、海軍軍縮、シベリア撤兵を実現した。在任中に死去。

23代
清浦奎吾(1850〜1942年)
在職日数：157日
出身地：熊本県

山県有朋直系の官僚政治家として法務・農商務大臣などを歴任。貴族院を中心に組閣、普通選挙実施を声明したが、第2次護憲運動で議会解散、総選挙に敗れて辞職した。

◆ 内閣総理大臣と首相は同じ意味。「首」は最高位、「相」は昔の中国で皇帝の仕事を補佐した人のよび名に由来している。

24代
加藤高明(1860〜1926年)
在職日数：597日
出身地：愛知県

立憲政友会総裁として護憲三派連立内閣を成立させ首相に就任。治安維持法、普通選挙法を公布した。第2次大隈内閣では外務大臣として中国に二十一カ条要求を提出した。

25・28代
若槻礼次郎(1866〜1949年)
通算在職日数：690日
出身地：島根県

内務大臣在職中、加藤高明首相の発病にともない首相代理をへて立憲憲政会総裁、首相に就任した。金融恐慌で辞職するが、ロンドン海軍軍縮会議の全権を務めたのち、再び組閣した。

26代
田中義一(1864〜1929年)
在職日数：805日
出身地：山口県

金融恐慌の処理（蔵相・高橋是清）、共産主義運動の弾圧、強硬外交を行った。張作霖爆殺事件の処分問題で辞職。原敬内閣では陸軍大臣を務め、シベリア出兵を強行した。

27代
浜口雄幸(1870〜1931年)
在職日数：652日
出身地：高知県

大蔵・内務大臣を歴任、立憲民政党総裁から首相に就任。金解禁、財政緊縮、対米協調外交を行った。ロンドン海軍軍縮条約に調印。東京駅で狙撃され重傷、翌年死去。

29代
犬養 毅(1855〜1932年)
在職日数：156日
出身地：岡山県

護憲運動で活躍後、立憲政友会総裁から首相になった。政党政治で満州事変を乗り切ろうとしたが、反対する軍人に五・一五事件で暗殺された。戦前最後の政党内閣となった。

30代
斎藤 実(1858〜1936年)
在職日数：774日
出身地：岩手県

海軍大臣、朝鮮総督を歴任し、ジュネーブ軍縮会議の全権を務めた。五・一五事件を受けて組閣、満州国の建設と承認、国際連盟脱退にふみ切った。二・二六事件で殺害された。

31代
岡田啓介(1868〜1952年)
在職日数：611日
出身地：福井県

海軍の要職を歴任、斎藤内閣の海軍大臣を務めたのち、首相に就任。海軍軍縮条約破棄問題、天皇機関説問題などで軍部の圧力

が増大、二・二六事件で襲撃され辞職した。

32代
広田弘毅(1878〜1948年)
在職日数：331日
出身地：福岡県

斎藤・岡田内閣の外務大臣をへて首相に就任、日独防共協定を締結した。辞職後、近衛内閣の外相として中国への高圧政策を推進。第2次大戦後、A級戦犯として死刑。

33代
林 銑十郎(1876〜1943年)
在職日数：123日
出身地：石川県

日中戦争を始めた。陸軍に擁立され、政党を排撃した内閣は、軍のロボットといわれた。倒閣運動により辞職。満州事変時は朝鮮軍司令官として独断で出兵し問題になった。

34・38・39代
近衛文麿(1891〜1945年)
通算在職日数：1035日
出身地：東京都

貴族院議長から首相になった。大政翼賛会創立、日独伊三国同盟締結など戦争への道筋をつけたが、のち陸軍と対立し辞職。第2次大戦後、戦犯容疑者に指名されて自殺。

35代
平沼騏一郎(1867〜1952年)
在職日数：238日
出身地：岡山県

法務大臣などを歴任、枢密院議長から首相になった。ドイツとの軍事同盟交渉が停滞するなか、独ソ不可侵条約締結を受けて辞職。第2次大戦後、A級戦犯で服役中に病死。

36代
阿部信行(1875〜1953年)
在職日数：140日
出身地：石川県

陸相臨時代理などをへて首相に就任。陸軍に擁立されて組閣し、軍需経済を優先したため電力・食糧が不足、物価高騰をまねいた。辞職後、終戦まで朝鮮総督を務めた。

37代
米内光政(1880〜1948年)
在職日数：189日
出身地：岩手県

たびたび海軍大臣を務め、親英米派の立場をとった。日中戦争の拡大を批判、組閣すると日独伊三国同盟を回避しようとしたが、陸軍の反対運動が強まり辞職した。

40代
東条英機(1884〜1948年)
在職日数：1009日
出身地：東京都

第3次近衛内閣の陸軍大臣から首相に就任、太平洋戦争を開始した。独裁権力をふるった

が戦況悪化にともない辞職。敗戦後、東京裁判でA級戦犯として絞首刑になった。

41代
小磯国昭(1880〜1950年)
在職日数：260日
出身地：栃木県

拓務大臣をへて朝鮮総督から首相に就任。「一億総武装」を国民に強いたが、戦局の悪化、本土空襲などに抗する策がとれず辞職、A級戦犯として終身刑、服役中に病死。

42代
鈴木貫太郎(1867〜1948年)
在職日数：133日
出身地：大阪府

終戦の使命を帯びて組閣、主戦派をおさえてポツダム宣言の受諾を決定し太平洋戦争を終結に導いた。海軍大将から侍従長として昭和天皇に仕え、二・二六事件では重傷を負った。枢密院議長を務めたこともある。

43代
東久邇宮稔彦(1887〜1990年)
在職日数：54日
出身地：京都府

平穏な終戦処理を行うため皇族から首相に就任。「一億総ざんげ」をとなえ、日本降伏文書に調印、軍の解体などを実施した。連合国軍総司令部（GHQ）の指令を前に指導力を発揮できず、すぐに辞職した。

44代
幣原喜重郎(1872〜1951年)
在職日数：226日
出身地：大阪府

英米親善外交で外務大臣を務め、満州事変の収拾に失敗し下野するが、戦後首相として復活。GHQの政策に従って憲法改正に着手、男女平等の最初の総選挙などを行った。

45・48・49・50・51代
吉田 茂(1878〜1967年)
通算在職日数：2616日
出身地：高知県

東京都生まれ。日本国憲法公布、サンフランシスコ平和条約調印などを行い、戦後政治の基本路線を敷いた。駐英大使などを歴任、戦中は親英米派として軍部に排斥された。

一番多い出身地は？

初代首相（内閣総理大臣）の伊藤博文から、第100・101代岸田文雄首相まで、29都道府県から首相が誕生。最も多いのは山口県で8人。明治維新からほぼ政党内閣の誕生まで続いた藩閥政治（江戸幕府倒幕で活躍した薩摩、長州、土佐、肥前の出身者が指導した政治）が影響している。

◇ 高橋是清は幼少から英語を学び13歳で派遣された米国で、過って人身売買の契約書にサインし奴隷になったことがある。

ミニ百科

46	1947.5.24	片山 哲	最高裁判所発足／帝銀事件
47	1948.3.10	芦田 均	昭和電工疑獄事件
48	1948.10.15	吉田 茂(2)	極東国際軍事裁判(東京裁判)判決
49	1949.2.16	吉田 茂(3)	朝鮮戦争勃発／日米安全保障条約調印
50	1952.10.30	吉田 茂(4)	テレビ放送開始／米国、初の水爆実験
51	1953.5.21	吉田 茂(5)	第五福竜丸被曝事件／陸海空自衛隊発足
52	1954.12.10	鳩山一郎(1)	重要無形文化財保持者第1次認定
53	1955.3.19	鳩山一郎(2)	アジア・アフリカ会議開催
54	1955.11.22	鳩山一郎(3)	日ソ共同宣言調印／国際連合加盟
55	1956.12.23	石橋湛山	元日本兵、ソ連から最後の集団帰国／昭和基地設営開始
56	1957.2.25	岸 信介(1)	ソ連、初の人工衛星打ち上げ
57	1958.6.12	岸 信介(2)	新日米安全保障条約調印／東京タワー完工
58	1960.7.19	池田勇人(1)	初の女性大臣誕生／浅沼社会党委員長刺殺
59	1960.12.8	池田勇人(2)	国民所得倍増計画決定／ケネディ米大統領暗殺
60	1963.12.9	池田勇人(3)	東京オリンピック
61	1964.11.9	佐藤栄作(1)	日韓基本条約調印
62	1967.2.17	佐藤栄作(2)	東京都革新知事誕生／大学紛争激化
63	1970.1.14	佐藤栄作(3)	大阪万博・札幌冬季オリンピック／沖縄県本土復帰
64	1972.7.7	田中角栄	日中共同声明調印
65	1972.12.22	田中角栄	オイル・ショック
66	1974.12.9	三木武夫	ロッキード事件表面化／田中角栄逮捕
67	1976.12.24	福田赳夫	新東京国際空港開港／日中平和友好条約調印
68	1978.12.7	大平正芳	元号法制定／国公立大学共通1次試験初実施
69	1979.11.9	大平正芳(2)	日本、モスクワ五輪をボイコット
	1980.6.12	臨時代理	伊東正義(内閣官房長官)
70	1980.7.17	鈴木善幸	日米自動車貿易摩擦／東北・上越新幹線開業
71	1982.11.27	中曽根康弘(1)	ソ連軍、大韓航空機を撃墜
72	1983.12.27	中曽根康弘(2)	男女雇用機会均等法施行
73	1986.7.22	中曽根康弘(3)	国鉄分割民営化(JR発足)
74	1987.11.6	竹下 登	昭和天皇死去／青函トンネル開業
75	1989.6.3	宇野宗佑	参議院議員選挙で与野党逆転
76	1989.8.10	海部俊樹(1)	大学入試センター試験初実施
77	1990.2.28	海部俊樹(2)	東西ドイツ統一／湾岸戦争
78	1991.11.5	宮沢喜一	学校5日制開始／Jリーグ開幕ゼネコン汚職発覚
79	1993.8.9	細川護熙	
80	1994.4.28	羽田 孜	南京大虐殺事件でっちあげ発言で法相辞任
81	1994.6.30	村山富市	阪神・淡路大震災／オウム真理教事件
82	1996.1.11	橋本龍太郎(1)	国が薬害エイズ問題で血友病患者に謝罪
83	1996.11.7	橋本龍太郎(2)	介護保険法公布／長野冬季五輪
84	1998.7.30	小渕恵三	特定非営利活動促進(NPO)法施行
85	2000.4.5	森 喜朗	ストーカー規制法成立
86	2000.7.4	森 喜朗(2)	中央省庁再編、1府12省庁に
87	2001.4.26	小泉純一郎(1)	米同時多発テロ／サッカー日韓ワールドカップ
88	2003.11.19	小泉純一郎(2)	年金改革関連法・個人情報保護法施行
89	2005.9.21	小泉純一郎(3)	日本郵政株式会社発足
90	2006.9.26	安倍晋三(1)	防衛省発足
91	2007.9.26	福田康夫	イージス艦衝突事故
92	2008.9.24	麻生太郎	G20 金融サミット
93	2009.9.16	鳩山由紀夫	民主党政権始まる
94	2010.6.8	菅 直人	東日本大震災
95	2011.9.2	野田佳彦	自衛隊を南スーダンへ派遣
96	2012.12.26	安倍晋三(2)	自民党・公明党が連立政権
97	2014.12.24	安倍晋三(3)	選挙権18歳以上へ
98	2017.11.1	安倍晋三(4)	環太平洋経済連携協定が発効
99	2020.9.16	菅 義偉	1都3県に2回目の緊急事態宣言
101	2021.10.4	岸田文雄	新型コロナの感染者が急増

46代
片山 哲(1887〜1978年)
在職日数：292日
出身地：神奈川県

和歌山県生まれ。改正刑法・改正民法(家制度廃止)を公布した。日本社会党委員長として日本で初めて、労働者を代表する政党が中心になった内閣をつくった。

47代
芦田 均(1887〜1959年)
在職日数：220日
出身地：京都府

外国資本の導入をとなえ、低い賃金をもとにした物価政策を強行した。ＧＨＱの主導で、公務員から団体交渉権と争議権を奪う政令を出した。昭和電工疑獄事件で辞職。

52・53・54代
鳩山一郎(1883〜1959年)
通算在職日数：745日
出身地：東京都

日ソ共同宣言に調印しソ連と国交回復。国際連合に加盟した。戦前は文部大臣在職中に滝川事件をおこし、戦後、組閣寸前に公職追放され吉田茂に首相の座をゆずった。

55代
石橋湛山(1884〜1973年)
在職日数：65日
出身地：静岡県

東京都生まれ。吉田・鳩山内閣の経済閣僚をへて自由民主党(自民党)総裁、首相に就任。辞職後は日中・日ソの交流に尽力、戦前は自由主義的論説で大正デモクラシーを先導した。

56・57代
岸 信介(1896〜1987年)
通算在職日数：1241日
出身地：山口県

国民年金制度導入、最低賃金法制定、日米安全保障条約改定を行った。満州国の高官から東条英機内閣の商工大臣を務め、戦後、Ａ級戦犯容疑で逮捕された(不起訴)。

58・59・60代
池田勇人(1899〜1965年)
通算在職日数：1575日
出身地：広島県

所得倍増をとなえ、高度経済成長政策をとった。国際通貨基金(ＩＭＦ)8条国に移行、経済協力開発機構(ＯＥＣＤ)に加盟。東京オリンピック閉会後、病気を理由に辞職。

61・62・63代
佐藤栄作(1901〜1975年)
通算在職日数：2798日
出身地：山口県

日韓基本条約締結、小笠原諸島・沖縄返還などを実現。吉田茂政権のもとで各省大臣を歴任。首相辞職後は、非核三原則が評価されノーベル平和賞を受賞。岸信介の実弟。

64・65代
田中角栄(1918〜1993年)
通算在職日数：886日
出身地：新潟県

日中共同声明を発表し中国との国交正常化を実現。日本列島改造論をとなえて地価高騰、狂乱物価を誘発、自らの金脈問題を追及されて辞職。のちロッキード事件で逮捕。

66代
三木武夫(1907〜1988年)
在職日数：747日
出身地：徳島県

政界の浄化に努め、独占禁止法、政治資金規正法、公職選挙法の改正をめざした。自民党内から反発されるが世論の支持は高く、戦後唯一、衆議院を解散せず任期満了した。

67代
福田赳夫(1905〜1995年)
在職日数：714日
出身地：群馬県

日中平和友好条約を締結、中国との関係を発展させた。ハイジャック事件では超法規的措置をとり政治犯釈放と交換に人質を解放した。元号の法制化を指示するなどした。

68・69代
大平正芳(1910〜1980年)
通算在職日数：554日
出身地：香川県

財政再建と防衛力増強に努めた。安定多数確保のため総選挙を行うが敗北、自民党内の派閥抗争に悩まされ、さらに内閣不信任案が可決。衆参同日選挙中に急死した。

70代
鈴木善幸(1911〜2004年)
在職日数：864日
出身地：岩手県

政治倫理の確立をうたい、首相に就任。財政再建を最大の課題としたが、米国の防衛費拡大要求に直面し失敗に終わった。総裁再選阻止の動きが出たため自ら退陣した。

71・72・73代
中曽根康弘(1918〜2019年)
通算在職日数：1806日
出身地：群馬県

戦後政治の総決算を表明、行財政・教育・税制の改革を図った。民間活力の導入を推進、国鉄の分割民営化などを実現。戦後首相として初めて終戦記念日に靖国神社に公式参拝をした。

74代
竹下 登(1924〜2000年)
在職日数：576日
出身地：島根県

昭和天皇死去にともない「平成」と改元、また3％の消費税を実施した。全国各市町村の町おこしを推進し、「ふるさと創生」政策を進めようとしたが、リクルート事件で辞職。

◇吉田茂元首相は戦後処理で世界の平和に貢献したとして3度ノーベル平和賞候補になり、1965年には最終審査に残っていた。

75代
宇野宗佑(うのそうすけ)(1922〜1998年)
在職日数：69日
出身地：滋賀県

リクルート疑惑に揺れる政界にあって清潔感が買われ首相に就任したが、まもなく女性スキャンダルが発覚。その後、参議院選挙で自民党が敗北、責任をとって辞職した。

76・77代
海部俊樹(かいふとしき)(1931〜2022年)
通算在職日数：818日
出身地：愛知県

相次いだ首相の不祥事を払拭しようと、就任時は「政治への信頼の回復」を強調。湾岸戦争では多国籍軍に多額の援助を決定、さらに自衛隊をペルシャ湾に派遣した。

78代
宮沢喜一(みやざわきいち)(1919〜2007年)
在職日数：644日
出身地：広島県

国連平和維持活動（PKO）協力法、国際緊急援助隊派遣法を施行、ブッシュ第41代米大統領との会談で日米相互の責任を明示した宣言を発表。国際貢献と政治改革に努めた。

79代
細川護煕(ほそかわもりひろ)(1938年〜)
在職日数：263日
出身地：熊本県

東京都生まれ。日本新党代表として7党1会派の連立内閣を行い、自民党一党支配(55年体制)を終わらせた。政治改革4法を成立させた。近衛文麿元首相の孫。

80代
羽田孜(はたつとむ)(1935〜2017年)
在職日数：64日
出身地：長野県

新生党首として細川連立内閣を継承したが、首相に指名された翌日に日本社会党が連立を離脱、政策協議が不調に終わり、内閣不信任案の提出見通しをうけ辞職。

81代
村山富市(むらやまとみいち)(1924年〜)
在職日数：561日
出身地：大分県

日本社会党委員長として自民党、新党さきがけとの連立内閣を組織。ルワンダ難民救援のため自衛隊を派遣。小選挙区区割り法を成立。消費税率を5％に引き上げることを決定。

82・83代
橋本龍太郎(はしもとりゅうたろう)(1936〜2006年)
通算在職日数：932日
出身地：岡山県

不況対策と金融大改革に努めた。自民党単独内閣を復活させたが、消費税率を5％に引き上げたこともあり支持率は低落、選挙で党が大敗した責任をとって辞職。

84代
小渕恵三(おぶちけいぞう)(1936〜2000年)
在職日数：616日
出身地：群馬県

金融再生委員会を発足させた一方、日米防衛協力指針(ガイドライン)関連法、国旗・国歌法、通信傍受法などの重要な法案を成立させた。脳梗塞で倒れ死去。

85・86代
森喜朗(もりよしろう)(1936年〜)
通算在職日数：387日
出身地：石川県

高度情報通信ネットワーク社会形成基本法(IT基本法)を施行。閣僚の不祥事が相次ぎ、さらに原子力潜水艦事故への不適切な対応で支持率を下げ辞職した。

87・88・89代
小泉純一郎(こいずみじゅんいちろう)(1942年〜)
通算在職日数：1980日
出身地：神奈川県

組閣時の支持率は戦後内閣最高を記録。日本経済の再生を課題に「聖域なき構造改革」を強調し、特殊法人の民営化や財政支出の削減を図った。

90・96・97・98代
安倍晋三(あべしんぞう)(1954〜2022年)
通算在職日数：3188日
出身地：山口県

90代在職時は、郵政民営化の実現と、改正教育基本法を成立させた。2012年、衆議院選挙で民主党を破り、政権を奪還し、首相に返り咲く。第2次安倍政権は歴代最長の7年8カ月続いた。22年、参議院選挙の街頭演説中に銃で撃たれて殺害され、国葬が行われた。岸信介元首相の孫。

91代
福田康夫(ふくだやすお)(1936年〜)
在職日数：365日
出身地：群馬県

新テロ対策特別措置法を成立させた。参議院で史上初の首相問責決議案が可決されるという失態後に改造内閣をつくったが、突然辞職した。福田赳夫元首相の子。

92代
麻生太郎(あそうたろう)(1940年〜)
在職日数：358日
出身地：福岡県

景気回復に努め、巨額の補正予算を成立させた。しかし、その効果は見られず、2009年8月30日の総選挙で自民党は歴史的な大敗北、半世紀にわたって守ってきた第1党の座を民主党にゆずった。吉田茂元首相の孫。

93代
鳩山由紀夫(はとやまゆきお)(1947年〜)
在職日数：266日
出身地：北海道

東京都生まれ。民主党の党代表から首相に就任。国民生活と弱者を重視した「友愛政治」をかかげたが、自身の政治献金問題や普天間基地移設問題で支持率が急降下し辞任した。鳩山一郎元首相の孫。

94代
菅直人(かんなおと)(1946年〜)
在職日数：452日
出身地：東京都

山口県生まれ。鳩山由紀夫らと民主党を結成。「有言実行内閣」を強調し経済対策や社会保障改革などの重要政策を課題としたが、おもに東日本大震災の対応に対する指導力不足を指摘されて辞職した。

95代
野田佳彦(のだよしひこ)(1957年〜)
在職日数：482日
出身地：千葉県

所信表明演説では、東日本大震災からの復興を最大かつ最優先の課題として明示。原発事故の収束、経済立て直しが進まないなか、国会解散にふみ切った末、自民党に政権を奪い返された。

99代
菅義偉(すがよしひで)(1948年〜)
在職日数：384日
出身地：秋田県

憲政史上最長の安倍政権を引き継ぎ、新型コロナウイルスの感染防止と経済再生の両立を掲げたが短命政権に終わった。自民党首相で事実上初めてとなる無派閥出身。

100・101代
岸田文雄(きしだふみお)(1957年〜)
在職中
出身地：広島県

新自由主義からの政策転換を打ち出し、経済成長だけでなく分配にも力点を置く「新しい資本主義」を看板政策とする。祖父、父も衆議院議員で宮沢喜一首相とは遠縁。自民党最古の派閥・宏池会(岸田派)を率いる。

臨時兼任・代理

三条実美(さんじょうさねとみ)(1837〜1891年)
出身地：京都府

黒田清隆首相が条約改正に失敗し辞職後、内大臣と兼任した。

内田康哉(うちだこうさい)(1865〜1936年)
出身地：熊本県

原敬、加藤友三郎両首相の死去にともない、2度、外務大臣と兼任した。

伊東正義(いとうまさよし)(1913〜1994年)
出身地：福島県

大平正芳首相の急死にともない、内閣官房長官として臨時代理を務めた。

◇ 東京大学は歴代首相の出身校1位(17人)。卒業者は宮沢元首相以後絶えていたが鳩山由紀夫元首相で復活した。

アメリカ合衆国の 歴代大統領

*年表中の「おもな出来事」は、在職中におこった本国と世界の出来事です。★はアメリカ、●は世界、太字はアメリカと日本の間の出来事を示します。

1代 ジョージ・ワシントン
(1732～1799年)
在職日数：2865日
所属政党：無所属

バージニア植民地生まれ。アメリカ独立戦争では総司令官として植民地軍を指揮。1789年、初代大統領に選出され2期を務めた。96年にも候補に選ばれたが、3選は民主政治を妨げると辞退した。

2代 ジョン・アダムズ
(1735～1826年)
在職日数：1460日
所属政党：連邦党
（フェデラリスト党）

マサチューセッツ植民地生まれ。アメリカ独立の指導者。連邦体制の強化と憲法批准促進を主張、1776年7月4日に表明したアメリカ独立宣言では三権分立を重んじた。

3代 トーマス・ジェファーソン
(1743～1826年)
在職日数：2922日
所属政党：民主共和党

バージニア植民地生まれ。「アメリカ民主主義の父」。地方分権的な連邦制や大衆参加の民主主義を主張した。フランスからルイジアナを購入しアメリカ領を広げた。

4代 ジェームズ・マディソン
(1751～1836年)
在職日数：2922日
所属政党：民主共和党

バージニア植民地生まれ。合衆国憲法に、市民の基本的人権に関する規定を「権利の章典」として加えたことから、「憲法の父」とよばれている。

5代 ジェームズ・モンロー
(1758～1831年)
在職日数：2922日
所属政党：民主共和党

バージニア植民地生まれ。1819年にスペインからフロリダを購入、23年には欧米両大陸の相互不干渉を表明した。この考え方は「モンロー主義」とよばれ、以後、アメリカの外交政策の原則となった。

6代 ジョン・クインシー・アダムズ
(1767～1848年)
在職日数：1461日
所属政党：民主共和党

マサチューセッツ植民地生まれ。連邦政府による産業開発の推進、奴隷制廃止運動にも貢献。前政権の国務長官を務め、大統領に欧米相互不干渉主義政策を献策した。第

2代大統領の子。

7代 アンドリュー・ジャクソン
(1767～1845年)
在職日数：2922日
所属政党：民主党

サウスカロライナ植民地生まれ。小農民・労働者の権利の擁護、選挙権の拡大、公立学校の普及、金権の抑圧などを行った。民主主義的政策を展開する一方、アメリカ大陸の先住民の強制移住法を制定した。

8代 マーティン・バン・ビューレン
(1782～1862年)
在職日数：1461日
所属政党：民主党

ニューヨーク植民地生まれ。北米先住民の強制移住を開始。前大統領の政策に起因した恐慌に手を打てないまま任期を終えた。

9代 ウィリアム・ヘンリー・ハリソン
(1773～1841年)
在職日数：32日
所属政党：ホイッグ党

バージニア植民地生まれ。在職期間の最も短い大統領。インディアナ準州知事時代には、先住民の土地を詐欺的価格で手に入れ、領土を広げた。

10代 ジョン・タイラー
(1790～1862年)
在職日数：1428日
所属政党：ホイッグ党

バージニア州生まれ。大統領の死去にともない副大統領から昇格した初の大統領。路線対立で党から追放されたが、無所属で職務を続け、メキシコから独立宣言したテキサスの併合を承認した。

11代 ジェームズ・ノックス・ポーク
(1795～1849年)
在職日数：1461日
所属政党：民主党

ノースカロライナ州生まれ。領土拡張政策を推進し、イギリス領にかかるオレゴンの境界線の拡大や、メキシコとの戦争で勝利して国土を太平洋岸まで広げた。

12代 ザカリー・テーラー
(1784～1850年)
在職日数：492日
所属政党：ホイッグ党

バージニア州生まれ。職業軍人出身初の大統領。欧州列強との友好、農業・商工業の振興などを提唱したが、独立記念式典参列後に体調をくずして急死した。

◇ アメリカ国旗(星条旗)の赤と白の13本の横線は独立時の州の数、左上の星の数は現在の州の数で50ある。

13代
ミラード・フィルモア
(1800〜1874年)
在職日数：969日
所属政党：ホイッグ党

ニューヨーク州生まれ。副大統領から昇格。奴隷制度を支持する南部諸州と、反対する北部諸州の対立には中立の立場をとった。ペリーの艦隊を日本に派遣した。

14代
フランクリン・ピアース
(1804〜1869年)
在職日数：1461日
所属政党：民主党

ニューハンプシャー州生まれ。奴隷制度については南北間の妥協による国家の統一を唱えたが、しだいに奴隷制度拡大の議論を再開、南北の対立を激化させた。

15代
ジェームズ・ブキャナン
(1791〜1868年)
在職日数：1461日
所属政党：民主党

ペンシルベニア州生まれ。連邦の維持と統一を唱えたが、南北対立の激化にさいし十分な指導力を発揮できなかった。日本と条約を結ぶなど、アジアへ勢力を伸ばした。

16代
エイブラハム・リンカーン
(1809〜1865年)
在職日数：1504日
所属政党：共和党

ケンタッキー州生まれ。北軍を率いて南北戦争に勝利、南部11州の連邦脱退に反対し、奴隷制廃止を達成した。大統領再選後、南部出身者に暗殺された。「人民の、人民による、人民のための政治」を唱えた。

17代
アンドリュー・ジョンソン
(1808〜1875年)
在職日数：1419日
所属政党：民主党

ノースカロライナ州生まれ。2期目のリンカーン政権で奴隷制度を擁護する民主党から副大統領に指名され、大統領に昇格後、南部に対しての寛大政策を打ち出した。

18代
ユリシーズ・グラント
(1822〜1885年)
在職日数：2922日
所属政党：共和党

オハイオ州生まれ。軍人として幾多の功績を上げ、南北戦争で北軍を勝利に導いた。その名声から大統領に選ばれたが、在職中は政府内に汚職事件が続いた。

19代
ラザフォード・ヘイズ
(1822〜1893年)
在職日数：1461日
所属政党：共和党

オハイオ州生まれ。南北の和解、官庁改革に取り組んだが、政界の顔役や議会の圧力で不調に終わった。このころ資本主義が急速に発展、労働者の不満が高まるなか発生した鉄道大ストライキを武力で鎮圧した。

20代
ジェームズ・ガーフィールド
(1831〜1881年)
在職日数：200日
所属政党：共和党

オハイオ州生まれ。グラント政権から続く政治家の汚職体質改善、官庁改革をよびかけ、活躍が期待されたが、就任後4カ月で銃撃され、その2カ月後に死亡した。

21代
チェスター・アーサー
(1830〜1886年)
在職日数：1262日
所属政党：共和党

バーモント州生まれ。副大統領から昇格。有能な人材を要職につけ、行政改革に尽力。連邦公務員法を成立させたが、関税引き下げや汚職追及で党内の反感をよんだ。

22・24代
グロバー・クリーブランド
(1837〜1908年)
通算在職日数：2922日
所属政党：民主党

ニュージャージー州生まれ。金本位制の維持や、モンロー主義を援用しイギリスに対して強硬政策をとった。南北戦争後に選挙で選ばれた初の民主党の大統領であり、選挙で敗れて退任した後、政権復帰を果たした唯一の大統領。

23代
ベンジャミン・ハリソン
(1833〜1901年)
在職日数：1461日
所属政党：共和党

オハイオ州生まれ。対外経済政策に力を入れ、ラテンアメリカ市場の獲得を目的にした第1回汎米会議の開催、輸入品の関税引き上げなどを目的としたマッキンリー関税法を成立。第9代大統領の孫。

25代
ウィリアム・マッキンリー
(1843〜1901年)
在職日数：1655日
所属政党：共和党

オハイオ州生まれ。金本位制を確立し、高率保護関税による産業資本の擁護に努めた。対スペイン戦に勝ってキューバを保護国に、フィリピン、グアム、プエルトリコを領土にした。無政府主義者に暗殺された。

26代
セオドア・ルーズベルト
(1858〜1919年)
在職日数：2728日
所属政党：共和党

ニューヨーク州生まれ。副大統領から昇格。独占企業の規制、資源保護などの政策で政府の権限を強めた。カリブ海地域の支配強化と極東進出を図った。日露戦争の講和に努め、1906年ノーベル平和賞受賞。後に革新党を組織、3選をねらったが敗北した。

ミニ百科

奴隷解放宣言からオバマ大統領誕生まで

奴隷制からは解放されたけど……

アメリカの奴隷制は、リンカーン大統領の奴隷解放宣言から2年後の1865年に廃止。1870年には連邦憲法が修正され、アフリカ系(黒人)の参政権が加えられましたが、それは各州の権限で奪えるものでした。1896年には最高裁判所が、白人と黒人の生活区域の隔離を認めました。白人と違う学校に通い、バスでは後ろの席に座らなければならない……。劣悪な環境は、黒人もアメリカのために戦った第2次世界大戦後も変わりませんでした。

すべての人に平等を！公民権運動始まる

1954年、最高裁判所が公立学校での人種分離は違憲であると判決。このころからすべての人に平等な権利を与えるようにうったえる、公民権運動が本格的に始まりました。この運動を指揮したのが、アフリカ系のキング牧師でした。63年8月、人種差別反対を叫ぶワシントン大行進で牧師は「私には夢がある」と演説し、理想とする社会の姿を唱えました。この大行進の参加者は25万人ともいわれ、公民権運動は大きな波となってアメリカ全土へ広がっていきました。

公民権運動の賜物、アフリカ系大統領誕生

時の大統領、ケネディはキング牧師にこう言ったそうです。「私にも夢がある。アメリカを文化において世界の人々から尊敬される国にしたい」。その夢をかなえるべくケネディは公民権法案を議会に提出しました(公民権法の成立は64年)。キング牧師は68年に暗殺されましたが、公民権運動は続き、70年代以降、黒人に対する教育や就職などの差別は大きく改善。ついに2008年の大統領選でバラク・オバマが選出され、初のアフリカ系大統領が誕生したのです。

マーティン・ルーサー・キング (1929〜1968年)

◇ アメリカは人種のサラダボウル。米国勢調査局の推計では、2042年には非白人の人口が白人を超える見通し。

32	1933.3.4	F.ルーズベルト

★ニューディール政策/テレビ放送開始/第2次世界大戦参戦、米、日米通商航海条約破棄を通告/太平洋戦争

33	1945.4.12	トルーマン

★共産主義者の追放を強化 ●国際連合発足/イスラエル建国宣言/中華人民共和国成立/朝鮮戦争(53年7月休戦) 連合国軍最高司令官マッカーサー着任/サンフランシスコ平和条約、日米安全保障条約調印

34	1953.1.20	アイゼンハワー

★米の水爆実験で第五福竜丸被ばく/日米相互協力及び安全保障条約調印

35	1961.1.20	ケネディ

★公民権運動が盛ん/キューバ危機 ●ベルリンの壁建設

36	1963.11.22	L.B.ジョンソン

★北ベトナムへ爆撃(北爆)開始 ●中国で文化大革命始まる(～77年)/ヨーロッパ共同体(EC)発定

37	1969.1.20	ニクソン

★ベトナム反戦運動が盛ん/アポロ11号が月面着陸/郵便ストで国家非常事態宣言 日米安保条約自動延長/小笠原諸島・沖縄の本土復帰

38	1974.8.9	フォード

★ベトナム戦争への介入終了/建国200年 フォード大統領、米大統領として初来日/昭和天皇訪米

39	1977.1.20	カーター

★スリーマイル島で原発事故/イランと断交●ソ連軍、アフガニスタン侵攻

40	1981.1.20	レーガン

★シカゴで初の黒人市長誕生/ロサンゼルス・オリンピック/スペースシャトル・チャレンジャー爆発事故 日米自動車貿易摩擦/中曽根康弘首相「日米は運命共同体」と発言

41	1989.1.20	H.W.ブッシュ

★湾岸戦争/ソ連解体

42	1993.1.20	B.J.クリントン

●欧州連合(EU)単一通貨ユーロ導入

43	2001.1.20	W.ブッシュ

★同時多発テロ/愛国法制定/イラク戦争(～11年)

44	2009.1.20	オバマ

●医療保険改革法成立/英、EU離脱の動き本格化

45	2017.1.20	トランプ

★TPP離脱/パリ協定離脱/ユネスコ脱退/米朝首脳会談

46	2021.1.20	バイデン

●新型コロナの感染拡大

27代
ウィリアム・タフト
(1857～1930年)
在職日数：1461日
所属政党：共和党

オハイオ州生まれ。前大統領の忠実な後継者としてトラスト規制など進歩的政策をとったが、しだいに保守派に接近し党の分裂を招いた。小国の負債を肩代わりするなどドル外交を推進、アメリカの力を強めた。

28代
トマス・ウッドロウ・ウィルソン(1856～1924年)
在職日数：2922日
所属政党：民主党

バージニア州生まれ。「新しい自由」を掲げ、女性の参政権など諸改革を実現。第1次世界大戦では、初め中立を保ったが1917年に参戦。14カ条の平和原則を発表し国際的指導力を発揮、19年ノーベル平和賞受賞。

29代
ウォレン・ハーディング
(1865～1923年)
在職日数：882日
所属政党：共和党

オハイオ州生まれ。第1次世界大戦後の疲れた国民の支持を得て当選。外交面で成果を上げたが、側近の汚職事件が続発。遊説先のサンフランシスコで客死。

30代
ジョン・カルビン・クーリッジ(1872～1933年)
在職日数：2040日
所属政党：共和党

バーモント州生まれ。副大統領から昇格。前政権官僚らの不正を追及し、清廉潔白さをアピール。「小さな政府」を掲げて自由放任の経済政策をとり、「黄金の20年代」とよばれる繁栄期をもたらした。

アメリカの2大政党

アメリカは、民主党、共和党が中心になり政策を行っています。両党の特徴を比べてみましょう。

民主党	共和党
1828年、民主共和党を改組して結成。社会を進歩させるための変革の理念をもつ。おもに北部都市の低所得層、アフリカ系や移民らが支持。 こう考える！ 国が積極的な役割を果たす「大きな政府」を提唱。福祉を強化し格差を減らす。国民皆保険。軍事費も核兵器も削減。	結党は1854年。北部の商工業者、西部の農民を基盤に発展。伝統や習慣を重んじる保守の理念をもつ。おもに白人や富裕層が支持。 こう考える！ 政府の介入を弱める「小さな政府」を提唱。自由競争による経済の発展。世界軍縮のためにアメリカが十分な戦力を維持するべき。

二大政党制とは… アメリカのように、二つの大きな政党の議員が、議席の大多数を占める政治体制のこと。(1)二つの政党のどちらかを選ぶため、政党の選択がしやすい(2)交互に政権を担うため、1党だけが政権に長期間つくことで生じる不正が少なくなる、といった長所がある。一方、議員数が少ない政党の発言力が弱くなり、国民の中の少数意見が政治に反映されにくいといった短所もある。

31代
ハーバート・クラーク・フーバー(1874～1964年)
在職日数：1461日
所属政党：共和党

アイオワ州生まれ。大統領就任後まもなく発生した世界恐慌にさいし、債務支払い猶予措置を実施したが失敗。第2次世界大戦後は、世界の食糧問題の解決に貢献した。

32代
フランクリン・ルーズベルト(1882～1945年)
在職日数：4423日
所属政党：民主党

ニューヨーク州生まれ。ニューディール政策で世界恐慌を乗り切った。第2次世界大戦にさいし、「四つの自由（言論の自由・信仰の自由・欠乏からの自由・恐怖からの自由）」を国民によびかけ参戦した。大戦の終結を目前にして死去。

33代
ハリー・トルーマン
(1884～1972年)
在職日数：2841日
所属政党：民主党

ミズーリ州生まれ。副大統領から昇格。ポツダム会談、国際連合の創設、広島・長崎への原爆投下など、第2次世界大戦の終結と戦後処理を指導。共産主義の脅威と闘うことを唱え、世界を東西冷戦に巻き込んだ。

34代
ドワイト・デビッド・アイゼンハワー
(1890～1969年)
在職日数：2923日
所属政党：共和党

テキサス州生まれ。朝鮮戦争の収拾に努め、共産主義に強硬政策をとったが、ソ連のフルシチョフ首相との首脳外交は東西冷戦の雪どけムードを生んだ。

35代
ジョン・フィッツジェラルド・ケネディ
(1917～1963年)
在職日数：1037日
所属政党：民主党

マサチューセッツ州生まれ。キューバ危機を収め、核戦争の危機を回避。ニューフロンティア政策を提唱し、公民権法案を議会に提出するなど人種差別防止にも貢献した。遊説先のテキサス州ダラスで暗殺された。

36代
リンドン・ベインズ・ジョンソン
(1908～1973年)
在職日数：1887日
所属政党：民主党

テキサス州生まれ。副大統領から昇格。公

◇ アメリカは厳格な三権分立の国。大統領が持っているのは行政権だけ。立法権は連邦議会、司法権は裁判所が持っている。

民権法の成立、貧困撲滅のための政策を実施。社会福祉構想を掲げたが、ベトナム戦争を拡大させるなど外交でつまずき失脚。

37代
リチャード・ニクソン
(1913〜1994年)
在職日数：2028日
所属政党：共和党

カリフォルニア州生まれ。中国、ソ連の両首脳と会談、ベトナム和平協定を結ぶなど友好外交に努めた。金とドルの交換停止を発表して世界経済に衝撃を与えた。ウォーターゲート事件の責任をとって辞職した。

38代
ジェラルド・ルドルフ・フォード (1913〜2006年)
在職日数：896日
所属政党：共和党

ネブラスカ州生まれ。副大統領から昇格。南ベトナムから米軍を完全撤退させた。不十分な経済政策と、ニクソン前大統領を特赦にしたことなどで支持率がダウンした。

39代
ジミー・アール・カーター
(1924年〜)
在職日数：1462日
所属政党：民主党

ジョージア州生まれ。エジプトとイスラエル間の和平合意や、中国との国交樹立を成功させた。人権外交を掲げ、引退後も世界平和に貢献、2002年ノーベル平和賞受賞。

40代
ロナルド・ウィルソン・レーガン(1911〜2004年)
在職日数：2923日
所属政党：共和党

イリノイ州生まれ。軍備拡張と対ソ連強硬策、連邦政府の権限の州政府への委譲、大型減税と社会保障費削減を行った。

41代
ジョージ・ハーバート・ウォーカー・ブッシュ
(1924〜2018年)
在職日数：1462日
所属政党：共和党

マサチューセッツ州生まれ。前政権の副大統領。冷戦の終結を宣言。イラク軍のクウェート侵攻に介入、湾岸戦争を指揮した。飢餓救済援助のためソマリアに出兵。

42代
ビル・ジェファーソン・クリントン(1946年〜)
在職日数：2923日
所属政党：民主党

アーカンソー州生まれ。増税と軍事費削減で財政赤字を解消。ベトナムとの国交を回復。セクシュアル・ハラスメント訴訟をおこされるなどして弾劾訴追された(無罪判決)。

43代
ジョージ・ウォーカー・ブッシュ
(1946年〜)
在職日数：2923日
所属政党：共和党

コネティカット州生まれ。2001年9月11日の米同時多発テロ後、イラク戦争を始めた。金融安定化法を制定。第41代大統領の子。

44代
バラク・フセイン・オバマ(1961年〜)
在職日数：2923日
所属政党：民主党

ハワイ州生まれ。アフリカ系で初のアメリカ大統領。「核なき世界」に向けた国際社会への働きかけなどが評価され、2009年ノーベル平和賞受賞。医療保険改革法を成立。

45代
ドナルド・ジョン・トランプ(1946年〜)
在職日数：1462日
所属政党：共和党

ニューヨーク州生まれ。「米国第一主義」を掲げ、医療・国境管理・雇用を最優先課題。2017年、エルサレム(P51参照)をイスラエルの首都と認めると明言。18年にイランとの国際的核合意から一方的に離脱。

46代
ジョー・バイデン
(1942年〜)
在職中
所属政党：民主党

2020年11月の大統領選挙では接戦の末、トランプ前大統領を破って勝利。史上最高齢の米大統領であり、女性初の副大統領カマラ・ハリスにも注目が集まる。

大統領選挙のしくみ

アメリカの大統領は、「予備選挙」と「本選挙」の2段階をへて、ようやく就任となります。1年近くにわたって行われる、ちょっと複雑なしくみのアメリカ大統領選挙の道のりをたどってみましょう。

予備選挙 (本選挙の党公認候補を決定するために、同じ政党の候補者間で争われる選挙)

1〜6月　予備選挙・党員集会
ニューハンプシャー州、アイオワ州からスタート。以後、ほかの48州でも開催され、候補者をしぼり込んでいく。予備選挙・党員集会が最も集中する2、3月には、1日に20前後の州で行われることもある。この日を、「スーパーチューズデー」とよぶ。

→

7月〜9月上旬　全国党大会
州で選出された代議員たちが集まり、党公認の大統領候補を指名する。大統領候補は、副大統領候補を指名。

本選挙 (各党から大統領候補に指名された候補者間の選挙)

9〜10月　本選挙活動
公開テレビ討論会に出たり、全国を演説して回ったりして、政策をアピール。

＊1 キリスト教のカトリックの祝日である11月1日にあたらないよう第1火曜日とはしない。　＊2 大統領を直接選ぶ人のこと。一般投票で、有権者は大統領ではなく、この選挙人を選んでいる。州ごとの選挙人の数は、各州に2人いる上院議員と、州の人口に応じて配分されている下院議員の数の合計と同じ。最多はカリフォルニア州の55人。

→

11月の第1月曜の翌日＊1　一般投票
全米の有権者による、50州と首都ワシントンで計538人の「選挙人」＊2を州・首都ごとに選ぶための選挙。有権者は自分が選びたい大統領候補に投票し、最も票を集めた候補が、その州の選挙人をすべて獲得する(ネブラスカ州、メーン州を除く)。過半数の270人以上取ったほうが勝ち。この段階で大統領選の勝敗が実質的に決まる。

→

12月　選挙人投票　州・首都で決まった大統領候補者に選挙人があらためて投票する。

↓

翌年1月6日　選挙人投票の開票
正副大統領が正式に決まる。

↓

1月20日　大統領就任式

日米の選挙、こんな違いが…
日本の総理大臣は、国会議員全員の投票で指名される。国会議員は、国民の選挙で選ばれる。日本では有権者ならば自動的に「投票所入場券」が届く。アメリカでも日本と同じく18歳から選挙に行けるが、有権者登録が必要だ。

2021年1月20日、アメリカ合衆国大統領就任式で宣誓するバイデン大統領

◇ ブッシュ(子)とトランプは、一般投票の得票総数では相手候補に負けたが、獲得した選挙人の数が上回ったため当選した。

ノーベル賞

ノーベル賞は、ダイナマイトや無煙火薬の発明で巨万の富を築いた、スウェーデンの科学技術者アルフレッド・ノーベル（1833～1896年）の遺産を基金として創設されました。日本の受賞者は、敗戦国日本に希望を与えた湯川秀樹博士を第1号として、2021年受賞の真鍋淑郎さんまで28人を数えます。

日本のノーベル賞受賞者

1949
湯川秀樹（1907～1981年）東京都生まれ
物理学賞

1934年に原子核を構成する中性子と陽子を結びつける、核力を媒介とする中間子の存在を提唱。47年に実際に中間子が発見され、素粒子論の生みの親となった。平和運動にも尽力した。

1965
朝永振一郎（1906～1979年）
東京都生まれ
物理学賞

発見されてまもない陽電子や核力、宇宙線など量子電磁力学の基礎理論を研究し、ハイゼンベルクの量子力学とアインシュタインの相対性理論を結びつけ、「くりこみ理論」を発表。科学者の平和運動に参加した。

1968
川端康成（1899～1972年）大阪府生まれ
文学賞

1926年『伊豆の踊子』で文学者としての地位を確立し、『雪国』『山の音』など、日本古来の美を探る作品を次々と発表。61年文化勲章受章を契機に作品が各国語に翻訳されて、国際的に認められた。

1973
江崎玲於奈（1925年～）大阪府生まれ
物理学賞

東京通信工業（現在のソニー）に在籍中の1957年、半導体におけるトンネル効果の理論の実証例を確認、「エサキダイオード」を発明した。60年には米国ＩＢＭ社に移籍し、日本人の頭脳流出が話題になった。

1974
佐藤栄作（1901～1975年）山口県生まれ
平和賞

元内閣総理大臣。首相在職中の1968年に行った施政方針演説で、「核兵器を持たず、作らず、持ちこませず」を日本の国是（国家の基本方針）として発表。この「非核三原則」に基づく外交が評価された。

1981
福井謙一（1918～1998年）奈良県生まれ
化学賞

有機化学反応に関与する電子のふるまいの過程を解明した「フロンティア電子理論」を発表。化学賞受賞は日本人初であり、日本の基礎化学が世界のトップクラスにあることを証明した。

1987
利根川進（1939年～）愛知県生まれ
医学生理学賞

遺伝子工学的な方法から、抗体分子の多様性をもたらす「免疫グロブリン」の構造を解明し、細胞が分化する過程で遺伝子の再編がおこることを明らかにした。

1994
大江健三郎（1935年～）愛媛県生まれ
文学賞

1958年『飼育』で芥川賞を受賞。核兵器反対の立場から発表した『ヒロシマ・ノート』など、窮地にある人間の姿を詩的な言語を用いた文体で描き、現代の人類に共通する苦悩を表現。94年、文化勲章授与を拒否した。

2000
白川英樹（1936年～）東京都生まれ
化学賞

電気を通すことができるプラスチック、「導電性ポリマー（ポリアセチレン）」を1977年に実現。そのプラスチック素材がさまざまな導電素材の開発に応用された業績が認められて受賞した。

2001
野依良治（1938年～）兵庫県生まれ
化学賞

特殊な触媒を用いて二つの鏡像分子を仕分けて、一方の有用な分子を化学物質として作り出す「触媒による不斉合成」を開発し、合成化学・医薬などの分野に寄与。

2002
小柴昌俊（1926～2020年）愛知県生まれ
物理学賞

天体物理学、とくに宇宙ニュートリノ（素粒子）の検出に対する先駆的な研究によって受賞。素粒子検出装置「カミオカンデ」建設の立役者。

田中耕一（1959年～）富山県生まれ
化学賞

レーザーでたんぱく質を気化させることで生体高分子の質量分析を可能にする脱イオン化法を開発。島津製作所に籍を置く「サラリーマン科学者」の受賞が話題に。

◇ 伝染病や梅毒病原体、黄熱病の研究で功績をあげた野口英世は、3回にわたって医学生理学賞の候補になった。

2008

小林誠〔左〕
（こ ばやしまこと）
（1944年〜）愛知県生まれ

益川敏英〔右〕
（ます かわ とし ひで）
（1940〜2021年）
愛知県生まれ
物理学賞

共同研究による受賞。宇宙の物質はなぜ存在するのかを解明するために、「ＣＰ対称性の破れの起源」を提唱し、クォーク（素粒子）が6種類あることを明らかにした。

南部陽一郎*
（なん ぶ よう いち ろう）
（1921〜2015年）東京都生まれ
物理学賞

素粒子の世界でなぜ質量（重さ）が生じるのかを、「自発的対称性の破れ」の現象を応用して、その理論を打ち立てた。

下村脩（しも むら おさむ）（1928〜2018年）京都府生まれ
化学賞

オワンクラゲが緑色に光る仕組みを解明し、クラゲの体内から、紫外線を当てると光る緑色蛍光たんぱく質（ＧＦＰ）を発見。GFPは病気の研究などに役立てられる。

2010

根岸英一〔上〕（1935〜2021年）
（ね ぎし えい いち）
旧満州（現在の中国東北部）生まれ

鈴木章〔下〕（1930年〜）北海道生まれ
（すず き あきら）
化学賞

二つの有機化合物を一つにつなげて、新しい化学物質を作り出す合成技術（有機合成におけるパラジウム触媒クロスカップリング反応の創出）の発展に貢献。この技術は液晶画面や薬品の製造にも使われている。

2012

山中伸弥（やま なか しん や）（1962年〜）大阪府生まれ
医学生理学賞

筋肉や臓器をはじめ体のあらゆる部分の細胞になれる能力を持った「ｉＰＳ細胞（人工多能性幹細胞）」の作製に世界で初めて成功した。

2014

赤崎勇〔左〕
（あか さき いさむ）
（1929〜2021年）
鹿児島県生まれ

天野浩〔右〕
（あま の ひろし）
（1960年〜）
静岡県生まれ

中村修二*（なか むら しゅう じ）（1954年〜）愛媛県生まれ
物理学賞

20世紀中の開発は無理とさえいわれた青色ＬＥＤの開発に成功。これにより赤・

緑・青の光の三原色のLEDがすべてそろい、組み合わせによってあらゆる色が出せるようになった。

2015

大村智（おお むら さとし）（1935年〜）山梨県生まれ
医学生理学賞

授賞理由は「寄生虫による感染症とマラリアの治療法の発見」。アフリカや中南米などの熱帯地方で流行し、患者の2割が失明する恐れがある寄生虫病の治療薬「イベルメクチン」の開発が評価された。

梶田隆章（かじ た たか あき）（1959年〜）埼玉県生まれ
物理学賞

物質のもとになる最も基本的な粒子の一つ、ニュートリノに質量があることを世界で初めて観測で証明し、ニュートリノには質量がないと考えられてきた素粒子物理学の定説を覆した。小柴昌俊さんの教え子。

2016

大隅良典（おお すみ よし のり）（1945年〜）福岡県生まれ
医学生理学賞

細胞が自分自身のたんぱく質を分解し、再利用する「オートファジー」（細胞の自食作用）の仕組みを明らかにした。オートファジーの仕組みは、小さな菌類からヒトまで多くの生物に備わっていて、今後、さまざまな病気の解明や治療法の開発が期待されている。

2018

本庶佑（ほん じょ たすく）（1942年〜）京都府生まれ
医学生理学賞

免疫の働きを抑制するたんぱく質「ＰＤ-1」を発見し、この抑制を取り除くことでがん細胞を攻撃するという新しいタイプのがん免疫療法を実現。がん治療薬オプジーボの創薬などにつながる新たながん治療の道を開いた。

2019

吉野彰（よし の あきら）（1948年〜）大阪府生まれ
化学賞

リチウムイオン電池の基本形を完成させた。これにより携帯電話やノート型パソコンなどモバイル型の電子機器が急速に普及、ＩＴ（情報技術）社会の発展に大きく貢献した功績が評価された。福井謙一さんの孫弟子。

2021

真鍋淑郎*（ま なべ しゅく ろう）（1931年〜）愛媛県生まれ
物理学賞

地球の大気の状態の変化をコンピューターで再現する方法を開発。二酸化炭素が増えると地表の温度が上がることを数値で示し、地球温暖化予測の先駆けとなった。

*アメリカ国籍

◇賞金は2020年からは1000万スウェーデンクローナ（約1億3000万円）。受賞者が複数の場合は分配される。

世界と日本の宗教

自然や死を恐れる気持ちは、だれにでもあります。人々をそんな不安から救うために宗教は生まれました。世界には多くの民族がいて、それぞれの地域で信じられている宗教もさまざま。信者の多い代表的な宗教を見てみましょう。

仏教

悟りで救われる

紀元前5〜紀元前4世紀ごろにインドの身分制度に反対したゴータマ・シッダールタ（釈迦）が開祖。「悟りを得ることで、苦（人生）を超越（解脱）できる」など、慈悲の大切さを説き、悟りを開いた者は「ブッダ（仏陀）」とよばれた。修行を重んじる上座部仏教（小乗仏教）はセイロン（スリランカ）から東南アジアへ、大衆を救済するための大乗仏教は中国、朝鮮、日本などの東アジアに分かれて伝わった。4月8日は灌仏会を行い、釈迦の生誕を祝う。

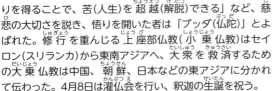

キリスト教

愛こそ、すべて

イエス・キリストは、「信ずる者は救われる」などと説き、病人や悩める人に救いの手を差し伸べたといわれている。イエスの教えは、11世紀にカトリック教会と東方正教会に、16世紀にはプロテスタント教会に分裂し、今日に至っている。現在、カトリックは中南米、南ヨーロッパ、プロテスタントはアメリカ、北ヨーロッパ、東方正教会は東ヨーロッパやロシアに多く見られ、キリスト教徒は世界人口の約3分の1を占めている。

日本の仏教　代表的な13宗派

系統	宗派	開祖および伝承者	主な本山
奈良仏教系	法相宗	道昭	興福寺・薬師寺（奈良県）
	華厳宗	道璿	東大寺（奈良県）
	律宗	鑑真	唐招提寺（奈良県）
天台系	天台宗	最澄	比叡山延暦寺（京都府・滋賀県）
真言系	真言宗	空海	高野山金剛峯寺（和歌山県）・東寺（京都府）
浄土系	浄土宗	法然	知恩院（京都府）・増上寺（東京都）
	浄土真宗	親鸞	西本願寺・東本願寺（京都府）
	時宗	一遍	清浄光寺（遊行寺）（神奈川県）
	融通念仏宗	良忍	大念仏寺（大阪府）
禅系	臨済宗	栄西	妙心寺・建仁寺・南禅寺・天龍寺・大徳寺・相国寺・東福寺（京都府）・建長寺・円覚寺（神奈川県）
	曹洞宗	道元	永平寺（福井県）・総持寺（神奈川県）
	黄檗宗	隠元	黄檗山万福寺（京都府）
日蓮系	日蓮宗	日蓮	身延山久遠寺（山梨県）・池上本門寺（東京都）

キリスト教　3大宗派

総称		ローマ・カトリック教会	東方正教会	プロテスタント
聖職者	呼び名	司祭	司祭	牧師
	妻帯	不可	条件つきで可	可
シンボル		聖母マリア像・十字架にかかるキリスト	イコン（キリスト、聖母、聖人などの聖画像）	十字架のみ
		（左）大浦天主堂（長崎県）の「日本之聖母」像 （右）大浦天主堂のステンドグラス「十字架のキリスト」	ウクライナ正教会総本山の刺しゅうで飾られたイコン	長野県の開拓地で十字架の前で祈る子ども（1953年）
十字の切り方		上→下→左→右	上→下→右→左	切らない（最近は切るところも）

ヒンドゥー教

霊魂は不滅

中央アジアからインドに移動してきたアーリア人のバラモン教と先住民の宗教とが融合して発展。現在、インドでは人口約13億人のうち、8割の国民が信仰している。「人には身分の高い低いがある」というバラモン教の原則からカースト制度が生まれ、バラモン（僧侶）、クシャトリア（王侯・武士）、ヴァイシャ（庶民）、シュードラ（奴隷）の四つの身分に分けられている。自分の身分をまっとうすることで来世の幸福が得られると信じられている。

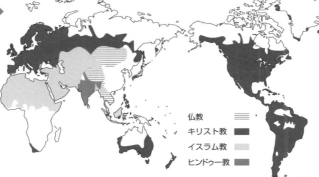

凡例：
仏教
キリスト教
イスラム教
ヒンドゥー教

イスラム教

厳しい戒律

7世紀初頭、アラビアの商人ムハンマドが開いた、多神教と偶像崇拝を禁じ、唯一神アラーに「絶対服従する」という宗教。ムスリム（イスラム教徒）の全生活は、経典『コーラン』の教えにより、巡礼、断食などさまざまな厳しい戒律に従っている。信者数でみると世界人口の約4分の1を占める世界第2の宗教で、大多数のスンニ派と少数派のシーア派やワッハーブ派などから成っている。

◇ イスラム教は豚肉を、ヒンドゥー教は牛肉を食べることを禁忌（タブー）としている。

日本独自の宗教「神道」

古来の神々への信仰が、仏教、儒教、道教などの影響を受けて展開した多神教で、八百万の神がいるといわれる。その神様を祭る場所が神社で、日本神話の神々や実在した歴史的な偉人などを祭っている。

神社の神事を行う「神主」。

日本の成り立ちの物語「日本神話」

●口頭で伝えられてきた日本神話は、約1300年前に『古事記』と『日本書紀』という書物にまとめられた。日本列島を生み出したイザナキノミコトとイザナミノミコトの娘・アマテラスオオミカミに命じられ、「三種の神器」(鏡・玉・剣)を携えたニニギノミコトが、神々の住む高天原から日向・高千穂(宮崎県)に降り立った(天孫降臨)。ニニギの子孫・イワレビコノミコトは東方へ進出し、大和国(奈良県)橿原宮で即位して、神武とよばれる初代天皇となる。

●三種の神器を持っていることが皇室の正統たる帝の証であるとして、皇位継承と同時に継承される。鏡はヤタノカガミ、剣はクサナギノツルギ、勾玉はヤサカニノマガタマといわれる。

七ケ瀬遺跡(佐賀県)で出土した中国製の青銅鏡と鉄剣・勾玉

ユダヤ民族の宗教「ユダヤ教」

ユダヤ人は自らを神から選ばれた選民とみなし、唯一神ヤハウェが預言者モーセを通して伝えた教えを信仰し実践している。ユダヤ人が建国したイスラエルの「首都」エルサレムは、キリスト教、イスラム教の聖地でもあるため、多くの国が「首都エルサレム」を認めず、テルアビブに大使館を置いている。しかし2017年12月、アメリカのトランプ大統領がエルサレムを首都と認め、18年5月14日、イスラエル独立宣言70周年の日に大使館のエルサレムへの移転を強行した。

聖地が一緒の三つの宗教

キリスト教はユダヤ教から派生し、イスラム教もユダヤ教やキリスト教から影響を受けている。そのため三つの宗教の聖地が同じエリアにあるというのも必然なのだ。

3宗教の聖地エルサレム

イスラム教徒地区 / 神殿の丘 / 岩のドーム / 嘆きの壁 / ユダヤ人地区 / 聖墳墓教会 / キリスト教徒地区 / アルメニア人地区

ユダヤ教の教師「ラビ」。

宗教	キリスト教	ユダヤ教	イスラム教
開祖	イエス・キリスト	モーセ(ヤハウェの啓示を受けた)	預言者ムハンマド(アラーの啓示を受けた)
成立	紀元30年ごろ	紀元前1000年前後	7世紀初め
経典	聖書(旧約聖書、新約聖書)	旧約聖書	コーラン
専任聖職者	司祭(カトリック、正教会) 牧師(プロテスタント)	ラビ	いない
エルサレムにある聖地	聖墳墓教会	嘆きの壁	岩のドーム

テロや暴力で世界を変えようとする「イスラム過激派」

イスラム=過激派ではない。あくまでも、イスラムを標榜している一派である。過激派といわれる組織を見てみよう。

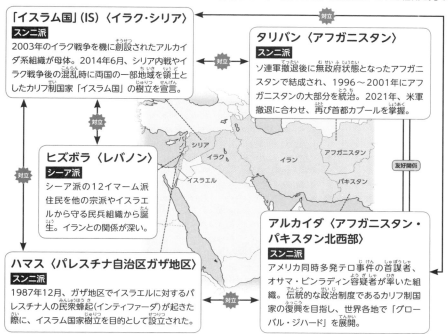

「イスラム国」(IS)〈イラク・シリア〉
スンニ派
2003年のイラク戦争を機に創設されたアルカイダ系組織が母体。2014年6月、シリア内戦やイラク戦争後の混乱時に両国の一部地域を領土としたカリフ制国家「イスラム国」の樹立を宣言。

対立

タリバン〈アフガニスタン〉
スンニ派
ソ連軍撤退後に無政府状態となったアフガニスタンで結成され、1996～2001年にアフガニスタンの大部分を統治。2021年、米軍撤退に合わせ、再び首都カブールを掌握。

ヒズボラ〈レバノン〉
シーア派
シーア派の12イマーム派住民を他の宗派やイスラエルから守る民兵組織から誕生。イランとの関係が深い。

アルカイダ〈アフガニスタン・パキスタン北西部〉
スンニ派
アメリカ同時多発テロ事件の首謀者、オサマ・ビンラディン容疑者が率いた組織。伝統的な政治制度であるカリフ制国家の復興を目指し、世界各地で「グローバル・ジハード」を展開。

ハマス〈パレスチナ自治区ガザ地区〉
スンニ派
1987年12月、ガザ地区でイスラエルに対するパレスチナ人の民衆蜂起(インティファーダ)が起きた際に、イスラム国家樹立を目的として設立された。

●対立するイスラム2大宗派「スンニ派」と「シーア派」

教理に大きな違いはない。ムハンマドの死後、預言者の代理人(カリフ)の4代目までを正統とし、それ以降はウマイヤ朝の子孫をカリフとしたのがスンニ派で、世界のイスラム教徒の多数派となっている。4代目の子孫のみを正統とするのがシーア派で、イランではシーア派が多数を占めている。

参考文献/『眠れなくなるほど面白い 図解 世界の宗教』(日本文芸社)、『詳説 日本仏教13宗派がわかる本』(講談社)、『教養として学んでおきたい5大宗教』(マイナビ出版)、『教養として知っておきたい「宗教」で読み解く世界史』(日本実業出版社)、『まんが パレスチナ問題』(講談社)、『宗教年鑑』(令和2年版)

◇ 三種の神器は伊勢神宮(三重県)に鏡、熱田神宮(愛知県)に剣、皇居(東京都)に勾玉が保管されている。

ミニ百科

絶滅危惧動物

現在、絶滅のおそれのある動物は1万5000種を超えています。自然や野生生物を守るための活動をしている国際自然保護連合（IUCN）では、絶滅の危機にある動植物を「レッドリスト」としてまとめています。どんな動物が消えていこうとしているのでしょう？

地球の長い歴史を見ると、恐竜をはじめ絶滅していった動植物は少なくありません。自然の中で生存競争に負け、消え去っていったのです。現在、地球上には500万とも5000万ともいわれる種類の動植物がいて、生態系の中で多様性をつくりだしています。しかし、人間の活動による影響を受け、絶滅の危機を迎える動植物の規模も年々大きくなっています。森林伐採や埋め立てなどの開発、環境汚染、乱獲、種の移動による生態系の変化などが絶滅の原因です。野生動物から遠く離れて生活するわたしたちが動物を守るためにできることを考えてみましょう。

レッドリストのカテゴリー

IUCNレッドリストは、絶滅のおそれの程度によって、いくつかのカテゴリーに分けられます。また、日本の野生生物で絶滅のおそれがある種をリストにしているのが、「環境省レッドリスト」です。

EX＝絶滅	最後の個体が死んでしまっている種。	
EW＝野生絶滅	飼育や栽培しているもの以外は絶滅。	
CR＝深刻な危機	ごく近い将来に絶滅する危険性がきわめて高い種。	
EN＝危機	近い将来に絶滅する危険性がかなり高い種。	
VU＝危急	絶滅の危機が大きくなっている種。	
NT＝準絶滅危惧	存続する基盤が弱くなっている種。	
DD＝データ不足	評価する情報が少ない種。	

日本のおもな絶滅危惧動物

（環境省「レッドリスト2020」）

ゼニガタアザラシ
NT。北海道の東海岸に生息。脂や毛皮のための乱獲、サケやコンブを食べる害獣として殺されている。

シマフクロウ
CR。北海道の森林に生息する大型のフクロウ。現在100羽くらいに減ったといわれる。

ツシマヤマネコ
CR。長崎・対馬だけに生息。環境破壊、交通事故などにより減り、保護センターがつくられている。

オビトカゲモドキ
EN。鹿児島・徳之島だけに生息する日本固有亜種。県の天然記念物に指定され、採集や飼育は禁止された。

イシカワガエル
EN。鹿児島・奄美大島、沖縄本島の渓流にわずかながら生息する美しいカエル。9〜12cmと大型。アマミイシカワガエルとオキナワイシカワガエルに分類。

エラブオオコウモリ
CR。鹿児島・口永良部島、宝島、中之島などに生息。果物や花粉、蜜などを食べるが、果物の木が減り、さらに同じ果物が好物の動物を人間が島に連れてきたことで減少。

ヤンバルクイナ
CR。沖縄本島山原の森林に生息する飛べない鳥。開発や森林伐採、人間が持ち込んだ動物のために激減。

アオウミガメ
VU。日本では伊豆諸島、小笠原諸島、南西諸島に生息。乱獲や自然破壊で減っている。

アマミノクロウサギ
EN。鹿児島・奄美大島、徳之島だけに分布。国の特別天然記念物だが、開発や人間が持ち込んだ動物のために絶滅のおそれがある。

ニホンカワウソ

国の特別天然記念物、ニホンカワウソが絶滅！

2012年の「レッドリスト」（環境省）の改訂で、国の特別天然記念物で「絶滅危惧種」に指定されていたニホンカワウソが「絶滅種」となった。ニホンカワウソは、日本各地の川辺で見られていたが、生息を30年以上確認できないことから絶滅したと判断。17年2月には長崎県の対馬で発見!?というニュースが話題になったが、やはり別種の可能性が高いと判断された。現在、環境省が選定した絶滅危惧種の数は、3716種となっている（環境省レッドリスト2020）。

絶滅危惧植物

植物を絶滅に向かわせている最大の原因は、土地の造成やダム工事などの開発行為により生育地が失われること。この状況が続けば、2050年までに4分の1が絶滅するおそれがあるといわれています。植物を絶滅から守るために、わたしたちが参加できる活動を考え、行動しましょう。

国際自然保護連合（IUCN）の調べでは、現在、維管束植物が30万種以上、植物に分類される菌類および原生生物が5万種以上生存しています（亜種・変種は含まない）。しかし、そのうち約10万種の維管束植物が野生での絶滅の危機にあります。日本では、環境省が「野生生物の保全のためには、絶滅のおそれのある種を的確に把握し、一般への理解を広める必要がある」として、レッドリスト（絶滅のおそれのある野生生物の種の目録）を作成しています。2020年に公表した植物のレッドリストには、維管束植物1790種（亜種・変種を含む）が絶滅危惧種（ＣＲ／ＥＮ／ＶＵ）にあげられました。これは、日本に自生する約7000種の植物のおよそ4分の1が絶滅の危機にあるという状況を示しています。また、維管束以外の植物は480種が絶滅危惧種に指定されました。

日本のおもな絶滅危惧植物

（環境省「レッドリスト2020」）

※絶滅の危険度を示す分類表示は、動物編と同じです（P72 参照）。なお、「維管束植物以外」は絶滅危惧 CR と EN の区分は行っていません。

維管束植物

種子植物(被子植物・裸子植物)・シダ植物
評価対象種数：約7000種

ナガボナツハゼ
CR。静岡県、愛知県の固有種。低山地の疎林などに生育。ツツジ科の落葉低木で、花期は 5 月。土地造成、道路工事が減少の要因。

ヒメコザクラ
CR。岩手県北上山地の早池峰山と一関市大東町の固有種。サクラソウ科の多年草で、花期は 6 月。園芸用の採取で減少し、大東町では絶滅したようだ。

ゴバンノアシ
CR。熱帯と亜熱帯の海岸林に生育し、日本では沖縄県八重山諸島で見られる。サガリバナ科の常緑高木で、花期は 5 ～ 6 月あるいは 8 ～ 9 月。海岸林の開発で減少。

エンレイショウキラン
CR。亜熱帯の林に生育し、日本では沖縄県西表島などで見られる。ラン科の地生種で、花期は 7 ～ 8 月。園芸用の採取で減少。

ヤクタネゴヨウ
EN。鹿児島県屋久島と種子島の固有種。植生の遷移、立ち枯れで減少傾向にあり、屋久島では数百個体が見られるが、種子島では数十個体が自生するのみ。

タカネマンテマ
CR。山梨県、長野県の高山の岩場や草地に生育。ナデシコ科の多年草で、花期は 7 ～ 8 月。減少の主因は園芸用の採取だが、登山者の踏みつけも影響。

ミミモチシダ
EN。全世界の熱帯に分布し、日本では沖縄県の南西諸島の南部で局地的に見られる。自生地が保護されているため減少傾向にはないが、環境の保全に十分な注意を要する。

維管束植物以外

蘚苔類　地衣類　藻類　菌類
約1800種　約1600種　約3000種*　約3000種*
＊藻類、菌類数は、肉眼的に評価が可能な種を対象にしています。

ナヨナヨサガリゴケ
CR+EN。北海道雄阿寒岳および根室地域、富士山山麓でのみ生育が確認される日本の固有種。針葉樹に着生して樹皮から垂れ下がる。生息地の環境変化で絶滅する可能性が高い。

クビレミドロ
CR+EN。沖縄県本島に見られる1属1種の日本の固有種。4月ごろが最盛期で、6月には消失する。沿岸の埋め立てや道路建設などで生息地の干潟が荒らされて減少。

植物のおもな減少原因

出典：「私たちと植物の未来のために Plants for Life」（2005 年）

- その他 11.3%
- 森林伐採 13.7%
- 自然遷移 15.0%
- 開発行為 35.8%
- 園芸採取 24.2%

帰化植物を増やさないで！

2006年、日本国内の200以上の海岸で、北米原産のコマツヨイグサなどが生育し、カナダやフランスなどの沿岸では、本来は分布しないはずの日本の海藻、アナアオサが外来種として繁茂していることが判明しました。貨物船などに付着して運ばれた可能性が高いといわれています。このように人間の活動がもたらした植物を「帰化植物」といいます。帰化植物は前からその地域に分布・生育していた植物のバランスを壊すこともあります。外来種のセイタカアワダチソウは、河川敷に侵入し、絶滅危惧種のフジバカマや、オギ、ススキなど在来植物を衰退させています。

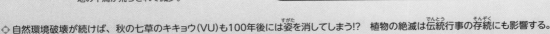

◇ 自然環境破壊が続けば、秋の七草のキキョウ(VU)も100年後には姿を消してしまう!?　植物の絶滅は伝統行事の存続にも影響する。

名前の由来

「名は体を表す」ということわざもあるように、名前には、「こんな人になってほしい」という願いや理想がこめられています。また、過去の人気の名前や人気の一字を知ると、その年代の人々の関心や興味の変化もわかります。

人気の名前の移り変わり

男の子の名前はかつては「一」「三」など生まれ順がわかる漢数字が目立ちました。女の子は、カタカナが多かったのが漢字になり、「子」をつける名前が人気となりましたが、最近では「子」がつく名前は少なくなっています。

◆ 男の子

生まれた年 順位	1912 (明治45・大正元)	1926 (大正15・昭和元)	1946 (昭和21)	1957 (昭和32)	1980 (昭和55)	1989 (昭和64・平成元)	2000 (平成12)	2010 (平成22)	2020 (令和2)	2022 (令和4)
1位	正一 (しょういち)	清	稔 (みのる)	誠 (まこと、 せい)	大輔 (だいすけ)	翔太 (しょうた)	翔	大翔 (ひろと、 やまと、はる と、たいが)	蒼 (そう、 あお、あおい、 そら)	蒼 凪 (なぎ、 なぎさ)
2位	清 (きよし、 せい)	勇 (いさむ、 ゆう)	和夫 (かずお)	隆 (たかし、 りゅう)	誠	拓也 (たくや)	翔太	悠真 (ゆうま、 はるま、 ゆうしん)	樹 (いつき、 たつき) 蓮	―
3位	正雄 (まさお、 ただお)	博 (ひろし)	清	茂	直樹 (なおき)	健太 (けんた)	大輝 (だいき、 たいき、とも き、ひろき)	翔	―	蓮
4位	正 (ただし、 せい)	実 (みのる)	弘	博	哲也 (てつや)	翔 (しょう、 かける、つば さ、そら)	優斗 (ゆうと) 拓海 (たくみ)	颯太 (そうた) 歩夢 (あゆむ)	陽翔 (はると、 ひなた、ひなと)	陽翔 湊 颯真 碧 (あおい、 あお)
5位	茂 (しげる)	茂	博	修	剛 (たけし、 つよし、ごう)	達也 (たつや)	―		律 (りつ)	
6位	武雄 (たけお)	三郎	豊 (ゆたか)	浩 (ひろし、 こう)	学 (まなぶ、がく)	雄太 (ゆうた)	海斗 (かいと)	颯真 (そうま、 ふうま) 蒼空 (そら、 そあ) 優斗	朝陽 (あさひ)	―
7位	正治 (まさは る、しょうじ)	弘 (ひろし)	進	勝 (まさる、 しょう)	大介 (だいすけ)	翔平 (しょうへい)	竜也 (たつや、 りゅうや)	―	湊 (みなと)	
8位	三郎 (さぶろう)	正	勇	明	亮 (りょう、 あきら)	大樹 (だいき、 たいじゅ、はるき)	陸 (りく) 蓮 (れん)	―	新 (あらた、 しん)	樹
9位	正夫 (まさお)	進 (すすむ、 しん)	修 (おさむ、 しゅう)	勉 (つとむ、 べん)	健一 (けんいち)	亮	―	大雅 (たいが) 颯 (はやて、 そう、そら)	大和 (やまと)	大和 悠真 暖 (はると、 だん、はる)
10位	一郎 (いちろう)	一男 (かずお)	明 (あきら)	豊	聡 (さとし、 そう、 あきら)	健太郎 (けんたろう)	一輝 (かずき、いっき) 健太 竜 (りゅう、りょう)	―	大翔	―

名前に使える漢字

名前に使えるのは、ひらがな、カタカナ、漢字のみ。アルファベットや句読点、＋や＝などの記号、1、2、3やⅠ、Ⅱ、Ⅲなど漢字以外の数字は使えません。また、漢字もそのすべてが名前に使えるわけではなく、名前に使えるのは、常用漢字と人名用漢字を合わせた2999字。これに含まれていない漢字を用いて名前をつけても、役所で認めてもらえません。

自分の名前について調べてみよう

1. 自分の名字や名前に使われている文字に、どんな意味があるかを漢和辞典などで調べてみましょう。
2. あなたの名前をつけてくれた人に、どんないきさつで名前が決まったのかを聞いてみましょう。
3. 自分の名字や名前に使われている漢字を使った熟語や四字熟語があるかを調べてみましょう。
4. 友達や学校の先生、お父さんやお母さんの名前に使われている漢字についても調べてみましょう。

◇ 江戸時代には、当主は代々同じ名前（世襲名）を名乗る習わしがあった。今でも歌舞伎など芸能の世界にはこの制度が残っている。

◆ 女の子

生まれた年 順位	1912 (明治45・大正元)	1926 (大正15・昭和元)	1946 (昭和21)	1957 (昭和32)	1980 (昭和55)	1989 (昭和64・平成元)	2000 (平成12)	2010 (平成22)	2020 (令和2)	2022 (令和4)
1位	千代 (ちよ)	久子 (ひさこ)	和子	恵子	絵美 (えみ)	愛	さくら 優花(ゆうか、ゆか)	さくら	陽葵(ひまり、ひなた、ひより、ひな)	陽葵
2位	ハル	幸子 (さちこ、ゆきこ)	幸子	京子	裕子	彩 (あや)	——	陽菜(ひな、はるな、ひなの) 結愛(ゆあ、ゆな、ゆめ) 莉子(りこ)	凛(りん)	凛
3位	ハナ	美代子 (みよこ)	洋子 (ようこ)	洋子	久美子	美穂 (みほ)	美咲(みさき、みく) 菜月(なつき)	——	詩(うた)	詩
4位	正子 (しょうこ、まさこ)	照子 (てるこ)	美智子 (みちこ)	幸子	恵 (めぐみ)	成美 (なるみ)	——		結菜	陽菜 結菜
5位	文子 (ふみこ、あやこ)	文子	節子 (せつこ)	和子	智子 (ともこ)	沙織 (さおり)	七海(ななみ、なつみ、なみ) 葵(あおい)	美桜 (みお、みおう)	結愛	
6位	ヨシ	和子 (かずこ)	弘子 (ひろこ)	久美子 (くみこ)	愛 (あい)	麻衣 (まい)	——	美羽(みう、みはね、みわ)	莉子	杏(あん)
7位	千代子 (ちよこ)	信子 (のぶこ)	京子 (きょうこ)	由美子 (ゆみこ)	香織 (かおり)	舞 (まい)	美月(みづき、みつき) 萌(もえ、めぐみ)	葵 結衣(ゆい)	結月(ゆづき、ゆずき、ゆつき)	澪
8位	キヨ	千代子	悦子 (えつこ)	裕子(ゆうこ、ひろこ)	恵美(えみ、めぐみ)	愛美(まなみ、あいみ)	——		紬(つむぎ) 澪(みお、れい)	結愛
9位	静子 (しずこ)	光子 (みつこ)	恵子 (けいこ)	明美 (あけみ)	理恵 (りえ)	瞳 (ひとみ)	明日香(あすか) 愛美 詩織(しおり) 彩夏(あやか) 彩乃(あやの)	美咲 結菜(ゆな、ゆいな、ゆうな)	——	芽依(めい) 莉子 さくら 咲茉(えま)
10位	はる	貞子 (さだこ)	美代子	美智子	陽子 (ようこ)	彩香 (あやか)	——	——	結衣	——

名前の順位については、明治安田生命「生まれ年別の名前調査」(https://www.meijiyasuda.co.jp/enjoy/ranking/）を参照しました。

ミニ百科

人気の名前で使われている気になる漢字

蓮 (くきょう)
親しみやすい「レン」の音。訓読みは植物のハス。泥の中から花を咲かせるハスのように、苦境にあっても根を力強く張って、たくましく育ってほしいと願う親の気持ちが感じられる。

凛
「身がひきしまる、きりっとした」という意味があり、芯が強く気品のある人に育ってほしいとの気持ちがこめられている。

結
「むすぶ、つなぐ、集める」などの意味がある。人に愛され、和やかな人の輪を大切にする人間になってほしいという思いが感じられる。

悠
ゆったりしたさまを意味する漢字だ。「自分が選んだ道を焦らず、堂々と進んでほしい」といった、子を思う親心が伝わってくる。

陽
「太陽のように周囲を元気にできる人に育ってほしい」との願いがこめられている。明るく、温かな印象があり、男子、女子ともに人気の一字。

翔
空をかけるような大きなスケール感を抱いて、力強く羽ばたいてほしいという願いが感じられる。20年以上、上位に入っている人気の漢字。

◇ 平成の30年間で人気のあった名前ベスト3は、男の子は①翔太 ②翔 ③健太、女の子は①美咲 ②葵 ③陽菜。(明治安田生命調べ)

宇宙開発

約137億年前にビッグバンによって誕生したと考えられている宇宙。人々は未知の世界に憧れをいだきながら宇宙の謎を追求してきました。「宇宙から国境線は見えなかった」(毛利 衛)。この言葉を具現するように、各国が協力して完成させた国際宇宙ステーションを拠点に新たな宇宙の謎解きが始まっています。

◆宇宙開発の歩み◆

世界　　※[ソ]はソ連（現在のロシアなど）、[米]はアメリカ	年代	日本
1957年10月 [ソ] 世界初の人工衛星・スプートニク1号打ち上げ	（米ソ宇宙開発競争時代）1950〜60	1955年4月 日本初のロケット、2段式ペンシルロケットの水平発射成功 *4
61年4月 [ソ] 世界初の有人宇宙船・ボストーク1号、地球を1周 *1		64年7月 衛星打ち上げ用ロケット・ラムダ3型打ち上げ、上空1000km到達
63年6月 [ソ] ボストーク6号に史上初の女性宇宙飛行士 *2 搭乗		
69年7月 [米] アポロ11号打ち上げ、世界初の月面着陸 *3		*4 ペンシルロケットを発明した糸川英夫（1912〜99年）
71年4月 [ソ] 世界初の宇宙ステーション・サリュート1号打ち上げ。ソユーズ10号とドッキング	（太陽系探査の始まり）1970	70年2月 日本初の人工衛星・おおすみ打ち上げ
72年12月 [米] アポロ計画（月探査計画）終了		77年7月 日本初の静止気象衛星・ひまわりを米国から打ち上げ
75年7月 ソ連のソユーズ19号とアメリカのアポロ18号がドッキング（宇宙開発競争終わる）		94年2月 初の純国産ロケット・H2打ち上げ
79年12月 欧州宇宙機関（ESA）がアリアンロケット打ち上げ		98年7月 日本初の火星探査機・のぞみ打ち上げ（03年、火星に接近したが軌道投入は断念）
81年4月 [米] 世界初の有人再使用型ロケット、スペースシャトル（STS）・コロンビア号打ち上げ	（スペースシャトル始動と国際協力の時代）1980〜90	98年12月 世界最大の大型光学赤外線望遠鏡・すばる完成（米国ハワイに設置）
86年2月 [ソ] 宇宙ステーション・ミール打ち上げ		2003年5月 小惑星探査機・はやぶさ、「イトカワ」へ向けて打ち上げ（10年、地球に帰還）
95年6月 [米・ロシア] STS・アトランティス号打ち上げ、宇宙ステーション・ミールとドッキング		07年9月 月周回衛星・かぐや打ち上げ
98年11月 国際宇宙ステーション（ISS）建設始まる		09年9月 ISSへ補給物資を運ぶための無人の宇宙船・こうのとり1号機打ち上げ
2003年10月 中国初の有人宇宙船・神舟5号打ち上げ	（国際宇宙ステーション時代）2000〜	10年5月 金星探査機・あかつき、宇宙帆船の実証機・イカロス打ち上げ
08年3月 [米] ISSの日本実験棟・きぼう打ち上げ		13年9月 純国産新型ロケット・イプシロン打ち上げ
09年6月 [米] 無人月探査機・LROとLCROSS打ち上げ（月面探査を再開）		14年12月 小惑星探査機・はやぶさ2打ち上げ
11年7月 ISSが完成。アメリカ、ロシア、日本、ESAの11カ国、カナダの各国が協力して運用		18年6月 はやぶさ2が小惑星リュウグウに到着
		20年12月 はやぶさ2のカプセルが地球に帰還

*1 宇宙飛行士ユーリー・ガガーリン「地球は青かった」

*2 ワレンチナ・テレシコワ「わたしはカモメ」

©NASA
*3 宇宙飛行士ニール・アームストロング「これは一人の人間にとっては小さな一歩だが、人類にとっては大きな飛躍だ」

◆月探査に乗り出す国々◆

各国が月探査をすすめるワケは?

月の極域では水が凍っているとみられ、氷を採掘することができれば、飲み水だけでなく、水を電気分解することで水素を得て、ロケットの燃料にも使える。月の資源を活用して月に基地をつくり、火星への中継地点になるという未来がやってくるかもしれない。

ルナ9号
1966年2月、月への軟着陸に初めて成功

ロシア
「ルナ計画」を再開。鉱物資源などを調査する月探査を3回行うことを計画。

インド
2019年9月、無人探査機「チャンドラヤーン2号」は南極域への着陸失敗。

嫦娥5号
2020年12月に着陸、月の砂などを採取

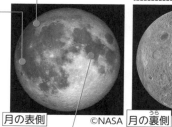
月の表側　©NASA　月の裏側　©NASA

アポロ11号
1969年7月、人類が初めて月面に降り立つ

日本
2022年11月打ち上げの月探査機「オモテナシ」は着陸を断念。民間会社の月着陸船が航行中。

中国
月探査機「嫦娥4号」「嫦娥5号」の着陸成功に続き、嫦娥6、7号で月の南極を目指す。

嫦娥4号
2019年1月、月の裏側への軟着陸に成功

アメリカ
2025年以降にアポロ計画以来となる宇宙飛行士による月面着陸を目指す「アルテミス計画」を推進中。

韓国
2022年8月に月軌道船の打ち上げに成功。

◇宇宙開発の進展に伴い、その副産物「宇宙ごみ」が年々増えて人工衛星をおびやかしている。

◆宇宙へ飛び出した日本人宇宙飛行士◆

名前の横は、飛行回数 初フライト

秋山豊寛 1 1990年
日本人初の宇宙飛行士。「ミール」に9日間滞在。

毛利 衛 * 2 1992年
STS初の日本人科学者。エンデバー号に搭乗。

向井千秋 * 2 1994年
アジア初の女性宇宙飛行士。微小重力実験など。

土井隆雄 * 2 1997年
日本人初の船外活動。「きぼう」の設営に従事。

野口聡一 * 3 2005年
3回目の宇宙飛行では地球ーISS間往復を米国のス

ペースXが開発した新型宇宙船「クルードラゴン」*で行い、ISSに半年間滞在。
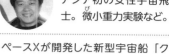

山崎直子 * 1 2010年
日本初のママさん宇宙飛行士。ISS設営補給に従事。

古川 聡 * 1 2011年
ソユーズ宇宙船に搭乗、ISSに165日間滞在。

油井亀美也 * 1 2015年
「こうのとり」をロボットアームでキャッチ。

大西卓哉 * 1 2016年
日本初、ISSでマウスの飼育を担当。

金井宣茂 * 1 2017年
米国のドラゴン補給船をロボットアームでキャッチ。

※ STS の退役後、ISS へ人が行く手段はソユーズ宇宙船だけだったが、2018 年 10 月に打上げに失敗。ISS の救世主として期待されている。

* JAXA 宇宙飛行士 ©JAXA/NASA/GCTC

誕生しています！日本人のISS船長

若田光一 * 5 1996年
2009年、日本人で初めてISSに長期滞在、日本実験棟「きぼう」を完成させた。13年、4回目の宇宙へ旅立ち、14年3月に第39次ISS船長に就任。22年、5回目の宇宙滞在。

星出彰彦 * 3 2008年
初フライトは2008年。ロボットアームで「きぼう」をISSに取りつけるなど、船外活動は日本人最長記録。3回目の宇宙では、ISS船長を務めた。

◆現実になった宇宙旅行◆

アメリカのアマゾン創業者ジェフ・ベゾス氏がつくったブルーオリジンが2021年7月20日、ベゾス氏ら4人を乗せた自社開発のロケットで宇宙往復旅行を行った。数分で高度100kmに到達、無重力を体験した後、パラシュートで着陸した。民間人向けの宇宙旅行がビジネスマーケットとして注目され、多くの民間企業が開発に取り組んだ結果、コストが抑えられ、宇宙旅行が現実的になった。

ブルーオリジンが始めた宇宙旅行

惰性で高度100km超へ

約3分後、カプセルを切り離し

BLUE ORIGIN

約10分後、パラシュートで着陸

ロケットも自動で帰還

BLUE ORIGIN

ロケットで打ち上げ

米国テキサス州

© Google

主な宇宙旅行

船名（国名／会社）	スペースシップ2（アメリカ／ヴァージン・ギャラクティック）	ニューシェパード（アメリカ／ブルーオリジン）	スターシップ（アメリカ／スペースX）	アクシオムスペース（アメリカ／アクシオムスペース）
特徴	飛行機型（滑走路に着陸）	カプセル型宇宙船	全長120mの大型宇宙船	ISSに「宇宙ホテル」を設置予定
実施・計画	2023年に商業運航を予定	2021年7月20日に1回目を実施	2023年に月周回旅行を計画	2022年4月に民間人4人がクルードラゴンでISS訪問
宇宙滞在時間	4分	10分	6日間	17日間
費用	25万ドル（約2700万円）	20万〜30万ドル（2200万〜3300万円）	非公表	5500万ドル（約70億円）
備考	予約販売で約800人が申し込み。費用は45万ドル（約6300万円）に値上げされた（2022年2月時点）	1回目の座席はオークションにかけられ約30億円で落札されたが、落札者の予定が合わず、繰り上げで18歳の男性が搭乗	ZOZO創業者の前沢友作さんが民間人初の月周回旅行を契約し、同行者8人を募集	70億円はISSとの往復にかかる1人あたりの費用

ISSに滞在する前沢友作さん。前沢さんのツイッターから。

日本の民間人がISSに初滞在

2021年12月、衣料品通販サイト運営会社「ZOZO」の創業者で実業家の前沢友作さんが、ロシアのソユーズ宇宙船でISSに向かい、12日間滞在。費用は100億円前後。滞在中に宇宙で撮影した映像をユーチューブで公開した。

宇宙航空研究開発機構（JAXA） https://www.jaxa.jp/ ウェブサイトの内容やアドレスは変更になる場合があります。

◇ ISSでは重力がほとんどないので、しばらく生活すると背中の椎間板が広がり、身長が伸びる。地上に戻れば元どおり。

日本史と世界史　できごと

飛行機や自動車などの交通手段がなかった時代でも、世界と日本のできごとは密接に結びついていたのです。その関係を見てみましょう。

時代	西暦（元号）	日本史のおもなできごと
縄文時代 / 弥生時代	紀元前4世紀ごろ	〈縄文文化がおこる〉 稲作が始まり、金属器が使われるようになる〈弥生文化がおこる〉
古墳時代	239	邪馬台国の女王卑弥呼が魏（中国）に使いを送る
古墳時代	552（538説も）	百済から仏教が伝わる
古墳時代	593	聖徳太子が推古天皇の摂政となる
飛鳥時代	607	遣隋使（小野妹子ら）を送る
飛鳥時代	645（大化元）	大化の改新
奈良時代	710（和銅3）	平城京（奈良）に都を移す
平安時代	794（延暦13）	平安京（京都）に都を移す
平安時代	1016（長和5）	藤原道長が摂政となる
平安時代	1192（建久3）	源頼朝が征夷大将軍になる
鎌倉時代	1274（文永11）	文永の役がおこる
鎌倉時代	1281（弘安4）	弘安の役がおこる
南北朝 室町時代	1336（建武3）	南朝と北朝の二つの朝廷ができる（南北朝の対立〜92年）
南北朝 室町時代	1338（暦応元）	足利尊氏が征夷大将軍になり、室町幕府を開く
戦国	1467（応仁元）	応仁の乱が始まる（〜77年）
戦国	1543（天文12）	ポルトガル人が鉄砲を伝える
戦国	1549（〃18）	キリスト教が伝わる
安土・桃山時代	1590（天正18）	豊臣秀吉が全国を統一する
安土・桃山時代	1600（慶長5）	関ヶ原の戦いがおこる
江戸時代	1603（〃8）	徳川家康が征夷大将軍になり、江戸幕府を開く
江戸時代	1639（寛永16）	ポルトガル船の来航禁止で鎖国体制完成
江戸時代	1853（嘉永6）	ペリーが浦賀に来航する
江戸時代	1867（慶応3）	大政奉還・王政復古の大号令
明治時代	1889（明治22）	大日本帝国憲法を発布
明治時代	1894（〃27）	日清戦争がおこる（〜95年）
明治時代	1904（〃37）	日露戦争がおこる（〜05年）
大正時代	1914（大正3）	第1次世界大戦に参戦（〜18年）
大正時代	1923（〃12）	関東大震災がおこる
昭和時代	1931（昭和6）	満州事変がおこる
昭和時代	1937（〃12）	日中戦争が始まる（〜45年）
昭和時代	1940（〃15）	日独伊三国同盟を締結
昭和時代	1941（〃16）	太平洋戦争が始まる（〜45年）
昭和時代	1945（〃20）	広島・長崎に原爆が投下される／ポツダム宣言を受諾し、連合国に無条件降伏
昭和時代	1951（〃26）	サンフランシスコ平和条約・日米安全保障条約に調印
昭和時代	1960（〃35）	日米新安全保障条約に調印
昭和時代	1972（〃47）	沖縄がアメリカから返還される／日中国交正常化
平成時代	1995（平成7）	阪神・淡路大震災がおこる／地下鉄サリン事件
平成時代	2011（〃23）	東日本大震災がおこる
令和時代	2020（令和2）	新型コロナウイルスの流行で東京オリンピックが延期される

卑弥呼は魏に使者を送った

邪馬台国の女王・卑弥呼が魏（中国）から、「親魏倭王」の称号と金印をもらった。金印は見つかっておらず、邪馬台国の場所も謎。有力なのは大和（畿内）説と九州説。

1世紀に漢の皇帝から送られた金印は現存

日本的な国風文化が花開く

唐文化（中国風）を吸収・消化したうえで、文化の日本化が進んだ。日本独自のかな文字が生まれ、女性や歌人によって用いられた。教養ある女房が宮中で活躍、その二大才女が紫式部と清少納言。

※藤原道長の娘で一条天皇の妃・彰子に仕えたのが紫式部。彰子のライバル定子に仕えたのが清少納言。

あぶなかった！元が襲来

元（中国）と高麗（朝鮮）の連合軍が2度にわたって日本に襲来したが（文永の役、弘安の役）、暴風雨で退却。北条時宗が執権の時のできごと。

鎖国が完成した！

江戸幕府による鎖国政策は、キリスト教禁教と貿易統制・管理が目的。日本人の渡航・帰国の禁止、ポルトガル船の来航禁止、オランダ商館の長崎・出島への移動で完成した。

江戸幕府がたおれる

幕府軍対薩長・新政府軍の戦いには、それぞれ外国からの応援もあった。幕府軍にはフランス、薩長・新政府軍にはイギリスが武器などを提供、軍事顧問を派遣。大政奉還によって、260年あまりの徳川時代は終わる。

日露戦争がおこる

朝鮮・満州（現・中国東北部）の支配権をめぐり日本とロシアが戦争。日本が日本海海戦で勝利して終戦、1905年9月にポーツマス条約が結ばれた。朝鮮の保護権が承認され、ロシアから南樺太、南満州鉄道の利権、旅順・大連の租借権を得た。

※日露戦争の最中、ロシアでは戦争終結と民主化を請願した民衆が軍隊に銃撃される血の日曜日事件がおこる。これを機に革命運動がおこった。

戦争へ向かう日本とドイツ

満州事変により国際的に孤立した日本は日中戦争に突入、ドイツはポーランドに侵攻し第2次世界大戦が始まる。両国にイタリアを加えた3国が日独伊三国同盟を締結した。日本の対英米関係は悪化し、太平洋戦争が避けられないものとなった。

◇ 開国を迫ったとされるペリーの黒船。本当の目的は、捕鯨船の食料や燃料などの補給地の調査だった。

聖徳太子、大活躍

叔母である推古天皇の摂政となって大活躍。遣隋使を先進国の隋（中国）に派遣し、政治制度や文化を学ばせた。仏教を信仰し、奈良に法隆寺を建立。「冠位十二階」「十七条の憲法」も制定した。

シルクロードは世界の大動脈に

ユーラシア大陸の西と東を結ぶ交易路であるシルクロードは、品物だけでなく、政治経済や文化交流にも一役買った。奈良・東大寺の正倉院には、シルクロードを経てもたらされた宝物が今も大切に保存されている。

※シルクロードの一部は世界遺産（長安－天山回廊の交易路網）として2014年に登録されている。

正倉院宝物「螺鈿紫檀五絃琵琶」＝宮内庁提供

鉄砲とキリスト教がやってきた

ポルトガル人の乗った船が種子島に漂着したことで、鉄砲が最新鋭の武器として戦国大名の間で普及。また、イエズス会の宣教師が入国してキリスト教の布教活動を始め、キリシタン大名も出現。新しもの好きの織田信長は南蛮ファッションを着こなしたという。

黒船来航、幕府は大あわて

徳川政権が弱体化し、日本沿岸には外国船が見られるように。そんな時、アメリカからペリーが黒い蒸気船と帆船の計4隻を率いてやってきた。当時、アメリカは建国してまだ100年たっていない新興国だった。

浦賀に来航した黒船、ミシシッピ号。
写真提供／横須賀市自然・人文博物館

成金が生まれる

第1次世界大戦中の好景気で空前の投機熱がおこり、成金が登場。特に造船・海運業界が大きな利益を得、船成金が現れた。この間、日本は債務国から債権国となり、工業が飛躍的に発展した。

ベルリンの壁が崩れた

ドイツ連邦共和国（西ドイツ）とドイツ民主共和国（東ドイツ）に分断していたドイツで、冷戦の象徴だった「ベルリンの壁」が崩壊。東西ドイツの統一が実現した。

朝鮮戦争とベトナム戦争

日本の植民地を脱した朝鮮は、北緯38度線を境に北はソ連、南はアメリカが占領。北は朝鮮民主主義人民共和国、南は大韓民国が成立したが、両国は全面戦争に突入。この戦争の最中、日米安全保障条約が締結された。フランスの支配から脱したベトナムでは、親米のベトナム共和国（南ベトナム）が成立。この政権の打倒をめざして南ベトナム解放民族戦線が結成され、共産主義のベトナム民主共和国（北ベトナム）が支援。1960年6月に日米新安全保障条約が締結された。

世界史のおもなできごと	西暦	時代
人類の発生		原始
採集や狩猟の時代		
エジプト、メソポタミア、インド、	前4000〜	
中国で文明がおこる（四大文明）	3000ごろ	
ギリシャ文明がおこる	前800ごろ	
アレクサンドロス大王が東方遠征開始	前334	古代
秦の始皇帝が中国を統一	前221	
ローマが帝政を開始	前27	
●〈仏教が中国に伝わる〉		
ゲルマン人の大移動	375	
ローマ帝国が東西に分裂	395	
●〈シルクロードで東西交流がさかん〉	395	
隋が中国を統一	589	
●唐が中国を統一	618	
十字軍の遠征が始まる（〜1291年）	1096	
〈ヨーロッパに都市が発達〉		
●チンギス・ハーンがモンゴル帝国を建てる	1206	中世
イギリス（以下、英）、大憲章（マグナカルタ）を制定	1215	
●モンゴル帝国、国号を元とする	1271	
〈マルコ・ポーロの東方旅行〉		
ルネサンス（文芸復興）が始まる	1300ごろ	
〈グーテンベルクが活版印刷を発明〉		
●コロンブス、アメリカ航路を発見	1492	
宗教改革運動が始まる	1517	
英、スペインの無敵艦隊を破る	1588	近世
英、清教徒革命がおこる（〜49年）	1642	
英、名誉革命がおこる（〜89年）	1688	
〈産業革命が始まる〉		
●アメリカ（以下、米）独立宣言を発表	1776	
フランス（以下、仏）革命がおこる	1789	
仏、ナポレオンが皇帝になる	1804	
アヘン戦争が始まる（〜42年）	1840	
〈欧米諸国のアジア進出がさかん〉		
米、南北戦争が始まる（〜65年）	1861	近代
●第1次世界大戦が始まる（〜18年）	1914	
●ロシア革命がおこる	1917	
国際連盟が発足	1920	
ソビエト社会主義共和国連邦が成立	1922	
世界恐慌が始まる	1929	
●第2次世界大戦が始まる（〜45年）	1939	
国際連合が発足	1945	
〈米・ソの冷戦が始まる〉		
中華人民共和国が成立	1949	
●朝鮮戦争が始まる（〜53年）	1950	
●ベトナム戦争が始まる（〜75年）	1960	
中国、文化大革命が始まる（〜76年）	1966	
EC（ヨーロッパ共同体）が発足	1967	
中国、天安門事件がおこる	1989	現代
●東西ドイツが統一される	1990	
湾岸戦争がおこる／ソ連崩壊	1991	
米で同時多発テロが発生	2001	
オバマが米史上初のアフリカ系大統領に	2009	
英、EU（欧州連合）離脱	2020	
新型コロナウイルスが世界的に流行	2020	

ミニ百科

◇「余の辞書に不可能という文字はない」の言葉で有名なナポレオン。士官学校卒業時の成績は、58人中、42番だった。

オリンピックの歴史

近代オリンピック（五輪）は、スポーツによる世界平和の促進を目的に、ピエール・ド・クーベルタン（1863～1937年）が主唱して始まりました。さまざまな違いをこえて世界の人々が集う、オリンピックの意味を考えてみましょう。

◆ オリンピックの歩み ◆ 右欄は日本の動き

開催年・回	開催都市（国）［参加国・地域数］
1896年 第1回	アテネ（ギリシャ）［14］
選手は個人参加（～第3回）、14カ国から男性のみ241人。	
1900 2	パリ（フランス）［24］
万国博覧会付属の大会（～第3回）。初の女性選手22人。	
1904 3	セントルイス（アメリカ）［12］
マラソンで選手が途中で車に乗った反則が発覚。	
1908 4	ロンドン（イギリス）［22］
マラソンの距離が42.195kmに（第8回から正式な距離に）。	
1912 5	ストックホルム（スウェーデン）［28］
審判・測定技術などが向上。日本が初参加。	
1916 6	ベルリン（ドイツ）中止（第1次世界大戦）
1920 7	アントワープ（ベルギー）［29］
オリンピック旗の採用、選手宣誓が始まる。	
1924 8	パリ（フランス）［44］
オリンピック村（選手村）の始まり。	
1928 9	アムステルダム（オランダ）［46］
織田幹雄、日本初の金メダル（三段跳び）。	
1932 10	ロサンゼルス（アメリカ）［37］
10万人収容可能の大スタジアム。	
1936 11	ベルリン（ドイツ）［49］
初の聖火リレー。ヒトラーがナチスの勢力を誇示した。	
1940 12	東京（日本）→ヘルシンキ（フィンランド）中止
日中戦争拡大、第2次世界大戦勃発により中止。	
1944 13	ロンドン（イギリス）中止（第2次世界大戦）
1948 14	ロンドン（イギリス）［59］
日本とドイツは、戦争犯罪を問われ招待されなかった。	
1952 15	ヘルシンキ（フィンランド）［69］
敗戦国での開催。日本、オリンピックに復帰。	
1956 16	メルボルン（オーストラリア）［72］
南半球で初開催。検疫の関係で馬術のみストックホルム。	
1960 17	ローマ（イタリア）［83］
アベベ・ビキラ、はだしでマラソン優勝。	
1964 18	東京（日本）［93］
アジア初の開催。柔道が正式競技に採用。	
1968 19	メキシコ市（メキシコ）［112］
アメリカの黒人選手が人種差別反対のアピール。	
1972 20	ミュンヘン（旧西ドイツ）［121］
パレスチナゲリラがイスラエル選手団の宿舎を襲撃。	
1976 21	モントリオール（カナダ）［92］
石油危機の影響で不完全なメインスタジアム。	
1980 22	モスクワ（旧ソ連）［80］
ソ連のアフガニスタン侵攻に抗議し西側諸国が不参加。	
1984 23	ロサンゼルス（アメリカ）［140］
税金を使わず、スポンサー企業の協賛金などで運営。	
1988 24	ソウル（韓国）［159］
男子陸上ベン・ジョンソン、ドーピングで失格。	
1992 25	バルセロナ（スペイン）［169］
南アフリカ、アパルトヘイト撤廃で32年ぶりに参加。	
1996 26	アトランタ（アメリカ）［197］
オリンピック公園で爆破テロ発生。	
2000 27	シドニー（オーストラリア）［199］
韓国と北朝鮮が開会式で合同入場行進。	
2004 28	アテネ（ギリシャ）［201］
アフガニスタンから初の女性選手が参加。	
2008 29	北京（中国）［204］
チベット問題（P43参照）で聖火リレーが混乱。	
2012 30	ロンドン（イギリス）［204］
全参加国・地域から女性選手が参加。	
2016 31	リオデジャネイロ（ブラジル）［207］
難民五輪選手団が参加。	
2021 32	東京（日本）［205］
新型コロナウイルスの世界的流行で1年延期された。	

※2024年はパリ、28年はロサンゼルスでの開催が決定。

● デビューは「NIPPON」

日本は、近代五輪の基礎が確立したといわれる第5回大会で初参加。陸上短距離の三島弥彦、のちに「日本マラソンの父」とよばれる金栗四三の両選手が出場。金栗選手は、「NIPPON」の国名札を掲げ、マラソン用に改良した地下足袋をはいて入場行進した。

旗手は三島選手、その右が（顔は見えないが）金栗選手。後列左から嘉納治五郎団長、大森兵蔵監督。

● 国際スポーツ界の一等国へ

第9回大会は、織田幹雄に続き、競泳の鶴田義行が金、日本の女性オリンピアン第1号人見絹枝が陸上800mで銀。第10回大会では、選手131人を派遣して、金7・銀7・銅4のメダルを獲得。男子100m背泳ぎでは3段の表彰台を日本勢が独占した。

第11回大会、200m平泳ぎで前畑秀子（右）がドイツの選手と死闘。ラジオのアナウンサーが連呼する「前畑ガンバレ」に日本中が沸いた。日本女子初の金メダルを獲得。

● 国際舞台に復帰

戦前に好成績を収めていた水泳、陸上は力を発揮できなかったが、銀2・銅2のメダルを獲得した体操男子の活躍は、「体操ニッポン」の到来を予感させた。

● 戦後の復興を世界にアピール

1964年10月10日、アジア初のオリンピックが東京で幕を開けた。日本勢は連日のメダルラッシュで、金16・銀5・銅8を獲得した。女子バレーボールで金メダルを取った「東洋の魔女」のソ連との最終戦に日本中が熱狂した。

第15回大会、日本唯一の金メダルを獲得したレスリングの石井庄八（右）。

日本選手は323人（男269、女54）が入場行進に参加した。

● 冷戦に屈した「平和の祭典」

第22回大会は、アメリカを中心にした西側諸国に連なり日本もボイコットした。金メダルを目指してきた選手は無念の涙。第23回大会では、ソ連を中心に東側諸国が報復ボイコット。第25回大会からは冷戦終結を受け、オリンピックの政治利用は影を潜めた。

第23回大会、柔道無差別級で金メダルを獲得した山下泰裕。モスクワの悲劇を経験した一人だ。

● 女性アスリートの偉業

第27回大会、女子マラソンで高橋尚子が日本陸上界64年ぶり、女性としては史上初の金メダル（P94参照）。第28回大会では、野口みずきがマラソンで金メダルに輝いた。第28～30回大会、レスリングの吉田沙保里が3連覇。

● 緊急事態宣言下での開催

57年ぶりに日本で開催された第32回大会。緊急事態宣言下のためほとんどの会場が無観客となったが、空手・スケートボードなどの新競技も加わり、日本勢は大活躍！ 金27・銀14・銅17と過去最多のメダルを獲得した。

卓球の混合ダブルスの決勝で中国ペアを破り、金メダルを獲得した水谷隼、伊藤美誠組。

◇ 日本勢が獲得したメダルは、金169・銀150・銅180。日本人メダリスト第1号は、第7回大会のテニスで銀メダルを獲得した熊谷一弥。

日本の戦後史年表

日本は、世界でも指折りの経済大国となりました。

でも昔から、そうだったわけではありません。

今から78年前、太平洋戦争に敗れた時の日本は、焼け野原と虚脱感が広がる国でした。

そんな荒れた国土のなかから、おじいさんやおばあさん、

そしておとうさんやおかあさんの代の人たちが

どのように頑張ってこの国をつくり上げてきたのか、

その歩みを年表で見てみましょう。

19**40**年代

焼け野原と東京裁判

1945年8月15日、連合国軍に敗れた日本に残されたのは、一面の焼け野原でした。太平洋戦争後、敗戦国日本の国民がどれだけ頑張って日本を復興させたのかを振り返りましょう。

❶終戦直後の東京・日本橋上空です。度重なる空襲で、日本国内の多くの街が燃えてなくなってしまいました。

❷ダグラス・マッカーサー

❸文部省は、教科書の軍国主義的な絵や文章を墨塗りするよう通達。天皇の写真などを奉っていた奉安殿が、墨で塗られて消されています。

❹1945年11月16日、戦争で中断していた大相撲が再開。GHQの兵士たちが、物珍しさから見物に集まりました。

❺1945年11月23日にプロ野球が復活して大人気に。写真は、49年のリーグ戦で活躍する巨人の青田昇。

❻食糧などは配給制で、配られるのはごくわずか。生きていくために、違法に食糧などを売る「闇市」を利用するしかありませんでした。

❼戦勝国の連合国軍が、敗戦国の日本を裁く「東京裁判」が始まりました。戦争や捕虜虐待などの責任を負うとされた日本人7人が絞首刑になりました。

❽1947年7月25日にミス日本選抜野外舞踏会が開かれ、54人が参加しました。優勝の賞金は1万円。当時、大卒の初任給は約4800円でした。

↓ 昭和

1945年（昭和20）

8/15	敗戦。日本の戦後がはじまる❶
8/17	軍人の反乱を抑えるべく皇族を起用した東久邇宮内閣誕生
8/17	日本武尊が印刷された紙幣が発行。インフレ対策の「新円切り替え」により半年で廃止
8/30	連合国軍最高司令官ダグラス・マッカーサー❷が厚木に到着
9/2	米戦艦ミズーリ上で日本が降伏文書に調印
9/17	鹿児島県枕崎市付近に台風16号が上陸。死者・行方不明者は全国で3756人（枕崎台風）
9/20	文部省、「墨塗り教科書」通達❸
10月	学童、集団疎開から帰り始める
10/4	連合国軍総司令部（GHQ）、治安維持法・特高警察等の廃止、政治犯の即時釈放等を指令
10/11	GHQ、5大改革（婦人の解放、労組の助長、教育の自由化・民主化、秘密弾圧機構の廃止、経済機構の民主化）を指示
11/6	GHQ、財閥解体を指令
11/16	大相撲が、東京・両国の国技館で復活❹
11/16	GHQ、時代劇を軍国主義的として上映禁止に
11/23	プロ野球復活❺
12月	東京の闇市で働く者が約8万人❻
12/4	女子教育刷新要綱決定。大学の男女共学制など決定
12/15	GHQ、神道と国家を分離。学校での神道教育禁止

1946年（昭和21）

1/1	昭和天皇が神格化を否定（天皇の人間宣言）
1/4	GHQが軍国主義者を公職から追放することと、極端な国家主義を信じる団体を解体することを指令
1/19	ＮＨＫラジオで「のど自慢素人音楽会」が放送開始
4/10	戦後初の総選挙。婦人参政権が認められ、女性代議士39人誕生
4/26	全国の失業者は潜在失業者も含めて600万人
5/3	戦争責任者を裁く東京裁判開廷❼
5/19	食糧メーデーに25万人参加
7/1	米が太平洋マーシャル諸島のビキニ環礁で戦後初の核実験。58年までに67回実施
11/3	日本国憲法公布
12/8	シベリア引き揚げ第1船、舞鶴に入港

1947年（昭和22）

4/20	第1回参議院議員選挙が行われる
5/3	日本国憲法施行
7/25	ミス日本選抜野外舞踏会開催❽
9/1	全体主義的であるという理由で、GHQがラジオ体操を中止にする
10/11	判事山口良忠が配給食糧のみで生活して栄養失調死
11/6	東京で集団見合い大会に386人参加❾
12/6	読売新聞が10大ニュースを募集。10大ニュースの始まり

⑨戦争で夫や恋人を亡くした女性のために、あちこちでお見合い大会が開かれて大盛況。

⑩東京の目白駅前に張り出された帝銀事件犯人の指名手配書には、たくさんの人が群がりました。

⑪数寄屋橋に張られた「命売ります」のビラ。「年齢25歳 体格良 いかなる劇務にもたへる自信あり」と連絡先や名前まで書いてあります。

戦後の子どもたち

人気の遊びはメンコやベーゴマ。戦争で、たくさんの子どもたちが孤児になりました。生きるため、GHQの兵士にチョコレートをねだったり、靴みがきをしてお金をもらったりしました。

1940

戦後日本をつくったマッカーサー

マッカーサーの愛機「バターン」号で、神奈川県・厚木基地に到着したマッカーサー。口にくわえているのは彼のトレードマークとなったコーンパイプです。

　1945（昭和20）年に、日本は太平洋戦争に敗れた。米軍が夜間に降らせた爆弾や、広島、長崎への原爆のために、67の都市が焼け野原になった。この戦争で、軍人と民間人を合わせて約310万人の日本人の命が失われた。すべてをなくしてしまった日本の戦後は、飢えと混乱のなかで始まった。

　戦前、戦中の日本人は天皇を神のような存在として崇めていた。天皇がいる限り、神の国である日本が戦争に負けるはずがないと信じていた。だが終戦後、圧倒的な軍事力で日本を打ち破った連合国軍から、天皇の上に君臨するものが日本へやってきた。それが、連合国軍総司令部（GHQ＝General Headquarters）最高司令官のダグラス・マッカーサーだった。

　事実上、日本の支配者になったマッカーサーは、古い体質だった日本の仕組みを次々と打ち壊し、自由と民主主義の国へとつくりかえていった。

　軍隊を持つことを許さない憲法をつくらせ、男性に比べて権利が少なかった女性を解放し、働く者の権利を守る労働組合もつくらせた。また、天皇を現人神と敬い、戦争によって国の威力を示そうとする軍国主義教育を禁止して、教育を民主的にした。さらに、耕す土地を持たない小作人に土地を分け与え、一部の企業だけが儲けることがないよう財閥を解体させ、軍国主義者だった人々を、公の仕事から追い出した。

　マッカーサーは日本の占領者ではあったが、多くの人々は、戦前の古い日本から自分たちを自由へと解き放ってくれる者として、彼を迎えいれた。

　マッカーサーが日本にいた5年半のうちに、彼の元には約50万通の手紙が寄せられた。昔の天皇に代わって彼を崇める者、贈り物をしたいと申し出る者が次々と現れた。マッカーサーの影響の下でつくられた日本国憲法を「押しつけ憲法」と批判する人もいる。だが、当時の日本人は、自分たちの力だけでは、あのような憲法を世に出すことはできなかった。そして多くの日本人が、新憲法を歓迎した。

　マッカーサーが残していった遺産のなかから、今の日本は始まったのだ。

これな〜んだ？

ヒント・今なら放り込んでスイッチを押せば簡単にできますが、当時はこれを使って手でゴシゴシしていました。

1950年代

❶メーデーのデモ隊が皇居前の警官隊と衝突。2人が射殺され、約1500人のけが人が出ました。

❷「アサヒグラフ」が公開した、長崎市の原子爆弾の爆心から約4km南に離れた倉庫の壁に残された人の跡の写真。

❸電気洗濯機はとてもめずらしい機械だったので、実演販売にはたくさんの人が集まりました。

❸大卒の初任給が1万円の時代にテレビは20万〜30万円もしたので、街頭テレビが大人気でした。

❹「君の名は」の影響で、主人公の真知子のようにストールを巻く「真知子巻き」(右)が流行。

❺水爆実験で被曝した第五福竜丸が水揚げしたメバチマグロにガイガー計数管をあて、放射能の検査をする東京都衛生局の係官。

❺第五福竜丸事件の後、他の船が取ったマグロも放射能で汚染されていることがわかり、457トンもの魚が捨てられました。放射能で汚染された「原子マグロ」(原爆マグロ)は仕入れていないと貼り紙を出す鮮魚店もありました。

❻「太陽族」の象徴・石原裕次郎(1960年撮影)は、故石原慎太郎(元東京都知事)の弟です。

朝鮮特需と太陽族

終戦後の復興が進むなか、朝鮮戦争が始まりました。国連軍(米軍)の特需により、繊維製品や鉄、金属製品を扱う産業の景気はうなぎ登り。映画や音楽などの娯楽も増えていきます。

1950年(昭和25)

- 6/25 朝鮮戦争勃発
- 7月 美空ひばり(13歳)がうたう映画「東京キッド」の主題歌が大ヒット
- 7/2 金閣寺が放火で全焼
- 7/5 後楽園球場でプロ野球初の公式戦ナイター
- 8/13 警察予備隊(後の自衛隊)募集始まる
- 11/22 プロ野球初の日本シリーズ開催
- 12/7 池田勇人蔵相が米価値上げの審議中に「貧乏人は麦を食え」と発言したとされ問題化

1951年(昭和26)

- 1/3 NHKが第1回紅白歌合戦を放送
- 4/1 結核予防法施行。死因統計が再開された1947から50年まで、日本人の死因1位は結核だった
- 4/11 マッカーサー連合国軍最高司令官解任。「老兵は死なず、ただ消えゆくのみ」と名言残す
- 7/31 日本航空(JAL)設立
- 9/8 サンフランシスコ平和条約(対日平和条約)調印。連合国による占領から解放へ

1952年(昭和27)

- 2/28 米軍が日本で特権的地位を持つ日米行政協定に調印
- 4/28 対日平和条約発効
- 5/1 デモ隊が皇居前広場に乱入、警官隊と衝突(血のメーデー事件)❶
- 8/6 「アサヒグラフ」が原爆被害写真を初公開❷

1953年(昭和28)

- 2/1 NHKが1日4時間のテレビの本放送を開始
- 7/16 伊東絹子がミスユニバースで日本人初の3位入賞。「八頭身」が流行語に
- 8月 三洋電機の噴流式洗濯機が大ヒット。洗濯機・冷蔵庫・白黒テレビが「三種の神器」とよばれて庶民の憧れの的に❸
- 9/15 映画「君の名は」が公開され、大ヒット。ヒロインが巻いていたストールの「真知子巻き」流行❹
- 12月 熊本県・水俣湾周辺で水銀中毒の被害が続出し、「水俣病」とよばれる
- 12/25 初のスーパーマーケット「紀ノ国屋」が東京・青山に開店

1954年(昭和29)

- 3/1 ビキニ環礁付近で操業中のマグロ漁船「第五福竜丸」が米の核実験で被曝❺
- 7/1 陸・海・空の自衛隊が発足
- 9/26 青函連絡船洞爺丸が函館港外で転覆。死者・行方不明者合わせて1155人
- 11月 輸出好調。後に「神武景気」(1954〜57年)とよばれる経済成長始まる

1955年(昭和30)

- 1/7 トヨタ自動車工業が国産自動車トヨペット・クラウンを発表
- 5/11 国鉄の紫雲丸が瀬戸内海で第三宇高丸と衝突・沈没して小中学生ら168人が死亡
- 6/1 1円玉硬貨発行。日本初のアルミ貨幣

7/9　後楽園ゆうえんちが開場。ジェットコースターが人気

8/24　乳児用の森永ミルクに猛毒のヒ素が混入。患者は全国で1万人以上、130人が亡くなる

12月　東芝が自動電気炊飯器を発売

1956年（昭和31）

2/2　評論家の大宅壮一が、低俗なテレビ番組で国民が「一億総白痴化」すると書いて話題に

5/17　戦後の若者を描いた映画「太陽の季節」上映。服装をまねた「太陽族」が街にあふれ、石原裕次郎が大人気❻

7/17　経済白書「もはや戦後ではない」と記す

11/22　メルボルン五輪開幕。日本は体操で好成績を収め「体操ニッポン」と呼ばれる

1957年（昭和32）

1/30　群馬の米軍演習場で薬きょう拾いに来ていた農民が米兵に射殺される（ジラード事件）

6月　テレビ受信契約数が50万を突破する

12/28　ＮＨＫと日本テレビがカラーテレビの実験局（VHF）を開局。翌年、テレビ受信契約数が100万を突破する

1958年（昭和33）

11月　フラフープが全国で大流行❼

12/23　東京タワー完成。高さ333ｍ❽

1959年（昭和34）

1/11　尺貫法が廃止され、メートル法導入

4/10　継宮明仁親王（現・上皇陛下）と正田美智子さんが結婚❾

9/26　台風15号が中部地方に上陸し、死者・行方不明者5098人を出す（伊勢湾台風）❿。1934（昭和9）年9月に高知県の室戸岬に上陸した「室戸台風」（死者・行方不明者3036人）、「枕崎台風」（P82）と合わせて「昭和の三大台風」と呼ばれる

❼プラスチック製の輪に入り、フラダンスのように腰で回して遊ぶフラフープが大流行しました。

❽東京・豊洲埠頭から見た建設中の東京タワーです（1958年6月撮影）。東京タワーは完成当時、自立式鉄塔としては世界一の高さでした。

❾民間から初めての皇太子妃誕生に、日本中が「ミッチー・ブーム」。生中継されたパレードを見るために、当時はぜいたく品だったテレビを買う人も。

❿伊勢湾台風で流れ出た1本数トンの木材が家屋をなぎ倒し、多数の犠牲者が出ました。この台風をきっかけに、災害対策基本法が制定されました。

1950

復興が進むなか街頭テレビに群がる人々

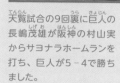

天覧試合の9回裏に巨人の長嶋茂雄が阪神の村山実からサヨナラホームランを打ち、巨人が5－4で勝ちました。

　1950年代は「復興」の時代だった。

　戦争で焼け野原となった街が都市に生まれ変わろうとしていた50年に、朝鮮戦争が始まった。繊維や鉄、金属製品といった戦争に必要な物が米軍向けに飛ぶように売れ、壊滅状態になっていた製造業が活気を取り戻した。隣の国で起きた戦争が、日本経済を回復させる原動力となったのだ。

　復興が急速に進んだこの時代、庶民の娯楽は映画だった。東京大空襲の夜に東京の数寄屋橋で出会った男女の悲劇を描いた「君の名は」、反核のテーマを秘めた怪獣映画「ゴジラ」、若者の風俗を描いた「太陽の季節」、ガラス越しのキスシーンが話題を呼んだ「また逢う日まで」と、国民は映画に夢中になった。

　「太陽の季節」で主役を演じた石原裕次郎の前髪をたらしたスポーツ刈りをまねて、アロハシャツにサングラスといった姿で夏の海辺を歩く若者たちは「太陽族」とよばれた。

　53年にはＮＨＫがテレビの本放送を開始。だがテレビはまだとても高価だったので、街角に設置された街頭テレビに人々は群がった。今は当たり前となった、洗濯機・冷蔵庫・白黒テレビが「三種の神器」と呼ばれ、このころの庶民には憧れの的だったのだ。

　テレビの人気番組はプロレス、野球にボクシング。力道山が外国人レスラーを倒す姿に、日本人は熱狂した。野球のヒーローは長嶋茂雄。59年6月、昭和天皇が初めてプロ野球を観戦された「天覧試合」で長嶋がサヨナラホームランを打ち、全国の子どもたちが大喜びした。ボクシングの世界タイトル戦を電器店のテレビで見ようと100人が殺到、売り場の床が抜けるという出来事があったのもこのころだ。

　一方、朝鮮戦争を契機に、ＧＨＱの命令で警察予備隊（後の自衛隊）が発足した。これに反対する人々のデモも活発化していた54年には、第五福竜丸が操業中にアメリカの核実験で被曝する事件が起きた。反米感情が高まるなか、時代は反戦デモの嵐が吹き荒れる60年代へと移っていく。

これな〜んだ？

ヒント・踏み板の上に乗ってバーの部分を持ち、跳びはねて遊ぶおもちゃです。バネの力で高く跳ぶことができます。1956年に大ブームになりました。跳びすぎて脚の骨に障害をおこす子どももいて、親たちの心配の種でした。

1960年代

❶人手不足に悩む東京へやって来た集団就職の中学卒業生は、なんと年間2万2000人（1962年調べ）。「金の卵」たちは、工場などの職場に配属されました。

❸国会南門に並べられたバリケードのトラックを乗り越え、突入を図る全学連主流派。

❺貨物列車が脱線したところに衝突した下り電車の前1両が脱線し、斜めになったところへ反対側から上り電車が衝突。三河島事故は大惨事になりました。

❼東京オリンピックには94カ国から5541人の選手が参加しました。写真は東京・千駄ケ谷の国立競技場で行われた開会式の模様です。

❷将来は天皇となる男子・浩宮徳仁親王の誕生に、日本中が喜びました。

❹社会党の浅沼稲次郎委員長を刺殺した人物が、まだ17歳の右翼少年だったことに国民は衝撃を受けました。

❻当時の人気ブランド「VAN」の洋服と紙袋を身につけて東京・銀座のみゆき通りにたむろする「みゆき族」たち。大人は「米袋を持ってだらしない格好をした若者が銀座をブラブラしている」と眉をひそめていました。

❽ビートルズ来日コンサート初日には1万3000人のファンが日本武道館に詰めかけ、興奮のあまり失神する女性が続出しました。

高度成長と反戦デモ

日本の経済成長率が年平均で10%を超える高度成長期に入りました。ベトナム戦争に対する反戦運動や大学紛争が広がり、あちこちで機動隊と衝突したのもこの年代です。

1960年（昭和35）

- **1月** 求人難で、中学を卒業してすぐに働く人たちが「金の卵」と呼ばれる❶
- **2/23** 浩宮徳仁親王（現在の天皇陛下）誕生。男子出生に日本中がわきあがり「ナルちゃん」ブーム❷
- **5/20** 衆議院は自民党単独で日米相互協力および安全保障条約（新安保条約）を可決。国会混乱
- **6/15** 全学連主流派が、新安保条約可決に反対して国会に突入。警官隊と激しく衝突し、東大生の樺美智子さんが死亡❸
- **9/10** カラーテレビの本放送がスタート
- **10/12** 社会党の浅沼稲次郎委員長が刺殺される❹
- **12/27** 国民の所得を10年で2倍にする「国民所得倍増計画」が池田勇人内閣の閣議で発表される

1961年（昭和36）

- **4/1** 生活保護を受けている人以外の国民が公的医療保険に加入し、医療費を支え合う「国民皆保険制度」が実現
- **4/12** ソ連が人類初の有人衛星である宇宙船「ボストーク1号」を打ち上げ、地球一周に成功。宇宙飛行士第1号となったガガーリン少佐が「地球は青かった」と発言
- **11/11** 日本初の生理用ナプキン「アンネ・ナプキン」が発売される

1962年（昭和37）

- **3/1** テレビの受信契約数が1000万突破
- **5/3** 国鉄常磐線の三河島駅構内で、貨物列車と人が乗った上下線の電車が二重衝突。死者160人、負傷者300人以上の大惨事に（三河島事故）❺

1963年（昭和38）

- **1/1** テレビアニメ「鉄腕アトム」放送開始
- **6/15** 坂本九の「上を向いて歩こう」（スキヤキ・ソング）が全米で売り上げ1位になる
- **11/23** 初めて日本とアメリカの間でテレビ中継実験が成功。アメリカのケネディ大統領狙撃のニュースが放映される

1964年（昭和39）

- **4/1** 政府関係や企業業務などに限られていた海外旅行が自由化され、観光目的の渡航ができるように
- **9月** みゆき族が話題に❻
- **9/1** 日本人初の大リーガー、村上雅則がサンフランシスコ・ジャイアンツのリリーフ投手としてマウンドに立つ
- **10/1** 東海道新幹線「ひかり」開業。初代車両0系の最高速度は210kmで、東京・大阪間を4時間で結ぶ
- **10/10** 東京オリンピック開幕。日本は16個の金メダルを獲得❼

1965年（昭和40）

- **1/20** 日本航空が、海外へ観光旅行をする個人客のためのツアー「ジャルパック」を発売。大卒の初任給が2万円の時代に、ヨーロッパ・ソ連周遊1カ月コースが48万円
- **3/14** 八重山諸島の西表島に新種のヤマネコの生息を確認。1967年に「イリオモテヤマネコ」と命名。77年には特別天然記念物に
- **6/6** 日本サッカーリーグが開幕。8チームでスタートし、開幕戦の東京・駒沢競技場の観衆は4500人

1966年（昭和41）

- 6/29　ザ・ビートルズ来日 ❽
- 7/17　「ウルトラマン」テレビ放映開始
- 11月　カー（車）、クーラー、カラーテレビがあこがれの商品になり、頭文字を取って「3C時代」と呼ばれる
- 12月　「丙午生まれの女性は気性が激しく夫を食い殺す」という、中国の五行説にまつわる迷信がある。この年は丙午だったため、出生数が前年より46万3000人も減る

1967年（昭和42）

- 7/4　リカちゃん人形が発売される
- 10/18　カリスマモデルのツイッギーがイギリスから来日。ツイッギー・ルックが大ブームになった ❾
- 12/11　佐藤栄作首相が核兵器を1.持たず　2.作らず　3.持ち込ませずという「非核三原則」を発表

1968年（昭和43）

- 1/19　アメリカの原子力空母であるエンタープライズが、北ベトナム攻撃前の補給のため佐世保港に入港。ベトナム戦争に反対する人たちの抗議集会などが激化する
- 12/10　東京都府中市で、白バイ警官を装った男が3億円を奪って逃走（3億円事件）。1975年12月10日に時効が成立し、事件は未解決になってしまった ❿

1969年（昭和44）

- 1/19　学生運動の砦とされた東京大学安田講堂落城。約35時間の闘いはテレビで生中継された ⓫
- 5/17　押しボタン式電話機（プッシュホン）が東京、大阪、名古屋で販売開始
- 7/20　アメリカの宇宙船「アポロ11号」が月面に着陸 ⓬

❾当時のカリスマモデルだったツイッギーのスタイルをまねた、ミニスカートにロングブーツの「ツイッギー・ルック」が大流行しました。

❿3億円事件の犯人とされる男のモンタージュ写真を使った78万枚のポスターが配布されましたが、犯人逮捕には至りませんでした。

⓫東京大学安田講堂に立てこもった学生は、屋上から火炎瓶を投げて機動隊を攻撃。8500人の機動隊員が放水などで応戦し、2日間の攻防の末に学生631人が逮捕されました。

⓬人類で初めて月面に降りたアームストロング船長は「これは一人の人間にとっては小さな一歩だが、人類にとっては大きな飛躍だ」という名言を残しました。

1960

テレビ時代の幕開け
下町が都市へと
変化していく

1960年代は、日本にとって、さまざまな面で「成長の時代」となった。

60年代は、テレビの時代として始まった。一家団らんはテレビを見ながら、というのが新しい家族の過ごし方となった。63年に初のアニメ番組「鉄腕アトム」が始まり、また日米間のテレビ中継の実験が初めて行われたその日に、アメリカのケネディ大統領が狙撃されて死亡。人々は映像による報道のリアルさに衝撃を受けた。

64年には東京オリンピックが開かれた。それに合わせて東京と大阪を4時間で結ぶ「夢の超特急」東海道新幹線が造られ、道路や下水道が整備された。木造の家が高層ビルへと変わり、都市の姿が一変していった。

生活にゆとりが出てきた若者は、ファッションに目を向けはじめた。「VAN」というブランドのボタンダウンシャツに紺色の三つボタンのブレザー、スラックスといった「アイビールック」に身を固めた若者が街を闊歩した。64年には、東京・銀座のみゆき通りにVANの紙袋を持った若者がたむろし、「みゆき族」と呼ばれた。

一方、ベトナム戦争に反対する若者たちは、汚れたTシャツにジーンズ、長髪に無精ひげという「ヒッピー」スタイルで、新宿の地下街でフォークギターを弾きながら反戦を訴えていた。反戦運動は全国に広がり、あちこちでデモや抗議集会が開かれた。大学では学生運動が広がり、69年1月、東京大学の安田講堂に立てこもった学生と機動隊が衝突。安田講堂に放水する機動隊と、火炎瓶で応戦する学生の戦闘はテレビで中継された。

大学生たちが学生運動に身を投じていたころ、子どもたちの憧れの的は宇宙だった。アポロ11号の月面着陸をテレビで見て、子どもたちは宇宙飛行士になりたいと願った。このころは、21世紀には月に住めるようになるとみんなが信じていたのだ。

60年代は、成長に対する憧れと反発の10年だったといえるだろう。

極彩色のうず巻き模様や、大きな丸メガネが特徴の「サイケ」なファッションは1960年代後半からはやり始め、70年代にブレークしました。

これ な〜んだ？ ❓

ヒント・真っ黒な肌にクリクリ動く目玉が特徴的なこの人形は、当初は「ウインキー」という名前で売り出されました。口コミで大人気となり、1960年だけで240万個売れました。

1970年代

❶日本万国博覧会「EXPO' 70」には、3月14日から9月13日までの183日間の会期中に6421万8770人が訪れました。

❸沖縄返還協定は、返還後も米軍基地の大半が残る内容だったため、反対デモが多発しました。

❺警察があさま山荘に強行突入した瞬間は全国にテレビ中継され、NHKと民放を合計した視聴率は90%を記録しました。

❷三島由紀夫はバルコニーから憲法改正などを訴え、自衛隊員に決起を呼びかけましたが失敗。仲間の介錯で割腹自殺をしました。

❹銀座三越にオープンしたマクドナルド1号店では、ハンバーガーは1個80円。1日の売り上げは100万円を記録しました。

❻中国から贈られたパンダの愛くるしさに、子どもたちが夢中に。プレゼントの定番はパンダのぬいぐるみでした。

❼オイル・ショックのなか、あらゆる物が店から消えるという噂が広まり、人々は砂糖や塩、トイレットペーパーなどの買い占めに走りました。

❽長嶋茂雄が引退するときの「わが巨人軍は永久に不滅です」という言葉は、今も名言として語り継がれています。

狂乱物価とオカルトブーム

石油価格の上昇に伴って、あらゆる物価が値上がりしました。1999年に世界は滅亡するといわれ、超能力など科学では説明できない「オカルト」がブームになりました。

1970年（昭和45）

3/14 大阪で日本万国博覧会「EXPO' 70」が開かれる**❶**

3/31 赤軍派が日本航空機「よど号」をハイジャックして北朝鮮へ

9/17 ソニーが日本の企業で初めてニューヨーク証券取引所に株式を上場し、取引を開始

11/21 ケンタッキーフライドチキン1号店、名古屋にできる

11/25 作家の三島由紀夫が東京・市谷の陸上自衛隊で割腹自殺**❷**

1971年（昭和46）

4/3 今も続く「仮面ライダーシリーズ」の第1作「仮面ライダー」が放送開始

6/17 日本に沖縄を返す返還協定が日米で同時調印。協定の内容に対する反対デモ多発**❸**

7/20 マクドナルド1号店が銀座三越にできる**❹**

8/15 ニクソン・ショック（ドルと金の交換停止）

1972年（昭和47）

2/3 冬季オリンピック札幌大会が開かれる。アジア初の冬季五輪。日本は男子70m級ジャンプで金・銀・銅メダルを独占

2/19 連合赤軍が軽井沢の「あさま山荘」に立てこもり機動隊と応戦。機動隊員2人死亡**❺**

3/7 連合赤軍のリンチで殺された元京大生の凍死体見つかる（13日までに12遺体発見）

5/15 沖縄がアメリカから日本に返還（沖縄の本土復帰）

5/30 イスラエルのテルアビブ空港で日本赤軍メンバーが銃を乱射。岡本公三逮捕

9/29 田中角栄首相が中国と国交を回復

11/5 中国から贈られたパンダ2頭（ランランとカンカン）が上野動物園で初公開**❻**

1973年（昭和48）

2/14 円の変動相場制が1ドル＝277円でスタート

3月 小松左京のSF小説『日本沈没（上・下）』が大ヒットで「沈没ブーム」に。『日本沈没』は400万部を超すベストセラー

8/8 韓国で民主化運動を展開していた野党の指導者・金大中が東京都内のホテルから拉致され、5日後にソウルで解放される（金大中事件）

11/1 巨人軍がプロ野球史上初9連覇達成

10/23 国際石油資本のエクソン、シェル両社が原油価格の30%値上げを決める。オイル・ショックはじまる

11/12 オイル・ショックでトイレットペーパーの買い占め騒ぎ**❼**

12月 五島勉の『ノストラダムスの大予言』が大ベストセラー。世紀末ブームが起こる

1974年（昭和49）

2/19 石油の販売元が価格協定を結んで石油製品の一斉値上げを実施したと公正取引委員会が告発（石油ヤミカルテル事件）

3月 自称超能力者ユリ・ゲラー来日

5/15 セブン―イレブン1号店、東京都江東区豊洲に開店

8/30 東京・丸の内の三菱重工本社で時限爆弾による爆発。8人

❾田中角栄元首相は丸紅元会長らを通じ、ロッキード社から5億円を受領したなどの疑いで逮捕されました。

❿ニュージーランド沖で「瑞洋丸」が引き揚げた生物は「ニューネッシー」という海獣だと大騒ぎに。後に、ウバザメだと判明しました。

⓫王貞治は1977年に通算756本塁打を放ってハンク・アーロンの世界記録を破り、868号まで記録を伸ばして1980年に引退しました。

⓬インベーダーゲームで遊ぶ店が「ゲームセンター」の始まりです。ゲームセンターでインベーダーに熱中する子どもは不健全だといわれ、社会問題になりました。

1970

過激派とオイル・ショック日本が若く熱かった

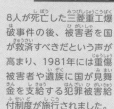

　未来の夢を語る大阪万博で幕を開けた1970年代は、日本にとって「青春の季節」だった。77カ国が参加した大阪万博は、過去最大の規模となり、日本中の子どもが夢の万博に何度行ったかを自慢しあった。彫刻家の岡本太郎がデザインした「太陽の塔」が大人気に。アポロ11号が持ち帰った「月の石」が展示された「アメリカ館」は、3時間待ちの行列が当たり前だった。2025年に開催されることが決定した大阪・関西万博でも、胸がおどるようなパビリオン（展示館）が登場するに違いない。

　若者たちは、1965年から続くベトナム戦争に嫌気が差し、反戦ムードが盛り上がっていた。若者は大人が嫌う長髪で、裾がラッパのように広がった「ベルボトム」というジーンズをはき、ギターを片手に反戦フォークを街角で歌った。フォークブームの中から、今も活躍する歌手・吉田拓郎や中島みゆきが生まれた。その一方で、学生運動がエスカレートしていった。72年2月、過激派の連合赤軍があさま山荘立てこもり事件を起こす。機動隊が山荘に突入する様子が生中継され、誰もがテレビに釘づけとなった。連合赤軍は仲間の学生など12人を殺していたことが後で判明。74年には東アジア反日武装戦線という過激派が三菱重工のビルを爆破した。あまりに暴力がひどくなったため多くの学生は学生運動から離れ、ノンポリ（政治に無関心なひと）が増えていく。そうして政治の季節が終わりを告げた。

　73年10月には、オイル・ショックが起きた。第4次中東戦争のため原油の値段が上がり、物価も急上昇。「石油製品が値上がりする」という噂が流れ、関係のないトイレットペーパーの買い占め騒ぎが起きた。将来に不安を覚える人が増えるなか、『ノストラダムスの大予言』が大ベストセラーに。「1999年に世界は滅亡する」というのだ。科学では説明できない超常現象やオカルトも大流行。スプーン曲げが「超能力」ともてはやされた。

　70年代は未来に対する希望で始まり、不安で終わった10年といえるだろう。

　8人が死亡した三菱重工爆破事件の後、被害者を国が救済すべきだという声が高まり、1981年には重傷被害者や遺族に国が見舞金を支給する犯罪被害給付制度が施行されました。

これな〜んだ？

ヒント・1971年に大流行したオモチャです。ひもの中央を持って、振り子のように揺らすとカチカチと球がぶつかります。球がぶつかり合う様子と、カチカチという音に子どもたちが夢中になりました。

1980年代

❶1980年12月24日に日本でも開催されたジョン・レノンの追悼集会には、約6000人のファンが集まりました。

❸日本初の「テーマパーク」（パレードやアトラクションなどがひとつのテーマの下に統一されている施設）である東京ディズニーランドが開園しました。

❺グリコ事件の犯人は、スーパーの棚に並べられているお菓子に猛毒の青酸ソーダを入れ、「毒を入れられたくなかったらお金を払え」と企業を脅しました。

❼阪神ファンは、夜通し「六甲おろし」を歌いながら初めての日本一を祝いました。

❷子猫に太めの学生ズボンや、ひきずるほど長いスカートをはかせた「なめ猫」グッズが「なめんなよ」のセリフとともに大人気。

❹ファミコン大人気で品切れが続出。2003年9月に製造を終了するまでに、6191万台の販売台数を記録しました（1986年撮影）。

❻520人が死亡した日航ジャンボ機墜落事故では、多くの遺体の損傷が激しく、身元の特定に時間がかかりました。

❽「ドラゴンクエストⅢ」の発売日には、池袋東口の量販店に1万人以上が行列。子どもだけではなく、大人もゲームに夢中になりました。

バブル経済とファミコン

日本に降ってわいたバブル（泡）景気がふくらみ始めました。この時代に登場したファミコンや東京ディズニーランドは、今もわたしたちを楽しませてくれます。80年代の最後に、元号が昭和から平成に変わりました。

1980年（昭和55）
- 4/25 モスクワ・オリンピック不参加を発表
- 5/8 世界保健機関（ＷＨＯ）が天然痘根絶を宣言
- 8/19 東京都の新宿駅西口で停車中のバスが放火され、6人が死亡（新宿バス放火事件）
- 12月 日本の自動車生産台数が世界一に
- 12/8 元ビートルズのジョン・レノン射殺❶

1981年（昭和56）
- 3/2 戦争で残されていた中国残留孤児が初来日
- 6/17 東京都江東区深川の商店街で通り魔事件が発生し、4人が死亡（深川通り魔殺人事件）
- 8月 「なめ猫」グッズが大ブーム❷

1982年（昭和57）
- 2/8 ホテル・ニュージャパンの火事で33人死亡
- 2/9 日本航空機が羽田沖に墜落。乗客24人死亡
- 4/1 500円硬貨発行
- 10/4 フジテレビ「笑っていいとも！」放送開始。2014年3月31日に放送が終了するまでの放送回数は8054回

1983年（昭和58）
- 4/15 千葉県浦安市に東京ディズニーランド開園❸
- 7/15 ファミリーコンピュータ（ファミコン）発売❹
- 9/1 大韓航空機、サハリン上空でソ連戦闘機に撃墜される。日本人28人を含む乗員・乗客269人全員死亡

1984年（昭和59）
- 3/18 江崎グリコの社長が誘拐されるグリコ事件が起きる。いまだに犯人分からず❺
- 7/28 ロサンゼルスで第23回オリンピック開催。柔道無差別級で山下泰裕選手が金メダル
- 10/25 オーストラリアから友好の印として初めて日本に贈られたコアラ6匹が成田空港に到着。コアラのぬいぐるみやまんじゅうなどが売れ、コアラブームに

1985年（昭和60）
- 5/17 職場での女性差別をなくそうとする男女雇用機会均等法が成立。1986年4月1日施行
- 8/12 羽田発大阪行きの日本航空123便が群馬県御巣鷹山に墜落（日航ジャンボ機墜落事故）。乗員・乗客520人が死亡し、4人が生還。死者520人は単独機の事故で史上最悪❻
- 9月 宅配ピザの1号店「ドミノ・ピザ」が東京・恵比寿にオープン
- 9/13 ファミコンソフト「スーパーマリオブラザーズ」発売。国内618万本の大ヒット
- 9/22 主要5カ国の蔵相会議でドル高を抑える「プラザ合意」。1ドル242円が230円に上がり、円高時代に突入
- 11/2 阪神タイガースが日本シリーズで西武ライオンズを破り、初の日本一になる。これ以降2022年まで、阪神タイガースは日本一になっていない❼

1986年（昭和61）
- 4/8 アイドル歌手・岡田有希子（18歳）が飛び降り自殺
- 11/15 伊豆大島の三原山大噴火。全島民1万人避難

❾元号は「昭和」から「平成」に変わりました。平成という名前には「国の内外にも天地にも平和が達成される」という願いが込められています。写真の人物は小渕恵三官房長官（当時）です。

❿昭和天皇のお葬式にあたる大喪の礼で、昭和天皇の柩を納めた葱華輦が葬場殿（天皇が亡くなったとき、葬儀場に設ける仮の御殿）に向かうところです。

⓫中国人民解放軍は、民主化を求める学生が座り込んでいた天安門広場を戦車と装甲車で武力制圧。

⓬東ドイツ国民の西側への脱出を防ぐ目的で1961年8月に築かれ、ドイツ民族分断のシンボルだった「ベルリンの壁」が崩壊。

1980

好景気に浮かれる大人とファミコンブーム

東京・日本橋の三越本店では、1989年1月に5億円の福袋が登場して話題になりました。中身はルノワールとピカソの絵でした。

バブル経済の始まりは、アメリカ、イギリス、西ドイツ、フランス、日本の主要5カ国の財務大臣や中央銀行総裁などが集まって開かれた会議でまとまった「プラザ合意」だ。当時は「円安ドル高」で、安くて品質がよい日本の製品がアメリカに大量に輸出されていた。逆に、日本ではアメリカの製品は高くてあまり売れなかった。そこで、5カ国が協力して円を高く、ドルを安くすることにしたのだ。

円は1ドル242円から230円になった。例えば、日本製の自動車が240万円だとすると、アメリカ国内では約9917ドルから約1万434ドルに値上がりすることになる。日本製品があまり売れなくなり、日本の輸出産業は大打撃を受けた。これが「円高不況」である。

不況対策のため、日本銀行は日本の金利全体を決める水準である「公定歩合」を下げた。企業が銀行からお金を借りたときに、借りた対価として銀行に払わなければならない「利子」も安くなったので、企業は銀行からお金を借りやすくなった。

銀行からお金を借りた企業は土地を買い、土地を担保にしてお金を借りて、そのお金で再び土地や株を買った。企業が土地をたくさん買ったので、土地の値段が急上昇した。土地の売買で儲けて好景気に浮かれた人たちが、毎晩のように六本木や銀座に繰り出して遊び、東京都港区麻布十番には「マハラジャ」という豪華なディスコができた。大人は降ってわいた好景気に有頂天だった。

一方、子どもたちの心をとらえたのは、カセットを差し替えて、いろいろなゲームを遊べる「ファミコン」だった。スーパーマリオブラザーズでは、マリオをいくらでも増やせる技が雑誌に投稿されて「裏技・裏テク」ブームが起きた。

これな〜んだ？

ヒント・各面には、列ごとに回転する色つきの立方体（キューブ）が9個。ハンガリーのエルノー・ルービックさんが作り、1980年7月25日に発売されたパズルです。

1990年代

❶弟の横綱貴乃花（左）と兄の大関、3代目若乃花（右、後の横綱）の活躍で相撲ブームに（1995年撮影）。

❷企業主導ではなく、地域密着をうたうプロスポーツリーグであるJリーグが開幕。

❸帰国子女で元外交官の雅子さんは、働く女性からの注目を集めました。

❹ロスタイムの失点でワールドカップ出場を逃してしまった「ドーハの悲劇」。

❺1991年のフィリピン・ピナトゥボ山の噴火により世界的に気温が下がり、93年はコメが凶作に。人々はコメを買うために行列をつくりました（平成コメ騒動）。

❻震度7を記録した阪神・淡路大震災で、横倒しになった阪神高速道路神戸線。

❼東京都港区の営団地下鉄（現東京メトロ）神谷町駅で、ほかの乗客から手当てを受ける地下鉄サリン事件の被害者。

❽野茂は、大リーグで活躍する多くの日本人選手の先駆者的な役割を果たしました。

バブル崩壊とコギャル

バブル経済がついに崩壊。会社が次々に倒産しました。一方で、女子中学・高校生を中心とした「コギャル」は元気いっぱい。「プリクラ」ブームなどの発信源となりました。

1990年（平成2）

- 3/27 大蔵省（現財務省）が「総量規制」を通達。バブル経済崩壊が始まる
- 6/29 礼宮文仁親王と川嶋紀子さんが結婚。秋篠宮家創設
- 8/2 イラクがクウェートに侵攻し、湾岸危機が勃発
- 8月 イラクのクウェート侵攻の影響などで、一時は1ドル＝150円台の円安水準に
- 11/12 明仁天皇（現上皇）、即位の礼

1991年（平成3）

- 1/17 クウェートに侵攻したイラクを多国籍軍が空爆し、湾岸戦争勃発。アメリカのブッシュ大統領は2月27日に勝利宣言
- 5/14 横綱千代の富士が引退し、若貴ブームに❶
- 6/3 雲仙・普賢岳で大規模火砕流。死者43人
- 12/21 ソビエト連邦崩壊

1992年（平成4）

- 6/15 国連平和維持活動（PKO）協力法案が成立
- 7/25 バルセロナ・オリンピックがスペインで開幕。岩崎恭子が競泳史上最年少の14歳で優勝
- 9/12 学校週5日制スタート。当初は第2土曜日のみ休みに
- 10/23 明仁天皇、美智子皇后が初めて中国を訪問。日中国交正常化20周年にあたって実現

1993年（平成5）

- 5/15 日本プロサッカーリーグ（Jリーグ）開幕❷
- 6/9 皇太子徳仁親王（現天皇）と小和田雅子さんが結婚❸
- 7/12 北海道南西沖地震。マグニチュード7.8を記録し、大津波が奥尻島などを直撃。死者・行方不明者数が合わせて230人となる大惨事に
- 10/28 「ドーハの悲劇」❹
- 12/9 白神山地（青森県、秋田県）と屋久島（鹿児島県）が日本初の世界自然遺産に、10日には法隆寺地域の仏教建造物（奈良県）と姫路城（兵庫県）が日本初の世界文化遺産に決定

1994年（平成6）

- 2月 平成コメ騒動❺
- 4/26 名古屋で中華航空機墜落。264人死亡
- 6/27 松本サリン事件（8人死亡）
- 7/9 日本人初の女性宇宙飛行士、向井千秋さんが乗ったスペースシャトル・コロンビアが打ち上げ
- 9/4 関西国際空港開港

1995年（平成7）

- 1/17 阪神・淡路大震災が発生。6434人が死亡❻
- 3/20 地下鉄サリン事件❼
- 7月 その場で撮った写真をシールにできる「プリント倶楽部」（プリクラ）がゲームセンターで大ブームに
- 11/9 アメリカ・大リーグの野茂英雄がナショナル・リーグ最多の236三振を奪い、日本人初の新人王投手になる❽
- 11/23 パソコンのOS「ウィンドウズ95」が発売される
- 12/8 福井県敦賀市の高速増殖炉「もんじゅ」事故

1996年（平成8）

- 2/27 ゲームボーイのソフト「ポケットモンスター 赤・緑」発売。

❾ 育て方によってはペットがグレたりする「たまごっち」が大ヒット。

❿靴下をわざとたるませる「ルーズソックス」は、足が細く見えることからブームになりました。

⓫イラン戦で岡野雅行がVゴールを決め、ワールドカップ・フランス大会出場が決定した「ジョホールバルの歓喜」。

⓬長野冬季オリンピックで、日本はスキージャンプの船木和喜などが計10個のメダルを獲得。

1990
不況や大災害、でも元気な女子中・高生

今も盛んなプリクラが、はやりだしたのはこのころ。

　大蔵省は土地の値段を正常に戻すため、銀行が不動産などに関連してお金を貸すことを規制する「総量規制」を行った。土地の値段が下がり、土地を担保に銀行からお金を借りていた会社は返済できなくなって、倒産するところも出現した。銀行は、貸したお金を返してもらえなくなり、経営も圧迫される。企業の株価も暴落した。こうしてバブル経済は崩壊し、日本は長い不況のトンネルへと入っていく。

　不況のなか、女子中学・高校生が中心の「コギャル」は元気だった。安室奈美恵のファッションをまねして（アムラー）真っ黒に日焼けし（ガングロ）、短いスカートに靴下をたるませて（ルーズソックス）街を闊歩する彼女たちは、ポケベルやたまごっち、プリクラなどのブームを次々とつくり出した。靴下卸売業の「ブロンドール」は1996年だけで約60万足のルーズソックスを販売するなど、コギャルは停滞する経済に活力を与える存在となった。

　90年代は、ショッキングな事件や災害が続いた時代でもあった。長野県松本市で猛毒のサリンがまかれ、8人が死亡し、600人を超える重軽症者が出た。続いて東京の営団地下鉄にサリンがまかれ、13人が死亡、6000人以上の重軽症者を出す地下鉄サリン事件が起きた。宗教団体による組織的な犯罪だと分かり、オウム真理教の教祖の麻原彰晃（本名・松本智津夫）らが逮捕された。その裁判は2018年1月に判決がすべて確定した。松本智津夫をはじめ、オウム関係者の死刑囚は元教団幹部13人にも及ぶ。18年7月6日には松本死刑囚ら7人、7月26日には6人の死刑が執行され、一連の事件で死刑が確定した13人全員の死刑が執行された。

　95年1月17日には、マグニチュード（M）7.3の直下型大地震が神戸や大阪を襲った。日本の大きな建物は横揺れに強く造られていたが、縦揺れの地震に多くのビルや高速道路が壊れた。死者・行方不明者は6437人、負傷者は4万3792人と被害は大きかった。被害の様子をテレビで見た多くの人々が、救援物資を持って神戸にかけつけてボランティア活動を行った。人々の間に芽生えたボランティア意識は、その後の災害などでも発揮された。

これな〜んだ？

ヒント・携帯電話が普及していなかった1994年頃、電話のプッシュボタンから電話番号などの数字を送信して、受信した人が公衆電話などからその番号へと電話をかけ直すこの道具がブームになりました。

2000年代

❶2000年8月18日に三宅島で最大規模の噴火が起き、全島民が避難しました。

❸2001年9月11日に同時多発テロがアメリカを襲い、死者は2973人。写真は世界貿易センタービル跡（グラウンド・ゼロ）。

❺東京の多摩川や、横浜市の鶴見子川などに出没したアゴヒゲアザラシの「タマちゃん」が大人気。横浜市西区から「ニシ・タマオ」という名で住民票が与えられて話題に。

❼兵庫県のJR宝塚線（福知山線）塚口―尼崎間で快速電車が脱線し、先頭車両と第2車両が線路わきのマンションに激突。107人が死亡しました。

❷シドニー・オリンピックの女子マラソンで、高橋尚子は2時間23分14秒という記録で金メダルを獲得。

❹ワールドカップ・日韓大会の1次リーグで日本はロシアを1-0で下し、記念すべき初勝利。写真はゴールを決めた稲本潤一。

❻ノーベル賞を受賞した田中耕一さん（左）と小柴昌俊さん。田中耕一さんの親しみやすい人柄が人気を呼び、一躍、時の人に。

❽小泉首相（右）が争点を「郵政民営化」に絞った第44回衆議院議員選挙で、自民党は296議席を獲得して圧勝。

戦争と不況をチェンジ

2001年9月11日に米国で発生した同時多発テロは、人々を悲しみと恐怖のどん底に突き落としました。争いと不況に嫌気が差した人々が求めたのは「チェンジ」でした。

2000年（平成12）

7/8 三宅島が噴火。9月1日には全島避難に発展❶

9/15 シドニー・オリンピック開幕。9月24日に高橋尚子がマラソンで陸上女子初めての金メダル獲得❷

2001年（平成13）

3/16 物価が下がり続ける「デフレーション」発生を政府が認定

6/8 大阪教育大学付属池田小学校に刃物を持った男が乱入。児童8人死亡

9/10 国内初の牛海綿状脳症（BSE）発生を確認

9/11 アメリカの世界貿易センタービルにジェット旅客機が衝突。米同時多発テロ❸

11/20 米大リーグ、シアトル・マリナーズのイチローが、日本人初のア・リーグ最優秀選手（MVP）に選出。新人王、首位打者、盗塁王も獲得

12/1 皇太子妃雅子さまが第1子の敬宮愛子さまをご出産

2002年（平成14）

5/31 サッカー・ワールドカップ日韓共同開催❹

8/7 多摩川の下流で「タマちゃん」発見❺

9/17 日朝の首脳会談で北朝鮮側が日本人拉致を初めて認める。被害者5人が帰国へ

10/9 ノーベル賞で小柴昌俊さん（10月8日に受賞が決定）と田中耕一さんが日本初のダブル受賞❻

2003年（平成15）

3/20 原因不明の肺炎が中国などで集団発生と世界保健機関（WHO）が緊急警報。後に重症急性呼吸器症候群（SARS）と命名

3/20 アメリカが大量破壊兵器保持を理由にイラクを武力攻撃。4月9日にバグダッド制圧

12/13 サダム・フセイン元イラク大統領拘束

2004年（平成16）

2/8 陸上自衛隊の派遣本隊第1陣がイラク南部サマワに到着

10/6 イラクには大量破壊兵器はなかったとアメリカ政府調査団が発表

10/23 新潟県中越地震（M6.8）発生。死者68人

2005年（平成17）

4/25 JR宝塚線（福知山線）が脱線。死者107人❼

9/11 郵政民営化を争う総選挙で自民党圧勝❽

10/14 郵政民営化法が成立

2006年（平成18）

2/23 トリノ冬季オリンピックのフィギュアスケート女子で、荒川静香が金メダル❾

6/20 小泉純一郎首相がイラクに駐留する陸上自衛隊の撤退を正式表明

9/6 秋篠宮妃紀子さまが悠仁さまをご出産。皇室に41年ぶりの男子誕生

11/22 4年10カ月に及ぶ景気拡大で「いざなぎ景気を超えた」と政府が発表

12/30 サダム・フセイン元イラク大統領の死刑執行

⑨トリノ冬季オリンピックで荒川静香がオリンピックのフィギュアスケートでアジア初の金メダルを獲得。

⑪度重なる首相交代、官僚主導の政治などで自民党に嫌気が差した人たちが投票した結果、民主党が308議席を獲得。政権交代が実現しました。

⑩突然の新型インフルエンザ襲来に、全国でマスクが品薄に（2009年5月19日に福岡市で撮影）。

⑫日米首脳会談を前に握手する、来日したアメリカのバラク・オバマ大統領（左）と鳩山由紀夫首相。

2000

「チェンジ」にだれもが心浮かれた時代

2001年9月11日。アメリカの繁栄の象徴だった世界貿易センタービルに、2機の旅客機が衝突。ビルが崩れ落ちる様はテレビで中継され、人々に衝撃を与えた。後に「9・11米同時多発テロ」と呼ばれるこの事件の容疑者は、国際テロ組織「アルカイダ」のメンバー。アメリカのブッシュ大統領はテロ組織への徹底抗戦を表明し、大量破壊兵器の隠ぺいを理由にイラクを武力攻撃した。テロや戦争が世界を覆うなか、日本も04年に陸上自衛隊をイラク・サマワに派遣。これに反発したイラクの武装勢力が日本人のボランティアや外交官を拉致・殺害する事件が起きた。

アメリカによるイラクへの強引な武力攻撃には日本からも反発の声があがり、アメリカ大使館の前で抗議デモが行われました（2003年3月20日撮影）。

経済面では、1990年代初めのバブル崩壊後、個人があまり物を買わなくなったため、売り手は、商品の価格を引き下げた。その結果、日本経済は物価が下がり続ける「デフレーション」に突入した。

価格を下げると企業の利益も減るため、商品を作るコストを減らす必要が生じ、社員の給料を下げたり、社員数を減らしたりする「リストラ」が始まる。その結果、個人消費は減り続け、物が売れないので企業はより価格を下げるという悪循環に陥った。また、正社員ではない派遣社員やパートなどの非正規雇用が増え、お金を持つ人と持たない人の格差が広がった。

アメリカでは、住宅ローンを返済できない人が続出して金融機関が多額の損失を抱える「サブプライムローン問題」をきっかけに、世界に波及した金融危機が発生。株価が急速に下落し、大手証券会社リーマン・ブラザーズが破綻した。

不景気の波とテロからアメリカの人々は「チェンジ」を求め、09年には初のアフリカ系大統領としてバラク・オバマ氏が就任し、12年に再選された。日本でも09年に政権交代が起きたが、12年12月16日に行われた第46回衆議院議員選挙で民主党（当時）は大敗。自民党が再び第1党となった。第4次安倍内閣は、デフレ脱却を目指して大胆な金融緩和などを柱とする経済政策「アベノミクス」を掲げた。

これな〜んだ？

ヒント・ソニーが開発・販売した犬型ロボット。頭をなでたり、音を聞かせたりすると、喜びや悲しみなどの感情を表現します。1999年6月1日に3000台限定で販売を開始したところ、わずか20分で完売。2000年からは注文販売になり、累計15万台が売れましたが、06年に生産が終了。18年1月には、人工知能を搭載した新型が発売されました。

2010・20年代

❶東北地方太平洋沖地震による津波に襲われ、がれきの山となった宮城県気仙沼市の市街地。

❷津波被害後に水素爆発を起こし、白煙状の湯気を噴き上げる福島第一原発3号機(中央)。

❸サッカー女子Ｗ杯優勝を決め、トロフィーを掲げて喜ぶ日本チームの澤穂希選手(中央)ら。

❹2020年の夏季五輪開催都市を東京と発表するIOCのジャック・ロゲ会長(当時)。

❺ソチ冬季五輪のフィギュアスケート男子で、羽生結弦選手が日本人男子選手初の金メダルを獲得。

❻ラグビーＷ杯での歴史的勝利で、五郎丸歩選手がキック前に必ず行う動作「ルーティン」(決まり事)が話題に(2015年5月2日撮影)。

❼北海道新幹線は東北新幹線と直通運転し、東京・新函館北斗間は最速4時間2分。写真は青函トンネルを抜けて、北海道側に姿を現した東京発の「はやぶさ1号」。

❽熊本地震後、熊本城の頬当御門を入ると、石垣や建物が崩壊していた。(16年5月11日撮影)

震災から復興へ

東北地方太平洋沖地震では、地震や津波で大きな被害が出ました(東日本大震災)。震災から12年経った今でも、復興は完全ではありません。2016年には熊本地震、18年には北海道胆振東部地震も発生しました。

2010年(平成22)

6/11　サッカーの第19回ワールドカップが開幕。日本は海外開催では初の決勝トーナメント進出

7/11　政権交代後初めての参議院選挙が投開票。民主党の議席が106議席に減り、与党が過半数を割る。衆議院と参議院で多数派の政党が異なる「ねじれ国会」に

2011年(平成23)

3/11　東北地方太平洋沖地震が発生。さらに、東北・関東沿岸に巨大津波が到達。死者・行方不明者合わせて約2万人❶

3/12　東京電力福島第一原子力発電所(福島第一原発)が、東日本大震災の被害で炉心を冷却できず水素爆発❷

5/12　福島第一原発1号機で「メルトダウン」が起きていたことが判明。16日には2号機、3号機のメルトダウンも判明

7/18　サッカーの女子ワールドカップ・ドイツ大会で日本代表が初優勝❸

2012年(平成24)

7/27　ロンドン夏季五輪が開幕。7個の金メダルを含む日本の総メダル数は過去最多(当時)の38個

10/8　iPS細胞(人工多能性幹細胞)の作製に成功した京都大学の山中伸弥教授のノーベル医学生理学賞受賞が決定

12/16　第46回衆議院選挙が投開票され、自民党と公明党が圧勝。政権再交代となり、民主党政権は3年3カ月で終わる

2013年(平成25)

7/21　第23回参議院選挙が投開票され、自民党は公明党と合わせて全議席の過半数を獲得。国会で衆参の多数派が異なる「ねじれ」状態が3年ぶりに解消

9/7　国際オリンピック委員会(IOC)が、2020夏季五輪の開催都市に東京を選出。日本での夏季五輪は56年ぶり❹

2014年(平成26)

2/7　ソチ冬季五輪が開幕❺

4/1　消費税が8%に。消費税率の引き上げは17年ぶり

10/7　青色LEDを初めて作った赤崎勇・天野浩両教授と、実用化につなげた中村修二教授のノーベル物理学賞受賞が決定

12/14　第47回衆議院選挙が投開票され、自民、公明両党が大勝

2015年(平成27)

3/14　北陸新幹線が開業

6/17　選挙権年齢を現在の「20歳以上」から「18歳以上」に引き下げる改正公職選挙法が成立。2016年6月19日施行

9/19　第8回ラグビーワールドカップイングランド大会で、ラグビー日本代表が南アフリカ代表に歴史的勝利❻

10/5　マラリアの新治療法を発見した大村智教授のノーベル医学生理学賞、翌6日に「ニュートリノ振動」を発見した梶田隆章教授のノーベル物理学賞受賞がそれぞれ決定

2016年(平成28)

3/26　北海道初の新幹線、北海道新幹線開業❼

4/16　14日夜、熊本県熊本地方を震源とするマグニチュード(M)6.5の「前震」が、16日未明にはM7.3の「本震」が発生。地震による死者は100人を超えた❽

5/26　主要国首脳会議(伊勢志摩サミット)が三重県で開幕

2022年のできごと（P35～38）を見てね！

2010

強い「絆」で震災を乗り越える

津波で床下に流れ込んだ泥をかき出すボランティア（宮城県気仙沼市）。

2011年3月11日午後2時46分、宮城県牡鹿半島沖約130km、深さ約24kmを震源として東北地方太平洋沖地震が発生。地震の規模を示すマグニチュード（M）は日本の観測史上最大の9.0で、最大震度は7を記録した。さらに、地震発生後には、東北・関東沿岸に巨大津波が到達。岩手、宮城、福島の3県を中心に、死者・行方不明者合わせて約2万人が犠牲となった。この津波は、東京電力福島第一原子力発電所（福島第一原発）も直撃した。福島第一原発に13台あった非常用のディーゼル発電機が1台を残して停止し、原子炉の温度は上がり続けた。そして3月12日、ついに1号機の原子炉建屋が水素爆発してしまう。福島第一原発からは大量の放射性物質が放出され、半径20km圏内の住民は避難させられた。震災から12年経った今も、その地に再び住むことができない人は多い。

東京では電車が止まって大量の帰宅難民が発生し、スーパーには物資を求めて長蛇の列ができたが、略奪や混乱は起きなかった。未曽有の大惨事にあっても冷静さを失わず、互いに支え合う日本人の姿は、海外からも称賛された。

また、16年4月14日にM6.5の「前震」、16日には、M7.3の「本震」が熊本地方を襲い、死者は100人を超えた（熊本地震）。M6.5規模の活断層型地震の後、それを上回る本震が発生した地震は、観測史上初だ。さらに、18年9月6日に発生した北海道胆振東部地震では44人が死亡し、北海道のほぼ全域で停電する国内初の「ブラックアウト」が起きた。

放射性物質に汚染された土などを取り除く除染作業は進んでいないし、汚染水問題も解決していない。熊本県や北海道の復興もこれからだ。

しかし、私たちが「絆」を大切に支え合うことができれば、いつか必ず被災地はよみがえる。

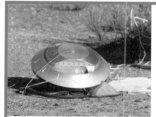

宇宙航空研究開発機構提供

これな～んだ？

ヒント・2003年5月に打ち上げられ、目的地の小惑星「イトカワ」への着陸に成功。イトカワ表面の微粒子回収に成功しました。その後、トラブルが続きましたが、何とか推進力を確保。10年6月に約60億kmの旅を終えて7年ぶりに地球に帰還し、イトカワの表面物質が入った回収カプセルがオーストラリア南部の砂漠で発見されました。

日本の戦後史　世代・経済キーワード

日本が急速な復興を遂げ、発展する過程で、覚えておきたいキーワードをまとめました。⬆は景気上昇、⬇は景気下降を示します。

世代

経済

世代

団塊の世代 1947(昭22)〜49(昭24)年生まれ
戦後復興期に発生した第1次ベビーブームに生まれた世代。この間の出生数は805万7054人と多い。中卒で働く「金の卵」になったり(P86)、大学で学生運動に身を投じたり(P87)と日本の歴史に大きな影響を与えた。2007〜09年には団塊世代の会社員が一斉に定年退職を迎えた。

バブル世代 1965(昭40)〜69(昭44)年生まれ
バブル景気の1986〜91年に就職した人たちのことを指す。バブルで好景気だったため、簡単に就職できた世代で、「お金を稼いでは使い、使うためにまた稼ぐ」ことを繰り返す傾向がある。

団塊ジュニア
1971(昭46)〜74(昭49)年生まれ
「団塊の世代」が出産し、第2次ベビーブームとなった。この間の出生数は約808万人と多く、大学入試では競争が激しかったという。

**ロスト・ジェネレーション
(失われた世代)**
1972(昭47)〜82(昭57)年生まれ
就職活動をする時期が1991(平3)〜2002(平14)年の、いわゆる「失われた10年」と重なった世代。この10年はバブル崩壊、円高、株価の低迷、世界的な不景気などが重なり、大手金融機関が破綻。多数の企業が倒産し、従業員のリストラも相次いだので、大学新卒者も就職難に。この世代は、アルバイトなどで生計を立てるフリーターや派遣社員にならざるを得ない人がたくさんいた。

バブルジュニア
1986(昭61)〜94(平6)年生まれ
バブル世代を親に持つ子どもたち。バブル景気で浮かれる華やかな世界を体験した親の消費傾向を受け継いでいるため、子どものころからおしゃれに敏感でお金をよく使う世代と言われた。

ゆとり世代
1987(昭62)〜2003(平15)年生まれ
戦後の詰め込み教育を見直して学習内容を縮小した「ゆとり教育」を受けている世代。金融機関の破綻や、物価が持続的に下落する「デフレーション」を体験した後期の世代は消費傾向が堅実になってきた。

Z世代 1990年代半ば〜2010(平22)年生まれ
高度なインターネット社会で育ち、スマートフォンを使いこなす「デジタルネイティブ」世代。今後の消費活動の中心を担う層として、多くの企業の注目を集めている。

経済

朝鮮特需 1950(昭25)〜53(昭28)年 ⬆
朝鮮戦争(P84)に伴い、在朝鮮アメリカ軍や在日アメリカ軍から日本に軍服、テント、兵器、砲弾などが発注され、経済復興が加速。

神武景気 1954(昭29)年12月〜57(昭32)年6月 ⬆
日本の初代天皇とされる神武天皇が即位した紀元前660年以来、例を見ない好景気という意味で、31カ月間続いた。

岩戸景気 1958(昭33)年7月〜61(昭36)年12月 ⬆
神武天皇より前の「天照大神が天の岩戸に隠れて以来の好景気」という意味で、42カ月間続く。海外からの資本も流入して、投機や工場などへの設備投資が過剰に行われた。

いざなぎ景気 1965(昭40)年11月〜70(昭45)年7月 ⬆
天照大神よりも前の、イザナギノミコト以来の好景気という意味で、57カ月間続く。日本は橋などをつくるための建設国債(投資家からお金を借りること)を初めて発行。日本の国民所得はアメリカに次ぐ世界2位の経済大国に。

オイル・ショック 1973(昭48)年12月〜75(昭50)年3月 ⬇
1973年10月に第4次中東戦争が勃発し、石油輸出国機構(OPEC)が原油価格の70%値上げを決めたことから(P88)、物価が持続的に上昇する「インフレーション」に。

円高不況 1985(昭60)年7月〜86(昭61)年11月 ⬇
1985年9月に円高ドル安へ誘導する「プラザ合意」(P91)が締結された結果、円高となり、輸出業が打撃を受けた。

バブル景気 1986(昭61)年12月〜91(平3)年 ⬆
円高不況対策として、日本銀行は公定歩合を下げ、利子が安くなった。企業は銀行から借金しやすくなり、不動産や株に投資するようになって土地や株の値段が急速に上がった(P90〜91)。

平成バブル不況 1991(平3)〜93(平5)年10月 ⬇
大蔵省(当時)は、銀行などが不動産などに関連してお金を貸すことを規制する「総量規制」を行った。土地の値段が下がり、株をお金に換える人が増えて株価も急落し、バブルが崩壊。

いざなみ景気 2002(平14)年2月〜07(平19)年10月 ⬆
日本政府と日本銀行は為替市場に介入して円安となり、輸出業を中心に多くの企業が過去最高の売上高・利益を記録。

世界金融危機 2007(平19)年11月〜現在 ⬇
2007年末から、アメリカで住宅ローンを返済できない人が続出し金融機関が多額の損失を抱える「サブプライムローン問題」が勃発。アメリカドルや世界の株価が下落し、大手証券会社リーマン・ブラザーズ破綻など金融恐慌に(リーマン・ショック)。

欧州危機(ユーロ危機) 2009(平21)年10月〜現在 ⬇
09年10月に、ギリシャの前政権が財政赤字をごまかしていたことが発覚。ギリシャや、お金を貸していた欧州の銀行が破綻するのではという金融不安が広がり、ユーロ安に。

コロナショック 2020(令2)年〜現在 ⬇
新型コロナウイルスの感染拡大に伴い、世界の人やモノ、お金の動きが停滞して陥った経済危機。

高度成長期 1955(昭30)〜73(昭48)年

日本大図鑑

私たちが住んでいる日本は、どのような国なのでしょう？
約1億2500万人が暮らし、
世界有数の先進国となったいまの日本には、
特色ある産業や美しい自然がたくさんあります。
その姿を、豊富なデータや統計などから
学びましょう。

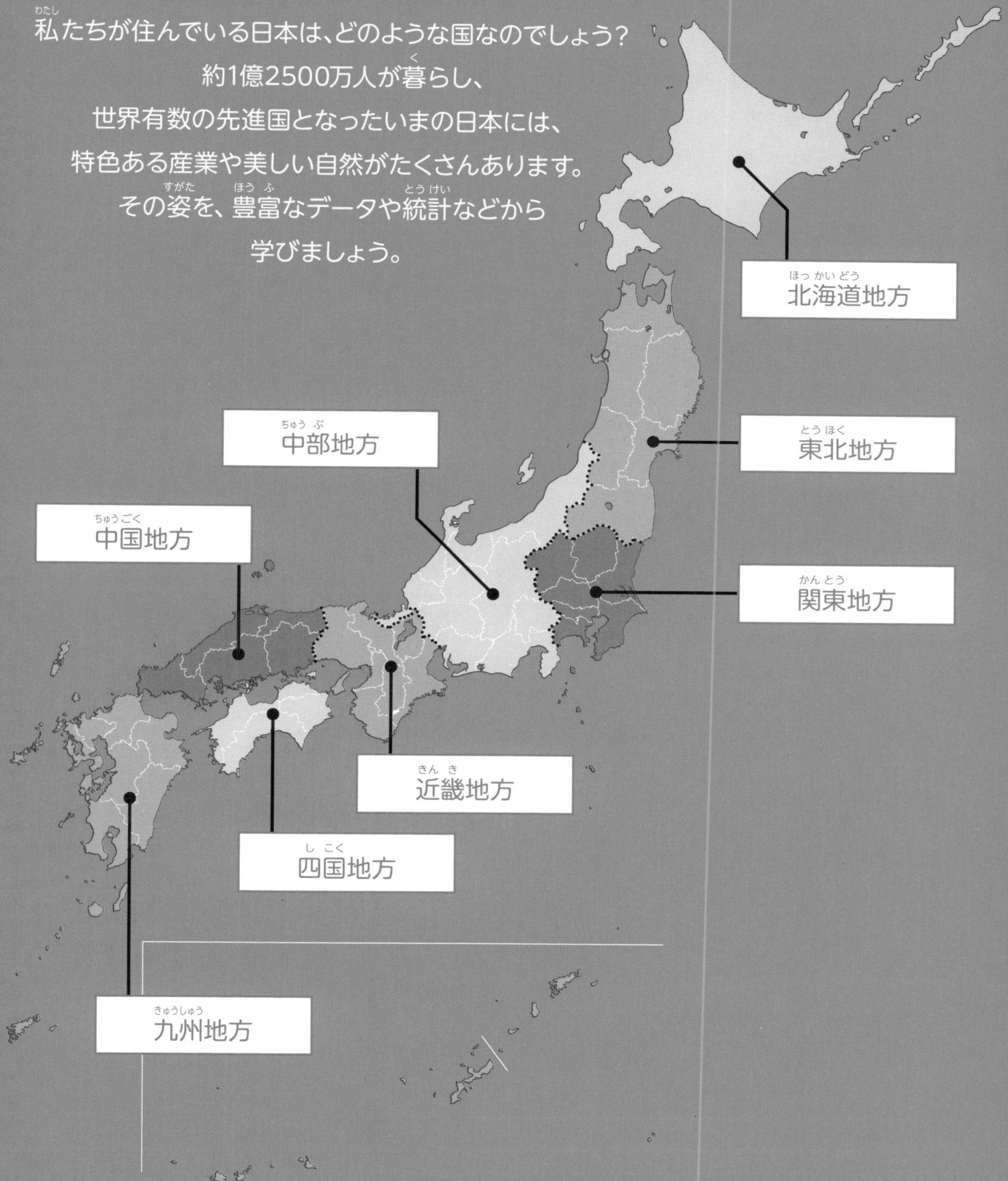

北海道地方

東北地方

中部地方

中国地方

関東地方

近畿地方

四国地方

九州地方

列島のすがた

日本列島

本州をはじめ、約7000の島じまからなる日本の面積は、37万7973.3 km²（2022年10月）。東西と南北の距離はそれぞれ約3000km。東西南北の端にある島や、東京と各国都市間の距離を確認しよう。

日本の周りと面積（2022年）

【資料】令和4年全国都道府県市区町村別面積調（10月1日時点）、都道府県の庁舎及び東西南北端点の経緯度（ともに国土地理院）

【注】各都市の位置は都道府県庁舎の経緯度。

四国 1万8802.8 (5.0)

九州・沖縄 4万4511.9 (11.8)

北海道および北方領土 8万3423.8 (22.1)

全国（島しょ部も含む）37万7973.3km²

本州 23万1234.8 (61.2%)

【注】それぞれに属する都道府県の面積の合計。境界未定地域がある都道府県面積は参考値で算出。

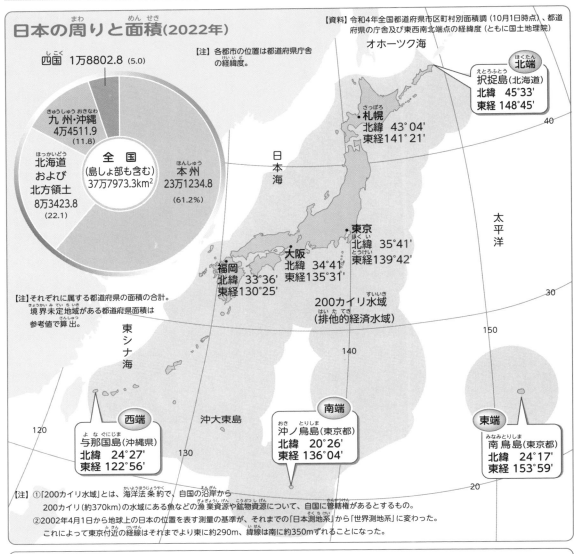

オホーツク海

北端
択捉島（北海道）
北緯 45°33'
東経 148°45'

札幌
北緯 43°04'
東経 141°21'

日本海

東京
北緯 35°41'
東経 139°42'

太平洋

大阪
北緯 34°41'
東経 135°31'

福岡
北緯 33°36'
東経 130°25'

200カイリ水域（排他的経済水域）

東シナ海

西端
与那国島（沖縄県）
北緯 24°27'
東経 122°56'

沖大東島

南端
沖ノ鳥島（東京都）
北緯 20°26'
東経 136°04'

東端
南鳥島（東京都）
北緯 24°17'
東経 153°59'

【注】①「200カイリ水域」とは、海洋法条約で、自国の沿岸から200カイリ（約370km）の水域にある魚などの漁業資源や鉱物資源について、自国に管轄権があるとするもの。
②2002年4月1日から地球上の日本の位置を表す測量の基準が、それまでの「日本測地系」から「世界測地系」に変わった。これによって東京付近の経線はそれまでより東に約290m、緯線は南に約350mずれることになった。

世界のなかの日本の位置

【資料】理科年表2023（国立天文台）

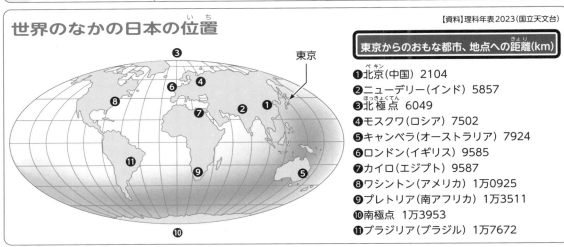

東京

東京からのおもな都市、地点への距離(km)

❶ 北京（中国） 2104
❷ ニューデリー（インド） 5857
❸ 北極点 6049
❹ モスクワ（ロシア） 7502
❺ キャンベラ（オーストラリア） 7924
❻ ロンドン（イギリス） 9585
❼ カイロ（エジプト） 9587
❽ ワシントン（アメリカ） 1万0925
❾ プレトリア（南アフリカ） 1万3511
❿ 南極点 1万3953
⓫ ブラジリア（ブラジル） 1万7672

かんれん 地球の大きさ、海と陸地の割合 ➡ 242ページ

北海道（ほっかいどう）

面積／8万3424km²（北方領土5003km²を含む）
人口／518万3687人　うち外国人　3万5627人
市町村／14振興局35市129町15村
（ほかに北方領土6村）
道庁／札幌市　　知事／鈴木直道 ※

■ 都道府県の花・木・鳥

ハマナス　　エゾマツ　　タンチョウ

旧国名　蝦夷地

■ 自然

[地形] 津軽海峡で本州とへだてられた日本最北端の大きな島。広さは国土の約22%。石狩川、十勝川流域には広い平野が開け、道東（東部）には根釧台地が広がる。火山や火口湖も多く、利尻島や北方領土の国後、択捉も火山島。海岸線の多くは単調で、オホーツク海沿岸にはサロマ湖などの潟湖が多い。原生林や原生花園などが残る。[気候] 夏は短く涼しく、冬は長く寒さが厳しい。冬は日本海側に雪が多く、春先にはオホーツク海沿岸に流氷が押し寄せる。太平洋岸では、春から夏にかけて海霧がよく発生し、気温が低い。本州でいう梅雨はなく、オホーツク海側の北見・網走地方は雨が少ない。

■ 交通

東北新幹線と北海道新幹線で本州からつながり、JR路線や道央、道東、札樽の各自動車道も走る。新千歳空港をはじめ、離島も含め14の空港がある。太平洋側・日本海側ともにフェリーも使える。

■ 産業

製造品出荷額 5兆5872億円／農業産出額 1兆3108億円（全国1位）
[農業] 大規模な畑作や酪農、豊富な水産資源を生かす漁業が特色。テンサイ、小麦、ジャガイモ、大豆、小豆、ニンジン、タマネギ、カボチャ、インゲン、スイートコーン、ブロッコリー、そばなど収穫量1位の作物が多く、乳用牛、肉用牛の飼養頭数（22年）も生乳生産量も1位。米も3銘柄が食味ランキングで特A。[林業] エゾマツ、トドマツなどの天然林が多く、国産材の生産量は全国1位。[水産業] サケ、マスのほか、ホタテ貝、ウニ、こんぶ、スケトウダラも多くとれる。釧路、根室、羅臼、稚内、厚岸、広尾など漁港も多い。[鉱業] 釧路で国内唯一の石炭の坑内掘りが続く。[工業] 素材の良さを生かす食品加工業が盛ん。室蘭は鉄鋼業、苫小牧は製紙・パルプで有名な工業都市。苫小牧や千歳に自動車の関連工場、札幌はIT関連企業が多い。

[第3次産業] 有数の観光地で、新幹線開業の2016年度〜18年度に観光客は5500万人前後に増加。19年度は5277万人。20年度は3338万人、21年度は3495万人だった。

■ あゆみ、ニュース

古くは蝦夷地とよばれ、アイヌ民族の住む地であった。江戸時代に南部の渡島半島に松前藩がつくられ、明治時代のはじめに屯田兵らにより原野が開拓された。1869（明治2）年に名称として「北海道」が制定された。人口密度は日本で最も低い。全国で唯一、財政再建団体（現・財政再生団体）になった夕張市は再建に取り組む。2018年、胆振東部地震が起き、厚真町で震度7を観測、さらに地震直後に北海道ほぼ全域で大規模停電（ブラックアウト）が起きた。

■ 環境問題

幌延町に原子力発電所から出る高レベル放射性廃棄物の地層処分を研究する施設がある。泊原子力発電所は、全3基が停止中。再稼働をめざしているが、22年5月、津波対策の不備を理由に札幌地裁が運転差し止めを命じた。青森県で建設中の大間原発から最短で23kmの位置にある函館市は、建設の無期限凍結を求めている。

トピックワード

😊 高田屋嘉兵衛、松浦武四郎、ウィリアム・スミス・クラーク

🏠 五稜郭、札幌市時計台、小樽運河、大樹航空宇宙実験場

世 知床（自然遺産）、北黄金貝塚（文化遺産）、道内13カ所（ラムサール条約）

★ さっぽろ雪まつり、流氷まつり、鹿追町ばん馬競技大会

🍵 二風谷アットゥシ、熊の木彫り、小樽オルゴール

🥦 アスパラガスなど豊富な農産物、毛ガニなどの水産物、バターなど乳製品

※2023年4月の任期満了にともなう知事選挙が予定されている。

統計―日本―私たちの郷土

北海道、青森県

津軽海峡にみる往来の歴史

北海道と本州を隔てる津軽海峡は、昔も今もいろいろなものが行き来する。それらのものから、この海にまつわる歴史が見えてくる。津軽海峡は、対馬海峡から日本海を北にのぼってきた対馬暖流が津軽暖流として太平洋へと抜ける通り道で、海峡の東口付近には北太平洋からくる冷たい親潮が流れ、暖流と寒流がせめぎ合う。好漁場で大間マグロが有名な下北半島大間町には本州最北端の大間崎がある（対岸の函館市汐首岬とは17.5kmの距離）。

古くは、縄文時代に人が丸木舟で海峡を渡り交流。函館周辺と津軽半島周辺の遺跡で特徴的なものとして、土器の形や文様、竪穴式建物跡などに共通点があり、円筒土器文化と呼ばれる（2021年、「北海道・北東北の縄文遺跡群」として世界文化遺産に登録）。

江戸時代には、北前船によって寄港地の野辺地や鯵ケ沢、箱館、小樽などに上方の文化が伝わった。ただ、下北半島の北限のサルなど、津軽海峡を境にするブラキストン線で日本列島の動物相は異なる。北海道には、ヒグマやシマフクロウなどシベリア大陸系の動物がいるが、本州にいるカモシカやニホンザルはいない。

1908（明治41）年には青函連絡船が就航し、大正、昭和の時代に多くの人や貨物を運んだ。64年に青函トンネル着工、88年に完成。トンネルの始点は、青森県今別町浜名、終点は北海道知内町湯ノ里で全長53.85km。2016年には北海道新幹線が走り始め、青函トンネルは、新幹線と貨物列車の共用で、海底を多くのものが行き来する。海底トンネルの世界初の海底駅（廃止）だった竜飛海底駅と吉岡海底駅の所在地は、青森県外ケ浜町と北海道福島町だが、津軽海峡の中央部分は公海で、17年、21〜22年には中国やロシアの艦船が通過。青森県の大間原発に対しては函館市が建設差し止めを要求している。安全な往来の歴史が続くことが望まれる。

青森県
（あおもり）

面積／9646㎢
人口／124万3081人
うち外国人　5618人
市町村／10市22町8村
県庁／青森市　　知事／三村申吾 ※

■ 都道府県の花・木・鳥

リンゴ
ヒバ（アスナロ）
ハクチョウ

旧国名
陸奥（大部分）

■ 自然
[地形]本州の最北端にあり、津軽半島と下北半島が陸奥湾を囲む。県中央部の八甲田山系の東に三本木原台地、西に津軽平野が開け、西の先に岩木山がそびえる。海岸線は単調な所が多い。小川原湖や十和田湖※など大きな湖がある。
[気候]日本海側の津軽地方は積雪が多い。太平洋側の南部地方では夏に冷たい北東風「やませ」が吹くと冷害になりやすい。

■ 交通
1988年に、海底トンネルの青函トンネル（53.85km）が開通。2010年に東北新幹線が全通、16年に北海道新幹線が開業。青森空港は国内外に路線があり、共用空港の三沢空港は国内3路線。下北半島の各地や青森、八戸から函館や苫小牧にフェリーもある。

■ 産業
製造品出荷額 1兆6765億円／農業産出額 3277億円（全国7位）
[農業]米とリンゴが中心で、農業産出額は東北で18年連続2位。米の10a当たり収量は全国1位。「青天の霹靂」は8年連続で特A。リンゴの収穫量は約42万tで全国の約63%を占め1位。ニンニク、ゴボウの収穫量も1位。ナガイモは2位、ニンジン、ダイコン、カブは3位。[林業]津軽・下北地方のヒバの天然林は日本三大美林のひとつ。ブナ原生林や八甲田連峰のアオモリトドマツも有名。[水産業]八戸港は全国上位の水揚げ量があるが、21年は5万t以下に。三陸沖は好漁場で、スルメイカ、マイワシ、サバがとれる。特にイカの水揚げ量は日本一。陸奥湾岸でホタテ貝の養殖が盛ん。大間産マグロは23年の初セリでも最高値。[鉱業]八戸や下北半島の尻屋崎で石灰石を採掘。[工業]製造品出荷額は食料品、電子部品が上位。下北には原子力や風力エネルギー関連が多い。[第3次産業]18年、19年は3500万人以上の観光客が訪れたが、20年、21年は約2300万人だった。

■ あゆみ、ニュース
南東の南部（八戸地方）と西の津軽（青森・弘前地方）は、江戸時代に別の藩の領地で、両地域は気候や地形だけでなく、人びとの気風も異なる。日露戦争前の1902年、青森歩兵第5連隊が雪中行軍で遭難、210人中199人が凍死した。日本最大級の縄文時代の集落跡「三内丸山遺跡」は2021年に、北海道・北東北の他の遺跡とともに世界文化遺産に登録された。22年8月、3年ぶりに青森ねぶた、弘前ねぶたなどの祭りが開催された。

■ 環境問題
21年度の風力発電量は12億3864万kW時で2年連続全国1位。六ケ所村の使用済み核燃料再処理工場の完成時期は24年度上期に。むつ市の使用済み核燃料中間貯蔵施設は23年度操業の予定。

トピックワード
👤 棟方志功、太宰治、寺山修司
🏠 十和田湖、弘前城
🌍 白神山地（自然遺産）、三内丸山遺跡（文化遺産）
⭐ 青森ねぶた祭
🧵 津軽塗、こぎん刺し、アケビ細工、ひば曲物、南部裂織
🍎 リンゴ、大間マグロ、ニンニク、ゴボウ
🐾 他 ニホンザルの北限の生息地

※2023年6月の任期満了にともなう知事選挙が予定されている。

※十和田湖（61.0㎢）は水面境界未定だったが、08年8月「青森県側6：秋田県側4」の比率で湖の面積を分割することで合意。

岩手県
（いわて）

面積／1万5275㎢
人口／120万6479人
うち外国人　7078人
市町村／14市15町4村
県庁／盛岡市　　知事／達増拓也 ※

■ 都道府県の花・木・鳥

キリ
ナンブアカマツ（アカマツ）

キジ

旧国名
陸中（大部分）、陸奥・陸前（各一部）

■ 自然
[地形]北海道に次ぐ全国2位の面積。山がちで南北に長い。中央部を北上川が南北に流れ、細長い平地をつくる。西の秋田県との境に奥羽山脈が、東部に北上山地が広がり、平野部は少ない。東の三陸海岸はリアス海岸で、天然の良港だが、明治、昭和にも津波の被害を受けた。[気候]広い県で地域により異なる。奥羽山脈の山沿いは、雪の多い日本海側の気候、北上高地は高原性、盆地性の気候で、北上川沿いの平野部は、全般に冬は寒さがきびしく、夏は暑い内陸性気候。沿岸部では海洋性気候だが、宮古市以北では寒流の影響で気温が低く、冷害も起こる。

■ 交通
東北新幹線や東北自動車道のほか、2017年には山田宮古道路が開通。19年3月には南北につながった三陸鉄道リアス線が開業。

■ 産業
製造品出荷額 2兆4943億円／農業産出額 2651億円（全国10位）
[農業]東北で2位の農業産出額。リンドウの出荷量とビール用ホップの収穫量は全国1位。畑わさびの生産も1位。米、リンゴ、ピーマン、飼料用牧草も多く、雑穀も有名。畜産、酪農が盛んで、乳牛やブロイラーも多く飼養。[林業]全国2位の森林面積（17年）。パルプ、チップなど広葉樹の利用が盛ん。国産材（素材）生産量3位。マツタケ生産は2位。[水産業]宮古、釜石、大船渡など三陸のリアス海岸の漁港が中心で、内湾で養殖も盛ん。アワビの漁獲量は全国1位、サケ類も多い。[鉱業]釜石鉱山は1993年に130年余りの歴史を閉じた。北上山地で石灰石を採掘。[工業]釜石の鉄鋼業は製鉄不況で89年に高炉が全面休止。花巻や北上周辺に自動車など製造業の工場がある。2020年に生産開始した北上市の大手半導体メーカーでは、23年から新工場を稼働予定。八幡平市には日本初の松川地熱発電所、雫石町にも葛根田地熱発電所がある。[第3次産業]中尊寺金色堂などがある平泉や国の名勝指定の浄土ケ浜など観光に人気。

■ あゆみ、ニュース
近世では、盛岡藩、仙台藩、八戸藩、一関藩で構成されていたが、1876（明治9）年に現在の県域が決定。山地が多く、人口密度は低い。中心的な都市・盛岡のある北上川沿いの平地がおもな農業地帯で、この平野部に花巻、北上、一関などの都市、三陸海岸に久慈、宮古、釜石、大船渡などの水産業・鉱業都市がある。

■ 環境問題
遠野市は、景観悪化や災害を防ぐために2020年6月から1ha以上の大規模太陽光発電施設の建設を禁じる条例を施行。大槌町にある湧水の池では、古来種のミズアオイや希少な魚・イトヨが生息。

トピックワード
👤 原敬、新渡戸稲造、石川啄木、宮沢賢治
🏠 三陸ジオパーク、小岩井農場、八幡平、龍泉洞
🌍 平泉、橋野鉄鉱山、御所野遺跡（いずれも文化遺産）
⚒ 南部鉄器、南部古代型染
⭐ チャグチャグ馬コ
🍴 ワカメ、ウニ、乳製品、前沢牛、わんこそば、盛岡冷麺

※2023年9月の任期満了にともなう知事選挙が予定されている。

宮城県

みやぎ

面積／7282k㎡
人口／226万8355人
　うち外国人 2万0746人
市町村／14市20町1村
県庁／仙台市　知事／村井嘉浩

■ 都道府県の花・木・鳥

ミヤギノハギ
ケヤキ
ガン

旧国名
陸前（大部分）、磐城（一部）

■ 自然
[地形] 西の山形との県境に奥羽山脈が南北に連なり、東は太平洋に面する。北から北上川が、南から阿武隈川が仙台湾に注ぎ、その下流域に仙台平野が広がる。牡鹿半島を境に北のリアス海岸と南の単調な砂浜海岸が対照的。[気候] 冬の積雪は奥羽山脈を除いて少ないが、乾燥した季節風が吹きつけ寒さがきびしい。

■ 交通
東北自動車道、東北新幹線が通り、仙台空港から国内外に路線がある。港湾も多く仙台塩釜港は仙台・塩釜・松島・石巻の港区からなり東北の流通を担う国際拠点港湾。2021年、三陸沿岸道路（仙台市−青森県八戸市）が全線開通。

■ 産業
製造品出荷額 4兆3580億円／農業産出額 1755億円
[農業]「ササニシキ」の本場で、「ひとめぼれ」を生んだ全国有数の米どころ。米収穫量は5位。大豆は2位。セリ、パプリカは全国1位（20年）の収穫量。[林業] 県内各地でスギの人工林が多くみられる。[水産業] 塩釜、石巻、気仙沼を中心に近海、遠洋漁業とも盛ん。気仙沼は生鮮カツオの水揚げ量日本一。県の漁獲量は全国5位。[工業] 仙台、石巻、塩釜、気仙沼などを中心に水産物加工などの食料品工業が盛ん。大衡村では、トヨタ自動車東日本が小型車などを生産。大和町には、エンジンなどの工場がある。

■ あゆみ、ニュース
中央部の仙台は、東北地方の行政、経済、文化の中心地。1960年代から仙台などで工業化が進む。仙台市は89年に政令指定都市になり、99年に人口が100万人を超えた。2017年に太平洋戦争末期を除いて初めて自然減に転じ、その後も自然減は続き、21年は市全体の人口も減少したが、22年は増加。東日本大震災では甚大な被害（県で1万人を超える死者・行方不明者）を受けた。気仙沼市の震災遺構・伝承館は震災直後の姿を伝える。19年、観光客数は約6800万人に上ったが、20年に約3900万人と減少、21年は約4500万人に回復。22年8月の仙台七夕まつりには19年を上回る225万人が訪れた。

■ 環境問題
女川原発2号機は、再稼働に向け、20年2月に国の安全審査を通り、11月には石巻市、女川町が同意。安全対策工事を進めて24年の再稼働をめざしているが、21年に石巻市民が再稼働差し止めを求めて提訴。23年5月に判決。1号機は18年に廃炉が決定。

秋田県

あきた

面積／1万1638k㎡
人口／95万6836人
　うち外国人 4012人
市町村／13市9町3村
県庁／秋田市　知事／佐竹敬久

■ 都道府県の花・木・鳥

フキノトウ（フキ）
アキタスギ（スギ）

ヤマドリ

旧国名
羽後（大部分）、陸中（一部）

■ 自然
[地形] 南北に長く、東の岩手との県境には奥羽山脈が南北に連なり、西は日本海に面する。奥羽山脈と中央部の出羽山地との間に大館、横手の盆地がある。そこから流れる米代川、雄物川が注ぐ日本海側に能代、秋田平野が広がる。田沢湖は日本一の深さ。[気候] 降水量が多く、冬は海岸部を除いて積雪量が多い。夏は南東風が奥羽山脈をこえるときにフェーン現象で暑い。

■ 交通
日本海沿岸東北自動車道が新潟から縦貫し、秋田自動車道が岩手から横断する。東京から秋田新幹線が通り、秋田空港、大館能代空港からは羽田などに路線がある。秋田港、船川港、能代港などが国内や東アジアの物流を担う。

■ 産業
製造品出荷額 1兆3078億円／農業産出額 1658億円
[農業] 豊富な水を利用した稲作が中心。米の収穫量は全国3位。単位面積あたりの収穫量も多い。「あきたこまち」が人気。県の新ブランド米「サキホコレ」が2022年発売開始。リンゴの収穫量は全国6位。じゅんさい、とんぶりは地域特産として有名。大潟村で米、大豆、小麦を大規模栽培。[林業] 県面積の7割を森林が占め、林業も盛ん。秋田スギは日本三大美林のひとつ。米代川沿いに多く茂り、大館、能代は木材産業が発達。[水産業] 秋田名物のハタハタは減少しているが、冬が最盛期。[鉱業] かつては全国一の非鉄金属の鉱山県だった。閉山後も技術はリサイクル製錬などに活用。八橋、申川、由利原などで石油や天然ガスを産出。[工業] 秋田市を中心に電子、化学、木材、製紙工場、県南に電子関係、県北で小型家電からレアメタルを回収。湯沢市は国内有数の地熱先進地域で1994年以上の岱地熱発電所、2019年に山葵沢地熱発電所が稼働。

■ あゆみ、ニュース
日本で2番目に広い湖だった八郎潟を干拓し、1964年に大潟村が発足。県の人口減少率、高齢化率はともに高い。2021年、ストーンサークルを主体とした「大湯環状列石」（鹿角市）が世界文化遺産に登録。22年8月、3年ぶりに全国花火競技大会（大曲の花火）が大仙市で開催。同年11月、民俗芸能「風流踊」として県内の「西馬音内の盆踊」（羽後町）と「毛馬内の盆踊」（鹿角市）が無形文化遺産に登録された。

■ 環境問題
陸上自衛隊新屋演習場は陸上配備型迎撃ミサイルシステム「イージス・アショア」の配備候補地だったが、20年6月、防衛省が計画を撤回した。

山形県

面積／9323㎢
人口／105万6682人
　うち外国人　7337人
市町村／13市19町3村
県庁／山形市　　知事／吉村美栄子

■ 都道府県の花・木・鳥

ベニバナ
サクランボ（オウトウ）
オシドリ

旧国名　羽前、羽後（一部）

■ 自然

[地形]南北に長く、北西部が日本海に面する。東の宮城との県境に奥羽山脈が南北に走り、それと並行して西に出羽山地がある。その間を最上川が、米沢、山形、新庄の盆地をつくり、南から北へと流れ、庄内平野をへて酒田で日本海に注ぐ。[気候]庄内では降水量が多く夏は暑い。内陸では降水量が少なく寒暖の差が大きい。山間部は日本有数の多雪地帯。

■ 交通

山形新幹線が首都圏から通り、日本海側に羽越本線が走る。2022年、山形新幹線が開業30周年、JR左沢線が全線開通して100周年をむかえた。東北中央自動車道と山形自動車道が県内を縦横に走り、内陸の山形空港と海側の庄内空港から国内に定期路線が

ある。港は、酒田港、加茂港、鼠ケ関港があり、酒田港は重要港湾に指定。

■ 産業

製造品出荷額　2兆8323億円／農業産出額　2337億円
[農業]米は庄内平野で主に作られ、収穫量は全国4位。内陸部では少ない雨と寒暖の差を利用して果物を栽培。サクランボと西洋ナシは収穫量全国1位。スイカは3位、ブドウ、リンゴは4位。バラなど切り花も多い。米沢牛、紅花栽培も有名。[鉱業]酒田など日本海側で原油、天然ガスを産出。[工業]電子、情報機器、食料品が中心。[第三次産業]銀山や蔵王に観光客が多く、18年度は県で初めて国際チャーター便が就航し、過去最多の約4651万人が訪れたが、20年度は2751万人と減少、

21年度は3006万人に回復。

■ あゆみ、ニュース

酒田は江戸時代、北前船が立ち寄る日本海側有数の港町として栄え、最上川に沿って内陸の新庄、山形の盆地まで京都や大坂など上方の文化が伝わった。沿岸部の庄内地方と内陸部では風土が異なる。明治時代の廃藩置県で、当初7県になったが統廃合され、1876年に現在の山形県となった。現在、人口減少が進んでいる。2021年、山形国際ドキュメンタリー映画祭は、初のオンライン開催となり、香港の「逃亡犯条例」改正に反対するデモ隊を撮った作品が大賞。22年、大鍋で作ることで有名な芋煮会が、3年ぶりに、山形市の河川敷で開かれた。

■ 環境問題

山間部には貴重な天然ブナ林が

あり、イヌワシやクマタカも生息。イヌワシは、国内の生息数400～650羽と推定（19年）。蔵王で冬に樹氷になる針葉樹アオモリトドマツが、虫の食害で立ち枯れが広がり、自生する苗木を移植して保護。

トピックワード
- 🧑 高山樗牛、小磯国昭、斎藤茂吉、土門拳、井上ひさし
- 🏠 蔵王、米沢城、鶴岡市（ユネスコ、食文化創造都市認定）
- 🌍 大山上池・下池（ラムサール条約）
- ★ 花笠まつり
- 🎁 置賜紬、将棋の駒（天童、生産量日本一）、山形鋳物、紅花染、いづめこ人形
- 🍲 芋煮、冷や汁、だだちゃ豆
- 他 山形国際ドキュメンタリー映画祭

福島県

面積／1万3784㎢
人口／184万1244人
　うち外国人　1万3963人
市町村／13市31町15村
県庁／福島市　　知事／内堀雅雄

■ 都道府県の花・木・鳥

ネモトシャクナゲ（ハクサンシャクナゲ）
ケヤキ
キビタキ

旧国名　磐城（大部分）、岩代

■ 自然

[地形]北海道、岩手県に次ぐ全国3位の面積。南北に連なる阿武隈高地と奥羽山脈により会津・中通り・浜通りに分けられる。会津地域は、奥羽山脈や越後山脈に囲まれ、尾瀬や裏磐梯の湖沼群、猪苗代湖など自然豊か。中通りは阿武隈川に沿って郡山や福島など盆地が連なる。浜通りは太平洋に面する。[気候]東西で違い、会津地方は雪が多い。中通りから会津にかけては寒暖の差が大きく夏は暑い。浜通りは雪があまり降らない。

■ 交通

鉄道では、JRの東北新幹線、山形新幹線、東北線、磐越東線・磐越西線、水郡線が通り、会津鉄道などもある。東北自動車道や磐越自動車道で東京や新潟とつながり、あぶくま高原道路は、福島空

港にアクセスできる。

■ 産業

製造品出荷額　4兆7670億円／農業産出額　1913億円
[農林業]米の収穫量は全国7位。会津盆地は良質の早場米ができる米どころ。内陸を中心に果物の栽培が盛ん。桃は全国2位、梨とリンゴは5位。関東地方向けの野菜農家も多く、サヤインゲン、サヤエンドウは全国3位。ナタネ、キュウリ、ソバ、エゴマ、ナメコも多い。桐材の生産量は全国の6割以上を占める。[水産業]黒潮と親潮が交錯する良好な漁場で、カツオやイワシがとれる。いわき市のメヒカリ、相馬のホッキ貝は有名。原発事故による出荷制限後に行われた試験操業も21年に終了したが、水揚げは事故前の2割。ただ最近、高級魚のトラフグが急増。[工業]

工業製品出荷額は東北6県中1位。福島市エリアでは、電気・機械・電子産業が中心、郡山市エリアは近年、医療・福祉機器産業が集まり、会津エリアは半導体関連産業を中心に集積が進んでいる。相馬市やいわき市は輸送用機器、化学工業が盛ん。

■ あゆみ、ニュース

東北地方の入り口にあり、白河の関は有名。海側の浜通り、中通り、西の会津で異なった文化圏をつくる。1868年の戊辰戦争では、会津若松城や飯盛山など多くの場所が歴史的舞台となった。2011年の東日本大震災により、浜通りの福島第一原子力発電所で水素爆発。多くの人が避難し、22年11月現在も県内外に約2万8千人が避難している。

■ 環境問題

東日本大震災以来、停止中の福島第二原発4基の廃炉が決まり第一原発とあわせて10基が廃炉に。第一原発の処理済み汚染水の海洋放出は23年春から夏ごろに開始の方針（23年1月時点）。

トピックワード
- 🧑 新島八重、野口英世、草野心平
- 🏠 磐梯山、会津若松城（鶴ケ城）、塔のへつり
- 🌍 尾瀬ケ原（ラムサール条約）
- ★ 相馬野馬追、信夫三山暁参り
- 🎁 会津塗、唐人凧、赤べこ（張り子人形）、三春駒、白河だるま、総桐箪笥
- 🍜 喜多方ラーメン、名酒（全国新酒鑑評会で9回連続金賞受賞数日本一）
- 他 白虎隊

只見線がみせた生き残りへの指針

　JR只見線は、会津若松(福島県)—小出(新潟県)をつなぐローカル線だが、2011年豪雨災害で会津川口—只見間が不通となり、22年の全線再開まで11年を要した。その間、路線を運営するJR東日本は、不通区間を廃止してバスに切り替えることを地元に提案。しかし福島県や沿線の17市町村は、復旧にかかる費用や路線の維持管理費を負担しても全線再開することにこだわった。雪に閉ざされる冬、鉄道は重要な交通手段であるためだ。その結果、JR東日本は不通区間を復旧させたうえで鉄道施設を県に譲り、列車の運行だけをJR東日本が担当する「上下分離方式」(JR東日本の路線では只見線が初めて採用)をとることになり、年間3億円かかる会津川口—只見間の維持管理費は、県と沿線市町村が負担する。

　そして22年10月1日、只見線は全線再開した。全国から大勢の客が列車に乗り込み、記念式典など祝賀ムードに包まれた。

　只見線は、絶景の中を走る秘境路線で、写真愛好家や観光客に高い人気がある。特に只見川の雄大な渓谷を渡る数々の只見川橋梁などは季節や天候による変化が美しく、何度でも訪れたくなる。このように魅力あるローカル線を多く運営するJR各社は、コロナ禍のもと経営的苦境が加速している。

　只見線の挑戦は、ローカル線生き残りのための重要な指針かもしれない。

再開一番列車をむかえる人たち(会津川口駅)

日光杉並木街道はどうなる？

　日本有数の観光地である日光市。2023年NHK大河ドラマの主人公、徳川家康をまつる「日光東照宮」はその豪華絢爛さから、「日光(の東照宮)を見ずして結構と言うなかれ」という言葉もあるほど、日光の象徴として知られている。そんな日光のもうひとつの観光資源が、「日光杉並木街道」だ。日光東照宮が造営された江戸時代初期、家康の家臣だった松平正綱・正信の親子が2代にわたり二十数年をかけ植樹。江戸と日光を結ぶ「日光街道」沿いを含む三つの街道からなる杉並木は総延長37kmに及び、世界で最も長い並木道としてギネス世界記録にも認定されている。日本で唯一、国の特別天然記念物と特別史跡の両方に指定されている。杉の割れ目に桜の種が入って芽をふき、根を下ろした「桜杉」というめずらしい木も存在する。

　幕末、日光は戊辰戦争の舞台となり、「砲弾打ち込み杉」にはその際の砲弾の傷がいまなお残る。太平洋戦争時には艦船をつくるために伐採されそうになったこともあった。杉並木街道は生活のための幹線道路でもあり、戦後は、車の排出ガスや振動の影響も受けるようになった。杉自身の高齢化や災害の影響もあり、1961年に約1万6500本あった杉は2022年3月現在で約1万2100本と4千本以上減少し、樹勢の衰えも進んでいる。

　保存資金調達のため並木杉を1本1千万円で購入してもらう「日光杉並木オーナー制度」を導入したが、思うようにオーナー数は伸びず、資金運用も苦しい。バイパスを整備して杉並木を歩行者専用道に切り替えたり、新しい木を植えていったりするなどの保存計画が進められているところだ。

茨城県

面積／6098km²
人口／289万0377人
　　うち外国人 6万9945人
市町村／32市10町2村
県庁／水戸市　　知事／大井川和彦

■ 都道府県の花・木・鳥

バラ

ウメ

ヒバリ

旧国名
常陸、下総 (一部)

■ 自然
[地形] 北部に阿武隈、八溝などの山地があるが、大半は関東平野の一部を占める常総台地と低地。北部に久慈川、那珂川が、南部の県境に利根川が流れる。霞ケ浦(西浦)、北浦、利根川が合流する一帯は水郷とよばれる低湿地。鹿島灘沖は千島海流(親潮)と日本海流(黒潮)がぶつかる潮目。[気候] 温暖な太平洋岸式気候だが、北西山間部と南部とで気温差が大きい。

■ 交通
　JRの常磐線、水戸線、水郡線や2005年開業のつくばエクスプレス、ひたちなか海浜鉄道、鹿島臨海鉄道、真岡鐵道などの鉄道がある。JR水郡線などでは自転車を列車内に持ち込めるサイクルトレインの運行も。道路は常磐自動車道、東関東自動車道水戸線、北関東自動車道が通り、首都圏の環状道路(圏央道)も開通。茨城空港(航空自衛隊百里基地と共用)は、国内線と上海などの路線がある。

■ 産業
製造品出荷額 12兆1773億円(全国7位)／農業産出額 4263億円(全国3位)

[農業] 田畑の耕地面積は全国3位。常総台地の野菜と低地の米が中心。採卵鶏の飼育羽数や鶏卵の生産量は全国1位。ピーマン、小松菜、レンコン、白菜、水菜、チンゲンサイ、メロン、栗の収穫量は1位。レタス、サツマイモは2位など上位の作物が多い。[水産業] 漁獲量は全国2位。沖合漁業でイワシ、サバ、河川でアユ、涸沼でシジミ、霞ケ浦でシラウオ、ワカサギも。[工業] 日立、ひたちなか市の電気機器や、鹿島臨海工業地帯の鉄鋼、石油化学工業が大規模。県南地域に食料品や情報機器の工場があり、つくば市は先端技術の研究所が多く宇宙航空研究開発機構(JAXA)もある。

■ あゆみ、ニュース
　1871(明治4)年、廃藩置県による県の統廃合で茨城県・新治県・印旛県が誕生し、1875年に現在の茨城県となった。1969(昭和44)年に鹿島港が開港、筑波研究学園都市も起工。1957年、東海村の実験用原子炉で日本で初めて臨界(核分裂の連鎖反応)に達した。2022年、開園180周年を迎えた偕楽園(日本三名園の一つ)では、迎賓施設の建設が始まり、開園当初の景観に近づける取り組みの計画も。

■ 環境問題
　1999年、東海村の民間ウラン加工施設で臨界事故が発生。2人が死亡。東海第二原発は首都圏にある唯一の商業炉で30キロ圏内に94万人が住む。2011年の東日本大震災で停止。18年に40年を超える運転が認められ、安全対策工事中(完了は24年に延期)だが、21年に水戸地裁は避難計画の不備から運転差し止めを命じた。

トピックワード
👤 徳川光圀、間宮林蔵、徳川斉昭、横山大観、野口雨情
🏠 偕楽園、鹿島神宮、弘道館、袋田の滝
🌍 渡良瀬遊水地 (一部)、涸沼 (ともにラムサール条約)
⭐ 常陸大津の御船祭、日立風流物(山車)
🍵 笠間焼、結城紬、真壁石灯籠
🍲 納豆、干しイモ、アンコウ
他 霞ケ浦の帆引き網漁

統計―日本―私たちの郷土

栃木県

面積／6408km²
人口／194万2494人
　うち外国人　4万1670人
市町村／14市11町
県庁／宇都宮市　　知事／福田富一

■ 都道府県の花・木・鳥

トチノキ

ヤシオツツジ

オオルリ

旧国名
下野

■ 自然

[地形] 北部の山地と南部の平地がほぼ半分ずつ。東部の那珂川、利根川の支流の鬼怒川、渡良瀬川などが関東平野の北部を形づくる。北部那須火山帯には、那須岳、男体山、白根山などの火山があり、那須、塩原、鬼怒川など温泉も多い。中禅寺湖は日本一高い場所にある湖。[気候] 内陸型の気候で夏は高温で雷が多い。冬は北西の季節風が強く、気温は低い。2022年7月に佐野市で県内観測史上最高気温39.9度を記録した。

■ 交通

東北新幹線、東北線、日光線、烏山線などJR路線や東武鉄道・鬼怒川線など多くの路線が各地を結ぶ。道路も東北自動車道、北関東自動車道、圏央道も整備され、15年のJR「上野東京ライン」開業で、首都圏に近くなった。宇都宮市の次世代型路面電車（LRT）の開業は、23年夏の予定。

■ 産業

製造品出荷額　8兆2353億円／農業産出額　2693億円(全国9位)
[農業] 平野部で稲作が盛んで収穫量全国8位。「とちおとめ」で有名なイチゴの収穫量は54年連続1位。新品種「とちあいか」「ミルキーベリー」も発売。かんぴょう生産量は99%以上、二条大麦とニラ、生乳は2位。[鉱業] 建築用の大谷石や、園芸用の鹿沼土がとれる。[工業] 歯科用機械器具の生産は全国1位。カメラ用交換レンズや光学レンズも多い。宇都宮、大田原、矢板市に電気機器の工場、県央には自動車メーカーの工場がある。

■ あゆみ、ニュース

1873(明治6)年、宇都宮県を併合して栃木県になった。内陸県で、農業と内陸型の工業が盛ん。1901年、足尾鉱毒問題で、田中正造が天皇に直訴。2006年の合併によって旧栗山村など4市町村を含めた日光市は県土4分の1の面積となった。19年、皇位継承にともなう「大嘗祭」で県内の斎田で収穫された純粋産米「とちぎの星」が採用された。22年、妖怪「九尾の狐」の伝説が言い伝えられる那須町の国指定名勝史跡「殺生石」が二つに割れ、話題に。平安期に都で悪事を働いた「九尾の狐」が那須で射止められた後、姿を変えたとされる石。5月には、ここで御神火祭が3年ぶりに開かれた。100人のたいまつ行列が那須温泉神社から山中の御成道を経て殺生石に着き、無病息災や五穀豊穣を祈った。

■ 環境問題

日本の公害の原点となった足尾鉱山は江戸時代に開発されたが、1973年に閉山した。鉱毒被害を受けた旧谷中村は廃村、その後、渡良瀬遊水地になった。

トピックワード

- 😊 那須与一、蒲生君平、二宮尊徳、田中正造
- 🏠 日光杉並木街道、華厳の滝、足利学校
- 🌍 東照宮（文化遺産）、奥日光の湿原、渡良瀬遊水地(ラムサール条約)
- ⭐ 山あげ祭、鹿沼秋まつり
- 🍽 益子焼、ふくべ細工、手すき和紙、結城紬（無形文化遺産）
- 🥢 宇都宮のギョーザ、佐野ラーメン、日光ゆば

群馬県

面積／6362km²
人口／194万3667人
　うち外国人　6万0749人
市町村／12市15町8村
県庁／前橋市　　知事／山本一太 ※

■ 都道府県の花・木・鳥

クロマツ

レンゲツツジ

ヤマドリ

旧国名
上野

■ 自然

[地形] 県は、南東方向に首を向けたツルが翼を広げた形。日本列島のほぼ中央に位置し、県の面積の約3分の2が丘陵山岳地帯。流域面積が日本一の利根川の源流がある。浅間、草津白根、日光白根、赤城、榛名の五つの活火山があり、2018年、草津白根山のうち本白根山が噴火。19年に群馬・長野両県にまたがる浅間山が15年以来の噴火。[気候] 内陸性で夏は暑くて雷が多く、冬は「からっ風」と呼ばれる北西の強い季節風が吹く。北西の山間部は雪も多い。

■ 交通

上越新幹線、北陸新幹線が県内を通り、JRの上越線、吾妻線、両毛線などや私鉄の東武線、上信電鉄など鉄道が多く、わたらせ渓谷鐵道ではトロッコ列車も走る。道路も、関越道、上信越道、北関東道など整備されている。

■ 産業

製造品出荷額　7兆8889億円／農業産出額　2404億円
[農業] 首都圏向けの野菜栽培が盛ん。コンニャクイモの収穫量は全国の94.5%、繭の生産量は約35%を占める。キャベツは全国1位。枝豆、フキ、梅、ほうれん草は全国2位。レタス、白菜、ナスは3位、生シイタケは4位。水田農業は米麦の二毛作が行われ、小麦の収穫量も多い。[工業] 第2次世界大戦で使われた戦闘機を造った会社が前身のSUBARUの主力工場が太田市にあり、周辺は関連企業が多い。大手電機メーカーや自動車工場がある大泉町では労働者として日系ブラジル人や多くの外国人が暮らし、住民の19.7%を占め

る(22年末)。絹織物工業も古くから盛んで、京都の西陣から技術を導入した桐生市が中心。

■ あゆみ、ニュース

水資源が豊富で、利根川支流を中心に多くのダムがあり、首都圏の水がめの役割を担う。県下に458の温泉源泉があり、草津、伊香保、水上など温泉地は96カ所(21年3月末)。1887(明治20)年に上毛新聞が創刊。総理大臣(中曽根康弘、福田赳夫・康夫、小渕恵三)も多く輩出。2023年に広島市で開かれる主要7カ国首脳会議(G7サミット)に合わせて開かれるデジタル技術大臣会合が、県内で開催される。

■ 環境問題

1783(天明3)年の浅間山噴火で、火口から約12kmの嬬恋村鎌原地区(旧鎌原村)は火砕流や土石なだれで埋没した。今後も噴火が予想されるため、県では、火山現象の状況に応じた警戒避難体制の整備を行っている。

トピックワード

- 😊 関孝和、新島襄、内村鑑三、萩原朔太郎
- 🏠 草津温泉・湯畑、吹割の滝、碓氷第三橋梁、群馬サファリパーク
- 🌍 富岡製糸場と絹産業遺産群（文化遺産）、尾瀬、渡良瀬遊水地、芳ケ平湿地群(ラムサール条約)
- ⭐ 高崎だるま市、中之条鳥追い祭
- 🍽 桐生織物、伊勢崎絣、こけし、沼田の座敷幕
- 🥢 焼きまんじゅう、下仁田ネギ、おっきりこみ、ひもかわうどん、麦落雁

※2023年7月の任期満了にともなう知事選挙が予定されている。

埼玉県

面積／3798㎢
人口／738万5848人
　　うち外国人　19万4017人
市町村／40市22町1村
県庁／さいたま市　知事／大野元裕※

■ 都道府県の花・木・鳥

サクラソウ　　ケヤキ　　シラコバト

旧国名
武蔵（北部）

■ 自然

[地形] 半月の形をした内陸県。関東平野の中央に位置する低平部が全体の3分の2を占める。そこから西へ武蔵野台地、秩父山地、関東山地と高くなる。北部の県境を利根川が流れ、西部の秩父盆地から荒川が中央部に流れる。[気候] 山間部は内陸性の気候で、雨が少なく寒暖の差が大きい。平野部は冬から春にかけて乾いた季節風が強く、関東ローム層の赤土を吹き上げる。2018年7月、熊谷市では、41.1℃を記録、当時の国内の観測史上最高気温を更新。

■ 交通

鉄道はJRの上越・北陸新幹線、東北新幹線、八高線が通り、都心に直結する私鉄の東武線や西武線、つくばエクスプレス、埼玉高速鉄道、鉄道とバスの中間とされ

る埼玉新都市交通ニューシャトルも。東北、関越、常磐の各自動車道、圏央道など環状道路も整備。

■ 産業

製造品出荷額　12兆8630億円（全国6位）／農業産出額　1528億円
[農業] 京浜地方向けの野菜や花の近郊農業が盛ん。サトイモ、ほうれん草、ネギの収穫量は全国1位、小松菜、カブ、ブロッコリーは2位。キュウリは3位。切り花のユリ、パンジーの苗は出荷量が全国1位。東部は米、北部は畜産も盛ん。川口市の安行は植木、苗木で有名。狭山丘陵では茶を栽培。[工業] 県内各地に、機械工業や輸送機器、電器工業などが分散。北本に菓子、久喜にしょうゆのメーカーも。寄居に自動車工場、小川町にエンジン、狭山に部品の工場がある。川口の鋳物業は有名。

※2023年8月の任期満了にともなう知事選挙が予定されている。

■ あゆみ、ニュース

明治時代の廃藩置県で、当初、埼玉県と入間県にわかれていたが、1876（明治9）年にほぼ現在の県域が確定。首都圏へ農作物を供給する近郊農業県であったが、首都圏の拡大や地価の高騰とともに、東京に隣接する南部から宅地化が進んだ。市の数は40で日本一多く、志木、蕨など面積の小さな市が多い。2001年に浦和、大宮、与野の3市が合併し「さいたま市」が誕生。05年に岩槻市が編入合併して10区になった。川越市は1922（大正11）年12月1日、川越町と仙波村が合併して誕生した県内初の市で、2022年に市制施行100周年をむかえ、川越まつりで巡行する豪華な山車も登場して節目を祝った。「川越氷川祭の山車行事」はユネスコ無形文化遺産に

登録されている。

■ 環境問題

寄居町にある「彩の国資源循環工場」は、全国初めての総合的「資源循環型モデル施設」で、最終処分場や研究施設があり、高度な環境対策のもとゴミ発電を実現。

トピックワード

😊 塙保己一、渋沢栄一、荻野吟子
🏠 さきたま古墳群、三峯神社、競進社模範蚕室、時の鐘
🌍 渡良瀬遊水地（一部、ラムサール条約）
⭐ 秩父夜祭
🏵 行田のたび、岩槻人形、川口鋳物、盆栽
🍘 草加せんべい、深谷ねぎ、狭山茶
その他 和銅開珎

千葉県

面積／5157㎢
人口／631万0875人
　　うち外国人　16万2835人
市町村／37市16町1村
県庁／千葉市　知事／熊谷俊人

■ 都道府県の花・木・鳥

ナノハナ（アブラナ）

マキ

ホオジロ

旧国名
安房、上総、下総

■ 自然

[地形] 房総半島の丘陵地と、半島のつけ根の平野と台地からなる。下総台地とその西に続く低地は関東平野の一部。県北部と北西部に、利根川と江戸川が流れる。市原市の「養老川流域田淵の地磁気逆転地層」（天然記念物）が示す約77万4000～12万9000年前の地質時代は、「チバニアン（千葉時代）」と呼ばれる（2020年1月、国際地質科学連合の決定）。[気候] 温暖多雨。房総半島南端は暖流（黒潮）の影響で真冬でも霜がおりず暖かい。北部の内陸部は寒暖差が大きく、冬はやや寒い。

■ 交通

成田空港は、国際線旅客数でも国際貨物取扱量でも国内最大。世界的にも有数の規模。JRの総武線、成田線、常磐線、京葉線、外

房線・内房線など多くの路線のほか私鉄や東京都心からの地下鉄、県内を結ぶモノレールもある。道路は、環状道路、京葉道路、館山自動車道など。1997年開通の東京湾アクアラインも。千葉ニュータウンを走る北総鉄道は、2022年10月、値下げした。23年3月、京葉線に新駅「幕張豊砂」ができる。

■ 産業

製造品出荷額　11兆9264億円（全国8位）／農業産出額　3471億円（全国6位）
[農水産業] 有数の農業県で、サヤインゲン、ダイコン、カブ、みつば、梨が収穫量1位。ネギ、ニンジン、スイカ、ビワは2位。枝豆、キャベツ、サツマイモ、春菊、ショウガは3位。落花生は全国生産量の8割以上。三方を海に囲まれ、沖合は黒潮と親潮が交差する豊か

な漁場。イワシ類、サバ類、マグロ類、タイもとれる。銚子漁港は水揚げ量が12年連続全国1位（22年）。[鉱業] 県を中心に南関東ガス田があり、都市ガスに利用。また地層水に高濃度のヨウ素を含む。[工業] 東京湾岸を埋め立てた京葉臨海工業地域では、鉄鋼や石油精製、化学など重化学工業を中心に発展。内陸部に食料品、金属製品製造業など多様な産業が集積。[第3次産業] 成田山新勝寺は、1080年余の歴史がある全国有数の寺院で多くの参拝者がある。東京ディズニーリゾートには18年度約3256万人と過去最高の入園者があった。20年以降休園や入場制限が続いたが、22年2月に入園者数が累計8億人を突破。

■ あゆみ、ニュース

明治時代の廃藩置県では房総

に24の県が生まれ、その後、木更津県、印旛県となり、1873（明治6）年に両県を合わせて千葉県になった。2002年、人口が600万人を突破。

■ 環境問題

22年6月、県北西部を中心に局地的に大雨とひょうが降り、梨など農作物が被害を受けた。

トピックワード

😊 日蓮、青木昆陽、伊能忠敬、国木田独歩
🏠 犬吠埼灯台、館山城、幕張メッセ、海ほたる
🌍 谷津干潟（ラムサール条約）
⭐ 佐原の大祭、やっさいもっさい踊り、成田山新勝寺節分会
🏵 房州うちわ
🍶 しょうゆ（銚子市と野田市）
その他 南総里見八犬伝

東京都

面積／2194km²
人口／1379万4933人
　うち外国人　51万7881人
市町村／23特別区26市5町8村
都庁／新宿区　知事／小池百合子

■ 都道府県の花・木・鳥

ソメイヨシノ（サクラ）　イチョウ　ユリカモメ

旧国名
武蔵（中部）、伊豆（一部・伊豆諸島）

■ 自然

[地形] 面積は全国で3番目に狭い。武蔵野台地は扇状地、その西は多摩地区。東端は住宅地で、東京湾に沿う下町は低地帯で海抜ゼロメートル地帯もある。低地は工業用地や都心、台地に副都心と住宅、丘陵地は住宅と畑地。多摩川、荒川、江戸川は、東京湾に注ぐ。太平洋上の伊豆諸島、小笠原諸島は富士火山帯に属し、大島の三原山、三宅島の雄山などは活動が続く。小笠原諸島の南鳥島は日本最東端、沖ノ鳥島は日本最南端。2021年、小笠原諸島の海底火山・福徳岡ノ場が噴火。22年3月には「噴火浅根」も注視された。同年8月には硫黄島の沖でマグマの噴出とみられる噴火も発生。[気候] 温暖だが都心部と郊外で気温差がある。海岸と内陸の気候の違い以外に排ガスなどによる気温上昇（都市気候）も。

■ 交通

首都機能を担う交通網は複雑で密。JRは山手線はじめ、東海道線、中央線、京浜東北線、総武線、京葉線などと東海道、東北、上越、北陸の各新幹線が都内から出る。多くの私鉄路線や地下鉄、モノレールもある。道路は、東名高速、中央道、関越道などのほか、首都高速、環状道路も。羽田空港は、国内最大の乗降客数がある。

■ 産業

製造品出荷額 7兆0805億円／農業産出額 196億円

[農業] 1985年に1万2500haあった農地は2021年に6410ha。小松菜は全国4位の収穫量、ブルーベリーは1位（19年）。伊豆大島のツバキ油生産量も多い。多摩地域

西部に森林が多く、スギやヒノキを産出。[水産業] 大島、八丈島などでキンメダイなどがとれる。奥多摩で、ヤマメを養殖。[工業] 印刷関連業種の出荷額は全国1位。大田区、墨田区、葛飾区などでは生産用機械、金属製品の事業所が多く、多摩地域には輸送用機械・電気機械などの大規模な事業者や工場が多い。[第3次産業] 日本銀行や各種金融機関が集中し、日本の経済活動を担う。情報通信業や金融・保険、学術研究などの従事者の割合が高い。

■ あゆみ、ニュース

1868（明治元）年、江戸を東京と改称、東京府を置く。1889年、東京市（15区）が誕生、1932（昭和7）年に東京市と隣接5郡82町村が合併（35区）。1947年に23区に。2018年、豊洲市場開場。21

年、東京2020オリンピック・パラリンピックが開催された。

■ 環境問題

国の特別天然記念物アホウドリは、伊豆諸島の火山島・鳥島で繁殖。噴火で全滅のおそれがあり小笠原諸島・聟島に移住させ保護。

トピックワード

- 😊 葛飾北斎、勝海舟、樋口一葉、平塚らいてう
- 🏠 国会議事堂、東京都庁、皇居、歌舞伎座、スカイツリー
- 🌍 小笠原諸島（自然遺産）、葛西海浜公園（ラムサール条約）
- ⭐ 隅田川花火大会、三社祭、入谷朝顔まつり
- 👘 黄八丈、江戸切子、村山大島紬、江戸押絵羽子板
- 🍃 アシタバ、練馬大根、浅草のり、雷おこし

東京都

東洋のガラパゴス・小笠原諸島

東京都心から南におよそ1000kmにある小笠原村は、父島列島を中心に南へ50kmの母島列島、さらに250km西南西の火山（硫黄）列島、1300km東南東の南鳥島、1000km南西の沖ノ鳥島など30あまりの島々が含まれ、村域は日本最大である。

父島や母島を除けば現在はほとんどが無人島である。緯度的には沖縄とほぼ同じで亜熱帯だが、小笠原諸島は沖縄と違って一度も大陸と陸続きにならなかった海洋島のため、小笠原諸島でしか見られないハハジマメグロ（特別天然記念物）やオガサワラオオコウモリ（天然記念物）をはじめ、動植物の固有種が多い。もっとも固有率が高いのはカタツムリなどの陸貝で94%にもなる。昆虫類も3割近い。

花の咲く植物とシダ類は、父島列島と母島列島では外来植物を除けば280種で、うち固有の種類は125種にもなり、日本では最も固有率が高い。小笠原諸島は海底火山を基盤とし、海上に隆起したのは4000万年前以降※とみられている。その無人島に植物がたどり着いたのは海流、鳥、風の三つのルートによる。

海流では、タコノキ、ノヤシ、オガサワラビロウなど果実や種子が水に浮き漂着し、固有種に進化した。タコノキは空中に太い気根をのばし、タコの足のようだと名づけられた。イソフジは熱帯の海岸にみられ、さやが海流で運ばれる。鳥が食べて種子が運ばれ、進化したとみられるのはオガサワラグワやチチジマイチゴなどである。

さらに、風にのって微細な胞子や種子が運ばれるシダやランなどに小笠原で独自の進化をとげた種がある。シダでは、高さが10m以上になる木生シダのマルハチが代表的で、独特の名は、幹に葉の落ちた跡が「丸に逆さ八の字」のように残ることからついた。ラン

では、アサヒエビネやムニンボウランなど18種中13種が固有種である。白花が多いのも特徴で、ムニンツツジ、ムニンタツナミソウ、オオハマギキョウ、オガサワラアザミなどの固有種は、他の地域の別種では赤や紫の花が咲く。

小笠原諸島の名は、1593年に発見したと伝わる小笠原貞頼に基づく。江戸時代の終わりごろまで無人島で、生物の名につく「ムニン」も「無人」を意味する。明治以降は開発が進み、現在は帰化植物が300種以上と自生種を超えた。動植物の固有種が多く、2011年、世界遺産に登録されたが、ノヤギが植物、ノネコが鳥、外来のトカゲのグリーンアノールが昆虫、1990年以降に侵入したニューギニアヤリガタリクウズムシが陸貝と、それぞれ食害が大きい。侵略種の除去や捕獲以外に保護地域では侵入防止のフェンスの設置、ニューギニアヤリガタリクウズムシの卵退治のため靴底消毒などの対策が取られている。

※陸化した時期は新生代第三紀後半

木生シダ・マルハチ

オガサワラアザミ

タコノキ
写真：湯浅浩史

神奈川県

面積／2416km²
人口／921万5210人
　うち外国人　22万2018人
市町村／19市13町1村
県庁／横浜市　知事／黒岩祐治 ※

■ 都道府県の花・木・鳥
ヤマユリ　イチョウ　カモメ

旧国名
武蔵（一部）、相模

■ 自然

[地形] 東の海側は東京湾に面し、浦賀水道の対岸は千葉県。三浦半島から真鶴半島の海岸線は、相模湾に面する。面積は小さいが、地形は変化に富む。北西に丹沢山地、西の箱根火山は、三重式火山のカルデラで、土砂が早川をせきとめて芦ノ湖を形成した。東に多摩丘陵、中央に相模原台地がある。[気候] 太平洋岸式気候で、夏は高温多湿、冬は晴天の日が多い。相模湾沿岸は温暖で、夏は海風の影響でやや涼しい。丹沢山地は、県内でも有数の多雨地帯。

■ 交通

中京圏から東名・新東名高速道路が通じ、圏央道が湘南から千葉に達する。横浜北線は横浜市から横浜港など湾岸を経由して羽田空港に直結。鉄道もJRや私鉄が相互に乗り入れ都心と結ぶ。相模鉄道とJR線の相互直通運転も。

■ 産業

製造品出荷額 15兆8353億円（全国4位）／農業産出額 660億円
[農業] 農業の割合は低いが各地で野菜や果樹、花きを生産。三浦半島でキャベツ、ダイコン、小田原、足柄地方でミカンを栽培。キウイフルーツの収穫量は全国4位、パンジーの苗の出荷量は2位でバラも多い。[水産業] 三崎港はマグロなどの遠洋漁業の基地として有名。[工業] 屈指の工業県。横浜・川崎市臨海部を中心とする京浜工業地帯で、石油化学コンビナート、鉄鋼などの素材産業、自動車の組み立て工場が主体。横浜市の再開発地区みなとみらい21地区には企業進出が進む。相模原などで大規模な工業団地が形成され電機、自動車部品などの工場が立地。[第3次産業] 商業中心地は横浜。みなとみらい21地区に大規模施設も。鎌倉や三浦半島、真鶴半島、箱根に観光客が多い。

■ あゆみ、ニュース

1185年、源頼朝により鎌倉幕府が成立。以後150年近く、鎌倉は政治・宗教都市として繁栄した。1853年のペリーの浦賀来航を機に横浜や横須賀は開国の舞台となり、1859年には神奈川港（横浜）が開港、日本を代表する港湾・国際文化都市に。高度成長期以後、東京のベッドタウンとなり人口が増加。2006年以降、大阪府を抜き全国2位の人口。川崎市の人口は戦後一貫して増加、20年の国勢調査で過去最多に。22年、日本初の鉄道が新橋─横浜間で開業して150周年。記念の臨時列車を運行。

■ 環境問題

高度経済成長期に重大な公害が起きた川崎市では、歴史を伝え、環境悪化の防止に取り組む。厚木基地の騒音訴訟は1次訴訟から4次訴訟まで判決が確定。現在、5次訴訟で米軍機と自衛隊機の夜間・早朝の飛行差し止めなどを求めている原告は9千人近い。

トピックワード
👤 岡倉天心、尾崎行雄、岡本太郎
🏠 箱根、鎌倉大仏、山下公園、中華街
⭐ 流鏑馬神事（鶴岡八幡宮）
🍵 寄木細工（箱根）、鎌倉彫、芝山漆器、大山ごま、小田原提灯
🍢 足柄茶、シューマイ、かまぼこ、くず餅

※2023年4月の任期満了にともなう知事選挙が予定されている。

新潟県

面積／1万2584km²
人口／218万8469人
　うち外国人　1万6704人
市町村／20市6町4村
県庁／新潟市　知事／花角英世

■ 都道府県の花・木・鳥
ユキワリソウ（県の草花）
チューリップ　ユキツバキ　トキ

旧国名
越後、佐渡

■ 自然

[地形] 日本海に臨み細長くのびる。全国で5番目に広く、ほぼ北陸3県分に相当する。東に越後山脈、南に妙高山、焼山などの火山群からなる妙高連峰が走る。西には飛騨山脈が日本海に突き出し、難所・親不知をつくる。日本最長の信濃川、10位の阿賀野川下流には越後平野が、上越には高田平野が広がる。[気候] 冬は内陸部にいくほど雪が多いが、夏は乾燥して晴天が続く。

■ 交通

上越・北陸新幹線、羽越線、白新線、信越線、越後線、弥彦線、第三セクター鉄道のほか、磐越、関越、北陸、日本海東北などの自動車道が通る。また本土側に6港湾、佐渡に4港湾を配置。新潟空港には国内線、国際線がある。

■ 産業

製造品出荷額 4兆7533億円／農業産出額 2269億円
[農業] 米（水稲）の作付面積、収穫量とも全国1位。枝豆、洋梨「ル・レクチェ」の生産も多く、ヒラタケ、舞茸は1位。ユリの切り花は出荷量2位。海岸の砂丘地ではスイカの栽培も盛ん。魚沼コシヒカリは、有名なブランド米。[水産業] 長い海岸線や佐渡があり漁港が多い。寒ブリ、ヒラメ、カレイなどがとれる。[鉱業] 日本海沿いの平野部や海底から採れる原油と天然ガスは産出量1位。天然ガスはパイプラインで関東にも運ばれる。[工業] 電気機器が主力。新潟市の食品、上越の化学、非鉄金属、長岡の電気機器などがある。地場産業は、燕の洋食器、三条の刃物、五泉、見附のニット製品、十日町、小千谷の絹織物など。

■ あゆみ、ニュース

江戸時代、佐渡で金・銀を多く採掘。徳川幕府が直接治める地だった。徳川幕府がたおれると、越後・佐渡は11の藩と越後府、佐渡県、柏崎県になり、廃藩置県で13県に分けられ、その後、新潟県、柏崎県、相川県の三つにまとめられた。さらに柏崎県、相川県が新潟県に入り、東蒲原郡も加わって現在の新潟県になった。2003年に絶滅したトキ（特別天然記念物）を人工繁殖し野生復帰させるため、08年から放鳥を続け、22年6月に26回目を終え、合計443羽が放たれた（9月にも放鳥）。26年度から佐渡以外でも放鳥する方針。23年、主要7カ国首脳会議（G7サミット）に伴う財務相・中央銀行総裁会議が新潟市で開催される。

■ 環境問題

阿賀野川流域で発生した新潟水俣病は1965年に公式確認され、67年から損害賠償訴訟や行政訴訟が今も続く。全基停止中の柏崎刈羽原発では、2022年にも7号機の配管に穴があく問題があった。

トピックワード
👤 上杉謙信、良寛、河井継之助、前島密
🏠 糸魚川─静岡構造線、佐渡金山跡、萬代橋
🌐 佐潟（ラムサール条約）
⭐ 長岡まつり大花火大会、牛の角突き
🍵 堆朱、桐だんす、小千谷ちぢみ、鎚起銅器
🍢 米や米菓、笹だんご、柚餅子、佐渡味噌、するめ

富山県

面積／4248㎢
人口／103万7319人
　　うち外国人　1万7960人
市町村／10市4町1村
県庁／富山市　　知事／新田八朗

■都道府県の花・木・鳥

チューリップ　　タテヤマスギ　　ライチョウ

旧国名
越中

■自然

[地形] 剱岳など3000m級の山々が連なる立山連峰は古くから信仰の対象で、修験道の山として栄えた。富山湾には大陸棚を深く刻む海底谷がいくつもあり谷づたいにホタルイカなどが海岸近くまでくる。海上では、ときどき蜃気楼も。[気候] 日本海岸式気候で、北西の季節風のため冬は雪が多い。気温は、対馬海流により「雪が降るのに意外と暖かい」といわれる。

■交通

北陸新幹線で首都圏と近くなった。JR高山線、氷見線、あいの風とやま鉄道や富山地方鉄道、関越道、北陸道、東海北陸自動車道も各地とつながる。富山空港(通称・富山きときと空港)は国内外に路線がある。県営の渡し船(越ノ潟フェリー)も珍しい。

■産業

製造品出荷額　3兆6518億円／農業産出額　545億円
[農業] 豊富な水資源が水力発電と農業かんがいに利用され、電力産業と早場米の生産を進めた。耕地に占める水田率は95.3%で全国1位。コシヒカリが多いが、県で開発された「富富富」、早生「てんたかく」、晩生「てんこもり」など良質の米が多い。砺波平野ではチューリップ栽培が盛ん。[水産業] 氷見、新湊(現・射水市)、魚津を中心に、定置網を使った沿岸漁業が行われる。特産のホタルイカ、シロエビが有名。[工業] 安価な電力、豊富な工業用水、港湾に恵まれ、富山、高岡の臨海地域に資源型工業が発達。金属、医薬品などの化学、機械工業が中心。住宅・ビル用アルミサッシは全国1位。

2021年の医薬品生産額は6204億円で全国5位。[第三次産業] 富山の薬は定期的に家庭訪問して補充する販売法で有名。立山黒部アルペンルートは、わが国有数の山岳観光地。22年9月、伝統行事「おわら風の盆」が3年ぶりに開催された。

■あゆみ、ニュース

江戸時代から明治にかけて、北前船の中継地としてコンブ、ニシンなどの交易で栄えた。江戸時代から続く「越中富山の薬売り」は、藩主の奨励で広まった。廃藩置県の後、一時、石川県に入れられたこともあったが、分県運動で1883年に現在の富山県になった。1918(大正7)年、魚津で始まった米騒動は全国に広がった。

■環境問題

神通川流域で発生した「イタイイタイ病」は、1968年、国内初の公害病に認定。神岡鉱山の排水に含まれるカドミウムが原因とし、初提訴から45年で決着。2022年7月、1人が患者認定された。15年7月以来で認定患者は201人(うち生存者2人)、要観察者は344人に。

トピックワード
😀 佐々成政、安田善次郎
🏠 蜃気楼、魚津埋没林、宇奈月温泉
🌍 五箇山地方の合掌造り集落(文化遺産)、立山弥陀ケ原・大日平(ラムサール条約)
★ おわら風の盆、チューリップフェア
🏺 高岡銅器、井波彫刻
🍚 ホタルイカ、マスずし、入善のジャンボスイカ
🐦 ニホンライチョウ

石川県

面積／4186㎢
人口／112万4501人
　　うち外国人　1万4434人
市町村／11市8町
県庁／金沢市　　知事／馳浩

■都道府県の花・木・鳥

クロユリ　　アテ(アスナロ)　　イヌワシ

旧国名
加賀、能登

■自然

[地形] 南北に細長く延びる県。北半分を占める能登半島は丘陵地で、変化に富んだ海岸線をもつ日本海側最大の半島。金沢平野は、白山地域から流れてくる手取川の扇状地。河北潟は古くから埋め立てや干拓が行われ、現在は淡水湖。[気候] 日本海岸式気候で冬は雪が多く、特に白山地域では積雪が多い。海岸の平野部は温暖で積雪も少ない。

■交通

JRの北陸新幹線、北陸線、七尾線や第三セクターのIRいしかわ鉄道などの鉄道、北陸自動車道、のと里山海道などの道路が通る。小松空港には国内外に路線があり、のと里山空港から羽田便もある。

■産業

製造品出荷額　2兆6268億円／農業産出額　480億円
[農業] 金沢平野は耕地整理の進んだ早場米の産地。「コシヒカリ」「ゆめみづほ」が主な品種。加賀れんこんや加賀太きゅうり、金時草など加賀野菜が有名。大粒のブドウ「ルビーロマン」は高級ブランド食材の一つ。能登半島は丘陵地の畑作中心。階段状の水田「白米千枚田」は世界農業遺産。[水産業] 能登半島の七尾、輪島両港中心に沿岸、沖合漁業のほか海女漁も。漁獲量は、フグ2位、スルメイカ4位でブリも多い。七尾湾ではカキの養殖も。[鉱業] 九谷焼の原料の陶土が小松を中心に、レンガの原料の珪藻土が七尾で産出する。[工業] 中心は機械と繊維。機械は小松周辺での建設、輸送用機器の製造が盛ん。繊維は合繊織物が中心だが、近年、炭素繊維から耐震補強の建築材料なども製品化。藩政時代からの工芸は各分野で重要無形文化財保持者(人間国宝)を生んでいる。[第三次産業] 金沢は北陸地方の中心で、商業施設や企業、公共機関などが集中。県内に温泉や名所旧跡も多い。多様な伝統産業が受け継がれ、人間国宝の工芸品も金沢駅に設置。

■あゆみ、ニュース

北陸地方の中心的な位置を占め、古くから政治、経済、文化の上で重要な役割を果たしてきた。江戸時代、「加賀百万石の城下町」金沢では人口が多く、加賀藩による文化奨励政策により九谷焼など工芸が発展。戊辰戦争では新政府側に加わり、越後・長岡藩との激しい北越戦争を戦った。2023年開催の先進7カ国首脳会議(G7サミット)に伴う教育相会合は、石川県と富山県の共同開催が決定。

■環境問題

志賀原発は23年1月現在も停止中。再稼働をめざす2号機の敷地内にある断層について、原子力規制委員会は22年10月、調査を終えた。活断層であれば再稼働は難しい。石川、富山両県の住民による運転差し止め訴訟も続く。

トピックワード
😀 加賀千代女、西田幾多郎、桐生悠々、中谷宇吉郎
🏠 兼六園(日本三名園)、那谷寺、金沢城、安宅の関
🌍 片野鴨池(ラムサール条約)
★ 「能登のアマメハギ」(来訪神)
🏺 輪島塗、山中漆器、九谷焼、金沢箔、加賀友禅
🍚 かぶら寿し、治部煮、いしる
🐦 波の花、能登の朝市

地域で受け継がれる伝統の相撲

「相撲」と聞くと多くの人は、マゲを結った、並外れて体の大きな力士たちがぶつかり合い、横綱土俵入りなども披露される、プロのスポーツであり伝統文化でもある「大相撲」を思い浮かべるだろう。しかし、それ以外にも全国各地には、長い伝統を持ち、地域に根差した特徴を持つ相撲がある。

「唐戸山神事相撲」（石川県羽咋市）は、相撲好きだった羽咋神社の祭神・磐衝別命をしのんで毎年、命日の9月25日に行われる例大祭の中心となる行事だ。地元の邑知潟を中心に、越中と加賀方面の「上山」、能登方面の「下山」の対抗戦として、両地域で代表の力士が選ばれて、夜中までかけて何番も取組が行われる。舞台となる唐戸山相撲場は、野外の広場で、すり鉢状の地形の中央に屋根もない吹きさらしの土俵が設けられている。暗くなると四方にかがり火がたかれ、戦場のような雰囲気のなか、最後の一番に勝った力士は「大関」となり、仲間に肩車をされて、羽咋神社まで凱旋する。

日本海に浮かぶ隠岐島（島根県隠岐の島町）は、島内の学校や集会所などあちこちに土俵があり、普段から人々が相撲に親しんでいる。そんな「相撲の島」を挙げて行われる全島大会が「隠岐古典相撲」だ。神社の本殿の建て替えや学校、ダム、空港などの完成を記念して数年に一度、開催される。祝い事のあった地域の「座元」とそれ以外の「寄方」に分かれ、子供から大人まで、代表の力士たちが選ばれて、夕方から翌日の午後まで約300番、夜を徹して相撲を取り続ける。土俵に上がる力士を応援して、背中から大量の塩がぶつけられる様子は迫力満点だ。最後の一番に勝った「大関」「関脇」には、栄誉の品として土俵の柱が贈られ、柱にまたがった大関が仲

間に担がれて地元に凱旋する。

現在の大相撲のルーツは、奈良時代から平安時代にかけ、毎年七夕の頃に、全国から力自慢を都に集め、天皇の御前で行われた「相撲節会」だといわれている。そこで共通のルールで戦った力士たちが、故郷に帰ってから相撲を広めた。唐戸山神事相撲も隠岐古典相撲も、本名でなく特別な四股名をつけたり、色鮮やかな化粧まわしをつけたりと、大相撲と共通した点も少なくない。また、勝負がついた後、両力士がもう一度土俵に上がって相撲を取り、今度は負けた力士に花を持たせて勝たせることで互いに恨みを残さない「二番勝負」など、大相撲には見られないけれど両者に共通した点もあり、地域に根差した文化として相撲を受け継いでいる。

唐戸山神事相撲
かがり火に囲まれた土俵で熱戦を繰り広げる力士たち

隠岐古典相撲
土俵に上がって顔見せをする力士たち

福井県

面積／4191㎢
人口／76万7561人
　うち外国人 1万5306人
市町村／9市8町
県庁／福井市　知事／杉本達治 ※

■ 都道府県の花・木・鳥

スイセン　マツ　ツグミ

旧国名　越前、若狭

■ 自然

[地形] 嶺北には九頭竜川が福井平野をつくり、大野盆地、勝山盆地、武生盆地がある。越前海岸は日本海の荒波にあらわれた崖と海岸段丘が続き、北端の東尋坊は安山岩のそそり立つ岩壁で有名。嶺南には、小さな平地が若狭湾に沿って点在。若狭湾は日本海側では数少ないリアス海岸で、三方五湖など景勝地も多い。[気候] 日本海岸式に属するが、降雪は北陸のなかでは特別豪雪地帯の大野市や勝山市など山間部を除いて少なく、西に行くほど減少する。

■ 交通

鉄道は、JR北陸線、小浜線のほか、福井鉄道、えちぜん鉄道が走る。2024年に北陸新幹線の金沢（石川県）−敦賀間の開業後は、在来線の運営を第三セクター「ハ

ピラインふくい」が引き継ぐ。道路は、北陸自動車道、舞鶴若狭自動車道などから各地の高速自動車道につながる。敦賀港から日本海を北海道や秋田に行くフェリーも。

■ 産業

製品出荷額 2兆1431億円／農業産出額 394億円
[農業] 稲作が中心（水田率90.7％）で北部の平野部に集中。裏作の少ない水田単作地帯。高級品種コシヒカリの発祥地。六条大麦は全国1位の生産量。三里浜の花ラッキョウ、越前海岸のスイセンが有名。若狭町などで梅を栽培。[水産業] 越前海岸沖は暖流と寒流のぶつかる日本海有数の漁場。カニ、甘エビが有名。若狭湾ではフグやマダイなどを養殖。[工業] 古くから繊維の産地。合成繊維を中心とする繊維工業が盛んで出荷

額は全国5位。鯖江市などの眼鏡枠は全国の約94％を占める。出荷額では電子部品や化学工業が多い。

■ あゆみ、ニュース

古くから北陸、東北への交通の要衝だった。木ノ芽峠を境に北を嶺北、南を嶺南と呼び、言葉などが違う。永平寺を開いた道元の曹洞宗や浄土真宗など仏教が盛ん。安土・桃山時代には越前一向一揆も起こった。勝山市で恐竜の化石が多く出土。始祖鳥に次いで古い鳥類の化石の学名は「フクイプテリクス・プリマ」。19年、三方五湖地域の汽水湖沼群漁業システムが日本農業遺産に認定。伝統漁法「たたき網漁」は400年以上続く。

■ 環境問題

県内にある15基の原発のうち、「ふげん」、「もんじゅ」、敦賀原発1号機、美浜原発1・2号機、大飯原

発1・2号機の7基は廃炉作業中。23年1月現在、5基が運転中、3基が定期検査中。運転開始から40年を超えて稼働中の美浜原発3号機をめぐり、地元住民らが求めた運転差し止めの仮処分申し立ては、22年12月、大阪地裁が却下。23年1月に住民側は即時抗告。

トピックワード

👤 杉田玄白、近松門左衛門、松平春嶽、橋本左内

🏠 東尋坊、永平寺、一乗谷朝倉氏遺跡、北潟湖

🌍 中池見湿地、三方五湖（ともにラムサール条約）

⭐ 丸岡城桜まつり、式部とふじまつり

🍴 打ち刃物、めのう細工、和紙、竹人形

🍶 越前ガニ、小鯛の笹漬

※2023年4月の任期満了にともなう知事選挙が予定されている。

山梨県 (やまなし)

面積／4465km²
人口／81万6340人
　　　うち外国人 1万6774人
市町村／13市8町6村
県庁／甲府市　知事／長崎幸太郎

■ 都道府県の花・木・鳥

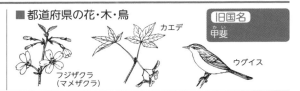

フジザクラ（マメザクラ）　カエデ　ウグイス

■ 自然

[地形] 甲府盆地以外は大部分が山あい。西に南アルプスの赤石山脈、南に富士山、北には八ケ岳、奥秩父山系と標高2000〜3000m級の山々に囲まれた内陸県。甲府盆地は釜無川と笛吹川の扇状地で、それが合流して日本三大急流のひとつ富士川に。富士山の北麓に噴火によるせき止め湖の富士五湖が並ぶ。[気候] 内陸性で冬は寒く、夏は暑い。降水量は少なく空気は乾燥し晴天が多い。2022年、富士山の初冠雪は9月30日。

■ 交通

甲府にはJR中央線が通り、身延線は甲府から静岡県へ南下、小海線は小淵沢と清里を、富士急行線は大月と河口湖を結ぶ。中央自動車道、中部横断自動車道、東富士五湖道路などの道路も通る。

■ 産業

製造品出荷額 2兆5302億円／農業産出額 1113億円
[農水業] 甲府盆地では長い日照時間と水はけのよい扇状地や低山の斜面で果樹栽培が盛ん。ブドウ（全国収穫量の25%）、桃（同32%）、スモモ（同36%）は日本一。サクランボ、柿、梅も栽培。勝沼（現・甲州市）は日本で最古、最大のブドウ産地のひとつ。淡水魚の養殖でニジマス生産量は全国2位。[工業] エレクトロニクス中心の内陸型工業県。甲府、韮崎、中巨摩地区に電子部品、機械工業などの企業や工場が多い。「甲斐絹」の伝統をもつ富士吉田、大月の繊維工業は生産が減少。江戸時代から伝統の水晶・宝石の研磨業は甲府市が中心。貴金属・宝石製装身具製品出荷額は全国1位。市川

三郷町の印章業、和紙と花火製造も有名。[第3次産業] 富士山、富士五湖、八ケ岳山麓などに観光客が多い。19年の富士山夏期登山者は約23.6万人。20年は閉山。21年は7.9万人、22年は16.0万人。

■ あゆみ、ニュース

戦国時代、武田信玄が天下統一をめざした。江戸時代、甲州街道や富士川舟運などの発達で甲斐の八珍果（ブドウ、梨、桃、柿、栗、リンゴ、ザクロ、ギンナン〈またはクルミ〉）など特産物が運ばれた。明治時代に甲斐府から甲府県を経て1871年に山梨県に。ワイン製造は甲州市を中心に明治時代初期に始まった。2010年、絶滅種だったクニマスが西湖で発見された。22年、上野原市秋山無生野地区に伝わる「無生野の大念仏」を含む民俗芸能「風流踊」がユネ

スコの無形文化遺産に登録された。

■ 環境問題

21年、富士山の噴火を想定した「富士山ハザードマップ」が17年ぶりに改定、大規模噴火による溶岩の想定が2倍に増加。22年、県上空で米軍機の空中給油訓練とみられる飛行が相次ぎ、問題に。

トピックワード

- 😀 武田信玄、ハインリッヒ・ハム、山本周五郎
- 🏠 甲府城、富士五湖、猿橋
- 🌐 富士山（文化遺産）、河口湖（富士山の構成資産）
- ⭐ 信玄公祭り、吉田の火祭り
- 🍚 水晶細工、宝飾製品、甲州和紙、甲州印伝、印章、雨畑硯
- 🥢 ほうとう、馬刺し、せいだのたまじ、あんびん

長野県 (ながの)

面積／1万3562km²
人口／205万6970人
　　　うち外国人 3万4880人
市町村／19市23町35村
県庁／長野市　知事／阿部守一

■ 都道府県の花・木・鳥

リンドウ　シラカバ　ライチョウ

■ 自然

[地形] 険しい山々に囲まれた、南北に長い内陸県。本州の中央に位置し、八つの県と接する。広さは全国4位。飛騨、木曽、赤石山脈の日本アルプス、浅間、八ケ岳、乗鞍などの火山群が「日本の屋根」をなしている。中部地方を代表する河川が多く、北に千曲川、南に木曽川が流れ、天竜川が伊那盆地を貫いて流れる。[気候] 盆地は内陸性気候。全国的にみても少雨、冷涼で、夏冬の寒暖差、昼夜の温度差が大きい。

■ 交通

北陸新幹線、JR中央線、しなの鉄道が通り、上信越自動車道、中央自動車道、長野自動車道などの道路もある。国内で最も標高の高い信州まつもと空港は、札幌、福岡、神戸に定期便がある。北八ケ

岳、駒ケ岳、竜王など山岳地にロープウェイやゴンドラリフトも多い。

■ 産業

製造品出荷額 6兆0431億円／農業産出額 2624億円
[農業] 農家戸数は全国1位（2020年）。高冷地を生かした野菜や果樹の栽培が盛ん。レタス、セロリ、プルーン（19年）の収穫量は全国1位。水わさび、えのきだけ、ブナシメジ、マツタケの生産量も全国1位。花もシクラメン、トルコギキョウ、カーネーションは出荷量1位。リンゴ、ハクサイ、ブドウは収穫量2位。そばは3位。[林業] 木曽谷のヒノキは日本三大美林のひとつ。伊勢神宮式年遷宮でも木曽ヒノキを使う。[水産業] ニジマス、イワナ、

ヤマメなどがとれマス類の養殖は全国1位。[工業] 諏訪盆地は、情報通信機器、電子機器中心の内陸工業地帯。長野は機械、松本・安曇野はパソコン、上田は自動車部品など。味噌、漬物、農産物加工の食品工業、木曽谷の木工業も。[第3次産業] 長野と松本が中心都市。自然、歴史遺産、温泉に恵まれ、観光客が多い。

■ あゆみ、ニュース

1553年から1564年にわたって甲斐の武田信玄と越後の上杉謙信が川中島で戦った。1876年、筑摩県（6郡）を編入して、長野県が成立。1979年、御嶽山が有史以来の大噴火。2014年にも噴火。

■ 環境問題

県民1人1日当たりのごみ排出量が少ない（20年度807g）。50年ほど前に絶滅したとされる中央ア

ルプスのライチョウだが、18年、木曽駒ケ岳でメス1羽の生存を確認。環境省は繁殖のため「復活作戦」を始め、20年8月に乗鞍岳の3家族19羽を移送し、自然繁殖に成功。そこから11羽を栃木などの動物園で繁殖させ、22年、ヒナを含む22羽を木曽駒ケ岳の山頂付近で放鳥。順調に生育中。

トピックワード

- 😀 木曽義仲、真田信繁（幸村）、佐久間象山、C・W・ニコル
- 🏠 松本城、善光寺、中山道（妻籠・馬籠）、軽井沢
- ⭐ 諏訪大社御柱祭、天竜舟下り
- 🍚 木曽漆器、松本家具、内山紙、飯山仏壇
- 🥢 野沢菜、信州サーモン、信州そば
- 他 ナウマンゾウ、御神渡り

岐阜県

面積／1万0621km²
人口／199万6682人
　うち外国人　5万5424人
市町村／21市19町2村
県庁／岐阜市　知事／古田肇

■ 都道府県の花・木・鳥

レンゲソウ　　イチイ　　ライチョウ

【旧国名】
飛騨、美濃

■ 自然
[地形] 山地が多く、平野部は2割。飛騨地方には東の飛騨山脈と西の両白山地にはさまれた飛騨高地が広がる。河川は山地を浸食し、峡谷をつくる。中央部に高山盆地がある。美濃地方には、木曽川、長良川、揖斐川が集まる肥沃な濃尾平野が開ける。[気候] 内陸性で飛騨では気温が低く、西の伊吹山地に近い関ケ原とともに雪が多い。南の美濃は、比較的暖かい。

■ 交通
JR東海道線と高山線が通り、太多線と中央線も多治見でつながる。名古屋鉄道や明知、長良川、養老の各ローカル鉄道も各地を結ぶ。道路は、中央自動車道が長野へ、東海北陸自動車道が富山へ、東海環状自動車道は愛知、岐阜、三重に弧を描いて通

る。白川村と石川県白山市を結ぶ白山白川郷ホワイトロードも開通。

■ 産業
製造品出荷額 5兆6149億円／農業産出額 1104億円
[農業] 濃尾平野では、米、トマト、ほうれん草の栽培が盛ん。富有柿の発祥地で柿の収穫量は栗とともに4位。花木の鉢物の出荷量は3位。飛騨で高冷地野菜と飛騨牛など肉用牛の生産が盛ん。[林業] 御嶽山西麓一帯と裏木曽に、日本三大美林のひとつであるヒノキの天然林がある。[水産業] 河川でのアユの漁獲量は全国3位。1300年の歴史をもつ長良川の鵜飼や関市の小瀬鵜飼も有名（「清流長良川の鮎」世界農業遺産認定)。[鉱業] 神岡鉱山は亜鉛と鉛鉱石の採掘を2001年に止めた。金生山で良質な石灰岩が採れ、

県の生・消石灰出荷額は全国一。
[工業] 第2次産業就業者の割合が高い。地場産業が中心で岐阜、大垣、羽島などで繊維・衣服、多治見、土岐などで陶磁器などの窯業が盛ん。航空宇宙産業も発展。

■ あゆみ、ニュース
1567年、織田信長が稲葉山城に入る。1600年に関ケ原で天下分け目の合戦。「飛山濃水」といわれ、北の飛騨と南の美濃では自然、風土が対照的。日本のほぼ中央で7県に囲まれる。山岳や峡谷の飛騨地方に白川郷の合掌造りや高山の古い町並みが残る。美濃地方の濃尾平野には水害に備え周囲に堤防をめぐらす輪中集落がある。2022年、絶滅した海生哺乳類「パレオパラドキシア」の骨とみられる化石が瑞浪市で見つかった。同年、「郡上踊」と「寒水の掛

踊」が民俗芸能「風流踊」としてユネスコの無形文化遺産に登録。

■ 環境問題
リニア中央新幹線の工事で出る重金属などを含む要対策土の処分場所について、多治見市では、市外への持ち出しを求めている。受け入れる方針の御嵩町でも、候補地の一部に環境省が選定した重要湿地が含まれ問題になっている。

トピックワード
- 斎藤道三、明智光秀、竹中半兵衛、杉原千畝
- 養老の滝、恵那峡、岐阜城
- 白川郷（文化遺産）
- 高山祭、郡上おどり
- 岐阜提灯、飛騨春慶、一位一刀彫、美濃焼、関市の刃物、和ろうそく
- 飛騨牛、朴葉味噌

山梨県
「せいだのたまじ」ってなに？

不思議なひびきの「せいだのたまじ」は、上野原市棡原地域に古くから伝わる郷土食だ。小さなジャガイモを皮付きのまま油で揚げて味噌や砂糖などで煮つけたもの。現在も、家庭や郷土食の施設、給食でも出される。

「たまじ」は、小さなジャガイモのこと。「せいだ」は「清太芋」「清太夫芋」のことで、江戸時代の代官・中井清太夫に由来する。

中井清太夫は、1774（安永3）年に甲斐国上飯田代官となり、1777年には甲府代官、1784（天明4)年に谷村代官も兼務した（注：上飯田は現在の甲府市にあった上飯田陣屋で、谷村は現在の都留市中心部）。甲州に13年間にわたり在任し、この間に、幕府に願い出て、九州からジャガイモを取り寄せ、領内で栽培を広げた。これが「清太芋」「清太夫芋」と呼ばれ、天明・天保の大飢饉から甲州の人々を救った。信濃や越後などにも普及し「甲州芋」とも呼ばれた。上野原市内の寺には「芋大明神」として祀られて碑が建立されている。

また当時、大塚河原では、悪水路のために大雨のたびに水害を受け、改修が地元民の悲願となっていた。中井清太夫は、この改修工事も率先指導して行った。この改修により耕地が広がり、恩恵を受けた地元民は功績をたたえる石碑を建てようとしたが、当初は中井清太夫が承知せず、退官後に黙認されて石碑が建てられた（今も市川三郷町大塚に残る）。

このように地元民のために尽くし、食べ物にもその名が残る役人・中井清太夫がどんな人物であったのか興味深い。なお山梨県には「あんびん」という不思議な名前のスイーツもある。

静岡県
戦国のミッション・インポッシブル

16世紀、戦国時代のただなか、現在の浜松市に、ひときわ数奇な人生を送った人がいた。幼名は不明、出家して「次郎法師」のちに「井伊直虎」と名乗った。いずれも男性名であるが女性である(注)。この女性は、22代・井伊直盛の一人娘で、1535年ごろ（生年月日不明）に生まれたとされる。

女性は祖父(直宗)の弟(直満)の子・亀之丞（のち23代直親）の妻となる予定だったが、1544年、直満が今川義元に殺害され、その子・亀之丞にも危険が迫ったため、亀之丞は信州の寺に避難。戻ったのが11年後の1555年で、すでに女性は出家し、菩提寺「龍潭寺」の南渓和尚により「次郎法師」と名づけられていた。戻った亀之丞は元服し、直親を名乗り、別の女性と婚姻。1560年、次郎法師の父・22代直盛が桶狭間で戦死したため、直親は23代当主となり、翌61年、虎松が生まれる。しかし翌62年、直親が今川氏に殺害され、残された虎松だけが井伊家を継ぐ者となる。幼い虎松を守るため、次郎法師は後見人、地頭として井伊直虎を名乗り、井伊谷城に入城。今川氏からの要求をかわしながら領主として井伊谷を守る。のちに家老に井伊領を横領されながらも家康に家名を再興されるまで虎松を支え続けた。

直虎には南渓和尚、母方の伯父・新野左馬助親矩、井伊谷三人衆など力強い協力者があり、難しいミッションを果たすことができた。虎松は期待に応え、家康のもと多くの武功を挙げ徳川四天王の一人とされる。のちに直政と名乗り、彦根藩の初代藩主となり、その子孫には、幕末、日米修好通商条約を結んだ井伊直弼が連なる。(注)「直虎」が別の男性だとする文献もある。

静岡県

面積／7777㎢
人口／365万8375人
　　うち外国人　9万4788人
市町村／23市12町
県庁／静岡市　　知事／川勝平太

■ 都道府県の花・木・鳥

ツツジ　　モクセイ　　サンコウチョウ

旧国名
遠江、駿河、伊豆
（大部分）

■ 自然

[地形] 北の富士山、赤石山脈の山岳部と南の遠州灘、駿河湾、相模灘にはさまれた東西155kmにおよぶ長い県。天竜川、大井川、安倍川、富士川は、下流に平野をひろげる。富士火山帯が通る伊豆半島に温泉が集中。[気候] 日本でいちばん標高差のある県で、北部の山岳地帯では冬は低温、降雪も多い。南部は黒潮の流れる海に面し、海洋性で温暖。

■ 交通

JRは東海道新幹線、東海道線、御殿場線、身延線、伊東線などが走り、伊豆急行、岳南、大井川、遠州の各鉄道など私鉄も多い。東名、新東名の各高速道路や伊豆スカイライン、伊豆中央道、修善寺道路も整備。港が多く、特に清水港は国際拠点港湾。

■ 産業

製造品出荷額　16兆4513億円（全国3位）／農業産出額　2084億円
[農業] 牧之原台地などで栽培される茶（荒茶）は全国生産の38％を占め1位。駿河湾沿いや三ケ日でとれるミカンは3位。久能山の石垣イチゴやワサビ栽培（生産量全国2位）も有名。花も多く、ガーベラは出荷量1位、バラは2位。[林業] 天竜川、大井川上流で、スギ、ヒノキを産出する。[水産業] 焼津、清水はカツオ、マグロの遠洋漁業の基地。シラスやサクラエビ漁、浜名湖のウナギ養殖も有名。[工業] 陸運、港湾、電力、工業用水、気候などに恵まれ出荷額が多い。東部には富士の製紙を中心に、自動車、製薬、化学繊維、食品加工業が立地。中部の静岡市は食品加工、木製家具、プラモデルなど。浜松を中心にした西部では楽器、輸送機械（オートバイ）、繊維などがあり、近年は光技術などの先端技術が発展。[第3次産業] 富士山、伊豆、熱海、伊東などに多くの観光客が訪れる。

■ あゆみ、ニュース

登呂遺跡は弥生時代後期の農耕文化を伝える特別史跡。江戸時代、徳川家康が駿府（静岡市）に隠居。ペリー艦隊が1854（嘉永7）年、下田に来航。1871（明治4）年の廃藩置県の時点で韮山県、静岡県、堀江県があったが、合併で現在の静岡県に。浜松市は、2024年に行政区を現在の7区から3区に再編する。トヨタ自動車が裾野市で建設中の実験都市「ウーブン・シティ」は24〜25年に開業予定。

■ 環境問題

御前崎市の浜岡原発は、南海トラフ巨大地震の想定震源域にあり11年に全炉停止。21年、熱海市伊豆山地区で大雨による土石流が発生。22年、遺族や被災者が市と県に損害賠償を求め提訴。リニア中央新幹線静岡工区のトンネル工事は大井川の水の減少が懸念され、県は着工を認めていない。

トピックワード

😊 源頼朝、今川義元、由井正雪、賀茂真淵、さくらももこ
🏠 三保松原、久能山東照宮
🌏 富士山、韮山反射炉（ともに文化遺産）
⭐ 流鏑馬まつり、黒船祭
🏺 駿河竹千筋細工、駿河雛人形、遠州鬼瓦
🍽 うなぎ、富士宮やきそば、静岡おでん
⚽ サッカー、河津桜

愛知県

面積／5173㎢
人口／752万8519人
　　うち外国人　25万8790人
市町村／38市14町2村
県庁／名古屋市　　知事／大村秀章

■ 都道府県の花・木・鳥

カキツバタ　　ハナノキ　　コノハズク

旧国名
尾張、三河

■ 自然

[地形] 肥沃な平野部と山地、丘陵部。尾張平野（濃尾平野の一部）は木曽川の大扇状地と南の沖積地からなり、自然堤防が発達。岡崎平野は矢作川の、豊橋平野は豊川の流れが土砂を積み重ねた沖積平野。豊橋平野の両側には3段の河岸段丘が発達。三河湾を抱く知多半島と渥美半島は、丘陵性の台地からなる。[気候] 夏は雨が多く、冬に乾燥する太平洋岸式気候で温和。尾張平野では夏は高温で湿度が高く、冬は北西の季節風が吹いて寒い。2018年8月に名古屋市で観測史上最高気温40.3℃を記録。100万人以上の都市で40℃以上は初めて。

■ 交通

JRは、東海道新幹線、東海道線、中央線、関西線、飯田線などがあり、名古屋鉄道にも多くの路線。三重県方面に近鉄、名古屋市には地下鉄もある。東名、新東名、名神、新名神、東海環状、中央、東名阪の各自動車道など道路網も。中部国際空港（セントレア）は、国際拠点空港のひとつ。

■ 産業

製造品出荷額　43兆9880億円（全国1位）／農業産出額　2922億円（全国8位）
[農業] 野菜、果樹、花を中心に温室利用など、施設園芸が盛ん。花の産出額は1962年から連続全国1位。明治、愛知、豊川の3用水の恩恵で、知多半島ではフキ、渥美半島では輪菊や温室メロンが有名。イチジク、シソ、キャベツの収穫量が多い。稲沢のギンナン、西尾の茶（てん茶）も有名。鶏卵の生産量や卵用の鶏の飼育羽数も多い。[水産業] 三河湾沿岸でウナギ、三河湾と伊勢湾沿岸でのりの養殖が盛ん。アサリ類やシラスが多く、弥富の金魚の養殖も全国屈指。[工業] 中京工業地帯の中心。製造品出荷額は44年連続全国1位。自動車などの輸送機械が半分以上を占め、モノづくり産業の一大拠点。豊田とその周辺の自動車、名古屋、小牧の飛行機やロケット、東海の鉄鋼などが主力。一宮、蒲郡などに繊維工業、豊橋、豊川に機械、金属工業が立地。伝統産業は、瀬戸、常滑の窯業、一宮の毛織物、知多、三河地方の綿織物、碧南、高浜のかわら、半田の酒、酢、碧南のみりんなど。[第3次産業] 中京圏では名古屋に商業サービス、管理機能が集中。第2次産業に携わる人が多い。22年、スタジオジブリの世界観を表現した「ジブリパーク」が開園。

■ あゆみ、ニュース

天下を統一した織田信長、豊臣秀吉、徳川家康を生み、江戸時代には御三家のひとつ、尾張徳川家が名古屋を拠点にした。首都圏と近畿圏の中間にあり、両方に影響されながらも、独自の文化をつくりあげて中京圏の中心として発展。

トピックワード

😊 織田信長、豊臣秀吉、徳川家康、渡辺崋山、新美南吉
🏠 名古屋城、犬山城、伊良湖岬
🌏 藤前干潟、東海丘陵湧水湿地群（ともにラムサール条約）
⭐ 名古屋まつり、犬山祭
🏺 瀬戸焼、常滑焼、七宝焼、有松・鳴海しぼり
🍽 きしめん、守口漬、ひつまぶし、味噌カツ、名古屋コーチン

三重県 （みえけん）

面積／5774k㎡
人口／178万4968人
　うち外国人　5万3033人
市町村／14市15町
県庁／津市　　知事／一見勝之

■都道府県の花・木・鳥

ハナショウブ　　ジングウスギ　　シロチドリ

旧国名
伊勢、志摩、伊賀、紀伊（一部）

■自然
[地形]南北が170kmと細長く、志摩半島以北の伊勢湾に面して伊勢平野がひらける。北に養老山地、鈴鹿山脈、西に布引山地、南西に紀伊山地と山がちである。[気候]熊野灘沿岸は、黒潮の影響を受けて温暖。尾鷲市から大台ケ原にかけては年間降水量が4000mm以上で、全国有数の多雨地帯。

■交通
JRの関西線、紀勢線、名松線、参宮線のほか近畿鉄道、三岐鉄道、四日市あすなろう鉄道などや、近畿自動車道、伊勢湾岸自動車道が通る。鳥羽港から伊良湖岬に伊勢湾フェリーが運航。津なぎさまち旅客船ターミナルから中部国際空港（愛知県常滑市）へ直ська。

■産業
製造品出荷額 10兆4919億円（全国9位）／農業産出額 1067億円
[農業]伊勢平野と伊賀盆地の稲作が中心。梅と茶の生産量（荒茶）は全国3位。松阪牛も有名。ツツジ、サツキ（ともに2020年）の出荷量は全国1位。[林業]熊野、尾鷲などでヒノキ、スギなどの木材生産が盛ん。[水産業]志摩半島近海では養殖業が盛ん。全国3位の真珠や、カキ、伊勢のり、マダイ、ブリが多い。熊野灘沿岸は、カツオ、マグロなどの沖合漁業の拠点。イセエビも有名。[工業]四日市は、中京工業地帯に属し、巨大石油化学コンビナートを形成。鈴鹿に自動車会社、亀山に液晶パネル工場がある。桑名には機械や鉄鋼、津に造船、金属工業など。[第3次産業]江戸時代から参詣者が多い伊勢神宮や、04年に世界遺産に登録された熊野古道、伊勢志摩、鈴鹿サーキット、伊賀地域も人気。観光客数は伊勢神宮が式年遷宮を行った13年、約4080万人にのぼった。19年は4304万人で最多だった。

■あゆみ、ニュース
伊勢神宮は、皇室の氏神で、19年4月には平成の、11月には令和のそれぞれ天皇、皇后両陛下が「親謁の儀」に臨み、伊勢神宮を参拝した。津市は、伊勢平氏発祥の地という伝説がある。近世には伊勢商人や松阪商人が活躍。1876年に三重県と度会県が合併して現在の三重県ができた。西日本と東日本をつなぐ接点に位置し、北部は名古屋経済圏、南部、伊賀地方は大阪経済圏。桑名、四日市などは名古屋のベッドタウン。22年、伊賀市山畑に伝わる国の重要無形民俗文化財「勝手神社の神事踊」が、「風流踊」の一つとしてユネスコの無形文化遺産に登録。

■環境問題
1950年代、大気や水質の汚染で多くの被害を出した四大公害病のひとつ「四日市ぜんそく」の教訓を伝える「四日市公害と環境未来館」が2015年に開館。

トピックワード
- 松尾芭蕉、本居宣長、御木本幸吉
- 二見浦、瀞八丁、赤目の峡谷、鳥羽水族館
- 熊野参詣道伊勢路（文化遺産「紀伊山地の霊場と参詣道」）
- 式年遷宮、上野天神祭
- 伊賀くみひも、伊勢形紙、那智黒石、萬古焼
- 松阪牛、アワビ、めはり寿司
- 真珠、海女

滋賀県 （しがけん）

面積／4017k㎡
人口／141万5222人
　うち外国人　3万2654人
市町村／13市6町
県庁／大津市　　知事／三日月大造

■都道府県の花・木・鳥

シャクナゲ　　モミジ　　カイツブリ

旧国名
近江

■自然
[地形]日本最大の湖・琵琶湖が県の面積の約17%を占め、その東と南に近江盆地が広がる。北東に伊吹山地、東に鈴鹿山脈、南に信楽高原、西に比良、北西に野坂山地と、四方を山に囲まれている。湖北は、冬に若狭湾から吹く季節風のため、寒さがきびしく雪が多いが、湖南は湖水の影響で内陸盆地としては温和な気候である。

■交通
かつては琵琶湖の水運が近畿地方と北国を結び、今も関西と関東、北陸を結ぶ交通の要衝。琵琶湖の東岸は東海道新幹線、名神高速道路が通り、西岸を走るJR湖西線は北陸方面への特急も走る。近江鉄道や京阪電鉄石山坂本線などのローカル鉄道も健在。2018年、びわ湖疏水船（琵琶湖―京都・蹴上）が観光船として復活。

■産業
製造品出荷額 7兆5971億円／農業産出額 585億円
[農業]耕地面積の9割以上が水田で、近江米を栽培。野洲川上流では室町時代から茶の栽培が盛ん。六条大麦は収穫量全国3位。近江牛も有名。[水産業]琵琶湖には、中世からの漁港が多く、アユ、フナなどがとれ、加工される。[工業]1920～30年代には繊維工業が盛んだった。繊維工業の出荷額は全国4位。全国有数の内陸工業県で、県内総生産に占める第2次産業の割合が高い。出荷額は化学工業、輸送用機械器具が多い。[第3次産業]延暦寺、城址、旧街道など史跡が多い。2003年、大津市は古都に指定。商業の中心は、大津、彦根、長浜など。

■あゆみ、ニュース
天智天皇の大津京、織田信長の安土城など、歴史の表舞台となり、城下町の彦根、長浜、宿場町の草津、守山などが古くから発展した。比叡山には最澄が建立した延暦寺がある。「近江商人」も有名。聖武天皇が造営した紫香楽宮跡とされる宮町遺跡、琵琶湖北端の塩津港遺跡、湖底の長浜城遺跡など史跡が多い。21年、東近江市の「ガリ版伝承館」の蔵から発明王トーマス・エジソンの手紙が見つかった。22年、国連食糧農業機関が「森・里・湖に育まれる漁業と農業が織りなす琵琶湖システム」を世界農業遺産に認定。

■環境問題
琵琶湖の豊かな水は、京阪神を支えている。琵琶湖固有の魚類や貝類も多く、コハクチョウや国の天然記念物のオオヒシクイなど水鳥もいる。水質を守るため、1980年に窒素・リンの排出を規制する条例を施行、97年に合併処理浄化槽の設置を義務づけた。2022年5月に琵琶湖で、本来、生息しないチョウザメが捕獲された。湖底の貝類やエビなどを食べ生態系に悪影響を及ぼす可能性も。

トピックワード
- 石田三成、井伊直弼、伊藤忠兵衛
- 彦根城、竹生島、近江神宮、石山寺
- 比叡山延暦寺（文化遺産）、琵琶湖（ラムサール条約）
- 鍋冠祭、大津祭
- 彦根仏壇、近江上布、信楽焼
- ふなずし、湖魚の佃煮、うばがもち

統計｜日本｜私たちの郷土

京都府

面積／4612㎢
人口／251万1494人
　うち外国人 5万7634人
市町村／15市10町1村
府庁／京都市　知事／西脇隆俊

■ 都道府県の花・木・鳥

シダレザクラ（イトザクラ）
キタヤマスギ
オオミズナギドリ

旧国名
山城、丹後、丹波（大部分）

■ 自然

[地形] 京都市のある南部の京都盆地から北は丹波高地、丹後山地をへて日本海の若狭湾に至る南北に細長い地形。山が多く平野部は京都、亀岡、福知山の盆地が主。京都盆地では桂川、宇治川、木津川が合流して淀川となる。宮津湾の奥には日本三景の一つ・天橋立がある。[気候] 京都盆地は、冬は「京の底冷え」で寒く、夏は日ざしが強いうえに風が少なくて暑い。丹波地方は冬の寒さがきびしく、丹後地方は日本海岸式気候で、冬には曇天が続く豪雪地帯。

■ 交通

京都は「電気鉄道事業」発祥の地。道路が碁盤の目状に走る京都市内の交通手段はかつて京都市電が担っていたが、現在はバスと市営地下鉄が支える。嵐山へは

「嵐電」、比叡山へは「叡電」という小鉄道が走る。府南部は近鉄、京阪、阪急など大手私鉄が充実、府北部はJR、京都丹後鉄道など。

■ 産業

製造品出荷額 5兆2704億円／農業産出額 663億円

[農業] 丹波・丹後地方には農業地域が多いが、山が多く、耕地率は6.4%（2021年）。米の収穫量は少ない。賀茂なす、壬生菜、聖護院だいこんなど、伝統的な京野菜が有名。カブ、水菜や栗がとれ、筍の生産量は全国3位。荒茶の生産量は全国5位。宇治茶が有名。

[林業] 北山では、茶室の床柱などに用いられる高級材の北山杉が特産。[水産業] 日本海沿岸では、イワシ、サワラなどがとれる。波の静かな小さな湾沿いにある伊根町の漁村には、海に面して1階部分に舟を入れる「舟屋」をもつ、独特の民家が並ぶ。[工業] 西陣織、京友禅、京仏壇、京漆器、清水焼などの多様な地場産業は、需要の減少や高齢化による技術の継承が問題。福知山市には有数の内陸型工業団地があり、化学工業、鉄鋼業、電気機械などの企業が立地。長岡京市など乙訓地域に先端的な電機・精密機械の企業が多い。[第3次産業] 国際的な観光都市で多くの人が訪れる。京都市では18年から混雑対策や町家の保全のために宿泊税を徴収。

■ あゆみ、ニュース

794年に長岡京から平安京に遷都して以来、明治維新まで京都は政治や文化の中心であった。そのため金閣寺、二条城、平等院、清水寺など多くの世界文化遺産があり、国指定伝統的工芸品や重要文化財も多い。京都市は2007年に古都の景観を守る条例を施行。地方創生の一環で文化庁の移転が進められ、23年3月に業務開始。22年7月、祇園祭の山鉾巡行が3年ぶりに行われ、前祭・後祭で計34基が疫病退散を願って巡った。

トピックワード

- 円山応挙、岩倉具視、西園寺公望、横井軍平
- 天橋立、京都タワー
- 金閣寺、銀閣寺、二条城、平等院（文化遺産）
- 葵祭、時代祭、祇園祭、五山送り火
- 西陣織、清水焼、京友禅、丹後ちりめん、京扇子、京鹿の子絞
- 宇治茶、京菓子、京野菜、丹波栗、漬物、ゆば

京都府

食文化「京料理」を受け継ぐ

日本は世界に冠たる長寿国である。それを可能にしたものの一つとして、和食が世界から注目されている。健康的な食事としてだけでなく、文化としても世界的に評価されている。日本の地理的要因からくる豊かな自然の恵みを感謝・尊重する精神性、家族や共同体での年中行事や祭りなどの社会性、さらに気候の異なる地域で多様な食材や郷土料理が生まれた地域性、それらが、栄養バランスという食事の機能面をあわせもつ文化として、2013年、ユネスコの無形文化遺産に登録された。申請に際し、独特の食文化「京料理」を育んできた京都の街や人々が「和食」の魅力を発信したことが原動力となった。

また22年に「京料理」は国の登録無形文化財に登録された。これについても特定の一品ではなく、伝統行事や季節に合わせた料理、調理技法や器選び、空間の演出、おもてなしまで含んだ京都の食文化全体が評価された。

「京料理」は、日本料理の5大体系（大饗料理、精進料理、本膳料理、懐石料理、有職料理）を融合させ、歴史とともに発展した料理で、一汁三菜を基本とし、多くの料理でだしが使われる。五色、五味、五法を五感で楽しむことを特徴とし、味だけでなく趣向を凝らした見た目や香り、演出など芸術性が高い。春には筍料理、夏にはハモ料理、秋には松茸や栗料理、冬にはフグやカニ、カブなどの根菜類の料理など、食を通じて四季の「京都らしさ」を表現する。それに欠かせないのが、「京野菜」（明治以前に導入され、京都府内で栽培されている伝統野菜）で、賀茂なすやすぐき菜、聖護院カブ、壬生菜、京たけのこなど30品目以上がある。

青味だいこん、桂うりなど、栽培する農家が少ない野菜もあり、種の保存すら危ぶまれる希少な野菜を守る活動も行われている。

また、お祭りなどの「ハレの日」以外の日常的な「ケの日」のつましい暮らしの中で育まれた家庭料理としての「おばんざい」も有名だ。商家の質素倹約の暮らしにある「始末」の心が生んだとされ、旬の食材を皮や葉まで無駄なく使いきる工夫がされている。その他、伝統行事や茶道などで用いられてきた和菓子、良質な地下水が育んだ清酒、千枚漬けやすぐき、しば漬けなどの漬物も地域を代表する食文化だ。これら京都の食を支えるのが「京の台所」と言われる錦市場で、この地に誕生して400年以上になる。もともとは豊富な地下水で魚を冷やし、魚市場として栄えていたが、現在は食品関係を中心に、約390mの通りに130もの店舗が軒を連ねる。地元の人や料理人、観光客でも何度も足を運ぶ。年末には黒豆や棒だら、白みそなどお正月用の食材も並び、威勢のいい声が響く。近年では海外からの観光客も訪れ、イートインスペースもできた。

江戸時代、この錦小路の青物問屋の若旦那であった画家・伊藤若冲は、商売になじめず早々に弟に家督を譲ったが、家業を嫌ったわけではなく、店先でスケッチをしていたという。命がけで錦市場を守ったという史実もある。水墨画「果蔬涅槃図」では、当時の野菜たちが命を吹き込まれたようにユーモラスに描かれている。

現在では、府内の高校で生徒たちが京野菜の種を保存し、農場で育てたり、別の高校では地元の食材を使ったおいしい食べ方を提案したりするなど、次世代へと受け継いでいくための試みがなされている。

大阪府

面積／1905km²
人口／880万0753人
　うち外国人　24万2955人
市町村／33市9町1村
府庁／大阪市　知事／吉村洋文 ※

■ 都道府県の花・木・鳥

サクラソウ（ほかにウメ）
イチョウ
モズ

■ 自然
[地形] 府域は南北に細長く、三日月の形をしている。面積は全都道府県の中で香川県に次いで2番目に小さい。大部分は淀川や大和川が流れる大阪平野で、西側は大阪湾に面している。海岸線は、ほぼ埋め立てられている。[気候] 温暖で雨が少なく晴天の多い瀬戸内式気候。大阪市周辺の市街地は都市化の影響もあり気温が上がる。

■ 交通
大手私鉄とJRが近接して走り競い合う鉄道激戦地。2019年に新大阪駅まで開業したJRおおさか東線は、再開発中の大阪駅北側にできる新駅にも乗り入れる予定。伊丹空港から延びる大阪モノレールの延伸も予定。大阪市内を南北に貫き関西空港まで通じるなにわ筋線は31年開業の予定。

※2023年4月の任期満了にともなう知事選挙が予定されている。

■ 産業
製造品出荷額　16兆9758億円（全国2位）／農業産出額　296億円
[農業] 耕地率や第1次産業の比重は低いが、南部の平野部や台地では近郊農業が行われ、都市に野菜などを出荷。収穫量は春菊が全国1位、フキは3位。ブドウや小松菜、ミカンも多い。くわい、たでもとれる。[林業] 南河内地域は古くからスギやヒノキの木材生産地。独自の技術で世界シェアの大半を占めるものやインスタントラーメンなどユニークな製品も誕生。大阪は「中小企業のまち」と言われ、製造業で30人未満の小規模な事業所が約80％を占める。出荷額の多い業種は、化学、石油・石炭、鉄鋼、輸送用機械、生産用機械、金属製品、食料品など。[第3次産業] 百貨店とスーパーの商品年間販売額は東京に次いで全国2位(21年)。大きな商業施設も多く、超高層複合ビル「あべのハルカス」や、JR大阪駅に直結した「ルクア大阪」や「グランフロント大阪」などの周辺ではさらに再開発が加速している。テーマパーク「ユニバーサル・スタジオ・ジャパン」も人気。大阪城公園や通天閣、道頓堀などは長く親しまれてきた。

■ あゆみ、ニュース
淀川の河口に位置し、都のあった奈良、京都と瀬戸内海を結ぶ重要な地点として古くから栄えた。1583年には、豊臣秀吉が大坂城を築き始めた。江戸時代になると「天下の台所」「水の都」と呼ばれ、日本の経済や商業の中心地となり、明治以降も繊維など商工業が発展し、西日本の経済の中心地に。1970年、日本万国博覧会開催。2020年、大阪市を廃止して四つの特別区に再編する「大阪都構想」について住民投票が行われたが、僅差で否決された。25年、人工島「夢洲」で開催される大阪・関西万博では空飛ぶクルマも。

トピックワード
- 🙂 楠木正成、井原西鶴、大塩平八郎、司馬遼太郎
- 🏠 四天王寺、通天閣、太陽の塔
- 🌏 百舌鳥・古市古墳群（文化遺産）
- ★ 天神祭、岸和田だんじり祭、十日戎
- ⚱ 大阪欄間、大阪唐木指物、大阪浪華錫器、堺打刃物、河内木綿
- 🍴 たこ焼き、お好み焼き、水ナス

兵庫県

面積／8401km²
人口／548万8605人
　うち外国人　11万0525人
県庁／29市12町
県庁／神戸市　知事／斎藤元彦

■ 都道府県の花・木・鳥

ノジギク

クスノキ

コウノトリ

■ 自然
[地形] 太平洋と日本海の両方に接するのは、本州では青森県、山口県と兵庫県だけ。中央やや北寄りを中国山地が横切り、山がちな地形だが、瀬戸内海沿いに、肥沃な播磨平野や大阪平野の西部があり、武庫川、加古川、市川、揖保川、千種川などが流れる。神戸市の背後に六甲山地が海岸部まで迫る。淡路島は、本州と四国を結ぶ重要な経路。[気候] 南北の地域差が大きい。瀬戸内海沿岸は、温和で雨が少なく、晴れる日が多い。北部の日本海側の山間部は、冬に降水量が最も多く、多雪地帯。

■ 交通
阪神高速、国道2号に加えて鉄道もJRと阪急、阪神がしのぎを削る交通密集地帯。JR福知山線、播但線などが県の南北を結ぶ。神戸空港は2030年ごろに国際線の定期便が就航することに。豊岡市にコウノトリ但馬空港もある。

■ 産業
製造品出荷額　15兆2499億円（全国5位）／農業産出額　1501億円
[農業] 近畿地方一の農業県。米、野菜、畜産が中心。タマネギとイチジク（2019年）の収穫量は3位。レタス、白菜、キャベツも多い。ブロイラーの飼養羽数や乳牛も多く、但馬牛も有名。淡路島は花き栽培が盛ん。[水産業] 日本海側でカニ類の漁獲が全国3位。養殖のりは全国2位。瀬戸内海でイワシ類や養殖のカキも多くとれる。いかなご、明石だこも有名。[工業] 重化学工業が中心で、鉄鋼、機械の出荷が多い。灘の酒に代表される飲料・食品なども多い。阪神工業地帯には、鉄鋼、造船、機械工業などが立地。神戸市のポートアイランドは医療系企業の集積する医療産業都市。[第3次産業] 六甲に、森林植物園、ハイキングコース、有馬温泉などが、但馬地方に、城崎や湯村の温泉がある。姫路城は「平成の大修理」が終わった15年度に過去最多の入城者数約287万人を記録。22年3月、阪神甲子園球場（西宮市）に併設する甲子園歴史館がリニューアルオープン。

■ あゆみ、ニュース
平安期には大輪田泊が日宋貿易の拠点となり、平清盛が福原京をおいた。明治以後は、臨海工業地帯が造成され、1868年に開港した神戸を中心に日本の近代化の先がけに。1995年1月17日、兵庫県南部地震（阪神・淡路大震災）が発生。被害は死者6400人以上、全・半壊した家屋約25万棟。

■ 環境問題
豊岡市では、1971年に絶滅したコウノトリを人工飼育、2005年以降、放鳥して野生復帰に取り組む。23年1月末の国内の野外個体数は303に。

トピックワード
- 🙂 大石内蔵助、和辻哲郎、三木清、手塚治虫
- 🏠 神戸港、明石海峡大橋、竹田城跡
- 🌏 姫路城（文化遺産）、円山川下流域・周辺水田（ラムサール条約）
- ★ 灘のけんか祭り、西宮神社十日えびす、赤穂義士祭
- ⚱ 播州そろばん、出石焼、播州毛鉤、播州三木打刃物
- 🍴 灘の清酒、丹波黒大豆

奈良県

面積／3691㎢
人口／133万5378人
　うち外国人 1万3674人
市町村／12市15町12村
県庁／奈良市　知事／荒井正吾 ※

■ 都道府県の花・木・鳥

ナラノ
ヤエザクラ
（カスミザクラ）

スギ

コマドリ

旧国名
大和（やまと）

■ 自然

[地形] 南北に長い内陸県で、森林率77%（2017年）。北部の笠置、生駒、金剛山地に囲まれるのが奈良盆地。南北の山地を分けるように吉野川（下流では紀の川）が西へ流れ、十津川（下流では熊野川）は紀伊山地を南へ流れる。[気候] 一般的に内陸性で、とくに奈良盆地では寒暖の差が大きいが、紀伊山地には、太平洋から湿った風が吹きこみ、温暖で雨が多い。

■ 交通

奈良市や生駒市など人口が集中する県北部には隣接する京都府や大阪府にアクセスする鉄道が充実し、吉野などの観光地へ向かうリゾート特急も走る。人口が少ない県南部には、橿原市から十津川村を経て和歌山県新宮市に至る「日本一長い路線バス」が走る。

■ 産業

製造品出荷額 1兆7157億円／農業産出額 391億円

[農業] 大消費地に近い立地を生かし、多品目少量生産の野菜やくだもの、花きなどを栽培。柿の収穫量は全国2位。[林業] 紀伊山地、とくに吉野地方では、霧に保護され、スギやヒノキの良材が多い。製材工業とともに、重要な産業。担い手の育成と機械化が課題となっている。[工業] 明治以後、かや、紡績、メリヤスなどの繊維工業が興り、現在でも大和高田の靴下産業は有名。県のソックス出荷額は全国1位。第2次世界大戦後には、阪神工業地帯から分散した機械、電機、金属などの大工場が進出し、大和郡山の昭和工業団地などを形成した。現在、主要産業は食料品と輸送機械の製造。[第3次産業] 法隆寺などの仏教建造物、古都奈良の文化財（東大寺、興福寺、春日大社など）、熊野参詣道など三つの世界遺産を抱え、19年は4502万人が訪れた。20年から減少し、21年は2415万人だった。

■ あゆみ、ニュース

奈良時代に平城京がおかれるなど、古代日本の政治、文化の中心地だった。古墳や遺跡、国宝や世界遺産も多く、今も発掘される。墨、茶せんなど伝統ある地場産業が残る。2010年、藤原京から平城京への遷都（710年）から1300年を迎えた。18年、興福寺（奈良市）の中金堂が301年ぶりに再建された。22年3月、「なら歴史芸術文化村」（天理市）が開業。仏像など文化財の修復作業の公開など奈良の歴史の発信拠点に。同年10月、春日大社（奈良市）の摂社・若宮神社で20年に一度の式年造替が終了。11月には「十津川の大踊」が、「風流踊」の一つとしてユネスコの無形文化遺産に登録。

■ 環境問題

全国1級河川水質ランキングでワースト上位だった大和川は、長年にわたり改善に取り組んでいる。

トピックワード

- 👤 筒井順慶、島左近、住井すゑ、福井謙一
- 🏠 吉野山、飛鳥、石舞台古墳、高松塚古墳
- 🏛 法隆寺、東大寺、興福寺、春日大社など（文化遺産）
- ⭐ 東大寺お水取り
- 🖌 奈良筆、奈良墨、高山茶筌
- 🍜 三輪そうめん、吉野くず、柿の葉寿司、奈良漬

※2023年5月の任期満了にともなう知事選挙が予定されている。

和歌山県

面積／4725㎢
人口／93万5084人
　うち外国人 7049人
市町村／9市20町1村
県庁／和歌山市　知事／岸本周平

■ 都道府県の花・木・鳥

ウメ

ウバメガシ

メジロ

旧国名
紀伊（きい）

■ 自然

[地形] 本州南端の紀伊半島の南西部に位置し、平地は北西部の紀の川下流域の和歌山平野ぐらいで、大部分は紀伊山地。県面積の76%（2017年）が森林。本州最南端の潮岬がある。[気候] 海沿いでは黒潮の影響で温暖多雨。とくに南部に雨が多い。「台風銀座」といわれるほど、台風の通過が多い。

■ 交通

JRは紀勢線、和歌山線、阪和線が通り、私鉄も南海電鉄の南海線や高野線などのほか、紀州鉄道、和歌山電鉄が運行。阪和自動車道、紀勢自動車道なども。南紀白浜空港からは羽田に定期便。和歌山下津港は国際拠点港湾。

■ 産業

製造品出荷額 2兆3835億円／農業産出額 1135億円

[農業] 温暖な気候と斜面を利用して有田川、紀の川沿いなどで柑橘類を栽培。ミカン、柿、梅は収穫量全国1位。農業産出額の約70％を果実が占める。15年、高品質な梅生産で世界農業遺産認定。切り花も多く、スターチスは出荷量1位。グリーンピースとサンショウ（19年）の収穫量も1位。ブランドの熊野牛やイノブタも有名。[林業] 企業・団体が植栽や間伐を担う「企業の森」制度を採用。[水産業] 勝浦港は関西のマグロ水揚げの基地。天然のイセエビ、タチウオ、シラスがとれ、養殖のアユが全国3位。[工業] 紀北臨海工業地域が中心で、和歌山北港に製鉄、化学、海南港に化学、電力、有田港に石油精製などの工場が立地。事業所数では食料品や繊維などが多い。[第3次産業] 高野山、熊野古道などに多くの人が訪れる。白浜のアドベンチャーワールドでは日本最多7頭のパンダが暮らす。23年に3頭が中国に返還。

■ あゆみ、ニュース

江戸時代の紀州藩は、徳川御三家のひとつ。東海道沿線でなく明治以後の発展が遅れ、米国への移民も多かった。熊野三山（本宮、速玉、那智大社）や、空海の開いた高野山金剛峯寺など宗教的聖地がある。1890（明治23）年、オスマン帝国使節団の軍艦が串本町樫野埼沖で座礁し沈没。587人が亡くなったが、大島島民が69人を救助。これがトルコとの友好関係の原点とされる。2019年、31年ぶりに商業捕鯨が再開。「古式捕鯨」発祥の地・太地町を拠点とする沿岸捕鯨船は22年も操業。22年、県がすすめてきたIR（カジノを含む統合型リゾート）誘致計画は、県議会で否決。

■ 環境問題

本州最南端の串本町にある民間のロケット発射場では、3度の延期を経て23年夏ごろに初号機の発射をめざしている。

トピックワード

- 👤 紀伊国屋文左衛門、徳川吉宗、南方熊楠、岡潔
- 🏠 高野山、和歌山城、那智大滝、根来寺
- 🏛 紀伊山地の霊場と参詣道（文化遺産）
- ⭐ 那智の田楽
- 🖌 紀州漆器、蚊取り線香、那智黒硯
- 🍜 梅干し、湯浅しょうゆ、金山寺みそ、高野豆腐
- 🔖 備長炭、紀州犬

鳥取県
とっとり

面積／3507㎢
人口／55万1806人
　うち外国人　4488人
市町村／4市14町1村
県庁／鳥取市　　知事／平井伸治 ※

■ 都道府県の花・木・鳥

ダイセンキャラボク（イチイ）
二十世紀ナシ（ナシ）
オシドリ

因幡、伯耆
いなば　ほうき

■ 自然
[地形] 平地は狭く山がち。東西に細長く、南に中国山地がある。米子、倉吉、鳥取の三つの平野から砂丘の海岸をへて日本海に至る。大山（1729m）は、中国山地の最高峰。[気候] 春から秋は好天が多く、冬は曇りがちで降雪がある。対馬海流の影響で比較的暖かい。

■ 交通
県内に空港が二つあり、「鳥取砂丘コナン空港」と「米子鬼太郎空港」と、ともに県内出身漫画家が生んだキャラクターの名前がついている。1994年に智頭急行が開業し、関西方面行きが便利に。

■ 産業
製造品出荷額 7413億円／農業産出額 727億円
[農業] 山の斜面や砂丘を開発して農業を営む。水稲、果樹、野菜、畜産のバランスのとれた生産が特徴。梨の有数の産地。スイカの収穫量も多く、県中西部では酪農や肉牛の飼育も盛ん。ブロイラーの飼養も多い。砂丘では防砂林やスプリンクラーを用いたかんがい施設のもと、ラッキョウ（全国1位・2019年）やナガイモを栽培。[林業] 東部の智頭町など、西日本有数のスギの生産地。[水産業] 日本有数の漁業基地・境港ではマグロ漁が盛ん。松葉ガニ（ズワイガニ）やベニズワイガニのほか、カレイ、ハタハタ、イカ、ブリなどがとれる。カニは漁獲配分で資源管理も。[工業] 鳥取市と米子市に電子・電気部品工場が立地。米子市のパルプ、境港市の水産加工業も盛ん。[第3次産業] 大山や砂丘のほか、温泉も多い。三徳山三佛寺の絶壁に立つ投入堂は国宝。水木しげるロードも人気。

■ あゆみ、ニュース
1871（明治4）年、鳥取県となった後、1876年に島根県に併合されたが1881年には再び鳥取県として分離。鳥取市中心の東部と商業都市・米子市中心の西部では、暮らしや気風、方言が異なる。2009年、境港、韓国、ロシアを結ぶ「環日本海定期貨客船」として初入港したDBSクルーズフェリーは10年以上就航したが、20年に撤退。人口は全国で最も少ないが移住者は増加。町家や土蔵群が残る若桜町若桜地区が、国の重要伝統的建造物群保存地区に。22年、山陰地方に鉄道が開業して120年をむかえ、米子駅で記念セレモニーがあり特別列車も運行。

■ 環境問題
汽水化を進めている湖山池（鳥取市）で、近年、水質が悪化。原因は不明。22年3月、県では、島根原発2号機（島根県松江市）について、「付帯条件を前提として安全対策を了解」とし、再稼働に事実上同意。同年12月、ユネスコの世界ジオパーク認定の山陰海岸ジオパークが再審査の結果、条件付きで2年間の認定継続に。

トピックワード
- 名和長年、岡本喜八、水木しげる、谷口ジロー
- 鳥取砂丘、浦富海岸、白兎海岸
- 中海（ラムサール条約）
- 米子がいな祭、鳥取しゃんしゃん祭
- 因州和紙、弓浜絣、牛ノ戸焼
- 松葉ガニ、二十世紀ナシ、ラッキョウ

※2023年4月の任期満了にともなう知事選挙が予定されている。

島根県
しまね

面積／6708㎢
人口／66万6331人
　うち外国人　8922人
市町村／8市10町1村
県庁／松江市　　知事／丸山達也 ※

■ 都道府県の花・木・鳥

ボタン

クロマツ

ハクチョウ

出雲、石見、隠岐
いずも　いわみ　おき

■ 自然
[地形] 日本海に面し東西に細長い県。東西に石見高原、中国山地が広がり、山がちで、平野部は北東部の出雲平野と宍道湖、中海を含む宍道低地帯が主。宍道湖、中海は汽水湖。[気候] 日本海岸式。梅雨期の降水量は多い。隠岐諸島は対馬海流のため比較的温暖だが、冬の季節風はきびしい。

■ 交通
高速道路の山陰道や、広島県と島根県を結ぶ浜田自動車道の整備が進む一方で、広島県三次市と県内の江津市を100㎞にわたり結んでいたJR三江線が2018年に廃止。松江市と出雲大社を結ぶ一畑電車は今も活躍中。隠岐島へは本土から超高速船で約1時間。

■ 産業
製造品出荷額 1兆1651億円／農業出荷額 611億円
[農業] 面積の78％（17年）が林野で耕地率は低い。米作や果樹栽培が中心。出雲市ではブドウが多く、安来市は二十世紀梨で有名。奥出雲町、雲南市などで肉用牛を飼育。木炭の生産量は全国1位。[水産業] 浜田港ではアジ、アナゴ、イカなどが水揚げされる。隠岐周辺ではカニもとれる。11年から2位だった宍道湖のシジミ漁獲量は、14年から8年連続1位。[工業] 安来市の鉄鋼、ほかに食料品、機械、電機、木工など。地場産業の比重が大きく、松江市の凝灰質砂岩を用いる石灯籠、奥出雲町の雲州そろばん、江津の石州瓦が有名。[第3次産業] 縁結びの神とされる出雲大社が本殿遷宮を行った13年の観光客は、過去最高の約3682万人だった。松江城は国宝、石州半紙は無形文化遺産。安来市には難攻不落の月山富田城跡もある。

■ あゆみ、ニュース
出雲大社のある東部の出雲地方は国造りや国引きなどの神話が多く残る。古代の遺跡では数多くの銅鐸や銅剣が出土。また隠岐諸島は流刑地とされ、後鳥羽上皇、後醍醐天皇などが流された。隠岐の島町には領土問題が起きている竹島がある。23年度で運行終了のJR木次線の観光トロッコ列車「奥出雲おろち号」の代わりに、山陰線を走る観光列車「あめつち」が乗り入れる予定。23年春に島根大学に材料エネルギー学部が新設。

■ 環境問題
中海の国営干拓事業は00年に中止され、中海と宍道湖の淡水化事業も02年に中止。ともに05年にラムサール条約に登録。島根原発は国内で唯一、県庁所在地にある。1号機は廃炉作業中。2号機の再稼働について、22年6月、県知事は同意を表明。安全対策工事完了後に稼働。環境省は、トキの野生復帰をめざし放鳥する地域に、島根県を石川県とともに選んだ。

トピックワード
- 西周、森鷗外、若槻礼次郎、竹下登
- 松江城、出雲大社、隠岐島、鬼の舌震、加賀の潜戸
- 石見銀山（文化遺産）、中海・宍道湖（ラムサール条約）
- ホーランエンヤ、隠岐古典相撲、鷺舞神事
- 出雲石灯籠、雲州そろばん、石州和紙、石見焼
- 出雲そば、シジミ、岩のり

※2023年4月の任期満了にともなう知事選挙が予定されている。

統計｜日本一　私たちの郷土

今も昔も妖怪は人気

河童、天狗、一つ目小僧など、「妖怪」や「物の怪」は、古くから伝えられ、今も小説やアニメ、映画、ドラマなどで人気だ。人々は、目に見えないものや不思議な現象について、さまざまな異形のすがたを想像してきた。

平安時代～鎌倉時代には、説話集などで怪異話が語られ、室町時代～江戸時代には、御伽草子の編纂、四谷怪談や妖怪図などが人気となった。明治時代～大正時代にも井上円了「妖怪玄談」、小泉八雲「雪おんな」、柳田国男「遠野物語」、泉鏡花「夜叉ケ池」が、その後も、水木しげる「墓場鬼太郎」、手塚治虫「どろろ」などが続き、現代でも「もののけ姫」など多くの人気作品が生み出されている。

妖怪や物の怪は、人々の不安や恐れを投影するといわれ、新型コロナウイルスの感染が増加した2020年には、疫病を払うと伝えられる「アマビエ」が注目された。ほかにも、難病を予言した聖獣「クタベ」や、疫病退散の神「牛頭天王」など、由来や出自もさまざまなものが見直された。

いろいろな妖怪や物の怪が日本各地に伝えられているが、中国地方には、妖怪や怪異をテーマとする博物館として小泉八雲記念館(島根)、水木しげる記念館(鳥取)、三次もののけミュージアム(広島)があり、「もののけ怪道」とPRされた。2022年は、水木しげる(1922-2015)の生誕100年。境港市には、同市出身の水木しげる記念館があり、境港駅から記念館まで続く「水木しげるロード」といわれる妖怪の道には、177体もの妖怪ブロンズ像がならぶ。夜にはその路上に妖怪の影絵が投影される。

ずっと活躍する路面電車

路面電車は全国18カ所にあるが、それらを運営する事業者のなかでも、広島市内などに総延長35kmの路線をもつ広島電鉄は最大級の規模を誇る。広島市内を走る「市内線」(軌道線)と、観光地・宮島までを専用軌道で結ぶ宮島線(鉄道線)があり、年間利用者数は5000万人以上で、広島市内の交通インフラを支える主役となっている。かつて東京、京都、大阪などの大都市に走っていた路面電車だが、自動車の数が増えモータリゼーションが進んだことで1960年代後半ごろから廃止が相次いだ。広島電鉄は路面電車網を残すべく、いくつかのチャレンジを試みた。

ひとつは、日本各地の路面電車事業者から中古車両を購入したこと。新しい車両を造る予算がなく、路線の縮小や廃止をした事業者から車両を買い、色も塗り替えずに使用。そのため現在でも、廃止された京都市電や神戸市電など日本各地の懐かしい路面電車が当時のまま広島市内を走り、ファンたちに愛されている。1945年の原爆投下時に走っていた車両も活躍している。

また、広島県警察に要望を重ね、路面電車の軌道敷内への自動車乗り入れを71年に禁止したことも存続の決め手となった。

コロナの影響もあり、経営は苦しいが、2025年にオープンする広島駅の新駅ビル2階に広島電鉄が直接乗り入れる計画や、出口扉だけではなく、乗車した扉からも降りられる「全扉乗降方式」の導入など、利便性向上が進められている。

原爆ドーム前を走る「被爆電車」

岡山県

面積／7115k㎡
人口／187万9280人
　　　うち外国人　2万8997人
市町村／15市10町2村
県庁／岡山市　　知事／伊原木隆太

■ 都道府県の花・木・鳥

モモ

アカマツ

キジ

旧国名
備前、備中、美作

■ 自然
[地形]北は中国山地、南は瀬戸内海に面する。中部には吉備高原が広がり、北に津山盆地、県南に吉井川、旭川、高梁川によってつくられた岡山平野が広がる。[気候]やや内陸性で温暖、降水量は中国山地と四国山地にさえぎられて多くない。降水量1㎜未満の日が多く「晴れの国」として知られる。
■ 交通
中心地の岡山市、倉敷市は山陽新幹線が通り、瀬戸大橋で四国とも結ばれるなど交通の要衝。鳥取県とはJR伯備線などで結ばれ、岡山市内は岡山電気軌道の路面電車が走る。2018年に瀬戸大橋は開通30年をむかえた。JR吉備線(岡山－総社)の次世代型路面電車(LRT)化は、28年運行開始に向け岡山市、総社市、JR西日本

が協議を進めたが、21年に中断。
■ 産業
製造品出荷額　7兆0601億円／農業産出額　1457億円
[農業]米作が中心だが、果物の収穫量が多く、ブドウは全国3位、桃は6位。レンコンの生産や花の栽培も盛ん。北部の高原地帯ではジャージー牛の飼育が盛ん。農業産出額は中国・四国で最も多い。卵の生産量は全国3位。[工業]倉敷市水島を中心とする臨海地区での重化学工業が中心。石油・石炭製品、化学、鉄鋼、輸送用機械の4部門で製造品出荷額の約56%を占める。繊維工業は全国3位。学生服や事務・作業服の出荷額は全国1位。国産ジーンズの発祥地でデニム生地生産が盛ん。地場産業では備前焼や耐火レンガなど。[第3次産業]岡山市の岡山駅

付近と表町地区が商業の中心で路面電車も走る。同市西端に、運輸、卸売、倉庫業の入った総合流通センターがある。観光は大原美術館や日本三名園の一つ「岡山後楽園」、岡山城(22年に大改修を終えた)、「日本のエーゲ海」と呼ばれる牛窓、蒜山高原が人気。20年の観光客数は1099万人で、前年よりさらに少なかった。3年に一度、岡山、香川両県で行われる瀬戸内国際芸術祭も、19年の総来場者数は117.8万人だったが、22年は72.3万人だった。
■ あゆみ、ニュース
県内には先土器時代、縄文、弥生、古墳時代の遺跡が非常に多く、独自の文化圏を形成。平安時代後期には平氏の基盤となり、江戸時代には小さな藩と幕府直轄地に細かく分けられた。高梁市の吹

屋地区には古くから鉱山があり、江戸末期から明治期に銅と赤色顔料「ベンガラ」で繁栄した。20年に『ジャパンレッド』発祥の地」として日本遺産に認定。22年、全国各地に伝わる民俗芸能「風流踊」が、ユネスコの無形文化遺産に決まり、24都府県の計41件のうち、県内では笠岡市の「白石踊」と真庭市の「大宮踊」が登録された。

トピックワード

- 😊 雪舟、宮本武蔵、犬養毅、竹久夢二、人見絹枝
- 🏠 岡山城、岡山後楽園、吉備津神社、倉敷美観地区、備中松山城、奥津渓
- ⭐ 西大寺会陽(はだか祭り)
- 🏺 備前焼、勝山竹細工
- 🌿 マスカット、白桃、ママカリ、サワラ

広島県

面積／8479㎢
人口／278万8687人
　うち外国人 4万9878人
市町村／14市9町
県庁／広島市　　知事／湯﨑英彦

■ 都道府県の花・木・鳥

モミジ
（カエデ）
モミジ
アビ

旧国名
安芸、備後

■ 自然

[地形] 中国山地から瀬戸内海沿岸まで山がちで階段状の起伏が見られる。太田川は広島平野を、芦田川は福山平野をつくる。江の川は三次市で3本の支流を集め日本海に注ぐ。瀬戸内海沿岸の海岸線は出入りに富む。芸予諸島の間には多くの海峡があり、とくに狭い海峡は瀬戸と呼ばれる。幅90mの音戸の瀬戸は、内海航路の要衝で海の難所。[気候] 瀬戸内式で雨が少なく夏は高温。北西部は中国山地を越える季節風により、日本海岸式気候の影響を受ける。

■ 交通

JR山陽線と新幹線、福塩線など。広島電鉄の路面電車、新交通システムのアストラムライン、山陽自動車道、中国縦貫自動車道、広島空港など。JR可部線は廃止された末端区間の一部が2017年に復活。

■ 産業

製造品出荷額 8兆8699億円／農業産出額 1213億円
[農業] 平野が少なく、山の斜面の段々畑が瀬戸内海の沿岸や島に多い。主要な農産物は米、ジャガイモ、芸予諸島のミカンなど。レモンとネーブルは収穫量が全国1位。ハッサクは2位（以上19年）。和牛などの肉用牛は恵まれた放牧環境と改良で優れた品質。[林業] 山がちで森林率が72%（17年）。スギ、ヒノキなどを生産。[水産業] 瀬戸内でカタクチイワシが多くとれる。魚介類の養殖が盛んで、養殖カキの生産量は全国1位。[工業] 沿岸地域では重化学工業が盛ん。広島の自動車、機械、食料品、福山の鉄鋼、呉の機械、大竹の化学、竹原の銅製錬や、福山、尾道、呉の造船などが有名。近年、呉では製鉄所や造船所の撤退も。東広島や三原などで電気機械産業が盛ん。清酒、毛筆、やすり、ミシン針、縫い針、備後絣などの綿織物、福山の琴、府中の桐たんす、広島仏壇や、木彫りの宮島細工などの伝統産業も。[第3次産業] 世界遺産の原爆ドームと厳島神社、しまなみ海道が人気。

■ あゆみ、ニュース

広島市は、かつての城下町で、明治以後、軍都として発展。1945年8月6日、太平洋戦争末期に世界で初めて原子爆弾が投下され、同年末までに約14万人の市民が死亡、市域は廃墟となった。戦後の復興で80年には全国で10番目の政令指定都市となり、中国地方の行政や経済の中心となった。2016年にアメリカのオバマ大統領（当時）が訪問、19年にローマ・カトリック教会のフランシスコ教皇が訪れた。20年に被爆75年。23年5月、主要7カ国首脳会議（G7サミット）が広島市で開催される。

■ 環境問題

原爆投下後に降った「黒い雨」を浴びた84人を被爆者と認めた広島地裁判決（20年）に対し、国などが控訴していたが、21年、広島高裁は控訴を棄却、上告を断念。

トピックワード
- 😊 加藤友三郎、池田勇人、織田幹雄、平山郁夫
- 🏠 三段峡、帝釈峡、鞆公園
- 🌐 原爆ドーム、厳島神社（文化遺産）、宮島（ラムサール条約）
- ⭐ 壬生の花田植
- 🎁 熊野筆、広島仏壇、宮島細工
- 🍴 カキ、のり、もみじまんじゅう

山口県

面積／6113㎢
人口／134万0458人
　うち外国人 1万5639人
市町村／13市6町
県庁／山口市　　知事／村岡嗣政

■ 都道府県の花・木・鳥

ナツミカン
アカマツ
ナベヅル

旧国名
周防、長門（長州）

■ 自然

[地形] 本州の西の端に位置し、主に瀬戸内、日本海、内陸山間の3地域からなる。全体に山がちで、北東部は中国山地の西の端、他の部分も標高500m以下の起伏の小さな山地と丘陵が占める。錦川は安芸灘に、阿武川は日本海に注ぎ、それぞれ岩国、萩でデルタ（三角州）をつくる。秋吉台は日本最大のカルスト台地で「秋芳洞」などの鍾乳洞がある。[気候] 瀬戸内海側、山地、日本海側の3地域で異なるが、おおむね温暖。日本海側で冬の季節風はやや強い。

■ 交通

山陽新幹線、JR山陽線・山陰線・岩徳線・山口線・宇部線・小野田線・美祢線と錦川鉄道（第三セクター）錦川清流線が運行。中国縦貫自動車道、山陽自動車道、関門自動車道など道路も充実。山口宇部空港からは羽田に定期便も。下関港などにはクルーズ船も。

■ 産業

製造品出荷額 5兆6169億円／農業産出額 643億円
[農業] 耕地が少なく、米、ミカンが主体。萩では対馬海流による暖かい気候から夏ミカンを栽培。[林業] 竹材の品質は評価が高い。マダケの生産量は全国2位。[水産業] 下関は遠洋・沖合漁業の基地。フグは周防灘のはえ縄漁や全国からの天然・養殖フグも集まる本場。アマダイ、ケンサキイカ、アジ、タチウオなど。[工業] 周南は石油化学、ソーダ、セメント工業。光、下松は鉄鋼、金属、機械工業。防府は自動車、宇部は化学、電子部品などが盛ん。[第3次産業] 秋吉台、錦帯橋、松陰神社などに多くの人が訪れる。

■ あゆみ、ニュース

古代から大陸と交流があり、下関市と韓国・釜山広域市は1976年から姉妹都市。今はフェリーが通う。2019年、日韓関係の悪化により各地で交流中止が起きるなか、県内で「朝鮮通信使」を再現する行事や交流があった。長州藩は明治維新の原動力となり、高杉晋作や木戸孝允、首相となった山県有朋、伊藤博文らが輩出。16年にロシアのプーチン大統領と安倍首相（当時）の首脳会談が行われた。22年11月、防府天満宮で荒祭「裸坊祭」が3年ぶりに開催。

■ 環境問題

上関町では、原子力発電所建設計画から40年たつが、今も未着工。22年10月、上関町長選挙で推進派の候補者が当選。11月には原発の建設予定地の公有水面埋め立て免許の延長を許可。本州唯一のナベヅル越冬地、周南市の八代盆地に22年2月までに28羽が飛来。1997〜98年以来の多さ。同年12月、米軍岩国基地の周辺住民らが米軍機と自衛隊機の夜間・早朝の飛行差し止めなどを求め提訴。2009年に続く第2次訴訟。

トピックワード
- 😊 大村益次郎、吉田松陰、金子みすゞ
- 🏠 瑠璃光寺五重塔、錦帯橋、壇ノ浦古戦場跡、巌流島
- 🌐 萩反射炉（文化遺産）、秋吉台地下水系（ラムサール条約）
- ⭐ 阿月神明祭、秋吉台山焼、しものせき海峡まつり
- 🎁 萩焼、大内塗、赤間硯
- 🍴 ふぐ料理、岩国ずし、かまぼこ

徳島県

とくしま

面積／4147㎢
人口／72万6729人
うち外国人 6028人
市町村／8市15町1村
県庁／徳島市　知事／飯泉嘉門 ※

■ 都道府県の花・木・鳥

スダチ
ヤマモモ
シラサギ

■ 自然

[地形]四国の東南部にあり、海をへだてて近畿地方と向かい合う。県の北には讃岐山脈が、南には四国山地があり、その間を中央構造線にそって吉野川が流れている。「四国三郎」と呼ばれる吉野川は、四国山地に源を発する全長194㎞の大河で、徳島平野をつくる。[気候]温暖多雨で、県南部では梅雨と台風による豪雨が多い。

■ 交通

1985年に大鳴門橋、98年に明石海峡大橋ができ、関西へバスや車で行けるように。県南部を走る阿佐海岸鉄道は、線路と道路の両方を走る「ＤＭＶ」を2021年12月から運行している。

■ 産業

製造品出荷額 1兆7953億円／農業産出額 930億円

[農業]吉野川がつくる平野や温暖な気候で第1次産業が盛ん。県北部の吉野川の中・下流域では畑作が中心で、南部の那賀川、勝浦川流域の水田農業と好対照をなす。洋ランの切り花出荷量も多い。収穫量はスダチが全国1位、ユズが2位（以上19年）、レンコン、ニンジンが3位。なると金時は特産。[水産業]鳴門ワカメは古くから珍重され、現在は養殖が盛ん。アユやウナギの養殖も。[工業]食料品、家具などの軽工業が中心。徳島市の化学、食料品、木材工業や、鳴門の化学、阿南の発光ダイオード(LED)、パルプなど。[第3次産業]商業は徳島市、鳴門、小松島など都市部が中心。阿波おどりは多くの人を集める。22年8月、阿波踊りが3年ぶりに本格開催され、4日間で46万人が訪れた。例年は100万人以上。鳴門海峡のうず潮も有名。

■ あゆみ、ニュース

古くから経済・文化の面で大阪とつながりが強い。「お遍路」として知られる四国八十八カ所霊場めぐりは、阿波の第1番札所霊山寺（鳴門市）から始まる。18年「にし阿波の傾斜地農耕システム」が世界農業遺産に認定。19年、美馬、吉野川市では、天皇の代替わりに伴う儀式「大嘗祭」に供えられる麻織物「麁服」を半年がかりで4反の織物に織り上げた。阿南市の加茂宮ノ前遺跡では弥生時代中期の赤色顔料（水銀朱）の原料と、縄文時代後期に水銀朱を精製した石臼などを発見。勝浦町で、肉食恐竜のものとみられる脛骨や歯の化石を発見。白亜紀前期の化石で、肉食恐竜の歯の化石

としては国内最古級。17年設置の「消費者行政新未来創造オフィス」は、機能や規模を拡大し、消費者庁の「恒常的拠点」として20年「消費者庁新未来創造戦略本部」に。

■ 環境問題

上勝町は町内ごみをゼロにする「ゼロ・ウェイスト」を宣言し、ごみを45種類に分別して収集。リサイクル率は80％以上に。

トピックワード

😊 三好長慶、三木武夫、後藤田正晴

🏠 祖谷渓、大歩危・小歩危、阿波の土柱、鳴門のうず潮

⭐ 阿波踊り

🍵 大谷焼、藍染（阿波藍）、阿波和紙

🌿 スダチ、阿波尾鶏、鳴門ワカメ、半田そうめん、和三盆糖

※2023年5月の任期満了にともなう知事選挙が予定されている。

香川県

かがわ

面積／1877㎢
人口／96万4885人
うち外国人 1万2923人
市町村／8市9町
県庁／高松市　知事／池田豊人

■ 都道府県の花・木・鳥

オリーブ
オリーブ

ホトトギス

■ 自然

[地形]讃岐半島と瀬戸内海の島々からなる。南に讃岐山脈が東西に連なり北に讃岐平野が広がる。瀬戸内海には大小の島々が点在。
[気候]瀬戸内式で、晴天の日が多く雨が少ない。夏は蒸し暑い夕凪、朝凪が特徴。春先から初夏にかけて海上に濃霧が発生しやすい。

■ 交通

かつて本州との行き来は「宇高連絡船」に頼っていたが、1988年に瀬戸大橋が開通したことで車、鉄道で本州へ移動できるようになった。徳島方面にJR高徳線や土讃線が、愛媛へ予讃線が走る。貴重な夜行列車「サンライズ瀬戸」は東京と高松を結んでいる。高松と金刀比羅宮のある「琴平」などを結ぶ私鉄「ことでん」も活躍。高松空港は、2019年に

開港30周年を迎えた。

■ 産業

製造品出荷額 2兆5290億円／農業産出額 792億円

[農業]温暖少雨の気候を利用して小規模ながら農地の高度利用と集約的経営で米と園芸作物を栽培。はだか麦の収穫量は全国2位。ニンニクとビワは3位。特産のオリーブは全国の90％近くを占める（19年）。県オリジナル品種のうどん用小麦「さぬきの夢」やミカン「小原紅早生」も。[水産業]ハマチ養殖の発祥の地。のりも養殖。燧灘のカタクチイワシをいりこに加工。[鉱業]庵治石と呼ばれる良質のかこう岩が採れ、墓石や灯籠に使われる。[工業]坂出には塩田跡に造成された番の州工業地帯がある。石油や造船のほかは中小企業が多い。[第3次産業]金刀比羅

宮は、こんぴら参りで有名。3年ごとに開かれる瀬戸内国際芸術祭は、19年に過去最多の約118万人が訪れた。22年の5回目には、約72万人が訪れた。

■ あゆみ、ニュース

早くから開けた地で、讃岐平野に見られる碁盤目状の地割りは、古代の条里制の名残。江戸時代には塩の生産が盛んで、綿、砂糖と並んで讃岐三白といわれた。面積は47都道府県で最も小さい。雨が少なく、県内にため池が1万2269カ所（21年4月現在）あり、数では全国3位、県土総面積に対するため池の密度は全国一。ため池の満濃池は国の名勝に指定されている。22年、ユネスコの無形文化遺産に「風流踊」が登録され、「綾子踊」（まんのう町）と「滝宮の念仏踊」（綾川町）も徳島県の「西祖

谷の神代踊」（三好市）などとともに対象になった。

■ 環境問題

豊島では、不法投棄された大量の産業廃棄物と汚染土を除去したのち地下水の浄化作業が続いていたが、21年に終了した。22年3月には汚染水を海に流さないための壁が撤去された。

トピックワード

😊 空海、平賀源内、菊池寛、大平正芳

🏠 栗林公園、金刀比羅宮、満濃池、寒霞渓（小豆島）

⭐ さぬき高松まつり、お大師山の火祭り

🍵 丸亀うちわ、香川漆器

🌿 讃岐うどん、オリーブオイル、小豆島のしょうゆ、そうめん

愛媛県

面積／5676㎢
人口／134万1539人
　　うち外国人 1万1711人
市町村／11市9町
県庁／松山市　知事／中村時広

■ 都道府県の花・木・鳥

ミカン

マツ

コマドリ

旧国名
伊予

■ 自然

[地形] 四国の北西部に位置し、四国山地を背に瀬戸内海と豊後水道に面する。東予、中予、南予の地域に分かれる。四国の屋根と称される石鎚山（標高1982m）は西日本最高峰。東部の四国山地は高く険しいが、南部ではゆるやかな山が多い。高知との県境には日本3大カルストの一つで石灰岩が点在する高原の四国カルストがある。佐田岬半島は日本最長（約40km）の半島。[気候] 瀬戸内式で、瀬戸内海沿岸は温暖で雨が少ない。

■ 交通

対岸の広島県とは「瀬戸内しまなみ海道」で結ばれる。県内移動は車が中心だが、県庁所在地の松山市には私鉄の伊予鉄道が路面電車を走らせ、SLを模した「坊っちゃん列車」が人気。県南部を走る

JR予土線では東海道新幹線を模したホビートレインを運行。

■ 産業

製品出荷額 3兆8041億円／農産出額 1244億円

[農業] ミカンの収穫量は全国2位だが、イヨカン、ポンカンは1位（19年）など、柑橘類全体で1位。はだか麦も1位。キウイフルーツは2位。栗は3位。県の新品種米「ひめの凜」は評価が高い。[林業] ヒノキの生産量は全国2位。干しシイタケも多い。[水産業] 宇和海の真珠は大玉が多く、生産量2位。養殖のマダイは生産量全国1位で、ブリは2位。[鉱業] 別子銅山は江戸時代から続いたが、1973年に閉山した。[工業] 瀬戸内工業地域にあり、四国を代表する工業地。別子銅山の精錬で栄えた新居浜の化学コンビナートには化学、非

鉄金属の工場がある。ほかに、松山の農業機械、四国中央市のパルプなど。[第3次産業] 松山市の道後温泉は日本最古の温泉とされ、本館は国の重要文化財。2019年1月に保存修理工事が始まり、21年7月、前期工事を終え「霊の湯」が営業開始。現在、前期に営業していた「神の湯」が休業し後期工事中（24年12月まで）。

■ あゆみ、ニュース

戦国時代、能島、来島（ともに今治市）などに本拠をおいた村上海賊が、織田信長の船団に勝利。江戸時代に伊予国は8藩（西条・小松・今治・松山・新谷・大洲・吉田・宇和島）に分かれていた。松山市の道後温泉近くで約8000万〜7400万年前のものとみられる首長竜の歯の化石を発見。化石は18年にひろった石に埋もれていた。

■ 環境問題

四国唯一の伊方原発は、16年に3号機が再稼働、17年に差し止めの仮処分、18年の仮処分取り消しを経て運転再開。19年12月から定期検査に入ったが、トラブルが相次ぎ運転再開が遅れた。検査は22年1月に終了し、通常運転に移行した。

トピックワード

🏯 伊達宗城、正岡子規、秋山真之、矢内原忠雄
🏠 面河渓、松山城、道後温泉、宇和島城
★ 新居浜太鼓祭り、北条鹿島まつり、伊予神楽
🫖 真珠、砥部焼、桜井漆器、今治のタオル
🍊 柑橘類、タイ、ブリ、じゃこ天

高知県

面積／7103㎢
人口／69万3369人
　　うち外国人 4390人
市町村／11市17町6村
県庁／高知市　知事／浜田省司 ※

■ 都道府県の花・木・鳥

ヤマモモ

ヤナセスギ
（スギ）

ヤイロチョウ

旧国名
土佐

■ 自然

[地形] 太平洋に面し、沖を黒潮が流れる。北の四国山地を背にして周囲から独立した地形。南は土佐湾を囲む弓形の県。南東の端に室戸岬、南西の端に足摺岬が突き出る。中部の高知平野をはさむように四国山地から物部川、仁淀川が流れ、清流、四万十川が西部の中村平野をつくるが、県土の84%（2017年）が森林で森林率全国1位。[気候] 温暖で雨の多い南国。太平洋を流れる黒潮の影響で、夏は高温多雨、冬は温暖少雨。台風の通り道で「台風銀座」とも。

■ 交通

県の中心部を高速道の「高知自動車道」が走る。県庁所在地の高知市内には「とさでん交通」が路面電車を走らせており、JR土讃線のほか「土佐くろしお鉄道」が県

の東西に鉄道路線を延ばす。

■ 産業

製品出荷額 5472億円／農産出額 1069億円

[農業] 暖かい気候を利用した園芸野菜の栽培が中心で、シシトウ、ショウガ、ニラ、ナスの収穫量は日本一。キュウリ、ピーマンなどの促成栽培も盛ん。柑橘類も多く、ユズ、ブンタンは1位（19年）の収穫量。かつては米の二期作が盛んだった。超早場米の「南国そだち」は、7月から収穫、出荷される。切り花のユリの出荷量は全国3位。[林業] スギやヒノキ、きのこや木炭など多彩な林産物がある。ヒノキの素材生産量は5位。[水産業] カツオ、マグロ漁が盛ん。ソウダガツオ類の水揚げ量は日本一。田ノ浦（宿毛市）、清水（土佐清水市）、佐賀（黒潮町）、室戸岬（室戸

市）、宇佐（土佐市）など多くの漁港がある。[第2次・第3次産業] 製造業や商業、観光・宿泊業などの比率は低い。保健衛生の割合は高く、10万人当たりの病床数や看護師数が多い。

■ あゆみ、ニュース

関ケ原の合戦後、山内一豊が国主となる。明治維新では幕末の志士・坂本龍馬や、自由民権運動の板垣退助が活躍。アメリカに渡ったジョン万次郎や中江兆民、幸徳秋水などの思想家、岩崎弥太郎などの実業家、牧野富太郎、寺田寅彦などの学者と、多くの偉人が輩出。「いごっそう」「はちきん」と呼ばれる頑固できっぷのいい独特の気質が残る。22年8月、高知市でよさこい祭りが3年ぶりに開かれた。9月には宿毛市で、日本で初めて、高速道路を使ったプロ選手

による自転車ロードレースも開催。

■ 環境問題

1954年、ビキニ環礁でアメリカが行った水爆実験地周辺で操業していた高知県の元漁船員らが損失補償を求めた訴訟は、2022年も高知地裁で審理が続けられた。全国健康保険協会に対して、労災保険にあたる船員保険適用を不認定とした処分の取り消しを求めた訴訟も東京地裁で続いている。

トピックワード

🏯 長宗我部元親、坂本龍馬、板垣退助、やなせたかし
🏠 桂浜、四万十川、竜串、四国カルスト、龍河洞
★ よさこい祭り
🫖 土佐和紙、土佐打刃物
🍊 かつお節、酒盗、ユズ、土佐ブンタン

※2023年12月の任期満了にともなう知事選挙が予定されている。

統計｜日本｜私たちの郷土

絶滅種・ニホンカワウソは生きているか

2012年、ニホンカワウソは、環境省が公表した「第4次レッドリスト」で、「絶滅種」に指定された。しかし10年以上が経過した今も、その生存を信じている人たちがいる。愛媛県や高知県では、絶滅ではなく、絶滅危惧種として県のレッドデータブックに掲載されている。

ニホンカワウソは、イタチ科の哺乳類で体長約1m*、体重5〜12kg*、単独性、夜行性で海岸や川の水辺に生息してカニや魚を食べる。イタチ科にしては大型で、頭が平たく、耳が小さい。足には水かきがあり、尾は太くて長い。ラッコの近縁種だ。2本足で立ち上がると、物語に出てくる河童にそっくりで、河童のモデルともいわれている。

かつては、北海道から九州まで、日本中の清流に生息した。明治期に毛皮や薬に使うための内臓を求めて乱獲され、生息数が激減した。1965年には国の特別天然記念物に指定されたが、高度成長期で、河川改修による環境破壊、農薬などが追い打ちをかけた。1979年6月に高知県須崎市の新荘川で目撃されたのが最後とされている。しかし、地元では、絶滅指定以後も目撃情報が寄せられた。さらに、2017年に長崎県対馬で、琉球大学が設置したカメラに野生のカワウソが写っていた。このカワウソは、ふんによるDNA解析で、ユーラシアカワウソとわかったが、このように野生環境で、その生物種に属するすべての個体の死を完全に確認することはむずかしく、一度は絶滅したと考えられた生物の生存が判明することもある。たとえば、秋田県の田沢湖の固有種だった魚・クニマスは、絶滅したとされていたが、2010年に山梨県の西湖で見つかった。絶滅前に放流された卵の子孫と考えられている。また、中央アルプスのライチョウも約半世紀前に絶滅したとされていたが、18年に木曽駒ケ岳(標高2956m)で1羽のメスが見つかり、これをきっかけに環境省は中央アルプスでの復活作戦を展開中だ。

また、アホウドリについても保護活動が進行中だ。アホウドリは大型の海鳥で伊豆諸島の鳥島と尖閣諸島で繁殖する。しかし鳥島は火山島で、噴火で全滅する恐れがあるため、小笠原諸島の聟島に移送して保護している。長く野生絶滅だったトキは、現在は絶滅危惧IA(環境省指定)類に移行した。このような1種に対するピンポイントな保護も効果的だが、現在、奄美群島の最高峰で、世界自然遺産の登録地域にある湯湾岳(標高694m)では、希少な動植物が多く生息する山頂までの歩道を立ち入り禁止として、環境そのものを保全している(22年11月から)。

多くの動植物が絶滅、あるいは絶滅の危機に瀕し、連鎖のバランスがくずれた状況の影響は、すでに人間にも及んでいるといわれる。さまざまな環境変化の中、私たちは、どのように共存していけばいいのだろうか。もし今、ニホンカワウソが見つかれば、うまく保護できるだろうか。まずは、見かけたとき、それがニホンカワウソだと「目撃」できるよう、その姿を写真や剥製で確認しておきたい。

ニホンカワウソがどこかで暮らしていることを願っている。

(※体長・体重については、データにより異なる)

1977年に交通事故にあった個体の剥製(徳島県立博物館)

福岡県

面積／4988km²
人口／510万8507人
　うち外国人　7万5303人
市町村／29市29町2村
県庁／福岡市　知事／服部誠太郎

■都道府県の花・木・鳥

ウメ

ツツジ

ウグイス

旧国名
豊前(大部分)、筑前、筑後

■自然

[地形] 中央部の山地と南部の耳納山地との間を筑後川が西へ流れ、有明海に注ぐ。海岸線は玄界灘沿岸で出入りが多く、福岡平野が面する博多湾も奥深い湾。有明海の海岸線は短いが、干潟が発達。[気候] 温暖で夏の気温は筑紫平野南部で高く、冬は北部沿岸で高い。北部の冬の気象は山陰地方に似て降雪も。

■交通

九州と本州を結ぶ交通の要衝。ソウルや上海とも近い。空港は二つあり、福岡空港は市の中心部に近く便利、北九州空港は海上に設置され24時間利用できる。地下鉄七隈線の博多への延伸は23年3月に全線開業予定。

■産業

製造品出荷額 8兆9519億円(全国10位)／農業産出額 1968億円

[農業] 市場に恵まれて農産物の種類が多い。筑紫平野では米、麦作が中心。「あまおう」は県開発のブランドイチゴ。タケノコの生産量は1位。キウイフルーツの収穫量も全国1位。小麦、水菜、イチゴは2位。二条大麦、小松菜、柿は3位。大豆や、ガーベラ、キクなど切り花、ナス、茶も多い。[水産業] 玄界灘方面の沿岸漁業が盛ん。マダイは3位、フグ類もとれる。有明海ののりの養殖は全国3位。周防灘南部ではカキの養殖が盛ん。[鉱業] 1997年3月、国内最大の炭鉱、三池鉱が閉山。大産炭地だった筑豊炭田も、今は掘られていない。旧産炭地の田川盆地などで石灰石が掘られ、セメント工場が発達した。[工業] 北九州工業地帯は筑豊の石炭を背景に、八幡製鉄所などを中心に日本の四大工業地帯のひとつに発達。現在は鉄鋼業に代わり自動車産業が中心。苅田町や宮若市などに大手自動車メーカーの工場がある。[第3次産業] 福岡は、九州の経済面での中枢機能を果たす。

■あゆみ、ニュース

古くから大陸文化の入り口で、紀元57年、後漢(中国)の光武帝が倭奴国王に授けたものとみられる金印が、博多湾の志賀島で発見された。北九州市は、官営八幡製鉄所をもとに発展した工業都市の八幡、行政や商業の核・小倉、本州からの玄関・門司、筑豊の石炭の積み出し港・若松、それに戸畑の5市が合併して1963年に発足。県都・福岡市は九州全域の行政、経済、文化の中心で、中世以来、町人まちの旧博多部と、近世の城下町の旧福岡部を合わせて成立。古くからアジア諸国との交流があり、「朝鮮通信使に関する記録」として県内の資料がユネスコ「世界の記憶」にも登録。2022年、豊前市に伝わる太鼓踊り「感応楽」が、民俗芸能「風流踊」としてユネスコの無形文化遺産に登録。

トピックワード

😊 川上音二郎、広田弘毅、古賀政男、松本清張

🏠 太宰府天満宮、志賀島、筑後川下流域のクリーク

🌍 宗像・沖ノ島と関連遺産群、三池炭鉱・官営八幡製鉄所(ともに文化遺産)

⭐ 博多どんたく、博多祇園山笠、博多おくんち

🏺 博多織、久留米がすり

🍴 辛子明太子、八女茶

佐賀県

面積／2441km²
人口／81万2193人
　うち外国人　6394人
市町村／10市10町
県庁／佐賀市　知事／山口祥義

クスの花

クス

カササギ
（カチガラス）

旧国名
肥前（東部）

■ 自然

[地形] 北には玄界灘が、南には広大な干潟のある有明海が広がる。有明海は最大6mの干満差やムツゴロウで知られる。内陸部に天山・脊振山系が連なり、南部はクリーク（水路）がはりめぐらされた佐賀平野が広がる。[気候] 佐賀市の年平均気温は17.7℃（2022年）で、全般的に温暖。

■ 交通

22年、西九州新幹線が開業したが、県内の武雄温泉から新鳥栖については在来線の運行維持や規格、建設費の問題があり未定。

■ 産業

製造品出荷額 2兆0283億円／農業産出額 1206億円
[農業] 耕地利用率が全国1位。「さがびより」は米の食味ランキングで12年連続特A。二条大麦の収穫量は全国1位。レンコン、タマネギ、アスパラガスは2位。小麦は3位。県のブランドイチゴ「いちごさん」に続き、ブランドミカン「にじゅうまる」も発表。[水産業] 有明海ののり養殖は収穫量全国1位。玄界灘では沿岸漁業でイカやマアジがとれる。[工業] 中小企業が地域経済を支える。佐賀、鳥栖、唐津に機械・金属、鳥栖に医薬品、伊万里に造船、伊万里、有田、唐津に窯業。

■ あゆみ、ニュース

古くから人が住む開けた土地で、縄文時代の東名遺跡からは、多数の木製品が出土。1989年に弥生時代の大規模な環濠集落跡の吉野ケ里遺跡（神埼市・神埼郡）が発掘された。7世紀に壱岐・対馬を除く長崎県とともに肥前の国となった。現在の唐津市付近は豊臣秀吉の朝鮮出兵の拠点だった。江戸時代には伊万里や有田で焼き物文化が花開いた。鍋島氏が治めた佐賀藩は、幕末から明治維新にかけて大砲など最先端の科学技術を誇った。2022年、バルーンフェスタが3年ぶりに有観客で開催。

■ 環境問題

玄海原発1号機、2号機は廃炉作業中。3号機、4号機は18年に再稼働。23年2月1日現在、3号機は運転中、4号機は定期検査中。諫早湾干拓事業は、1952年に計画発表、97年堤防の閉鎖、2008年に営農を開始。02年には、漁獲量の減少で、有明海沿岸の漁業者が工事の中止を求めて提訴。10年に福岡高裁が国に排水門の開門を命じた判決が確定。その後、開門差し止めの仮処分も決定し相反する判断が並立。22年、福岡高裁が新たに出した判決は、10年に同じ高裁が下した開門命令を無効にするもの。長く続く問題の解決は見えない。22年、佐賀市などの水田で田んぼダムを導入することに。豪雨による浸水対策で雨水を一時的に田んぼにためる試み。

トピックワード

- 😀 江藤新平、大隈重信、辰野金吾、長谷川町子
- 🏠 虹の松原、吉野ケ里遺跡
- 🌍 三重津海軍所跡（文化遺産）、東よか干潟、肥前鹿島干潟（ともにラムサール条約）
- ⭐ 佐賀インターナショナルバルーンフェスタ、唐津くんち
- 🏺 伊万里焼、有田焼、唐津焼、諸富家具
- 🍜 佐賀牛、呼子イカ、嬉野茶、のり

長崎県

面積／4131km²
人口／132万0055人
　うち外国人　8811人
市町村／13市8町
県庁／長崎市　知事／大石賢吾

ヒノキ
（ほかにツバキ）

ウンゼンツツジ
（ミヤマキリシマ）

オシドリ

旧国名
肥前（南西部）、五島、壱岐、対馬

■ 自然

[地形] 肥前半島の南西部で島原、長崎、西彼杵、北松浦の四つの半島が突き出す。県土の4割は五島、対馬、壱岐、平戸など大小の島々からなる全国一の離島県。複雑な海岸線の長さは北海道に次いで全国2位。南部には雲仙・多良の火山がある。雲仙・普賢岳は1990年に198年ぶりに噴火。91年には大火砕流が発生。[気候] 長崎市の2022年の年平均気温は17.8℃、年降水量は1742.5mm。南北に長く離島や山岳地帯など、気候の特徴も地域により異なる。

■ 交通

22年、西九州新幹線（長崎～武雄温泉）が開業。全長66kmの独立した区間を「かもめ」が最速23分で結ぶ。長崎市内の路面電車や島原半島を走る島原鉄道も運行。

■ 産業

製造品出荷額 1兆6229億円／農業産出額 1551億円
[農業] 田の面積は九州で最も少なく、畑作主体。ミカンは収穫量全国5位、ビワは1位。長崎ばれいしょで知られるジャガイモは3位。イチゴ、ニンジン、飼料作物も多い。離島での肉牛の生産も盛ん。[水産業] 沖合漁業が盛んな有数の漁業県。対馬などで養殖のクロマグロ（生産量全国1位）や真珠（同1位）も。[鉱業] 九州最後の池島炭鉱は、01年で閉山。[工業] 近代化の一翼を担った造船業が盛ん。大村湾東部や諫早に電子部品、佐世保と長崎に食料品工業。[第3次産業] 「坂の街」長崎市は観光名所で訪れる人が多い。

■ あゆみ、ニュース

九州本土の西の端に位置し、鎖国政策下の江戸時代には唯一の外来文化の窓口だった。1571年にポルトガル船が来航。人工島の出島にオランダ商館が築かれた。第2次世界大戦中の1945年8月9日、長崎市に原子爆弾が落とされて多くの人が犠牲になった。2019年、ローマ・カトリック教会のフランシスコ教皇が訪れた。2022年10月、元寇の舞台となった鷹島沖でモンゴル軍船の木製いかりが引き揚げられた。11月には「平戸のジャンガラ」「対馬の盆踊」「大村の沖田踊・黒丸踊」が「風流踊」としてユネスコの無形文化遺産に。23年、シーボルト来日200年。また主要7カ国首脳会議に伴う保健相会合が長崎市で開催される。

■ 環境問題

諫早湾の干拓事業では漁業関係者の提訴を受け、国に潮受け堤防の開門を命じた福岡高裁判決が10年に確定。逆に営農者らも提訴し開門差し止めの仮処分。国は開門を命じた判決の無力化を求めて提訴。福岡高裁は無力化を認めたが最高裁は差し戻した。22年、福岡高裁は差し戻し審で開門強制執行の効力を否定。漁業者は上告。

トピックワード

- 😀 楠本イネ、上野彦馬、長岡半太郎
- 🏠 グラバー園、平和祈念像、浦上天主堂
- 🌍 軍艦島など、大浦天主堂・原城跡・久賀島（五島列島）集落など（ともに文化遺産）
- ⭐ 長崎ランタンフェスティバル、長崎くんち
- 🏺 波佐見焼、長崎べっ甲
- 🍜 ビワ、からすみ、カステラ

大分県

面積／6341km²
人口／113万1140人
　うち外国人　1万1701人
市町村／14市3町1村
県庁／大分市　　知事／広瀬勝貞 ※

■ 都道府県の花・木・鳥

ブンゴウメ（ウメ）
ブンゴウメ（ウメ）
メジロ

旧国名
豊前（東部）、豊後

■ 自然

[地形]九州の北東部にあって瀬戸内海と豊後水道に面する。南部に九州山地、中央には久住山、由布岳、国東半島の両子山などの火山群、北西部には筑紫山地がある。東の大野川下流に大分平野が広がり、西の端には日田盆地、周防灘に面して中津平野がある。豊後水道沿岸はリアス海岸で海岸線の出入りが激しいが、瀬戸内海沿岸は対照的に単調。[気候]沿岸地域は温暖だが、久住山周辺では冬の寒さがきびしく、雪が降ることもある。複雑な地形で、狭い地域内での気候の差が大きい。

■ 交通

東九州自動車道、大分自動車道、JR日豊線で福岡にアクセスできる。JR久大線は2020年、21年と豪雨で一部不通となったが復旧。日田彦山線は、23年夏に添田―日田の40kmでBRTのバスを運行。大阪、山口、兵庫、愛媛、離島など各地にフェリーが就航。

■ 産業

製造品出荷額 3兆8463億円／農業産出額 1228億円
[農業]野菜とかんきつ類の栽培が中心。カボスの収穫量は全国一（19年）。豊後牛の名で知られる肉牛の飼育も盛ん。[林業]九州では宮崎に次いで活発。筑後川流域の日田は日本三大林業地のひとつ。シイタケ栽培が盛ん。生シイタケも多いが、特に乾シイタケは全国生産量の4割近くを占め1位。ギンナンも1位（19年）。[工業]大分市鶴崎を中心に臨海工業地域があり、九州で福岡に次ぐ工業県。製鉄や石油、石油化学などの工場がある。大分、臼杵の食料品、佐伯の造船、津久見のセメント、日田のビール、中津の自動車、国東、杵築の精密機器も。石灰石が多く、生産量1位（20年度）。[第3次産業]府内城址周辺は、県庁、商店、銀行などが集まる。県内の温泉源泉数は5102（うち別府2854）で湧出量ともに日本一（21年3月末）。別府や由布院などの温泉地に多くの人が訪れる。久住高原、高崎山のサルも人気。

■ あゆみ、ニュース

12世紀末にこの地に入った大友氏は、400年にわたって支配したが、関ケ原の戦いで西軍に味方し滅亡した。21代当主の宗麟（1530-1587）は、キリスト教を信仰し南蛮貿易を行った。2022年、ユネスコの無形文化遺産に登録された民俗芸能「風流踊」として、国東市の「吉弘楽」が対象となった。国際宇宙ステーション（ISS）へ物資を輸送する計画を進める米企業が、アジアの着陸拠点として大分空港の活用を検討。

■ 環境問題

地熱発電で最大の八丁原発電所や、温泉熱や太陽光、小水力発電など再生可能エネルギー自給率が高く、50%を超えた（20年度）。

トピックワード

😊 大友宗麟、福沢諭吉、瀧廉太郎、双葉山
🏠 耶馬溪、別府温泉、臼杵石仏、宇佐神宮
🌍 くじゅう坊ガツル・タデ原湿原（ラムサール条約）
⭐ 萬弘寺の市
🛠 竹細工、日田げた、小鹿田焼
🍽 カボス、シイタケ、関アジ・関サバ、とり天

※2023年4月の任期満了にともなう知事選挙が予定されている。

熊本県

面積／7409km²
人口／174万7513人
　うち外国人　1万6475人
市町村／14市23町8村
県庁／熊本市　　知事／蒲島郁夫

■ 都道府県の花・木・鳥

リンドウ
クスノキ
ヒバリ

旧国名
肥後

■ 自然

[地形]九州のほぼ中央に位置する。北に筑肥山地、南東に九州山地があり、北、東、南を山で囲まれる。北東の阿蘇は世界最大級のカルデラをもつ複式火山で活動中。2016年に中岳が36年ぶりに爆発的噴火。19年にも小規模な噴火が繰り返し発生。西の海沿いに熊本平野、八代平野、球磨川に沿って人吉盆地があり、宇土半島から南西に大小120余の天草諸島が続く。[気候]山で囲まれ、海岸部をのぞき内陸性。全体に温暖だが、寒暖の差が大きい。平野部は降水量が比較的少ないが、山間部になるにしたがい多くなる。

■ 交通

九州新幹線で福岡へ早く行ける。熊本市内には路面電車も。20年7月豪雨で被災したJR肥薩線は23年1月現在も一部区間で運休が続く。くま川鉄道は25年度に全線復旧予定。

■ 産業

製造品出荷額 2兆8195億円／農業産出額 3477億円（全国5位）
[農業]有数の農業県。米も多いが、畑作の収穫量でトマト、スイカは全国1位。果樹も多く、シラヌイが1位、夏ミカンが2位（ともに19年）。ナス、ショウガ、メロン、栗が2位。イチゴや花も多い。畳表の原材料のい草は全国の99%を占める。菊池・阿蘇地方では酪農が盛んで生乳生産量は全国3位。[工業]高性能のIC生産地で電子部品、輸送用機器、生産用機器が多い。第1次産品を原料とする軽工業も盛ん。ほかに八代の紙、水俣の化学工業、長洲町の造船も。南部に木材工業がある。[第3次産業]阿蘇、天草の二つの国立公園や水前寺公園などがある。熊本城は、21年に天守閣が地震から復旧したが、全体の復旧は52年度になる見通し。22年1月、八代港へ2年2カ月ぶりにクルーズ船が寄港。

■ あゆみ、ニュース

1876（明治9）年、熊本県、人吉県、天草県が合併、現在の熊本県に。1890年には、八代の港周辺に工場が建設され、セメント工場も操業。1896～1900年、夏目漱石が、第五高等学校（現在の熊本大学）に赴任。2016年、最大震度7の熊本地震が起き270人以上が犠牲に。21年3月、熊本地震で崩落した阿蘇大橋に代わり新阿蘇大橋が開通した。

■ 環境問題

チッソが水俣湾に流した有機水銀が原因の水俣病は1956年に公式確認され、2004年の最高裁判決で、国・県の責任が確定。09年の未認定被害者を救済する特別措置法成立後も救済されず賠償を求める訴訟が続く。22年4月27日現在、認定患者2284人のうち9割近くの人が亡くなり、今も多くの人が認定を求めている。

トピックワード

😊 北里柴三郎、徳富蘇峰・蘆花、北原白秋、金栗四三
🏠 熊本城、水前寺公園、通潤橋、阿蘇山
🌍 三池炭鉱関連資産（文化遺産）、荒尾干潟（ラムサール条約）
⭐ 火の国まつり
🛠 肥後象がん、山鹿とうろう
🍽 植木スイカ、デコポン、からしれんこん、球磨焼酎

生活を支える縁の下の力持ち・石灰石

資源が少ない日本に自給率100%の良質な鉱物資源がある。

それは石灰石で、驚くほど多くのところで利用され、私たちの生活を支えている。

例えば、直接、目にすることがあるものとしては、お菓子などの袋に入っている乾燥剤で、これは生石灰といわれるもの。また黒板に文字を書く時のチョークは炭酸カルシウムで、どちらも石灰石が原料だ。しかし、もっと大きなもの、ビル、ダム、道路、橋で使われるセメントなどの土木資材、石膏、漆喰、大理石（変成した石灰石の一種）などの住宅建材、ガラスや紙パルプ、ゴム製品の製造でも使われ、また、火力発電所やごみ焼却施設など石油や石炭を燃やすと出る有害ガスの除去や製鉄所での鉄原料中の不純物除去にも使われる。

さらに農畜産業では、土壌や動物へのミネラル補給に利用したり、医薬品として錠剤や歯科材料、人工骨、ギプスにも使われたりしている。身近な食品にも使われ、こんにゃく、豆腐、パン、かまぼこ、ガムや水あめなど、食品の凝固、乳化、栄養補助、上下水道の浄化など多岐にわたる利用法がある。

このように生活になくてはならない石灰石とは、どういうもので、どこにあるのだろうか。

石灰岩は、主に方解石（炭酸カルシウム・$CaCO_3$）という鉱物からできている岩石で、石灰岩を鉱物資源として取り扱う場合の鉱石名が「石灰石」だ。太古の海で、海洋底にあるマグマの噴出口（ホットスポット）から上昇してきたマグマが固まり、海面上にまで達した頂にサンゴや石灰藻、コケ虫など炭酸塩の殻を持つさまざまな生物によって礁（岩石やサンゴなどから成る海底の突起した部分）ができ、このような生物礁が現在の石灰岩の「もと」となったという。このことから、石灰石は、「古代の海からの贈り物」といわれることもある。

日本は、良質の石灰石に恵まれ、生産量は、2021年で1億3269万トン。主産地は、大分県、山口県、高知県、福岡県など西日本に多いが、北海道から沖縄まで、各地に広く分布し、200以上の石灰石鉱山がある。有名な石灰岩地形としては、山口県の秋吉台などのカルスト地形が知られている。

採掘は、露天採掘する鉱山が多く、岩盤を発破して、大型の重機類で立坑に投入される。立坑ではベルトコンベヤーで運ばれ、破砕機やふるいにかけて用途に応じた石灰石製品が生産される。立坑の工程は、コンピューターにより集中管理されている。採掘にあたっては、騒音、粉じん、落石、水質汚濁などのおそれがあり、鉱山保安法（鉱山労働者に対する危害を防止するとともに鉱害を防止し、鉱物資源の合理的開発を図ることを目的とする）で規制され、環境保全への配慮が求められている。

また採石を終えた跡地を緑化、整備して景観を元に戻す活動が行われている。

今後の問題として挙げられるのは、資源であるかぎり、いつか枯渇することも予想されることだ。私たちの生活の多くの部分を支えているだけに、将来にわたってどのように利用していくか、また、リサイクルできる方法なども検討・研究する必要があると思われる。大切な海からの贈り物を、安全に取り出し、持続可能な使い方を考えていくことがのぞまれる。

宮崎県
（みやざき）

面積／7734㎢
人口／107万8313人
　うち外国人　6940人
市町村／9市14町3村
県庁／宮崎市　　知事／河野俊嗣

■都道府県の花・木・鳥

ハマユウ

フェニックス（ほかにヤマザクラ、オビスギ）

コシジロヤマドリ

旧国名
日向（ひゅうが）

■自然

[地形] 宮崎平野は代表的な隆起海岸平野で、「○○原」と呼ばれる台地が広がる。太平洋岸の平野や霧島火山群のふもとの都城、小林盆地以外では山地が多い。北部から西部に広がる九州山地は奥深く、椎葉や西米良などの山村が点在。山間部に日本最南端のスキー場がある。新燃岳は2011年に本格的な噴火があり18年にも爆発的噴火。[気候] 黒潮の影響で温暖。快晴日数が多く日照時間が長い。

■交通

16年、高速道の東九州自動車道の一部区間が開通し、宮崎市から北九州市までの約320kmが高速道路でつながった。22年度にも日南へ延伸の予定。利用者が減っているJR日南線、吉都線、日豊線など鉄道の維持・活性化に県を挙げて取り組んでいる。細島港、宮崎港、油津港は物流の拠点で重要港湾。クルーズ船も寄港。

■産業

製造品出荷額 1兆6368億円／農業産出額 3478億円(全国4位)
[農林水産業] 畜産が農業産出額の66%以上を占め、ブロイラーの飼養羽数は全国2位。豚の飼養頭数も2位、肉用牛は3位(以上、飼養数は22年)。温暖な気候と日照時間の長さを利用して野菜の促成栽培が行われる。農作物の収穫量はキュウリ、キンカン(19年)、飼料作物のソルゴーが1位。ピーマン、マンゴー(19年)は2位。スギの素材生産量は日本一。日南市のカツオ一本釣り漁と宮崎市の田野・清武地域の干し大根(大根やぐら)は日本農業遺産。[工業] 延岡は化学工業の企業城下町。宮崎市では先端技術産業を誘致。日向市ではリチウムイオン電池の素材を生産。
[第3次産業] 青島や日南海岸に代表される南国情緒ある観光県。スポーツのキャンプ地としても有名。「五ケ瀬の荒踊」(五ケ瀬町)を含む民俗芸能「風流踊」がユネスコの無形文化遺産に登録。23年、主要7カ国首脳会議(G7サミット)に伴う農相会合が宮崎市で開催される。

■あゆみ、ニュース

江戸時代は小さな藩に分かれていた。明治初期に鹿児島県に合併されたが、分県運動の結果、1883年に宮崎県が再び置かれた。西都原を中心に点在する古墳群、神話のふるさと高千穂などのある「神話の国」。「高千穂郷・椎葉山地域」は世界農業遺産。

■環境問題

高千穂町の土呂久公害は1973年に国が公害病に指定。慢性ヒ素中毒症患者は2022年3月現在、215人が認定され、42人が生存。航空自衛隊新田原基地の騒音被害に対し周辺住民が損害賠償などを国に求めた訴訟は、21年、宮崎地裁は、国に賠償を命じたが、夜間などの飛行差し止めなどが認められず、原告も国も控訴。22年に控訴審が始まった。

トピックワード

● 伊東マンショ、小村寿太郎、若山牧水
🏠 高千穂峡、西都原古墳群、青島・鬼の洗濯板
★ 延岡大師祭、高千穂の夜神楽
🏺 都城大弓、日向ハマグリ碁石、佐土原人形
🔖 地鶏、マンゴー、冷や汁、チキン南蛮

鹿児島県

面積／9186㎢
人口／160万5419人
　　　うち外国人 1万1597人
市町村／19市20町4村
県庁／鹿児島市　知事／塩田康一

■ 都道府県の花・木・鳥

ミヤマキリシマ　カイコウズ（ほかにクスノキ）　ルリカケス

■ 自然

[地形] 九州本土と奄美群島など多くの離島からなる。北は九州山地の南西端で、北東に霧島連山。薩摩、大隅の両半島が鹿児島湾と桜島を抱く形で南にのびる。南の海上に、種子島、屋久島などの大隅諸島や奄美大島、徳之島などの奄美群島が広がる。県の象徴である火山・桜島は2011年に観測史上最多の爆発的噴火。19年11月には噴煙が5500mに達する噴火。22年7月に一時、警戒レベルが最大の5（避難）になった。その後3（入山規制）に。[気候] 屋久島は年間を通じて雨が多く、年間降水量は4000㎜を超える。

■ 交通

11年に九州新幹線鹿児島ルートが全通。第3セクターの肥薩おれんじ鉄道は川内―八代（熊本県）間を結ぶ。屋久島、奄美など離島へ鹿児島空港から定期便。鹿児島市に市電も。

■ 産業

製造品出荷額 1兆9828億円／農業産出額 4997億円（全国2位）
[農業] 姶良火山の噴出物（シラス）が広く堆積し、土壌はやせて水利も悪いため、畑作と畜産が中心。農業産出額は全国2位で、畜産で2位。そのうち肉用牛、豚、鶏は1位。サツマイモ、サヤエンドウ、そら豆の収穫量は1位。ジャガイモ、かぼちゃ、卵は2位。21年の生茶葉の収穫量は2位。[水産業] 枕崎や山川（指宿市）では鰹節生産が盛ん。養殖ブリ、養殖ウナギの生産量は全国一。[工業] 肉牛、デンプンなどを原料とした食品加工業が製造品出荷額でも多くを占める。[第3次産業] 離島や、指宿なども温泉に多くの人が訪れる。

■ あゆみ、ニュース

1543年に種子島に鉄砲が伝わる。また49年には、フランシスコ・ザビエルが県内から布教を開始。島津家第28代当主の島津斉彬は人材登用に優れ、幕末から明治にかけて西郷隆盛、大久保利通らが活躍した。屋久島や奄美大島・徳之島は特異な生態系、優れた自然景観で世界自然遺産に登録。種子島に種子島宇宙センター、大隅半島に内之浦宇宙空間観測所があり、ロケットが発射される。

■ 環境問題

2023年1月現在、稼働中の川内原発1、2号機は24～25年に運転開始から40年をむかえるが、22年10月に20年間の運転延長を申請。22年、世界自然遺産の登録地域にある奄美大島の湯湾岳で、希少な動植物が多い山頂までの歩道を立ち入り禁止にする規制が試行。西之表市の馬毛島では、米空母艦載機の陸上離着陸訓練の移転と自衛隊基地整備計画が進行。

沖縄県

面積／2282㎢
人口／148万5670人
　　　うち外国人 1万8064人
市町村／11市11町19村
県庁／那覇市　知事／玉城デニー

■ 都道府県の花・木・鳥

デイゴ　リュウキュウマツ　ノグチゲラ

■ 自然

[地形] 琉球弧（九州から台湾まで1000kmにわたる弧状の列島）のほぼ南半分を占め、最大の沖縄本島を中心に沖縄諸島、宮古諸島、八重山諸島など多くの島々からなる。波照間島は、日本の有人島の最南端に位置する。島々には亜熱帯植物、周囲にはサンゴ礁が発達。地理的に隔絶しており、特異な動物相がみられる。[気候] 四季の変化は小さく、年平均気温は20℃以上。台風の通り道でもある。

■ 交通

海に囲まれ、日本の本土と沖縄、県内の島々は船や飛行機で結ばれる。那覇空港は与那国島、宮古島など離島への便など、国内外48路線が就航。国道58号や高速道路の沖縄道など県内移動は車が中心だが、2003年にモノレール「ゆいレール」が開業。19年に延伸され、さらなる延伸構想や那覇―名護間に鉄軌道を建設する構想も。

■ 産業

製造品出荷額 4694億円／農業産出額 922億円
[農業] 主産物のサトウキビの収穫量は全国の約60%、マンゴー（19年）は50%以上、ゴーヤは40%近くを占める。キクの出荷量は2位。全国有数の子牛の産地で在来種のアグー豚も有名。[工業] 製糖、果実の食品加工など。製造業では小規模の事業所が多い。[第3次産業] 恵まれた自然、独自の文化など観光資源が多い有数の観光県。19年には1016万人が訪れた。

■ あゆみ、ニュース

太平洋戦争末期の沖縄戦では住民が巻き込まれ、県民の4人に1人が死亡したとされる。敗戦後は米国の占領下にあったが、1972年に本土復帰。2022年に本土復帰50年をむかえたが、今も国内にある米軍専用施設の70%以上（面積比）を抱える。19年2月、辺野古埋め立ての是非を問う県民投票が行われ、70%以上が反対した。同年10月、首里城の正殿などが焼失。22年に正殿跡地で復元工事の起工式があり、26年秋の完成をめざす。出生率が高く20年の調査でも全国平均を大きく上回り1位。

■ 環境問題

米軍普天間飛行場の移設について、06年に日米が名護市辺野古沿岸部にV字形滑走路を造る新移設案に合意。県内移設に反対する県は埋め立て承認を取り消し、これに国が提訴するなど、辺野古移設をめぐる国と県の裁判は12件におよぶ（15年以降22年現在）。19年の県民投票で民意は移設反対を示した。普天間飛行場に米軍の輸送機オスプレイが配備されて22年で10年。同年、防衛省は与那国島への地対空誘導弾（ミサイル）部隊の配備計画を公表。

統計編

統計編では、国や産業団体などが定期的に行っている統計調査を、人口、資源とエネルギー、工業、貿易など分野ごとに収録しました。さらに、統計を手がかりにした自由研究の例や、学年ごとに授業で活用できる統計の一覧も挙げました。統計は、いろいろなことを考えるきっかけになります。たとえば、P148 に掲載しているグラフからは、国民1人が1年間に食べるお米の量が50年前の約半分になっていることがわかります。それは、パンやパスタなど主食の選択肢が増えたからでしょうか？　ダイエットでご飯の量を控える人が増えたからでしょうか？　答えは、ひとつとは限りません。みんなと意見を交換しながら、自分で考えてみましょう。

統計の見方・約束ごと

まず、P2〜4 の「もくじ」を見て、全体の構成と流れをつかんでください。
調べたい事柄がどの項目に入るかが分からないときは、P254 から始まる「さくいん」で引いてみましょう。

グラフ、図表を見つけたら

❶ 年次は、ふつう1月から12月までを示しますが、「○○年度」というのは4月から翌年の3月までの12カ月のことです。
❷ 単位に注意してください。ただの「円」のときと「千円」「億円」のときでは、数字の意味がまったく違ってきます。
　　たとえば、単位が「万台」で、グラフに 800 とあれば、800×10000 で 800万台を表しています。
❸【注】に注意してください。グラフを読むうえで大切なことが書いてありますから、見落とさないようにしましょう。
❹【資料】は、統計数字の出所を示しています。
　　中身は同じでも出所が異なると、数字が違う場合もあります。
❺ 合計やパーセントの数字が内わけの合計と合わないことがあります。
　　これは四捨五入によっておこる誤差です。
❻ かんれん のページには、関係の深いグラフや、図表、【注】などがあります。
❼「知っトク情報」「キーワード」のコラムが、ところどころにあります。
　　最近のできごとや、用語の説明、調べ学習のヒントなどが載っています。
❽ 統計数字は、最新のものを使っています。
　　公表が遅れるものや、数年に1回の調査のものもあります。

グラフの種類と使い方に注意

ここでは、折れ線グラフ、棒グラフ、帯グラフ、円グラフ、統計地図などを使っています。どのようなときに、どのようなグラフや図を使うのがよいか、参考にしてください。

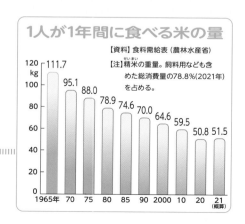

1人が1年間に食べる米の量

【資料】食料需給表（農林水産省）
【注】精米の重量。飼料用なども含めた総消費量の78.8%(2021年)を占める。

年	kg
1965年	111.7
70	95.1
75	88.0
80	78.9
85	74.6
90	70.0
2000	64.6
10	59.5
20	50.8
21（概算）	51.5

統計を手がかりに自由研究

統計の背景を探っていくと、いろいろな社会の姿が見えてきます。
ここでは、統計を手がかりにこんな自由研究ができるという例をいくつか挙げました。
テーマとポイントを提示しましたので、みなさんもぜひトライしてみてください。
ほかにも、「こんな自由研究をした」という例がありましたら、「朝日ジュニア学習年鑑」編集部に教えてください。

▼ テーマとポイント

① 日本列島　列島のすがた　➡ (P100)

テーマ 「日本の 200 カイリ水域には どんな鉱物資源があるの？」

日本列島の周りの 200 カイリ水域（排他的経済水域、EEZ）は、漁業資源や鉱物資源を使用する権利が日本の国にあります。どのような鉱物資源があっていかなる調査をしているのかを、「日本の 200 カイリ水域の鉱物資源」というキーワードを使ってインターネットで検索して調べてみましょう。また、P16 にある「日本の海洋」という図も見てみましょう。

② 私たちの郷土　都道府県　➡ (P101〜128)

テーマ 「都道府県の鳥 バードウォッチング」

それぞれの都道府県に「花・木・鳥」のコーナーがあります。その中から鳥に注目して、関心がある鳥の生態を図鑑などを参考にまとめてみましょう。もし可能ならば、その鳥を実際にバードウォッチングしてみましょう。

③ 国土と自然　山　➡ (P136)

テーマ 「島にある火山や山 パンフレットづくり」

「おもな火山」「おもな山（火山以外）」の「場所」の列には、たとえば宗谷（利尻島）のように（　）の中に島の名前が書いてあるものがあります。その行にあるのが、島にある火山や山の名前です。島の火山や山をインターネットで検索するなどして「島にある火山や山パンフレット」を作成してみましょう。世界自然遺産の島にある山もありますよ。

④ 農業　麦・くだもの　➡ (150)

テーマ 「みかん、りんごの魅力を伝えよう」

「みかん、りんごのとれ高」を見ると、両方ともとれ高が大きく落ち込んでいますね。全国のとれ高 1 位と 2 位の日本を代表する果物ですから、もっと消費者にアピールしてとれ高を回復したいものです。あなたならどのような魅力をアピールできますか。「みかん、りんごの魅力アピールポスター」を作成してみましょう。

⑤ 資源とエネルギー　エネルギー　➡ (P156)

テーマ 「電気料金、ガス料金の値上がり その実情と国の対策は」

「エネルギー国内供給の割合」を見て、日本ではどのようなエネルギーを使っているかを押さえましょう。2022 年の後半から家庭の電気料金、ガス料金が高騰しています。その実情と、国はどのような対策をとっているのかを調べてみましょう。P12〜13「ウクライナ侵攻も一因となりインフレが加速中」も参考にしながら、日本でなぜ家庭の電気料金、ガス料金が高騰したのかを考えてみましょう。

⑥ 環境　ごみとリサイクル　➡ (P173)

テーマ 「プラスチックを減らす試みを探る」

「世界の使い捨てプラスチック廃棄量（2019 年）」のデータには、各国の年間総廃棄量（単位万 t）があります。日本の廃棄量はどれくらいでしょうか。日本や外国でもプラスチックを減らす試みが行われています。どんな試みがあるか調べて自分ができることを考え、実行してみましょう。考えたことや実行したことを「私のプラスチック減量大作戦」にまとめてみましょう。

⑦ 商業　小売店・デパート・スーパー
➡ (P180)

テーマ　「マクドナルドの売り上げ上昇の秘密を
探ろう」

「おもな外食産業の売上高」を見ると、日本マクドナルドホールディングスの売上高は他と比べて上昇していますね。マクドナルドのお店は全国各地にあります。その売り上げ上昇にはどのような秘密があるのか、お店に行ったり、インターネットで検索したりして調査してみましょう。調査したことをもとに、「マクドナルド売り上げ上昇の秘密パンフレット」を作成してみましょう。

 ⑧ 情報　電話・郵便
➡ (P188)

テーマ　「郵便ポスト あれこれ」

「郵便局の数」のデータに、郵便ポスト数の移り変わりの折れ線グラフがあります。郵便ポストの数は、少しずつ減っているようです。千葉県の鋸山には変わった形の石でできたポストがあります。全国あるいは世界の変わったポストを、インターネットで検索するなどして調べ、その形や設置されている場所などに注目してみましょう。ポストは大切な情報伝達手段です。

 ⑨ 政治　地方の財政・税金
➡ (P193)

テーマ　「統一地方選挙の結果を分析しよう」

「都道府県と市町村の歳入と歳出」のデータによると、都道府県・市町村の歳入は地方税（地方に納める税金）の割合がとても大きく、地方税などから地方議員の給料が支払われています。地方議員の選挙である「統一地方選挙」は、2023年4月9日（日）と4月23日（日）に行われます。知事・市長・県議・市議などの選挙に注目しましょう。

 ⑩ 社会保障　保険と福祉
➡ (P200)

テーマ　「医療保険は命を救う」

「医療保険が適用される人の数（2020年3月末）」の合計の人数は、日本の人口とほぼ一致しています。日本の医療保険は、国民皆保険制度といわれるようにすべての人が入れて、保険料は加入する国民が収入に応じて支払います。医療保険とはどのようなしくみかを調べてみましょう。

 ⑪ 労働　働く人・賃金
➡ (P201)

テーマ　「賃金の男女差はどうしてあるの？」

「賃金（年齢別・男女別、2021年)」を見てみましょう。男女によって賃金が大きく違っていることが読み取れますね。男女によって賃金が違うのはどうしてなのか、考えてみましょう。公務員や教員では男女の賃金に違いはあるかも調べてみましょう。

 ⑫ 世界　世界の国ぐに
➡ (P219 〜 241)

テーマ　「2023年 G7 サミット
（主要7カ国首脳会議）は広島で開催」

G7サミットはアメリカ、フランス、イギリス、ドイツ、イタリア、カナダ、日本の首脳と欧州理事会議長および欧州委員会委員長が参加します。2023年は5月19日から広島で開催予定です。参加国はどのような国で、広島ではどのようなことが話し合われたのか追いかけましょう。

 ⑬ 世界　世界の国ぐに
➡ (P219 〜 241)

テーマ　「世界の国ぐにの新型コロナウイルスの
感染対策は」

2022年後半の日本では、新型コロナウイルスはオミクロン株が主流となった第8波の感染状況が見られました。また、日本の塩野義製薬が国産初のコロナ飲み薬「ゾコーバ」を開発し、厚生労働省から緊急承認されています。ワクチンや治療薬など、日本や世界各国の感染対策の状況を調べてみましょう。P18「新型コロナウイルスの現在」も参考にしてください。

 ⑭ 世界　貿易
➡ (P251)

テーマ　「日本とロシアの貿易はどうなる」

「貿易の相手国・地域（2021年）」を見ると、日本とロシアの貿易額は決して少なくはありません。2022年2月にロシアがウクライナへ侵攻し、日本とロシアとの貿易にも大きな変化がありました。どのような輸出入の変化があったのかを調べてみましょう。P12〜13にある「ウクライナ侵攻も一因となりインフレが加速中」も参考にしてください。

統計を学習に生かそう

社会科の授業ではいろいろな統計を読み取り、社会の実情について多様な角度から考えます。
統計編に載せたグラフや図表を普段の学習で活用していただくために、
小学3年生から中学3年生までの社会科の授業で活用できる統計を挙げました。

(岸尾祐二／元聖心女子学院初等科教諭)

※社会科の単元名は教科書によって異なります。ここでの単元名は、みなさんが使っている教科書に載っている単元名と異なることがあります。

132

2022年の台風発生数は25個（平年値*25.1個）だった。日本に上陸したり接近したりした台風は、どんな経路をたどったか、また日本の地上気温の変化や2021年の気象災害の状況を確認しよう。

台風の発生数と上陸個数（1962〜2022年）

【資料】気象庁

【注】点線は3年ごとの移動平均値（各年の前後3年間の平均）。上陸個数には沖縄の台風通過は含まない。

日本の年平均気温の長期的変化

【資料】気象庁

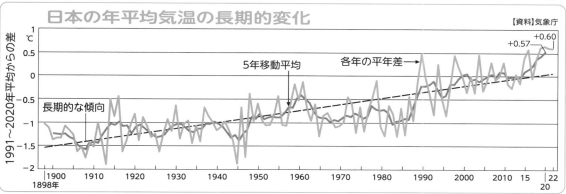

2022年日本に近づいたおもな台風の進路

【資料】気象庁

【注】経路上の・印は通過した日。 → は消滅を示す。
経路の実線は台風、破線は熱帯低気圧・温帯低気圧を示す。

○の数字は台風番号

おもな気象災害（2021年）

【資料】気象年鑑2022

起こった時期	被害地域	種別	死者・行方不明者（人）	家の損壊・流失（戸）	家屋の浸水（戸）	田畑の損害（ha）	船舶の損害（隻）
7月	西日本から東日本、東北地方	令和3年7月の前線による大雨	28	516	3,110	809	8
8月	西日本から東日本	令和3年8月の台風及び前線による大雨・暴風	13	1,654	6,555	16,518	10

以下「理科年表2023」による

| 1月 | 北陸・東北日本海側 | 大雪 | 35 | 300 | 20 | — | — |

*平年値：1991〜2020年の30年平均

国土と自然

気候

地域気象観測システム（アメダス）は、全国に約1300カ所（約17km間隔）あり、降水量を観測。そのうち風向・風速、気温、湿度や積雪を加える地点がある。地域による違いから日本の気候をとらえよう。

2022年の気象

【資料】気象庁

地点	気温（℃）				風速（m/s）				年日照時間（h）	降水量（mm）		
	年平均	最高	起きた日 月.日	最低	起きた日 月.日	最大	起きた日 月.日	最大瞬間	起きた日 月.日		年降水量	日最大	起きた日 月.日
札 幌	10.2	32.9	7.31	-10.4	1.1	16.8	1.12	30.2	9.6	1848	1154	82.0	8.16
仙 台	13.5	36.5	7.31	-5.1	1.1	12.7	3.15	22.9	3.7	1952	1225	135.5	7.13
東 京	16.4	37.0	7.1	-3.5	1.7	9.5	9.6	20.2	3.26	2029	1616	112.5	9.24
新 潟	14.5	35.6	9.19	-3.4	1.1	12.8	3.15/12.23	22.9	12.23	1752	2002	82.5	6.27
松 本	12.7	37.1	6.29	-10.0	1.2	11.2	9.6	20.4	3.5	2248	944	73.5	9.23
名古屋	16.9	38.4	7.1	-2.7	1.2	11.9	9.19	21.3	9.19	2256	1578	95.5	9.23
大 阪	17.5	38.4	7.1	-0.5	2.25	11.0	9.6	18.4	9.6	2320	1058	55.5	6.21
広 島	17.1	37.1	7.29	-2.4	2.17	14.5	9.19	19.8	9.18	2182	1213	131.5	9.19
松 山	17.3	35.9	7.21	-1.5	2.18	10.8	12.23	25.2	9.19	2153	1030	78.5	7.19
福 岡	18.0	36.9	8.2	0.1	2.17	18.4	9.6	33.2	9.6	2160	1233	125.5	8.21
鹿児島	19.3	36.3	8.2	0.1	1.19	20.8	9.6	31.1	9.18	2003	2416	171.5	9.18
那 覇	23.7	33.8	8.30	11.7	1.15	19.9	9.4	30.7	9.4	1589	2997	162.5	5.31

各地の積雪日数と最深積雪
（2021年11月〜2022年3月）

【資料】気象庁

地点	積雪日数										最深積雪	
	11月		12月		1月		2月		3月		最深 cm	起きた日 月.日
	10cm未満	10cm以上	10cm未満	10cm以上	10cm未満	10cm以上	10cm未満	10cm以上	10cm未満	10cm以上		
稚 内	3	0	8	8	11	3	7	1	5	0	105	1.12
釧 路	0	0	3	0	3	0	1	1	1	2	27	2.20,21
札 幌	1	0	4	3	13	6	5	5	4	0	133	2.6
青 森	0	0	9	14	6	3	7	3	5	3	149	2.8
仙 台	0	0	2	0	2	0	2	0	0	0	4	12.28/1.1/2.5
秋 田	0	0	7	2	6	4	5	0	6	0	56	2.18
東 京	0	0	0	0	1	0	1	0	0	0	10	1.6
新 潟	0	0	1	1	4	1	4	0	1	0	13	1.17,18/2.17
金 沢	0	0	2	2	3	3	4	2	0	0	37	2.22
松 本	0	0	0	0	2	1	1	0	0	0	16	2.10
名古屋	0	0	1	0	2	0	0	0	0	0	2	12.27
大 阪	0	0	0	0	0	0	0	0	0	0	-	-
舞 鶴	0	0	3	0	4	2	5	0	0	0	71	12.27
松 江	0	0	1	0	3	0	2	0	0	0	8	12.27/2.17
広 島	0	0	1	0	2	0	1	0	0	0	1	12.26,27/2.17
高 松	0	0	0	0	1	0	1	0	0	0	2	2.17
福 岡	0	0	0	0	1	0	1	0	0	0	2	2.17
鹿児島	0	0	0	0	0	0	0	0	0	0	-	-

[注] 積雪は地面の半分以上が雪におおわれた時。積雪0cmは深さが1cm未満。資料不足値を含む。

気象の記録（2022年末現在）

【資料】気象庁
[注] 全国の気象台や測候所の観測値。閉鎖された測候所やアメダスの観測値も含む。

地名（都道府県）	最高気温	年・月・日	地名（都道府県）	日降水量	年・月・日	地名（都道府県）	最大風速	年・月・日
浜 松（静岡）	41.1℃	2020. 8.17	箱 根（神奈川）	922.5mm	2019.10.12	富士山（静岡）	72.5m/s	1942. 4. 5
熊 谷（埼玉）	41.1	18. 7.23	魚梁瀬（高知）	851.5	11. 7.19	室戸岬（高知）	69.8	65. 9.10
美 濃（岐阜）	41.0	18. 8. 8	日出岳（奈良）	844	1982. 8. 1	宮古島（沖縄）	60.8	66. 9. 5
金 山（〃）	41.0	18. 8. 6	尾 鷲（三重）	806	68. 9.26	雲仙岳（長崎）	60.0	42. 8.27
江川崎（高知）	41.0	13. 8.12	内 海（香川）	790	76. 9.11	伊吹山（滋賀）	56.7	61. 9.16

地名（都道府県）	最低気温	年・月・日	地名（都道府県）	1時間降水量	年・月・日	地名（都道府県）	最大瞬間風速	年・月・日
旭 川（北海道）	-41.0℃	1902. 1.25	香 取（千葉）	153mm	1999.10.27	富士山（静岡）	91.0m/s	1966. 9.25
帯 広（〃）	-38.2	02. 1.26	長浦瀬（長崎）	153	82. 7.23	宮古島（沖縄）	85.3	66. 9. 5
江丹別（〃）	-38.1	78. 2.17	多良間（沖縄）	152	88. 4.28	室戸岬（高知）	84.5	61. 9.16
富士山（静岡）	-38.0	81. 2.27	甲 佐（熊本）	150	2016. 6.21	与那国島（沖縄）	81.1	2015. 9.28
歌 登（北海道）	-37.9	78. 2.17	清 水（高知）	150	1944.10.17	名 瀬（鹿児島）	78.9	1970. 8.13

地名（都道府県）	最深積雪	年・月・日
伊吹山（滋賀）	1182cm	1927. 2.14
酸ケ湯（青森）	566	2013. 2.26
守 門（新潟）	463	1981. 2. 9
肘 折（山形）	445	2018. 2.13
津 南（新潟）	419	22. 2.24

気象の記録（非公式）

【資料】気象年鑑

最 高 気 温	42.5℃	1923. 8. 6	徳島県鳴門市撫養
最 低 気 温	-41.5℃	31. 1.27	北 海 道 美 深 町
1 時間降水量	187mm	82. 7.23	長 崎 県 長 与 町
ひと月の降水量	3514mm	38. 8	奈良県大台ケ原山

[注] 観測地点は気象庁以外のところである。

かんれん 世界の気候 →243ページ

建設投資は、建設活動に対する政府と民間の投資額の総計だ。建設業は重要な産業のひとつなので、政府投資額も多い。建設投資額が多い年と少ない年の前後には、日本でどのようなことが起きているか調べてみよう。

建設 国土と自然

建設投資額(名目)
【資料】建設投資見通し(国土交通省)

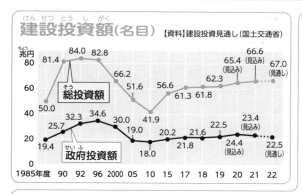

総投資額
政府投資額

兆円
80
81.4 84.0 82.8
66.2
50.0 51.6 56.6 61.3 61.8 62.3 65.4 66.6(見込み) 67.0(見通し)

25.7 32.3 34.6 30.0
19.4 41.9 19.0 20.2 21.8 21.6 22.5 23.4(見込み) 22.5(見通し)
18.0 24.4(見込み)

1985年度 90 92 96 2000 05 10 15 17 18 19 20 21 22

国家戦略特区
【資料】内閣府地方創生推進事務局 国家戦略特区事業一覧

⑦秋田県仙北市
「農林・医療の交流」のための改革拠点

③新潟県新潟市
大規模農業の改革拠点

⑧宮城県仙台市
「女性活躍・社会起業」のための改革拠点

④兵庫県養父市
中山間地農業の改革拠点

⑩広島県・愛媛県今治市
観光・教育・創業などの国際交流・ビッグデータ活用特区

①東京圏(東京都、神奈川県、千葉県千葉市、成田市)
国際ビジネス、イノベーション(技術革新)の拠点

⑨愛知県
「産業の担い手育成」のための教育・雇用・農業等の総合改革拠点

②関西圏(大阪府、兵庫県、京都府)
医療等イノベーション拠点、チャレンジ人材支援

⑤福岡県福岡市・北九州市
創業のための雇用改革拠点

⑥沖縄県
国際観光拠点

公共下水道の普及率と利用者数
【資料】都市規模別汚水処理人口普及率(国土交通省)

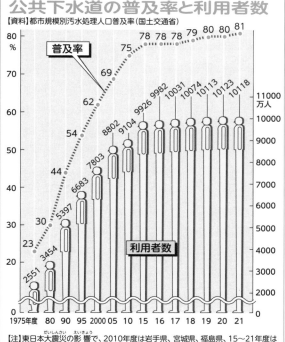

普及率
利用者数

80 %
78 78 78 79 79 80 80 81
75
69
62
54
44
30
23

2551 3454 5397 6683 7803 8802 9104 9926 9982 10031 10074 10113 10123 10118

1975年度 80 90 95 2000 05 10 15 17 18 19 20 21

【注】東日本大震災の影響で、2010年度は岩手県、宮城県、福島県、15〜21年度は福島県の一部地域を公表対象外としている。

都市公園の総面積

万ha
13
12
11 11.7 11.8 12.0 12.3 12.4 12.5 12.6 12.7 12.9
10.9 11.9 12.1 12.8
9.6
8.1
6.5
5.5
3.2

【資料】国土交通省都市局公園緑地・景観課
【注】2010〜15年度は岩手県、宮城県、福島県の一部地域は調査対象外。

1975年度 85 90 95 2000 05 09 10 11 12 13 14 15 16 17 18 19 20

知っトク情報

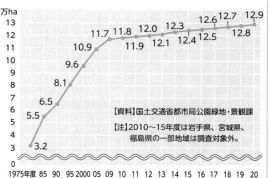

国家戦略特区とは?
特定の地域や分野で規制・制度の緩和や税制面の優遇を行う規制改革制度。例えば、日本は原則として専門的・技術的分野以外の外国人労働者を受け入れていませんが、国家戦略特区の大阪市や東京都、神奈川県、愛知県では規制が緩和され、外国人の家事代行が認められています。

日本の山の高さや場所を確認しよう。活火山は「おおむね過去1万年以内に噴火した火山および現在活発な噴気活動のある火山」で、日本に現在111ある。気象庁は50の火山を24時間態勢で観測・監視。

おもな火山

	なまえ		場所	高さ(m)
北海道	大雪山(旭岳)	たいせつざん	上　　川	2291
	十勝岳	とかちだけ	十勝・上川	2077
	ニペソツ山	にぺそつやま	十　　勝	2013
	羊蹄山(蝦夷富士)	ようていざん	後　　志	1898
	ウペペサンケ山	うぺぺさんけやま	十　　勝	1848
	利尻山(利尻富士)	りしりざん	宗谷(利尻島)	1721
	羅臼岳	らうすだけ	根室・網走	1661
	斜里岳	しゃりだけ	網　　走	1547
	雌阿寒岳	めあかんだけ	釧路・網走	1499
	駒ケ岳(剣ケ峯)	こまがたけ	渡島・胆振	1131
	有珠山(大有珠)	うすざん	胆　　振	733
本州東北部	白根山(日光白根山)	しらねさん	栃木・群馬	2578
	浅間山	あさまやま	群馬・長野	2568
	男体山	なんたいさん	栃　　木	2486
	妙高山	みょうこうさん	新　　潟	2454
	焼　山	やけやま	新　　潟	2400
	燧ケ岳(柴安嵓)	ひうちがたけ	福　　島	2356
	四阿山	あずまやさん	群馬・長野	2354
	鳥海山(新山)	ちょうかいざん	秋田・山形	2236
	本白根山	もとしらねさん	群　　馬	2171
	武尊山	ほたかやま	群　　馬	2158
	苗場山	なえばさん	新潟・長野	2145
	岩手山	いわてさん	岩　　手	2038
	西吾妻山	にしあずまやま	山形・福島	2035
	月　山	がっさん	山　　形	1984
	那須岳(茶臼岳)	なすだけ	福島・栃木	1915
	蔵王山(熊野岳)	ざおうざん	宮城・山形	1841
	赤城山(黒檜山)	あかぎさん	群　　馬	1828
	磐梯山	ばんだいさん	福　　島	1816
	高原山(釈迦ケ岳)	たかはらやま	栃　　木	1795
	安達太良山(鉄山)	あだたらやま	福　　島	1709
	駒ケ岳(男女岳)	こまがたけ	秋　　田	1637
	栗駒山(須川岳)	くりこまやま	岩手・宮城・秋田	1626
	岩木山	いわきさん	青　　森	1625
	八幡平	はちまんたい	岩手・秋田	1613
	八甲田山(大岳)	はっこうださん	青　　森	1585
	守門岳	すもんだけ	新　　潟	1537
	榛名山(掃部ケ岳)	はるなさん	群　　馬	1449
	釜臥山・恐山山地	かまふせやま	青　　森	878
本州中央部	富士山(剣ケ峯)	ふじさん	山梨・静岡	3776
	御嶽山(剣ケ峰)	おんたけさん	長野・岐阜	3067
	乗鞍岳(剣ケ峰)	のりくらだけ	長野・岐阜	3026
	八ケ岳(赤岳)	やつがたけ	山梨・長野	2899
	白　山(御前峰)	はくさん	石川・岐阜	2702
	国見岳	くにみだけ	富　　山	2621
	蓼科山	たてしなやま	長　　野	2531
	焼　岳	やけだけ	長野・岐阜	2455
	岩菅山(裏岩菅山)	いわすげやま	長　　野	2341
	黒姫山	くろひめやま	長　　野	2053
	霧ケ峰(車山)	きりがみね	長　　野	1925
	飯縄山(飯綱山)	いいづなやま	長　　野	1917
	愛鷹山(越前岳)	あしたかやま	静　　岡	1504
	箱根山(神山)	はこねやま	神奈川・静岡	1438
	天城山(万三郎岳)	あまぎさん	静　　岡	1406
	三原山(三原新山)	みはらやま	東京(大島)	758

(火山つづき)

【資料】日本の山岳標高一覧(国土地理院)、理科年表2023(国立天文台)ほか

	なまえ		場所	高さ(m)
本州西部・南部	大　山(剣ケ峰)	だいせん	鳥取・岡山	1729
	三瓶山(男三瓶山)	さんべさん	島　　根	1126
九州	くじゅう連山(中岳)	くじゅうれんざん	大　　分	1791
	霧島山(韓国岳)	きりしまやま	宮崎・鹿児島	1700
	阿蘇山(高岳)	あそさん	熊　　本	1592
	由布岳(豊後富士)	ゆふだけ	大　　分	1583
	雲仙岳(平成新山)	うんぜんだけ	長　　崎	1483
	御　岳(北岳)	おんたけ	鹿児島(桜島)	1117
	御　岳	おんたけ	鹿児島(中之島)	979
	開聞岳	かいもんだけ	鹿　児　島	924

おもな山(火山以外)

	なまえ		場所	高さ(m)
北海道	幌尻岳	ぽろしりだけ	日　　高	2052
	石狩岳	いしかりだけ	十勝・上川	1967
	芦別岳	あしべつだけ	空知・上川	1726
	夕張岳	ゆうばりだけ	空知・上川	1668
本州東北部	白砂山	しらすなやま	群馬・長野	2140
	駒ケ岳(会津駒ケ岳)	こまがたけ	福　　島	2133
	飯豊山	いいでさん	福　　島	2105
	帝釈山	たいしゃくざん	福島・栃木	2060
	谷川岳(茂倉岳)	たにがわだけ	群馬・新潟	1978
	早池峰山	はやちねさん	岩　　手	1917
	朝日岳(大朝日岳)	あさひだけ	山　　形	1871
本州中央部	北　岳	きただけ	山　　梨	3193
	奥穂高岳	おくほたかだけ	長野・岐阜	3190
	槍ケ岳	やりがたけ	長　　野	3180
	東　岳(悪沢岳)	ひがしだけ	静　　岡	3141
	赤石岳	あかいしだけ	長野・静岡	3121
	荒川岳(中岳)	あらかわだけ	静　　岡	3084
	塩見岳	しおみだけ	長野・静岡	3052
	仙丈ケ岳	せんじょうがたけ	山梨・長野	3033
	立　山(大汝山)	たてやま	富　　山	3015
	聖　岳(前聖岳)	ひじりだけ	長野・静岡	3013
	劔　岳	つるぎだけ	富　　山	2999
	駒ケ岳(甲斐駒ケ岳)	こまがたけ	山梨・長野	2967
	駒ケ岳(木曽駒ケ岳)	こまがたけ	長　　野	2956
	白馬岳	しろうまだけ	富山・長野	2932
	薬師岳	やくしだけ	富　　山	2926
	燕　岳	つばくろだけ	長　　野	2763
	金峰山	きんぷさん	山梨・長野	2599
	甲武信ケ岳	こぶしがたけ	埼玉・山梨・長野	2475
	恵那山	えなさん	長野・岐阜	2191
	大菩薩嶺	だいぼさつれい	山　　梨	2057
	雲取山	くもとりやま	埼玉・東京	2017
	戸隠山	とがくしやま	長　　野	1904
	丹沢山	たんざわさん	神　奈　川	1567
本州西部・南部・四国	石鎚山(天狗岳)	いしづちさん	愛　　媛	1982
	剣　山	つるぎさん	徳　　島	1955
	八経ケ岳	はっきょうがだけ	奈　　良	1915
	大台原山(日出ケ岳)	おおだいがはらざん	三重・奈良	1695
九州	宮之浦岳	みやのうらだけ	鹿児島(屋久島)	1936
	祖母山	そぼさん	大分・宮崎	1756
	国見岳	くにみだけ	熊本・宮崎	1739

かんれん 世界の高い山 → 242ページ　【注】山のなまえの後の( )の中は最高峰、〔 〕は別名。北海道の「場所」は総合振興局、振興局名。

日本の川は、長さが短く、流れが速い。しかも降水量は梅雨や台風の時期に集中する。自分の住む地域の川の長さや流域面積を確かめ、防災についても考えよう。国を形づくる島や湖も確認しよう。

川・湖・島　国土と自然

おもな川

【資料】一級河川の河川延長等調2021.4（国土交通省）ほか

なまえ		流域面積（km²）	長さ（km）	流域の都道府県
利 根 川	とねがわ	1万6840	❷322	茨城・栃木・群馬・埼玉・千葉・東京・長野
石 狩 川	いしかりがわ	1万4330	❸268	北海道
信 濃 川	しなのがわ	1万1900	❶367	群馬・新潟・長野
北 上 川	きたかみがわ	1万0150	❺249	岩手・宮城
木 曽 川	※きそがわ	9100	❼229	長野・岐阜・愛知・三重・滋賀
十 勝 川	とかちがわ	9010	156	北海道
淀 川	よどがわ	8240	※※75	三重・滋賀・京都・大阪・兵庫・奈良
阿 賀 野 川	あがのがわ	7710	❿210	福島・群馬・新潟
最 上 川	もがみがわ	7040	❼229	宮城・山形
天 塩 川	てしおがわ	5590	❹256	北海道
阿 武 隈 川	あぶくまがわ	5400	❻239	宮城・山形・福島
天 竜 川	てんりゅうがわ	5090	❾213	長野・静岡・愛知
雄 物 川	おものがわ	4710	133	秋田
米 代 川	よねしろがわ	4100	136	青森・岩手・秋田
富 士 川	ふじがわ	3990	128	山梨・長野・静岡
江 の 川	ごうのかわ	3900	194	島根・広島
吉 野 川	よしのがわ	3750	194	徳島・香川・愛媛
那 珂 川	なかがわ	3270	150	茨城・栃木・（福島）
荒 川	あらかわ	2940	173	埼玉・東京
九 頭 竜 川	くずりゅうがわ	2930	116	福井・岐阜
筑 後 川	ちくごがわ	2863	143	福岡・佐賀・熊本・大分
神 通 川	じんつうがわ	2720	120	富山・岐阜
高 梁 川	たかはしがわ	2670	111	岡山・広島
斐 伊 川	ひいかわ	2540	153	鳥取・島根
岩 木 川	いわきがわ	2540	102	青森
釧 路 川	くしろがわ	2510	154	北海道
新 宮 川	しんぐうがわ	2360	183	三重・奈良・和歌山
四 万 十 川	しまんとがわ	2270	196	愛媛・高知
大 淀 川	おおよどがわ	2230	107	熊本・宮崎・鹿児島
吉 井 川	よしいがわ	2110	133	岡山
馬 淵 川	まべちがわ	2050	142	青森・岩手
常 呂 川	ところがわ	1930	120	北海道
由 良 川	ゆらがわ	1880	146	京都・兵庫
球 磨 川	くまがわ	1880	115	熊本・（宮崎・鹿児島）

【注】❶〜❿は長さによる順位。※は長良川、揖斐川を含む。※※は琵琶湖およびその上流分を含まない長さ。（　）は一部のみ含む。

おもな湖

【資料】全国都道府県市区町村別面積調2022.7（国土地理院）、理科年表2023（国立天文台）

なまえ		都道府県	面積（km²）	もっとも深いところ（m）
琵 琶 湖	びわこ	滋 賀	669.3	103.8
霞 ケ 浦	かすみがうら	茨 城	168.2	11.9
サロマ湖	※さろまこ	北 海 道	151.6	19.6
猪 苗 代 湖	いなわしろこ	福 島	103.2	93.5
中 海	※なかうみ	鳥取・島根	85.7	17.1
屈 斜 路 湖	くっしゃろこ	北 海 道	79.5	117.5
宍 道 湖	※しんじこ	島 根	79.3	5.8
支 笏 湖	しこつこ	北 海 道	78.5	360.1
洞 爺 湖	とうやこ	北 海 道	70.7	179.7
浜 名 湖	※はまなこ	静 岡	64.9	13.1
小 川 原 湖	※おがわらこ	青 森	62.0	26.5
十 和 田 湖	とわだこ	青森・秋田	61.1	326.8
風 蓮 湖	※ふうれんこ	北 海 道	59.0	13.0
能 取 湖	※のとろこ	北 海 道	58.2	23.1
北 浦	きたうら	茨 城	35.0	10.0
厚 岸 湖	※あっけしこ	北 海 道	32.3	11.0
網 走 湖	※あばしりこ	北 海 道	32.3	16.3
八郎潟調整池	はちろうがたちょうせいち	秋 田	27.8	11.3
田 沢 湖	たざわこ	秋 田	25.8	423.4
摩 周 湖	ましゅうこ	北 海 道	19.2	211.4
十 三 湖	※じゅうさんこ	青 森	17.8	1.5
クッチャロ湖	くっちゃろこ	北 海 道	13.4	3.3
阿 寒 湖	あかんこ	北 海 道	13.3	44.8
諏 訪 湖	すわこ	長 野	12.8	7.6
中 禅 寺 湖	ちゅうぜんじこ	栃 木	11.9	163.0
池 田 湖	いけだこ	鹿 児 島	10.9	233.0
檜 原 湖	ひばらこ	福 島	10.9	30.5
印 旛 沼	いんばぬま	千 葉	9.4	4.8
涸 沼	※ひぬま★	茨 城	9.3	3.0
濤 沸 湖	※とうふつこ	北 海 道	8.2	2.4

【注】※は、海水と淡水とがまざっている汽水湖。浜名湖は猪鼻湖を含む。
★茨城県の湖沼や河川などの保全施設によると面積9.35km²、最大水深6.5m。

おもな島

【資料】全国都道府県市区町村別面積調2022.7（国土地理院）

なまえ		都道府県	面積（km²）	なまえ		都道府県	面積（km²）
本 州	ほんしゅう		22万7939	宮 古 島	みやこじま	沖 縄	159
北 海 道	ほっかいどう		7万7984	小 豆 島	しょうどしま	香 川	153
九 州	きゅうしゅう		3万6782	奥 尻 島	おくしりとう	北 海 道	143
四 国	しこく		1万8297	壱 岐 島	いきしま	長 崎	135
択 捉 島	えとろふとう	北海道（北方領土）	3167	屋 代 島	やしろじま	山 口	128
国 後 島	くなしりとう	北海道（北方領土）	1489	沖永良部島	おきのえらぶじま	鹿 児 島	94
沖 縄 島	おきなわじま	沖 縄	1208	江田島・能美島	えたじま・のうみじま	広 島	91
佐 渡 島	さどしま	新 潟	855	大 島	おおしま	東 京	91
奄 美 大 島	あまみおおしま	鹿 児 島	712	長 島	ながしま	鹿 児 島	91
対 馬	つしま	長 崎	696	礼 文 島	れぶんとう	北 海 道	81
淡 路 島	あわじしま	兵 庫	592	加計呂麻島	かけろまじま	鹿 児 島	77
天 草 下 島	あまくさしもしま	熊 本	575	倉 橋 島	くらはしじま	広 島	69
屋 久 島	やくしま	鹿 児 島	504	八 丈 島	はちじょうじま	東 京	69
種 子 島	たねがしま	鹿 児 島	444	下 甑 島	しもこしきしま	鹿 児 島	66
福 江 島	ふくえじま	長 崎	326	大 三 島	おおみしま	愛 媛	65
西 表 島	いりおもてじま	沖 縄	290	久 米 島	くめじま	沖 縄	60
徳 之 島	とくのしま	鹿 児 島	248	色 丹 島	しこたんとう	北海道（北方領土）	58
島 後（隠岐）	どうご（おき）	島 根	242	志 発 島	しぼつとう	北 海 道	57
天草上島	あまくさかみしま	熊 本	226	喜 界 島	きかいしま	鹿 児 島	57
石 垣 島	いしがきじま	沖 縄	222	西ノ島（隠岐）	にしのしま（おき）	島 根	56
利 尻 島	りしりとう	北 海 道	182	三 宅 島	みやけじま	東 京	55
中 通 島	なかどおりじま	長 崎	168	能 登 島	のとじま	石 川	47
平 戸 島	ひらどしま	長 崎	163	上 甑 島	かみこしきしま	鹿 児 島	44
				大 島	おおしま	愛 媛	42

かんれん 世界の長い川、大きな島 →242ページ

都道府県

各都道府県の面積、人口、人口密度を確認し、さらに世帯数と1世帯あたり平均人員も考え合わせて都道府県の特徴をとらえよう。人口密度が最も低いのはどこか、また1000以上のところはどこだろうか。

面積・世帯数・人口

【資料】住民基本台帳ほか（総務省）

地方	都道府県	面積 (km²)	世帯数	人口（人） 総数	男	女	人口密度 (人／km²)	1世帯あた り平均人員
全　国		377,973.48	59,761,065	125,927,902	61,420,626	64,507,276	333	2.11
北海道	北 海 道	83,423.87	2,796,536	5,183,687	2,450,393	2,733,294	62	1.85
東北	青　森	9,645.95	594,018	1,243,081	589,143	653,938	129	2.09
	岩　手	15,275.01	532,269	1,206,479	581,809	624,670	79	2.27
	宮　城	＊7,282.29	1,023,972	2,268,355	1,106,183	1,162,172	311	2.22
	秋　田	11,637.52	425,716	956,836	452,370	504,466	82	2.25
	山　形	＊9,323.15	420,046	1,056,682	511,409	545,273	113	2.52
	福　島	13,784.14	794,140	1,841,244	904,388	936,856	134	2.32
関東	茨　城	6,097.54	1,281,935	2,890,377	1,449,442	1,440,935	474	2.25
	栃　木	6,408.09	853,634	1,942,494	971,696	970,798	303	2.28
	群　馬	6,362.28	866,229	1,943,667	963,793	979,874	305	2.24
	埼　玉	＊3,797.75	3,431,677	7,385,848	3,688,311	3,697,537	1945	2.15
	千　葉	＊5,156.74	2,986,528	6,310,875	3,144,185	3,166,690	1224	2.11
	東　京	＊2,194.05	7,354,402	13,794,933	6,775,557	7,019,376	6287	1.88
	神 奈 川	2,416.32	4,468,179	9,215,210	4,590,365	4,624,845	3814	2.06
中部	新　潟	＊12,583.96	910,832	2,188,469	1,063,921	1,124,548	174	2.40
	富　山	＊4,247.54	428,304	1,037,319	504,246	533,073	244	2.42
	石　川	4,186.23	493,950	1,124,501	545,337	579,164	269	2.28
	福　井	4,190.58	300,337	767,561	373,811	393,750	183	2.56
	山　梨	＊4,465.27	367,594	816,340	400,782	415,558	183	2.22
	長　野	＊13,561.56	884,246	2,056,970	1,006,127	1,050,843	152	2.33
	岐　阜	＊10,621.29	838,840	1,996,682	973,512	1,023,170	188	2.38
	静　岡	＊7,777.02	1,619,334	3,658,375	1,808,923	1,849,452	470	2.26
	愛　知	＊5,173.23	3,386,297	7,528,519	3,768,579	3,759,940	1455	2.22
近畿	三　重	＊5,774.48	807,206	1,784,968	874,651	910,317	309	2.21
	滋　賀	＊4,017.38	601,688	1,415,222	698,857	716,365	352	2.35
	京　都	4,612.20	1,233,229	2,511,494	1,202,274	1,309,220	545	2.04
	大　阪	1,905.34	4,433,664	8,800,753	4,237,852	4,562,901	4619	1.98
	兵　庫	8,400.94	2,583,222	5,488,605	2,627,723	2,860,882	653	2.12
	奈　良	3,690.94	603,937	1,335,378	633,250	702,128	362	2.21
	和 歌 山	4,724.68	442,544	935,084	442,960	492,124	198	2.11
中国	鳥　取	3,507.13	239,626	551,806	264,259	287,547	157	2.30
	島　根	6,707.86	293,449	666,331	320,824	345,507	99	2.27
	岡　山	＊7,114.77	861,452	1,879,280	908,551	970,729	264	2.18
	広　島	8,479.23	1,328,418	2,788,687	1,354,102	1,434,585	329	2.10
	山　口	6,112.50	658,993	1,340,458	638,139	702,319	219	2.03
四国	徳　島	4,146.99	337,343	726,729	348,034	378,695	175	2.15
	香　川	＊1,876.91	445,500	964,885	466,996	497,889	514	2.17
	愛　媛	5,675.98	655,708	1,341,539	637,522	704,017	236	2.05
	高　知	7,102.91	350,680	693,369	327,834	365,535	98	1.98
九州	福　岡	＊4,987.64	2,488,624	5,108,507	2,430,957	2,677,550	1024	2.05
	佐　賀	2,440.67	340,660	812,193	386,622	425,571	333	2.38
	長　崎	4,130.99	632,206	1,320,055	622,766	697,289	320	2.09
	熊　本	＊7,409.12	796,476	1,747,513	829,853	917,660	236	2.19
	大　分	＊6,340.70	542,048	1,131,140	538,934	592,206	178	2.09
	宮　崎	＊7,734.24	530,291	1,078,313	511,039	567,274	139	2.03
	鹿 児 島	＊9,186.33	810,877	1,605,419	759,364	846,055	175	1.98
	沖　縄	2,282.15	684,209	1,485,670	732,981	752,689	651	2.17

【注】面積は「令和4年全国都道府県市区町村別面積調」（国土交通省国土地理院）で2022年7月1日現在。＊印は、境界未定の地域がある都道府県で、数値は参考値。
世帯数、人口は、2022年1月1日現在。人口密度、1世帯あたり平均人員は、それぞれの資料から算出。2012年7月の改正住民基本台帳法の施行により、外国人を含む数。

2010年10月1日の国勢調査で、日本の総人口は1億2800万人を超えたが、2015年調査では国勢調査が開始された1920（大正9）年以来、初めて減少に転じ、2020年調査でも引き続き減少した。

人口の移りかわり

【資料】国勢調査（総務省）

地方	都道府県	1920年	1950年	1970年	1990年	2000年	2010年	2015年	2020年
全国	全国	55,963,053	84,114,574	104,665,171	123,611,167	126,925,843	128,057,352	127,094,745	126,146,099
北海道	北海道	2,359,183	4,295,567	5,184,287	5,643,647	5,683,062	5,506,419	5,381,733	5,224,614
東北	青森	756,454	1,282,867	1,427,520	1,482,873	1,475,728	1,373,339	1,308,265	1,237,984
	岩手	845,540	1,346,728	1,371,383	1,416,928	1,416,180	1,330,147	1,279,594	1,210,534
	宮城	961,768	1,663,442	1,819,223	2,248,558	2,365,320	2,348,165	2,333,899	2,301,996
	秋田	898,537	1,309,031	1,241,376	1,227,478	1,189,279	1,085,997	1,023,119	959,502
	山形	968,925	1,357,347	1,225,618	1,258,390	1,244,147	1,168,924	1,123,891	1,068,027
	福島	1,362,750	2,062,394	1,946,077	2,104,058	2,126,935	2,029,064	1,914,039	1,833,152
関東	茨城	1,350,400	2,039,418	2,143,551	2,845,382	2,985,676	2,969,770	2,916,976	2,867,009
	栃木	1,046,479	1,550,462	1,580,021	1,935,168	2,004,817	2,007,683	1,974,255	1,933,146
	群馬	1,052,610	1,601,380	1,658,909	1,966,265	2,024,852	2,008,068	1,973,115	1,939,110
	埼玉	1,319,533	2,146,445	3,866,472	6,405,319	6,938,006	7,194,556	7,266,534	7,344,765
	千葉	1,336,155	2,139,037	3,366,624	5,555,429	5,926,285	6,216,289	6,222,666	6,284,480
	東京	3,699,428	6,277,500	11,408,071	11,855,563	12,064,101	13,159,388	13,515,271	14,047,594
	神奈川	1,323,390	2,487,665	5,472,247	7,980,391	8,489,974	9,048,331	9,126,214	9,237,337
中部	新潟	1,776,474	2,460,997	2,360,982	2,474,583	2,475,733	2,374,450	2,304,264	2,201,272
	富山	724,276	1,008,790	1,029,695	1,120,161	1,120,851	1,093,247	1,066,328	1,034,814
	石川	747,360	957,279	1,002,420	1,164,628	1,180,977	1,169,788	1,154,008	1,132,526
	福井	599,155	752,374	744,230	823,585	828,944	806,314	786,740	766,863
	山梨	583,453	811,369	762,029	852,966	888,172	863,075	834,930	809,974
	長野	1,562,722	2,060,831	1,956,917	2,156,627	2,215,168	2,152,449	2,098,804	2,048,011
	岐阜	1,070,407	1,544,538	1,758,954	2,066,569	2,107,700	2,080,773	2,031,903	1,978,742
	静岡	1,550,387	2,471,472	3,089,895	3,670,840	3,767,393	3,765,007	3,700,305	3,633,202
	愛知	2,089,762	3,390,585	5,386,163	6,690,603	7,043,300	7,410,719	7,483,128	7,542,415
近畿	三重	1,069,270	1,461,197	1,543,083	1,792,514	1,857,339	1,854,724	1,815,865	1,770,254
	滋賀	651,050	861,180	889,768	1,222,411	1,342,832	1,410,777	1,412,916	1,413,610
	京都	1,287,147	1,832,934	2,250,087	2,602,460	2,644,391	2,636,092	2,610,353	2,578,087
	大阪	2,587,847	3,857,047	7,620,480	8,734,516	8,805,081	8,865,245	8,839,469	8,837,685
	兵庫	2,301,799	3,309,935	4,667,928	5,405,040	5,550,574	5,588,133	5,534,800	5,465,002
	奈良	564,607	763,883	930,160	1,375,481	1,442,795	1,400,728	1,364,316	1,324,473
	和歌山	750,411	982,113	1,042,736	1,074,325	1,069,912	1,002,198	963,579	922,584
中国	鳥取	454,675	600,177	568,777	615,722	613,289	588,667	573,441	553,407
	島根	714,712	912,551	773,575	781,021	761,503	717,397	694,352	671,126
	岡山	1,217,698	1,661,099	1,707,026	1,925,877	1,950,828	1,945,276	1,921,525	1,888,432
	広島	1,541,905	2,081,967	2,436,135	2,849,847	2,878,915	2,860,750	2,843,990	2,799,702
	山口	1,041,013	1,540,882	1,511,448	1,572,616	1,527,964	1,451,338	1,404,729	1,342,059
四国	徳島	670,212	878,511	791,111	831,598	824,108	785,491	755,733	719,559
	香川	677,852	946,022	907,897	1,023,412	1,022,890	995,842	976,263	950,244
	愛媛	1,046,720	1,521,878	1,418,124	1,515,025	1,493,092	1,431,493	1,385,262	1,334,841
	高知	670,895	873,874	786,882	825,034	813,949	764,456	728,276	691,527
九州	福岡	2,188,249	3,530,169	4,027,416	4,811,050	5,015,699	5,071,968	5,101,556	5,135,214
	佐賀	673,895	945,082	838,468	877,851	876,654	849,788	832,832	811,442
	長崎	1,136,182	1,645,492	1,570,245	1,562,959	1,516,523	1,426,779	1,377,187	1,312,317
	熊本	1,233,233	1,827,582	1,700,229	1,840,326	1,859,344	1,817,426	1,786,170	1,738,301
	大分	860,282	1,252,999	1,155,566	1,236,942	1,221,140	1,196,529	1,166,338	1,123,852
	宮崎	651,097	1,091,427	1,051,105	1,168,907	1,170,007	1,135,233	1,104,069	1,069,576
	鹿児島	1,415,582	1,804,118	1,729,150	1,797,824	1,786,194	1,706,242	1,648,177	1,588,256
	沖縄	571,572	914,937	945,111	1,222,398	1,318,220	1,392,818	1,433,566	1,467,480

【注】各年とも10月1日現在。ただし、1950年の沖縄の人口は12月1日現在。

統計｜日本｜人口

年齢別人口は、年少者が多く高齢者が少ないとピラミッド形になるが、医療の発達や少子化により、釣り鐘形からつぼ形へと変化する傾向がある。1920年から現在まで形が変化するようすを見てみよう。

人口

人口構成

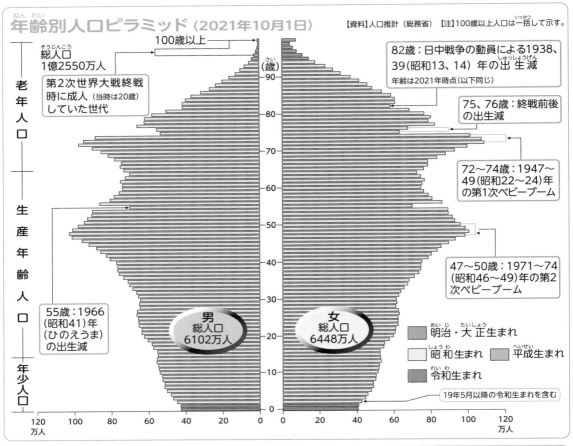

年齢別人口ピラミッド（2021年10月1日）

【資料】人口推計（総務省） 【注】100歳以上人口は一括して示す。

82歳：日中戦争の動員による1938、39（昭和13、14）年の出生減
年齢は2021年時点（以下同じ）

75、76歳：終戦前後の出生減

72〜74歳：1947〜49（昭和22〜24）年の第1次ベビーブーム

47〜50歳：1971〜74（昭和46〜49）年の第2次ベビーブーム

総人口 1億2550万人

第2次世界大戦終戦時に成人（当時は20歳）していた世代

100歳以上

老年人口

生産年齢人口

年少人口

55歳：1966（昭和41）年（ひのえうま）の出生減

男 総人口 6102万人

女 総人口 6448万人

明治・大正生まれ
昭和生まれ　平成生まれ
令和生まれ

19年5月以降の令和生まれを含む

年齢別にみた人口（男女別）

【注】各年とも10月1日時点。1950年以降は年齢不詳の人口を合計に含む。
【資料】国勢調査（総務省）

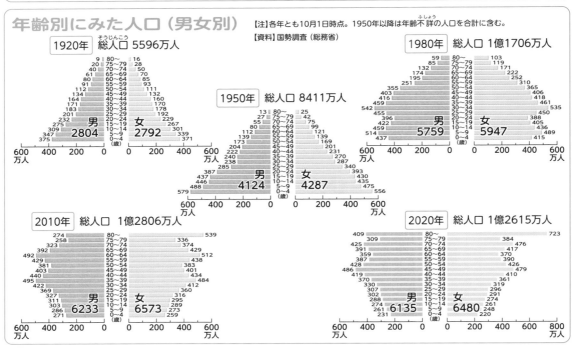

1920年 総人口 5596万人

1950年 総人口 8411万人

1980年 総人口 1億1706万人

2010年 総人口 1億2806万人

2020年 総人口 1億2615万人

地域による年齢、性別の分布の違いをとらえよう。20〜40代の人口が多いのはどこか、また2021年の外国人の人口や、どの国の人が多いかも確認しよう。都道府県別人口についてはP138〜139を参照しよう。

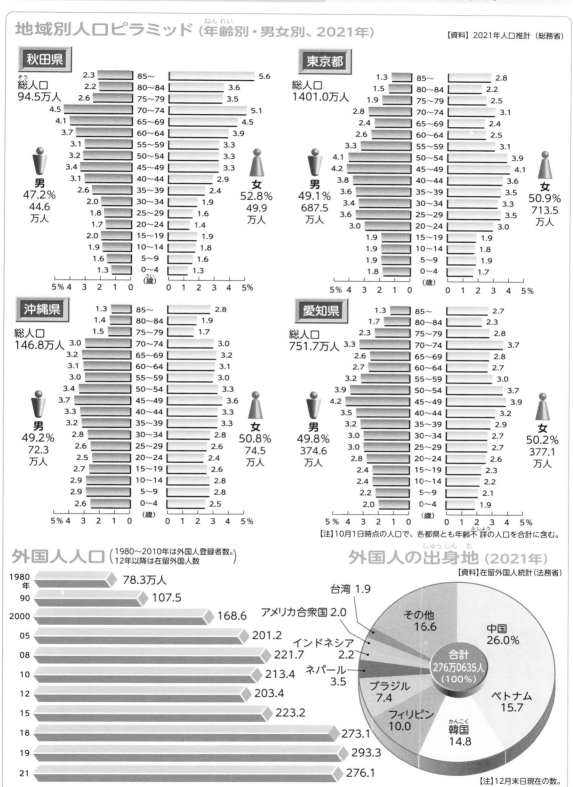

地域別人口ピラミッド（年齢別・男女別、2021年）

【資料】2021年人口推計（総務省）

秋田県
総人口 94.5万人
男 47.2% 44.6万人
女 52.8% 49.9万人

東京都
総人口 1401.0万人
男 49.1% 687.5万人
女 50.9% 713.5万人

沖縄県
総人口 146.8万人
男 49.2% 72.3万人
女 50.8% 74.5万人

愛知県
総人口 751.7万人
男 49.8% 374.6万人
女 50.2% 377.1万人

【注】10月1日時点の人口で、各都県とも年齢不詳の人口を合計に含む。

外国人人口
（1980〜2010年は外国人登録者数。12年以降は在留外国人数）

年	
1980年	78.3万人
90	107.5
2000	168.6
05	201.2
08	221.7
10	213.4
12	203.4
15	223.2
18	273.1
19	293.3
21	276.1

外国人の出身地（2021年）

【資料】在留外国人統計（法務省）

合計 276万0635人（100%）

中国 26.0%
ベトナム 15.7
韓国 14.8
フィリピン 10.0
ブラジル 7.4
ネパール 3.5
インドネシア 2.2
アメリカ合衆国 2.0
台湾 1.9
その他 16.6

【注】12月末日現在の数。

かんれん　都道府県別外国人人口 →101〜128ページ「私たちの郷土」

統計—日本—人口

人口

人口構成

2020年の国勢調査(こくせいちょうさ)(21年11月公表)で、人口は5年前の調査よりさらに減少。15歳未満の人口割合(11.9%)は世界最低水準。65歳以上の割合(28.6%)は世界最高水準。21年人口推計でもこの傾向は強まる。

延びる平均寿命(へいきんじゅみょう)

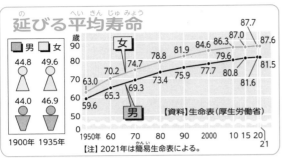

■ 男 □ 女

	男	女
1900年	44.8	49.6
1935年	44.0	46.9

女 87.7 87.0 87.6 87.5 86.3 84.6 81.9 78.8 74.7 70.2 63.0 59.6
男 81.6 80.8 81.5 79.6 77.7 75.9 73.4 69.3 65.3

【資料】生命表(厚生労働省)
【注】2021年は簡易生命表による。

1900年 1935年 1950年 60 70 80 90 2000 10 15 20 21

高齢者人口の割合(わりあい)

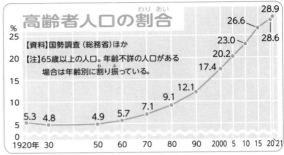

%
【資料】国勢調査(総務省)ほか
【注】65歳以上の人口。年齢不詳の人口がある場合は年齢別に割り振っている。

28.9 26.6 28.6 23.0 20.2 17.4 12.1 9.1 7.1 5.7 4.9 4.8 5.3

1920年 30 50 60 70 80 90 2000 5 10 15 20 21

高齢者世帯の割合

%
【注】65歳以上の者のみで構成するか、またはこれに18歳未満の未婚(みこん)の者が加わった世帯(これを「高齢者世帯」という)。1995年は兵庫県を、2011年は岩手県、宮城県、福島県を、16年は熊本県を除いた数値。

28.7 26.6 29.0 25.2 26.2 21.0 20.5 17.7 13.7 7.7 4.8 3.3

【資料】国民生活基礎調査(厚生労働省)
20年は新型コロナ感染拡大により中止。

1975年 80 90 2000 05 11 15 17 21
10 16 19

おもな国の高齢者人口の割合

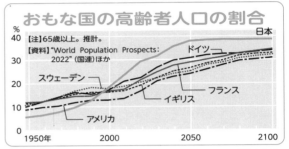

%
【注】65歳以上。推計。
【資料】"World Population Prospects: 2022"(国連)ほか

日本
ドイツ
スウェーデン
イギリス
フランス
アメリカ

1950年 2000 2050 2100

人口密度(みつど)

【資料】国勢調査(総務省)ほか
【注】グラフ内の数字は総人口。2021年は総務省による推計。

年	総人口	人/km²
1910年	4918万人	129人/km²
30	6445	169
40	7193	188
50	8320	226
60	9342	253
70	1億0372	280
80	1億1706	314
90	1億2361	332
2000	1億2693	340
10	1億2806	343
15	1億2710	341
20	1億2615	338
21	1億2550	337

100人で養う(やしなう)高齢者の数

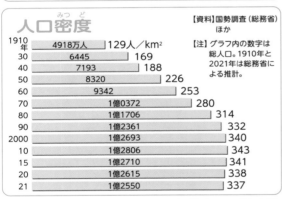

人
【資料】国勢調査(総務省)ほか
【注】15～64歳の100人が養う老年(65歳以上)の数。2021年は総務省による推計。

48.6 43.8 48.0 36.1 25.5 17.3 13.5 10.2 8.9 8.3 8.2 8.1 9.0

1920年 30 40 50 60 70 80 90 2000 10 15 20 21

女性が産む(うむ)子どもの数

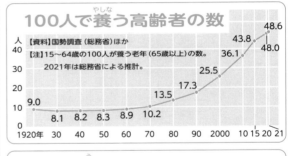

人
【注】合計特殊出生率(とくしゅ)(ある年の15～49歳の女性の年齢(ねんれい)別出生率を合計(しゅうがい)したもの)で、ひとりの女性が生涯(しょうがい)に産む平均的な子どもの数を表す。

5.10 4.70 4.11 4.54 3.65 2.00 2.13 1.75 1.54 1.36 1.45 1.39 1.33 1.26 1.30

【資料】人口動態統計(厚生労働省)、研究資料ほか

30 40 47 50 60 70 80 90 2000 05 10 15 20 21
1925年

出生率(しゅっしょうりつ)・死亡率(しぼうりつ)・自然増減率(しぜんぞうげんりつ)

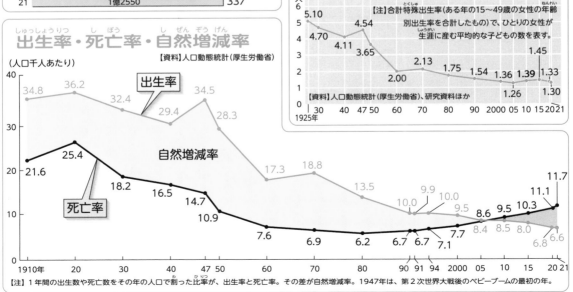

【資料】人口動態統計(厚生労働省)

(人口千人あたり)

出生率
34.8 36.2 32.4 29.4 34.5 28.3 17.3 18.8 13.5 10.0 9.9 10.0 9.5 8.6 9.5 10.3 11.1 11.7

自然増減率

死亡率
21.6 25.4 18.2 16.5 14.7 10.9 7.6 6.9 6.2 6.7 6.7 7.1 7.7 8.4 8.5 8.0 6.8 6.6

1910年 20 30 40 47 50 60 70 80 90 91 94 2000 05 10 15 20 21

【注】1年間の出生数や死亡数をその年の人口で割った比率が、出生率と死亡率。その差が自然増減率。1947年は、第2次世界大戦後のベビーブームの最初の年。

1960〜70年ごろの高度経済成長期に過疎・過密の問題が出てきたが、現在、全国的に過疎市町村がある。過疎市町村の割合と、人口や人口密度（P138–139）、住宅地の価格などをあわせて確認しよう。

過疎と過密　人口

都市別に見た住宅のようす

📊 住宅地の平均価格（1m²あたり、2022年1月1日現在）

仙台市	東京23区	横浜市	名古屋市	大阪市	広島市	福岡市
10.5万円	64.1	23.4	19.3	24.9	13.6	18.0

知っトク情報

全国で空き家が増えている

2018年の全国の空き家は848万9000戸で、総住宅数（6240万7000戸）に対する割合は13.6%（総務省住宅・土地統計調査）でした。核家族化が進み、親世代の高齢化で、その住宅が空き家になるなど、全国で問題化しています。15年に「空き家対策特別措置法」が施行され、22年3月末には全国の8割の市区町村が「空き家対策に関する計画」を策定し、管理不全の危険な空き家に対して、助言や勧告、撤去を行っています。

【資料】地価公示2022（国土交通省）、平成30年住宅・土地統計調査（総務省）。ただし「最寄りの医療機関までの距離」は、平成25年住宅・土地統計調査

■ 1畳あたりの家賃（円）　▦ 通勤に片道1時間以上かかる世帯の割合（%）　▨ 最寄りの医療機関まで1km以上の世帯の割合（%）

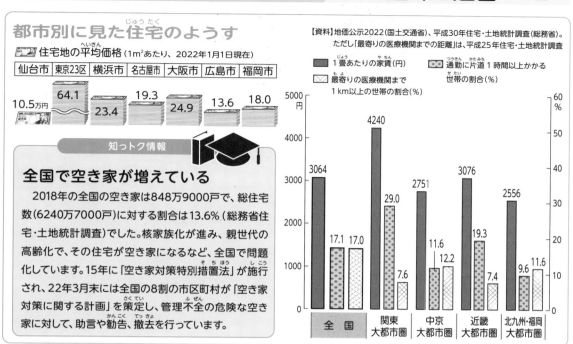

	全国	関東大都市圏	中京大都市圏	近畿大都市圏	北九州・福岡大都市圏
1畳あたりの家賃（円）	3064	4240	2751	3076	2556
通勤に片道1時間以上かかる世帯の割合（%）	17.1	29.0	11.6	19.3	9.6
最寄りの医療機関まで1km以上の世帯の割合（%）	17.0	7.6	12.2	7.4	11.6

過疎の市町村の数（都道府県別、2022年4月1日）

【資料】全国過疎地域連盟

都道府県	全市町村数	過疎の市町村数 市	町	村	計	割合（%）
全　国	1719	311	449	125	885	51.5
北海道	179	22	117	13	152	84.9
青　森	40	6	18	6	30	75.0
岩　手	33	11	10	4	25	75.8
宮　城	35	6	10	0	16	45.7
秋　田	25	12	9	2	23	92.0
山　形	35	5	14	3	22	62.9
福　島	59	6	19	9	34	57.6
茨　城	44	7	4	0	11	25.0
栃　木	25	3	3	0	6	24.0
群　馬	35	4	6	3	13	37.1
埼　玉	63	1	5	1	7	11.1
千　葉	54	8	5	0	13	24.1
東　京	40	0	3	4	7	17.5
神奈川	33	0	1	0	1	3.0
新　潟	30	14	3	2	19	63.3
富　山	15	3	1	0	4	26.7
石　川	19	5	5	0	10	52.6
福　井	17	3	5	0	8	47.1
山　梨	27	6	5	3	14	51.9
長　野	77	9	11	20	40	51.9
岐　阜	42	10	5	2	17	40.5
静　岡	35	2	5	0	7	20.0
愛　知	54	1	2	1	4	7.4

都道府県	全市町村数	過疎の市町村数 市	町	村	計	割合（%）
三　重	29	6	4	0	10	34.5
滋　賀	19	3	1	0	4	21.1
京　都	26	6	5	1	12	46.2
大　阪	43	0	3	1	4	9.3
兵　庫	41	10	6	0	16	39.0
奈　良	39	3	4	12	19	48.7
和歌山	30	4	18	1	23	76.7
鳥　取	19	2	13	0	15	78.9
島　根	19	8	10	1	19	100.0
岡　山	27	10	7	2	19	70.4
広　島	23	9	5	0	14	60.9
山　口	19	7	3	0	10	52.6
徳　島	24	4	8	1	13	54.2
香　川	17	4	6	0	10	58.8
愛　媛	20	6	8	0	14	70.0
高　知	34	9	16	4	29	85.3
福　岡	60	9	12	2	23	38.3
佐　賀	20	6	5	0	11	55.0
長　崎	21	12	3	0	15	71.4
熊　本	45	10	15	7	32	71.1
大　分	18	12	3	0	15	83.3
宮　崎	26	7	6	3	16	61.5
鹿児島	43	18	20	4	42	97.7
沖　縄	41	2	3	12	17	41.5

【注】割合は、全市町村数に対する過疎の市町村数の割合。過疎地域とは、高度経済成長などにより農村部から都市部へ激しく人口が移動したため、人口や産業が少なくなりすぎ、生産、防災、教育、医療など、その地域社会の維持が困難になった地域をいう。過疎地域自立促進特別措置法（2000年3月制定・10年3月改正）により公示された市町村で、過疎の市町村数には、市町村の一部の区域が過疎地域とみなされている市町村の数も合算している。東京23区は1市と数える。

産業 産業のすがた

第1次、第2次、第3次の各産業で働く人の割合は、1950年からどのように変わったか。また、国民総生産額との関係はどうか。企業の海外進出は、どのような傾向があるか、確認しよう。

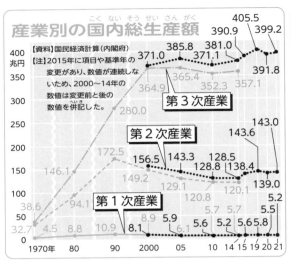

産業別の国内総生産額

【資料】国民経済計算（内閣府）
【注】2015年に項目や基準年の変更があり、数値が連続しないため、2000〜14年の数値は変更前と後の数値を併記した。

第3次産業
第2次産業
第1次産業

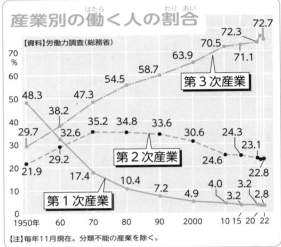

産業別の働く人の割合

【資料】労働力調査（総務省）

第3次産業
第2次産業
第1次産業

【注】毎年11月現在。分類不能の産業を除く。

企業の海外進出

地域別現地法人数の割合
【資料】海外事業活動基本調査（経済産業省）

1995年度末　1万0416社

| アジア 44.2%（うち中国 8.7%） | 北米 24.8 | ヨーロッパ 18.8 | その他 12.2 |

2005年度末　1万5850社

| アジア 57.9%（うち中国 25.6%） | 北米 17.8 | ヨーロッパ 15.0 | その他 9.3 |

2010年度末　1万8599社

| アジア 61.8%（うち中国 29.9%） | 北米 15.4 | ヨーロッパ 13.6 | その他 9.2 |

2018年度末　2万6233社

| アジア 67.4%（うち中国 29.6%） | 北米 12.5 | ヨーロッパ 11.2 | その他 8.9 |

2020年度末　2万5703社

| アジア 67.5%（うち中国 29.1%） | 北米 12.6 | ヨーロッパ 11.3 | その他 8.6 |

最近の海外投資
【資料】国際収支状況（財務省）

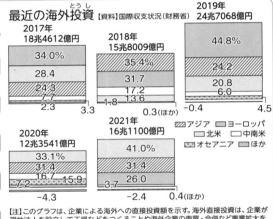

2017年 18兆4612億円
2018年 15兆8009億円
2019年 24兆7068億円
2020年 12兆3541億円
2021年 16兆1100億円

アジア　ヨーロッパ　北米　中南米　オセアニア　ほか

【注】このグラフは、企業による海外への直接投資額を示す。海外直接投資は、企業が現地法人を設立して工場などをつくることや海外企業の売買・合併など事業拡大を目的とした投資。

会社数と売上高

【資料】会社標本調査（国税庁）
【注】2007年以降は年度。

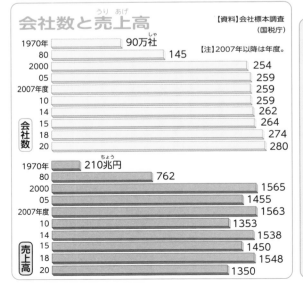

会社数

1970年	90万社
80	145
2000	254
05	259
2007年度	259
10	259
14	262
15	264
18	274
20	280

売上高

1970年	210兆円
80	762
2000	1565
05	1455
2007年度	1563
10	1353
14	1538
15	1450
18	1548
20	1350

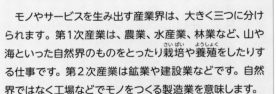

知っトク情報

産業界の3分類

　モノやサービスを生み出す産業界は、大きく三つに分けられます。第1次産業は、農業、水産業、林業など、山や海といった自然界のものをとったり栽培や養殖をしたりする仕事です。第2次産業は鉱業や建設業などです。自然界ではなく工場などでモノをつくる製造業を意味します。

　第3次産業は、商業や運輸、通信といった仕事で、モノではなくサービスを提供する仕事です。経済が発達すると、その中心が第1次産業から第3次産業へと移る傾向があります。日本も1950年には50%近くの人が第1次産業で働いていましたが、2022年には2.8%だけになり、逆に第3次産業に就く人は70%以上になっています。

日本で農家数が最も多いのは茨城県で、農家人口が最も多いのは新潟県。耕地面積が広く経営規模が大きいのは北海道だった。また、樹園地は静岡県が最も広い。 住んでいる県の特色を調べよう。

農家と耕地面積

のうぎょう
農業

農家数（2021年6月）・農家人口（2020年6月）・耕地面積（2022年7月）

【資料】耕地面積（農林水産省）ほか

地方	都道府県	農家数（万戸）	農家人口（万人）	耕地面積（万ha） 合計	田	普通畑	樹園地	牧草地	経営規模（ha）	耕地率（%）
全国	全国	102.8	349.0	432.5	235.2	112.3	25.9	59.1	4.2	11.6
北海道	北海道	3.2	10.9	114.1	22.2	41.8	0.3	49.9	35.4	14.5
東北	青森	2.8	9.8	14.9	7.9	3.5	2.2	1.3	5.3	15.5
	岩手	3.4	12.1	14.9	9.4	2.5	0.3	2.7	4.4	9.7
	宮城	2.9	10.7	12.5	10.3	1.5	0.1	0.6	4.4	17.2
	秋田	2.8	9.9	14.6	12.8	1.2	0.2	0.4	5.3	12.6
	山形	2.7	10.5	11.5	9.1	1.2	1.0	0.2	4.3	12.3
	福島	4.1	15.5	13.6	9.6	2.9	0.6	0.5	3.3	9.9
関東	茨城	4.4	15.4	16.1	9.5	6.0	0.6	0.04	3.7	26.4
	栃木	3.2	11.4	12.1	9.4	2.3	0.2	0.2	3.8	18.9
	群馬	1.9	6.2	6.5	2.4	3.7	0.3	0.1	3.3	10.2
	埼玉	2.8	9.2	7.3	4.1	3.0	0.3	0.01	2.7	19.3
	千葉	3.4	11.9	12.2	7.2	4.6	0.3	0.04	3.5	23.6
	東京	0.5	1.7	0.6	0.02	0.5	0.1	0.01	1.4	2.9
	神奈川	1.0	3.8	1.8	0.3	1.1	0.3	−	1.7	7.4
中部	新潟	4.2	15.6	16.8	14.9	1.6	0.2	0.1	4.0	13.3
	富山	1.1	4.2	5.8	5.5	0.2	0.1	0.02	5.1	13.6
	石川	0.9	3.2	4.0	3.4	0.5	0.1	0.1	4.4	9.7
	福井	1.0	3.8	4.0	3.6	0.3	0.1	0.03	4.1	9.5
	山梨	1.4	4.3	2.3	0.8	0.5	1.0	0.1	1.6	5.2
	長野	4.1	13.8	10.5	5.2	3.6	1.4	0.3	2.6	7.7
	岐阜	2.0	7.3	5.5	4.2	0.9	0.3	0.1	2.8	5.2
	静岡	2.4	9.2	6.0	2.1	1.5	2.3	0.1	2.8	7.8
	愛知	2.6	9.6	7.3	4.1	2.6	0.5	0.03	2.8	14.1
近畿	三重	1.8	6.1	5.7	4.4	0.8	0.5	0.003	3.2	9.9
	滋賀	1.4	5.1	5.1	4.7	0.4	0.1	0.005	3.7	12.6
	京都	1.4	4.3	3.0	2.3	0.4	0.3	0.01	2.2	6.4
	大阪	0.7	2.5	1.2	0.8	0.2	0.2	−	1.6	6.4
	兵庫	3.7	12.3	7.2	6.6	0.4	0.2	0.03	2.0	8.6
	奈良	1.1	3.6	2.0	1.4	0.2	0.3	0.004	1.8	5.3
	和歌山	1.7	5.6	3.1	0.9	0.2	2.0	0.003	1.8	6.6
中国	鳥取	1.4	4.9	3.4	2.3	0.9	0.1	0.1	2.4	9.6
	島根	1.4	4.8	3.6	2.9	0.5	0.1	0.1	2.5	5.4
	岡山	2.8	8.9	6.2	4.9	0.9	0.4	0.1	2.2	8.8
	広島	2.1	6.1	5.2	3.9	0.7	0.5	0.1	2.5	6.1
	山口	1.5	4.1	4.4	3.7	0.4	0.4	0.03	3.0	7.2
四国	徳島	1.4	4.6	2.8	1.9	0.5	0.3	0.01	2.0	6.7
	香川	1.6	5.1	2.9	2.4	0.2	0.3	0.002	1.8	15.5
	愛媛	2.1	6.0	4.5	2.1	0.5	1.9	0.02	2.2	8.0
	高知	1.2	3.6	2.6	1.9	0.5	0.2	0.02	2.1	3.6
九州	福岡	2.7	8.8	7.9	6.4	0.7	0.8	0.02	2.9	15.8
	佐賀	1.3	5.0	5.0	4.2	0.4	0.4	0.01	3.8	20.6
	長崎	1.7	5.8	4.6	2.1	2.0	0.5	0.03	2.6	11.1
	熊本	3.3	11.2	10.6	6.5	2.2	1.3	0.6	3.3	14.3
	大分	1.8	5.3	5.4	3.9	0.9	0.4	0.3	3.0	8.5
	宮崎	2.0	5.8	6.4	2.5	2.5	0.4	0.9	3.2	8.3
	鹿児島	2.8	6.8	11.2	3.5	6.2	1.2	0.3	4.0	12.2
	沖縄	1.1	2.6	3.6	0.1	2.8	0.2	0.6	3.4	15.9

統計｜日本｜産業・農業

【注】①農家数、農家人口とも2020年農林業センサスの数値に基づく。②樹園地とは、くだものや茶を栽培している土地。③経営規模は耕地面積の合計を農家数で割って出した。④色字は各項目の全国最高を示す。

農家で働く人

農家数が減り、2021年では日本の総人口に占める農家人口は約3%にすぎない。また、高齢化がすすみ、農業に従事する人のうち80%が60歳以上だ。また農家のうち販売農家は6割にすぎない。

農家人口と農家数

【資料】2020年農林業センサス（農林水産省）、国勢調査、住民基本台帳（総務省）
【注】2000年以降は販売農家だけの数字。2021年の農家数、農家人口は2020年農林業センサスのもの。

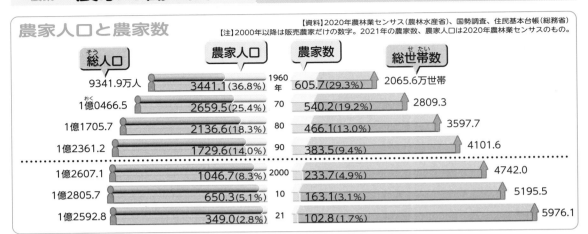

	総人口	農家人口		農家数	総世帯数
1960年	9341.9万人	3441.1(36.8%)		605.7(29.3%)	2065.6万世帯
70	1億0466.5	2659.5(25.4%)		540.2(19.2%)	2809.3
80	1億1705.7	2136.6(18.3%)		466.1(13.0%)	3597.7
90	1億2361.2	1729.6(14.0%)		383.5(9.4%)	4101.6
2000	1億2607.1	1046.7(8.3%)		233.7(4.9%)	4742.0
10	1億2805.7	650.3(5.1%)		163.1(3.1%)	5195.5
21	1億2592.8	349.0(2.8%)		102.8(1.7%)	5976.1

販売農家と自給的農家

【資料】2020年農林業センサス（農林水産省）

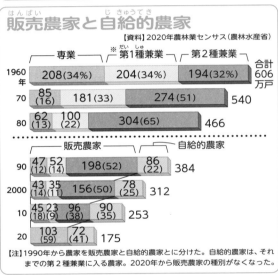

	専業	第1種兼業※	第2種兼業	合計
1960年	208(34%)	204(34%)	194(32%)	606万戸
70	85(16)	181(33)	274(51)	540
80	62(13)	100(22)	304(65)	466

	販売農家			自給的農家	合計
90	47(12) 52(14)	198(52)		86(22)	384
2000	43(14) 35(11)	156(50)		78(25)	312
10	45(18) 23(9)	96(38)		90(35)	253
20		103(59)	72(41)		175

【注】1990年から農家を販売農家と自給的農家とに分けた。自給的農家は、それまでの第2種兼業に入る農家。2020年から販売農家の種別がなくなった。

男女・年齢別の農業で働く人

【資料】2020年農林業センサス（農林水産省）

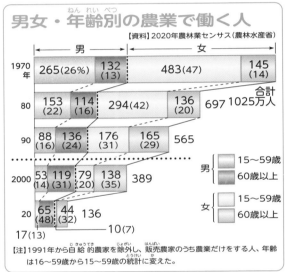

	男		女		合計
1970年	265(26%) 132(13)		483(47)	145(14)	1025万人
80	153(22) 114(16)		294(42)	136(20)	697
90	88(16) 136(24)		176(31)	165(29)	565
2000	53(14) 119(31)	79(20)	138(35)		389
20	65(48)	44(32)			136
	17(13)	10(7)			

男 15～59歳／60歳以上
女 15～59歳／60歳以上

【注】1991年から自給的農家を除外し、販売農家のうち農業だけをする人、年齢は16～59歳から15～59歳の統計に変えた。

耕地面積別の農家数

【資料】2020年農林業センサス（農林水産省）

販売農家 北海道 3.5万戸
販売農家 都府県 104.1万戸

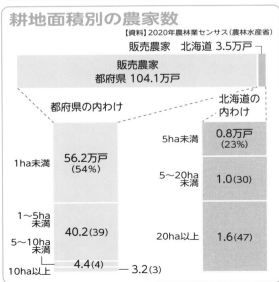

都府県の内わけ		北海道の内わけ	
1ha未満	56.2万戸(54%)	5ha未満	0.8万戸(23%)
1～5ha未満	40.2(39)	5～20ha未満	1.0(30)
5～10ha未満	4.4(4)	20ha以上	1.6(47)
10ha以上	3.2(3)		

キーワード

「○○農家」って？

農家：10a以上の耕地を持って農業をしている世帯または、農産物販売金額が年間15万円以上ある世帯

兼業農家：兼業で働く人（1年間に30日以上やとわれて働くか、1年間に15万円以上の売り上げのある商売を営んでいる人）が1人以上いる農家

専業農家：兼業で働く人が1人もいない農家

販売農家：生産物を売る目的で農業を営む、耕地面積が30a以上、または農産物の販売額が50万円以上の農家

自給的農家：販売農家の条件に満たない農家

※兼業農家のうち、農業所得を主とするのが第1種兼業、農業以外の所得を主とするのが第2種兼業。

農業からの所得は販売農家1戸あたり年間約174万円。畜産がさかんな北海道の農家の粗収益は全国平均の4倍以上で、ずばぬけて高い。米の生産額は1985年（3兆8299億円）の半分以下になっている。

農家のくらし　農業

農家1戸あたりの平均所得と農業所得に頼る割合

【資料】農業経営統計調査（農林水産省）
【注】1995年以降は販売農家（☞146ページ）だけ。
農業以外からの所得は、農業生産関連事業所得や年金などの収入も含む。
2019年から農業以外からの所得のデータ廃止

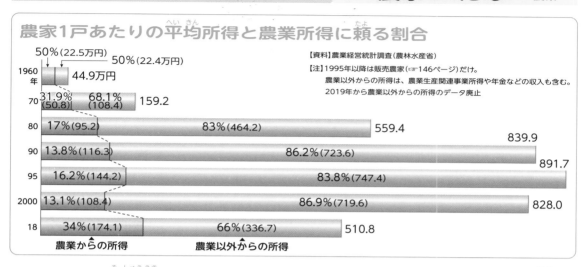

年	農業からの所得	農業以外からの所得	合計
1960年	50%（22.5万円）	50%（22.4万円）	44.9万円
70	31.9%（50.8）	68.1%（108.4）	159.2
80	17%（95.2）	83%（464.2）	559.4
90	13.8%（116.3）	86.2%（723.6）	839.9
95	16.2%（144.2）	83.8%（747.4）	891.7
2000	13.1%（108.4）	86.9%（719.6）	828.0
18	34%（174.1）	66%（336.7）	510.8

農家の農業粗収益（販売農家1戸あたりの平均額、2020年）

単位　万円
【資料】農業経営統計調査（農林水産省）

作物	全国	北海道	東北	北陸	関東・山梨・長野	東海	近畿	中国	四国	九州	沖縄
米	115.8	510.8	169.0	275.4	88.0	57.8	65.4	53.6	42.4	59.8	1.2
野菜	186.8	564.2	114.2	59.7	252.3	282.9	98.4	51.2	138.9	277.7	56.6
くだもの	80.6	27.1	88.2	25.5	79.6	66.0	113.9	67.8	94.8	107.6	12.9
畜産	144.1	834.3	99.4	22.6	124.7	136.1	51.8	53.2	32.9	320.6	84.0
その他	86.8	597.8	31.0	28.1	82.7	147.8	35.5	9.2	19.7	152.2	152.8
総粗収益	700.2	3166.6	570.4	473.7	694.7	759.8	417.3	279.8	354.8	1029.0	341.8

【注】北陸＝新潟、富山、石川、福井県。東海＝静岡、愛知、岐阜、三重県。総粗収益にはその他（花など）以外に補助金なども含むため、作物の粗収益の合計と総粗収益は一致しない。

農産物の生産額（2020年）

【資料】農業総産出額及び生産農業所得（農林水産省）

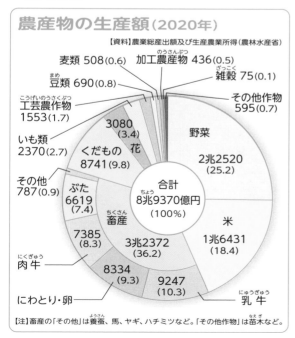

麦類 508（0.6）
加工農産物 436（0.5）
雑穀 75（0.1）
豆類 690（0.8）
その他作物 595（0.7）
工芸農作物 1553（1.7）
いも類 2370（2.7）
その他 787（0.9）
花 3080（3.4）
くだもの 8741（9.8）
ぶた 6619（7.4）
肉牛 7385（8.3）
にわとり・卵 8334（9.3）
乳牛 9247（10.3）
畜産 3兆2372（36.2）
米 1兆6431（18.4）
野菜 2兆2520（25.2）
合計 8兆9370億円（100%）

【注】畜産の「その他」は養蚕、馬、ヤギ、ハチミツなど。「その他作物」は苗木など。

農業機械の普及（農家100戸あたりの台数）

【資料】2015年農林業センサス（農林水産省）
※2020年からデータ廃止

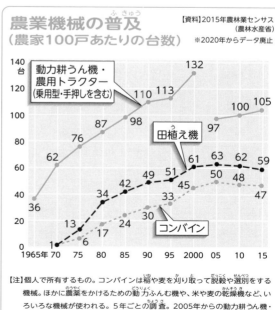

動力耕うん機・農用トラクター（乗用型・手押しを含む）
田植え機
コンバイン

【注】個人で所有するもの。コンバインは稲や麦を刈り取って脱穀や選別をする機械。ほかに農薬をかけるための動力ふんむ機や、米や麦の乾燥機など、いろいろな機械が使われる。5年ごとの調査。2005年からの動力耕うん機・農用トラクターは乗用型トラクターのみの調査のため数値は連続しない。

統計｜日本｜農業

農業 米(こめ)

1人が1年間に食べる米の量は1965年の半分以下しかなく、米の作付面積(さくめんせき)は減りつづけている。ブランド米はコシヒカリが相変わらず人気だが、ひとめぼれ、ヒノヒカリも多く作られている。

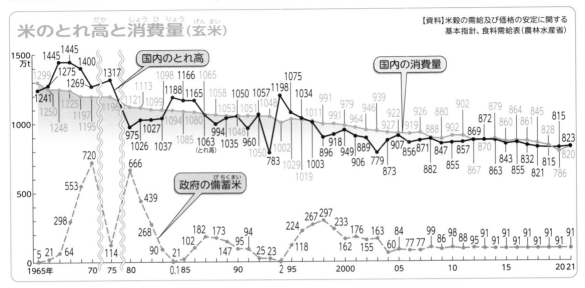

米のとれ高と消費量(玄米)

【資料】米穀の需給及び価格の安定に関する基本指針、食料需給表(農林水産省)

（グラフ：国内のとれ高、国内の消費量、政府の備蓄米(びちくまい)、1965年〜2021年）

米の作付面積(さくづけめんせき)・とれ高(2022年10月、都道府県別)

【資料】水陸稲の収穫量(農林水産省)
単位 面積=万ha とれ高=万t(玄米)

都道府県	1961年 面積	1961年 とれ高	2022年 面積	2022年 とれ高	都道府県	1961年 面積	1961年 とれ高	2022年 面積	2022年 とれ高	都道府県	1961年 面積	1961年 とれ高	2022年 面積	2022年 とれ高
全 国	330.1	1241.9	135.5	727.0	新 潟	19.0	80.8	11.6	63.1	鳥 取	3.2	11.5	1.2	6.2
北海道	20.1	85.5	9.4	55.3	富 山	7.5	31.1	3.6	19.7	島 根	5.0	18.2	1.6	8.5
青 森	7.9	37.1	4.0	23.5	石 川	5.4	22.2	2.3	12.3	岡 山	8.4	30.4	2.8	14.8
岩 手	8.0	35.5	4.6	24.8	福 井	4.9	21.0	2.4	12.1	広 島	7.1	26.0	2.2	11.5
宮 城	11.8	52.4	6.1	32.7	山 梨	1.9	8.2	0.5	2.6	山 口	6.5	21.5	1.8	9.3
秋 田	11.9	53.2	8.2	45.7	長 野	7.6	39.2	3.1	18.7	徳 島	3.2	9.4	1.0	4.8
山 形	10.2	48.1	6.2	36.5	岐 阜	6.6	19.2	2.1	10.1	香 川	3.7	14.0	1.1	5.6
福 島	11.2	46.6	5.8	31.7	静 岡	6.1	19.0	1.5	7.6	愛 媛	4.2	15.7	1.3	6.9
茨 城	13.2	45.2	6.0	31.9	愛 知	9.0	24.5	2.6	13.1	高 知	4.0	15.4	1.1	5.0
栃 木	10.6	33.7	5.1	27.0	三 重	7.1	21.7	2.6	13.1	福 岡	9.7	34.9	3.3	16.4
群 馬	5.3	18.3	1.4	7.2	滋 賀	6.3	22.8	2.9	15.2	佐 賀	5.5	21.3	2.3	11.7
埼 玉	9.5	29.3	2.9	14.2	京 都	3.9	12.9	1.4	7.2	長 崎	3.3	10.2	1.0	4.9
千 葉	10.9	47.4	4.8	26.0	大 阪	3.2	9.2	0.5	2.3	熊 本	8.6	31.2	3.1	15.7
東 京	1.3	2.8	0.01	0.05	兵 庫	9.7	35.9	3.5	17.7	大 分	5.7	18.5	1.9	9.3
神奈川	2.6	6.7	0.3	1.4	奈 良	2.9	10.2	0.8	4.4	宮 崎	5.8	15.4	1.5	7.5
					和歌山	2.8	8.6	0.6	3.1	鹿児島	7.9	23.2	1.8	8.6
										沖 縄	―	―	0.06	0.2

【注】沖縄は第2次世界大戦後、1972年までアメリカの支配下(しはいか)にあったため、61年の数字には含まれない。

1人が1年間に食べる米の量

【資料】食料需給表(農林水産省)

【注】精米の重量。飼料用なども含めた総消費量の78.8%(2021年)を占める。

（棒グラフ：1965年 111.7kg、70年 95.1、75年 88.0、80年 78.9、85年 74.6、90年 70.0、2000年 64.6、10年 59.5、20年 50.8、21年(概算) 51.5）

おいしい米づくり(稲の種類)

2021年産 作付割合順位	品 種 名	作付割合(%)	主要産地	20年産の順位
1	コシヒカリ	33.4	新潟、茨城、栃木	1
2	ひとめぼれ	8.7	宮城、岩手、福島	2
3	ヒノヒカリ	8.4	熊本、大分、鹿児島	3
4	あきたこまち	6.8	秋田、岩手、茨城	4
5	ななつぼし	3.3	北海道	5
6	はえぬき	2.8	山形	6
7	まっしぐら	2.5	青森	7
8	キヌヒカリ	1.9	滋賀、兵庫、京都	8
9	きぬむすめ	1.7	島根、岡山、鳥取	9
10	ゆめぴりか	1.7	北海道	10
上位10品種の合計		71.2		

【資料】令和3年産水稲の品種別作付動向について(米穀安定供給確保支援機構)

かんれん 世界の米、小麦、大麦の生産量 → 246ページ

順位①〜⑤を見て、作物ごとの主産県を知っておこう。また、工芸作物には県の特産物が多い。い草は熊本県八代市、こんにゃくいもは群馬県下仁田町が主産地として有名だ。

野菜、工芸作物 など

農業

野菜のとれ高と主要生産県（2021年）

【資料】野菜の作付面積、収穫量及び出荷量（農林水産省）

作物	全国	順位①	②	③	④	⑤
だいこん	125.10万t	千　葉 14.75	北海道 14.32	青　森 11.44	鹿児島 9.25	神奈川 7.41
か　ぶ	10.82	千　葉 2.94	埼　玉 1.60	青　森 0.62	京　都 0.52	滋　賀 0.44
にんじん	63.88	北海道 20.47	千　葉 11.22	徳　島 4.99	青　森 4.25	長　崎 3.30
ごぼう	13.28	青　森 5.12	茨　城 1.36	北海道 1.23	宮　崎 0.99	群　馬 0.75
れんこん	5.15	茨　城 2.55	佐　賀 0.65	徳　島 0.49	愛　知 0.27	熊　本 0.21
さといも	14.27	埼　玉 1.87	千　葉 1.48	宮　崎 1.37	愛　媛 0.96	栃　木 0.81
やまのいも	17.74	北海道 8.16	青　森 5.67	長　野 0.65	千　葉 0.53	群　馬 0.51
はくさい	89.99	茨　城 25.03	長　野 22.80	群　馬 2.95	埼　玉 2.46	鹿児島 2.39
キャベツ	148.50	群　馬 29.20	愛　知 26.72	千　葉 11.99	茨　城 10.94	長　野 7.25
ほうれんそう	21.05	埼　玉 2.28	群　馬 2.15	千　葉 1.85	茨　城 1.78	宮　崎 1.31
ね　ぎ	44.04	埼　玉 5.24	千　葉 5.23	茨　城 5.22	北海道 2.16	群　馬 1.84
たまねぎ	109.30	北海道 66.28	佐　賀 10.08	兵　庫 10.02	長　崎 3.26	愛　知 2.69
な　す	29.77	高　知 3.93	熊　本 3.33	群　馬 2.74	茨　城 1.81	福　岡 1.78
ト　マ　ト	72.52	熊　本 13.25	北海道 6.52	愛　知 4.92	茨　城 4.76	千　葉 3.25
きゅうり	55.13	宮　崎 6.37	群　馬 5.39	埼　玉 4.55	福　島 3.93	千　葉 3.12
かぼちゃ	17.43	北海道 8.14	鹿児島 0.71	長　野 0.70	茨　城 0.64	長　崎 0.50
ピーマン	14.85	茨　城 3.34	宮　崎 2.68	鹿児島 1.33	高　知 1.30	岩　手 0.88
さやえんどう	1.98	鹿児島 0.49	愛　知 0.14	福　島 0.10	熊　本 0.085	和歌山 0.079
えだまめ	7.15	北海道 0.98	群　馬 0.74	千　葉 0.57	山　形 0.563	埼　玉 0.557
さやいんげん	3.66	千　葉 0.59	北海道 0.39	福　島 0.33	鹿児島 0.21	沖　縄 0.19
い　ち　ご	16.48	栃　木 2.44	福　岡 1.66	熊　本 1.21	愛　知 1.10	長　崎 1.07
す　い　か	31.96	熊　本 4.93	千　葉 3.75	山　形 3.22	新　潟 1.78	麹・鱬 1.67
メ　ロ　ン	15.00	茨　城 3.65	熊　本 2.54	北海道 2.04	山　形 1.04	青　森 0.97
レ　タ　ス	54.68	長　野 17.88	茨　城 8.70	群　馬 5.45	長　崎 3.50	兵　庫 2.59
カリフラワー	2.16	熊　本 0.253	茨　城 0.252	愛　知 0.22	長　野 0.20	徳　島 0.19
ブロッコリー	17.16	北海道 2.79	埼　玉 1.60	愛　知 1.46	香　川 1.34	徳　島 1.16

【注】「やまのいも」には、ながいも及びつくねいもを含むが、じねんじょは除く。

いも・豆類（2021年）

【資料】かんしょの収穫量（農林水産省）ほか

作物	全国	順位①	②	③	④	⑤
さつまいも	67.19万t	鹿児島 19.06	茨　城 18.92	千　葉 8.74	宮　崎 7.10	徳　島 2.71
じゃがいも	213.90	北海道 168.60	鹿児島 7.92	長　崎 6.81	茨　城 4.94	千　葉 2.98
だ　い　ず	24.65	北海道 10.54	宮　城 2.22	秋　田 1.39	滋　賀 0.86	青　森 0.82
あ　ず　き	4.22	北海道 3.91	兵　庫 0.05	京　都 0.04	滋　賀 0.02	——
らっかせい	1.48	千　葉 1.25	茨　城 0.14	——	——	——
そ　ば	4.09	北海道 1.73	山　形 0.36	長　野 0.25	福　島 0.23	秋　田 0.22

工芸作物（2021年）

【資料】茶生産量（農林水産省）ほか

作物	全国	順位①	②	③	④	⑤
茶	33.22万t	静　岡 13.47	鹿児島 12.75	三　重 2.57	宮　崎 1.44	京　都 1.16
てんさい	406.10	北海道 406.10	——	——	——	——
さとうきび	135.90	沖　縄 81.55	鹿児島 54.37	——	——	——
こんにゃくいも	5.42	群　馬 5.12	——	——	——	——
い　草	0.64	熊　本 0.636	福　岡 0.003	——	——	——
葉たばこ	1.42	熊　本 0.27	沖　縄 0.17	岩　手 0.16	青　森 0.14	長　崎 0.13

【注】工芸作物とは、収穫後、何回も加工の必要がある作物。茶は生葉収穫量で主産県のみの調査。——は、調査をしていないことを示す。てんさいは北海道のみの調査。さとうきび、い草は調査対象が2県のみ。葉たばこは全国たばこ耕作組合中央会しらべ。葉たばこのみ販売重量で、主産県のみの調査。

かんれん 世界のじゃがいも、だいず、わた、天然ゴムの生産量 ➡ 246〜247ページ

統計―日本―農業

どの都道府県でどんなくだものがたくさん取れるのかを知ろう。また、日本は小麦やくだものの多くを輸入しているため、円高・円安の影響が多くの食べ物に及ぶことも覚えておこう。

小麦のとれ高、輸入量、価格

【資料】小麦の収穫量（農林水産省）ほか　【注】小麦輸入量は年度の数値、政府売り渡し価格は年度平均の実績価格。

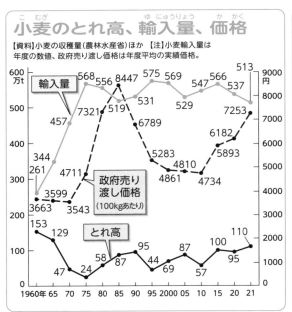

みかん、りんごのとれ高

【資料】りんごの収穫量及び出荷量（農林水産省）ほか

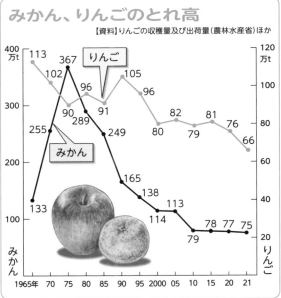

くだもののとれ高と主要生産県（2021年）

【資料】果樹生産出荷統計（農林水産省）

作物	全国	順位①	②	③	④	⑤
りんご	66.19万t	青森 41.57	長野 11.03	岩手 4.24	山形 3.23	福島 1.86
みかん	74.90	和歌山 14.78	愛媛 12.78	静岡 9.97	熊本 9.00	長崎 5.20
ぶどう	16.51	山梨 4.06	長野 2.88	岡山 1.51	山形 1.46	福岡 0.69
日本なし	18.47	千葉 2.05	茨城 1.91	栃木 1.59	長野 1.20	福島 1.19
西洋なし	2.15	山形 1.39	新潟 0.179	青森 0.178	長野 0.13	福島 0.06
もも	10.73	山梨 3.46	福島 2.43	長野 1.06	山形 0.89	和歌山 0.73
すもも	1.88	山梨 0.67	長野 0.26	和歌山 0.21	山形 0.17	青森 0.09
うめ	10.46	和歌山 6.75	群馬 0.58	三重 0.16	神奈川 0.159	福井 0.158
びわ	0.29	長崎 0.09	千葉 0.04	香川 0.023	鹿児島 0.020	愛媛 0.018
かき	18.79	和歌山 3.97	奈良 2.83	福岡 1.58	岐阜 1.26	長野 0.99
くり	1.57	茨城 0.38	熊本 0.22	愛媛 0.13	岐阜 0.07	埼玉 0.06

くだものの輸入額と相手国（2021年）

合計 1076　【注】くだものは、特に表記がない場合は生鮮、乾燥を含む。
【資料】農林水産物輸出入概況（農林水産省）　単位 億円

凡例：フィリピン／チリ／アメリカ／その他

バナナ（生鮮）：エクアドル 830、メキシコ 70.9、56.1、119
グレープフルーツ：南アフリカ 29.9、イスラエル 16.3、9.3、65、9.5
レモン：アメリカ 50、ニュージーランド 5.1、南アフリカ 4.9、88、28
オレンジ：オーストラリア 78、アメリカ 54、南アフリカ 0.5、1.5、134
パイナップル（生鮮）：フィリピン 140、台湾 26、インドネシア 0.1、166
ぶどう（生鮮）：チリ 54、アメリカ 33、オーストラリア 30、10、127
メロン（生鮮）：メキシコ 4.0、ホンジュラス 4.1、6.3、25
オーストラリア 10.6

かんれん　世界の米、小麦、大麦の生産量 ➡ 246ページ

知っトク情報

小麦の政府売り渡し価格

　日本に流通する小麦は、国産より価格が安い輸入小麦がほとんどで、おもな輸入相手国はアメリカやオーストラリアです。日本国内の小麦農家を守るため、日本政府は輸入小麦の全量を買い取り、小麦農家への補助金分などを上乗せした「政府売り渡し価格」を定めて製粉会社などに販売しています。輸入相手国が干ばつなどの災害に見舞われると、中国やインドなどが経済的に発展して食料需要が増えたこともあり、小麦の値段が高騰しがちです。「円とドル」（P179）の関係も影響します。

食肉や牛乳、卵のために飼われている家畜の数を都道府県別に確認しよう。牛と豚の飼養地域の大きな違いは何だろうか。また家畜のえさのうち国産の割合はどれくらいか。養蚕の歴史も調べてみよう。

畜産・養蚕 農業

家畜の数 (2022年2月現在)

【資料】畜産統計（農林水産省）
単位（にわとり、わかどりは万羽）

	乳牛	肉牛	ぶた	にわとり卵用	わかどり肉用
全 国	137.1	261.4	894.9	1億8266.1	1億3923.0
北海道	84.6	55.3	72.8	646.6	518.0
青 森	1.2	5.5	35.9	649.7	805.8
岩 手	4.0	8.9	49.2	530.8	2109.5
宮 城	1.8	8.0	18.7	394.7	195.8
秋 田	0.4	1.9	26.0	220.9	χ
山 形	1.2	4.2	18.5	47.1	χ
福 島	1.2	4.9	12.2	588.5	84.1
茨 城	2.4	4.9	42.1	1528.8	143.5
栃 木	5.5	8.4	35.6	611.0	χ
群 馬	3.4	5.7	60.5	926.1	156.2
埼 玉	0.8	1.8	7.6	429.4	χ
千 葉	2.8	4.1	58.3	1288.6	167.1
東 京	0.1	0.1	0.2	7.6	—
神奈川	0.5	0.5	6.1	120.6	—
新 潟	0.6	1.1	16.7	695.2	χ
富 山	0.2	0.4	2.2	83.1	—
石 川	0.3	0.4	1.8	126.8	—
福 井	0.1	0.2	0.1	77.1	χ
山 梨	0.4	0.5	1.1	58.5	35.1
長 野	1.4	2.1	5.6	54.5	67.0
岐 阜	0.5	3.3	9.0	527.3	100.1
静 岡	1.4	2.0	9.5	573.2	99.6
愛 知	2.1	4.2	30.6	981.7	99.7
三 重	0.7	3.0	8.5	645.0	70.6
滋 賀	0.3	2.1	0.4	25.5	χ
京 都	0.4	0.5	1.3	165.5	59.3
大 阪	0.1	0.1	0.2	4.2	—
兵 庫	1.3	5.6	1.8	559.8	212.0
奈 良	0.3	0.4	0.4	30.8	χ
和歌山	0.1	0.3	0.2	30.0	23.9
鳥 取	0.9	2.1	6.0	26.1	311.1
島 根	1.1	3.3	3.6	93.9	39.6
岡 山	1.7	3.5	4.7	932.3	284.2
広 島	0.9	2.6	13.8	998.2	73.1
山 口	0.2	1.5	3.3	177.8	155.2
徳 島	0.4	2.3	4.7	83.2	425.4
香 川	0.5	2.2	3.1	542.8	250.0
愛 媛	0.5	1.0	19.2	227.5	81.7
高 知	0.3	0.6	2.4	26.2	47.1
福 岡	1.2	2.3	8.2	327.0	144.4
佐 賀	0.2	5.3	8.3	26.7	363.7
長 崎	0.7	8.8	19.6	179.8	311.7
熊 本	4.4	13.4	33.9	252.1	384.8
大 分	1.3	5.2	13.7	106.7	229.1
宮 崎	1.4	25.5	76.4	287.1	2759.9
鹿児島	1.3	33.8	119.9	1194.4	2809.0
沖 縄	0.4	7.8	21.2	155.7	68.5

【注】①わかどりのXは非公表、— は計算できないことを示す。
②乳牛はメス。③色字は全国一。

牛肉の生産と輸入

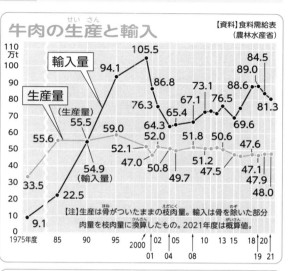

【資料】食料需給表（農林水産省）

【注】生産は骨がついたままの枝肉量。輸入は骨を除いた部分肉量を枝肉量に換算したもの。2021年度は概算値。

飼料の供給量と自給率

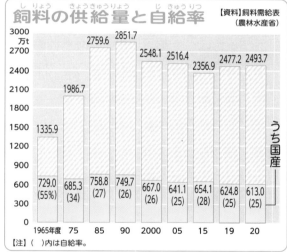

【資料】飼料需給表（農林水産省）

【注】（ ）内は自給率。

生糸の生産高

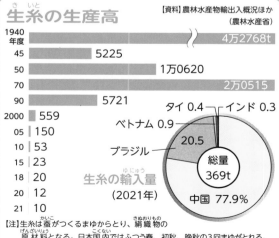

【資料】農林水産物輸出入概況ほか（農林水産省）

生糸の輸入量（2021年）
総量 369t
中国 77.9%
ブラジル 20.5
ベトナム 0.9
タイ 0.4
インド 0.3

【注】生糸は蚕がつくるまゆからとり、絹織物の原材料となる。日本国内ではふつう春、初秋、晩秋の3回まゆがとれる。輸入量は生糸とその他の蚕糸の輸入量の合計。参考：P169「知っトク情報」

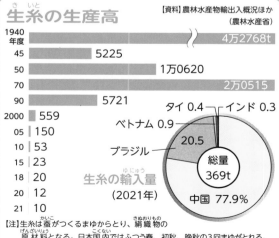

統計｜日本｜農業

151

木材

わが国の森林率は67%（2017年現在）。その面積や木材の種類、輸入状況などをみよう。2020年の林業経営体数は3万4001で5年前より6割以上減ったが、保有山林規模は10ha以上の経営体が50%を超えた（20年農林業センサス）。

木材のとれ高

【資料】木材統計ほか（農林水産省）

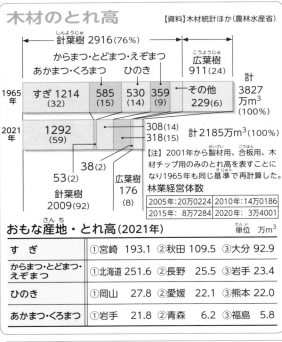

針葉樹 2916（76%）

からまつ・とどまつ・えぞまつ
あかまつ・くろまつ　ひのき

広葉樹 911（24）

1965年
すぎ 1214（32）　585（15）　530（14）　359（9）　その他 229（6）

計 3827万m³（100%）

2021年
1292（59）
308（14）
318（15）
53（2）
38（2）
広葉樹 176（8）

計2185万m³（100%）

針葉樹 2009（92）

【注】2001年から製材用、合板用、木材チップ用のみのとれ高を表すことになり1965年も同じ基準で再計算した。

林業経営体数	
2005年：20万0224	2010年：14万0186
2015年： 8万7284	2020年： 3万4001

おもな産地・とれ高（2021年）
単位 万m³

す ぎ	①宮崎 193.1	②秋田 109.5	③大分 92.9
からまつ・とどまつ・えぞまつ	①北海道 251.6	②長野 25.5	③岩手 23.4
ひのき	①岡山 27.8	②愛媛 22.1	③熊本 22.0
あかまつ・くろまつ	①岩手 21.8	②青森 6.2	③福島 5.8

木を切った面積・植えた面積

【資料】森林・林業統計要覧（林野庁）

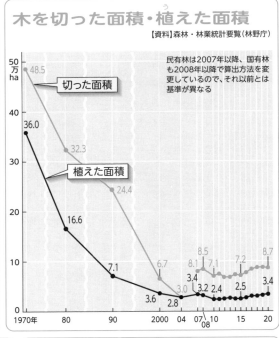

民有林は2007年以降、国有林も2008年以降で算出方法を変更しているので、それ以前とは基準が異なる

切った面積：48.5　32.3　24.4　6.7　3.0　3.2　8.1　7.1　2.4　2.5　7.2　8.7　8.5
植えた面積：36.0　16.6　7.1　3.6　2.8　3.4　3.4

1970年　80　90　2000　04　07/08　10　15　20

森林面積（2017年3月末現在）

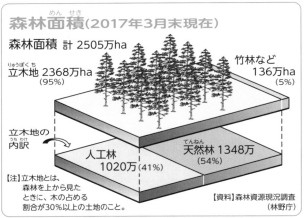

森林面積 計 2505万ha

立木地 2368万ha（95%）

竹林など 136万ha（5%）

立木地の内訳
人工林 1020万（41%）
天然林 1348万（54%）

【注】立木地とは、森林を上から見たときに、木の占める割合が30%以上の土地のこと。

【資料】森林資源現況調査（林野庁）

木材の自給率

【資料】木材需給表（林野庁）

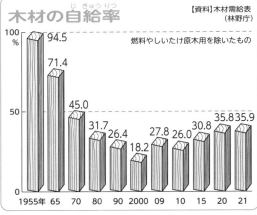

燃料やしいたけ原木用を除いたもの

1955年	65	70	80	90	2000	09	10	15	20	21
94.5	71.4	45.0	31.7	26.4	18.2	27.8	26.0	30.8	35.8	35.9

木材と合板の輸入量

【注】木材は丸太と製材の合計。

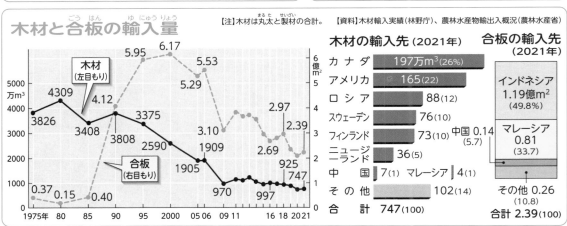

木材（左目もり）：3826　4309　3408　3808　3375　2590　1909　1905　970　997　925　747

合板（右目もり）：0.37　0.15　0.40　4.12　5.95　6.17　5.53　5.29　3.10　2.97　2.69　2.39

1975年　80　85　90　95　2000　05 06　09 11　16 18 2021

【資料】木材輸入実績（林野庁）、農林水産物輸出入概況（農林水産省）

木材の輸入先（2021年）

カナダ	197万m³（26%）
アメリカ	165（22）
ロシア	88（12）
スウェーデン	76（10）
フィンランド	73（10）
ニュージーランド	36（5）
中 国	7（1）
マレーシア	4（1）
その他	102（14）
合 計	747（100）

合板の輸入先（2021年）

インドネシア	1.19億m²（49.8%）
中国	0.14（5.7）
マレーシア	0.81（33.7）
その他	0.26（10.8）
合計	2.39（100）

かんれん 世界の木材の生産高 ➡247ページ

魚のとれ高は、1970年以降、どんな変化が見られるか。漁業別、魚種別、さらに養殖でのとれ高も確認しよう。とれ高は、魚を食べる量や漁業で働く人の状況とどのようにかかわっているだろうか。

魚のとれ高（漁業別）

【資料】漁業・養殖業生産統計年報（農林水産省）

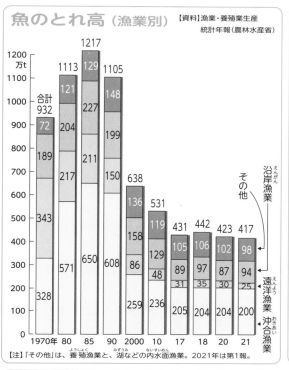

年	合計	養殖業など（その他）	沿岸漁業	沖合漁業	遠洋漁業
1970年	932	72	189	343	328
80	1113	121	204	217	571
85	1217	129	227	211	650
90	1105	148	199	150	608
2000	638	136	158	86	259
10	531	119	129	48	236
17	431	105	89	31	205
18	442	106	97	35	204
20	423	102	87	30	204
21	417	98	94	25	200

【注】「その他」は、養殖漁業と、湖などの内水面漁業。2021年は第1報。

魚のとれ高（魚種別）

【資料】漁業・養殖業生産統計年報（農林水産省）

A＝いわし類
B＝あじ・さんま・その他の魚
C＝たら類
D＝いか・かに・えび・たこなど
E＝かつお・まぐろ・かじき類
F＝さば類
G＝貝・海藻類

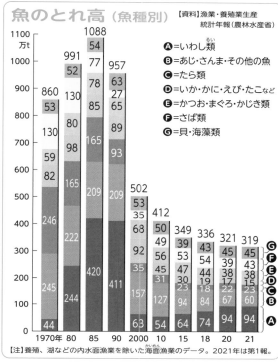

年	合計	G	F	E	D	C	B	A
1970年	860	53	130	59	82	246	245	44
80	991	52	130	80	98	222	244	63（？）
85	1088	54	77	78	85	165	209	420
90	957	63	27	65	89	93	209	411
2000	502	53	35	68	92	35	157	63
10	412	50	49	56	53	31	127	54
15	349	39	39	53	47	30	94	64
18	336	43	54	43	38	19	18	74
20	321	45	39	45	17	23	67	94
21	319	45	43	38	15	23	60	94

【注】養殖、湖などの内水面漁業を除いた海面漁業のデータ。2021年は第1報。

漁業で働く人

【資料】漁業センサス、漁業構造動態調査（農林水産省）

年	男	女	合計
1970年	45.4	11.6	57.0万人
80	37.7	8.0	45.7
90	30.3	6.7	37.1
2000	21.6	4.4	26.0
10	17.3	3.0	20.3
13	15.7	2.4	18.1
15	14.5	2.2	16.7
18	13.4	1.8	15.2
20	12.0	1.6	13.6
21	11.5	1.4	12.9

魚を食べる量

単位：g

【資料】食料需給表（農林水産省）、"Food Balance Sheets"（FAO）

穀類／いも類／野菜類／肉類／牛乳・乳製品／魚介類

	穀類	いも類	野菜類	肉類	牛乳・乳製品	魚介類	
日本	274	60	271	141	259	113	2021年
日本	280	62	282	139	261	122	19年 61
アメリカ	307	145	295	352	716		
フランス	399	139	264	220	813	94	
オーストラリア	270	136	235	316	739	72	
スペイン	313	163	327	290	516	116	

【注】2019年の国民1人1日あたり。日本のみ2021年（概算）も表示。

統計｜日本｜林業・水産業

漁業の経営（2021年）

【注】漁船漁業を営む個人経営体の全国平均。（福島県を除く）第1報

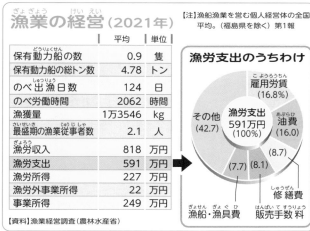

	平均	単位
保有動力船の数	0.9	隻
保有動力船の総トン数	4.78	トン
のべ出漁日数	124	日
のべ労働時間	2062	時間
漁獲量	1万3546	kg
最盛期の漁業従事者数	2.1	人
漁労収入	818	万円
漁労支出	591	万円
漁労所得	227	万円
漁労外事業所得	22	万円
事業所得	249	万円

【資料】漁業経営調査（農林水産省）

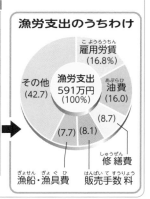

漁労支出のうちわけ

漁労支出 591万円（100%）
雇用労賃（16.8%）
油費（16.0）
（8.7）
修繕費
販売手数料（8.1）
漁船・漁具費（7.7）
その他（42.7）

海の魚の養殖（とれ高）

【資料】漁業・養殖業生産統計年報（農林水産省）

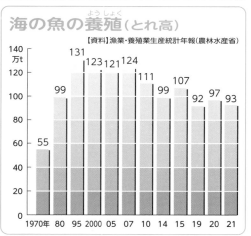

年	万t
1970年	55
80	99
95	131
2000	123
05	121
07	124
10	111
14	99
15	107
19	92
20	97
21	93

かんれん　世界の漁獲高 →247ページ

水産業 **漁業**

日本は暖流と寒流がぶつかる潮目や大陸棚に恵まれて多くの漁港があるが、減っている。2014年は2900港以上あったが22年は2780港。石巻、銚子、焼津、枕崎など13漁港は水産業で特に重要とされる。

おもな漁港別の水あげ量(2021年)

【資料】水産庁(漁業情報サービスセンター) 単位:万t
【注】数値は2021年速報。( )で示した魚種は、その漁港に水あげされるおもな魚介類。色字の港は水あげ量上位3位。鳥取県の境は、境 港市にある漁港。

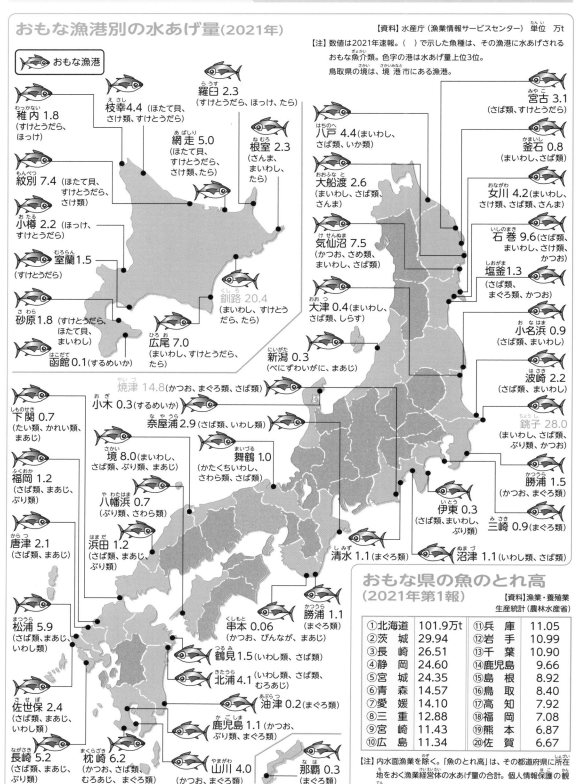

🐟 おもな漁港

稚内 1.8(すけとうだら、ほっけ)
枝幸 4.4(ほたて貝、さけ類、すけとうだら)
羅臼 2.3(すけとうだら、ほっけ、たら)
網走 5.0(ほたて貝、すけとうだら、さけ類、たら)
根室 2.3(さんま、まいわし、たら)
紋別 7.4(ほたて貝、すけとうだら、さけ類)
小樽 2.2(ほっけ、すけとうだら)
室蘭 1.5(すけとうだら)
砂原 1.8(すけとうだら、ほたて貝、まいわし)
函館 0.1(するめいか)
釧路 20.4(まいわし、すけとうだら、たら)
広尾 7.0(まいわし、すけとうだら、たら)

八戸 4.4(まいわし、さば類、いか類)
大船渡 2.6(まいわし、さば類、さんま)
気仙沼 7.5(かつお、さめ類、まいわし、さば類)
大津 0.4(まいわし、さば類、しらす)
新潟 0.3(べにずわいがに、まあじ)

宮古 3.1(さば類、すけとうだら)
釜石 0.8(まいわし、さば類)
女川 4.2(まいわし、さけ類、さば類、さんま)
石巻 9.6(さば類、まいわし、さけ類、かつお)
塩釜 1.3(さば類、まぐろ類、かつお)
小名浜 0.9(さば類、まいわし)
波崎 2.2(さば類、まいわし)
銚子 28.0(まいわし、さば類、ぶり類、かつお)
勝浦 1.5(かつお、まぐろ類)
三崎 0.9(まぐろ類)

焼津 14.8(かつお、まぐろ類、さば類)
小木 0.3(するめいか)
下関 0.7(たい類、かれい類、まあじ)
奈屋浦 2.9(さば類、いわし類)
境 8.0(まいわし、さば類、ぶり類、まあじ)
舞鶴 1.0(かたくちいわし、さわら類、さば類)
福岡 1.2(さば類、まあじ、ぶり類)
八幡浜 0.7(ぶり類、さわら類)
唐津 2.1(さば類、まあじ)
浜田 1.2(さば類、まあじ、ぶり類)
伊東 0.3(さば類、まいわし、ぶり類)
清水 1.1(まぐろ類)
沼津 1.1(いわし類、さば類)

松浦 5.9(さば類、まあじ、いわし類)
佐世保 2.4(さば類、まあじ、いわし類)
長崎 5.2(さば類、まあじ、ぶり類)
枕崎 6.2(かつお、さば類、むろあじ、まぐろ類)
勝浦 1.1(まぐろ類)
串本 0.06(かつお、びんなが、まあじ)
鶴見 1.5(いわし類、さば類)
北浦 4.1(いわし類、さば類、むろあじ)
油津 0.2(まぐろ類)
鹿児島 1.1(かつお、ぶり類、まぐろ類)
山川 4.0(かつお、まぐろ類)
那覇 0.3(まぐろ類)

おもな県の魚のとれ高
(2021年第1報)

【資料】漁業・養殖業生産統計(農林水産省)

①北海道	101.9万t	⑪兵　庫	11.05
②茨　城	29.94	⑫岩　手	10.99
③長　崎	26.51	⑬千　葉	10.90
④静　岡	24.60	⑭鹿児島	9.66
⑤宮　城	24.35	⑮島　根	8.92
⑥青　森	14.57	⑯鳥　取	8.40
⑦愛　媛	14.10	⑰高　知	7.92
⑧三　重	12.88	⑱福　岡	7.08
⑨宮　崎	11.43	⑲熊　本	6.87
⑩広　島	11.34	⑳佐　賀	6.67

【注】内水面漁業を除く。「魚のとれ高」は、その都道府県に所在地をおく漁業経営体の水あげ量の合計。個人情報保護の観点から数値が公開されていないものは除く。

わが国の魚介類（食用）の自給率は59%（2021年度概算値）。どの国から最も多額の輸入をしているか、21年に20万t以上輸入した魚介類は何か、また、どの海域で多くの魚をとっているか答えよう。

漁業水域と魚介類の輸入

水産業

魚介類の輸入額（輸入相手国別、2021年）

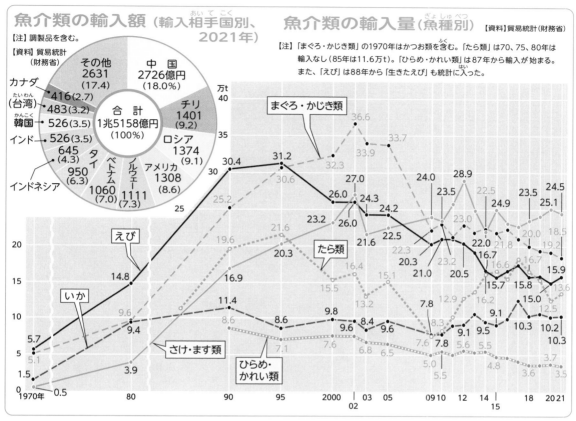

【注】調製品を含む。
【資料】貿易統計（財務省）

合計 1兆5158億円（100%）

- その他 2631（17.4）
- 中国 2726億円（18.0）
- チリ 1401（9.2）
- ロシア 1374（9.1）
- アメリカ 1308（8.6）
- ノルウェー 1111（7.3）
- ベトナム 1060（7.0）
- タイ 950（6.3）
- インドネシア 645（4.3）
- インド 526（3.5）
- 韓国 526（3.5）
- （台湾） 483（3.2）
- カナダ 416（2.7）

魚介類の輸入量（魚種別）

【資料】貿易統計（財務省）

【注】「まぐろ・かじき類」の1970年はかつお類を含む。「たら類」は70、75、80年は輸入なし（85年は11.6万t）。「ひらめ・かれい類」は87年から輸入が始まる。また、「えび」は88年から「生きたえび」も統計に入った。

（グラフ：まぐろ・かじき類、えび、いか、たら類、さけ・ます類、ひらめ・かれい類の1970年から2021年までの輸入量の推移）

世界の海で日本漁船がとる魚介類（2020年）

【資料】漁業・養殖業水域別生産統計（農林水産省）
〔公表されている最新の数字〕 単位 万t

【注】数字はそれぞれの海域でその年にとれた魚介類の量。（ ）はおもな魚の種類。「内水面」は川や湖。養殖でとれる量も含む。─は漁獲のなかったもの。南氷洋（太平洋）は不明。

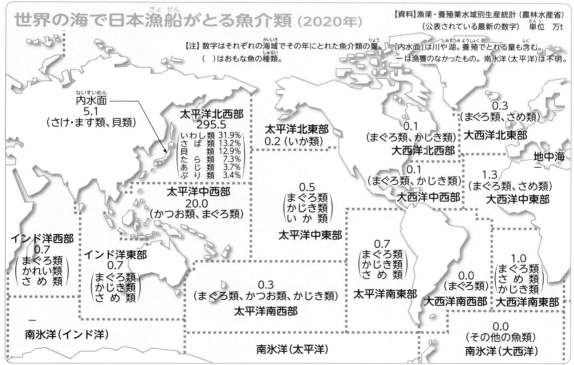

- 内水面 5.1（さけ・ます類、貝類）
- 太平洋北西部 295.5
  - いわし類 31.9%
  - さば類 13.2%
  - 貝類 12.9%
  - たら類 7.3%
  - あじ類 3.7%
  - ぶり類 3.4%
- 太平洋中西部 20.0（かつお類、まぐろ類）
- 太平洋北東部 0.2（いか類）
- 太平洋中東部 0.5（まぐろ類、かじき類、いか類）
- 太平洋南西部 0.3（まぐろ類、かつお類、かじき類）
- 太平洋南東部 0.7（まぐろ類、かじき類、さめ類）
- インド洋西部 0.7（まぐろ類、かれい類、さめ類）
- インド洋東部 0.7（まぐろ類、かじき類、さめ類）
- 大西洋北東部 0.3（まぐろ類、さめ類）
- 大西洋北西部 0.1（まぐろ類、かじき類）
- 大西洋中西部 0.1（まぐろ類、かじき類）
- 大西洋中東部 1.3（まぐろ類、さめ類）
- 大西洋南西部 0.0（まぐろ類）
- 大西洋南東部 1.0（まぐろ類、さめ類、かじき類）
- 地中海 ─
- 南氷洋（インド洋） ─
- 南氷洋（太平洋）
- 南氷洋（大西洋） 0.0（その他の魚類）

資源とエネルギー エネルギー

節電や省エネが進んだため、エネルギー供給量は減少傾向にあるが、日本の産業や生活では今も大量のエネルギーを使い、多くを石油や石炭に頼る。その問題点と再生可能エネルギーの利点も調べよう。

エネルギー国内供給の割合

【資料】総合エネルギー統計（資源エネルギー庁）

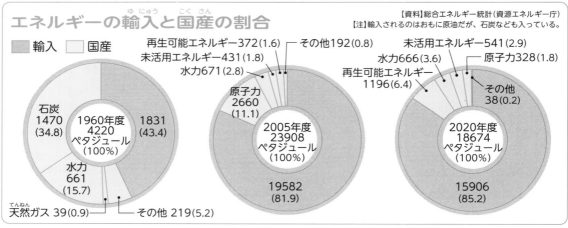

年度	石油	石炭	天然ガス	原子力	水力	再生可能・未活用エネルギー	合計
1965年度	(60%)	(27)	(3)		(11)		7071ペタジュール
80	(66)	(17)	(7)	(5)	(5)		16627
90	(56.0)	(16.9)	(10.5)	(9.6)	(4.2)	(2.9) (3.0)	19667
2005	(46.8)	(20.8)	(14.8)	(11.6)	(2.9)		22858
10	(40.3)	(22.7)	(18.2)	(11.2)	(3.3)	(4.4)	21995
13	(42.8)	(25.2)	(23.3)	(0.4)	(3.2)	(5.1)	21052
16	(39.7)	(25.4)	(23.8)	(0.8)	(3.4)	(7.0)	19858
19	(37.1)	(25.3)	(22.4)	(2.8)	(3.5)	(8.8)	19136
20	(36.4)	(24.6)	(23.8)	(1.8)	(3.7)	(9.7)	17965

【注1】1992年の計量法改定で、単位カロリー(cal)は国際単位ジュール(J)に切りかえられた。1カロリーは約4.2ジュール。
　　　1ペタジュールは10^{15}ジュール(10の後ろに0が14個つく大きさ)。水力発電には、河川の流れを利用するもの(再生可能)と揚水式がある。
【注2】再生可能エネルギー(水力を除く)には、太陽光発電、風力発電、バイオマスエネルギー、地熱発電などが含まれる。
【注3】未活用エネルギーには、廃棄物発電、廃タイヤ直接利用、廃プラスチック直接利用の「廃棄物エネルギー回収」、廃熱利用熱供給などが含まれる。

エネルギーの輸入と国産の割合

【資料】総合エネルギー統計（資源エネルギー庁）
【注】輸入されるのはおもに原油だが、石炭なども入っている。

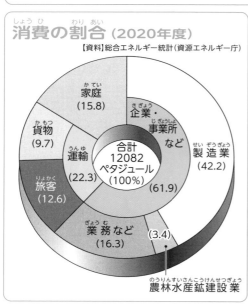

■輸入　□国産

1960年度 4220ペタジュール(100%)
石炭 1470(34.8)　1831(43.4)
水力 661(15.7)
天然ガス 39(0.9)　その他 219(5.2)

2005年度 23908ペタジュール(100%)
再生可能エネルギー 372(1.6)　その他 192(0.8)
未活用エネルギー 431(1.8)
水力 671(2.8)
原子力 2660(11.1)
19582(81.9)

2020年度 18674ペタジュール(100%)
未活用エネルギー 541(2.9)
水力 666(3.6)　原子力 328(1.8)
再生可能エネルギー 1196(6.4)
その他 38(0.2)
15906(85.2)

消費の割合 (2020年度)

【資料】総合エネルギー統計（資源エネルギー庁）

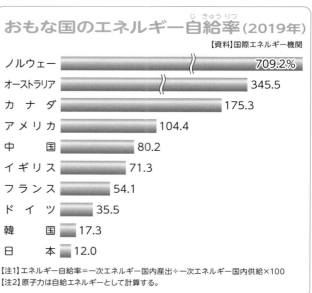

合計 12082ペタジュール(100%)
家庭 (15.8)
貨物 (9.7)
運輸 (22.3)
旅客 (12.6)
業務など (16.3)
企業・事業所など
製造業 (42.2)
(61.9)
(3.4)
農林水産鉱建設業

おもな国のエネルギー自給率 (2019年)

【資料】国際エネルギー機関

国	自給率(%)
ノルウェー	709.2%
オーストラリア	345.5
カナダ	175.3
アメリカ	104.4
中国	80.2
イギリス	71.3
フランス	54.1
ドイツ	35.5
韓国	17.3
日本	12.0

【注1】エネルギー自給率＝一次エネルギー国内産出÷一次エネルギー国内供給×100
【注2】原子力は自給エネルギーとして計算する。

かんれん 世界のエネルギー ➡249ページ

156

わが国では、石油は中東から、石炭はオーストラリアから多く輸入している。2020年度のエネルギー自給率は11.2%。新型コロナ感染症の影響で、家庭ではエネルギー消費が増加。製造業などでは減少した。

石炭・石油　資源とエネルギー

石炭の生産量・輸入量

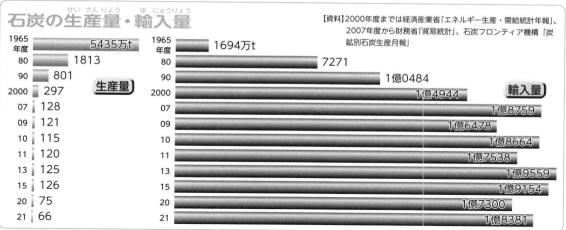

【資料】2000年度までは経済産業省「エネルギー生産・需給統計年報」、2007年度から財務省「貿易統計」、石炭フロンティア機構「炭鉱別石炭生産月報」

生産量

年度	生産量
1965年度	5435万t
80	1813
90	801
2000	297
07	128
09	121
10	115
11	120
13	125
15	126
20	75
21	66

輸入量

年度	輸入量
1965年度	1694万t
80	7271
90	1億0484
2000	1億4944
07	1億8759
09	1億6478
10	1億8664
11	1億7538
13	1億9559
15	1億9154
20	1億7300
21	1億8381

石油製品の生産量

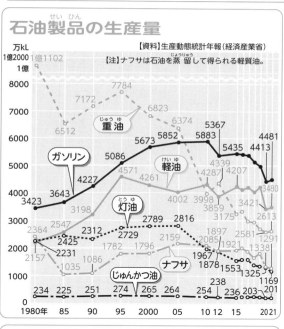

【資料】生産動態統計年報（経済産業省）
【注】ナフサは石油を蒸留して得られる軽質油。

（重油、ガソリン、軽油、灯油、ナフサ、じゅんかつ油のグラフ）

原油の値段(1kLあたり)

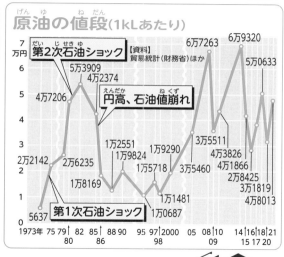

【資料】貿易統計（財務省）ほか

第2次石油ショック、円高、石油値崩れ、第1次石油ショック

原油の輸入量・生産量

【資料】資源・エネルギー統計年報（経済産業省）ほか

輸入量

年	輸入量
1970年	1億9711万kL
80	2億6683
85	1億9833
90	2億2876
95	2億6692
2000	2億5058
10	2億1538
11	2億0698
12	2億1254
15	1億9587
20	1億4388
21	1億4466

生産量 単位 万kL

年	生産量
2003年	82.0（北海道19.2、秋田11.1、山形0.9、福島0.3、新潟50.6）
05	91.8（北海道24.9、秋田18.1、山形1.0、福島0.3、新潟47.6）
08	98.6（北海道×、秋田16.6、山形×、福島一、新潟54.9）
12	79.4（北海道×、秋田14.3、山形×、福島一、新潟43.9）
15	59.6（道県別生産量は2013年以降、非公表）
18	49.9
19	52.2
20	51.2
21	49.0

一：実績なし ×：非公表

知っトク情報

日本人と石油

　日本は重要なエネルギーである石油の99.7%（2021年・原油）を輸入に頼っています。しかし、日本でも石油がまったく採れないというわけではなく、現在でも、新潟県などの日本海沿岸や北海道で少しだけ原油が採掘されています。太平洋岸でも、静岡県の相良油田で昭和の中ごろまで石油が採られていました。日本における石油の記録も想像以上に古く、最初に現れるのは『日本書紀』で、天智天皇のころ（668年）に、越後の国（今の新潟）から「燃える水」が献上されたと記されています。自然にわき出た原油のようで、臭かったのか「臭水」と呼ばれていました。近年、秋田県でのシェールオイル（地中深くの岩盤に含まれる原油）生産や、石油に代わる藻類から作るオイルも研究されています。

統計｜日本｜資源とエネルギー

かんれん 輸入品と相手国〈原油〉➡177ページ。石油の産出国と輸入国➡249ページ

157

資源とエネルギー 電力（でんりょく）

1986年にウクライナ（当時はソ連）で、2011年には日本で原子力発電所（原発）の事故が起きた。原発を廃止する方針を打ち出している国や、再生可能エネルギーにはどんなものがあるか調べよう。

日本の発電電力量

単位 億kWh

【資料】資源エネルギー庁　　□水力　■火力　■原子力　■風力、太陽光、地熱など

年度		
1970年度	(801) (2749) (46)	3595（合計）
80	(921) (4028) (826)	5775
2000	(968) (6692) (3221)	1兆0915
07	(842) (8390) (2638)	1兆1928
10	(907) (7713) (2882)	1兆1569
12	(836) (9868) (159)	1兆0940
14	(869) (9554) (0) (114)	1兆0537
16	(819) (7947) (173) (140)	9079
19	(843) (6962) (610) (217)	8632
20	(845) (6979) (370) (260)	8454
21	(858) (6814) (678) (287)	8636

原子力発電所の設備容量（2022年1月現在）

【資料】世界の原子力発電開発の動向2022（日本原子力産業協会） ※段階的廃止を発表

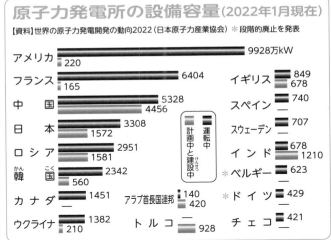

（■運転中　□計画中と建設中）

国	運転中	計画中と建設中
アメリカ	9928万kW	220
フランス	6404	165
中国	5328	4456
日本	3308	1572
ロシア	2951	1581
韓国	2342	560
カナダ	1451	—
ウクライナ	1382	210
イギリス	849	678
スペイン	740	—
スウェーデン	707	—
インド	678	1210
※ベルギー	623	—
※ドイツ	429	—
チェコ	421	—
アラブ首長国連邦	140	420
トルコ	—	928

発電所の数と出力（2022年9月現在）

【資料】電力調査統計（資源エネルギー庁）　単位 万kW

		水力		火力		原子力		新エネルギー①		合計(自家発電などを除く)	
		発電所数	最大出力	発電所数	最大出力	発電所数	最大出力	発電所数	最大出力	発電所数	最大出力
一般電気事業者	北海道電力	58	165.6	12	463.3	1	207.0	Ⓐ1 Ⓑ1	2.6	73	838.6
	東北電力	209	244.8	12	1137.3	2	275.0	Ⓐ4 Ⓑ4	19.4	231	1676.5
	東京電力	164	988.0	10 ②23	5.8 ②6096.3	1	821.2	Ⓑ3 Ⓒ2	5.1	180	1820.1
	中部電力	199	546.6	2 ②23	4.9 ②6096.3	1	361.7	Ⓑ7 Ⓒ1	4.0	210	917.3
	北陸電力	131	193.5	6	456.5	1	174.6	Ⓑ4	0.4	142	825.0
	関西電力	152	824.8	10	1456.6	3	657.8	Ⓑ3	1.1	168	2940.4
	中国電力	92	290.7	11	709.0	1	82.0	Ⓑ81	1.0	185	1082.7
	四国電力	57	115.3	4	323.5	1	89.0	Ⓑ1	0.2	63	528.0
	九州電力	144	359.2	38	842.1	2	414.0	Ⓐ5 Ⓒ1	21.2	190	1636.5
	沖縄電力	—	—	24	217.4	—	—	Ⓒ5	0.2	29	217.6
その他		558	1240.6	329	4803.0	2	226.0	Ⓐ4 Ⓑ3767 Ⓒ373	1935.6	5058	1億4307.1
合計		1764	4969.1	481	1億6515.7	15	3308.3	Ⓐ14 Ⓑ3871 Ⓒ382	1990.8	6529	2億6789.8

【注】沖縄以外の各社はグループ会社分を含む合計値。①新エネルギーは地熱Ⓐ、太陽光Ⓑ、風力Ⓒなどの原動力。②東京電力と中部電力の火力は別会社に移行分合算も表示。

発電量の比率（2021年）

【資料】環境エネルギー政策研究所

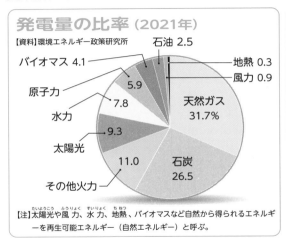

- 天然ガス 31.7%
- 石炭 26.5
- その他火力 11.0
- 太陽光 9.3
- 水力 7.8
- 原子力 5.9
- バイオマス 4.1
- 石油 2.5
- 風力 0.9
- 地熱 0.3

【注】太陽光や風力、水力、地熱、バイオマスなど自然から得られるエネルギーを再生可能エネルギー（自然エネルギー）と呼ぶ。

最大電力発生日の時間別電力使用

【資料】電気事業連合会

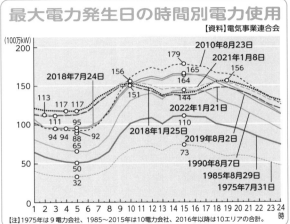

（100万kW）

- 2010年8月23日
- 2021年1月8日
- 2018年7月24日
- 2022年1月21日
- 2018年1月25日
- 2019年8月2日
- 1990年8月7日
- 1985年8月29日
- 1975年7月31日

113　117 117　151　156　179　165　164　156　144　110　111　95　94 94　92　88　73　65　50　32

【注】1975年は9電力会社、1985～2015年は10電力会社、2016年以降は10エリアの合計。

かんれん 世界の発電量 ➡249ページ

国内の鉱山でどんな鉱物資源が採れるか、また原油・天然ガスの国内生産量と、ガスの消費量も確認しよう。資源の少ない日本だが、石灰石は2021年度に1億3269万tが国内生産され、輸出もされている。

鉱産資源とガス

おもな鉱山（2022年12月）

【資料】天然ガス鉱業会、石灰石鉱業協会、和鋼博物館、
日本リモナイト、赤石鉱山、春日鉱山ほか

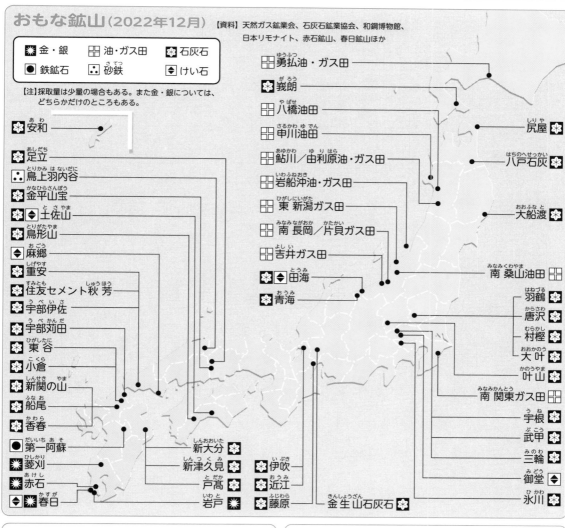

- ✳ 金・銀
- ⊞ 油・ガス田
- ❖ 石灰石
- ◉ 鉄鉱石
- ⦂ 砂鉄
- ◆ けい石

【注】採取量は少量の場合もある。また金・銀については、
どちらかだけのところもある。

- ✳ 安和
- ✳ 足立
- ⦂ 鳥上羽内谷
- ✳ 金平山宝
- ✳◆ 土佐山
- ✳ 鳥形山
- ◆ 麻郷
- ✳ 重安
- ✳ 住友セメント秋芳
- ✳ 宇部伊佐
- ✳ 宇部苅田
- ✳ 東谷
- ✳ 小倉
- ✳ 新関の山
- ✳ 船尾
- ✳ 香春
- ◉ 第一阿蘇
- ✳ 菱刈
- ✳ 赤石
- ◆✳ 春日

- ⊞ 勇払油・ガス田
- ✳ 義朗
- ⊞ 八橋油田
- ⊞ 申川油田
- ⊞ 鮎川／由利原油・ガス田
- ⊞ 岩船沖油・ガス田
- ⊞ 東 新潟ガス田
- ⊞ 南 長岡／片貝ガス田
- ⊞ 吉井ガス田
- ✳◆ 田海
- ✳ 青海
- ⊞ 南 桑山油田

- ✳ 尻屋
- ❖ 八戸石灰
- ❖ 大船渡
- ❖ 羽鶴
- ❖ 唐沢
- ❖ 村樫
- ❖ 大叶
- ❖ 叶山
- ⊞ 南 関東ガス田
- ❖ 宇根
- ❖ 武甲
- ❖ 三輪
- ◆ 御堂
- ❖ 氷川

- ✳ 新大分
- ✳ 新津久見
- 戸高
- 岩戸
- ✳ 伊吹
- ✳ 近江
- ✳ 藤原
- ❖ 金生山石灰石

わが国の原油・天然ガスの生産量

【資料】天然ガス鉱業会、資源エネルギー庁

原油（千kL）　天然ガス（百万m³）

年	原油	天然ガス
1950	328	69
60	593	731
70	899	2359
80	503	2197
2000	740	2453
08	986	3735
15	596	2734
17	562	3008
18	499	2707
20	512	2295
21	490	2304

ガスの消費量

【資料】ガス事業便覧（日本ガス協会）
統計年報（資源エネルギー庁）

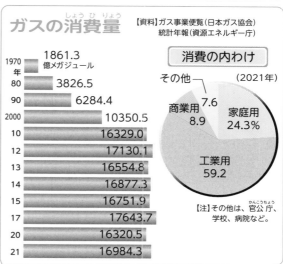

年	億メガジュール
1970	1861.3
80	3826.5
90	6284.4
2000	10350.5
10	16329.0
12	17130.1
13	16554.8
14	16877.3
15	16751.9
17	17643.7
20	16320.5
21	16984.3

消費の内わけ（2021年）

- その他 7.6
- 商業用 8.9
- 家庭用 24.3%
- 工業用 59.2

【注】その他は、官公庁、学校、病院など。

工業地帯・工業地域

関東から東海、近畿、中国・四国、北九州の太平洋岸に、帯状に連なる工業地帯を太平洋ベルトという。その中でも出荷額が多く、三大工業地帯とよばれる地域はどこか。出荷額が最も多い製造業は何か。

工業地帯・地域別の出荷額の比率

【資料】経済センサス2021（経済産業省）従業者4人以上の工場

年	京浜	中京	阪神	北九州	関東内陸	京葉	東海	北陸	瀬戸内	その他	出荷額合計
1980年	(17.5%)	(11.7)	(14.1)	(2.7)	(8.4)	(4.6)	(4.4)	(4.0)	(9.7)	(22.8)	212兆1243億円
90	(15.7)	(13.6)	(12.4)	(2.4)	(10.3)	(3.8)	(5.0)	(4.0)	(8.2)	(24.6)	323兆3726億円
2000	(13.2)	(14.1)	(10.7)	(2.5)	(10.0)	(3.8)	(5.5)	(4.2)	(8.0)	(28.0)	300兆4776億円
05	(10.2)	(16.6)	(10.1)	(2.6)	(10.1)	(4.1)	(5.9)	(4.2)	(9.0)	(27.2)	295兆8003億円
07	(9.2)	(17.5)	(10.0)	(2.6)	(9.6)	(4.3)	(5.8)	(4.2)	(9.6)	(27.3)	336兆7566億円
10	(8.8)	(16.6)	(10.3)	(2.8)	(10.0)	(4.3)	(5.5)	(4.1)	(10.1)	(27.5)	289兆1077億円
19	(7.7)	(18.2)	(10.3)	(3.1)	(9.8)	(3.9)	(5.3)	(4.4)	(9.6)	(27.7)	322兆5334億円
20	(7.6)	(18.0)	(10.7)	(3.0)	(9.6)	(3.9)	(5.4)	(4.4)	(9.2)	(28.1)	302兆0033億円

京浜 東京・神奈川　中京 愛知・三重　阪神 大阪・兵庫　北九州 福岡　関東内陸 栃木・群馬・埼玉　京葉 千葉　東海 静岡　北陸 新潟・富山・石川・福井　瀬戸内 岡山・広島・山口・香川・愛媛　その他

【注】2002年から新聞業、出版業をのぞく。工業地帯・地域の出荷額は、該当の都道府県の額を足したもので、工業地帯・地域のおおまかな傾向です。

太平洋ベルト（2020年）

【資料】経済センサス2021（経済産業省）

いろいろな製造業と出荷額

【資料】経済センサス2021（経済産業省）

年	重化学工業 機械工業 一般・電気・輸送・精密各機械器具	金属工業 鉄鋼・非鉄金属・金属製品	化学工業	石油製品・石炭製品製造	軽工業 食料品、飲料・たばこ・飼料製造	繊維工業 衣服、その他の製造	よう業・土石製品製造	パルプ・紙・紙加工品製造	木材・木製品、家具・装備品製造	その他 その他	合計
2020年	45.2%				13.1	9.5	3.7	12.9	1.1 2.5 2.3 1.6	8.2	302兆0033億円
2019年	45.5				13.4	9.1	4.3	12.2	1.1 2.4 2.4 1.5	8.1	322兆5334億円
2015年	45.2				13.4	9.1	4.6	12.2	1.3 2.4 2.3 1.5	8.0	313兆1286億円
2007年	47.4				14.0	8.4	4.1	10.2	1.3 2.3 2.3 1.5	8.3	336兆7566億円
2005年	46.7				12.7	8.5	4.5	10.9	1.5 2.5 2.4 1.6	8.7	295兆8003億円
1995年	43.6				12.5	7.6	2.5	11.4	3.1 3.3 2.8 2.6	10.6	306兆0296億円
1975年	29.8	17.1			8.2	5.9	11.9	6.8	3.7 3.3 4.4	8.9	127兆5206億円
1965年	26.5	17.7			9.4	2.7	12.5	10.3	3.5 3.7 4.9	8.8	29兆4889億円

※その他＝印刷、プラスチック製品製造、ゴム製品製造、なめし革・同製品・毛皮製造ほか

【注】2005年、07年、15年、19年、20年は従業者4人以上の工場、それ以外はすべての工場が調査対象。年により品目分類が異なる場合もある。

工業地帯・工業地域

工業

工業地帯・地域のようす

【資料】経済センサス2021（経済産業省）　従業者4人以上の工場が調査対象　単位 ％

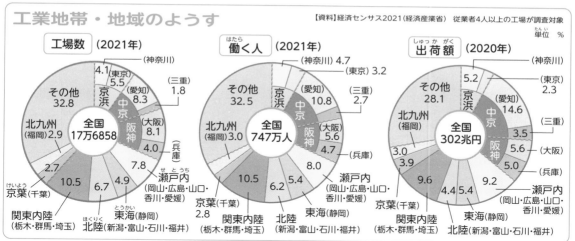

工場数（2021年）
- その他 32.8
- 京浜 5.5（東京）／（神奈川）4.1
- 中京（愛知）8.3／（三重）1.8
- 阪神（大阪）8.1／兵庫 4.0
- 全国 17万6858
- 瀬戸内（岡山・広島・山口・香川・愛媛）7.8
- 東海（静岡）4.9
- 北陸（新潟・富山・石川・福井）6.7
- 関東内陸（栃木・群馬・埼玉）10.5
- 京葉（千葉）2.7
- 北九州（福岡）2.9

働く人（2021年）
- その他 32.5
- 京浜（神奈川）4.7／（東京）3.2
- 中京（愛知）10.8／（三重）2.7
- 阪神（大阪）5.6／兵庫 4.7
- 全国 747万人
- 瀬戸内（岡山・広島・山口・香川・愛媛）8.0
- 東海（静岡）5.4
- 北陸（新潟・富山・石川・福井）6.2
- 関東内陸（栃木・群馬・埼玉）10.5
- 京葉（千葉）2.8
- 北九州（福岡）3.0

出荷額（2020年）
- その他 28.1
- 京浜 5.2（神奈川）／（東京）2.3
- 中京（愛知）14.6／（三重）3.5
- 阪神（大阪）5.6／兵庫 5.0
- 全国 302兆円
- 瀬戸内（岡山・広島・山口・香川・愛媛）9.2
- 東海（静岡）5.4
- 北陸（新潟・富山・石川・福井）4.4
- 関東内陸（栃木・群馬・埼玉）9.6
- 京葉（千葉）3.9
- 北九州（福岡）3.0

凡例：
- ★ 出荷額9兆円以上の市や町
- ● 3兆円以上
- ◆ 1兆円以上
- ▲ 5000億円以上
- ＊ 2009年以降に5000億円以下になった市
- ▬ 鉄道　━ 高速道路

工場の大きさと生産力※

【資料】経済センサス2021（経済産業省）

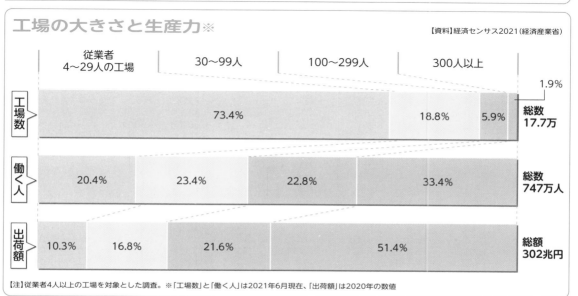

	従業者 4〜29人の工場	30〜99人	100〜299人	300人以上	
工場数	73.4%		18.8%	5.9%	1.9% ／ 総数 17.7万
働く人	20.4%	23.4%	22.8%	33.4%	総数 747万人
出荷額	10.3%	16.8%	21.6%	51.4%	総額 302兆円

【注】従業者4人以上の工場を対象とした調査。※「工場数」と「働く人」は2021年6月現在、「出荷額」は2020年の数値

工業

都道府県別の 工業

日本の工業の特徴を時代的な変化とともにとらえよう。工業全体で1960年と2020年では、工場数、働く人、出荷額でどんな変化が見られるか、また、この間、出荷額が最も大きく伸びた工業は何だろうか。

工場数・働く人・出荷額

【資料】工業統計表（経済産業省）
単位　働く人＝万人　出荷額＝兆円

都道府県	総数			金属工業		機械工業		化学工業	
	工場数	働く人	出荷額	工場数	出荷額	工場数	出荷額	工場数	出荷額
1960年	23万8320	760.2	15.294	4761	1.651	3万6812	4.114	4702	1.458
70	40万5515	1116.4	68.376	6423	6.560	7万3327	22.936	5169	5.535
80	42万9336	1029.2	212.124	7199	17.864	8万8704	69.292	5044	17.961
90	43万5997	1117.3	323.373	6477	18.269	10万5520	141.331	5352	23.503
2000	34万1421	918.4	300.478	5154	11.927	8万6048	138.022	5263	23.762
10	22万4403	766.4	289.108	4486	18.146	6万0074	129.170	4742	26.212
20	17万6858	746.6	302.003	3万0840	39.516	5万1364	136.372	4978	28.603
北海道	5072	16.3	5.587	674	0.687	595	0.830	100	0.211
青森	1272	5.6	1.676	156	0.378	247	0.519	15	0.034
岩手	1866	8.4	2.494	235	0.219	446	1.379	23	0.058
宮城	2593	11.2	4.358	343	0.401	619	1.900	45	0.089
秋田	1535	5.8	1.308	174	0.169	361	0.709	19	0.064
山形	2277	9.7	2.832	321	0.182	772	1.463	32	0.306
福島	3279	15.4	4.767	453	0.512	1026	2.106	102	0.614
茨城	4813	26.4	12.177	915	2.135	1301	4.141	195	1.586
栃木	3903	19.5	8.235	691	1.068	1209	3.495	85	0.721
群馬	4530	21.2	7.889	848	0.801	1613	4.111	91	0.741
埼玉	1万0102	37.9	12.863	2059	1.576	2977	4.569	378	1.609
千葉	4748	20.6	11.926	1128	2.464	1051	1.427	271	2.042
東京	9738	23.9	7.080	1524	0.567	2959	3.547	227	0.404
神奈川	7202	34.8	15.835	1361	1.413	3186	7.309	267	1.845
新潟	4822	17.8	4.753	1224	0.820	1377	1.669	74	0.674
富山	2569	12.2	3.652	613	0.905	674	1.046	114	0.782
石川	2512	9.5	2.627	362	0.211	734	1.624	29	0.156
福井	2013	7.1	2.143	209	0.276	333	0.879	58	0.203
山梨	1676	7.2	2.530	198	0.149	550	1.550	22	0.054
長野	4825	19.8	6.043	680	0.507	2072	3.965	44	0.137
岐阜	5298	19.9	5.615	846	0.783	1408	2.488	104	0.271
静岡	8602	40.2	16.451	1273	1.248	2995	8.227	207	2.090
愛知	1万4593	80.8	43.988	2747	4.287	5517	31.350	235	1.178
三重	3245	20.2	10.492	573	0.948	1015	5.819	133	1.243
滋賀	2614	16.5	7.597	396	0.587	790	3.810	106	1.133
京都	3952	14.0	5.270	461	0.350	1117	1.958	118	0.209
大阪	1万4412	41.8	16.976	3804	3.341	4040	6.517	565	1.644
兵庫	7106	34.8	15.250	1510	2.759	2136	6.303	312	2.061
奈良	1578	5.7	1.716	237	0.197	248	0.519	68	0.121
和歌山	1465	5.1	2.383	180	0.529	244	0.456	87	0.447
鳥取	749	3.0	0.741	79	0.056	217	0.305	6	0.005
島根	1001	4.1	1.165	114	0.189	215	0.643	10	0.027
岡山	3234	14.8	7.060	472	1.121	813	1.859	121	1.054
広島	4812	20.8	8.870	856	1.574	1682	4.864	107	0.383
山口	1725	9.5	5.617	266	0.818	442	1.354	100	1.804
徳島	1068	4.4	1.795	134	0.114	178	0.550	42	0.611
香川	1851	6.9	2.529	300	0.657	431	0.639	50	0.154
愛媛	2117	7.7	3.804	244	0.896	544	0.931	44	0.301
高知	931	2.3	0.547	100	0.056	191	0.149	16	0.011
福岡	5094	22.1	8.952	974	1.463	1178	3.963	143	0.502
佐賀	1250	6.2	2.028	145	0.277	263	0.689	42	0.164
長崎	1386	5.3	1.623	178	0.092	357	1.085	17	0.013
熊本	1866	8.9	2.820	231	0.239	410	1.352	42	0.188
大分	1404	6.4	3.846	170	1.217	323	1.317	38	0.501
宮崎	1300	5.4	1.637	114	0.061	188	0.396	27	0.128
鹿児島	2023	6.9	1.983	155	0.107	276	0.434	21	0.025
沖縄	835	2.3	0.469	113	0.084	44	0.016	26	0.008

どの工業が、どの都道府県で多いかを工場数や出荷額で比較し、日本の製造業の地域的特徴を確認しよう。工場数1位のところと、出荷額1位のところが異なるのは、どの工業か。理由も考えよう。

都道府県別の 工業

工業

【注】①総数とは工業全体の合計。②金属工業は、鉄鋼業、非鉄金属、金属製品を含む。③機械工業は、はん用機械、生産用機械、業務用機械、電気機械、輸送用機械、情報通信機械、電子部品・デバイスを含む。④食料品工業は、飲料・たばこ・飼料を含む。⑤このほか木材、家具、印刷、石油・石炭、ゴムなどがある。2000年以前は新聞・出版を含む。繊維工業は、1994年から一部が分類替えされたが、2008年に、また統合されたり、化学工業などから一部移設されたりして、数字の連続性がない場合がある。⑥色字は全国1位。

繊維工業		食料品工業		パルプ・紙工業		よう業など		都道府県
工場数	出荷額	工場数	出荷額	工場数	出荷額	工場数	出荷額	
3万8773	1.705	3万8772	1.829	7483	0.595	1万3459	0.527	1960年
5万2671	4.283	5万4570	7.028	1万2237	2.255	2万1561	2.448	70
3万9741	7.781	5万2455	22.196	1万2108	6.751	2万2494	8.304	80
3万0515	7.838	5万0776	33.074	1万1405	8.812	2万0753	10.724	90
1万1384	3.008	4万4771	34.821	9589	7.934	1万7388	8.860	2000
1万5902	3.790	3万4673	33.728	6685	7.111	1万1055	7.101	10
9448	3.452	2万5717	38.882	5043	7.096	9058	7.558	20
132	0.023	1887	2.363	92	0.303	411	0.231	北海道
99	0.021	397	0.506	29	0.093	95	0.047	青森
121	0.024	468	0.425	24	0.037	125	0.097	岩手
95	0.017	717	0.877	59	0.175	153	0.125	宮城
199	0.037	306	0.116	17	0.029	88	0.044	秋田
186	0.042	417	0.367	36	0.021	120	0.112	山形
217	0.049	468	0.396	77	0.196	250	0.254	福島
107	0.075	684	2.076	129	0.270	369	0.329	茨城
181	0.051	432	1.480	96	0.292	210	0.162	栃木
223	0.039	522	1.183	91	0.095	157	0.104	群馬
244	0.075	895	2.240	422	0.491	312	0.258	埼玉
109	0.025	813	1.993	118	0.138	234	0.295	千葉
337	0.062	709	0.880	343	0.146	193	0.171	東京
117	0.047	630	1.921	149	0.188	214	0.255	神奈川
284	0.062	715	0.884	92	0.178	213	0.114	新潟
125	0.049	308	0.218	67	0.131	143	0.086	富山
408	0.156	332	0.149	51	0.019	139	0.050	石川
488	0.196	194	0.072	72	0.075	84	0.065	福井
69	0.029	266	0.421	42	0.025	69	0.083	山梨
66	0.021	724	0.704	93	0.075	214	0.157	長野
369	0.134	503	0.483	180	0.214	650	0.382	岐阜
228	0.114	1470	2.245	462	0.819	208	0.181	静岡
763	0.323	1132	2.268	368	0.377	628	0.733	愛知
114	0.058	448	0.634	65	0.086	232	0.249	三重
219	0.198	238	0.449	75	0.122	216	0.329	滋賀
570	0.091	541	1.289	138	0.124	144	0.181	京都
719	0.276	814	1.596	523	0.315	274	0.234	大阪
257	0.119	1040	2.171	182	0.309	307	0.318	兵庫
182	0.059	199	0.235	57	0.056	78	0.031	奈良
170	0.061	305	0.237	28	0.035	85	0.047	和歌山
55	0.016	185	0.168	38	0.090	28	0.007	鳥取
78	0.026	249	0.093	29	0.029	109	0.041	島根
411	0.199	394	0.752	66	0.113	246	0.211	岡山
293	0.135	563	0.651	84	0.090	176	0.148	広島
60	0.048	350	0.266	31	0.094	144	0.238	山口
83	0.021	240	0.176	39	0.121	62	0.023	徳島
118	0.037	382	0.408	68	0.129	121	0.074	香川
253	0.184	359	0.353	210	0.540	121	0.046	愛媛
47	0.019	235	0.104	54	0.065	92	0.058	高知
189	0.050	947	1.528	111	0.099	330	0.405	福岡
57	0.021	304	0.510	36	0.074	169	0.049	佐賀
76	0.023	389	0.299	15	0.004	163	0.050	長崎
103	0.028	473	0.539	25	0.090	153	0.082	熊本
52	0.021	314	0.265	17	0.032	124	0.120	大分
82	0.075	427	0.547	16	0.035	106	0.039	宮崎
65	0.013	984	1.093	21	0.048	175	0.182	鹿児島
28	0.003	348	0.250	6	0.006	124	0.059	沖縄

統計｜日本｜工業

工業

鉄鋼業と金属工業

鉄鋼の原料になる鉄鉱石と原料炭はほぼ100％輸入だが、どの国からか。銅や亜鉛、なまり、ニッケルなどの金属も電子機器や石油精製、日用品など用途が多い。その生産と輸入の状況も確認しよう。

工場数・働く人・生産額

30人以上の工場　【資料】経済センサス2021（経済産業省）

		工場数 (2021)	働く人（万人） (2021)	生産額（億円） (2020)
鉄鋼業	製鉄業	13	3.8	4兆7818
	その他	1262	14.4	7兆9400
金属工業	アルミ製造業	48	0.4	3805
	非鉄金属製造業 （アルミ製造業以外）	826	11.7	8兆1313
	金属製品製造業	4585	36.2	10兆1104

鉄鋼原料のおもな輸入先（2021年）

【資料】貿易統計（財務省）

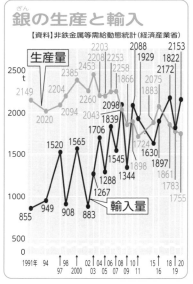

ロシア 0.2%　カザフスタン 0.2%
ペルー 0.5% チリ 0.3%　中国 0.2%
モーリタニア 0.8%　ニュージーランド 0.6%
インド 0.9%　モザンビーク 0.6%
ウクライナ 1.0%　コロンビア 1.2%
アメリカ合衆国 1.2%　ロシア 6.3%
南アフリカ共和国 3.3%　カナダ 7.9%
カナダ 6.3%
ブラジル 26.6%　アメリカ合衆国 9.3%
オーストラリア 58.8%（鉄鉱石）　インドネシア 19.6%
　　　　　　　　　　オーストラリア 54.1%（原料炭）
その他

―――― 鉄鉱石　1億1307万t　------ 原料炭　6386万t

金の生産と輸入

【資料】生産動態統計年報（経済産業省）
【注】金は地金。

1994年以降、輸入量の資料なし

輸入量：257、259、257
生産量：103、109、103、136、130、148、146、156、145、137、161、146、125、156、136、94、114、110、124、109

（横軸）1991年　93　94　97　98　99　2000　01　02　03　04　05　07　08　10　15　17　18　20

銀の生産と輸入

【資料】非鉄金属等需給動態統計（経済産業省）

生産量：2149、2020、2204、2385、2094、2260、2043、2453、2208、2258、2203、1866、1883、1929、2075、2088、1724、1898、1861、2172、2153、1822、1783、1755

輸入量：855、949、1520、908、1565、883、1267、1288、1706、1839、1545、1344、2098、1630、1897

（横軸）1991年　94　97　98　2000　02　03　04　06　07　09　11　15　16　18　19　20

銅の生産と輸入

【資料】非鉄金属等需給動態統計（経済産業省）

生産量：119、144、143、138、140、144、158、133、155、152、147、155、148、155、149、159、158、150

輸入量：108、63、39、20、8、9、10、5、4、13、7、4、3、2、1、2、1、1

（横軸）1991年　95　2000　03　04　07　10　11　12　13　14　16　17　19　20

なまりの生産と輸入

【資料】非鉄金属等需給動態統計（経済産業省）

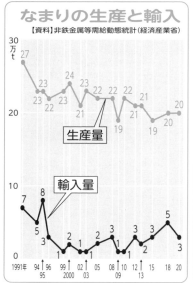

生産量：27、23、22、23、24、23、21、23、22、22、22、19、21、21、19、20、20

輸入量：7、5、3、8、1、2、1、2、3、1、3、3、3、5、3

（横軸）1991年　94　95　96　99　2000　02　03　05　08　09　10　12　13　15　18　20

ニッケルの生産と輸入

【資料】非鉄金属等需給動態統計（経済産業省）

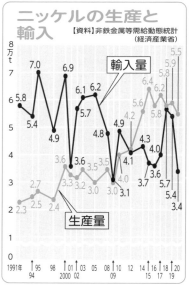

輸入量：5.8、5.4、7.0、4.9、6.9、6.1、6.2、5.7、4.8、4.9、4.1、4.3、4.0、3.7、3.6、5.7、5.4、3.4、5.8、5.9、5.5

生産量：2.3、2.5、2.7、2.4、3.3、3.6、3.2、3.0、3.5、3.0、3.1、4.0、4.2、3.6、5.8、6.4、6.2、5.6、5.5

（横軸）1991年　94　95　98　2000　01　02　03　05　09　14　15　16　18　19　20

知っトク情報

人を狂わせた金

　金ほど人類を魅了した金属はほかにありません。コロンブスがアメリカ大陸に到達したのも、マルコ・ポーロの「東方見聞録」の中に、黄金の国として出てくるジパング（日本）を探すのがそもそもの目的でした。16世紀に多くのスペイン人が南アメリカに出かけて多くの現地人を殺したのも、そこにあるとされた「エルドラド（黄金郷）」探しのためでした。結局はいずれも幻で、黄金郷などどこにもありませんでした。

機械工業では、用途の違う多くの機械をつくるが、身の回りのものや工場で使うものなど、どんなものがあるだろうか。1990年から現在までの生産額や生産量の移り変わりも見てみよう。

機械工業　工業

工場数・働く人・生産額

30人以上の工場　【資料】経済センサス2021（経済産業省）

	工場数 (2021)	働く人(万人) (2021)	生産額(億円) (2020)
一般機械	5884	71.4	24兆9669
電気機械 (含、情報・電子)	5003	90.3	34兆2280
輸送機械	3883	94.3	47兆7558
精密機械	925	12.8	3兆3267

一般機械の生産額

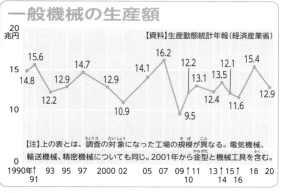

【資料】生産動態統計年報（経済産業省）

【注】上の表とは、調査の対象になった工場の規模が異なる。電気機械、輸送機械、精密機械についても同じ。2001年から金型と機械工具を含む。

電気機械と輸送機械の生産額

【資料】生産動態統計年報（経済産業省）
【注】船は含まない。

精密機械の生産額

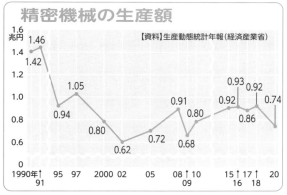

【資料】生産動態統計年報（経済産業省）

カメラと時計の生産量

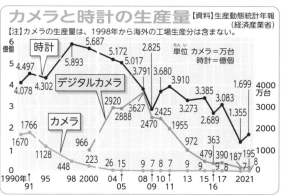

【資料】生産動態統計年報（経済産業省）
【注】カメラの生産量は、1998年から海外の工場生産分は含まない。

単位　カメラ＝万台　時計＝億個

自転車・オートバイの生産量

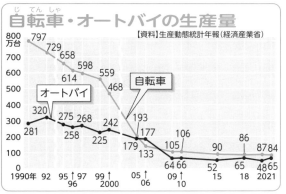

【資料】生産動態統計年報（経済産業省）

船の生産量

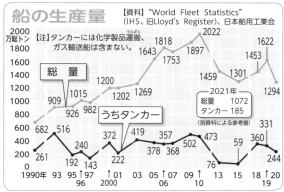

【資料】"World Fleet Statistics"（IHS、旧Lloyd's Register）、日本舶用工業会
【注】タンカーには化学製品運搬、ガス輸送船は含まない。

2021年
総量　1072
タンカー 185
（別資料による参考値）

工業　**自動車工業** (じどうしゃ)

2021年の自動車国内生産台数は784万6958台。うち、乗用車が661万9245台、トラックが115万4054台、バスが7万3659台。生産額や輸出入、保有台数、国内工場の場所などを確認しよう。

工場数・働く人・生産額 (はたら) (せいさんがく)

30人以上の工場　【資料】経済センサス2021（経済産業省）

	工場数 (2021)	働く人(万人) (2021)	生産額(億円) (2020)
自動車製造業 (せいぞう)(二輪車ふくむ)	75	19.2	21兆0139
自動車車体・付随車製造業 (しゃたい)(ふずい)	156	2.1	7287
自動車部品・付属品製造業 (ぶひん)(ふぞくひん)	2809	59.4	20兆1386

外国車の輸入 (ゆにゅう)

【資料】輸入車新規登録台数速報（日本自動車輸入組合）

◆乗用車の輸入車販売台数

	普通車 (ふつう)(2001cc以上)	小型車 (こがた)(551〜2000cc)	
1980年	1万9859台		
	2万5012	4万4871	
95	25万7441	10万4824	36万2265
2000	23万0151	3万7616	26万7767
09	13万7601	3万0288	16万7889
10	14万9387	6万3896	21万3283
15	26万3791	4万9290	31万3081
18	31万0232	3万2538	34万2770
20	27万7160	2万0153	29万7313
21	29万2485	2万2504	31万4989
22	25万6055	2万1992	27万8047

◆メーカー別トップ10（乗用車、2022年）

①メルセデス・ベンツ（ドイツ）5万2359台
②VW（ドイツ）（フォルクスワーゲン）3万2226
③BMW（ドイツ）（ビーエムダブリュー）3万0887
④アウディ（ドイツ）2万0750
⑤BMWミニ（ドイツ）1万9208
⑥ボルボ（スウェーデン）1万6166
⑦ジープ（アメリカ）9478
⑧ルノー（フランス）8615
⑨プジョー（フランス）8552
⑩ポルシェ（ドイツ）7193

自動車の輸出 (ゆしゅつ)

【資料】日本の自動車産業（日本自動車工業会）

凡例：乗用車　トラック　バス

年	乗用車	トラック	バス	合計
1970				109万台
85				673
90				583
95	290	85	4	379
2000	380	62	4	446
08	592	66	15	673
09	321	32	9	362
10	427	45	12	484
20	341	26	7	374
21	337	38	7	382

国内の自動車保有台数 (ほゆう)

【資料】自動車保有車両数月報（国土交通省）8月末時点。

凡例：乗用車　トラック　バス　二輪車　その他

年	乗用車	トラック	バス	二輪車	その他	合計
1970	878	852	19	74	33	1856万台
80	2366	1319	23	101	79	3888
90	3492	2132	25	286	121	6056
2000	5188	1841	24	306	173	7532
10	5824	1547	23	356	150	7900
15	6079	1467	23	370	169	8103
19	6210	1447	23	377	365	8226
20	6198	1442	23	386	176	8217
21	6215	1448	22	396	177	8249
22	6202	1451	21		179	8250
					180	

おもな自動車工場（2022年）

【資料】日本自動車工業会　自動車メーカー各社

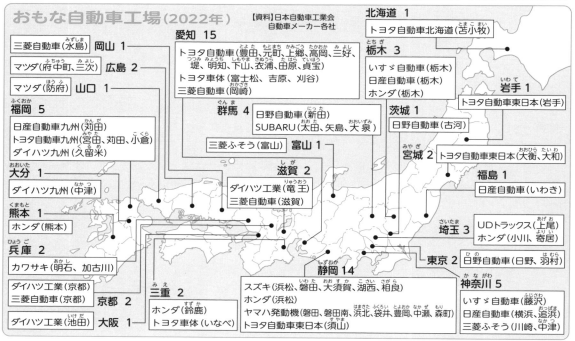

北海道 1
トヨタ自動車北海道（苫小牧）(とまこまい)

岡山 1 (みずしま)
三菱自動車（水島）

広島 2 (ふちゅうちょう)(みよし)
マツダ（府中町、三次）

山口 1 (ほうふ)
マツダ（防府）

愛知 15
トヨタ自動車（豊田、元町、上郷、高岡、三好、堤、明知、下山、衣浦、田原、貞宝）(とよた もとまち かみごう たかおか みよし つつみ みょうち しもやま きゅうろ たはら ていほう)
トヨタ車体（富士松、吉原、刈谷）
三菱自動車（岡崎）(おかざき)

群馬 4 (ぐんま)
日野自動車（新田）(にった)
SUBARU（太田、矢島、大泉）(おおた おおいずみ)

三菱ふそう（富山）
富山 1

栃木 3 (とちぎ)
いすゞ自動車（栃木）
日産自動車（栃木）
ホンダ（栃木）

岩手 1 (いわて)
トヨタ自動車東日本（岩手）

茨城 1 (いばらき)
日野自動車（古河）(こが)

宮城 2 (みやぎ)
トヨタ自動車東日本（大衡、大和）(おおひら たいわ)

福島 1
日産自動車（いわき）

福岡 5 (ふくおか)
日産自動車九州（苅田）(かんだ)
トヨタ自動車九州（宮田、苅田、小倉）(みやた こくら)
ダイハツ九州（久留米）(くるめ)

大分 1 (おおいた)
ダイハツ九州（中津）(なかつ)

熊本 1 (くまもと)
ホンダ（熊本）

兵庫 2 (ひょうご)
カワサキ（明石、加古川）(あかし)

滋賀 2 (しが)
ダイハツ工業（竜王）(りゅうおう)
三菱自動車（滋賀）

埼玉 3 (さいたま)
UDトラックス（上尾）(あげお)
ホンダ（小川、寄居）(よりい)

東京 2
日野自動車（日野、羽村）(ひの はむら)

神奈川 5 (かながわ)
いすゞ自動車（藤沢）(ふじさわ)
日産自動車（横浜、追浜）(おっぱま)
三菱ふそう（川崎、中津）

京都 2
ダイハツ工業（京都）
三菱自動車（京都）
ダイハツ工業（池田）(いけだ)

大阪 1

三重 2 (みえ)
ホンダ（鈴鹿）(すずか)
トヨタ車体（いなべ）

静岡 14 (しずおか)
スズキ（浜松、磐田、大須賀、湖西、相良）(はままつ いわた おおすか こさい さがら)
ホンダ（浜松）
ヤマハ発動機（磐田、磐田南、浜北、袋井、豊岡、中瀬、森町）(まきた はまきた ふくろい とよおか なかぜ もり)
トヨタ自動車東日本（須山）(すやま)

166

電気機械・電子工業で生産されるものは、身近な家電、通信や映像機器をはじめ、医療や産業機器など多様。日本の技術は高く、普及率も高い。輸出の変化や生活で使う製品の普及状況も見てみよう。

電気機械・電子工業

工業

工場数・働く人・生産額

30人以上の工場　【資料】経済センサス2021（経済産業省）

	工場数 (2021)	働く人（万人） (2021)	生産額（億円） (2020)
電気機械器具	2692	41.3	15兆5266
情報通信機械器具	508	10.5	5兆2460
電子部品・デバイス・電子回路	1803	38.6	13兆4555

パソコンの生産

【資料】生産動態統計年報（経済産業省）

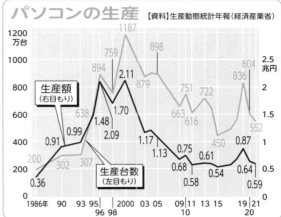

生産額（右目もり）
生産台数（左目もり）

電気製品の輸出

【資料】財務省、日本電機工業会

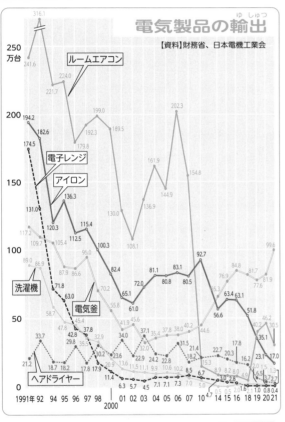

ルームエアコン
電子レンジ
アイロン
洗濯機
電気釜
ヘアドライヤー

知っトク情報

テレビの父

　ブラウン管を使った世界最初のテレビを発明したのは、浜松高等工業学校（現在の静岡大学工学部）で助教授をしていた高柳健次郎という日本人です。「テレビの父」と呼ばれる彼がブラウン管に最初に映し出したのは、カタカナの「イ」。イを選んだ理由は、いろはの最初の文字だからだそうです。この実験に成功したのが、大正15年12月25日。大正天皇が亡くなった日であり、昭和が始まった日です。

集積回路の生産量

【資料】生産動態統計年報（経済産業省）

年	個数
1975年	3億2963万個
80	26億6017万
90	160億5392万
2000	353億3537万
05	310億2328万
08	382億8712万
09	307億0085万
10	405億7432万
15	270億6361万
17	308億7941万
19	246億6236万
20	251億3414万

生活のなかの電気・電子製品の普及率

電気冷蔵庫：1971年－91.2%
電気洗濯機：1970年－91.4%
電子レンジ：1997年－90.8%

【資料】消費動向調査（内閣府）
2人以上の世帯

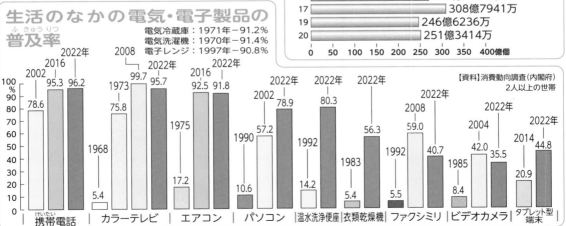

統計｜日本｜工業

167

工業　化学工業

化学工業では、プラスチックや合成ゴムなど原料になるものから、洗剤、医薬品、塗料など生活用品まで幅広く生産される。特に医薬品は化学工業出荷額の30％以上を占める(2020年：31.0％)。

工場数・働く人・生産額

30人以上の工場　【資料】経済センサス2021(経済産業省)

	工場数 (2021)	働く人(万人) (2021)	生産額(億円) (2020)
化学肥料	56	0.3	1862
ソーダ	16	0.4	1839
化学繊維	52	0.9	2974
医薬品	531	9.6	8兆4625
プラスチック	182	3.3	2兆9737
化粧品・歯みがきなど	273	4.3	1兆8786
石けん・合成洗剤	73	1.1	8822

プラスチック製品の生産

【資料】生産動態統計年報(経済産業省)

複合肥料の生産

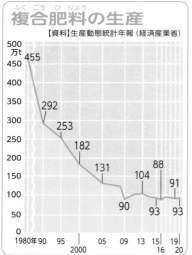

【資料】生産動態統計年報(経済産業省)

合成ゴムの生産

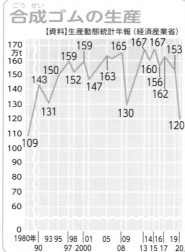

【資料】生産動態統計年報(経済産業省)

医薬品の生産額

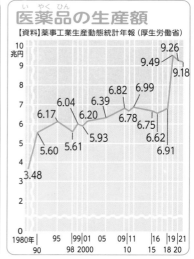

【資料】薬事工業生産動態統計年報(厚生労働省)

石油化学コンビナート (2021年7月)

【資料】石油化学コンビナート所在地(石油化学工業協会)

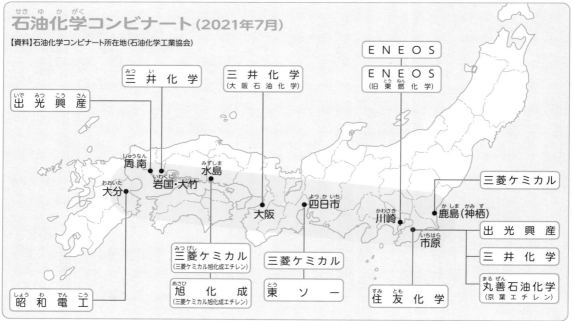

繊維工業には、糸などを作る部門、織りや染め・加工の部門、製品を作る部門がある。工場数や生産額、天然繊維と合成繊維の生産割合、盛んな地域を確認し、各地の織物産地の特徴なども調べてみよう。

繊維工業　工業

工場数・働く人・生産額

30人以上の工場　【資料】経済センサス2021(経済産業省)

	工場数 (2021)	働く人(千人) (2021)	生産額(億円) (2020)
製　　　　糸	—	—	—
紡　績	38	2.6	259
綿　紡　績	12	0.9	145
化学繊維紡績	17	1.1	114
毛　紡　績	9	0.6	χ
ね　ん糸製造	26	1.5	253
織　物	88	6.6	1229
綿・スフ織物	31	2.2	342
絹・人絹織物	45	3.5	598
毛　織　物	12	0.9	289
ニット生地製造	36	1.8	321
衣服その他の製品	1212	81.2	1兆0453

【注】製糸:30人未満の工場はある。

糸の生産量

【資料】生産動態統計年報(経済産業省)、農林水産省

年	天然繊維	再生・半合成繊維	合成繊維	合計
1965	81	47	38	166万t
70	86	40	90	216
90	54	19	110	183
2000	19	8	82	109
05	11	4	58	73
09	6	2	37	45
10	5	1	48	54
20	3		32	34(参考:再生・半合成繊維は0.2)
21	3		35	39(参考:再生・半合成繊維は0.1)

輸出・輸入(2021年)

【資料】貿易統計(財務省)
単位　億円

	輸出	輸入
原料	601.2	968.1
糸	1072.9	1118.4
織物	725.7	2737.1
製品	2兆9271.7	3800.5

輸入総額　3兆1671.4
輸出総額　8624.2

知っトク情報

新たな絹の道ができるかも?

　スカーフや和服に使われる、しなやかで光沢があり肌ざわりがよい絹織物は、蛾の仲間の蚕という昆虫の繭からとる生糸で作ります。絹織物は、その美しさで古くから世界の人を魅了し、古代ローマやペルシャの商人が絹を求めて中国を訪れた交易路が「シルクロード(絹の道)」です。日本では明治時代に重要な輸出品となり、1909(明治42)年に生糸生産高世界一に。しかし昭和初期の世界恐慌や戦争、安価なナイロンの普及、輸入品の増加などが重なり、養蚕農家も減少、戦後は斜陽産業と言われました。しかし近年、新しい高機能シルクや医薬品、化粧品も登場。人工血管の研究も行われています。北上市(岩手)や鶴岡市(山形)では、衰退する養蚕業を再興する取り組みがされ、日本はシルクロードの要衝だったウズベキスタンで技術支援も行っています。

繊維工場の分布 (染色は除く)

【資料】工場数:経済センサス2021(経済産業省)　工場位置:日本化学繊維協会調べ
【注】都道府県別の工場数別色分けは2021年。
　　　おもに各社の事業所名を表示(2021年末現在)。

	101〜
	51〜100
	50以下

(30人以上の工場の数)

◎ 合成繊維
◉ 再生・半合成繊維
(マークの数はおもな
化学繊維工場数)

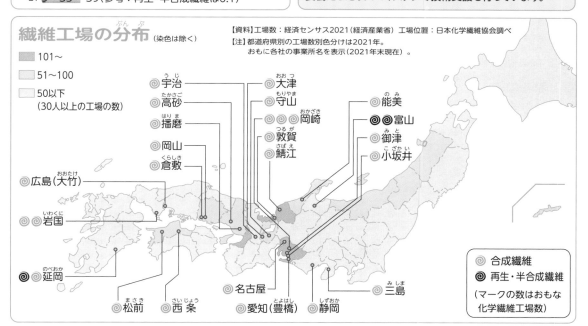

宇治　大津　能美　高砂　守山　播磨　岡崎　富山　岡山　敦賀　御津　倉敷　鯖江　小坂井　広島(大竹)　岩国　延岡　名古屋　三島　松前　西条　愛知(豊橋)　静岡

食料品・その他の工業

食料品工業の生産工場は中小メーカーが多い。どんな食品の生産額が多いか確認してみよう。ほかの産業の原材料を作るパルプ・紙工業、よう業は、景気に大きく左右され、市況産業といわれる。

食料品工業の工場数・働く人・生産額

30人以上の工場
【資料】経済センサス2021（経済産業省）

	工場数(2021)	働く人(万人)(2021)	生産額(億円)(2020)		工場数(2021)	働く人(万人)(2021)	生産額(億円)(2020)
肉製品	622	7.1	2兆4974	しょうゆ	48	0.3	942
乳製品	310	3.9	2兆6148	精穀・製粉	153	0.9	8582
水産食料品	1153	8.6	2兆1204	砂糖	20	0.2	1470
野菜・果物・かんづめ	185	1.5	3616	パン・菓子	1441	20.8	4兆4934
みそ	35	0.3	1003	飲料	611	5.5	5兆3651

出荷額の割合（2020年）

30人以上の工場
【注】野菜はつけ物を含む。　【資料】経済センサス2021（経済産業省）

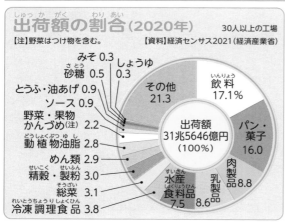

出荷額 31兆5646億円（100%）

みそ 0.3　しょうゆ 0.3　砂糖 0.5　とうふ・油あげ 0.9　ソース 0.9　野菜・果物かんづめ(注) 2.2　動植物油脂 2.8　めん類 2.9　精穀・製粉 3.0　総菜 3.1　冷凍調理食品 3.8　その他 21.3　飲料 17.1%　パン・菓子 16.0　肉製品 8.8　乳製品 8.6　水産食料品 7.5

食料品輸入額の割合（2021年）

【資料】貿易統計（財務省）

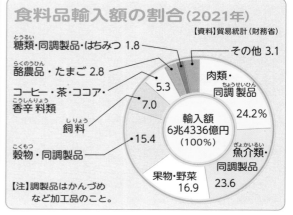

輸入額 6兆4336億円（100%）

糖類・同調製品・はちみつ 1.8　酪農品・たまご 2.8　コーヒー・茶・ココア・香辛料類 5.3　飼料 7.0　穀物・同調製品 15.4　その他 3.1　肉類・同調製品 24.2%　魚介類・同調製品 23.6　果物・野菜 16.9

【注】調製品はかんづめなど加工品のこと。

パルプ・紙工業

30人以上の工場
【資料】経済センサス2021（経済産業省）

	工場数(2021)	働く人(万人)(2021)	生産額(億円)(2020)
紙製造業	211	2.9	2兆3288
紙製容器製造業	796	5.7	1兆7093
塗工紙製造業	62	0.6	2663
学用・事務用紙製造業	82	0.7	1381
段ボール製造業	29	0.1	478
パルプ製造業	14	0.2	414

よう業

30人以上の工場
【資料】経済センサス2021（経済産業省）

	工場数(2021)	働く人(万人)(2021)	生産額(億円)(2020)
セメント製造業	39	0.4	3698
セメント製品製造業	505	2.7	7854
陶磁器製造業	181	2.6	5711
板ガラス製造・加工業	114	1.6	3155
ガラス製品製造業	186	2.3	9268
骨材・石工品等製造業	109	0.7	1428

パルプ・紙の生産量

【注】化繊用溶解パルプの統計は2002年以降廃止された。
【資料】生産動態統計年報（経済産業省）

製紙用パルプ　化繊用溶解パルプ　紙　板紙（段ボールの原紙や白ボール紙）

合計	製紙用パルプ	化繊用溶解パルプ	年	紙	板紙	合計
863万t	835	28	1975年	771	589	1360万t
1140	1132	8	2000	1904	1279	3183
1066	1066		08	1883	1180	3063
850	850		09	1583	1044	2627
939	939		10	1639	1098	2736
873	873		15	1483	1140	2623
837	837		19	1350	1190	2540
706	706		20	1121	1166	2287

かんれん 世界のパルプの生産量 ➡ 250ページ

世界の国の二酸化炭素排出量や酸性雨の状況を確認しよう。また、有害な紫外線から生物を守るオゾン層の1979年から現在までの変化や、日本の大気汚染の移り変わりもとらえよう。

大気・水の汚染　環境

世界の二酸化炭素排出量（2020年）

【資料】環境省

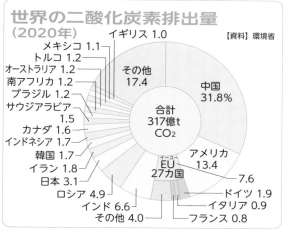

- イギリス 1.0
- メキシコ 1.1
- トルコ 1.2
- オーストラリア 1.2
- 南アフリカ 1.2
- ブラジル 1.2
- サウジアラビア 1.5
- カナダ 1.6
- インドネシア 1.7
- 韓国 1.7
- イラン 1.8
- 日本 3.1
- ロシア 4.9
- インド 6.6
- その他 4.0
- その他 17.4
- 中国 31.8%
- 合計 317億t CO₂
- アメリカ 13.4
- EU 27カ国 7.6
- ドイツ 1.9
- イタリア 0.9
- フランス 0.8

南極上空のオゾンホールの最大面積の移り変わり

【資料】気象庁

年	面積（万km²）
1979	110
80	330
	1080
	1880
	2240
	2250
	2580
	2690
	2980
	2940
	1370
	2210
	2790
	2640
	1410

南極大陸の面積（1361万km²）

【注】オゾンホールは、地上10〜50kmの成層圏にあるオゾンが部分的に減少してできる。

横軸：1979年80 85 90 95 2000 05 10 12 15 17 18 19 20 22

東アジアにおける酸性雨の状況

各測定地点における年平均pH（2020年）（一部、以前の値）

【資料】東アジア酸性雨モニタリングネットワーク

日 本	利尻	4.99	イルクーツク	4.85
	竜飛岬 (2018)	4.96	ロシア プリモルスカヤ	6.00
	東京	5.10	リストヴャンカ	4.80
	伊自良湖	4.94	ベトナム ハノイ	6.19
	隠岐※	4.84	タイ バンコク	5.77
	小笠原※	4.97	マエハエア (2019)	5.15
中 国	西安地域	6.92・6.57	ミャンマー ヤンゴン	6.26
	重慶地域	4.76・5.47	ペタリンジャヤ	4.65
	廈門地域	6.41・4.76	マレーシア タナラタ	4.90
	珠海地域	5.17・5.09	クチン	5.60
韓 国	カンファ (2019)	4.68	インドネシア ジャカルタ	5.19
	チェジュ (2019)	5.60	スルポン	5.13

pHとは水素イオン指数により酸性度を表し、酸性雨を調べる指標。pHが低いほど酸性は強く、水素イオン濃度が高い（中性はpH7、一般にpH5.6以下を酸性雨と呼ぶ。ここでは、5.7以上の場合も表示）。数値が二つのところは2地点での観測値。
※隠岐と小笠原については測定できない期間を含む。

キーワード

「CO₂、SPM、BOD、COD」って？

二酸化炭素（CO₂）：大気中にもあるが、石油や石炭を燃やすと濃度が高くなる。地表からの赤外線を吸収して蓄えるため、温室効果ガスともいわれ、地球温暖化の原因とされる。

浮遊粒子状物質（SPM）：粒の直径が10μm以下の、大気中に浮かぶ物質。ディーゼル車の排ガス、工場のばい煙、道路の粉じんなどが原因。近年、より小さいPM2.5（微小粒子状物質）も問題に。発生源はSPMと同様だが、土壌など自然のものも。

生物化学的酸素要求量（BOD）：水中の有機物が、微生物によって酸化分解される時に必要な酸素量。水がよごれていれば有機物は多く、酸素が多く必要になる。単位はppm。

化学的酸素要求量（COD）：水中の有機物を酸化剤で酸化するのに消費される酸素の量。有機物が多いほど、酸素の量も多くなり、水のよごれの程度を示す数値になる。単位はppm。

大気汚染の移り変わり（二酸化イオウ、二酸化窒素、浮遊粒子状物質）

【資料】環境省

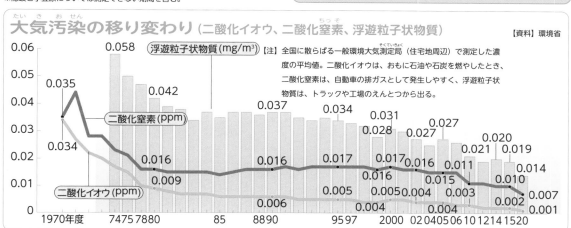

浮遊粒子状物質(mg/m³)

【注】全国に散らばる一般環境大気測定局（住宅地周辺）で測定した濃度の平均値。二酸化イオウは、おもに石油や石炭を燃やしたとき、二酸化窒素は、自動車の排ガスとして発生しやすく、浮遊粒子状物質は、トラックや工場のえんとつから出る。

二酸化窒素(ppm)
二酸化イオウ(ppm)

浮遊粒子状物質の値：0.058、0.042、0.037、0.034、0.031、0.028、0.027、0.027、0.021、0.020、0.019、0.014

二酸化窒素の値：0.035、0.016、0.016、0.017、0.017、0.016、0.016、0.015、0.011、0.010、0.007

二酸化イオウの値：0.034、0.009、0.006、0.005、0.016、0.005、0.004、0.004、0.004、0.003、0.002、0.001

横軸：1970年度 74 75 77 80 85 88 90 95 97 2000 02 04 05 06 10 12 14 15 20

171

大気・水の汚染

二酸化炭素排出量の変化や、川や湖、住宅地や道路沿いの環境について確認しよう。近年、問題となっているPM2.5は非常に小さく、肺の奥深くまで入りやすいため、呼吸器や循環器への影響が心配される。

日本の二酸化炭素排出量の移り変わり

【資料】環境省（20年度確報値）
（1人あたり排出量は20年度確報値）

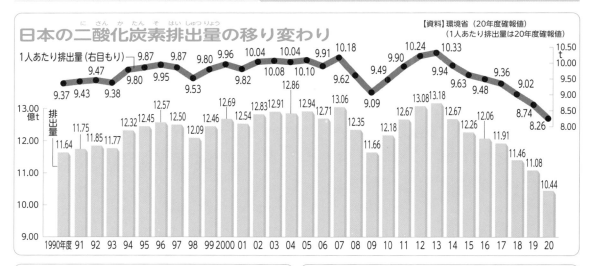

1人あたり排出量（右目もり）

1人あたり排出量（右目もり）: 9.37 9.43 9.38 9.80 9.95 9.53 9.82 10.08 12.86 10.10 9.62 9.09 9.49 9.48 9.63 9.94 9.36 9.02 8.74 8.26
上段: 9.47 9.87 9.87 9.80 9.96 10.04 10.04 9.91 10.18 9.90 10.24 10.33

排出量（億t）: 11.64 11.75 11.85 11.77 12.32 12.45 12.57 12.50 12.09 12.46 12.69 12.54 12.83 12.91 12.71 12.94 13.06 12.35 11.66 12.18 12.67 13.08 13.18 12.67 12.26 12.06 11.91 11.46 11.08 10.44

1990年度 91 92 93 94 95 96 97 98 99 2000 01 02 03 04 05 06 07 08 09 10 11 12 13 14 15 16 17 18 19 20

微小粒子状物質（PM2.5）の状況

一般環境大気測定局（住宅地）

【資料】環境省

年度	2015	2017	2019	2020
測定局数	788	827	860	873
有効測定局数	765	814	835	844
環境基準達成局（達成率）	570（74.5%）	732（89.9%）	824（98.7%）	830（98.3%）
黄砂による不達成局数	21	16	2	10

自動車排出ガス測定局（幹線道路沿い）

年度	2015	2017	2019	2020
測定局数	227	233	240	243
有効測定局数	219	224	238	237
環境基準達成局（達成率）	128（58.4%）	193（86.2%）	234（98.3%）	233（98.3%）
黄砂による不達成局数	7	6	0	2

光化学スモッグ注意報が出た日数と被害者数（全国）

【資料】環境省

年	日数	被害者数
1975	266日	4万6081人
80	86	1420
90	242	58
93	71	93
95	139	192
2000	259	1479
03	108	254
05	185	1495
06	177	289
07	220	1910
10	182	128
15	101	2
16	46	46
19	99	337
20	45	4
21	29	4

【注】日数は都道府県別の日数を足しあわせたもの。

BODが高濃度の川（ワースト5）

【資料】環境省

2021年度			
順位	あてはめ水域名	都道府県	年間平均値（mg/L）
1	古川	和歌山	8.7
2	早戸川（2）（2）は水域区分	茨城	7.7
3	益田川（3）（3）は水域区分	島根	7.5
4	長部川	岩手	6.9
5	相引川	香川	6.6

汚染のひどい湖沼の水質の推移

【資料】環境省

COD濃度 mg/L

手賀沼（千葉県）
霞ケ浦（茨城県）
諏訪湖（長野県）
琵琶湖（滋賀県）

水域全体のBODやCODの環境基準達成率
2010年度87.8%　2017年度89.0%
2012年度88.6%　2019年度89.2%
2013年度87.3%　2020年度88.8%
2015年度91.1%　2021年度88.3%

1985年度 88 91 94 97 2000 03 05 09 11 15 17 20 21

【注】琵琶湖は2001年度までは北湖、02年度以降は南湖。

世界的問題のプラスチックや食品ロスなど生活に密着するごみの状況を知ろう。産業廃棄物（20年度実績値の速報）として汚泥（1億7043万t）、動物のふん尿（8186万t）、がれき（6190万t）などが排出されている。

ごみとリサイクル

環境

統計｜日本｜環境

1人が1日に出す「ごみ量」
（2020年度）

【資料】環境省

1人1日ごみ量（家庭ごみ＋事業系ごみ）：g・人口で算出
家庭のごみ

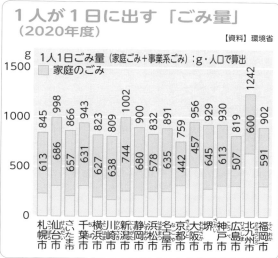

	札幌市	仙台市	さいたま市	千葉市	横浜市	川崎市	新潟市	静岡市	浜松市	名古屋市	京都市	大阪市	堺市	神戸市	広島市	北九州市	福岡市
合計	845	998	866	943	823	809	1002	900	832	891	759	956	929	930	819	1242	902
家庭	613	686	657	631	627	638	744	680	578	635	442	457	645	613	507	600	591

ごみ排出量

【資料】環境省

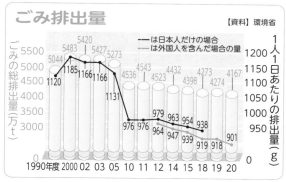

—■—は日本人だけの場合
——は外国人を含んだ場合の量

ごみの総排出量（万t）：5044, 5483, 5420, 5427, 5273, 4536, 4543, 4523, 4432, 4398, 4273, 4274, 4167
1人1日あたりの排出量（g）：1120, 1185, 1166, 1166, 1131, 976, 976, 964, 979, 963, 954, 947, 939, 938, 919, 918, 901

1990年度 2000 02 03 05 10 11 12 14 15 18 19 20

世界の使い捨てプラスチック廃棄量
（2019年）

【資料】日本エシカル推進協議会

年間総廃棄量

中国	2536万t
アメリカ	1719
インド	558
日本	471
イギリス	289
ブラジル	281
フランス	232
ロシア	230
インドネシア	226
韓国	225
ベトナム	190
ドイツ	182
スペイン	159
オーストラリア	145
イタリア	139
タイ	126
サウジアラビア	116

1人あたり年間廃棄量

国	kg
シンガポール	76kg
オーストラリア	59
オマーン	56
オランダ	55
イスラエル	55
スイス	53
アメリカ	53
UAE	52
韓国	44
イギリス	44
クウェート	40
アイルランド	39
日本	37
フランス	36
スロベニア	35

食品ロス発生量の推計

【資料】環境省　単位：万t

■事業系　家庭

年度	事業系	家庭	計
2012	331	312	642
2014	339	282	621
2015	357	289	646
2017	328	284	612
2019	309	261	570
2020	275	247	522

2030年度目標（489）

公害別の苦情件数（2021年度）

【資料】公害苦情調査（総務省）

焼却（野焼き）	1万2877(17.5%)	飲食店営業・カラオケ	2357(3.2%)
工事・建設作業	1万1908(16.1%)	移動発生源	2028(2.8%)
廃棄物投棄	8632(11.7%)	焼却（施設）	1169(1.6%)
自然系	7974(10.8%)	産業排水	1035(1.4%)
産業用機械作動	4854(6.6%)	その他	8801(11.9%)
家庭生活	4488(6.1%)	不明	4739(6.4%)
流出・漏洩	2877(3.9%)	全国（100%）	7万3739

ペットボトルのリサイクル率

【資料】PETボトルリサイクル推進協議会　単位：千t

年度	2006	2011	2014	2015	2018	2020	2021
指定ペットボトル販売量	544	604	569	563	626	551	581
海外再資源化	175	253	199	227	195	144	122
国内再資源化	234	265	271	261	334	345	377
リサイクル率(%)	75.1	85.8	82.6	86.7	84.6	88.8	86.0

家庭や商店から出たごみのゆくえ

【資料】環境省

【注】2011年度は災害廃棄物を含まない数字。

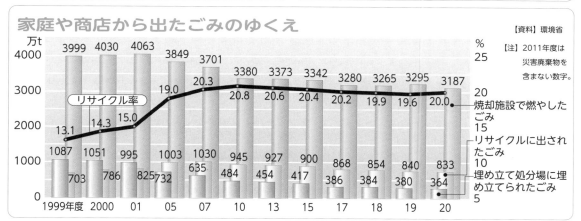

リサイクル率

年度	1999	2000	01	05	07	10	13	15	17	18	19	20
焼却施設で燃やしたごみ	3999	4030	4063	3849	3701	3380	3373	3342	3280	3265	3295	3187
リサイクルに出されたごみ	1087	1051	995	1003	1030	945	927	900	868	854	840	833
埋め立て処分場に埋め立てられたごみ	703	786	825	732	635	484	454	417	386	384	380	364
リサイクル率	13.1	14.3	15.0	19.0	20.3	20.8	20.6	20.4	20.2	19.9	19.6	20.0

空港と港

どのようなところに国際戦略港湾・国際拠点港湾があるかを調べてみよう。外航商船とは、外国と貿易をするため、日本と外国の間を行き来する船舶をいう。どの港や空港で貿易が盛んかを調べてみよう。

おもな貿易港 （2022年）

【資料】各空港における国際線就航状況調べ（国土交通省）など

✈ は国際空港　回 は国際戦略港湾　◎ は国際拠点港湾

【注】貿易港とは、税関が外国との貿易を認めている空港と港。国際空港とは、国際間の航空輸送に用いる航空機の発着が可能で、税関・検疫・出入国管理の施設をもち、現在も国際便の発着があるものを指す。2022年は新型コロナウイルス感染拡大防止のため、日本の国際便は新千歳・成田・羽田・中部・関西・福岡・那覇空港のみの発着。地図にはコロナ禍前の19年に国際便が発着していた国際空港も記載する。国際戦略港湾・国際拠点港湾とは、外国との貿易上特に重要な港湾として政令で定めるもの。全国で計23港。

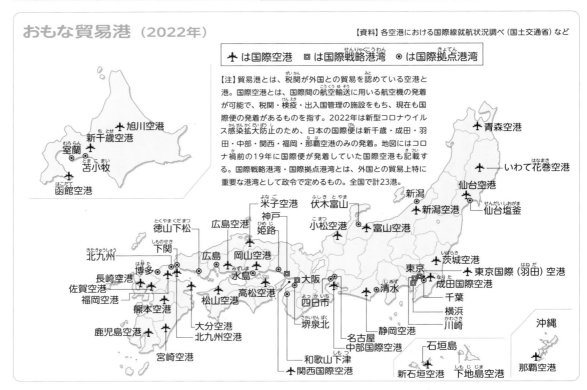

おもな港の輸出入額 （2021年）

【資料】国土交通省、財務省

港　　　名	入港した外航商船		輸出額	輸入額	お　も　な　活　動　と　と　く　ち　ょ　う
	（隻）	（トン）	（円）	（円）	
東　　京	4572	1億0009万	6兆4938億	12兆2260億	1941年、貿易港として開港。海面の埋め立てで建設された人工港。
名　古　屋	7032	1億6843万	12兆4805億	5兆2887億	中京工業地帯の中心。自動車の輸出が多い。
横　　浜	8453	2億2976万	7兆2255億	4兆9823億	京浜工業地帯があり、輸出が多い。
大　　阪	4528	6070万	4兆6981億	5兆0955億	阪神工業地帯の中心。鉄鋼、機械などの輸出が多い。
神　　戸	6044	1億2304万	5兆8960億	3兆5837億	日本の代表的港。繊維製品、機械の輸出入が多い。
博　　多	2594	3175万	3兆2300億	1兆0986億	福岡市にあり、遣隋使、遣唐使のころからの古い港。
千　　葉	3485	8285万	7753億	3兆4118億	1954年開港。輸出は鉄鋼、自動車、輸入は石油、自動車が多い。
川　　崎	2474	6883万	1兆0034億	2兆4902億	1951年、横浜港から独立。輸出は自動車、輸入は石油、肉類が多い。
清　　水	1593	3020万	2兆0298億	1兆0858億	富士山を仰ぎ、三保松原に囲まれた港。自動車部品の輸出が多い。
三　河	980	2573万	2兆3379億	7576億	自動車の輸入・輸出が多い。田原、豊橋、蒲郡の3港が併合された。
四日市	1549	4454万	8575億	1兆5178億	石油化学コンビナートの中心港。輸入は石油、輸出は自動車が多い。
水　島	2794	5182万	8612億	1兆4605億	水島臨海工業地帯が発達。石油化学などの工場が並ぶ。
大　　分	1843	4110万	8115億	1兆4547億	中国、韓国、台湾に近く、輸入は石炭や鉄鉱石、輸出は鋼材などが多い。

【注】トンは、入港した外航船の容積の合計。（輸出入額の上位13港）

おもな空港の輸出入額 （2021年）

【資料】国土交通省、財務省

空　港　名	入港した国際線		輸出額	輸入額	お　も　な　活　動　と　と　く　ち　ょ　う
	（機）	（トン）	（円）	（円）	
成田国際空港	5万0751	259万1255	12兆8214億	16兆0759億	1978年開港。電子部品、電気機器の輸出入が多い。
関西国際空港	1万7560	80万8596	5兆7363億	4兆1791億	1994年開港。関西地方の空の玄関口。
中部国際空港	3601	11万4503	1兆1909億	8103億	2005年開港。中部の「Central」と空の「Air」を合わせた「セントレア」が愛称。
東京国際空港	1万3654	43万4074	2672億	6562億	1931年に日本最初の国営飛行場として開港。半導体の輸入が多い。

【注】トンは荷の積み下ろしの総量。（輸出入額の上位4空港）

日本が輸入しているもの、輸出しているものを、それぞれ確認して、わが国の貿易の特徴をとらえよう。また1960年以降、どんな変化がみられるか。総額と割合の違いに注意しながら考えよう。

輸出入品の種類　貿易

輸入品の種類と割合

【資料】通商白書（経済産業省）、貿易統計（財務省）
輸入の総額を100とした場合の品物別の割合（%）

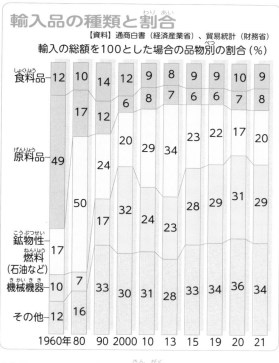

輸出品の種類と割合

【資料】通商白書（経済産業省）、貿易統計（財務省）
輸出の総額を100とした場合の品物別の割合（%）

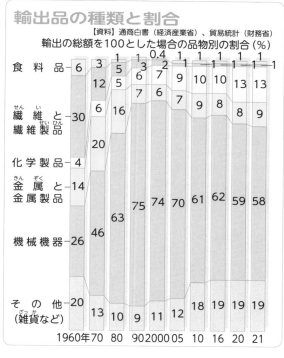

輸入品の種類と金額（2021年）

単位 億円 【資料】財務省

種類		金額	種類		金額
食料品		7兆3803	化学製品		9兆7320
おもな商品	肉ぎょ類	1兆5569	おもな商品	医薬品	4兆1867
	魚介類	1兆5146		有機化合物	1兆8085
	穀物類	9881	一般機械		7兆6799
	果実	5574	おもな商品	電算機類(含周辺機器)	2兆3915
	野菜	5319		原動機	1兆0234
原料品		6兆9323		電算機類の部分品	4573
おもな商品	非鉄金属鉱	1兆9855	電気機器		13兆6393
	鉄鉱石	1兆9733	おもな商品	半導体等電子部品	3兆3540
	木材	4067		通信機	3兆3209
	大豆	2277		音響映像機器(含部品)	1兆3765
鉱物性燃料		16兆9694		重電機器	7469
おもな商品	原油及び粗油	6兆9288		電気計測機器	7213
	液化天然ガス	4兆2779	輸送用機器		3兆2569
	石炭	2兆7616	おもな商品	自動車	1兆3704
	石油製品	2兆1418		自動車の部分品	8252
	液化石油ガス	7336		航空機類	6192
原料別製品		8兆2722	その他		10兆8985
おもな商品	非鉄金属	2兆8350	おもな商品	衣類・同付属品	2兆8328
	金属製品	1兆3169		科学光学機器	1兆8869
	鉄鋼	1兆0622		家具	8498
	織物用糸・繊維製品	1兆0035		バッグ類	5317
	木製品等(除家具)	7486	合計		84兆7607
	非金属鉱物製品	6716			

【参考】2020年 68兆0108

輸出品の種類と金額（2021年）

単位 億円 【資料】財務省

種類		金額	種類		金額
食料品		9924	一般機械		16兆3823
原料品		1兆4395	おもな商品	半導体等製造装置	3兆3529
鉱物性燃料		9929		原動機	2兆5055
化学製品		10兆5535		ポンプ・遠心分離機	1兆3966
おもな商品	プラスチック	2兆9765		建設用・鉱山用機械	1兆3094
	有機化合物	1兆9819		電算機類の部分品	1兆0051
	医薬品	8611		金属加工機械	9817
原料別製品		9兆9269		荷役機械	5984
おもな商品	鉄鋼	3兆8143		ベアリング	5014
	非鉄金属	2兆0479		加熱用・冷却用機器	4257
	金属製品	1兆2770		電算機類(含周辺機器)	3288
	非金属鉱物製品	8863		繊維機械	2392
	ゴム製品	8852	電気機器		15兆3094
	織物用糸・繊維製品	6706	おもな商品	半導体等電子部品	4兆8996
	紙類・紙製品	3217		電気回路等の機器	2兆0940
輸送用機器		16兆1922		電気計測機器	1兆8486
おもな商品	自動車	10兆7222		重電機器	1兆2252
	自動車の部分品	3兆6000		音響・映像機器(含部品)	6646
	船舶	1兆0498		通信機	4137
	二輪自動車	3074	その他		11兆3024
			合計		83兆0914

【参考】2020年 68兆3991

2021年に日本から輸出した地域の割合は、アジア58.0％、北米19.0％、ヨーロッパ10.7％、輸入の地域は、アジア48.5％、北米12.3％、ヨーロッパ12.8％。日本の貿易の状況をとらえよう。

日本の輸出入（相手国・地域別、商品別、2021年）

単位　100億円【資料】貿易統計（財務省）

【注】①「魚介類」「肉類」は調製品を含み、「事務用機器」はコンピューターを含む。②円グラフの下の輸出、輸入の帯は、各国・地域ごとに長さが金額に比例する。

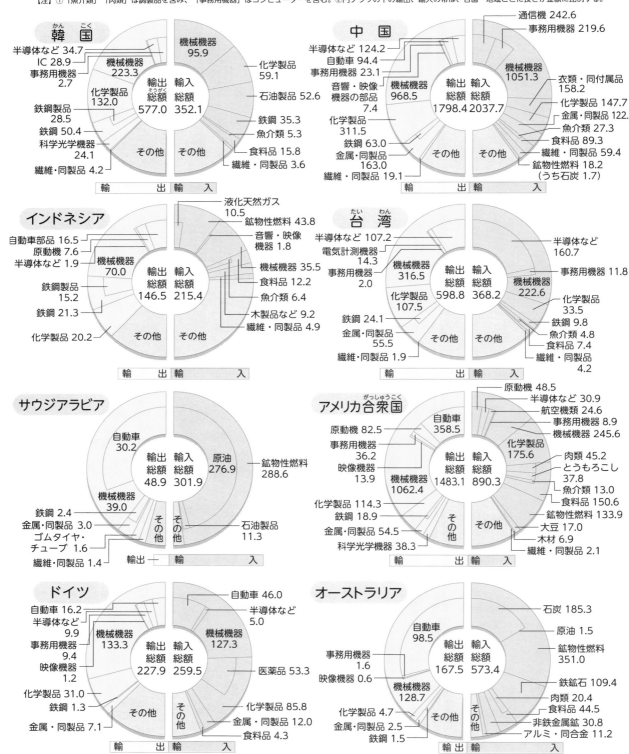

韓国
半導体など 34.7
IC 28.9
事務用機器 2.7
機械機器 223.3
化学製品 132.0
鉄鋼製品 28.5
鉄鋼 50.4
科学光学機器 24.1
繊維・同製品 4.2
輸出総額 577.0
輸入総額 352.1
機械機器 95.9
化学製品 59.1
石油製品 52.6
鉄鋼 35.3
魚介類 5.3
食料品 15.8
繊維・同製品 3.6
その他
輸　出　輸　入

中国
通信機 242.6
事務用機器 219.6
半導体など 124.2
自動車 94.4
事務用機器 23.1
音響・映像機器の部品 7.4
機械機器 968.5
化学製品 311.5
鉄鋼 63.0
金属・同製品 163.0
繊維・同製品 19.1
輸出総額 1798.4
輸入総額 2037.7
機械機器 1051.3
衣類・同付属品 158.2
化学製品 147.7
金属・同製品 122.
魚介類 27.3
食料品 89.3
繊維・同製品 59.4
鉱物性燃料 18.2（うち石炭 1.7）
その他
輸　出　輸　入

インドネシア
自動車部品 16.5
原動機 7.6
半導体など 1.9
機械機器 70.0
鉄鋼製品 15.2
鉄鋼 21.3
化学製品 20.2
輸出総額 146.5
輸入総額 215.4
液化天然ガス 10.5
鉱物性燃料 43.8
音響・映像機器 1.8
機械機器 35.5
食料品 12.2
魚介類 6.4
木製品など 9.2
繊維・同製品 4.9
その他
輸　出　輸　入

台湾
半導体など 107.2
電気計測機器 14.3
事務用機器 2.0
機械機器 316.5
化学製品 107.5
鉄鋼 24.1
金属・同製品 55.5
繊維・同製品 1.9
輸出総額 598.8
輸入総額 368.2
半導体など 160.7
事務用機器 11.8
機械機器 222.6
化学製品 33.5
鉄鋼 9.8
魚介類 4.8
食料品 7.4
繊維・同製品 4.2
その他
輸　出　輸　入

サウジアラビア
自動車 30.2
機械機器 39.0
鉄鋼 2.4
金属・同製品 3.0
ゴムタイヤ・チューブ 1.6
繊維・同製品 1.4
輸出総額 48.9
輸入総額 301.9
原油 276.9
鉱物性燃料 288.6
石油製品 11.3
その他
輸　出　輸　入

アメリカ合衆国
原動機 82.5
事務用機器 36.2
映像機器 13.9
機械機器 1062.4
化学製品 114.3
鉄鋼 18.9
金属・同製品 54.5
科学光学機器 38.3
自動車 358.5
輸出総額 1483.1
輸入総額 890.3
原動機 48.5
半導体など 30.9
航空機類 24.6
事務用機器 8.9
機械機器 245.6
化学製品 175.6
肉類 45.2
とうもろこし 37.8
魚介類 13.0
食料品 150.6
鉱物性燃料 133.9
大豆 17.0
木材 6.9
繊維・同製品 2.1
その他
輸　出　輸　入

ドイツ
自動車 16.2
半導体など 9.9
事務用機器 9.4
映像機器 1.2
機械機器 133.3
化学製品 31.0
鉄鋼 1.3
金属・同製品 7.1
輸出総額 227.9
輸入総額 259.5
自動車 46.0
半導体など 5.0
機械機器 127.3
医薬品 53.3
化学製品 85.8
金属・同製品 12.0
食料品 4.3
その他
輸　出　輸　入

オーストラリア
自動車 98.5
事務用機器 1.6
映像機器 0.6
機械機器 128.7
化学製品 4.7
金属・同製品 2.5
鉄鋼 1.5
輸出総額 167.5
輸入総額 573.4
石炭 185.3
原油 1.5
鉱物性燃料 351.0
鉄鉱石 109.4
肉類 20.4
食料品 44.5
非鉄金属鉱 30.8
アルミ・同合金 11.2
その他
輸　出　輸　入

かんれん 世界の貿易 ➡ 251ページ

176

2021年の輸入総額は、約84.9兆円で、鉱物性燃料と電気機器で36%以上を占める。20年の総額は前年比で−13.5%、21年+24.8%。鉱物性燃料は20年−33.6%、21年+51.1%と変動。食料自給率は38%（21年度概算）。

輸入　貿易

輸入品と相手国（1965・2021年）

【資料】貿易統計（財務省）

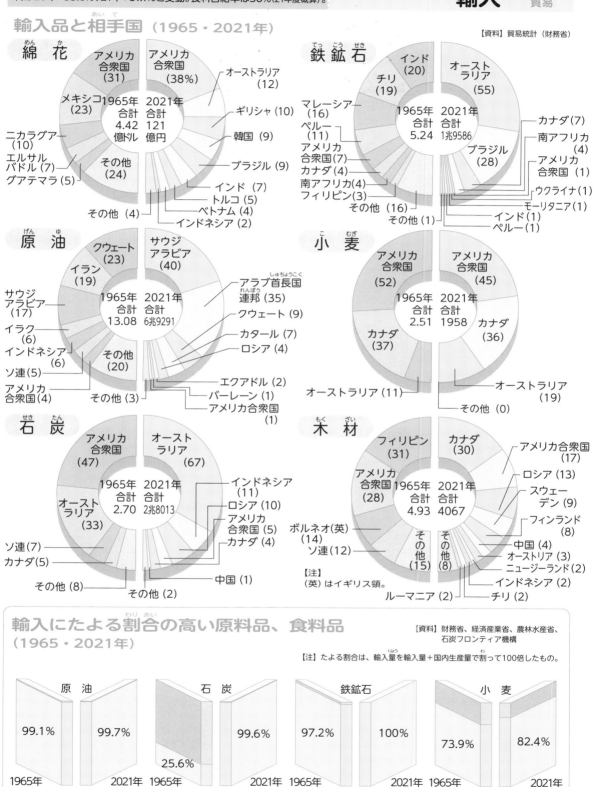

綿花

1965年 合計 4.42億ドル
- アメリカ合衆国（31）
- メキシコ（23）
- ニカラグア（10）
- エルサルバドル（7）
- グアテマラ（5）
- その他（4）

2021年 合計 121億円
- アメリカ合衆国（38%）
- オーストラリア（12）
- ギリシャ（10）
- 韓国（9）
- ブラジル（9）
- インド（7）
- トルコ（5）
- ベトナム（4）
- インドネシア（2）
- その他（24）

鉄鉱石

1965年 合計 5.24
- インド（20）
- チリ（19）
- マレーシア（16）
- ペルー（11）
- アメリカ合衆国（7）
- カナダ（4）
- 南アフリカ（4）
- フィリピン（3）
- その他（16）

2021年 合計 1兆9586
- オーストラリア（55）
- ブラジル（28）
- カナダ（7）
- 南アフリカ（4）
- アメリカ合衆国（1）
- ウクライナ（1）
- モーリタニア（1）
- インド（1）
- ペルー（1）
- その他（1）

原油

1965年 合計 13.08
- クウェート（23）
- イラン（19）
- サウジアラビア（17）
- イラク（6）
- インドネシア（6）
- ソ連（5）
- アメリカ合衆国（4）
- その他（3）

2021年 合計 6兆9291
- サウジアラビア（40）
- アラブ首長国連邦（35）
- クウェート（9）
- カタール（7）
- ロシア（4）
- エクアドル（2）
- バーレーン（1）
- アメリカ合衆国（1）
- その他（20）

小麦

1965年 合計 2.51
- アメリカ合衆国（52）
- カナダ（37）
- オーストラリア（11）

2021年 合計 1958
- アメリカ合衆国（45）
- カナダ（36）
- オーストラリア（19）
- その他（0）

石炭

1965年 合計 2.70
- アメリカ合衆国（47）
- オーストラリア（33）
- ソ連（7）
- カナダ（5）
- その他（8）

2021年 合計 2兆8013
- オーストラリア（67）
- インドネシア（11）
- ロシア（10）
- アメリカ合衆国（5）
- カナダ（4）
- 中国（1）
- その他（2）

木材

1965年 合計 4.93
- フィリピン（31）
- アメリカ合衆国（28）
- ボルネオ（英）（14）
- ソ連（12）
- その他（15）

2021年 合計 4067
- カナダ（30）
- アメリカ合衆国（17）
- ロシア（13）
- スウェーデン（9）
- フィンランド（8）
- 中国（4）
- オーストリア（3）
- ニュージーランド（2）
- インドネシア（2）
- チリ（2）
- その他（8）

【注】
（英）はイギリス領。
ルーマニア（2）

統計—日本—貿易

輸入にたよる割合の高い原料品、食料品（1965・2021年）

【資料】財務省、経済産業省、農林水産省、石炭フロンティア機構

【注】たよる割合は、輸入量を輸入量＋国内生産量で割って100倍したもの。

	原油	石炭	鉄鉱石	小麦
1965年	99.1%	25.6%	97.2%	73.9%
2021年	99.7%	99.6%	100%	82.4%

貿易　輸出

2021年の輸出総額は、約83.1兆円。中国とアメリカ合衆国の2国で、39%以上を占める。20年の総額は前年比−11.1%だったが、21年は+21.5%と増加。鉄鋼やバス・トラック・二輪自動車などが大きく増額。

輸出品と相手国・地域（1965・2021年）

【資料】貿易統計（財務省）

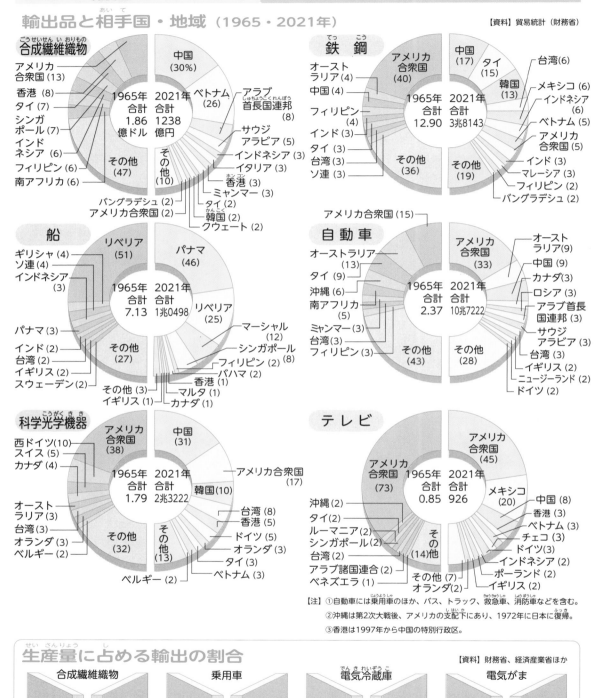

合成繊維織物

アメリカ合衆国（13）
香港（8）
タイ（7）
シンガポール（7）
インドネシア（6）
フィリピン（6）
南アフリカ（6）
バングラデシュ（2）
アメリカ合衆国（2）

1965年
合計
1.86
億ドル

2021年
合計
1238
億円

中国（30%）
ベトナム（26）
アラブ首長国連邦（8）
サウジアラビア（5）
インドネシア（3）
イタリア（3）
香港（3）
ミャンマー（3）
タイ（2）
韓国（2）
クウェート（2）
その他（10）
その他（47）

鉄鋼

オーストラリア（4）
中国（4）
フィリピン（4）
インド（3）
タイ（3）
台湾（3）
ソ連（3）

1965年
合計
12.90

2021年
合計
3兆8143

アメリカ合衆国（40）
その他（36）

中国（17）
タイ（15）
韓国（13）
台湾（6）
メキシコ（6）
インドネシア（6）
ベトナム（5）
アメリカ合衆国（5）
インド（3）
マレーシア（3）
フィリピン（2）
バングラデシュ
その他（19）

船

ギリシャ（4）
ソ連（4）
インドネシア（3）
パナマ（3）
インド（2）
台湾（2）
イギリス（2）
スウェーデン（2）

1965年
合計
7.13

2021年
合計
1兆0498

リベリア（51）
パナマ（46）
リベリア（25）
マーシャル（12）
シンガポール（8）
フィリピン（3）
バハマ（2）
香港（1）
マルタ（1）
カナダ（1）
その他（3）
イギリス（1）
その他（27）

自動車

アメリカ合衆国（15）
オーストラリア（13）
タイ（9）
沖縄（6）
南アフリカ（5）
ミャンマー（3）
台湾（3）
フィリピン（3）

1965年
合計
2.37

2021年
合計
10兆7222

アメリカ合衆国（33）
オーストラリア（9）
中国（9）
カナダ（3）
ロシア（3）
アラブ首長国連邦（3）
サウジアラビア（3）
台湾（3）
イギリス（3）
ニュージーランド（2）
ドイツ（2）
その他（28）
その他（43）

科学光学機器

西ドイツ（10）
スイス（5）
カナダ（4）
オーストラリア（3）
台湾（3）
オランダ（3）
ベルギー（2）

1965年
合計
1.79

2021年
合計
2兆3222

アメリカ合衆国（38）
中国（31）
アメリカ合衆国（17）
韓国（10）
台湾（8）
香港（5）
ドイツ（5）
オランダ（3）
タイ（3）
ベトナム（3）
ベルギー（2）
その他（13）
その他（32）

テレビ

沖縄（2）
タイ（2）
ルーマニア（2）
シンガポール（2）
台湾（2）
アラブ諸国連合（2）
ベネズエラ（1）

1965年
合計
0.85

2021年
合計
926

アメリカ合衆国（73）
アメリカ合衆国（45）
メキシコ（20）
中国（8）
香港（3）
ベトナム（3）
チェコ（3）
ドイツ（3）
インドネシア（2）
ポーランド（2）
イギリス（2）
その他（7）
オランダ（2）
その（14）他

【注】①自動車には乗用車のほか、バス、トラック、救急車、消防車などを含む。
②沖縄は第2次大戦後、アメリカの支配下にあり、1972年に日本に復帰。
③香港は1997年から中国の特別行政区。

生産量に占める輸出の割合

【資料】財務省、経済産業省ほか

合成繊維織物
1965年 33.8%
2021年 67.3%

乗用車
1965年 14.5%
2021年 66.0%

電気冷蔵庫
1975年 9.6%
2021年 13.0%

電気がま
1990年 19.5%
2021年 28.5%

かんれん 世界の貿易の相手国・地域 ⇒ 251ページ

経済収支や貿易収支が増えたり減ったりする原因は様々だが、円高・円安とも関係していることをグラフから読み取ろう。また、2014年の貿易収支が過去最大の赤字になった理由を考えてみよう。

貿易と国際収支　貿易

貿易収支

【資料】国際収支状況(暦年)(財務省)
単位 億円

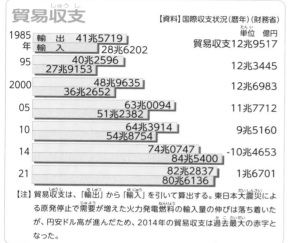

年	輸出	輸入	貿易収支
1985年	41兆5719	28兆6202	12兆9517
95	40兆2596	27兆9153	12兆3445
2000	48兆9635	36兆2652	12兆6983
05	63兆0094	51兆2382	11兆7712
10	64兆3914	54兆8754	9兆5160
14	74兆0747	84兆5400	-10兆4653
21	82兆2837	80兆6136	1兆6701

【注】貿易収支は、「輸出」から「輸入」を引いて算出する。東日本大震災による原発停止で需要が増えた火力発電燃料の輸入量の伸びは落ち着いたが、円安ドル高が進んだため、2014年の貿易収支は過去最大の赤字となった。

円とドル

アメリカの1ドルと交換できる円
【資料】金融経済統計月報(日本銀行)

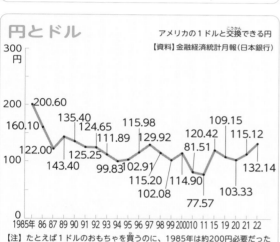

200.60　160.10　135.40　124.65　122.00　143.40　111.89　125.25　115.98　99.83　115.20　102.91　129.92　102.08　120.42　81.51　114.90　77.57　109.15　103.33　115.12　132.14

1985年 86 87 88 89 90 91 92 93 94 95 96 97 98 99 2000 01 02 03 04 05 06 07 08 09 10 11 12 13 14 15 16 17 18 19 20 21 22

【注】たとえば1ドルのおもちゃを買うのに、1985年は約200円必要だったのが、2015年には約120円になった。この場合、1985年より2015年のほうが「円が強い(高い)」といういい方をする。

経常収支

【資料】国際収支状況(暦年)(財務省)
単位 億円

年	貿易・サービス収支	第一次所得収支	第二次所得収支	経常収支
1990年	3兆8628	3兆2874	-6768	6兆4736
92	10兆2054	4兆5125	-4833	14兆2349
94	9兆8345	4兆1307	-6225	13兆3425
96	2兆3174	6兆1544	-9775	7兆4943
98	9兆5299	6兆6146	-1兆1463	14兆9981
2000	7兆4298	7兆6914	-1兆0596	14兆0616
02	6兆4690	7兆8105	-5958	13兆6837
04	10兆1961	10兆3488	-8509	19兆6941
06	7兆3460	14兆2277	-1兆2429	20兆3307
08	14兆3402	-1兆3515	-1兆8899	14兆8786
21	26兆5814	-2兆5615	-2兆4289	21兆5910

【注】サービス収支=旅行代金や情報などに支払われた代金の合計。海外旅行者や貿易量が増えると運送費の支払いも増えるので、サービス収支は赤字になることが多い。第一次所得収支=海外にある資産などから生まれる利子や配当(収入)と海外からの出稼ぎ労働者などへの報酬(支出)の合計。第二次所得収支=外国に対する援助などの無償資金協力や国際機関への分担金など。経常収支はこの三つの合計。

キーワード

「国際収支」って？

日本と外国のおかねのやりとりをまとめたものが国際収支です。モノの輸出入の代金や、旅行やサービスの代金などをまとめた「経常収支」と、土地の所有権の移転などをまとめた「資本移転等収支」、外国への投資などをまとめた「金融収支」に分けられます。

おもな国の貿易額と製品の占める割合 (2020年)

【資料】商品分類別輸出入額(総務省)

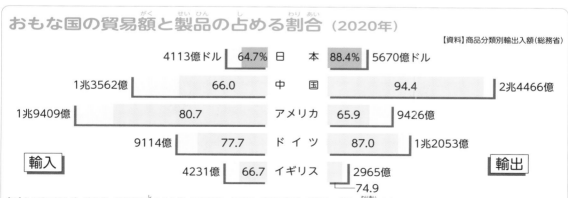

輸入		国	輸出	
4113億ドル	64.7%	日　本	88.4%	5670億ドル
1兆3562億	66.0	中　国	94.4	2兆4466億
1兆9409億	80.7	アメリカ	65.9	9426億
9114億	77.7	ドイツ	87.0	1兆2053億
4231億	66.7	イギリス	74.9	2965億

【注】色の濃い部分が、輸入額、輸出額に占める化学・工業製品、機械類、輸送用機器、雑製品の合計の割合(%)。日本は原材料を輸入し、加工して製品に仕上げ、輸出するという「加工貿易」で、経済大国になった。2010年までの日本は輸入よりも輸出の貿易額が多かったが、11年から5年連続で貿易収支が赤字になった。16年に6年ぶりに黒字となった後、21年まで6年連続で黒字となっている。なお、日本、アメリカ、イギリス、中国は「一般貿易方式」(再輸出を含むすべての輸出入を記録)だが、ドイツは「特別貿易方式」(税関を通過した輸出入のみ記録)での数値。

小売店・デパート・スーパー

商業

コンビニエンスストアは、24時間営業で手軽に商品を購入できることから人気を集めている。コンビニエンスストアで、食品以外の商品の売上高が約30%あることに注目しよう。

商店の数、働く人、売上高（2016年）

【資料】経済センサス（経済産業省）

分　類	商店数	働く人	年間売上高
合　　計	135万5060	1159.6万人	581兆6263億円
おろし売店　総合商社など	1410	3.9	30兆1266
せんい、衣服	2万2883	24.5	12兆4209
飲食料品	7万0613	77.2	88兆8965
建築材料、鉱物、金属材料など	8万5388	75.8	115兆6454
機械器具	9万8974	121.8	116兆0704
その他	8万5163	90.7	73兆2421
小売店　デパート、総合スーパー	1590	33.1	12兆6348
織物、衣服	14万0465	69.8	9兆9869
飲食料品	29万9120	301.2	41兆5683
機械器具など	14万2223	88.4	27兆1135
その他	36万9061	239.1	43兆5288

おろし売店・小売店の数（働く人の数別、2016年）

【資料】経済産業省

働く人
- 9人以下　おろし売店 18万2486　小売店 28万5203
- 10〜99人　10万7775　15万5489
- 100人以上　6万5293　17万4934

総数　おろし売店 35万5554　小売店 61万5626

【注】店の数は企業と事業所の合計。

生活協同組合

【資料】厚生労働省

年　度	組合数	組合員数	供給・利用事業高
1970	1248	1266万人	2445億円
80	1335	2317	1兆2348
90	1259	3700	2兆9712
2000	1167	5354	3兆3752
20	1081	6767	3兆0676
21	1038	6761	3兆2845

デパートとスーパーの売上高（2021年）

【資料】商業動態統計年報（経済産業省）

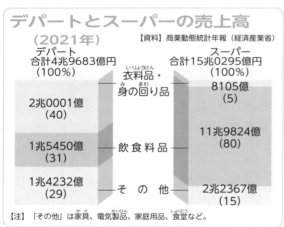

デパート　合計4兆9683億円（100%）
- 衣料品・身の回り品　2兆0001億（40）
- 飲食料品　1兆5450億（31）
- その他　1兆4232億（29）

スーパー　合計15兆0295億円（100%）
- 衣料品・身の回り品　8105億（5）
- 飲食料品　11兆9824億（80）
- その他　2兆2367億（15）

【注】「その他」は家具、電気製品、家庭用品、食堂など。

おもなコンビニエンスストアの売上高と店舗数

【資料】各社広報室

セブン-イレブン・ジャパン
年度	売上高（店舗数）
1981	2021億円（1306店）
91	1兆0818億（4629）
2001	2兆1140億（9060）
21	4兆8599億（2万1205）

ファミリーマート
年度	
1981	135億（113）
91	3767億（2450）
2001	8987億（5856）
20	2兆8100億（1万6634）

ローソン
年度	
1981	766億（767）
91	5990億（4070）
2001	1兆2823億（7734）
21	2兆4427億（1万4656）

【注】売上高の多い方からベスト3。
※ファミリーマートは20年の非上場化に伴い20年までのデータ

おもな外食産業の売上高

【資料】各社広報室

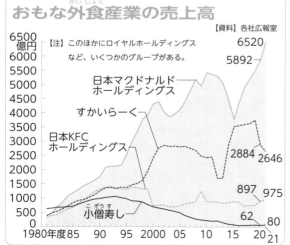

【注】このほかにロイヤルホールディングスなど、いくつかのグループがある。

- 日本マクドナルドホールディングス　6520・5892
- すかいらーく　2884・2646
- 日本KFCホールディングス　897・975
- 小僧寿し　62・80

（縦軸：億円　6500〜0　横軸：1980年度 85 90 95 2000 05 10 15 20 21）

コンビニエンスストアの商品販売額

【資料】商業動態統計年報（経済産業省）

	2010年	20	21
合計	8兆1136億（100%）	11兆6423億（100）	11兆7601億（100）
サービス売上高	3518億（4.3）	6132億（5.3）	6065億（5.2）
食品以外の商品	商品販売額 7兆7618億　2兆6003億（32.0）	商品販売額 11兆0291億　3兆6327億（31.2）	商品販売額 11兆1536億　3兆7766億（32.1）
加工食品	2兆4164億（29.8）	3兆0883億（26.5）	3兆0765億（26.2）
ファストフード類	2兆7451億（33.8）	4兆3081億（37.0）	4兆3005億（36.6）
店舗数	4万2347	5万6542	5万6352

通貨の出回り高は増え続けていたが、2022年は日本銀行券、貨幣ともに出回り高が減少した。また、景気は低迷しているが、個人の預金額は増えており、銀行の貸しつけ先も個人が最も多い。

お金の動き　　商業

通貨の出回り高

各年とも12月末
【資料】金融経済統計月報（日本銀行）

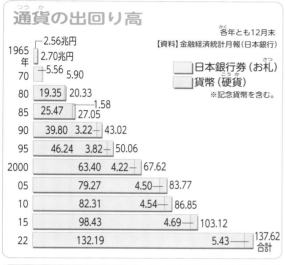

■ 日本銀行券（お札）
■ 貨幣（硬貨）
※記念貨幣を含む。

年	日本銀行券	貨幣	合計
1965	2.56兆円		2.70兆円
70	5.56		5.90
80	19.35		20.33
85	25.47	1.58	27.05
90	39.80	3.22	43.02
95	46.24	3.82	50.06
2000	63.40	4.22	67.62
05	79.27	4.50	83.77
10	82.31	4.54	86.85
15	98.43	4.69	103.12
22	132.19	5.43	137.62 合計

日本銀行券と貨幣の出回り高（2022年12月末）

【資料】金融経済統計月報（日本銀行）

日本銀行券	1万円札	123兆0583億円
	5000円札	3兆9472億
	2000円札	2113億
	1000円札	4兆8135億
	500円札	1084億
貨幣	500円硬貨	2兆6733億
	100円硬貨	1兆1978億
	50円硬貨	2410億
	10円硬貨	2094億
	5円硬貨	569億
	1円硬貨	404億

国内銀行の預金額

各年とも3月末
【資料】預金者別預金（日本銀行）

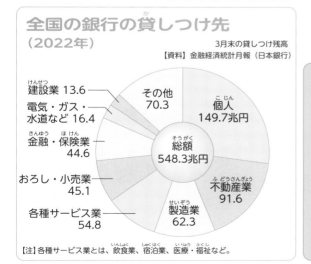

年	会社など	個人	公金など	合計
1965	12.5	6.0		18.5兆円
70	23.2	13.5		36.7
80	84.1	61.4		145.5
85	128.3	93.2		221.5
90	194.5	196.4		390.9
95	151.8	226.8		378.6
2000	142.5	286.2	41.3	470.0
15	203.3	430.4	40.0	673.7
22	317.3	539.1	67.6	924.0 合計

個人の預貯金額の移り変わり

各年とも3月末
【資料】家計の金融機関別預金残高（日本銀行）

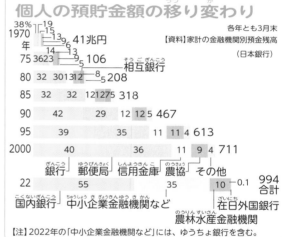

相互銀行

年	銀行／国内銀行	郵便局／中小企業金融機関など	信用金庫	農協／農林水産金融機関	その他／在日外国銀行	合計
1970	38%	19／15	13	9	6	41兆円
75	36	23	14	13	5	106
80	32	30	13	12	8／5	208
85	32	32	12	12	7／5	318
90	42	29	12	12	5	467
95	39	35	11	11	4	613
2000	40	36	11	9	4	711
22	55	35	10	0.1		994 合計

【注】2022年の「中小企業金融機関など」には、ゆうちょ銀行を含む。

全国の銀行の貸しつけ先（2022年）

3月末の貸しつけ残高
【資料】金融経済統計月報（日本銀行）

総額 548.3兆円

- 個人 149.7兆円
- 不動産業 91.6
- 製造業 62.3
- 各種サービス業 54.8
- おろし・小売業 45.1
- 金融・保険業 44.6
- 電気・ガス・水道など 16.4
- 建設業 13.6
- その他 70.3

【注】各種サービス業とは、飲食業、宿泊業、医療・福祉など。

キーワード

「日本銀行」って？

　「日本銀行」（日銀）は日本で唯一、お札を発行できる「発券銀行」です。また、日銀は「銀行の銀行」で、一般の銀行は日銀にお金を預けたり、日銀からお金を借りたりしています。さらに、日銀は「政府の銀行」で、国のお金の出し入れを扱います。日銀は個人や会社などとは取引をしませんが、景気に合わせて金利を調整して物価を安定させたり、銀行の経営状態をチェックしてお金の流れを守ったりする役割を担っています。

2022年3月現在、高速道路の総延長は9155km（供用中）。首都高速の1日の交通量（21年度平均）は約94万台。高速道路利用車両のETC（自動料金収受システム）利用率は9割以上。各地域の高速道路の現状（供用中・建設中・計画）を見よう。

高速自動車国道（2022年3月）おもな路線

【資料】国土交通省

北海道縦貫自動車道	北関東自動車道	関西国際空港線	四国縦貫自動車道
北海道横断自動車道	成田国際空港線	中国縦貫自動車道	四国横断自動車道
東北縦貫自動車道	中央自動車道	山陽自動車道	九州縦貫自動車道
東北横断自動車道	第一東海自動車道（東名）	中国横断自動車道	九州横断自動車道
日本海沿岸東北自動車道	東海北陸自動車道	山陰自動車道	東九州自動車道
東北中央自動車道	第二東海自動車道（新東名）	関門自動車道	沖縄自動車道
関越自動車道	中部横断自動車道		
常磐自動車道	北陸自動車道		
東関東自動車道	近畿自動車道		

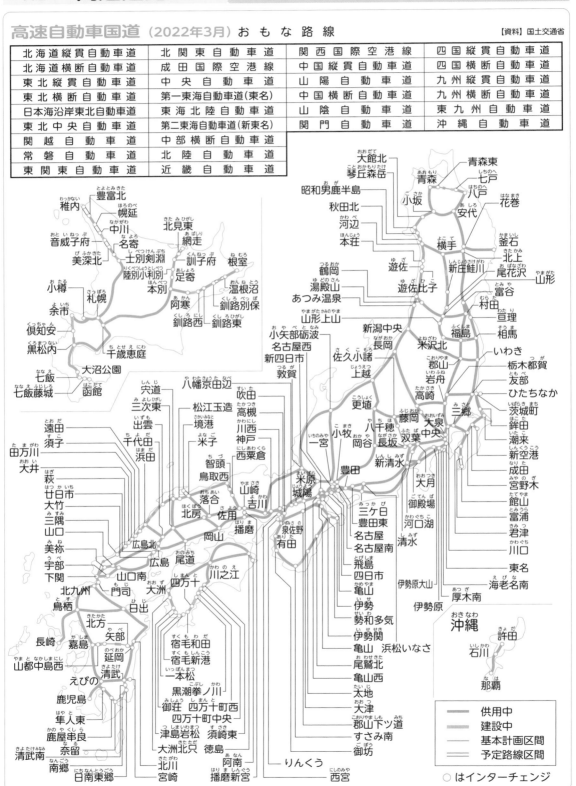

○はインターチェンジ

凡例：
供用中
建設中
基本計画区間
予定路線区間

日本の道路の総延長や交通量を確認しよう。長い橋やトンネルについても調べよう。国道のアスファルト舗装が始まったのは1919年だが、現在はどのくらい舗装されているだろうか。

道路・高速バス　交通

道路の舗装率 （2019年3月末現在）

【資料】道路統計年報2020（国土交通省）

実延長（km）　舗装部分（ ）内は舗装率。簡易舗装を含む。

高速自動車国道 9021（100%）
一般国道 55874（99.5%）
主要地方道 57956（98.3%）
一般都道府県道 71798（95.7%）　実延長合計 1226489
市町村道 1031840（79.6%）

【参考】まだ使っていない（未供用）道路なども含めた総延長は128万1073km。
主要地方道は、とくに重要な都道府県道と市道。

高速バスの利用

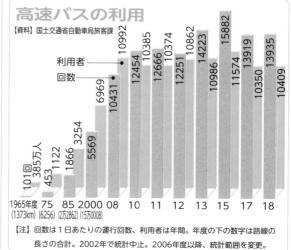

【資料】国土交通省自動車局旅客課

利用者
回数

	1965年度	75	85	2000	08	10	11	12	13	15	17	18
回数	101	453	1122	1866	10431	10992	12666	12251	10986	11574	10350	10409
利用者	385万人	—	—	3254	5569	6969	12454	10385	10374	10862	14223	15882	13919	13935

（1373km）（6256）（2万2862）（15万0008）

【注】回数は1日あたりの運行回数、利用者は年間。年度の下の数字は路線の長さの合計。2002年で統計中止。2006年度以降、統計範囲を変更。

道路の平均交通量

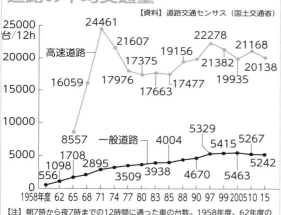

【資料】道路交通センサス（国土交通省）

25000
台/12h

高速道路
24461
21607
17375　17976　17663　17477　19156　22278　21382　19935　21168
16059
8557
一般道路
5329　5415　5267
4004　4670　5463　5242
1708　2895　3509　3938
1098
556

| 1958年度 | 62 | 65 | 68 | 71 | 74 | 77 | 80 | 83 | 85 | 88 | 90 | 97 | 99 | 2005 | 10 | 15 |

【注】朝7時から夜7時までの12時間に通った車の台数。1958年度、62年度の数値には自動二輪車が含まれる。

交通量の多い一般道路 （2015年度）

【資料】道路交通センサス（国土交通省）

順位	交通量（台/12h）	観測地点名	路線名
1	103633	神奈川県横浜市旭区桐が作	一般国道16号（保土ケ谷バイパス）
2	103616	新潟県新潟市中央区紫竹山	一般国道8号（新潟バイパス）
3	90895	大阪府大阪市北区豊崎	一般国道423号（新御堂筋）
4	85478	新潟県新潟市東区紫竹	一般国道7号
5	80145	大阪府東大阪市本庄西	大阪中央環状線
6	79159	愛知県大府市北崎町大根	一般国道23号
7	68860	新潟県新潟市西区立仏	一般国道116号
8	62481	兵庫県加古川市東神吉町砂部	一般国道2号（加古川バイパス）
9	60264	宮城県仙台市宮城野区小鶴羽黒	一般国道4号
10	59502	大阪府堺市南区竹城台	富田林泉大津線

【注】平日の朝7時から夜7時までの調査。一般国道の有料区間を除く。1路線につき1区間のみ対象。

長い橋とトンネルのベスト10

【資料】（一社）日本トンネル技術協会、本州四国連絡高速道路（株）

橋 （2022年12月現在）			
順位	名 称	中央支間長（m）①	所在都道府県
1	明石海峡大橋	1991	兵 庫
2	南備讃瀬戸大橋	1100	香 川
3	来島海峡第三大橋	1030	愛 媛
4	来島海峡第二大橋	1020	愛 媛
5	北備讃瀬戸大橋	990	香 川
6	下津井瀬戸大橋	940	岡山～香川
7	多々羅大橋	890	広島～愛媛
8	大鳴門橋	876	兵庫～徳島
9	因島大橋	770	広 島
10	安芸灘大橋	750	広 島

道路トンネル② （2022年12月現在）			
順位	名 称	延長（m）③	所在都道府県
1	関越トンネル	11055	群馬～新潟
2	飛驒トンネル	10710	岐 阜
3	東京湾アクアトンネル	9547	神奈川～千葉
4	栗子トンネル	8972	山形～福島
5	恵那山トンネル	8649	長野～岐阜
6	新神戸トンネル	8060	兵 庫
7	雁坂トンネル	6625	山梨～埼玉
8	肥後トンネル	6340	熊 本
9	加久藤トンネル	6265	熊本～宮崎
10	温海トンネル	6022	山 形

【注】①塔と塔の間の距離　②首都高速道路など都市トンネルは除く　③上下線2本のトンネルがある場合は延長が長いほうを記載している。

統計｜日本｜交通

交通 **鉄道**

鉄道は、省エネの交通手段(1人1kmあたりCO₂排出量・鉄道28g、バス109g、自家用乗用車131g=2020年度)だが、国内で利用されている距離や人数はどれくらいか、3大都市圏の利用状況も見てみよう。

JRと私鉄の旅客数

【資料】鉄道輸送統計年報（国土交通省）

	JR(国鉄)		私鉄	
1950年度	13	18	26	27億人
70	22	44	62	36
90	31	53	84	52
2000	33	54	75	55
10	33	55	77	62
18	37	58	88	69
19	36	59	89	68
20	21	46	66	43
21	25	46	68	50

普通／定期／定期／普通

JRと私鉄の営業キロ数

【資料】鉄道輸送統計年報（国土交通省）

1960年度末	JR(国鉄) 2万0482	私鉄7420km
80	2万1322	5594
90	2万0166	6630
2000	2万0057(うち新幹線2154)	7444
10	2万0124(うち新幹線2620)	7519
19	1万9949(うち新幹線2997)	7840
20	1万9901(うち新幹線2997)	7840
21	1万9676(うち新幹線2997)	7841

【注】私鉄には、路面電車を含む。JRは1987年から。

JRの車両数

【資料】国土交通省

1965年度末			2022年3月
3164両	蒸気機関車	12両	
1369	電気機関車	458	
8569 582	ディーゼル機関車	250	
	電車		1万7877
488	新幹線電車		4839
4595	気動車		2157
1万0362	客車	91	
	貨車		9321
14万2258			

【注】2022年3月現在のJRの電化区間は1万2513.7kmで、総営業キロの63.6%。

JRの主な駅の1日平均乗客数 （2021年度）

【資料】JR東日本、JR東海、JR西日本

駅　　　名	都府県	乗客数(人)
新　　宿　しんじゅく	東　　京	52万2178
池　　袋　いけぶくろ	〃	40万7490
東　　京　とうきょう	〃	32万9496
横　　浜　よこはま	神　奈　川	30万3759
大　　阪　おおさか	大　　阪	29万4979
渋　　谷　しぶや	東　　京	24万8505
品　　川　しながわ	〃	21万2502＊
大　　宮　おおみや	埼　　玉	20万3160
北　千　住　きたせんじゅ	東　　京	16万8566
新　　橋　しんばし	〃	16万7406
川　　崎　かわさき	神　奈　川	16万2712
秋　葉　原　あきはばら	東　　京	16万1529
高　田　馬　場　たかだのばば	〃	15万0734
名　古　屋　なごや	愛　　知	14万3058
立　　川　たちかわ	東　　京	13万0820
京　　都　きょうと	京　　都	13万0294＊
上　　野　うえの	東　　京	12万2085
天　王　寺　てんのうじ	大　　阪	11万3905
西　船　橋　にしふなばし	千　　葉	11万0680
船　　橋　ふなばし	〃	10万9860

【注】新幹線を含む。ただし＊は東海道新幹線分を含まず。3社の数値からの概算。

地下鉄の営業キロ数

【資料】1965〜80年度 都市交通年報（国土交通省）　1990〜2021年度 日本地下鉄協会、9都市（※）の地下鉄を集計。

1965年度	123km
70	236
80	373
90	輸送人員（46億6100万人）516
2000	（46億7900万人）656
10	（52億3700万人）743
19	（62億1400万人）757
21	（44億8500万人）764

【注】1927(昭和2)年、東京の浅草—上野間に、初の地下鉄が開通。※札幌、仙台、東京、横浜、名古屋、京都、大阪、神戸、福岡の9都市（10社局）。ほかに千葉県、埼玉県、広島県と横浜市にも5つの地下鉄があり、それを含めると2021年度で、営業キロ850km、輸送人員46億7233万人。

知っトク情報

新幹線は環境に優しい？

　江戸から京都まで約500km。今なら新幹線で2時間20分ほどだが、昔は東海道を15日ほどかけて歩きました。『大江戸えねるぎー事情』（講談社文庫）という本によると、この間を歩くのに必要なエネルギーは約3万kcalで、石油換算だと約3リットル分。一方、約3万500kcalあれば、この間を新幹線で人1人運べます。つまりエネルギーは歩行者並みで、時間は150分の1ですむのです。新幹線がいかにエコロジカルな乗り物かがわかりますね。

3大都市圏の旅客輸送量 （2016年度）

【資料】都市交通年報（国土交通省）

単位 百万人

バス954

首都交通圏	JR 5897	私鉄 5868	地下鉄 3852	合計 17147

タクシー・ハイヤー539

中京交通圏	1438

(JR 259、私鉄 502、地下鉄 473、バス 133、タクシー・ハイヤー 72、路面電車 —)　路面電車37

京阪神交通圏	5473

(JR 1429、私鉄 2190、地下鉄 1112、バス 487、タクシー・ハイヤー 230、路面電車 25)

【注】自家用車を除いた数値。首都交通圏は東京駅中心半径50km、中京交通圏は名古屋駅中心半径40km、京阪神交通圏は大阪駅中心半径50kmの範囲。

2019年度に航空機を利用した日本の旅行客は、国内線で1億0187万人、国際線で2143万人だった。20年度は新型コロナウイルスの影響で、国内線3377万人、国際線81万人に。21年度も国内線4969万人、国際線176万人だった。

おもな国内線の航空旅客数 （2021年度）

【資料】航空輸送統計（国土交通省）

順位	路　　線	旅客数	座席利用率
1	東京（羽田）～福岡	454万人	57.8%
2	〃 ～札幌（新千歳）	416	52.7
3	〃 ～大阪	288	59.1
4	〃 ～沖縄（那覇）	283	50.8
5	〃 ～鹿児島	109	50.8
6	東京（成田）～札幌（新千歳）	97	72.0
7	福岡 ～沖縄（那覇）	94	49.0
8	東京（成田）～福岡	90	76.2
9	東京（羽田）～熊本	85	49.9
10	〃 ～広島	76	49.9
11	中部 ～札幌（新千歳）	72	52.8
12	東京（羽田）～長崎	68	49.7
13	大阪 ～札幌（新千歳）	61	56.5
14	関西 〃	61	56.7
15	東京（羽田）～宮崎	60	41.4

空港 （2022年4月現在）

【資料】空港分布図（国土交通省）

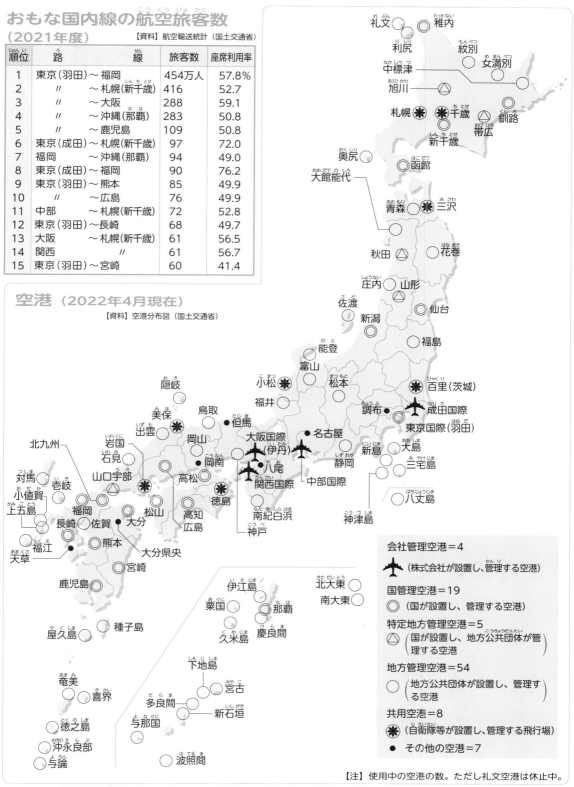

会社管理空港＝4
✈ （株式会社が設置し、管理する空港）

国管理空港＝19
◎ （国が設置し、管理する空港）

特定地方管理空港＝5
△ （国が設置し、地方公共団体が管理する空港）

地方管理空港＝54
○ （地方公共団体が設置し、管理する空港）

共用空港＝8
✳ （自衛隊等が設置し、管理する飛行場）

● その他の空港＝7

【注】使用中の空港の数。ただし礼文空港は休止中。

かんれん　外国に行った日本人と、日本に来た外国人 ➡ 245ページ

統計―日本―交通

交通 輸送量

人や物は、どんな交通手段で、どれくらいの数や量が運ばれているだろうか。乗り物別の輸送の特徴や1970年度からの変化をとらえてみよう。小口貨物量が伸びているのはなぜか考えてみよう。

乗り物別の旅客の数と輸送量

【資料】鉄道輸送統計年報ほか交通関係統計（国土交通省）

年度	JR（国鉄）	私鉄	バス	乗用車	その他（飛行機、船）	
1970年度 旅客数（億人）	65.34	98.50	102.55	42.89	(0.15、1.74)	
輸送量（億人キロ）	1897	991	822	193	(93、48)	
90	83.58	135.81	67.56	32.23	(0.65、1.63)	
	2377		1498		773	156 (516、63)
2000	86.71	129.76	50.58	24.33	(0.93、1.10)	
	2407		1438		695	121 (797、45)
10	88.18	138.51	44.58	17.83	(0.82、0.85)	
	2446		1489		700	77 (738、30)
18	95.56	157.14	46.46	13.91	(1.04、0.88)	
	2777		1639		641	60 (962、32)
19	95.03	156.87	45.32	12.68	(1.02、0.88)	
	2719		1631		601	55 (945、34)
20	67.07	109.63	32.62	7.38	(0.34、0.80)	
	1521		1111	225 30	(315、31)	
21	70.61	117.44	34.67	8.03	(0.50、0.45)	
	1702		1197	270 32	(467、15)	

【注】国鉄は1987年4月にJR6社などに分かれた。（ ）内の数字は左＝飛行機、右＝船。2018〜21年度の「船」は前年度の数値。自家用は除く。

小口貨物の輸送

【資料】宅配便等取扱実績（国土交通省）

【注】宅配便は1981年から本格的に始まった。郵便小包は、日本郵政公社の民営化に伴い、2007年度から宅配便数量に含める。また07年度からメール便の数量を示す。17年10月からメール便の一部を宅配便として集計。17年度には一部、集計期間が異なるものを含む。

メール便：56.38、48.34、52.43、52.64、48.36、49.53
宅配便：20.75、23.17、29.28、32.62、29.39、32.20、36.37、37.45、42.39、42.87
★86年度まで
郵便小包：4.93、6.12、11.01、14.34、16.16、25.74
JR（国鉄）手小荷物：1.50、1.63、3.51、4.00、3.26、3.10、0.12、0.07

1985年度 86 90 95 97 2000 05 06 07 10 13 15 20 21
（単位 億個）

貨物の輸送量

【資料】鉄道輸送統計年報（国土交通省）ほか

年度	鉄道	自動車	船
1970年度	2.56	46.26	3.52億t
80	1.63	53.18	5.00
90	0.87	61.14	5.75
2000	0.59	57.74	5.37
10	0.44	44.54	3.67
15	0.43	42.89	3.65
19	0.43	43.3	3.41
20	0.39	37.87	3.06
21	0.39	38.88	3.25

【注】飛行機は2019年度：78万t、20年度：43万t、21年度：48万t。

国内船の輸送量

【資料】内航船舶輸送統計年報（国土交通省）

客船 / 貨物船

年度	客船	貨物船
1970年度	1億7400万人	3億7665万t
90	1億6300万	5億7520万
2000	1億1013万	5億3702万
10	8505万	3億6673万
20	8020万	3億0608万
21	4530万	3億2466万

知っトク情報

パナマ船籍の船はどうして多いの？

パナマは、南北アメリカ大陸の間に位置している北海道より小さな国ですが、船の数でいえば世界一です。

そんな小さな国が、どうして多くの船を持っているのでしょうか。それは、本当の船の持ち主である船主が他国の会社であっても、船の国籍（船籍）をパナマに置いておく船が世界中にたくさんあるからです。なぜパナマに船籍を置くのかというと、パナマの制度に従い、パナマ船籍にしておくと、税金がかからないという特典があるからです。一方で、パナマには登録料が入ります。日本の船舶全体の7割がパナマ船籍になっています。

おもな国・地域の貨物船の船腹量（2020年）

【資料】"World Fleet Statistics" Lloyd's Register

国名	万総t	隻	国名	万総t	隻
日本	2790	3343	ギリシャ	3706	982
パナマ	2億2140	6698	マルタ	7940	1926
リベリア	1億8403	3800	シンガポール	8487	2185
マーシャル諸島	1億5957	3534	キプロス	2248	851
バハマ	5721	3539	香港	1億2877	2493
			中国	5332	1085
			世界合計	13億5380	6万1910

【注】100総t以上の鉄鋼船。

世界のインターネット利用率は、2022年には66%となり、世界人口の6割以上の人が利用するようになったが、国により普及率は異なる。国際電話（こくさいでんわ）についても、日本からどこの国にどのくらいかけているか、利用状況を確認しよう。

情報の利用・国際通信
情報（じょうほう）

世界のインターネット利用率

【資料】International Telecommunication Union

【注】2022年は推定値。

年	割合(%)
2005年	16
2010年	29
2015年	41
2020年	60
2022年	66

各国のインターネット普及率（2021年）

（人口あたりの割合）

【資料】International Telecommunication Union

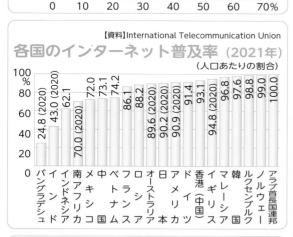

- バングラデシュ 24.8（2020）
- インド 43.0（2020）
- インドネシア 62.1
- 南アフリカ 70.0（2020）
- メキシコ 72.0
- 中国 73.1
- ベトナム 74.2
- フランス 86.1
- ロシア 88.2
- オーストラリア 89.6（2020）
- 日本 90.2（2020）
- アメリカ 90.9（2020）
- ドイツ 91.4
- 香港（中国）93.1
- イギリス 94.8（2020）
- マレーシア 96.8
- 韓国 97.6
- ルクセンブルク 98.8
- ノルウェー 99.0
- アラブ首長国連邦 100.0

ブロードバンド回線の契約数

【資料】情報通信統計データベース（総務省）

凡例：光ファイバー／無線／ケーブルテレビ回線／DSL

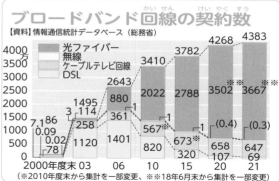

年度末	合計
2000	7,186（0.09／0.02／78）
03	1495（3／114／258／1120）
06	2643（880／361／1401）
10	3410（2022／567／820／1）
15	3782（2788／673／320／107）
20	4268（3502／658／69／(0.4)）
21	4383（3667／647／(0.3)）

（※2010年度末から集計を一部変更、※※18年6月末から集計を一部変更）

キーワード

「ブロードバンド」って？

文字、画像（がぞう）などの大量のデータを、一度に高速で送るシステムのことです。光ファイバーや DSL（デジタル加入者線）、ケーブルテレビ回線などが使われます。電話回線（ナローバンド）にくらべ、スピードが速く、音楽や動画（どうが）もスムーズに送れます。

日本のインターネット普及状況

【資料】通信利用動向調査（総務省）

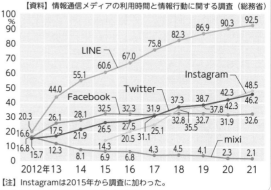

【注】個人は、過去1年間に利用機器・目的を問わず利用した者。世帯は、その中の誰かが過去1年間に利用した世帯。企業の1997年は従業者300人以上の企業。事業所は2007年以降、調査なし。01年以降の利用人口は推計。17年以降は公表がなく、推計人口から編集部で概算した。

ソーシャルメディア系サービス／アプリ等の利用率

【資料】情報通信メディアの利用時間と情報行動に関する調査（総務省）

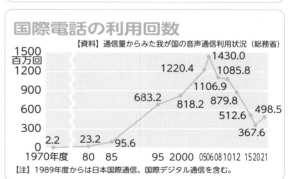

【注】Instagramは2015年から調査に加わった。

国際電話の量

（日本からの発信時間、2021年度）

【資料】通信量からみた我が国の音声通信利用状況（総務省）

国	割合	国	割合
アメリカ（本土）	33.0%	台湾	3.4%
中国	17.1%	シンガポール	2.5%
韓国	7.1%	イギリス	2.0%
香港	4.5%	ドイツ	1.6%
フィリピン	3.8%	ベトナム	1.4%
タイ	3.8%	フランス	1.4%
バングラデシュ	3.4%	その他	15.1%
		合計	1億7420万分（100%）

国際電話の利用回数

【資料】通信量からみた我が国の音声通信利用状況（総務省）

年度	百万回
1970	2.2
80	23.2
85	95.6
95	683.2
2000	818.2
05	1106.9
06	1220.4
08	1430.0
10	1085.8
12	879.8
15	512.6
20	367.6
21	498.5

【注】1989年度からは日本国際通信、国際デジタル通信を含む。

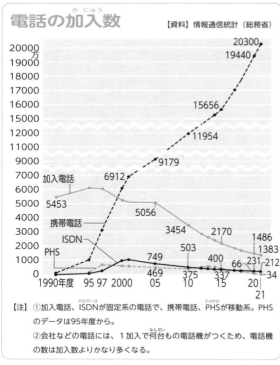

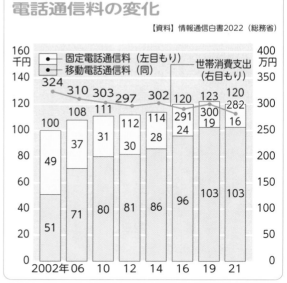

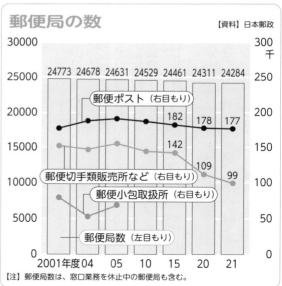

情報　電話・郵便

電話や郵便は重要な通信手段であるが、固定電話と移動電話の利用状況や、通常郵便と小包郵便の変化を見よう。インターネット回線を使うIP電話は2022年3月末で4534.8万件の利用。無料通話アプリやWEB会議ツールも普及。

電話の加入数

【資料】情報通信統計（総務省）

加入電話
携帯電話
ISDN
PHS

5453　6912　5056　3454　2170　1486　1383
9179　11954　15656　19440　20300
749　503　400　66　231　212
469　375　337　20　34

1990年度　95　97　2000　05　10　15　20　21

【注】①加入電話、ISDNが固定系の電話で、携帯電話、PHSが移動系。PHSのデータは95年度から。
②会社などの電話には、１加入で何台もの電話機がつくため、電話機の数は加入数よりかなり多くなる。

電話機の生産台数

単位　万台

【資料】機械統計年報・生産動態統計（経済産業省）
【注】2019年以降の携帯電話のデータは不明。
電話機の生産台数
2019年：18万台
2020年：15万台
2021年：13万台

携帯電話
電話機

130　957　5527　4709　2391　816　631　688
1979　1278　1305　189　107　34　23　19

1992年　1995　2000　2005　2010　2015　2017　2018

電話通信料の変化

【資料】情報通信白書2022（総務省）

固定電話通信料（左目もり）
移動電話通信料（同）
世帯消費支出（右目もり）

	2002年	06	10	12	14	16	19	21
計	100	108	111	112	114	120	123	120
固定	49	37	31	30	28	24	19	16
移動	51	71	80	81	86	96	103	103

324　310　303　297　302　291　300　282

郵便局の数

【資料】日本郵政

24773　24678　24631　24529　24461　24311　24284

郵便ポスト（右目もり）
郵便切手類販売所など（右目もり）
郵便小包取扱所（右目もり）
郵便局数（左目もり）

182　178　177
142
109　99

2001年度　04　05　10　15　20　21

【注】郵便局数は、窓口業務を休止中の郵便局も含む。

郵便の数

通常郵便

【注】通常郵便とは、はがき、手紙（封書）、書留、速達など。
＊速報値。

年賀状（元旦配達分）の数

【資料】日本郵政公社、日本郵政

小包郵便

【注】2005年度以降はゆうパックの取扱数（ゆうメールも含む）。

通常郵便	年賀状	年度	小包郵便
67.96億通	(10.69)	1960	1.00億個
154.91	(28.83)	80	1.84
223.38	(35.10)	90	3.51
261.14	(36.15)	2000	3.10
226.66	(31.20)	05	20.75
197.58	(20.84)	10	29.68
179.81	(17.42)	15	40.52
152.21	(11.57)	20	43.90
148.33	(10.30＊)	21	43.35

日本では、現在、電子新聞などのデジタルサービスも普及してきているが、紙の新聞がどれくらい発行されているか、1950年からの推移や日本各地の新聞、世界の状況も確認し、新聞の役割も考えてみよう。

新聞　情報

日本の新聞の販売部数 （2022年11月）

【資料】日本ABC協会

新聞名	販売部数	新聞名	販売部数	新聞名	販売部数	新聞名	販売部数	新聞名	販売部数
読 売 新 聞	657万部	信濃毎日新聞	41	南 日 本 新 聞	24	徳 島 新 聞	17	神 奈 川 新 聞	14
朝 日 新 聞	391	神 戸 新 聞	40	熊本日日新聞	24	山陰中央新報	17	岐 阜 新 聞	13
中 日 新 聞	185	東 京 新 聞	38	福 島 民 報	22	宮崎日日新聞	17	茨 城 新 聞	12
毎 日 新 聞	184	河 北 新 報	38	北 日 本 新 聞	20	福 井 新 聞	17	佐 賀 新 聞	12
日本経済新聞	165	新 潟 日 報	38	秋田魁新報	20	大分合同新聞	16	デーリー東北	9
産 経 新 聞	99	京 都 新 聞	33	東 奥 日 報	20	長 崎 新 聞	16	北陸中日新聞	8
北 海 道 新 聞	84	北國（富山）新聞	32	山 形 新 聞	18	四 国 新 聞	16		
静 岡 新 聞	53	山 陽 新 聞	29	愛 媛 新 聞	18	福 島 民 友	15	日本農業新聞	28
中 国 新 聞	51	下 野 新 聞	28	山梨日日新聞	17	日 本 海 新 聞	14	沖縄タイムス	14
西 日 本 新 聞	41	上 毛 新 聞	27	岩 手 日 報	17	高 知 新 聞	14	琉 球 新 報	14

【注】日本ABC協会加盟の主要日刊紙の朝刊部数。琉球新報と沖縄タイムスは広告会社資料による（2022年8月現在）。

世界各国・地域の日刊紙の発行部数

【資料】日本新聞年鑑2022

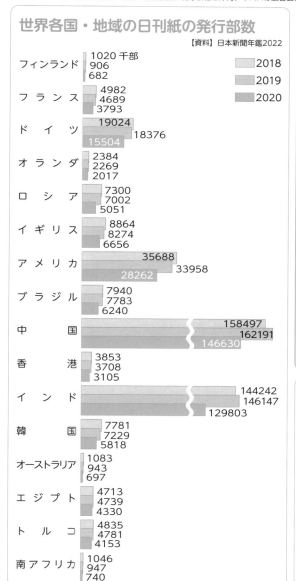

フィンランド：1020 千部／906／682
フランス：4982／4689／3793
ドイツ：19024／18376／15504
オランダ：2384／2269／2017
ロシア：7300／7002／5051
イギリス：8864／8274／6656
アメリカ：35688／33958／28262
ブラジル：7940／7783／6240
中国：158497／162191／146630
香港：3853／3708／3105
インド：144242／146147／129803
韓国：7781／7229／5818
オーストラリア：1083／943／697
エジプト：4713／4739／4330
トルコ：4835／4781／4153
南アフリカ：1046／947／740

2018／2019／2020

知っトク情報

世界の新聞の状況

【資料】日本新聞年鑑2023

多くの国で、引き続き、新聞の発行部数は減少傾向にあり、特に紙媒体は減少が著しく、電子版の増加で補ったり、トルコやマレーシア、カンボジアなどでは電子版に完全移行した新聞もあります。カナダ、スイス、イギリスなどでは政府が報道機関や記者を支援していますが、政権や国軍が、検閲やメディア統制をする国も多く、メキシコで2022年1〜6月に12人の記者が殺害されたほか、拘束・脅迫・妨害される国もあります。香港では「リンゴ日報」が廃刊に追い込まれ、民主派ネットメディアも相次いで停止。02年に18位だった報道の自由度ランキングは、21年に80位、22年は148位。ロシアは、22年のウクライナ侵攻後に統制を極度に強め、政権側の「公式発表」以外は報じることが禁止され、プーチン政権に不都合な独立系メディアのウェブサイトへのアクセス遮断が相次ぎました。

報道の自由度ランキング （国際ジャーナリスト組織「国境なき記者団」2022年発表）

1位：ノルウェー／6位：アイルランド／12位：ジャマイカ／16位：ドイツ／26位：フランス／35位：南アフリカ／43位：韓国／71位：日本／86位：イスラエル／115位：タイ／138位：アラブ首長国連邦／148位：香港／155位：ロシア／174位：ベトナム／175位：中国／178位：イラン／180位：北朝鮮

日刊紙の発行部数（日本）【資料】日本新聞協会

朝夕刊セットを2部とし、朝刊単独紙、夕刊単独紙を合算した場合の1日あたり部数。（ ）は1部あたり人口。

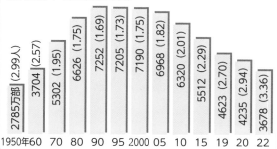

1950年	60	70	80	90	95	2000	05	10	15	19	20	22
2785万部 (2.99人)	3704 (2.57)	5302 (1.95)	6626 (1.75)	7252 (1.69)	7205 (1.73)	7190 (1.75)	6968 (1.82)	6320 (2.01)	5512 (2.29)	4623 (2.70)	4235 (2.94)	3678 (3.36)

統計｜日本｜情報

自分が見るテレビ番組について、全国のどのテレビ局で放送されているかを確認し、その番組を報道、教養、娯楽などに分けてみよう。現在、4Kや8Kなど、立体感や臨場感のある映像の高度化が進められている。

おもな民間テレビ局 （2022年）

【資料】日本民間放送連盟

都道府県ほか	テレビ局
北海道	北海道放送※、札幌テレビ放送、北海道テレビ放送、北海道文化放送、テレビ北海道
青森	青森放送※、青森テレビ、青森朝日放送
岩手	IBC岩手放送※、テレビ岩手、岩手めんこいテレビ、岩手朝日テレビ
宮城	東北放送※、仙台放送、宮城テレビ放送、東日本放送
秋田	秋田放送※、秋田テレビ、秋田朝日放送
山形	山形放送※、山形テレビ、テレビユー山形、さくらんぼテレビジョン
福島	福島テレビ、福島中央テレビ、福島放送、テレビユー福島
栃木	とちぎテレビ　　群馬　群馬テレビ
埼玉	テレビ埼玉　　千葉　千葉テレビ放送
東京	TBSテレビ、日本テレビ放送網、テレビ朝日、フジテレビジョン、テレビ東京、東京メトロポリタンテレビジョン
神奈川	テレビ神奈川
新潟	新潟放送※、NST新潟総合テレビ、テレビ新潟放送網、新潟テレビ21
富山	北日本放送※、富山テレビ放送、チューリップテレビ
石川	北陸放送※、石川テレビ放送、テレビ金沢、北陸朝日放送
福井	福井放送※、福井テレビジョン放送
山梨	山梨放送※、テレビ山梨
長野	信越放送※、長野放送、テレビ信州、長野朝日放送
岐阜	岐阜放送※
静岡	静岡放送※、テレビ静岡、静岡朝日テレビ、静岡第一テレビ
愛知	CBCテレビ、東海テレビ放送、名古屋テレビ放送、中京テレビ放送、テレビ愛知
三重	三重テレビ放送　　滋賀　びわ湖放送
京都	京都放送※
大阪	毎日放送、朝日放送テレビ、読売テレビ放送、関西テレビ放送、テレビ大阪
兵庫	サンテレビジョン
奈良	奈良テレビ放送
和歌山	テレビ和歌山
鳥取	山陰放送※、日本海テレビ
島根	TSKさんいん中央テレビ
岡山	RSK山陽放送※、岡山放送、テレビせとうち
広島	中国放送※、広島テレビ放送、広島ホームテレビ、テレビ新広島
山口	山口放送※、テレビ山口、山口朝日放送
徳島	四国放送※
香川	西日本放送※、瀬戸内海放送
愛媛	南海放送※、テレビ愛媛、あいテレビ、愛媛朝日テレビ
高知	高知放送※、テレビ高知、高知さんさんテレビ
福岡	RKB毎日放送※、九州朝日放送※、テレビ西日本、福岡放送、TVQ九州放送
佐賀	サガテレビ
長崎	長崎放送※、テレビ長崎、長崎文化放送、長崎国際テレビ
熊本	熊本放送※、テレビ熊本、熊本県民テレビ、熊本朝日放送
大分	大分放送※、テレビ大分、大分朝日放送
宮崎	宮崎放送※、テレビ宮崎
鹿児島	南日本放送※、鹿児島テレビ放送、鹿児島放送、鹿児島読売テレビ
沖縄	琉球放送※、沖縄テレビ放送、琉球朝日放送
BS局	WOWOW、BS日本、BS-TBS、ビーエスフジ、BS朝日、BSテレビ東京、日本BS放送、ジェイ・スポーツ、ブロードキャスト・サテライト・ディズニー、ワールド・ハイビジョン・チャンネル

【注】日本民間放送連盟加入の会社。※はラジオ・テレビ兼営。12月1日現在。

テレビの受信契約数

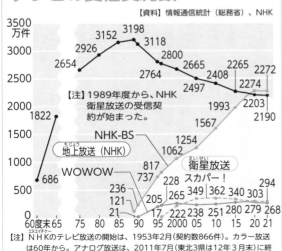

【資料】情報通信統計（総務省）、NHK

【注】1989年度から、NHK衛星放送の受信契約が始まった。

地上放送（NHK）　NHK-BS　WOWOW　衛星放送　スカパー！

【注】NHKのテレビ放送の開始は、1953年2月（契約数866件）。カラー放送は60年から。アナログ放送は、2011年7月（東北3県は12年3月末）に終了した。

テレビ番組のうちわけ （2022年）

【資料】NHK（ことしの仕事2022）、テレビ朝日、TBSテレビ、日本テレビ、フジテレビ、テレビ東京

NHK総合テレビ	報道 42.3%	娯楽 23.3	教養 24.2	教育 10.2
民間放送テレビ5社計	報道 19.4%	娯楽 37.0	教養 23.0	教育 12.5

通信販売・その他 8.1

【注】民間放送は2022年度上半期の割合。NHKは2022年度（予定も含む）。スポーツは娯楽、または教養に入る。

2021年の出版物刊行総部数は約23.0億冊（本＋雑誌）だが、1970年、1997年、2021年の刊行部数を比べると、どんな変化があるか、また電子出版では、コミックがどれくらいの割合を占めているか、確認しよう。

出版　情報

出版物の刊行部数

【資料】出版指標年報（出版科学研究所）

創刊された雑誌類（定期刊行物）の点数

| 133点 | 175 | 235 | 245 | 155 | 202 | 179 | 209 | 201 | 177 | 110 | 70 | 43 | 33 |

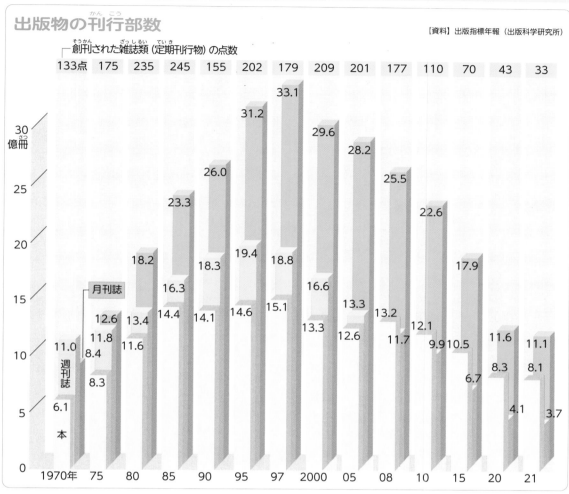

（月刊誌・週刊誌・本のグラフ）

1970年 75 80 85 90 95 97 2000 05 08 10 15 20 21

電子出版市場の進行状況

【資料】出版指標年報（出版科学研究所）

凡例：書籍／雑誌／コミック

	書籍	雑誌	コミック	計
2014	192	65	887	1144
2017	290	178	1747	2215
2021年	449	99	4114	4662

（単位：億円）

各国の本の出版点数とデジタル率

【資料】世界知的所有権機関（WIPO）、欧州出版社連盟（FEP）

国名	書籍点数	デジタル率	国名	書籍点数	デジタル率
イギリス	18万6000		トルコ	8万8975	7.8%
デンマーク	1万0715	46.0%	ロシア (2019)	11万5171	
スペイン	8万3622	30.0	ノルウェー	1万4114	51.5
ポルトガル	1万8925	32.7	カ ナ ダ	1万0433	
イタリア	12万5948	41.5	メキシコ	1万8713	34.0
チェコ	1万6474	13.9	タ イ*	9710	8.2
ギリシャ	9583	10.1	オーストラリア	1万9241	28.3

【注】ロシアは2019年、それ以外は2020年のデータ。書籍点数は、出版されたタイトル数、デジタル率はオーディオを含む。＊は一般書のみ。データがない国もある。

日本の本の出版点数（2021年）

【資料】出版指標年報2022（出版科学研究所）

語学 1332 (1.9)
総記 760 (1.1)
産業 2275 (3.3)
哲学 3402 (4.9)
工学・工業 3662 (5.3)
歴史・地理 3902 (5.7)
児童書 4446 (6.4)
自然科学 5043 (7.3)
学習参考書 5711 (8.3)

社会科学 1万4159 (20.5)
芸術・生活 1万2289 (17.8)
文学 1万2071 (17.5)

合計
6万9052点
［8億1382万冊］
（100%）

【注】点数は新しく出た本の数。上・下巻に分かれる場合は2点と数える。
［ ］の冊数は、重版などを含めた出回り総数。

政治 **国の財政**

国や地方自治体が行う経済活動を財政という。国は国民が納める税金を使って、公共事業や公的サービスを行う。コロナショックの影響で、2020年、21年は国の予算や国債発行額が大幅に増えている。

国の予算

単位：億円　　【資料】財務省

【注】一般会計の補正後予算。

年度	
1965年度	3兆7447
70	8兆2131
75	20兆8372
80	43兆6814
85	53兆2229
90	69兆6512
95	78兆0340
2000	89兆7702
05	86兆7048
11	107兆5105
22	139兆2196

国の歳入 （2022年度予算）

単位：億円

【資料】令和4年度補正予算第2号(財務省)
【注】一般会計の補正後予算。

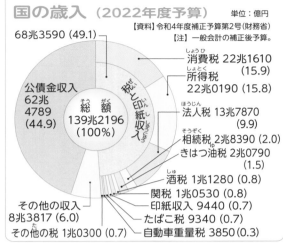

総額 139兆2196（100％）

公債金収入 62兆4789（44.9）
68兆3590（49.1）
税と印紙収入
消費税 22兆1610（15.9）
所得税 22兆0190（15.8）
法人税 13兆7870（9.9）
相続税 2兆8390（2.0）
きはつ油税 2兆0790（1.5）
酒税 1兆1280（0.8）
関税 1兆0530（0.8）
印紙収入 9440（0.7）
たばこ税 9340（0.7）
自動車重量税 3850（0.3）
その他の収入 8兆3817（6.0）
その他の税 1兆0300（0.7）

キーワード

「赤字国債、建設国債」って？

　家庭で、毎月の収入以上におかねが必要になった場合は、銀行などから借ります。国も同じで、収入（歳入）より、支出（歳出）が多い場合、おかねを貸してくれるところをさがします。国債は「これだけ、おかねを借りました」という借金の証拠です。国を運営していくための費用は、税金でまかなうのが原則です。でも、道路や空港をつくるには、たくさんのおかねが必要です。こうしたものをつくるための借金を「建設国債」といい、あとに道路などの施設が残ります。税金でまかなうべき費用が足りなくなって借金をするのが「赤字国債」です。こちらは、施設等は残らず、あとの世代に負担を残します。

国の歳出 （2022年度予算）

単位：億円

【資料】令和4年度補正予算第2号及び特第2号等の説明(財務省)
【注】一般会計の補正後予算。

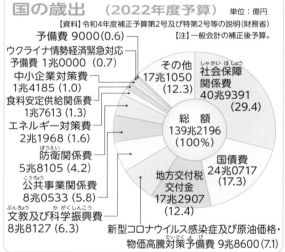

総額 139兆2196（100％）

社会保障関係費 40兆9391（29.4）
国債費 24兆0717（17.3）
地方交付税交付金 17兆2907（12.4）
新型コロナウイルス感染症及び原油価格・物価高騰対策予備費 9兆8600（7.1）
文教及び科学振興費 8兆8127（6.3）
公共事業関係費 8兆0533（5.8）
防衛関係費 5兆8105（4.2）
エネルギー対策費 2兆1968（1.6）
食料安定供給関係費 1兆7613（1.3）
中小企業対策費 1兆4185（1.0）
ウクライナ情勢経済緊急対応予備費 1兆0000（0.7）
予備費 9000（0.6）
その他 17兆1050（12.3）

国債の発行額と残高

【資料】財務省

建設国債　赤字国債 2兆0905　単位：億円

国債発行額
年度			
1975年度	3兆1900	2兆0905	合計 5兆2805（25.3％）
80	6兆9550	7兆2152	14兆1702（32.6）
85	6兆3030	6兆0050	12兆3080（23.2）
90	6兆3432	9689	7兆3120（10.6）
95	16兆4401	4兆8069	21兆2470（28.0）
2000	11兆1380	21兆8660	33兆0040（36.9）
05	7兆7620	23兆5070	31兆2690（36.6）
10	7兆6030	34兆7000	42兆3030（44.4）
15	6兆4790	29兆9393	36兆4183（36.5）
22	6兆2510	33兆3759	39兆6269（28.5）

国債残高
年度	
1975年度	15兆円
80	71兆円
85	134兆円
90	166兆円
95	225兆円
2000	368兆円
05	527兆円
10	636兆円
15	805兆円
22	1042兆円

【注】（ ）は、一般会計の予算にしめる国債の割合。2010年度までは決算額。
　　　15、22年度は補正後予定額。

【注】残高は各年度末の実績。(22年度は見込み)

地方自治体が仕事をするためのおかねには、住んでいる人や会社が支払う地方税と、国から出る地方交付税や国庫支出金の2種類がある。47都道府県合計、市町村合計の決算は黒字だ。

地方の財政・税金

政治

都道府県と市町村の歳入と歳出 （2021年度決算）

【資料】都道府県・市町村普通会計決算の概要（総務省）

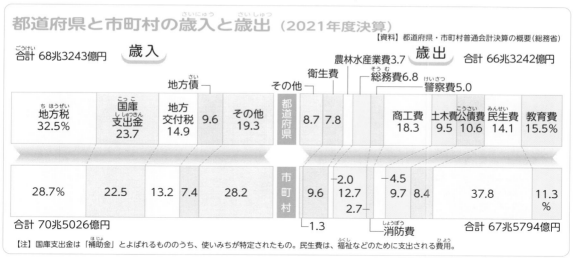

歳入　合計 68兆3243億円

地方税 32.5%	国庫支出金 23.7	地方交付税 14.9	地方債 9.6	その他 19.3

歳出　合計 66兆3242億円

都道府県

衛生費 8.7　その他 7.8　農林水産業費3.7　総務費6.8　警察費5.0　商工費 18.3　土木費 9.5　公債費 10.6　民生費 14.1　教育費 15.5%

市町村

| 28.7% | 22.5 | 13.2 | 7.4 | 28.2 |

合計 70兆5026億円

9.6　1.3　2.0　12.7　2.7　4.5　9.7　8.4　消防費　37.8　11.3%

合計 67兆5794億円

【注】国庫支出金は「補助金」とよばれるもののうち、使いみちが特定されたもの。民生費は、福祉などのために支出される費用。

国税と地方税の割合

（2022年度当初予算）

【資料】地方税に関する参考計数資料（総務省）

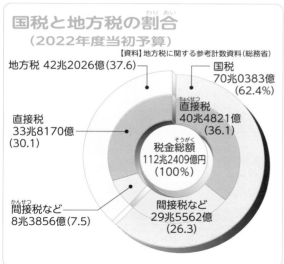

地方税 42兆2026億（37.6）
国税 70兆0383億（62.4%）
直接税 40兆4821億（36.1）
直接税 33兆8170億（30.1）
税金総額 112兆2409億円（100%）
間接税など 8兆3856億（7.5）
間接税など 29兆5562億（26.3）

所得に対する税金と社会保障の負担率

【資料】負担率に関する資料（財務省）

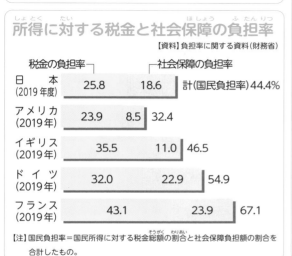

	税金の負担率	社会保障の負担率	
日 本（2019年度）	25.8	18.6	計(国民負担率)44.4%
アメリカ（2019年）	23.9	8.5	32.4
イギリス（2019年）	35.5	11.0	46.5
ド イ ツ（2019年）	32.0	22.9	54.9
フランス（2019年）	43.1	23.9	67.1

【注】国民負担率＝国民所得に対する税金総額の割合と社会保障負担額の割合を合計したもの。

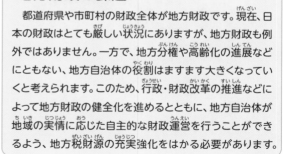

地方財政の課題

　都道府県や市町村の財政全体が地方財政です。現在、日本の財政はとても厳しい状況にありますが、地方財政も例外ではありません。一方で、地方分権や高齢化の進展などにともない、地方自治体の役割はますます大きくなっていくと考えられます。このため、行政・財政改革の推進などによって地方財政の健全化を進めるとともに、地方自治体が地域の実情に応じた自主的な財政運営を行うことができるよう、地方税財源の充実強化をはかる必要があります。

直接税と間接税などの比率

（国税＋地方税）

【資料】わが国税制・財政の現状全般に関する資料（財務省）

	直接税	間接税など
日 本（2019年度）	67%	33%
アメリカ（2019年）	76	24
イギリス（2019年）	56	44
ド イ ツ（2019年）	55	45
フランス（2019年）	54	46

【注】①「直接税」は、個人の収入から払う所得税や会社が払う法人税など。「間接税など」は、消費税（国によっては付加価値税ともよぶ）や酒税、たばこ税、きはつ油税など。②日本は当初予算。

統計｜日本｜政治

1951年に（旧）日米安全保障条約が結ばれ、以降、日本はアメリカ軍に基地や施設を提供している。おもな基地の位置を見てみよう。また、なぜ沖縄県にアメリカ軍専用基地が集中しているかを考えよう。

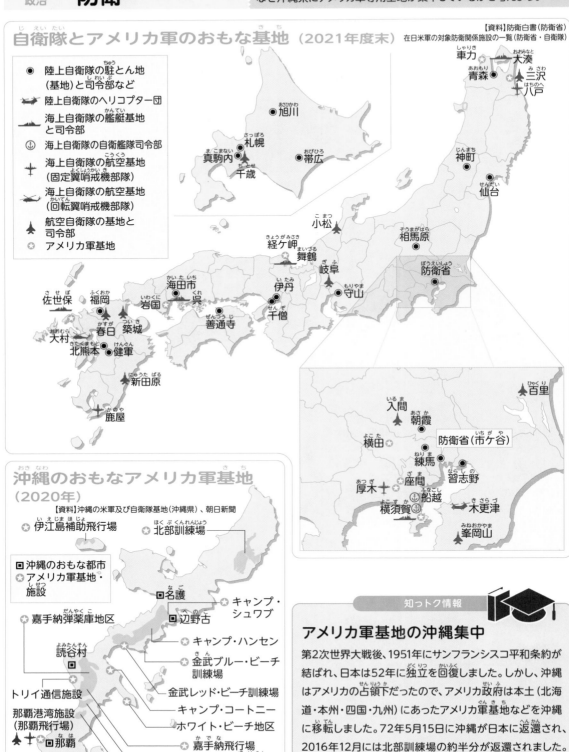

自衛隊とアメリカ軍のおもな基地（2021年度末）

【資料】防衛白書（防衛省）
在日米軍の対象防衛関係施設の一覧（防衛省・自衛隊）

凡例
- ◉ 陸上自衛隊の駐とん地（基地）と司令部など
- ✈ 陸上自衛隊のヘリコプター団
- ⚓ 海上自衛隊の艦艇基地と司令部
- ⚓ 海上自衛隊の自衛艦隊司令部
- ✈ 海上自衛隊の航空基地（固定翼哨戒機部隊）
- 🚁 海上自衛隊の航空基地（回転翼哨戒機部隊）
- ✈ 航空自衛隊の基地と司令部
- ✪ アメリカ軍基地

車力　大湊　青森　三沢　八戸
旭川　札幌　真駒内　千歳　帯広　神町　仙台
小松　相馬原　相馬原　経ケ岬　舞鶴　岐阜　防衛省
佐世保　福岡　岩国　海田市　呉　伊丹　守山
大村　春日　築城　千僧
北熊本　健軍　善通寺
新田原
鹿屋

百里　入間　朝霞　横田　防衛省（市ケ谷）　練馬　習志野　厚木　座間　船越　横須賀　木更津　峯岡山

沖縄のおもなアメリカ軍基地（2020年）

【資料】沖縄の米軍及び自衛隊基地（沖縄県）、朝日新聞

凡例
- ◙ 沖縄のおもな都市
- ✪ アメリカ軍基地・施設

伊江島補助飛行場
北部訓練場
嘉手納弾薬庫地区
読谷村
名護　キャンプ・シュワブ
辺野古
キャンプ・ハンセン
金武ブルー・ビーチ訓練場
金武レッド・ビーチ訓練場
トリイ通信施設
キャンプ・コートニー
ホワイト・ビーチ地区
那覇港湾施設（那覇飛行場）
那覇
嘉手納飛行場
キャンプ瑞慶覧
普天間飛行場

アメリカ軍基地の沖縄集中

第2次世界大戦後、1951年にサンフランシスコ平和条約が結ばれ、日本は52年に独立を回復しました。しかし、沖縄はアメリカの占領下だったので、アメリカ政府は本土（北海道・本州・四国・九州）にあったアメリカ軍基地などを沖縄に移転しました。72年5月15日に沖縄が日本に返還され、2016年12月には北部訓練場の約半分が返還されました。しかし、今も日本にあるアメリカ軍の専用基地や施設の面積の約70％が沖縄に集中しています。

家庭では、どれくらいの収入があり、それをどのように使っているのだろうか。収入とエンゲル係数にはどのような関係があるか。収入、貯蓄、借金の変化を確認し、その背景も考えてみよう。

家計 くらし

1カ月平均の家計費（全国勤労者世帯1世帯あたり）

【資料】家計調査（総務省）

― 収入　□ 支出

年	収入	支出
1970年	11万2949円	9万1897円
80	34万9686円	28万2263円
90	52万1757円	41万2813円
95	57万0817円	43万8307円
2000	56万0954円	42万9109円
11	51万0149円	39万8448円
15	52万5669円	41万3778円
19	58万6149円	43万3357円
20	60万9535円	41万6707円
21	60万5316円	42万2103円

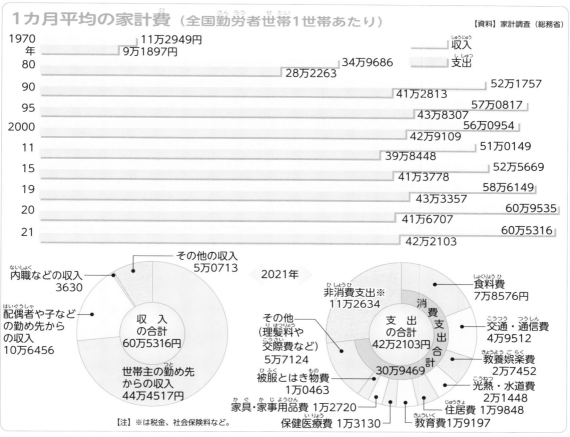

2021年

収入の合計 60万5316円
- その他の収入 5万0713円
- 内職などの収入 3630
- 配偶者や子などの勤め先からの収入 10万6456
- 世帯主の勤め先からの収入 44万4517円

支出の合計 42万2103円
- 非消費支出※ 11万2634
- 消費支出合計 30万9469
- その他（理髪料や交際費など）5万7124
- 被服とはき物費 1万0463
- 家具・家事用品費 1万2720
- 保健医療費 1万3130
- 教育費 1万9197
- 住居費 1万9848
- 光熱・水道費 2万1448
- 教養娯楽費 2万7452
- 交通・通信費 4万9512
- 食料費 7万8576円

【注】※は税金、社会保険料など。

年間収入と貯蓄高
（全国勤労者世帯1世帯あたり）

【資料】家計調査（総務省）

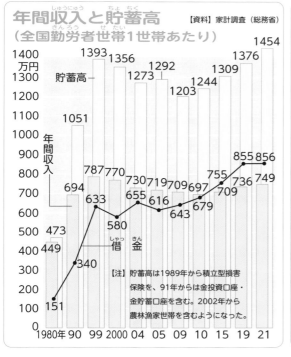

貯蓄高
- 1980年 449 / 473
- 90 694
- 99 1051 / 787
- 2000 1393 / 770
- 04 1356 / 730
- 05 1273 / 719
- 09 1292 / 709
- 10 1203 / 697
- 15 1244 / 755
- 19 1376 / 855
- 21 1454 / 856

借金
- 151, 340, 633, 580, 655, 616, 643, 679, 709, 736, 749

【注】貯蓄高は1989年から積立型損害保険を、91年からは金投資口座・金貯蓄口座を含む。2002年から農林漁家世帯を含むようになった。

エンゲル係数の推移
（全国勤労者世帯）

【資料】家計調査（総務省）

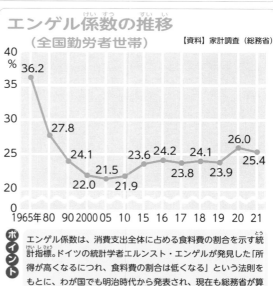

- 1965年 36.2
- 80 27.8
- 90 24.1
- 2000 22.0
- 05 21.5
- 05 21.9
- 10 23.6
- 15 24.2
- 16 23.8
- 17 24.1
- 18 23.9
- 19 26.0
- 20 25.4

ポイント エンゲル係数は、消費支出全体に占める食料費の割合を示す統計指標。ドイツの統計学者エルンスト・エンゲルが発見した「所得が高くなるにつれ、食料費の割合は低くなる」という法則をもとに、わが国でも明治時代から発表され、現在も総務省が算出する。昭和から平成にかけて低下したが、2006年ごろから上昇。これは、食品物価の上昇、豪華な食事や外食、調理食品購入なども要因。また20年は、新型コロナ感染症による消費減少のなか食費が相対的に上昇するなど、社会的状況も影響する。

くらし

物価・住宅と土地

モノの値段と、私たちのくらしはどのように関係しているだろうか。土地や肉・野菜などの値段の変化を見て、物価に影響を及ぼすものの例を考えてみよう。また、各国の物価の変化と日本の状況を比べよう。

小売物価（東京）

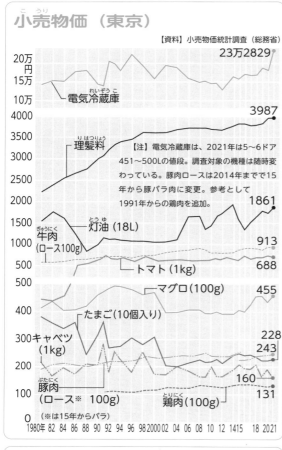

【資料】小売物価統計調査（総務省）

電気冷蔵庫　23万2829円

理髪料　3987

【注】電気冷蔵庫は、2021年は5～6ドア451～500Lの値段。調査対象の機種は随時変わっている。豚肉ロースは2014年までで15年から豚バラ肉に変更。参考として1991年からの鶏肉を追加。

灯油（18L）　1861

牛肉（ロース100g）　913

トマト（1kg）　688

マグロ（100g）　455

たまご（10個入り）

キャベツ（1kg）　228

　243

豚肉（ロース※ 100g）　160

鶏肉（100g）　131

（※は15年からバラ）

1980年 82 84 86 88 90 92 94 96 98 2000 02 04 06 08 10 12 1415 18 2021

消費者物価

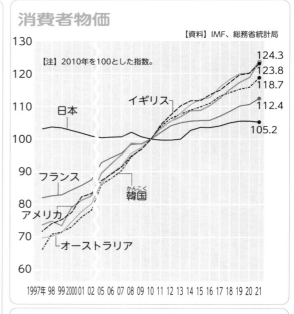

【資料】IMF、総務省統計局

【注】2010年を100とした指数。

124.3
123.8
118.7
112.4
105.2

日本
イギリス
フランス
韓国
アメリカ
オーストラリア

1997年 98 99 2000 01 02 05 06 07 08 09 10 11 12 13 14 15 16 17 18 19 20 21

都市の住宅地の値段

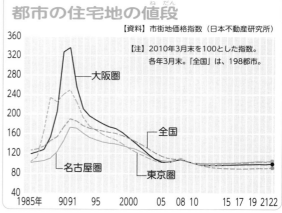

【資料】市街地価格指数（日本不動産研究所）

【注】2010年3月末を100とした指数。各年3月末。「全国」は、198都市。

大阪圏
全国
名古屋圏
東京圏

1985年 9091 95 2000 05 08 10 15 17 19 2122

住宅の広さ

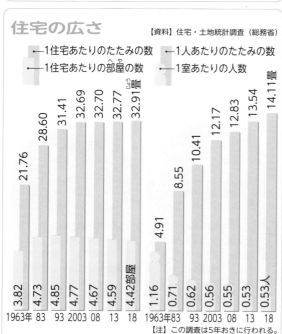

【資料】住宅・土地統計調査（総務省）

- 1住宅あたりのたたみの数
- 1人あたりのたたみの数
- 1住宅あたりの部屋の数
- 1室あたりの人数

21.76　28.60　31.41　32.69　32.70　32.77　32.91畳
3.82　4.73　4.85　4.77　4.67　4.59　4.42部屋
1963年 83 93 2003 08 13 18

4.91　8.55　10.41　12.17　12.83　13.54　14.11畳
1.16　0.71　0.62　0.56　0.55　0.53　0.53人
1963年83 93 2003 08 13 18

【注】この調査は5年おきに行われる。

キーワード

「消費者物価指数」って？

消費者が買うモノやサービスの値段の状況を示すのが消費者物価指数（CPI）。毎月1回、約600品目の小売価格を調べ、基準年（最近は2020年）を100とした指数で総務省が発表。総合指数は2010年以降でみると、14年以外は前年比（以下同）＋1.0％以下の年が続きます。14年は消費税が8％になり、実際の支払価格で指数を出すため、＋2.7％に。その後は16年（－0.1％）を除き、0～＋1.0％で推移しましたが、21年は－0.2％に。光熱・水道は18～19年は上昇、20年は－2.4％だったが、21年は＋1.3％に。

日本全体の収入ともいえる国内総生産は、各産業がどんな割合で生み出しているのだろうか。国民1人あたりの所得は、年間どれくらいか。また、都道府県による違いと産業の関係も考えよう。

国内総生産と国民所得 くらし

国内総生産

【資料】国民経済計算年報（内閣府）

- 実質国内総生産　（）は対前年増加率＝経済成長率
- 名目国内総生産

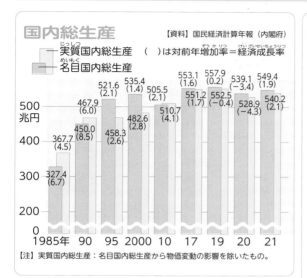

【注】実質国内総生産：名目国内総生産から物価変動の影響を除いたもの。

国民所得

【資料】国民経済計算年報（内閣府）
【注】1995年度以降は2011年基準改定値。

1人あたり国民所得（右目もり）

国内総生産（産業別）

【資料】国民経済計算年報（内閣府）

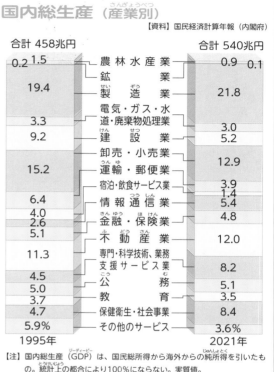

	1995年		2021年	
合計	458兆円		540兆円	
農林水産業	0.2	1.5	0.9	0.1
鉱業				
製造業	19.4		21.8	
電気・ガス・水道・廃棄物処理業	3.3		3.0	
建設業	9.2		5.2	
卸売・小売業			12.9	
運輸・郵便業	15.2		3.9	
宿泊・飲食サービス業			1.4	
情報通信業	6.4		5.4	
金融・保険業	4.0		4.8	
不動産業	2.6		12.0	
専門・科学技術、業務支援サービス業	5.1		8.2	
公務	11.3		5.1	
教育	4.5		3.5	
保健衛生・社会事業	5.0		8.4	
その他のサービス	3.7			
	4.7			
	5.9%		3.6%	

【注】国内総生産（GDP）は、国民総所得から海外からの純所得を引いたもの。統計上の都合により100%にならない。実質値。

1人あたり県民所得（2019年度）

単位 万円　【資料】県民経済計算（内閣府）

北　海　道	283	滋　　　賀	332
青　　　森	263	京　　　都	299
岩　　　手	278	大　　　阪	306
宮　　　城	294	兵　　　庫	304
秋　　　田	271	奈　　　良	273
山　　　形	291	和　歌　山	299
福　　　島	294	鳥　　　取	244
茨　　　城	325	島　　　根	295
栃　　　木	335	岡　　　山	279
群　　　馬	329	広　　　島	315
埼　　　玉	304	山　　　口	325
千　　　葉	306	徳　　　島	315
東　　　京	576	香　　　川	302
神　奈　川	320	愛　　　媛	272
新　　　潟	295	高　　　知	266
富　　　山	332	福　　　岡	284
石　　　川	297	佐　　　賀	285
福　　　井	333	長　　　崎	266
山　　　梨	313	熊　　　本	271
長　　　野	292	大　　　分	270
岐　　　阜	304	宮　　　崎	243
静　　　岡	341	鹿　児　島	256
愛　　　知	366	沖　　　縄	240
三　　　重	299	全　　　国	334

キーワード

GNP、GDP、GNI

　GNP（国民総生産）は、その国に1年以上住んでいる人や企業が国内外で生産したモノやサービスなどの総額。日本では1993年から、GDP（国内総生産）を使うようになりました。GDPは、国内で生産されたモノやサービスなどの総額で、国内の外国人や外国系企業の所得も含みますが、海外の日本企業の所得は含みません。2000年からはGNI（国民総所得）も用いられています。これはGNPとほぼ同じですが、GDPに海外投資で得た収益なども加えた「所得」の合計です。

統計｜日本｜くらし

【注】このページの15年度以降の数値は、「毎月勤労統計」の再集計に伴う改定がされたもので、それ以前の期間と連続性がない場合がある。

197

学校と進学率

教育（きょういく）

学校と進学率（しんがくりつ）

少子化が進み、1982年度からは小学校の児童数が減少傾向（げんしょうけいこう）にある。2022年度は21年度より7万2000人減少し、過去（かこ）最少を更新（こうしん）した。進学率の移り変わりなどを確認しよう。

学校、教員、在学者の数（きょういん・ざいがくしゃ）（2022年5月）

【資料】学校基本調査（文部科学省）

	学校数	教員数	在学者数
幼 稚 園	1万5768	22万4295	174万4706
小 学 校	1万9161	42万3440	615万1305
中 学 校	1万0012	24万7348	320万5220
義務教育学校	178	6368	6万7799
高 等 学 校	4824	22万4734	295万6900
中等教育学校	57	2749	3万3367
特別支援学校	1171	8万6816	14万8635
高等専門学校	57	4025	5万6754
短 期 大 学	309	6785	9万4713
大 学	807	19万0646	293万0780
専 修 学 校	3051	3万9982	63万5574
各 種 学 校	1046	8482	10万2108

【注】学校数は本校と分校、および国立、公立、私立の合計。教員数は本務者のみ。幼稚園には幼保連携型認定こども園を含む。義務教育学校は小中一貫校。中等教育学校は中高一貫教育を行う6年制の学校を指す。

児童、生徒、学生の数

単位 万人 【資料】学校基本調査（文部科学省）

年度	小学校	中学校	高等学校	中等教育学校	大学	短期大学
1960	1259	590	324	—	63	8.3
70	949	472	423	—	141	26.3
80	1183	509	462	—	184	37.1
90	937	537	562	—	213	47.9
2000	737	410	417	0.2	274	32.8
22	615	321	296	3.3	293	9.5

進学率

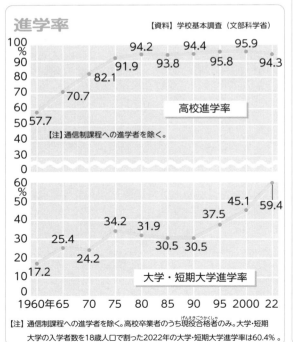

【資料】学校基本調査（文部科学省）

高校進学率：57.7 70.7 82.1 91.9 93.8 94.2 95.8 94.4 95.9 94.3

【注】通信制課程への進学者を除く。

大学・短期大学進学率：17.2 24.2 25.4 34.2 30.5 31.9 30.5 37.5 45.1 59.4

1960年 65 70 75 80 85 90 95 2000 22

【注】通信制課程への進学者を除く。高校卒業者のうち現役合格者（げんえきごうかくしゃ）のみ。大学・短期大学の入学者数を18歳人口で割った2022年の大学・短期大学進学率は60.4％。

在学者1人あたりの学校教育費（年間）

公立学校

【資料】国、地方自治体の支出：地方教育費調査（2020年度）
親の支出：子供の学習費調査（2019年度）（ともに文部科学省）

	国、地方自治体の支出	親の支出	合計
小学校	103.6	6.6	110.2万円
中学校	119.7	13.2	132.9
全日制高校	127.4	30.9	158.3

私立学校の授業料など（しりつ・じゅぎょうりょう）（全国平均）

【資料】私立高等学校等の初年度生徒等納付金平均額（文部科学省）

		授業料	入学金	施設整備費（しせつせいびひ）	合計
小学校	1982年度	19.6	11.7	14.5	45.8万円
	2021年度	47.2	18.7	20.1	86.1
中学校	1982年度	21.1	13.1	13.5	47.7
	2021年度	43.9	19.0	18.1	81.0
全日制高校	1982年度	18.4	10.8	11.0	40.2
	2021年度	44.1	16.3	14.8	75.3

世界の大学型高等教育への進学率（2019年）

【資料】データブック国際労働比較2022（労働政策研究・研修機構）

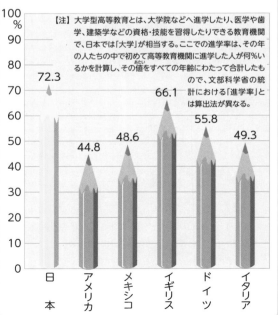

【注】大学型高等教育とは、大学院などへ進学したり、医学や歯学、建築学などの資格・技能を習得したりできる教育機関で、日本では「大学」が相当する。ここでの進学率は、その年の人たちの中で初めて高等教育機関に進学した人が何％いるかを計算し、その値をすべての年齢（ねんれい）にわたって合計したもので、文部科学省の統計における「進学率」とは算出法が異なる。

日本	アメリカ	メキシコ	イギリス	ドイツ	イタリア
72.3	44.8	48.6	66.1	55.8	49.3

病気になったり、職を失ったり、年をとったりしても、安心して暮らせるしくみが社会保障制度だ。社会保障制度にはどのようなものがあり、税金がいくら使われているかを知ろう。

しくみと費用　社会保障

おもな社会保障のしくみ

社会保険	**医療保険**　毎月一定のお金を積み立てておいて、病気やけがをした時に必要な治療費や入院費をその中から支払う制度。積み立ては、働いている人、会社、地方自治体、政府などが分担する。病気になってもだれもが医療費の心配をせずにお医者さんにかかれるように、日本では国民皆保険制度で、1961年からすべての人が医療保険に入るように定められている。 **年金保険**　高齢や体の障害のために収入がなくなったり、少なくなったりした時に、生活費が支給される制度。国家公務員、地方公務員、会社員、私立学校の教職員など職種によって五つの保険に分かれていたが、それぞれ少しずつ制度が違うため、政府はこれをそろえる手始めとして、1986年4月から全国民共通の「基礎年金」を支給する国民年金制度を導入した。	社会保険	**雇用保険**　失業して収入がなくなった時、手当を一定の期間支給して、次の仕事を落ちついて探せるようにするのがねらい。全産業に適用される。 **労働者災害補償保険**　仕事中にけがをした時や、仕事が原因で病気になった時に、医療費や生活費が支給される。死亡の場合には、遺族に一時金や年金を支給。 **介護保険**　40歳以上が加入。介護が必要と認定されると、費用の一部を支払って介護サービスを利用できる。
		社会福祉など	**児童手当**　「次代の社会を担う児童の健やかな成長に資する」目的で、3歳未満の子と第3子以降（小学生まで）が月1万5000円、3歳から小学生までの第1子・第2子と中学生は月1万円が支給される手当。 **生活保護**　収入がないか非常に少ない人たちの生活を、困っている程度に応じて保護し、助ける制度。

社会保障関係費

【資料】財務省

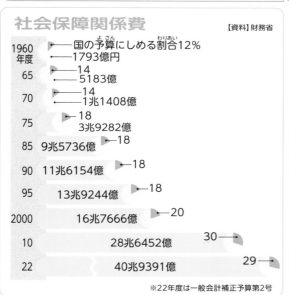

1960年度	▶ 国の予算にしめる割合12% — 1793億円
65	▶ 14 — 5183億
70	▶ 14 — 1兆1408億
75	▶ 18 3兆9282億
85	9兆5736億　18
90	11兆6154億　18
95	13兆9244億　18
2000	16兆7666億　20
10	28兆6452億　30
22	40兆9391億　29

※22年度は一般会計補正予算第2号

社会保障関係費の使いみち
（2022年度予算）

【資料】財務省

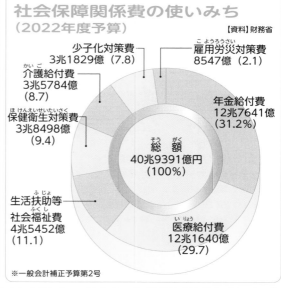

少子化対策費　3兆1829億（7.8）
雇用労災対策費　8547億（2.1）
介護給付費　3兆5784億（8.7）
年金給付費　12兆7641億（31.2%）
保健衛生対策費　3兆8498億（9.4）
総額　40兆9391億円（100%）
生活扶助等社会福祉費　4兆5452億（11.1）
医療給付費　12兆1640億（29.7）

※一般会計補正予算第2号

社会保障費（世界、2017〜19年度）

【資料】社会保障費用統計（国立社会保障・人口問題研究所）

	国内総生産にしめる割合					65歳以上人口の割合（20年）
日本（19年度）	8.65	1.15	9.48	3.57	22.85%	28.88%
フランス（18年度）	12.48	1.55	9.28	8.51	31.82	20.75
ドイツ（17年度）	8.37	1.80	8.97	8.50	27.64	21.69
スウェーデン（17年度）	9.09	0.27	6.45	10.63	26.44	20.33
アメリカ（18年度）	6.44	0.61	14.61	2.90	24.56	16.63
イギリス（17年度）	6.60	−0.04	7.67	7.05	21.36	18.65

高齢者向け
遺族向け
保健
その他

保険と福祉

介護を認められた人の数は年々増加している。社会福祉費で一番大きな割合を占める支出をグラフから読み取ろう。また、日本で生活保護を受けている人のうち、約半数は65歳以上の高齢者だ。

医療保険が適用される人の数

（2020年3月末）【資料】医療保険に関する基礎資料（厚生労働省）

合計
1億2738万人

- 生活保護207万
- 船員保険その他 14万
- 各種共済組合854万
- 後期高齢者医療制度1803万
- 組合管掌健康保険2884万
- 全国健康保険協会管掌健康保険4044万人
- 国民健康保険2932万

【注】保険の適用を受ける家族を含んだ数。政府管掌健康保険は2008年10月から全国健康保険協会管掌健康保険（協会けんぽ）に移行した。

介護を認められた人の数

【資料】介護保険事業状況報告（暫定）（厚生労働省）

要支援 / 要介護1 / 要介護2 / 要介護3 / 要介護4 / 要介護5

	100	200	300	400	500	600万人
2000年4月末	218					
01	258					
05		411				
10		487				
22					691	

【注】介護が必要な人が受ける介護サービスの料金は、要介護度（要支援度）に応じて介護保険から支払われる。要介護認定は市町村が行う。2006年4月から「要支援」「要介護1」が「要支援1」「要支援2」「要介護1」に再編された。10年、22年の要支援は、「要支援1」「要支援2」の合計。

生活扶助等社会福祉費の使いみち

（2021年度予算）【資料】厚生労働省

総額
4兆0071億円
（100%）

- 高齢者日常生活支援等推進費 52億（0.1）
- 児童自立支援施設等運営費 84億（0.2）
- 社会・児童福祉施設整備費 125億（0.3）
- 健康増進対策費 224億（0.6）
- 児童虐待等防止対策費 241億（0.6）
- 子育て支援対策費 1085億（2.7）
- 社会保険費 1524億（3.8）
- 母子家庭等対策費 1755億（4.4）
- その他 1615億（4.0）
- 障害保健福祉費 1兆9336億（48.3）
- 生活保護等対策費 1兆4031億（35.0）

【注】子育て支援対策費は、保育対策費、母子保健衛生対策費などの合計。児童自立支援施設等運営費は、国立更生援護機関共通費、国立更生援護所運営費などの合計。社会保険費は医療保険給付諸費、介護保険制度運営推進費などの合計。

生活保護を受けた人（1カ月平均）

【資料】生活保護の被保護者調査（厚生労働省）

（ ）は被保護世帯数（万世帯）

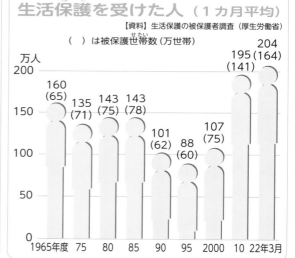

	万人
1965年度	160（65）
75	135（71）
80	143（75）
85	143（78）
90	101（62）
95	88（60）
2000	107（75）
10	195（164）
22年3月	204（141）

社会福祉施設の数

【資料】社会福祉施設等調査の概況（厚生労働省）

■児童福祉施設　■老人福祉施設　□その他の施設

年	児童福祉施設	老人福祉施設	その他の施設	合計
1965年	1万4020	795		1万6453
75	2万6546		2155	3万3096
80	3万1980	3354		4万1931
85	3万3309	4610		4万7943
90	3万3176	6506		5万1006
95	3万3231	1万2904		5万8768
2000	3万3089	1万1628		5万8860
10	3万1623	4858		5万0343
20	4万5722	5228		8万0723

【注】その他の施設には、身体障害者や知的障害者の暮らしを助ける施設など、いろいろな福祉施設が含まれる。

キーワード

児童福祉施設とは？

児童とは、0～17歳の男女です。児童福祉法という法律で、保育所（保育園）など12種類の児童福祉施設が定められています。乳幼児を保護する乳児院、保護者がいない子どもなどを養護する児童養護施設、学校などで集団生活を送れるように指導する児童発達支援センターなどがあります。生活指導を必要とする子どもを保護して導く児童自立支援施設、お金がない妊婦のための助産施設、みんなが遊ぶ児童館や児童遊園などの児童厚生施設も児童福祉施設です。

日本には6902万人の労働者がいる（2022年調べ）。賃金の平均は男性が33.7万円、女性は25.4万円だ（21年調べ）。なぜ、女性の労働者は男性より賃金が少ないか考えてみよう。

働く人・賃金
労働

仕事についている人の数
（その年の平均）

【資料】労働力調査（基本集計）（総務省）

凡例：自営　家族従業者*　やとわれている人

*個人商店や農家などで家業を手伝う家族

	1960年	70	80	90	2000	10	22
合計	4436万人	5094	5536	6249	6446	6298	6902
自営	1006(721)	977(692)	951(658)	878(607)	731(527)	582(436)	514(376)
家族従業者	1061(277)	804(186)	603(112)	517(93)	340(63)	190(34)	133(26)
やとわれている人	2370(1632)	3306(2210)	3971(2617)	4835(3001)	5356(3216)	5500(3159)	6041(3276)

【注】（ ）内は男。合計が総数に満たないのは、分類できない人たちがいるため。

労働時間（世界、2020年）

【資料】データブック国際労働比較2022（労働政策研究・研修機構）

国	時間
日本	39.5時間
アメリカ	39.2
イギリス	39.4
ドイツ	36.6
フランス	36.5
シンガポール	46.9
オーストラリア	34.6
韓国（2016）	41.5

【注】1人1週間あたりの平均。製造業の週あたりの労働時間。国によって調べ方がちがうので、だいたいの目安。イギリスは2019年のデータ。

賃金（年齢別・男女別、2021年）

【資料】賃金構造基本統計調査（厚生労働省）

【注】10人以上の会社に勤める労働者1人1カ月あたりの賃金。

	女	男
平均	25.4万円	33.7万円
～19歳	17.7	18.6
20～24歳	21.1	21.5
25～29歳	23.6	25.3
30～34歳	24.9	29.1
35～39歳	26.0	32.7
40～44歳	27.0	35.8
45～49歳	27.1	38.3
50～54歳	27.8	41.2
55～59歳	27.3	41.4
60～64歳	23.4	31.8
65～69歳	22.2	27.5
70歳～	21.0	25.7

【注】金額はキーワード①の賃金（所定内賃金）。

賃金（全産業）

【資料】毎月勤労統計調査（厚生労働省）

【注】つねに30人以上（2021年は5人以上）をやとっている事業所に勤める労働者1人1カ月あたりの平均賃金。1965、70年はキーワード③の賃金のみ。

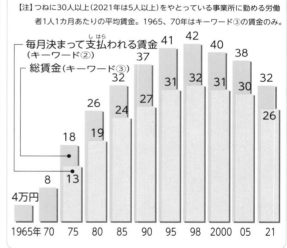

毎月決まって支払われる賃金（キーワード②）
総賃金（キーワード③）

年	毎月決まって支払われる賃金	総賃金
1965年		4万円
70	8	
75	13	18
80	19	26
85	24	32
90	27	37
95	31	41
98	32	42
2000	31	40
05	30	38
21	26	32

「賃金・手当」って？

会社などで働く人たちは、ふつうは月1回、賃金（給料）をもらいます。厚生労働省が発表している賃金の統計では、以下の3つが使われています。

①だれにでも支払われる基本賃金（所定内賃金）

②①＋所定外賃金（決められた時間以上に働いたときの時間外手当）

③②＋臨時に支払われるボーナス（賞与）など

賃金（世界、2021年）

【資料】データブック国際労働比較2022（労働政策研究・研修機構）

	比率	賃金	日本円換算
日本	100	2468円	
ドイツ	160.8	32.5ユーロ	（4255円）
アメリカ	141.3	31.78ドル	（3681円）
フランス	133.1	26.9ユーロ	（3522円）
イギリス	110.9	19.50ポンド	（3051円）

【注】左はしの数字は日本を100とした比率。製造業労働者の1時間あたりの賃金。各国の比率、日本円への換算は2022年1月4日のレート（1ドル115.84円、1ユーロ130.92円、1ポンド156.48円）で計算。

交通事故・水の事故など

事故

2021年の交通事故による死者数は2636人で、1970年の16%程度だ。死者は2009年に1952年（死者数4696人）以来57年ぶりに4000人台となり、2016〜21年は4000人を下回った。

交通事故の発生状況

【資料】交通事故発生状況の推移（警察庁）、交通安全白書（内閣府）

年	事故件数	死　　者	け　が	自動車の台数
1970	71万8080件	＊1万6765人	98万1096人	1653万台
75	47万2938	1万0792	62万2467	2787万
80	47万6677	8760	59万8719	3733万
85	55万2788	9261	68万1346	4636万
90	64万3097	1万1227	79万0295	5799万
95	76万1794	1万0684	92万2677	6810万
2000	93万1950	9073	115万5707	7458万
04	＊95万2709	7425	＊118万3616	7739万
07	83万2691	5782	103万4653	7924万
21	30万5196	2636	36万2131	＊8208万

【注】人間にけがなどの被害があった事故の件数だけをあげている。死者は事故後24時間以内に死亡した人の数。自動車の台数は各年3月末現在、（一財）自動車検査登録情報協会しらべ。1975年から沖縄県を含む。＊は最高値。

水の事故

【資料】水難の概況、夏期における水難の概況（警察庁）

年	1年間の水死者	夏（6〜8月）の事故※		
		死　者〈行方不明を含む〉	助けられた人	合　計
1980	2426人	1060 (447) 人	1180(590)人	2240人
85	2004	1015 (316)	933(452)	1948
90	1479	703 (158)	767(331)	1470
95	1214	588 (126)	518(225)	1106
2000	1034	561 (75)	694(245)	1255
05	825	403 (48)	401(109)	804
10	877	443 (49)	411(167)	854
21	744	212 (16)	276 (79)	488

【注】1年間の水死者は行方不明を含む。（　）は中学生以下の数。※2021年は7〜8月。

交通事故死の違反別件数（2021年）

【資料】交通安全白書（内閣府）

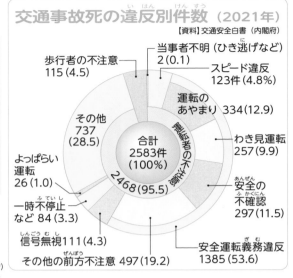

歩行者の不注意 115 (4.5)
当事者不明（ひき逃げなど）2 (0.1)
スピード違反 123件 (4.8%)
運転のあやまり 334 (12.9)
わき見運転 257 (9.9)
その他 737 (28.5)
合計 2583件 (100%)
運転者の不注意 2468 (95.5)
安全の不確認 297 (11.5)
よっぱらい運転 26 (1.0)
一時不停止など 84 (3.3)
信号無視111 (4.3)
その他の前方不注意 497 (19.2)
安全運転義務違反 1385 (53.6)

火事

【資料】火災の状況（消防庁）

年	件　数	建物の焼けた面積	死　者	けがをした人
1960	4万3679件	206万m²	780人	8113人
70	6万3905	271万	1595	9725
80	5万9885	213万	1947	8049
90	5万6505	167万	1828	7097
2000	6万2454	159万	2034	8281
10	4万6620	119万	1738	7305
21	3万5222	99万	1417	5433

自殺者の数

【資料】自殺の状況（警察庁）

男性 — 女性

1994年	2万1679人
95	2万2445
96	2万3104
97	2万4391
98	3万2863
99	3万3048
2000	3万1957
03	3万4427（最悪値）
10	3万1690
21	2万1007

内訳は男性1万3939人、女性7068人

1万　　2万　　3万

年代別自殺者数（2021年）

【資料】警察庁

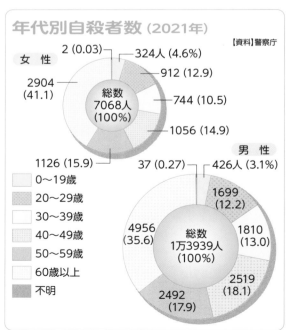

女性
2 (0.03)
324人 (4.6%)
912 (12.9)
744 (10.5)
2904 (41.1)
1056 (14.9)
総数 7068人 (100%)
1126 (15.9)

男性
37 (0.27)
426人 (3.1%)
1699 (12.2)
1810 (13.0)
4956 (35.6)
総数 1万3939人 (100%)
2519 (18.1)
2492 (17.9)

0〜19歳
20〜29歳
30〜39歳
40〜49歳
50〜59歳
60歳以上
不明

子どもの健康 保健と衛生

小・中学生の体格は、1950年と比べると向上しているが、最近はほとんど横ばいだ。また、小学生の体力・基礎的な運動能力は、1985年ごろと比べると男女ともに低い水準にある。

小学生、中学生の体格

【資料】学校保健統計調査（文部科学省）

	年度	小学1年 男	女	小学2年 男	女	小学3年 男	女	小学4年 男	女	小学5年 男	女	小学6年 男	女	中学1年 男	女	中学2年 男	女	中学3年 男	女
身長（cm）	1920	107.0	105.8	112.1	110.3	116.4	115.2	120.9	119.7	125.5	124.2	129.4	129.7	134.8	136.1	140.6	141.5	148.2	146.4
	30	108.1	106.9	113.2	111.9	118.0	116.7	122.6	121.3	127.0	126.0	131.4	131.3	137.1	138.4	143.3	143.5	150.7	147.7
	50	108.6	107.8	113.6	112.8	118.4	117.6	122.9	122.1	127.1	126.6	131.1	131.7	136.0	137.3	141.2	142.5	147.3	146.6
	60	111.7	110.6	117.0	115.9	121.9	121.1	126.8	126.3	131.6	132.0	136.2	138.1	141.9	144.0	148.1	148.1	155.1	150.7
	70	114.5	113.6	120.2	119.3	125.5	124.6	130.4	130.1	135.3	136.2	140.5	142.9	147.1	148.4	154.0	152.1	160.5	154.2
	80	115.8	114.9	121.4	120.6	126.9	126.2	132.0	131.9	137.3	138.3	142.9	144.9	149.8	150.6	156.9	154.0	163.6	156.0
	90	116.8	116.0	122.5	121.8	128.1	127.4	133.2	133.1	138.6	139.5	144.4	146.3	151.4	151.5	158.8	154.7	164.5	156.4
	2000	116.7	115.8	122.5	121.7	128.1	127.5	133.6	133.5	139.1	140.3	145.3	147.1	152.9	152.1	160.0	155.1	165.5	156.8
	21	116.7	115.8	122.6	121.8	128.3	127.6	133.8	134.1	139.3	140.9	145.9	147.3	153.6	152.1	160.6	155.0	165.7	156.5
体重（kg）	1920	17.6	17.0	19.4	18.6	21.2	20.0	23.2	22.4	25.3	24.6	27.5	27.4	30.5	31.3	34.6	35.7	39.9	40.1
	30	17.9	17.3	19.8	19.0	21.8	20.9	23.5	23.0	25.9	25.4	28.4	28.5	31.8	33.2	36.2	37.7	42.0	42.1
	50	18.5	17.9	20.4	19.8	22.4	21.8	24.4	23.8	26.4	26.0	28.7	28.8	31.5	32.6	35.1	36.9	39.7	41.2
	60	19.1	18.5	21.0	20.5	23.2	22.7	25.5	25.2	28.0	28.2	30.7	32.3	34.6	36.9	39.3	41.5	45.3	45.3
	70	20.1	19.5	22.4	21.8	25.0	24.4	27.6	27.2	30.5	31.0	33.8	35.7	38.5	40.6	43.7	44.9	49.6	48.3
	80	20.8	20.3	23.2	22.6	26.0	25.5	28.9	28.5	32.4	32.6	36.2	37.3	41.4	42.6	46.7	46.5	52.4	49.6
	90	21.5	21.1	24.0	23.6	27.2	26.6	30.3	29.9	33.9	34.0	38.0	38.9	43.5	43.9	49.0	47.5	54.2	50.2
	2000	21.8	21.3	24.4	23.8	27.7	27.0	31.2	30.7	35.1	34.9	39.4	40.1	45.4	45.0	50.4	48.5	55.4	50.7
	21	21.7	21.2	24.5	23.9	27.7	27.0	31.3	30.6	35.1	35.0	39.6	39.8	45.2	44.4	50.0	47.6	54.7	50.0
肥満傾向児の出現率%	1980	2.64	2.73	3.55	3.45	4.90	5.03	5.71	5.54	6.86	6.78	7.65	7.03	7.48	7.30	6.93	6.48	6.07	5.75
	90	3.98	4.32	4.65	4.43	6.46	6.26	7.74	7.33	8.93	7.38	9.43	7.57	9.64	8.34	8.80	7.61	8.64	6.77
	2000	5.04	4.57	5.83	5.48	8.08	7.27	9.54	8.79	10.43	9.45	11.21	9.78	11.28	10.05	10.36	8.74	9.33	7.86
	10	4.46	4.23	5.62	5.13	7.20	6.90	9.06	7.51	10.37	8.13	11.09	8.83	10.99	8.92	9.41	7.96	9.37	7.89
	21	5.25	5.15	7.61	6.87	9.75	8.34	12.03	8.24	12.58	9.26	12.48	9.42	12.58	9.15	10.99	8.35	10.25	7.80

【注】中学校には中等教育学校（中高一貫校）の前期課程（中学校に相当）を含む。2021年度は速報値。肥満傾向児とは、1980〜2000年度は性・年別平均体重の120%以上の体重の児童。10、21年度は、以下の式から肥満度を算出し、これが20%以上の者を肥満傾向児としている。
肥満度＝（実測体重−身長別標準体重）÷身長別標準体重×100

小学生、中学生の体力と運動能力（2021年）

【資料】令和3年度体力・運動能力調査（文部科学省）

	反復横とび（点）男	女	上体起こし（回）男	女	にぎる力（kg）男	女	座って前に体を曲げる(cm)男	女
小学5年	42.83	41.00	19.94	18.68	16.90	16.49	33.37	37.30
小学6年	45.86	43.44	21.65	19.66	19.77	19.53	35.78	40.71
中学1年	49.69	45.78	23.92	20.50	24.53	21.73	40.98	43.64
中学2年	53.77	48.31	27.31	23.23	30.39	24.19	44.80	46.65

	50mを走る（秒）男	女	立ち幅とび（cm）男	女	ボール投げ（m）男	女	20mシャトルラン（回）男	女
小学5年	9.24	9.49	155.86	148.36	21.75	13.86	52.45	42.33
小学6年	8.84	9.16	166.33	155.76	25.43	15.97	61.16	47.52
中学1年	8.38	8.98	185.41	167.23	18.14	11.92	70.58	50.85
中学2年	7.78	8.66	203.80	174.40	21.09	13.35	86.88	60.46

【注】①「反復横とび」は、20秒間で1mはなれた左右と中央の3本の線をまたいだ回数。②「座って前に体を曲げる」は、ひざを伸ばしたまま座り、上体を前に曲げ、机状の台をどれくらい押しやれるかを測定。③「ボール投げ」のボールは、小学生はソフトボール、中学生はハンドボール。④「20mシャトルラン」は、20m間隔の2本の平行線の間をCD（テープ）の信号音に合わせて折り返す。信号音はだんだん速くなり、音についていけなくなるまで続ける。⑤中学校には中等教育学校の前期課程を含む。

病気

死亡の原因の1位はがんで、死亡者全体の約30%を占める。また、自殺も多く、2021年は2万人を超えた。老人1人あたりの医療費は上昇しており、2014～20年度は80万円を超えた。

死亡者数の変化

【資料】人口動態統計の概況（厚生労働省）

【注】肺炎の1998年以前は気管支炎を含む。

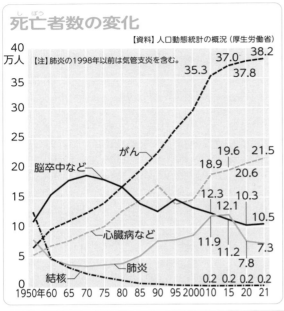

医療費（国民1人あたり・老人1人あたり）

【資料】令和2年度国民医療費の概況（厚生労働省）

【注】「老人」は70歳以上。

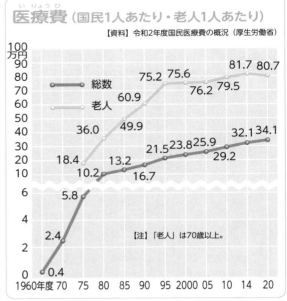

死亡者の数（原因別、2021年）

【資料】人口動態統計の概況（厚生労働省）

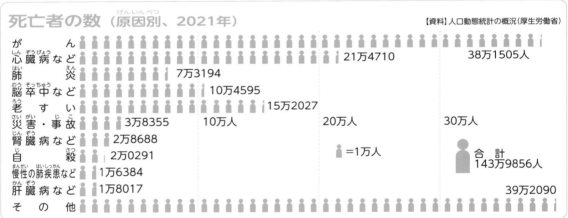

がん	38万1505人
心臓病など	21万4710
肺炎	7万3194
脳卒中など	10万4595
老すい	15万2027
災害・事故	3万8355
腎臓病など	2万8688
自殺	2万0291
慢性の肺疾患など	1万6384
肝臓病など	1万8017
その他	39万2090

👤 =1万人

合計 143万9856人

各国の保健のようす（2018年）

【資料】OECD Health Data

国　　名	国民1人あたりの医療・保険支出	医　師　数 (1000人あたり)	病院のベッド数 (1000人あたり)	平均入院日数	1人あたりの外来受診回数（年間）
日　　本	4504ドル	2.5人	13.0床	16.1日	12.6回 (2017年)
韓　　国	3085	2.4	12.4	7.5	16.9
フィンランド	4332	3.2 (2014年)	3.6	6.4	4.4
イ ギ リ ス	4290	2.8	2.5	5.9	5.0 (2009年)
ド イ ツ	6224	4.3	8.0 (2017年)	7.5 (2017年)	9.9
ス イ ス	7280	4.3	4.6	6.9	4.3 (2017年)
スウェーデン	5434	4.3 (2017年)	2.1	5.5	2.7
ア メ リ カ	10637	2.6	2.9 (2017年)	5.5 (2017年)	4.0 (2011年)
メ キ シ コ	1145	2.4	1.0	—	2.8

マラソンが今と同じ距離（42.195km）で正式採用されたのは1924年パリ五輪。その時の男子マラソンの優勝タイムは2時間41分22秒だった。世界と日本の記録の差を読みとろう。

陸上競技（2023年1月）

記録（年）　選手名（国籍、所属）

【資料】ワールドアスレティックス、日本陸上競技連盟

種目	世界記録（男）	世界記録（女）	日本記録（男）	日本記録（女）
100m	9秒58(09) U. ボルト（ジャマイカ）	10秒49(88) F. ジョイナー（アメリカ）	9秒95(21) 山県亮太（セイコー）	11秒21(10) 福島千里（北海道ハイテクAC）
200m	19秒19(09) U. ボルト（ジャマイカ）	21秒34(88) F. ジョイナー（アメリカ）	20秒03(03) 末続慎吾（ミズノ）	22秒88(16) 福島千里（北海道ハイテクAC）
400m	43秒03(16) W. ファンニーケルク（南アフリカ）	47秒60(85) M. コッホ（東ドイツ）	44秒78(91) 高野 進（東海大クラブ）	51秒75(08) 丹野麻美（ナチュリル）
800m	1分40秒91(12) D. ルディシャ（ケニア）	1分53秒28(83) J. クラトフビロバ（チェコスロバキア）	1分45秒40(14,21) 川元 奨(日本大)、源 裕貴(環太平洋大)	2分00秒45(05) 杉森美保（京セラ）
1000m	2分11秒96(99) N. ヌゲニ（ケニア）	2分28秒98(96) S. マステルコワ（ロシア）	2分18秒69(22) 薄田健太郎（筑波大）	2分37秒33(22) 田中希実（豊田自動織機TC）
1500m	3分26秒00(98) H. エルゲルージ（モロッコ）	3分50秒07(15) G. ディババ（エチオピア）	3分35秒42(21) 河村一輝（トーエネック）	3分59秒19(21) 田中希実（豊田自動織機TC）
2000m	4分44秒79(99) H. エルゲルージ（モロッコ）	5分21秒45(94) F. ニヨンサバ（ブルンジ）	5分07秒24(06) 小林史和（NTN）	5分47秒17(16) 木村友香（ユニバーサルエンターテインメント）
3000m	7分20秒67(96) D. コメン（ケニア）	8分06秒11(93) 王軍霞（中国）	7分40秒09(14) 大迫 傑（日清食品グループ）	8分40秒84(21) 田中希実（豊田自動織機TC）
5000m	12分35秒36(20) J. チェプテゲイ（ウガンダ）	14分06秒62(20) L. ギデイ（エチオピア）	13分08秒40(15) 大迫 傑（ナイキ オレゴンプロジェクト）	14分52秒84(21) 広中璃梨佳（日本郵政グループ）
10000m	26分11秒00(20) J. チェプテゲイ（ウガンダ）	29分01秒03(21) L. ギデイ（エチオピア）	27分18秒75(20) 相澤 晃（旭化成）	30分20秒44(20) 新谷仁美（積水化学）
マラソン	2時間01分09秒(22) E. キプチョゲ（ケニア）	2時間14分04秒(19) B. コスゲイ（ケニア）	2時間04分56秒(21) 鈴木健吾（富士通）	2時間19分12秒(05) 野口みずき（グローバリー）
100mハードル		12秒12(22) T. アムサン（ナイジェリア）		12秒73(22) 福部真子（日本建設工業）
110mハードル	12秒80(12) A. メリット（アメリカ）		13秒06(21) 泉谷駿介（順天堂大）	
400mハードル	45秒94(21) K. ワーホルム（ノルウェー）	50秒68(22) S. マクラフリン（アメリカ）	47秒89(01) 為末 大（法政大）	55秒34(11) 久保倉里里美（新潟アルビレックスRC）
3000m障害	7分53秒63(04) S. シャヒーン（カタール）	8分44秒32(18) B. チェプコエチ（ケニア）	8分09秒92(21) 三浦龍司（順天堂大）	9分33秒93(08) 早狩実紀（京都光華AC）
400mリレー	36秒84(12) ジャマイカチーム（ジャマイカ）	40秒82(12) アメリカチーム（アメリカ）	37秒43(19) 多田・白石 桐生・サニブラウン（日本）	43秒33(22) 青木・君嶋 児玉・御家瀬（日本）
800mリレー	1分18秒63(14) ジャマイカチーム（ジャマイカ）	1分27秒46(00) アメリカチーム（アメリカ）	1分21秒44(22) 西・三浦 新上・千田（早稲田大）	1分34秒57(19) 山田・三宅 児玉・青野（日本）
1600mリレー	2分54秒29(93) アメリカチーム（アメリカ）	3分15秒17(88) ナショナルチーム（ソ連）	2分59秒51(22) 佐藤・川端・ウォルシュ 中島（日本）	3分28秒91(15) 青山・市川 千葉・青木（日本）
20km競歩	1時間16分36秒(15) 鈴木雄介(日本)	1時間23分49秒(21) 楊家玉（中国）	1時間16分36秒(15) 鈴木雄介（富士通）	1時間27分41秒(19) 岡田久美子（ビックカメラ）
50km競歩	3時間32分33秒(14) Y. ディニ（フランス）	3時間59分15秒(19) 劉虹（中国）	3時間36分45秒(19) 川野将虎（東洋大学）	4時間19分56秒(19) 渕瀬真寿美（建装工業陸上部）
走り高とび	2m45(93) J. ソトマヨル（キューバ）	2m09(87) S. コスタディノワ（ブルガリア）	2m35(19) 戸邉直人（つくばツインピークス）	1m96(01) 今井美希（ミズノ）
走り幅とび	8m95(91) M. パウエル（アメリカ）	7m52(88) G. チスチャコワ（ソ連）	8m40(19) 城山正太郎（ゼンリン）	6m86(06) 池田久美子（スズキ）
三段とび	18m29(95) J. エドワーズ（イギリス）	15m74(22) Y. ロハス（ベネズエラ）	17m15(86) 山下訓史（日本電気）	14m04(99) 花岡麻帆（三英社）
棒高とび	6m21(22) A. デュプランティス（スウェーデン）	5m06(09) Y. イシンバエワ（ロシア）	5m83(05) 沢野大地（ニシ・スポーツ）	4m40(12) 我孫子智美（滋賀レイクスターズ）
砲丸投げ	23m37(21) R. クラウザー（アメリカ）	22m63(87) N. リソフスカヤ（ソ連）	18m85(18) 中村太地（チームミズノ）	18m22(04) 森 千夏（スズキ）
円盤投げ	74m08(86) J. シュルト（東ドイツ）	76m80(88) G. ラインシュ（東ドイツ）	62m59(20) 堤 雄司（ALSOK群馬）	59m03(19) 郡 菜々佳（九州共立大）
やり投げ	98m48(96) J. ゼレズニー（チェコ）	72m28(08) B. シュポタコバ（チェコ）	87m60(89) 溝口和洋（ゴールドウイン）	66m00(19) 北口榛花（日本大）
ハンマー投げ	86m74(86) Y. セディフ（ソ連）	82m98(16) A. ブウォダルチク（ポーランド）	84m86(03) 室伏広治（ミズノ）	67m77(04) 室伏由佳（ミズノ）
7種競技		7291点(88) J. カーシー（アメリカ）		5975点(21) 山崎有紀（スズキ）
10種競技	9126点(18) K. メイエール（フランス）		8308点(14) 右代啓祐（スズキ浜松AC）	7244点(18) 山崎有紀（スズキ浜松AC）

【注】選手の国籍、所属は大会出場時の届け出による。競歩は道路の記録。10種競技は100m、走り幅とび、砲丸投げ、走り高とび、400m、110mハードル、円盤投げ、棒高とび、やり投げ、1500m。7種競技は100mハードル、走り高とび、砲丸投げ、200m、走り幅とび、やり投げ、800m。

統計―日本―保健と衛生・スポーツ

世界記録と日本記録

2009年に驚異的な記録が出て注目された、英スピード社製「レーザー・レーサー」などの「高速水着」が、10年から禁止になり、織物素材のみとなった。しかしその後も、記録は次々と更新されている。

水泳競技（2022年12月：世界、10月：日本）記録(年) 選手名(国籍、所属)　【資料】日本水泳連盟

種目	世界記録（男）	世界記録（女）	日本記録（男）	日本記録（女）
50m 自由形	20秒91(09) C. シエロフィリョ(ブラジル)	23秒67(17) S. シェーストレム(スウェーデン)	21秒67(19) 塩浦慎理(イトマン東進)	24秒21(18) 池江璃花子(ルネサンス亀戸)
100m 自由形	46秒86(22) D. ポポビチ(ルーマニア)	51秒71(17) S. シェーストレム(スウェーデン)	47秒87(18) 中村克(イトマン東進)	52秒79(18) 池江璃花子(ルネサンス)
200m 自由形	1分42秒00(09) P. ビーデルマン(ドイツ)	1分52秒98(09) F. ペレグリニ(イタリア)	1分44秒65(21) 松元克央(セントラルスポーツ)	1分54秒85(18) 池江璃花子(日本)
400m 自由形	3分40秒07(09) P. ビーデルマン(ドイツ)	3分56秒40(22) A. ティットマス(オーストラリア)	3分43秒90(14) 萩野公介(東洋大)	4分05秒19(07) 柴田亜衣(日本)
800m 自由形	7分32秒12(09) 張琳(中国)	8分04秒79(16) K. レデッキー(アメリカ)	7分49秒55(21) 黒川紫唯(イトマン富田林／近畿大)	8分23秒68(04) 山田沙知子(KONAMI)
1500m 自由形	14分31秒02(12) 孫楊(中国)	15分20秒48(18) K. レデッキー(アメリカ)	14分54秒80(14) 山本耕平(ミズノ)	15分58秒55(07) 柴田亜衣(日本)
50m 平泳ぎ	25秒95(17) A. ピーティ(イギリス)	29秒30(21) B. ピラト(イタリア)	26秒94(18) 小関也朱篤(日本)	30秒27(22) 青木玲緒樹(ミズノ)
100m 平泳ぎ	56秒88(19) A. ピーティ(イギリス)	1分04秒13(17) L. キング(アメリカ)	58秒78(18) 小関也朱篤(日本)	1分05秒19(22) 青木玲緒樹(ミズノ)
200m 平泳ぎ	2分05秒95(22) Z. スタブルティクック(オーストラリア)	2分18秒95(21) T. スクンマーカー(南アフリカ)	2分06秒40(21) 佐藤翔馬(東京SC／慶應義塾大)	2分19秒65(16) 金藤理絵(Jaked/ぎふ瑞穂SG)
50m バタフライ	22秒27(18) A. ゴボロフ(ウクライナ)	24秒43(14) S. シェーストレム(スウェーデン)	23秒17(21) 川本武史(TOYOTA)	25秒11(18) 池江璃花子(日本)
100m バタフライ	49秒45(21) C. ドレッセル(アメリカ)	55秒48(16) S. シェーストレム(スウェーデン)	50秒81(22) 水沼尚輝(JAPAN)	56秒08(18) 池江璃花子(日本)
200m バタフライ	1分50秒34(22) K. ミラーク(ハンガリー)	2分01秒81(09) 劉子歌(中国)	1分52秒53(20) 瀬戸大也(日本)	2分04秒69(12) 星奈津美(スウィン大教)
50m 背泳ぎ	23秒71(22) H. アームストロング(アメリカ)	26秒98(18) 劉湘(中国)	24秒24(09) 古賀淳也(日本)	27秒51(13) 寺川綾(ミズノ)
100m 背泳ぎ	51秒60(22) T. チェコン(イタリア)	57秒45(21) K. マックイーン(オーストラリア)	52秒24(09) 入江陵介(近畿大)	58秒70(13) 寺川綾(日本)
200m 背泳ぎ	1分51秒92(09) A. ピアソル(アメリカ)	2分03秒35(19) R. スミス(アメリカ)	1分52秒51(09) 入江陵介(日本)	2分07秒13(08) 中村礼子(日本)
200m 個人メドレー	1分54秒00(11) R. ロクテ(アメリカ)	2分06秒12(15) K. ホッスー(ハンガリー)	1分55秒07(16) 萩野公介(東洋大)	2分07秒91(17) 大橋悠依(日本)
400m 個人メドレー	4分03秒84(08) M. フェルプス(アメリカ)	4分26秒36(16) K. ホッスー(ハンガリー)	4分06秒05(16) 萩野公介(日本)	4分30秒82(18) 大橋悠依(イトマン東進)
200m リレー			1分27秒48(21) 塩浦・難波 関・中村(JAPAN)	1分39秒67(21) 五十嵐・池江 酒井・大本(JAPAN)
400m リレー	3分08秒24(08) M. フェルプス・G. ウェーバーゲール C. ジョーンズ・J. レザ//(アメリカ)	3分29秒69(21) B. キャンベル・M. ハリス E. マキオン・C. キャンベル(オーストラリア)	3分12秒54(18) 中村・塩浦 松元・溝畑(日本)	3分36秒17(19) 大本・青木 佐藤・白井(日本)
800m リレー	6分58秒55(09) M. フェルプス・R. ベレンズ D. ウォルターズ・R. ロクテ(アメリカ)	7分39秒29(22) A. ティトマス・M. ウィルソン M. オキャラハン・K. メルバートン(オーストラリア)	7分02秒26(09) 内田・奥村 日原・松田(日本)	7分48秒96(18) 五十嵐・池江 白井・大橋(日本)
200m メドレーリレー			1分37秒64(21) 宇野・谷口 阪本・難波(三重県選抜)	1分50秒73(22) 伊与田・吉田 広下・神野(中京大)
400m メドレーリレー	3分26秒78(21) R. マーフィー・M. アンドルー C. ドレッセル・Z. アップル(アメリカ)	3分50秒40(19) R. スミス・L. キング K. ダーリア・S. マニュエル(アメリカ)	3分29秒91(21) 入江・武良 水沼・中村(日本)	3分54秒73(18) 酒井・鈴木 池江・青木(日本)

【注】選手の国籍、所属は大会出場時の届け出による。国際水泳連盟未公認の記録は含まない。

はみ出し情報 ➡ 日本水泳連盟 https://swim.or.jp　国際水泳連盟 https://www.fina.org

50・100・200m自由形、50・100mバタフライで中学記録を持っている池江璃花子選手は、100m・200m自由形や50m・100mバタフライ、800mリレー、400mメドレーリレーで日本記録を更新している。

中学記録 （陸上競技、2022年10月）　記録（年）　選手名（学校名）

【資料】日本中学校体育連盟

種目	男			女		
100m	10秒56（14）	宮本大輔	（山口・周陽）	11秒61（10）	土井杏南	（埼玉・朝霞一）
200m	21秒18（10）	日吉克実	（静岡・伊豆修善寺）	23秒99（19）	ハッサン・ナワール	（千葉・松戸五）
400m	48秒18（09）	谷川鈴扇	（群馬・邑楽）	56秒64（16）*	井戸アビゲイル風果	（岐阜・美濃加茂西）
800m	1分52秒43（16）	馬場勇一郎	（愛知・上郷）	2分07秒19（13）	高橋ひな	（兵庫・山陽）
1500m	3分49秒02（21）	川口峻太朗	（岡山・京山）	4分19秒46（10）	福田有以	（兵庫・稲美北）
3000m	8分11秒12（22）	増子陽太	（福島・鏡石）	9分10秒18（93）*	山中美和子	（奈良・香芝）
100mハードル				13秒42（22）	香取奈摘	（茨城・三和）
110mハードル	13秒51（22）	岩本咲真	（福岡・八屋）			
400mリレー	42秒25（19）	斉藤・田村 内屋・大石	（静岡・吉田）	47秒04（19）	岡・福井 稲荷・藤木	（和歌山・桐蔭）
同・選抜	41秒26（08）	小池・綱川 梨本・田子	（千葉・選抜）	46秒34（18）	森澤・渡辺 佐藤・ハッサン	（千葉・選抜）
走り高とび	2m10（86）	境田裕之	（北海道・春光台）	1m87（81）	佐藤 恵	（新潟・木戸）
走り幅とび	7m40（16）	和田晃輝	（大阪・楠葉西）	6m20（16）	藤山有希	（神奈川・足柄台）
棒高とび	5m05（18）	古沢一生	（群馬・新町）	3m90（20）*	柳川美空	（群馬・南橘）
砲丸投げ	17m85（15）	奥村仁志	（福井・和泉）	17m45（19）	奥山琴未	（岡山・上道）
4種競技	3091点（20）	高橋大史	（山形・上山南）	3233点（20）	林 美希	（愛知・翔南）

【注】100m〜400m、ハードル、リレーは電気計時。ハードル、　砲丸（男は5kg、女は2.721kg）は中学用。4種競技の男は110mハードル、砲丸投げ（砲丸は4kg）、走り高とび、400m。女は100mハードル、砲丸投げ、走り高とび、200m。*全日本中学陸上選手権では実施していない種目での記録。

中学記録 （水泳競技、2022年12月）　記録（年）　選手名（所属チーム名）

【資料】日本水泳連盟

種目	男			女		
50m自由形	23秒37（22）	會田 慧	（スウィン鴻巣）	24秒74（16）	池江璃花子	（ルネサンス亀戸）
100m自由形	50秒66（09）	小堀勇気	（日本）	53秒99（16）	池江璃花子	（ルネサンス亀戸）
200m自由形	1分49秒25（10）	萩野公介	（御幸ケ原SS）	1分58秒01（15）	池江璃花子	（日本）
400m自由形	3分53秒84（19）	高木 陸	（大阪府）	4分10秒56（21）	竹澤瑠珂	（武蔵野中学校）
800m自由形	8分05秒28（19）	高木 陸	（KTV豊中）	8分35秒45（00）	溝口 愛	（大阪・箕面第四中）
1500m自由形	15分25秒32（22）	今福和志	（枚方SS牧野）	16分25秒62（21）	青木虹光	（県央SS）
50m平泳ぎ	28秒30（21）	岡留大和	（稲毛インター）	31秒15（15）	宮坂倖乃	（コナミ北浦和）
100m平泳ぎ	1分01秒97（21）	岡留大和	（稲毛インター）	1分07秒10（11）	渡部香生子	（JSS立石）
200m平泳ぎ	2分11秒95（09）	山口観弘	（志布志DC）	2分23秒43（15）	今井 月	（日本）
50mバタフライ	24秒41（21）	光永翔音	（ダンロップS松戸）	26秒17（15）	池江璃花子	（ルネサンス亀戸）
100mバタフライ	53秒13（08）	小堀勇気	（能美SC）	57秒56（15）	池江璃花子	（ルネサンス亀戸）
200mバタフライ	1分57秒66（09）	小堀勇気	（日本）	2分07秒89（15）	長谷川涼香	（日本）
50m背泳ぎ	25秒96（21）	寺川琉之介	（ビート伊万里）	28秒21（22）	伊東開耶	（セントラル藤が丘）
100m背泳ぎ	55秒33（09）	萩野公介	（栃木県）	1分00秒12（16）	酒井夏海	（スウィン南越谷）
200m背泳ぎ	1分59秒71（09）	萩野公介	（御幸ケ原SS）	2分09秒52（09）	神村万里恵	（セントラル成瀬）
200m個人メドレー	1分59秒26（09）	萩野公介	（栃木県）	2分11秒45（15）	今井 月	（日本）
400m個人メドレー	4分16秒50（09）	萩野公介	（栃木・作新学院中）	4分36秒71（22）	成田実生	（金町SC）
200mリレー	1分36秒24（19）	重藤・錦織 高嶋・伊藤	（イトマン選抜）	1分44秒14（17）	大内・佐々木 城戸・栗山	（ダンロップSC）
400mリレー	3分29秒83（09）	萩野・浦 田口・瀬戸	（日本）	3分43秒79（15）	池江・牧野 今井・持田	（日本）
800mリレー	7分39秒53（09）	萩野・浦 渋谷・瀬戸	（日本）	8分09秒26（14）	持田・池江 佐藤・牧野	（日本）
200mメドレー	1分45秒92（05）	入江・山田 前田・小西	（日本）	1分56秒05（96）	池田・林 青山・中山	（イトマンSS選抜）
400mメドレー	3分45秒71（09）	萩野・山口 瀬戸・浦	（日本）	4分04秒11（14）	白井・今井 長谷川・池江	（日本）

【注】選手の所属は大会出場時の届け出による。

世界

各国の比較

世界の国ぐにの暮らしの違いを確認しよう。人口、人口密度、所得、貿易額、学校や医師の数、電話などの普及状況から、各国の特徴と問題点をとらえて、わが国や世界の課題を考えてみよう。

各国の暮らし

【資料】世界銀行、国連、ITU、ILO、総務省、OECD、日本自動車工業会

	日 本	アメリカ	インドネシア	エチオピア
人口 (2021年)	1億2495万人	3億3650万人	2億7289万人	1億1874万人
人口増加率 (2020−2021年)	-0.5%	0.3%	0.8%	2.7%
人口密度 (1km²あたり・2020年)	345.2人	36.0人	145.7人	101.8人
GNI (国民総所得・2021年)	5兆3570億ドル	23兆3747億ドル	1兆1431億ドル	1136億ドル
1人あたりGNI (2021年) 【注】	4万2620ドル	7万0430ドル	4140ドル	960ドル
輸入額 (2021年)	7723億ドル	2兆9330億ドル	1962億ドル	153億ドル
輸出額 (2021年)	7571億ドル	1兆7531億ドル	2315億ドル	31億ドル
学校で学ぶ年数 (2020年)	15.2 (2019年)	16.3 (2020年)	13.6 (2018年)	8.4 (2012年)
教師1人あたりの子どもの数 (小学校・2018年)	15.7人 (2017年)	14.2人 (2017年)	17.0人	55.1人 (2011年)
衛生的な水供給 (100人あたり・2020年)	99%	100%	92%	50%
医師の数 (1万人あたり・2019年)	24.8人 (2018年)	26.0人 (2018年)	4.7人	0.8人 (2018年)
5歳未満で亡くなる人数 (出生1000人中・2021年)	2.4人	6.3人	22.3人	47.2人
電話保有数 (100人あたり・2020年)	203.2台	136.9台	133.5台	39.8台
固定電話/移動電話 (100人あたり・2020年)	49.0台 / 154.2台	30.7台 / 106.2台	3.5台 / 130.0台	1.1台 / 38.7台
産業別人口 (2021年)	第1次産業 3% 第2次産業 23% 第3次産業 72%	第1次産業 2% 第2次産業 19% 第3次産業 79%	第1次産業 29% 第2次産業 22% 第3次産業 49%	第1次産業 64% 第2次産業 6% 第3次産業 30%
乗用車の保有台数 (1000人あたり・2020年)	492台	351台	67台	2台

【注】世界銀行（国際復興開発銀行）は、世界の国・地域を1人あたりGNIによって分け、1人あたりGNI（2021年）が1085ドル以下の国を低所得国（28カ国）、1086〜4255ドルを低位中所得国（54カ国）、4256〜1万3205ドルを高位中所得国（54カ国）、1万3206ドル以上を高所得国（81カ国）と呼んでいる。先進国の多くが高所得国にあたり、産油国も少し含まれる。開発途上国はだいたい低所得国と中所得国にあたる。ただし、この分類にはデータ不明の国は含まれていない。GNIと1人あたりGNIは2022年確認。

世界大図鑑

国連に加盟している193カ国に
日本政府が承認している国連非加盟国のクック諸島、バチカン、
コソボ、ニウエを加えると、197カ国になります。
それぞれの国の人口や面積、首都、通貨、国民総所得、
宗教、使われている言語などをまとめた「世界の国ぐに」や
産業の統計などから、
世界各国の現在の姿を学びましょう。

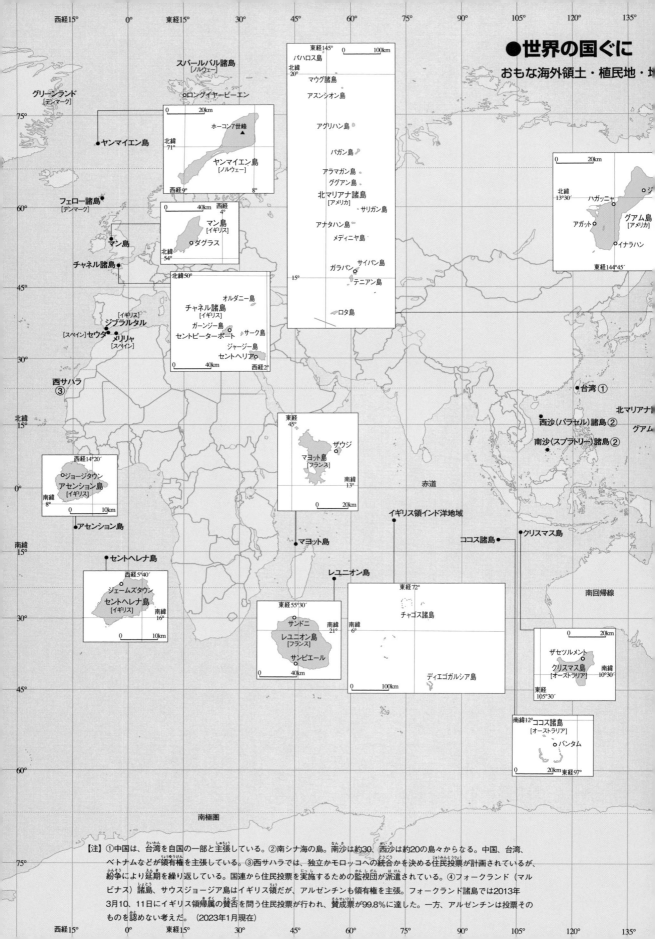

●世界の国ぐに
おもな海外領土・植民地・地

西経15° 0° 東経15° 30° 45° 60° 75° 90° 105° 120° 135°

グリーンランド
[デンマーク]

スバールバル諸島
[ノルウェー]

○ロングイヤービーエン

ヤンマイエン島

フェロー諸島
[デンマーク]

マン島

チャネル諸島

ヤンマイエン島の地図
0 20km
ホーコン7世峰 ▲
北緯71°
ヤンマイエン島
[ノルウェー]
西経9° 8°

マン島の地図
0 40km 西経4°
マン島
[イギリス]
北緯54° ○ダグラス

チャネル諸島の地図
北緯50°
オルダニー島
チャネル諸島
[イギリス]
ガーンジー島 ○サーク島
セントピーターポート
ジャージー島
セントヘリア○
40km 西経2°

北マリアナ諸島の地図
東経145°
パハロス島
北緯20°
マウグ諸島
アスンシオン島
アグリハン島
パガン島
アラマガン島
ググアン島
北マリアナ諸島
[アメリカ]
・サリガン島
アナタハン島
メディニヤ島
ガラパン サイパン島
テニアン島
ロタ島
0 100km
北緯15°

グアム島の地図
0 20km
北緯13°30′ ハガッニャ ○ジ
アガット グアム島
[アメリカ]
イナラハン
東経144°45′

[イギリス]
ジブラルタル
[スペイン]セウタ メリリャ
[スペイン]

西サハラ
③

アセンション島の地図
西経14°20′
○ジョージタウン
アセンション島
[イギリス]
南緯8°
0 10km
アセンション島

セントヘレナ島

セントヘレナ島の地図
西経5°40′
○ジェームズタウン
セントヘレナ島
[イギリス]
南緯16°
0 10km

マヨット島の地図
東経45°
ザウジ
マヨット島
[フランス]
南緯13°

マヨット島

レユニオン島

レユニオン島の地図
東経55°30′
サンドニ
レユニオン島
[フランス]
南緯21°
サンピエール
0 40km

赤道

イギリス領インド洋地域

ココス諸島

クリスマス島

チャゴス諸島の地図
東経72°
チャゴス諸島
南緯6°
ディエゴガルシア島
0 100km

クリスマス島の地図
0 20km
ザセツルメント
クリスマス島
[オーストラリア]
南緯10°30′
東経105°30′

ココス諸島の地図
南緯12° ココス諸島
[オーストラリア]
バンタム
0 20km 東経97°

台湾 ①
西沙(パラセル)諸島 ②
南沙(スプラトリー)諸島 ②
北マリアナ諸
グアム

南回帰線

南極圏

【注】①中国は、台湾を自国の一部と主張している。②南シナ海の島。南沙は約30、西沙は約20の島々からなる。中国、台湾、ベトナムなどが領有権を主張している。③西サハラでは、独立かモロッコへの統合かを決める住民投票が計画されているが、紛争により延期を繰り返している。国連から住民投票を実施するための監視団が派遣されている。④フォークランド（マルビナス）諸島、サウスジョージア島はイギリス領だが、アルゼンチンも領有権を主張。フォークランド諸島では2013年3月10、11日にイギリス領帰属の賛否を問う住民投票が行われ、賛成票が99.8%に達した。一方、アルゼンチンは投票そのものを認めない考えだ。（2023年1月現在）

西経15° 0° 東経15° 30° 45° 60° 75° 90° 105° 120° 135°

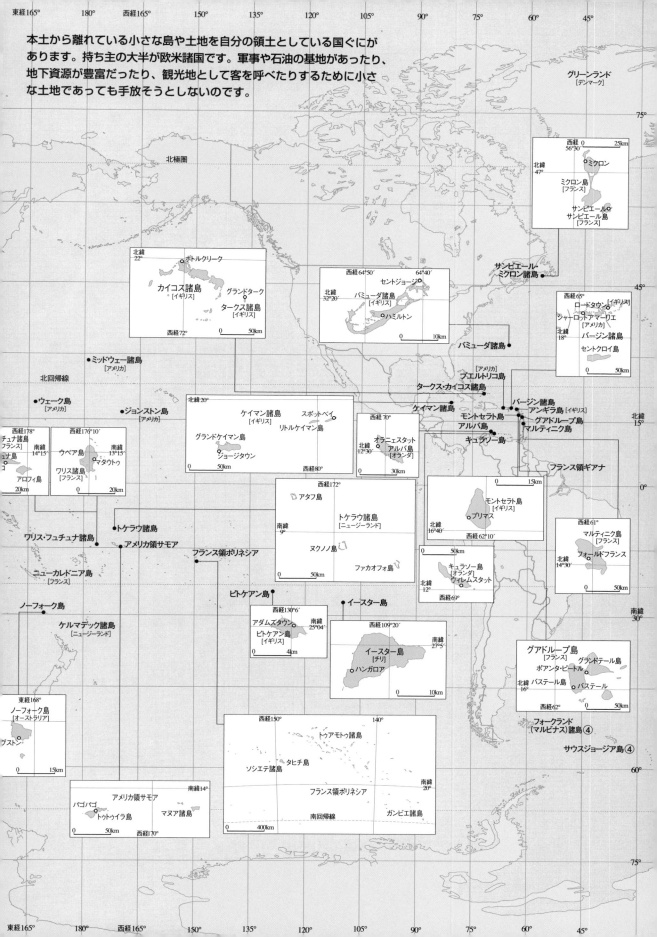

本土から離れている小さな島や土地を自分の領土としている国ぐにが
あります。持ち主の大半が欧米諸国です。軍事や石油の基地があったり、
地下資源が豊富だったり、観光地として客を呼べたりするために小さ
な土地であっても手放そうとしないのです。

東経165° 180° 西経165° 150° 135° 120° 105° 90° 75° 60° 45°

グリーンランド
[デンマーク]

75°

北極圏

西経 0 25km
56°30′
北緯
47°
ミクロン

ミクロン島
[フランス]

サンピエール
サンピエール島
[フランス]

サンピエール
ミクロン諸島 ●

45°

北緯
22°
ボトルクリーク

カイコス諸島
[イギリス]

グランドターク
タークス諸島
[イギリス]

西経72° 0 50km

西経64°50′ 64°40′
セントジョージ
北緯
32°20′
バミューダ諸島
[イギリス]
ハミルトン

0 10km

バミューダ諸島 ●

西経65°
ロードタウン [イギリス]
シャーロットアマーリエ
[アメリカ]
北緯
18°
バージン諸島

セントクロイ島

0 50km

● ミッドウェー諸島
[アメリカ]

北回帰線

[アメリカ]
プエルトリコ島
タークス・カイコス諸島

バージン諸島
アンギラ島 [イギリス]
グアドループ島
マルティニク島

● ウェーク島
[アメリカ]

● ジョンストン島
[アメリカ]

北緯20°
ケイマン諸島
[イギリス]
スポットベイ

グランドケイマン島
ジョージタウン

0 50km

ケイマン諸島 ●

西経80°

リトルケイマン島

モントセラト島
アルバ島
キュラソー島

西経70°
オラニェスタット
北緯
12°30′
アルバ島
[オランダ]

0 30km

フランス領ギアナ

北緯
15°

0°

西経178°
チュナ諸島
[フランス]
ナ島
アロフィ島
20km

西経176°10′
ウベア島
南緯
14°15′
マタウトゥ
ワリス諸島
[フランス]
南緯
13°15′

0 20km

西経172°
アタフ島

トケラウ諸島
[ニュージーランド]
南緯
9°

ヌクノノ島

ファカオフォ島

0 50km

モントセラト島
[イギリス]
北緯
16°40′
プリマス

西経62°10′

0 15km

西経61°
マルティニク島
[フランス]
北緯
14°30′
フォールドフランス

0 50km

● トケラウ諸島

● アメリカ領サモア

フランス領ポリネシア

西経69°
キュラソー島
[オランダ]
北緯
12°
ウィレムスタット

0 50km

ワリス・フュチュナ諸島

ニューカレドニア島
[フランス]

ピトケアン島 ●

● イースター島

西経130°6′
アダムズタウン
南緯
25°04′
ピトケアン島
[イギリス]

0 4km

西経109°20′
南緯
27°5′
イースター島
[チリ]
ハンガロア

0 10km

グアドループ島
[フランス]
グランドテール島
ポアンタ・ピートル
北緯 バステール島
16°
西経62°
バステール

0 50km

フォークランド
(マルビナス)諸島 ④

● ノーフォーク島

ケルマデック諸島
[ニュージーランド]

南緯
30°

サウスジョージア島 ④

東経168°
ノーフォーク島
[オーストラリア]
グストン

0 15km

西経150° 140°
トゥアモトゥ諸島

ソシエテ諸島 タヒチ島

フランス領ポリネシア

南緯
20°

ガンビエ諸島

60°

南緯14°
アメリカ領サモア
パゴパゴ
トゥトゥイラ島 マヌア諸島
0 50km
西経170°

南回帰線

0 400km

75°

東経165° 180° 西経165° 150° 135° 120° 105° 90° 75° 60° 45°

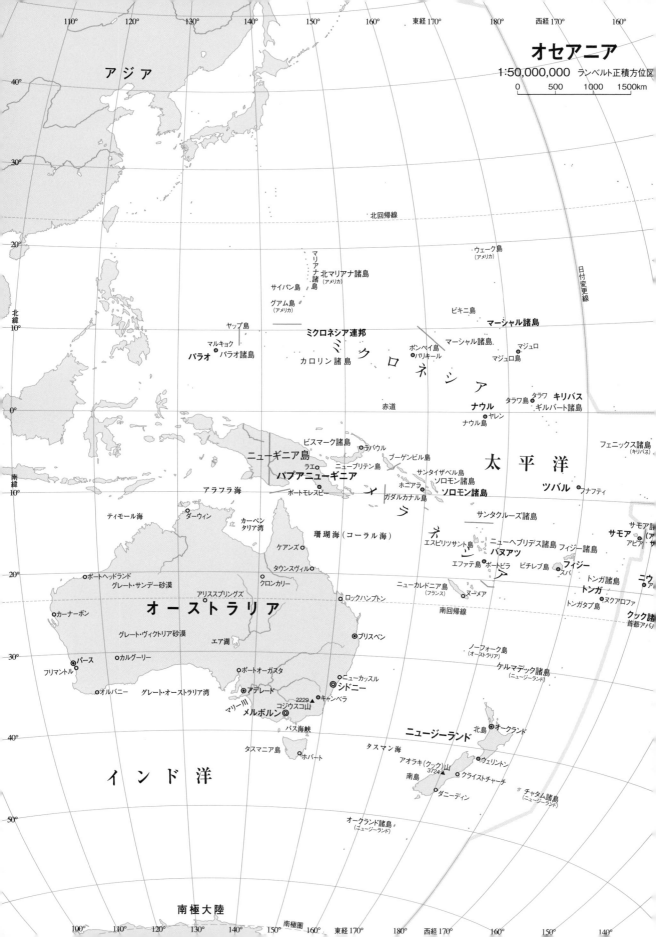

オセアニア

1:50,000,000 ランベルト正積方位図

0　500　1000　1500km

アジア

北回帰線

ウェーク島
(アメリカ)

マリアナ諸島
北マリアナ諸島
(アメリカ)
サイパン島

グアム島
(アメリカ)

ビキニ島

マーシャル諸島

ヤップ島

マルキョク
パラオ
パラオ諸島

ミクロネシア連邦

ミクロ

ポンペイ島
パリキール

マーシャル諸島

マジュロ
マジュロ島

日付変更線

カロリン諸島

ネ

シ

ア

タラワ島　タラワ　キリバス
ギルバート諸島

ナウル

赤道

ヤレン

ナウル島

フェニックス諸島
(キリバス)

ビスマーク諸島

ラバウル

ブーゲンビル島

太　平　洋

ニューギニア島

ニューブリテン島

ラエ

パプアニューギニア

アラフラ海

ポートモレスビー

サンタイザベル島
ホニアラ
ガダルカナル島

ソロモン諸島

ソロモン諸島

ツバル

フナフティ

ティモール海

サンタクルーズ諸島

ダーウィン

カーペン
タリア湾

珊瑚海(コーラル海)

エスピリツサント島

ニューヘブリデス諸島

フィジー諸島

サモア諸
サモア
(ア
アピア　サ

ケアンズ

バヌアツ

タウンズヴィル

ポートヘッドランド

グレート・サンデー砂漠

クロンカリー

エファテ島　ポートビラ　ビチレブ島

フィジー
スバ

トンガ諸島
トンガ

ニウ

カーナーボン

アリススプリングズ

ロックハンプトン

ニューカレドニア島
(フランス)
ヌーメア

南回帰線

トンガタプ島

ヌクアロファ

クック諸
首都アバ

グレート・ヴィクトリア砂漠

オーストラリア

エア湖

ブリスベン

ノーフォーク島
(オーストラリア)

ケルマデック諸島
(ニュージーランド)

パース

カルグーリー

ポートオーガスタ

ニューカッスル

フリマントル

シドニー

オルバニー

グレート・オーストラリア湾

アデレード

2229　キャンベラ

北島　オークランド

マリー川

コジウスコ山

メルボルン

バス海峡

ニュージーランド

タスマニア島

ホバート

タスマン海

ウェリントン

アオラキ(クック)山

クライストチャーチ

インド洋

3724　南島

チャタム諸島
(ニュージーランド)

ダニーディン

オークランド諸島
(ニュージーランド)

南極大陸

アジア

北極海
北極

ヨーロッパ

日付変更線
ベーリング海峡
ブーン岬

アラスカ(アメリカ)
ユーコン川　フェアバンクス
デナリ▲6190
(マッキンリー山)
アンカレジ
ドーソン

クイーンエリザベス諸島
エルズミーア島
カーナック

グリーンランド(デンマーク)

デンマーク海峡

アラスカ湾
ジュノー
ローガン山
5959

アラスカ半島

バフィン湾
バフィン島

北極圏

ヌーク

60°

アラスカ山脈

マッケンジー川
ヴィクトリア島

クイーンシャーロット諸島
プリンスルパート
バンクーバー島
バンクーバー
シアトル
コロンビア川
ポートランド

グレート・ベア湖

グレート・スレーヴ湖

ハドソン湾

チャーチル

ラブラドル半島

ラブラドル高原

ニューファンドランド島
セントジョンズ

50°

エドモントン
カルガリー
ウィニペグ湖

カナダ

ウィニペグ
サンダーベイ
スペリオル湖

ケベック
モントリオール
オタワ
セントローレンス川
トロント
オンタリオ湖

ハリファックス

ミネアポリス
ミルウォーキー
シカゴ
ミシガン湖
デトロイト
ヒューロン湖
バッファロー
エリー湖
ピッツバーグ

ボストン
ニューヨーク
フィラデルフィア

40°

サンフランシスコ
シエラネバダ山脈
ソルトレークシティー
デンバー

ロッキー山脈

コロラド川
カンザスシティー
セント・ルイス

ワシントン

バミューダ諸島
(イギリス)

ロサンゼルス
サンディエゴ
フェニックス

アメリカ

アトランタ

30°

太平洋

北回帰線

カリフォルニア半島

脈

エルパソ
サンアントニオ
ヒューストン
ミシシッピ川

ダラス
ニューオーリンズ

ジャクソンビル
ケープカナベラル

大西洋

西シエラマドレ山脈

モンテレイ
リオ・グランデ川　メキシコ湾
マイアミ
フロリダ半島

バハマ

西　イ　ン　ド　諸　島

グアダラハラ
メキシコ市

メキシコ

ハバナ
キューバ

ハイチ　ドミニカ
共和国

20°

ベリーズ
グアテマラ　ホンジュラス
エルサルバドル　ニカラグア

ジャマイカ

カリブ海

南アメリカ

10°

北アメリカ
1:37,000,000　ランベルト正積方位図法
0　　500　　1000　　1500km

コスタリカ
パナマ
パナマ運河

120°　　　110°　　　西経100°　　　90°　　　80°

世界の国ぐに

「世界の国ぐに」では国連加盟国の193カ国に加え、
日本政府が承認している国連非加盟国のクック諸島（P226）、
コソボ（P226）、ニウエ（P233）、バチカン（P234）を加えた
197カ国を紹介しています。
197カ国の地理・経済・その国の時事問題などについて
まとめていますので、学習の参考にしてください。

※「朝鮮民主主義人民共和国」（北朝鮮・P231）は国連加盟国ですが、日本政府は承認していません。

表の見方

日本 Japan

面積	38	人口	12513	首都	東京

❶❷

❸❹❺

通貨 円（1ドル＝132.20円）　❻

所得 42650ドル　❼

宗教 仏教、神道、キリスト教など　❽

住民 日本人。少数民族としてアイヌなど　❾

言語 日本語　独立 ―　❿⓫

高い技術力を持つ工業先進国。GDPは米国、中国に次ぐ世界3位。人口減少・少子高齢化が進行して、国際競争力の低下が危惧されている。新型コロナウイルス感染症により2022年末までに約5万8000人が死亡。21年、延期された夏季五輪・パラリンピックが東京で開催。22年7月、安倍晋三元首相が選挙応援の演説中に銃撃され死亡。同年9月、国葬が執り行われた。

❶国名（五十音順・一部例外あり）

❷英語表記 ❶の英語表記です。本書では「Republic of」（共和国）を略すなど、簡略化している場合があります。

❸面積 外務省ウェブサイトの2023年1月時点での掲載の値。単位＝万㎢。1万㎢以上の国は小数点以下第1位を四捨五入、それ以下の国は小数点以下で0の次の数字1桁まで掲載

❹人口 外務省ウェブサイトの2023年1月時点での掲載の値。単位＝万人。小数点以下第1位を四捨五入、ニウエとバチカンのみ例外。日本のみ総務省しらべ

❺首都 2023年しらべ。地図上の●は首都の位置

❻通貨 注釈がないものは、レート＝2023年1月4日のもの

❼所得 一人あたりの国民総所得（GNI）。GDPベースとある場合は一人あたりの国内総生産。世界銀行ウェブサイトの2023年1月時点での掲載の値と、掲載がなかった場合は外務省ウェブサイトの2023年1月時点での掲載の値。この数字で、経済的に富める国なのか、貧しい国なのかがわかります。単位＝米ドル。米ドル以外の貨幣で掲載されている場合は、日本銀行報告省令レートの当該年12月分レートに基づき米ドル換算。データが不明の場合は「―」の表示をしています

❽宗教 おもな宗教

❾住民 おもに住んでいる民族

❿言語 おもに使われている言葉

⓫独立 1943年以降に独立した国の独立年。ここをみることで比較的最近独立した新しい国なのか、または昔からあった国なのかがわかります。決まった独立年のない国も「―」の表示をしてあります

※国際連合安全保障理事会 常任理事国のアメリカ、イギリス、中国、フランス、ロシアについては大きな枠で解説しています

【資料】世界銀行、外務省、総務省、日本銀行、朝日新聞出版しらべ
※新型コロナウイルス感染者・死者数は22年末のもの

アイスランド Iceland

面積 10　人口 36

首都 レイキャビク

通貨 1アイスランド・クローナ＝0.91円

所得 63460ドル　宗教 福音ルーテル派

住民 アイスランド人（北方ゲルマン系）

言語 アイスランド語　独立 1944

北端が北極圏に接する世界最北の島国。バイキングが9世紀に建てた。夏は夜でも太陽が沈まない白夜で知られる。火山国。島内には約30の活火山がある。噴き出すマグマを見物しに多数の観光客が訪れる。主産業はアルミニウム精錬と観光業。漁場に恵まれており、漁業も盛ん。

アイルランド Ireland

面積 7　人口 512　首都 ダブリン

通貨 1ユーロ＝140.25円

所得 76110ドル　宗教 カトリック

住民 アイルランド人（ケルト系）

言語 アイルランド語、英語

独立 ―

グレートブリテン島などとイギリス諸島を形成する、アイルランド島の大部分を占める国。一年中美しい緑が絶えないことから「エメラルドの島」とも呼ばれる。ウイスキー発祥の地。1937年にアイルランド共和国として英国から独立。英国のEU離脱をめぐり同国との間で国境管理が争点になった。

アゼルバイジャン Azerbaijan

面積 9　人口 1030　首都 バクー

通貨 1アゼルバイジャン・マナト＝77.00円

所得 4900ドル　宗教 イスラム教シーア派

住民 アゼルバイジャン人。ほかにレズギン人など

言語 アゼルバイジャン語　独立 1991

かつては世界の原油の半分を生産していた産油国。カスピ海沿岸で産出した石油を輸出するための長距離パイプラインが経済を支えている。2020年、同国西部ナゴルノ・カラバフ自治州の帰属をめぐりアルメニアと武力衝突した。和平が模索されたが、22年に再び紛争が発生した。

アフガニスタン Afghanistan

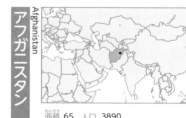

面積 65　人口 3890

首都 カブール　通貨 1アフガニ＝1.47円

所得 390ドル　宗教 イスラム教

住民 パシュトゥン人、タジク人、ウズベク人など

言語 パシュトゥー語、ダリ語　独立 ―

大半が岩山と乾いた高原の国。シルクロードが通り、多数の民族が行き交ったことから、かつては「文明の交差点」と呼ばれた。2001年、欧米などの多国籍軍との戦争を経て武装勢力タリバンによる政権が崩壊。21年、駐留米軍撤退と同時にタリバンが再び実権を掌握した。

アメリカ合衆国
United States of America
がっしゅうこく

面積 983　人口 33200　首都 ワシントン
通貨 1ドル=132.20円
所得 70930ドル　宗教 プロテスタント、カトリック
住民 ヨーロッパ系。ほかにアフリカ系、アジア系など
言語 英語　独立 ―

経済力と軍事力が世界一の超大国。多様な民族で構成される多民族国家。ＧＤＰは2位中国を大きく上回る。国際社会で強い発言力を持ち、軍事的影響力を全世界で発揮。2022年に起きたロシアによるウクライナ侵攻では、武器を供給するなどウクライナを強力に支援。近年は

2022年11月8日、米国で4年に1度の中間選挙が実施され、バイデン大統領の民主党は強い逆風を受けるといういう予想に反して上院で勝利。下院は僅差で共和党が勝利した。写真は支持者らに向けて演説するバイデン大統領(左)とハリス副大統領

貿易や知的財産権をめぐる摩擦や軍備増強に対する懸念などから中国と対立。22年には、中国が自国の一部と主張する台湾への軍事支援拡大を明言。これに対し、中国は反発している。20年以降、新型コロナウイルスの感染が拡大。死者数109万人以上は世界最多。

アラブ首長国連邦
United Arab Emirates
しゅちょうこくれんぽう

面積 8　人口 989
首都 アブダビ
通貨 1UAEディルハム=35.64円
所得 41770ドル
宗教 イスラム教　住民 アラブ人
言語 アラビア語　独立 1971

七つの首長国がつくるペルシャ湾入り口の連邦国。石油輸出が国の収入の多くを占める。日本にとって重要な石油輸入相手国。首長国のひとつドバイは中東経済の中心地で、観光地としても人気が高い。2020年、対立関係にあったイスラエルと国交正常化で合意した。

アルジェリア
Algeria

面積 238　人口 4390　首都 アルジェ
通貨 1アルジェリア・ディナール=0.95円
所得 3660ドル　宗教 イスラム教スンニ派
住民 アラブ人。ほかにベルベル人など
言語 アラビア語、ベルベル語、フランス語
独立 1962

アフリカで最も広い国。サハラ砂漠が国土の9割を覆っている。石油や天然ガスが豊富。首都アルジェは、カミュの名作『異邦人』の舞台。オスマン帝国の歴史を今に伝える旧市街カスバが世界遺産に登録されている。西サハラをめぐる問題から隣国モロッコと対立している。

アルゼンチン
Argentina

面積 278　人口 4538
首都 ブエノスアイレス
通貨 1アルゼンチン・ペソ=0.73円
所得 9960ドル　宗教 カトリック
住民 ヨーロッパ系。ほかに先住民系
言語 スペイン語　独立 ―

かつて「世界の食糧庫」と呼ばれた国。見渡す限りの草原パンパで小麦や大豆を生産する。20世紀前半にはヨーロッパ各国からの移民が「南米のヨーロッパ」と呼ばれる欧風都市を築き上げた。経済の危機的状況が続く。2022年のサッカー・ワールドカップで36年ぶりに優勝。

アルバニア
Albania

面積 3　人口 284　首都 ティラナ
通貨 1レク=1.23円
所得 6110ドル
宗教 イスラム教、アルバニア正教
住民 アルバニア人
言語 アルバニア語　独立 ―

四国の1.5倍ほどの国土がほとんど山と高原といぅ、山あいの小国。20世紀半ばから社会主義政策をとるが、他の社会主義国家と思想的に対立、鎖国状態を長年続けてきた。冷戦終結後、鎖国状態は解消したが、経済基盤は脆弱。主産業は農業と、衣類などの製造業。

アルメニア
Armenia

面積 3　人口 300　首都 エレバン
通貨 1ドラム=0.34円
所得 4850ドル　宗教 アルメニア教会
住民 アルメニア人。ほかにクルド人、ロシア人など
言語 アルメニア語　独立 1991

世界で初めてキリスト教を国教にした国。アジアとヨーロッパ、ロシアを結ぶ場所にあり、常に隣国の支配を受けてきた。ブドウの栽培が盛んで、ワインやブランデーを生産する。アゼルバイジャンのナゴルノ・カラバフ自治州の帰属をめぐり同国と対立。緊張関係が続いた。

アンゴラ
Angola

面積 125　人口 3080　首都 ルアンダ
通貨 1クワンザ=0.26円
所得 1710ドル　宗教 伝統宗教など
住民 オビンブンドゥ族、キンブンドゥ族、バコンゴ族など
言語 ポルトガル語　独立 1975

独立以来、27年もの間内戦が続いた国。内戦中は、対立する国内の組織を米国と旧ソ連がそれぞれ支援し、冷戦の代理戦争といわれた。石油、ダイヤモンドを輸出。産油量はアフリカ有数。石油依存型経済からの脱却が課題。産業多角化を目指して経済開発が進められている。

アンティグア・バーブーダ
Antigua and Barbuda

面積 0.04　人口 10
首都 セントジョンズ
通貨 1東カリブ・ドル=49.43円
所得 15780ドル　宗教 英国国教会、カトリック
住民 アフリカ系など
言語 英語　独立 1981

海岸線が美しいリゾート地として知られるカリブの小国。三つの島からなる。首都があるアンティグア島は東西が20kmほどの小さな島。平均気温が25℃を超える常夏の国。ハリケーン被害が頻発し、経済基盤は脆弱。観光業依存脱却を目指し、産業の多角化に取り組んでいる。

アンドラ Andorra

面積 0.05　人口 8
首都 アンドララベリャ　通貨 1ユーロ=140.25円
所得 46530ドル　宗教 カトリック
住民 スペイン人（カタルーニャ系）など
言語 カタルーニャ語、スペイン語、フランス語など
独立 1993

フランスとスペインの国境沿い、ピレネー山脈の谷間にあるとても小さな国。かつて鉄鉱石の産地として栄えた。現在は、観光業が経済の柱。スキーリゾートとして知られる。タックスヘイブン（租税回避地）だったが方針転換。近年、法人税や付加価値税などを次々導入した。

イエメン Yemen

面積 56　人口 2983
首都 サヌア
通貨 1イエメン・リアル=0.52円
所得 840ドル　宗教 イスラム教
住民 アラブ人。ほかにインド系
言語 アラビア語　独立 —

紀元前には海洋貿易の中継地として栄えた国。石油生産力が低く、アラブの最貧国。モカ・コーヒーの原産地。2015年に反政府勢力が実権を掌握し、これを認めないサウジアラビアらアラブ連合軍が軍事介入して内戦状態に。22年に国連の仲介によって停戦したが、先行きは不透明。

イスラエル Israel

面積 2　人口 950　首都 エルサレム*
通貨 1新シェケル=37.04円
所得 49290ドル
宗教 ユダヤ教、イスラム教など
住民 ユダヤ人。ほかにアラブ人など
言語 ヘブライ語、アラビア語　独立 1948

ユダヤ教、キリスト教、イスラム教の聖地とされるエルサレムがある国。1948年にユダヤ人が建国。これに反対するアラブ諸国と衝突し、4度にわたる戦争を経験。パレスチナと紛争状態にあり、イランとも対立。2020年、世界で初めて新型コロナワクチンの接種を開始した。

イギリス United Kingdom

面積 24　人口 6708
首都 ロンドン
通貨 1イギリス・ポンド=156.83円
所得 44480ドル　宗教 英国国教会
住民 アングロサクソン系、ケルト系
言語 英語　独立 —

伝統を守る立憲君主国であると同時に、産業が発達した先進国。18世紀、世界に先駆けて起こった産業革命によって国力を増強。19世紀には世界中に植民地を築き、イギリス（大英）帝国と呼ばれた。工業で先端的な技術力を持ち、石油など資源も豊富。ロンドンは世界最大級の金

POINT
★18世紀に世界に先駆けて産業革命が起こる
★20世紀初頭まで、イギリス帝国として世界に君臨
★2022年、エリザベス女王の死去にともなって長男で皇太子だったチャールズ氏が新国王に即位した

女王エリザベス2世が2022年9月8日に96歳で死去した。在位期間は70年で英国君主として最長。国葬には各国の要人が招かれ、日本の天皇、皇后両陛下も参列した。写真は国葬後、埋葬地のウィンザー城に向かってロンドン中心部を進む女王のひつぎ

融センター。2020年、EUを離脱。現在、新たなルールの下でEUとの関係構築が進められているが、先行き不透明感から国民には不満の声も多い。22年、ジョンソン首相の辞任を受けて就任したトラス首相が経済政策で失敗し、就任44日で辞任表明。スナク氏が新首相に就任した。

イタリア Italy

面積 30　人口 6037
首都 ローマ
通貨 1ユーロ=140.25円
所得 35990ドル　宗教 カトリック
住民 イタリア人
言語 イタリア語　独立 —

芸術とファッション、サッカーの国。国のあちこちに古代ローマ時代の遺跡が点在する。かつては絵画や彫刻で、現在はファッションで世界中に影響を与えている。世界金融危機（P98）以降、経済は低迷。2022年、右翼政党の党首メローニ氏が首相に就任。女性首相は同国初。

イラク Iraq

面積 44　人口 3965
首都 バグダッド
通貨 1イラク・ディナール=0.090円
所得 4760ドル　宗教 イスラム教
住民 アラブ人。ほかにクルド人など
言語 アラビア語　独立 —

世界5位の石油埋蔵国。古代メソポタミア文明が栄えたチグリス川が中央を流れ、国土の大部分は砂漠。2003年に起きた米国との戦争により独裁政治体制が崩壊した。以来、今日まで不安定な情勢が続く。22年、親イラン派による政権が発定。1年間続いた政権不在が解消された。

イラン Iran

面積 165　人口 8399　首都 テヘラン
通貨 1イラン・リアル=0.0031円
所得 3530ドル
宗教 イスラム教シーア派
住民 ペルシャ人。ほかに少数民族
言語 ペルシャ語　独立 —

中東諸国の中でも南アジアに近い国。石油埋蔵量は世界4位。20世紀初頭までペルシャと呼ばれていた。核開発疑惑で米国と対立。ウクライナに侵攻したロシアとの関係を深めている。2022年、ヒジャブ（頭髪を隠す布）の着用をめぐる女性の不審死事件への抗議デモが全国に波及した。

インド India

面積 329　人口 139341　首都 デリー
通貨 1インド・ルピー=1.60円　所得 2150ドル
宗教 ヒンドゥー教、イスラム教、キリスト教、シーク教
住民 インド・アーリア族、ドラビダ族など
言語 ヒンディー語、英語　独立 1947

世界2位となる14億人以上の人口を抱える国。2023年には中国を抜き人口世界一になる見通し。844の方言があり、憲法記載の地方言語が21ある。仏教発祥の地だが、宗教はヒンドゥー教が中心。主力はIT産業と製造業。22年、西部の都市でつり橋が崩落し140人以上が死亡した。

＊首都エルサレムは日本を含め国際的には認められていない

インドネシア Indonesia

面積　192　人口　27000
首都　ジャカルタ
通貨　1ルピア＝0.0084円
所得　4180ドル　宗教　イスラム教など
住民　マレー系。ほかに中国系
言語　インドネシア語　独立　1945

赤道付近の太平洋上に浮かぶ1万4572もの島々からなる国。首都ジャカルタがあるジャワ島や、リゾート地のバリ島など、島ごとの個性が豊か。2045年までに首都をカリマンタン東部に移転する予定。主要産業は鉱業、製造業。20年以降、新型コロナウイルス感染症で約16万人が死亡。

ウガンダ Uganda

面積　24　人口　4427　首都　カンパラ
通貨　1ウガンダ・シリング＝0.035円
所得　760ドル　宗教　キリスト教など
住民　バガンダ族、ランゴ族、アチョリ族など
言語　英語、スワヒリ語、ルガンダ語
独立　1962

絶滅危惧種マウンテンゴリラが400頭ほどいる国。南西部にあるブウィンディ原生国立公園にマウンテンゴリラが生息し、観察ツアーが組まれている。主力産業はコーヒーや紅茶、綿花、砂糖などの農業。難民受け入れに積極的。現在、近隣国から約150万人の難民を受け入れている。

ウクライナ Ukraine

面積　60　人口　4159（クリミアを除く）
首都　キーウ（キエフ）
通貨　1グリブナ＝3.57円
所得　4120ドル　宗教　ウクライナ正教など
住民　ウクライナ人。ほかにロシア人など
言語　ウクライナ語　独立　1991

国土の半分が肥沃な黒土に覆われた農業国。1986年に史上最悪の原発事故がチェルノブイリ（チョルノービリ）原発で発生。2022年2月、隣国ロシアが侵攻し、戦争状態に。22年11月までに両軍で計20万人が死傷したとの見方がある。国連の発表では約7000人の民間人が犠牲に。

ウズベキスタン Uzbekistan

面積　45　人口　3440　首都　タシケント
通貨　1スム＝0.012円　所得　1960ドル
宗教　イスラム教スンニ派
住民　ウズベク人。ほかにロシア系、タジク系など
言語　ウズベク語、ロシア語　独立　1991

アジアとヨーロッパを結ぶ貿易路シルクロードの中継地として栄えた国。中世に建てられたイスラム建築が立ち並ぶ旧市街地など、4カ所の世界文化遺産がある。旧ソ連の構成国。米GMの工場があり、自動車を製造、輸出するほか、伝統産業の繊維や天然ガス、ウランを輸出する。

ウルグアイ Uruguay

面積　18　人口　349　首都　モンテビデオ
通貨　1ウルグアイ・ペソ＝3.29円
所得　16080ドル　宗教　カトリック
住民　ヨーロッパ系、ヨーロッパ系と先住民の混血など
言語　スペイン語　独立　―

アルゼンチンとブラジルに挟まれ、常に両国と深い関わりを持ってきた国。国土の大半が肥沃な草原パンパに覆われている。主産業は農牧業で、牛肉、小麦を輸出する。スペイン植民地時代の雰囲気を残す、古い街並みのコロニア・デル・サクラメントが世界遺産に登録されている。

エクアドル Ecuador

面積　26　人口　1776　首都　キト
通貨　1ドル＝132.20円
所得　5960ドル　宗教　カトリック
住民　ヨーロッパ系と先住民の混血、ヨーロッパ系など
言語　スペイン語　独立　―

スペイン語で「赤道」を意味する国名の通り、赤道直下に位置する国。ダーウィンの進化論ゆかりの地であり、世界遺産登録第1号のガラパゴス諸島はこの国に属する。石油産業のほか、バナナ、カカオ、コーヒー、エビなどの第1次産業が経済の柱。近年は財政難を背景に社会不安が拡大。

エジプト Egypt

面積　100　人口　10233
首都　カイロ
通貨　1エジプト・ポンド＝5.29円
所得　3350ドル　宗教　イスラム教
住民　アラブ人
言語　アラビア語　独立　―

ピラミッドなどの巨大遺跡が、紀元前の王朝の栄華を今に伝える国。国土の大半が砂漠だが、世界1位の長さを誇るナイル川流域は土壌豊か。首都カイロの過密を解消するため、新首都への機能移転が予定されている。ナイル川上流にダムを建設したエチオピアと激しく対立している。

エストニア Estonia

面積　5　人口　133　首都　タリン
通貨　1ユーロ＝140.25円　所得　26460ドル
宗教　プロテスタント　宗教　ロシア正教
住民　エストニア人（フィン系）。ほかにロシア人など
言語　エストニア語　独立　1991

バルト三国の一国。ドイツ、ロシアなど、周辺諸国の支配と影響を受け続けてきた。首都タリンの旧市街には中世の街がそのまま保存されており、白夜の時期には多数の観光客が訪れる。IT産業が盛ん。「Skype」はこの国生まれ。行政サービスの電子化で世界の先頭を行く。

エスワティニ Eswatini

面積　2　人口　117　首都　ムババーネ
通貨　1リランゲニ＝7.72円
所得　3650ドル　宗教　伝統宗教、キリスト教
住民　スワジ族。ほかにズールー族、トンガ族など
言語　英語、スワジ語　独立　1968

南アフリカ共和国とモザンビークの国境沿いにある国。国王が強い権限を持つ絶対君主国。砂糖、木材、柑橘類を生産する。南アと経済的に密接。HIV／エイズの蔓延が深刻。2021年、絶対君主制に反対し、民主化を求めるデモが拡大。治安部隊との衝突が繰り返された。

エチオピア Ethiopia

面積 110　人口 11787
首都 アディスアベバ
通貨 1ブル=2.45円　所得 940ドル
宗教 イスラム教、エチオピア正教、キリスト教
住民 アムハラ族、オロモ族など約80民族
言語 アムハラ語、英語　独立 —

5000m走以上の陸上競技ではめっぽう強い長距離王国。19世紀からアフリカの植民地化が進むなか独立を保ったことが誇り。2020年以降、続いてきた政府軍と少数民族勢力の内戦が22年に停戦。ナイル川上流に建設した巨大ダムをめぐり、下流のスーダン、エジプトと対立。

エリトリア Eritrea

面積 12　人口 550　首都 アスマラ
通貨 1ナクファ=8.81円　所得 610ドル
宗教 キリスト教、イスラム教
住民 ティグライ族、アファール族など
言語 ティグリニャ語、アラビア語
独立 1993

酷暑で世界一といわれる国。低地では50℃を超えることも。20世紀半ばに隣国エチオピアからの独立を目指し、30年におよぶ闘争を続けた。独立後も敵対していたエチオピアと2018年に関係改善。産業に乏しく国民の多くが農業や牧畜に携わっている。近年は干ばつ被害が深刻。

エルサルバドル El Salvador

面積 2　人口 649
首都 サンサルバドル
通貨 1ドル=132.20円
所得 4260ドル　宗教 カトリック
住民 先住民とスペイン系の混血など
言語 スペイン語　独立 —

九州の半分程度という中米最小国。小さな国土に火山性の山脈があり、大規模な地震にたびたび見舞われている。独立以来、クーデターが繰り返された。現在も社会情勢は不安定。貧困や暴力の蔓延など深刻な社会問題を抱える。2021年に仮想通貨を法定通貨としたことが話題に。

オーストラリア Australia

面積 769　人口 2575
首都 キャンベラ
通貨 1オーストラリア・ドル=90.29円
所得 57170ドル　宗教 キリスト教
住民 ヨーロッパ系。ほかに先住民など
言語 英語　独立 —

ひとつの大陸を一国が統治している唯一の国。他の大陸から遠く離れているため、動植物の生態系は個性的。カンガルーやコアラなど、原始的な哺乳類が国のシンボル。経済で密接な中国との関係が悪化。一方で、中国に厳しい態度を示している米国や英国との関係を強めている。

オーストリア Austria

面積 8　人口 892
首都 ウィーン
通貨 1ユーロ=140.25円
所得 52760ドル　宗教 カトリック
住民 ほとんどがドイツ系
言語 ドイツ語　独立 —

ウィーン交響楽団やウィーン少年合唱団で世界的に有名な、クラシック音楽の中心国。首都ウィーンは音楽の都と呼ばれる。13世紀から数百年にわたるハプスブルク家の統治下で、独自の芸術が発展。永世中立国。主産業は自動車などの工業と、乳製品、パン、ソーセージなどの食品産業。

オマーン Oman

面積 31　人口 459
首都 マスカット
通貨 1オマーン・リアル=339.78円
所得 17950ドル　宗教 イスラム教
住民 アラブ人
言語 アラビア語　独立 —

アラビア海に面する産油国で、主要産業は石油関連業のほか農漁業など。日本にとっては生インゲンの主要輸入先でもある。この国にとって日本は輸出入とも最上位国のひとつ。2020年、約50年にわたって在位したカブース国王が死去。新たにハイサム国王が即位した。

オランダ Netherlands

面積 4　人口 1755　首都 アムステルダム
通貨 1ユーロ=140.25円
所得 55200ドル
宗教 カトリック、プロテスタント
住民 オランダ人（ゲルマン系）
言語 オランダ語　独立 —

海抜0m以下の干拓地が国土の4分の1を占める国。鎖国時代の日本と交流していた数少ない国のひとつ。ポンプ、ペンキ、ホースの語源はオランダ語。チューリップ栽培に代表される園芸、農業が干拓地で行われている。石油精製のシェルなど、多数の多国籍企業の拠点。

ガイアナ Guyana

面積 22　人口 79　首都 ジョージタウン
通貨 1ガイアナ・ドル=0.63円
所得 9410ドル
宗教 キリスト教、ヒンドゥー教
住民 インド系、アフリカ系など
言語 英語、クレオール語など　独立 1966

国土の5分の4を密林が覆う熱帯の国。ベネズエラおよびブラジルとの国境周辺には、岩盤がむき出しの台形状の山々が立ち並ぶギアナ高地がある。砂糖、米、金、ボーキサイトなどを輸出している。新たに発見された油田で石油生産がはじまり、経済の飛躍的成長が見込まれている。

カザフスタン Kazakhstan

面積 272　人口 1920　首都 アスタナ
通貨 1テンゲ=0.28円
所得 8880ドル　宗教 イスラム教スンニ派
住民 カザフ人。ほかにロシア系、ウズベク系など
言語 カザフ語、ロシア語　独立 1991

旧ソ連構成国による独立国家共同体（CIS）の中でロシアの次に広い国。面積は日本の約7倍。鉱業や金属加工業が盛ん。世界最大級のカシャガン油田など巨大油田が多い。2022年1月、燃料費値上がりへの抗議デモが拡大。ロシア軍の協力を得た政府側がこれを武力鎮圧した。

カタール Qatar

面積 1　人口 280　首都 ドーハ
通貨 1カタール・リヤル=35.93円
所得 62310ドル
宗教 イスラム教
住民 アラブ人
言語 アラビア語　独立 1971

石油と天然ガスの輸出益を財源に充実した社会保障を実現している国。医療や教育は無料。2019年、OPEC（石油輸出国機構）を脱退。22年、中東で初めてサッカー・ワールドカップを開催。世界の注目を集める中で、移民労働者や性的少数者に対する人権侵害が問題視された。

ガーナ Ghana

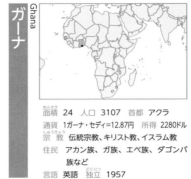

面積 24　人口 3107　首都 アクラ
通貨 1ガーナ・セディ=12.87円　所得 2280ドル
宗教 伝統宗教、キリスト教、イスラム教
住民 アカン族、ガ族、エベ族、ダゴンバ族など
言語 英語　独立 1957

チョコレートの原料になるカカオ豆の生産で知られる国。内陸部では金やダイヤモンドが採掘される。中世にはゴールドコーストと呼ばれ、金目当てのヨーロッパ人が押し寄せた。油田開発によって急成長を果たしたが、近年、経済が急速に悪化。2022年に債務不履行に陥った。

カナダ Canada

面積 999　人口 3699　首都 オタワ
通貨 1カナダ・ドル=95.85円
所得 48310ドル　宗教 カトリック
住民 イギリス系、フランス系、先住民イヌイットなど
言語 英語、フランス語　独立 ―

世界で2番目に広い国。面積は日本の26倍。カナディアンロッキーやナイアガラの滝など雄大な景観地が有名。200以上の民族が住む多民族国家。移民が人口の約4分の1を占める。金融や工業が発達した先進国。石油埋蔵量世界3位。石油や天然ガス、石炭を輸出する。

カボベルデ Cabo Verde

面積 0.4　人口 56　首都 プライア
通貨 1カボベルデ・エスクード=1.25円
所得 3190ドル　宗教 カトリック
住民 ほとんどがポルトガル人とアフリカ系の混血
言語 ポルトガル語、クレオール語　独立 1975

アフリカ大陸から西側に500km以上離れた大西洋上の島々からなる国。年間を通じて降水量が少なく、サハラ砂漠からは砂嵐が吹きつける。地形や天候に恵まれないため、農業には不向き。マグロやエビなどの漁業が中心。外国への出稼ぎ労働者からの送金も大切な収入源。

ガボン Gabon

面積 27　人口 228　首都 リーブルビル
通貨 1CFAフラン=0.21円
所得 6440ドル
宗教 キリスト教、伝統宗教
住民 ファン族、プヌ族、ミエネ族、テケ族、コタ族
言語 フランス語　独立 1960

中部アフリカ有数の産油国。赤道直下に位置し、国土の4分の3はジャングル。石油、マンガン、木材が輸出収入の9割を占める。石油の生産量が減っており、石油に頼らない経済構造の構築が課題。1952年にノーベル平和賞を受賞した医師シュバイツァーが赴任した国。

カメルーン Cameroon

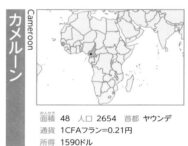

面積 48　人口 2654　首都 ヤウンデ
通貨 1CFAフラン=0.21円
所得 1590ドル
宗教 伝統宗教、キリスト教、イスラム教
住民 ドゥアラ族、バミレケ族、バムン族、フルベ族など
言語 フランス語、英語　独立 1960

気候が地域ごとに多様であることや、200以上の民族が存在し、言語、文化、宗教が多岐にわたることから、アフリカの縮図と呼ばれる国。圧倒的多数を占める仏語圏と、分離独立を求める英語圏が激しく対立している。テロも頻発。洪水などの自然災害に起因する食糧危機に直面。

ガンビア Gambia

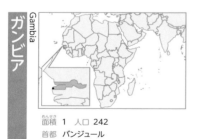

面積 1　人口 242
首都 バンジュール
通貨 1ダラシ=2.11円
所得 740ドル　宗教 イスラム教など
住民 マンディンゴ族、ウォロフ族など
言語 英語、マンディンゴ語　独立 1965

大西洋沿岸を除く三方をセネガルに囲まれている国。労働人口の約75%が農業従事者という農業国。1976年にベストセラーになった小説『ルーツ』のモデル国。頻発する洪水が食糧危機を引き起こしている。新型コロナウイルスの流行やウクライナ情勢によって危機的状況が拡大。

カンボジア Cambodia

面積 18　人口 1530
首都 プノンペン
通貨 1リエル=0.032円
所得 1580ドル　宗教 上座部仏教
住民 ほとんどがカンボジア（クメール）人
言語 カンボジア語　独立 1953

大河メコン川の恵みを受ける農業国。1970年代に、ポル・ポト政権下で170万人が虐殺されるという不幸な歴史を経験。アンコール朝の栄華を伝える寺院アンコールワットが有名。縫製業が牽引役となり経済が急成長。政治経済で中国と密接な関係を築いている。

北マケドニア North Macedonia

面積 3　人口 207　首都 スコピエ
通貨 1マケドニア・デナル=2.24円
所得 6190ドル
宗教 マケドニア正教、イスラム教
住民 マケドニア人、アルバニア人
言語 マケドニア語など　独立 1991

旧ユーゴスラビア構成国。紀元前に存在したマケドニア王国が国名の由来だが、民族的なつながりはない。その名称の使用にギリシャが異を唱え、不仲に。2018年、国名を「北マケドニア共和国」にすることでギリシャと合意。19年に新国名の使用を開始。EU加盟を目指している。

ギニア Guinea

面積 25　人口 1350
首都 コナクリ
通貨 1ギニア・フラン=0.015円
所得 1020ドル　宗教 イスラム教など
住民 マリンケ族、プル族、スースー族など
言語 フランス語　独立 1958

埋蔵量が世界の3分の1を占めるボーキサイトをはじめ、金やダイヤモンドなど地下資源に恵まれた国。しかし政情不安から経済は未発達。首都コナクリは、国の首都として最も雨量が多い。2021年、軍によるクーデターが発生し、軍事政権が発足。2年で民政移管することを目指す。

ギニアビサウ Guinea-Bissau

面積 4　人口 202　首都 ビサウ
通貨 1CFAフラン=0.21円
所得 760ドル
宗教 伝統宗教、イスラム教、キリスト教
住民 バランテ族、フラ族、マンディンゴ族など
言語 ポルトガル語　独立 1973

西アフリカ西岸に位置し、セネガルとギニアに挟まれた国。主要産業は農林水産業で、カシューナッツ、落花生、エビ、イカを輸出。経済基盤は極めて脆弱で、世界最貧国のひとつ。2009年の大統領暗殺をきっかけに政情が混乱。22年にもクーデター未遂事件が発生した。

キプロス Cyprus

面積 0.9　人口 121　首都 ニコシア
通貨 1ユーロ=140.25円
所得 28470ドル
宗教 ギリシャ正教、イスラム教
住民 ギリシャ系、トルコ系など
言語 ギリシャ語、トルコ語　独立 1960

女神アフロディーテ（ビーナス）誕生伝説のある島、キプロス島からなる国。南部はギリシャ系住民、北部はトルコ系住民による政府が支配する分断状態。統一に向けて両者および関係国間で話し合いが行われてきたが、解決のめどはたっていない。主力産業は観光業、海運業。

キューバ Cuba

面積 11　人口 1131　首都 ハバナ
通貨 1キューバ・ペソ=5.47円
所得 8920ドル　宗教 カトリック
住民 スペイン系とアフリカ系の混血、ヨーロッパ系など
言語 スペイン語　独立 ―

ラム酒や葉巻の生産で知られる国。1959年の革命以来、社会主義国家の道をとったことで米国と激しく対立。61年から54年にわたり両国は断交状態に。2015年に国交が回復したが再び後退。21年には経済困窮を背景に、社会主義国家としては異例の反政府デモが発生、拡大した。

ギリシャ Greece

面積 13　人口 1067　首都 アテネ
通貨 1ユーロ=140.25円
所得 20000ドル
宗教 ギリシャ正教
住民 ギリシャ人
言語 ギリシャ語　独立 ―

ヨーロッパの揺りかごと呼ばれる国。古代ギリシャ文明が欧州全体に影響を与えた。パルテノン神殿などの古代遺跡を目当てに訪れる外国人観光客は3200万人以上（2019年）だった。10年に財政難から一時、国家破綻の危機に陥ったが、22年にはIMF（国際通貨基金）への債務返済を完了。

キリバス Kiribati

面積 0.07　人口 12　首都 タラワ
通貨 1オーストラリア・ドル=90.29円
所得 2750ドル　宗教 キリスト教
住民 ミクロネシア系、ポリネシア系など
言語 キリバス語、英語　独立 1979

世界で最初に日付が変わるミレニアム島など、多数の島々からなる国。排他的経済水域の面積は世界有数で、入漁料が貴重な収入源になっている。そのほか観光やコプラ*の生産など。後発開発途上国のひとつ。地球温暖化による海面上昇によって、国土水没の危機にある。

キルギス Kyrgyz

面積 20　人口 670　首都 ビシケク
通貨 1ソム=1.53円　所得 1180ドル
宗教 イスラム教スンニ派など
住民 キルギス系。ほかにウズベク系、ロシア系など
言語 キルギス語　独立 1991

万年雪をいただくテンシャン山脈や、平均標高5000mのパミール高原、広く透明度の高いイシク・クル湖など自然に恵まれ、中央アジアのスイスと呼ばれる国。隣国タジキスタンとの間に国境問題がある。2022年には大規模な衝突が発生。両国に多数の犠牲者が出た。

グアテマラ Guatemala

面積 11　人口 1660
首都 グアテマラ市
通貨 1ケツァル=16.73円
所得 4940ドル　宗教 キリスト教
住民 先住民とスペイン系の混血など
言語 スペイン語　独立 ―

古代マヤ文明とコーヒーの国。密林に巨大なピラミッドが点在するティカルに代表される、神秘的な遺跡群が観光資源になっている。コーヒー、バナナ、砂糖、カルダモン（香辛料の一種）などの農産品、衣類などの繊維製品を生産する。国民の半数が貧困層。貧困削減や治安改善が課題。

クウェート Kuwait

面積 2　人口 446
首都 クウェート市
通貨 1クウェート・ディナール=426.86円
所得 34290ドル　宗教 イスラム教
住民 アラブ人
言語 アラビア語　独立 1961

豊富な石油によって豊かになった国。砂漠の国だが、都市部には近代的なビルが立ち並ぶ。公的医療機関の医療費や教育費は無料。1990年に隣国イラクに侵略されたが、湾岸戦争終結後、急速に復興。2021年、数兆円に及ぶイラクからの賠償金の支払いが完了した。

*ココナツの加工品

統計｜世界｜世界の国ぐに

世界　# 世界の国ぐに

クック諸島 Cook Islands

面積 0.02　人口 2　首都 アバルア
通貨 1ニュージーランド・ドル=83.09円
所得 16194ドル（20年・GDPベース）*
宗教 キリスト教
住民 マオリ族。ほかにポリネシア系など
言語 マオリ語、英語　独立 ―

太平洋の探索で功績を挙げた探検家、ジェームズ・クックが調査をした国。南太平洋に浮かぶ15の島々からなる。国を運営する権限の一部を相手国に委ねる自由連合関係をニュージーランドと結んでいる。主軸は観光業。美しいビーチリゾートを求めて、世界中から旅行者が訪れる。

グレナダ Grenada

面積 0.03　人口 11
首都 セントジョージズ
通貨 1東カリブ・ドル=49.43円　所得 8590ドル
宗教 キリスト教
住民 アフリカ系、インド系、ヨーロッパ系
言語 英語　独立 1974

香辛料の島と呼ばれるカリブの島国。ナツメグやシナモン、クローブ、バニラなどの生産量は世界屈指。国旗にはナツメグの実が描かれている。年間の最高気温の平均は30℃近いが、海から風が吹きつけて過ごしやすい。自然豊かなリゾート地として観光客が多い。

クロアチア Croatia

面積 6　人口 387　首都 ザグレブ
通貨 1ユーロ=140.25円
所得 17630ドル
宗教 カトリック、セルビア正教
住民 クロアチア人。ほかにセルビア人など
言語 クロアチア語　独立 1991

旧ユーゴスラビアに属していた。周辺国との間に民族問題を抱え、1990年代には紛争が繰り返された。繊維、船舶などの製造業、観光業が盛ん。アドリア海沿岸のビーチリゾートや、中世さながらの城壁の街ドブロブニクが人気。2023年にEU共通通貨ユーロを導入した。

ケニア Kenya

面積 58　人口 5377　首都 ナイロビ
通貨 1ケニア・シリング=1.06円
所得 2080ドル
宗教 伝統宗教、キリスト教、イスラム教
住民 キクユ族、ルヒア族など
言語 スワヒリ語、英語　独立 1963

ゾウやライオンを間近に見られる、アフリカ随一の観光スポットとして知られる国。赤道直下に位置するが、首都ナイロビは標高1700mにあり、涼しい。5000m級のケニア山は万年雪に覆われている。コーヒーや紅茶を生産する農業国。近年、干ばつが深刻な飢餓を引き起こしている。

コスタリカ Costa Rica

面積 5　人口 509　首都 サンホセ
通貨 1コスタリカ・コロン=0.22円
所得 12310ドル　宗教 カトリック
住民 スペイン系と先住民の混血。ほかにアフリカ系など
言語 スペイン語　独立 ―

地球上の動植物のうち約5%の種が生息し、生物の宝庫といわれる国。豊かな自然を求めて多数の人が訪れる。コーヒーやバナナ、パイナップルの生産が盛ん。脱化石燃料に積極的。新型コロナウイルスの世界的流行が主力の観光業に打撃。一時、財政危機に直面した。

コソボ Kosovo

面積 1　人口 179　首都 プリシュティナ
通貨 1ユーロ=140.25円　所得 5130ドル
宗教 イスラム教、セルビア正教など
住民 アルバニア人、セルビア人、トルコ人など
言語 アルバニア語、セルビア語など
独立 2008

2008年に独立したバルカン半島の内陸国。かつてはセルビア国内の自治州だった。住民の多数をアルバニア人が占めることから、セルビア人が多数を占めるセルビアからの分離独立を強く望んだ。独立後の現在もセルビアと対立。20年に経済関係が正常化したが、再び緊張が高まっている。

コートジボワール Côte d'Ivoire

面積 32　人口 2638
首都 ヤムスクロ（実質的首都機能はアビジャン）
通貨 1CFAフラン=0.21円　所得 2420ドル
宗教 伝統宗教、イスラム教、キリスト教
住民 セヌフォ族、バウレ族、グロ族など
言語 フランス語　独立 1960

世界一のカカオ豆輸出国。人口の50%が農業に従事している。中世には奴隷と象牙の貿易拠点として栄えた。日本では国名を訳して象牙海岸と呼ばれていた。1990年代から長期にわたり政治的混迷が続いたが、2010年代に収束。低迷していた経済が回復し、近年は高度成長が続いている。

コモロ Comoros

面積 0.2　人口 89　首都 モロニ
通貨 1コモロ・フラン=0.28円
所得 1580ドル　宗教 イスラム教
住民 バンツー系。ほかにアラブ人、マダガスカル人、インド人など
言語 フランス語、アラビア語など　独立 1975

「生きた化石」シーラカンスがいる国。1980年代には近海でビデオ撮影されている。アフリカ大陸とマダガスカル島に挟まれた洋上の3島からなる。香水の原料イランイランの生産量で世界一。バニラ、クローブも生産するが、価格が不安定で経済は困窮している。

コロンビア Colombia

面積 114　人口 5127　首都 ボゴタ
通貨 1コロンビア・ペソ=0.027円
所得 6190ドル　宗教 カトリック
住民 ヨーロッパ系と先住民の混血、アフリカ系など
言語 スペイン語　独立 ―

かつて麻薬組織や左翼ゲリラの活動が活発で危険地帯とされていた国。軍事措置によって麻薬組織の活動は沈静化。政府と左翼ゲリラの和平交渉を主導したサントス大統領（当時）が2016年にノーベル平和賞受賞。世界3位のコーヒー生産国。経済力は高く、コロナ後も順調に回復。

226　*日本銀行報告省令レート令和20年12月分に基づきニュージーランド・ドルを米ドル換算

コンゴ共和国
Republic of Congo

面積 34　人口 552　首都 ブラザビル
通貨 1CFAフラン=0.21円
所得 1970ドル
宗教 伝統宗教、キリスト教
住民 コンゴ族、テケ族、ブバンギ族など
言語 フランス語など　独立 1960

国土の半分を密林が覆う赤道直下の国。貿易収入は石油が大半を占める。13〜15世紀に栄えたコンゴ王国が起源。植民地時代を経て隣国のコンゴ民主共和国（旧ザイール）と二分された。1997年から内戦が始まり2003年まで続いた。石油生産の拡大によって経済は順調。

コンゴ民主共和国
Democratic Republic of the Congo

面積 235　人口 8956　首都 キンシャサ
通貨 1コンゴ・フラン=0.064円
所得 550ドル
宗教 キリスト教、イスラム教、伝統宗教
住民 バンツー系、ナイル系など
言語 フランス語など　独立 1960

アフリカ中央部に位置する国。コンゴ共和国同様、コンゴ王国が起源。1971年から97年まではザイール共和国と呼ばれた。97年に当時の反政府組織が国権を掌握し、この国を興した。武装勢力が跋扈し、国内情勢は不安定。2022年には東部地域で反政府軍との戦闘が激化。

サウジアラビア
Saudi Arabia

面積 215　人口 3534　首都 リヤド
通貨 1サウジアラビア・リヤル=34.77円
所得 21540ドル
宗教 イスラム教ワッハーブ派
住民 アラブ人
言語 アラビア語　独立 ―

世界有数の石油産出国。埋蔵量は世界全体の約6分の1。日本が輸入している石油の3分の1は同国産。アラブ・イスラム諸国の中心的存在であり、地域の政治経済を主導。一方、宗派対立に起因してイランと敵対。イエメンの内戦に介入し、親イラン勢力と交戦している。

サモア
Samoa

面積 0.3　人口 20　首都 アピア
通貨 1タラ=43.78円（22年2月）
所得 3810ドル　宗教 キリスト教
住民 サモア人（ポリネシア系）。ほかにヨーロッパ系の混血など
言語 サモア語、英語　独立 1962

日付変更線近くの南太平洋上に浮かぶ九つの島からなる国。年間平均気温が25℃以上の常夏の島。欧米に統治されるまでサモア人が統治する王国があり、その伝統が今も色濃く残っている。主産業は観光業と農業、漁業。2021年に、政権が交代し、同国初となる女性首相が就任した。

サントメ・プリンシペ
Sao Tome and Principe

面積 0.1　人口 22　首都 サントメ
通貨 1ドブラ=5.72円
所得 2260ドル
宗教 キリスト教
住民 バンツー系、ポルトガル人との混血
言語 ポルトガル語　独立 1975

国土面積が東京都の半分ほどの小さな国。大西洋上にあるサントメ島とプリンシペ島、そのほか四つの島からなる。輸出はほぼすべてがカカオ豆。最貧国のひとつで国際社会から経済援助を受けている。2000年代に近海で油田が発見されたが、深海部のため開発が遅れている。

ザンビア
Zambia

面積 75　人口 1892　首都 ルサカ
通貨 1クワチャ=7.25円
所得 1030ドル
宗教 キリスト教、伝統宗教など
住民 トンガ系、ニャンジャ系など73部族
言語 英語、ベンバ語など　独立 1964

世界三大瀑布（滝）のひとつ、ビクトリアの滝がある国。アフリカ南部の内陸国で、八つの国と国境を接する。主要産業は銅、コバルトなどの鉱工業。輸出額の6割を占める銅の国際価格下落に起因して経済が悪化。2020年、深刻な経済不振から債務不履行に陥った。

サンマリノ
San Marino

面積 0.006　人口 3　首都 サンマリノ
通貨 1ユーロ=140.25円
所得 41450ドル
宗教 カトリック
住民 ほとんどがイタリア人
言語 イタリア語　独立 ―

四方をイタリアに囲まれている、世界で5番目に小さな国。標高約740mのティターノ山の山頂に築かれた旧市街には、中世の風情が今も色濃く残る。年間数百万人の観光客が訪れ、重要な収入源になっている。2008年に歴史地区とティターノ山が世界遺産に登録された。

シエラレオネ
Sierra Leone

面積 7　人口 814
首都 フリータウン
通貨 1レオン=0.0069円　所得 500ドル
宗教 イスラム教、キリスト教、伝統宗教
住民 メンデ族、テムネ族、リンパ族など
言語 英語など　独立 1961

ダイヤモンドの産地として知られる西アフリカの国。独立以降、内紛が繰り返された。特に1991年にダイヤモンドの利権をめぐって勃発した内戦では10年間で5万人が死亡。多数の若年者が犠牲になった影響で、当時、平均寿命は35歳前後だった。現在も短命国のひとつ。

ジブチ
Djibouti

面積 2　人口 100　首都 ジブチ
通貨 1ジブチ・フラン=0.74円
所得 3080ドル　宗教 イスラム教
住民 ソマリア系イッサ族、エチオピア系アファール族など
言語 アラビア語、フランス語　独立 1977

インド洋と紅海がぶつかる地点にあり、貿易に最適な環境にある国。港湾施設の利用料金が収入源。夏は50℃を超える酷暑地帯。隣国エリトリアと領土問題で長年にわたり対立していたが、2018年に関係を改善。ソマリア沖の海賊を監視警戒している自衛隊の拠点がある。

世界　**世界の国ぐに**

ジャマイカ
Jamaica

面積 1　人口 296　首都 キングストン
通貨 1ジャマイカ・ドル=0.87円
所得 5190ドル
宗教 プロテスタントなど
住民 アフリカ系など
言語 英語　独立 1962

高級コーヒー豆・ブルーマウンテンの生産国。ボーキサイトの産出量は世界有数。ただし国際価格変動の影響を受けて生産は安定しない。また、ハリケーンによる被害が頻発し、経済基盤は脆弱。2018年、この国固有の音楽レゲエが、ユネスコ無形文化遺産に選ばれた。

シンガポール
Singapore

面積 0.07　人口 569　首都 シンガポール
通貨 1シンガポール・ドル=97.52円　独立 1965
所得 64010ドル
宗教 仏教、イスラム教、道教、ヒンドゥー教
住民 中国系。ほかにマレー系、インド系など
言語 マレー語、中国語、英語、タミル語

マレー半島の南端に接するシンガポール島を中心とする島国。1965年にマレーシアから分離独立した。IT機器や化学工業品など製造業が盛ん。東南アジア随一の経済先進国で国際金融センターとしての地位を確立。公共の場での喫煙やゴミのポイ捨てを厳しく禁じている。

スウェーデン
Sweden

面積 45　人口 1045
首都 ストックホルム
通貨 1スウェーデン・クローナ=12.39円
所得 59540ドル　宗教 福音ルーテル派
住民 スウェーデン人(北方ゲルマン系)など
言語 スウェーデン語　独立 ―

高度な社会福祉を高額な税負担で実現している国。製造業を中心に国際競争力が高い。ダイナマイトの発明者、アルフレッド・ノーベルの出身国。電子マネーの普及に積極的。2022年の総選挙で与党が敗北し、同国初の女性首相アンデション氏が辞任した。NATO加盟申請中。

ジョージア
Georgia

面積 7　人口 400　首都 トビリシ
通貨 1ラリ=48.71円
所得 4700ドル　宗教 ジョージア正教
住民 ジョージア系。ほかにアゼルバイジャン系、アルメニア系、ロシア系など
言語 ジョージア語　独立 1991

ロシア、中東、ヨーロッパ人が行き交う東西文化の交差点に位置する国。ワイン発祥の地と言われている。2015年に日本での国名呼称が「グルジア」から「ジョージア」に変更された。ロシアとの国境沿いにある地域の分離独立問題をめぐり、独立を支援するロシアと対立している。

ジンバブエ
Zimbabwe

面積 39　人口 1465　首都 ハラレ
通貨 1ドル=132.20円
所得 1530ドル　宗教 伝統宗教、キリスト教
住民 ショナ族、ンデベレ族など
言語 英語、ショナ語、ンデベレ語
独立 1980

アフリカ南部の内陸国。中世に建造されたジンバブエ遺跡がある。世界有数のダイヤモンド生産国。2008年、経済政策の失敗で極度のインフレーションになり、経済が崩壊。現在も極度のインフレ状態。新型コロナウイルス感染症の世界的流行が経済危機に拍車をかけている。

スーダン
Sudan

面積 188　人口 4281　首都 ハルツーム
通貨 1スーダン・ポンド=0.23円
所得 650ドル
宗教 イスラム教、キリスト教、伝統宗教
住民 アラブ系、アフリカ系、ベジャ族など
言語 アラビア語、英語　独立 1956

北部のアラブ系民族と南部のアフリカ系民族が対立し、内戦を繰り返してきた国。2011年に南スーダンが分離独立。19年、軍のクーデターによって30年にわたる長期独裁政権が崩壊。以降、民主化が進められていたが、21年に再びクーデターが発生。現在も不安定な情勢が続く。

シリア
Syria

面積 19　人口 2156　首都 ダマスカス
通貨 1シリア・ポンド=0.045円(22年9月)
所得 760ドル　宗教 イスラム教
住民 アラブ人。ほかにアルメニア人、クルド人など
言語 アラビア語　独立 1946

先史から中世の遺跡が点在する歴史ある国。2011年から、アサド政権と過激派組織「イスラム国」(IS)、反体制派が激しい内戦を繰り広げている。10年間で50万人以上が犠牲に。IS勢力の活動が沈静化する一方、アサド政権と反体制派との攻防は、いまだに繰り返されている。

スイス
Switzerland

面積 4　人口 867　首都 ベルン
通貨 1スイス・フラン=142.25円
所得 90600ドル
宗教 カトリック、プロテスタント
住民 ドイツ系、フランス系、イタリア系など
言語 ドイツ語など　独立 ―

ヨーロッパの屋根、アルプス山脈とジュラ山脈が国土の70%を占める山岳国。多数の観光客が避暑やウィンタースポーツに訪れ、重要な収入源になっている。高級時計やカメラなどの精密機器や医薬品を製造する。中立政策をとっているが、軍備を持ち、国民には兵役がある。

スペイン
Spain

面積 51　人口 4708　首都 マドリード
通貨 1ユーロ=140.25円
所得 29690ドル　宗教 カトリック
住民 スペイン人。ほかにバスク人
言語 スペイン語、カタルーニャ語、バスク語など
独立 ―

闘牛、フラメンコなどの伝統文化が生活に根づいている国。ピカソ、ダリ、ガウディら独創的な芸術家の出身地。新型コロナウイルス感染症の世界的流行が経済に打撃。失業者が急増したことから、困窮者の救済を目的としてベーシックインカム(最低所得保障)制度を導入した。

スリナム
Suriname

面積 16　人口 59　首都 パラマリボ
通貨 1スリナム・ドル＝4.14円
所得 4410ドル
宗教 キリスト教、ヒンドゥー教
住民 インド系、クレオール系など
言語 オランダ語など　独立 1975

人種構成が多彩な国。インド系とクレオール系黒人を中心に、インドネシア系や中国系もいる。植民地時代、労働力を世界各国に求めたことが、特殊な人種構成の要因。ボーキサイトや金を輸出する。農産物は砂糖、米、バナナなど。経済基盤は脆弱で、危機的状況が続いている。

スリランカ
Sri Lanka

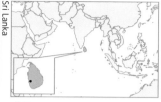

面積 7　人口 2216
首都 スリジャヤワルデネプラ・コッテ
通貨 1スリランカ・ルピー＝0.36円　所得 4030ドル
宗教 上座部仏教、ヒンドゥー教
住民 シンハラ人。ほかにタミル人、ムーア人
言語 シンハラ語、タミル語、英語　独立 1948

インド半島南端のインド洋上に浮かぶ島国で、セイロンティーと呼ばれる紅茶が特産品。2009年に内戦が終結して以降、急成長を遂げたが、対外債務の拡大にともない減速。深刻な経済危機に陥っている。22年、大規模な抗議活動が発生し、大統領が辞任に追い込まれた。

スロバキア
Slovakia

面積 5　人口 545
首都 ブラチスラバ
通貨 1ユーロ＝140.25円
所得 20640ドル　宗教 カトリック
住民 スロバキア人。ほかにハンガリー人
言語 スロバキア語　独立 1993

かつて隣国チェコとひとつの国家を形成していた国。1993年に分離独立した。高地が多く、ドナウ川流域の首都ブラチスラバ周辺に、わずかに平野がある。市街には中世の教会や城など、歴史的な建造物が残っている。自動車、電気機器などの製造業が発達。カヌー競技が盛ん。

スロベニア
Slovenia

面積 2　人口 210
首都 リュブリャナ
通貨 1ユーロ＝140.25円
所得 28280ドル　宗教 カトリック
住民 スロベニア人
言語 スロベニア語　独立 1991

バルカン半島の付け根に位置する国。アルプス山脈、アドリア海、ヨーロッパ最大のポストイナ鍾乳洞などの景勝地があり、多数の観光客が訪れる。旧ユーゴスラビア時代から工業が発達。自動車や電気機器の製造、金属加工が主産業。2022年、同国初となる女性大統領が誕生した。

赤道ギニア
Equatorial Guinea

面積 3　人口 145　首都 マラボ
通貨 1CFAフラン＝0.21円　所得 5150ドル
宗教 キリスト教、伝統宗教
住民 ブビ族、ファン族、コンベ族、ベレンゲ族など
言語 スペイン語など　独立 1968

アフリカ中部、赤道近くに位置する国。大西洋沿岸の陸地と、ビオコ島などの島々からなる。農業国だったが、大規模な海底油田が発見されたことにより、飛躍的な経済成長を遂げた。一方で国民は貧困に苦しんでいる。ンゲマ大統領による独裁政権は43年に及ぶ。

セーシェル
Seychelles

面積 0.05　人口 10　首都 ビクトリア
通貨 1セーシェル・ルピー＝9.99円
所得 14540ドル　宗教 キリスト教
住民 ほとんどがクレオール系（ヨーロッパ系とアフリカ系の混血）
言語 英語、フランス語、クレオール語　独立 1976

リクガメとして世界最大のゾウガメが生息する国。インド洋上に浮かぶ115の島々からなり、島ごとに珍しい動植物を見ることができる。高級リゾートとして知られる。産業の中心は観光業だが、外部環境の影響を受けやすく脆弱。水産資源の活用による経済基盤の安定化が課題。

セネガル
Senegal

面積 20　人口 1674
首都 ダカール
通貨 1CFAフラン＝0.21円
所得 1570ドル　宗教 イスラム教
住民 ウォロフ族、プル族、セレール族など
言語 フランス語、ウォロフ語　独立 1960

世界的なオフロードレース、ダカール・ラリーのゴール地点になったことで知られる国。広大なサハラ砂漠の西南側の端に位置する。漁業が盛ん。魚介類の消費量も多い。構造改革によって経済基盤は安定。一方で、都市と地方の格差、貧富の格差などさまざまな問題を抱えている。

セルビア
Serbia

面積 8　人口 693
首都 ベオグラード
通貨 1セルビア・ディナール＝1.18円
所得 8460ドル　宗教 セルビア正教
住民 セルビア人、ハンガリー人
言語 セルビア語　独立 1992*

国家連合セルビア・モンテネグロから2006年にモンテネグロが分離し、残るセルビアが従来の国家体制を引き継いだ。主力は金属、電気機器など。この国の一部だったコソボが08年に独立を宣言（P226）して以来、対立。20年に経済関係が正常化したが、再び対立が深まっている。

セントクリストファー・ネビス
St. Christopher and Nevis

面積 0.03　人口 5
首都 バステール
通貨 1東カリブ・ドル＝49.43円
所得 18820ドル　宗教 カトリック、英国国教会
住民 ほとんどがアフリカ系とその混血
言語 英語　独立 1983

カリブ海に浮かぶセントクリストファー島とネビス島からなり、両島あわせても淡路島の半分ほどの小さな島国。2005年に、それまで経済の中心だった砂糖産業を閉鎖。現在は観光業が柱。砂糖産業多様化基金（ＳＩＤＦ）に25万ドルを寄付すれば市民権を得られることで知られる。

＊ユーゴスラビア社会主義連邦共和国が解体した年

セントビンセント・グレナディーン

St. Vincent and the Grenadines

面積 0.04　人口 11　首都 キングズタウン
通貨 1東カリブ・ドル＝49.43円
所得 8720ドル
宗教 カトリック、英国国教会
住民 ほとんどがアフリカ系とその混血
言語 英語　独立 1979

セントビンセント島と600もの島々で構成されるグレナディーン諸島からなる国。グレナディーン諸島はリゾート地として人気。セントビンセント島は火山島。20世紀初頭に噴火し、犠牲者が多数出た。2021年にも火山が噴火。島中が灰に覆われた。観光業とバナナの輸出が経済の柱。

セントルシア

St. Lucia

面積 0.06　人口 18　首都 カストリーズ
通貨 1東カリブ・ドル＝49.43円
所得 9520ドル
宗教 キリスト教など
住民 ほとんどがアフリカ系とその混血
言語 英語など　独立 1979

カリブ海と熱帯の自然を堪能できるリゾートの国。年間平均気温26℃以上の常夏の島。バナナやココナツなどの伝統作物が経済の要だったが、近年は観光に力を入れている。双子の火山を取り巻くように雄大な自然が広がるピトン管理地域が、世界遺産に指定されている。

ソマリア

Somalia

面積 64　人口 1589
首都 モガディシオ
通貨 1ソマリア・シリング＝0.23円
所得 430ドル
宗教 イスラム教　住民 ソマリ族
言語 ソマリ語、アラビア語、英語など　独立 1960

インド洋に突き出た「アフリカの角」と呼ばれる地域に位置する国。クーデターや戦争が絶えず、多数の難民が近国に流出した。1991年の内戦開始以降、一時、無政府状態に陥った。現在もテロが頻発している。干ばつやウクライナ危機の影響を受け、食糧危機が深刻化。

ソロモン諸島

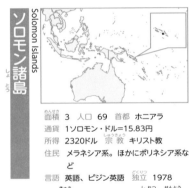

Solomon Islands

面積 3　人口 69　首都 ホニアラ
通貨 1ソロモン・ドル＝15.83円
所得 2320ドル　宗教 キリスト教
住民 メラネシア系。ほかにポリネシア系など
言語 英語、ピジン英語　独立 1978

第2次大戦で旧日本軍と連合軍が熾烈な戦闘を繰り広げたガダルカナル島を含む、100以上の島からなる国。日本に魚類や木材を輸出。特殊な鋼材や蓄電池に使用されるニッケル鉱床の開発が進められているが大きな経済効果は得られていない。近年、中国と関係を深めている。

タイ

Thailand

面積 51　人口 6617
首都 バンコク
通貨 1バーツ＝3.83円
所得 7090ドル　宗教 上座部仏教
住民 タイ族。ほかに中国系など
言語 タイ語　独立 ―

世界で1、2位を争う米の輸出国。日本米と異なる細長い米を作る。第2次大戦前は、周辺国が植民地化するなか、独立を保った。2014年以来続く軍政から民政への復帰を目指している。19年の総選挙では親軍政派が躍進。近年、改憲や王室改革を求める国民の声が高まっている。

大韓民国

Republic of Korea

面積 10　人口 5163　首都 ソウル
通貨 1ウォン＝0.10円
所得 35110ドル
宗教 キリスト教、仏教など
住民 韓民族　言語 韓国語（朝鮮語）
独立 1948

日本からとても近い外国。対馬と釜山の距離は、約50km。日本と政治経済、文化で密接に関係するが、日本の植民地支配を経験し、反日感情が残る。2022年の大統領選で尹錫悦氏が当選。冷え込んだ日韓関係の行方に注目が集まる。同年、繁華街での雑踏事故により150人以上が死亡。

タジキスタン

Tajikistan

面積 14　人口 1000
首都 ドゥシャンベ
通貨 1ソモニ＝12.87円　所得 1150ドル
宗教 イスラム教スンニ派
住民 タジク系。ほかにウズベク系など
言語 タジク語など　独立 1991

国土の標高が世界一高い国。平均標高5000mという「世界の屋根」パミール高原が東側に広がる。主な産業は綿花の栽培と繊維製造。旧ソ連時代から貧困国。生活の随所にイスラム文化が浸透している。2022年、国境をめぐって隣国キルギスと衝突。両国に多数の犠牲者が出た。

タンザニア

Tanzania

面積 95　人口 6100
首都 ダルエスサラーム（法律上の首都はドドマ）
通貨 1タンザニア・シリング＝0.056円
所得 1100ドル　宗教 イスラム教、キリスト教など
住民 スクマ族など約130民族
言語 スワヒリ語、英語　独立 1961

野生動物の宝庫として知られる国。標高1000mの高地に広がる草原に、キリンやライオンなど、アフリカを代表する動物が生息する。アフリカ最高峰のキリマンジャロとアフリカ最大の湖、ビクトリア湖がある。コーヒーやタバコなどを生産、輸出する。近年は建設業や製造業が拡大し経済を牽引。

チェコ

Czech Republic

面積 8　人口 1051
首都 プラハ
通貨 1チェコ・コルナ＝5.74円
所得 24430ドル　宗教 カトリック
住民 チェコ人。ほかにスロバキア人など
言語 チェコ語　独立 1993

1993年にチェコスロバキアから分かれた国。分離前から工業が発達。自動車や機械、化学製品を輸出している。ガラス細工などの伝統的産業が有名。首都プラハは小説『変身』の舞台で、作者カフカの出身地。プラハ歴史地区をはじめ、中世の歴史を今に伝える世界遺産が多数ある。

チャド Chad

面積 128　人口 1691　首都 ンジャメナ
通貨 1CFAフラン=0.21円
所得 640ドル
宗教 イスラム教、キリスト教など
住民 サラ族、チャド・アラブ族など
言語 フランス語、アラビア語　独立 1960

北にサハラ砂漠、西にチャド湖があるアフリカ中央部の国。チャド湖は、1960年代には四国よりも大きい湖だったが、干ばつの影響で現在の面積は20分の1に。最貧国のひとつ。反政府勢力が活発に活動。2021年、反政府勢力との戦闘を視察していた大統領が負傷し、死亡した。

中央アフリカ Central African Republic

面積 62　人口 483　首都 バンギ
通貨 1CFAフラン=0.21円
所得 480ドル
宗教 キリスト教、伝統宗教など
住民 バンダ族、バヤ族、サラ族など
言語 フランス語、サンゴ語など　独立 1960

アフリカ大陸の中央部に位置する国。原生林にはゴリラやチンパンジーが、サバンナ地帯にはライオンやゾウが生息する。主な産業は農業と林業、ダイヤモンド、金などの鉱業。武装勢力が跋扈。2019年に政府と14の武装勢力が和平に合意した。深刻な食糧危機に陥っている。

チュニジア Tunisia

面積 16　人口 1194
首都 チュニス
通貨 1チュニジア・ディナール=41.86円
所得 3540ドル　宗教 イスラム教スンニ派
住民 アラブ人など
言語 アラビア語、フランス語　独立 1956

地中海に面し、紀元前から貿易港として栄えてきた北アフリカの国。イスラム様式に彩られた街並みは中世の姿を残す。2011年、市民デモをきっかけに長期政権が崩壊。「アラブの春」のきっかけとなった。21年、大統領が議会の一時停止を宣言。内政の混乱は現在も続く。

中華人民共和国 People's Republic of China

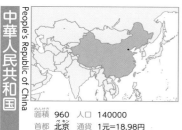

面積 960　人口 140000
首都 北京　通貨 1元=18.98円
所得 11880ドル
宗教 仏教、キリスト教、イスラム教など
住民 漢民族。政府認定の少数民族が55族
言語 中国語　独立 ―

世界で最も人口が多い国。人口は約14億人で世界全体の5分の1。社会主義国家だが、市場経済化で経済が発展。広域経済圏構想「一帯一路」を推進。国際社会における存在感を着実に高める一方で、貿易やアジア太平洋地域の安全保障をめぐる欧米との対立が深まっている。

POINT
★辛亥革命を経て1912年に中華民国誕生
★1949年に社会主義国家、中華人民共和国成立
★1989年6月4日に天安門事件発生

2022年10月に行われた第20回中国共産党大会で習近平総書記の3期目が決まった一方で、李克強首相らが最高指導部から退任。「習1強時代」を象徴する人事となった。閉幕式では胡錦濤前総書記が異例の途中退席を促された

台湾 東シナ海に浮かぶ島。主要都市は台北、高雄などで、人口は約2360万。第2次世界大戦後、共産党との内戦に敗れた中華民国総統、蔣介石が移住したのが現在の台湾のはじまり。中国は、台湾は中国の一部であると主張。米国は台湾防衛への関与を明言している。主力産業はIT機器製造。

朝鮮民主主義人民共和国 Democratic People's Republic of Korea

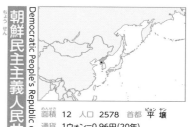

面積 12　人口 2578　首都 平壌
通貨 1ウォン=0.96円（20年）
所得 1205ドル（20年）*
宗教 仏教徒やキリスト教徒がいるとされるが、詳細は不明
住民 朝鮮民族　言語 朝鮮語　独立 1948

第2次世界大戦後、朝鮮半島にあった国が分裂してできた二つの国のうち、北半分を占める国。核実験とミサイル発射実験を繰り返し、国際社会と激しく対立。2022年には30回以上のミサイル発射実験を実施し、軍事的緊張が高まった。対話による解決が求められている。

チリ Chile

面積 76　人口 1921
首都 サンティアゴ
通貨 1チリ・ペソ=0.15円
所得 14780ドル　宗教 カトリック
住民 ヨーロッパ系。ほかに先住民系
言語 スペイン語

世界で最も細長い国。国土の東西距離は平均約170km、南北距離は東京―シンガポール間に匹敵する4300km。モアイ像があるイースター島はこの国の領土。主力産業は銅生産。銅、魚類、ワインを輸出する。近隣諸国からの不法移民の流入が大きな社会課題になっている。

ツバル Tuvalu

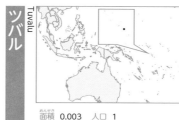

面積 0.003　人口 1
首都 フナフティ
通貨 1オーストラリア・ドル=90.29円
所得 7200ドル　宗教 キリスト教
住民 ほとんどがポリネシア系
言語 英語、ツバル語　独立 1978

南太平洋に浮かぶ九つの島々からなる国。国旗にも九つの星が並ぶ。国土の標高が低いことから、地球温暖化による水没が問題になっている。資源に恵まれず、漁業と農業以外にめぼしい産業はない。出稼ぎ労働者からの送金や、支援国が設置した信託基金の運用益が収入源。

デンマーク Denmark

面積 4　人口 581
首都 コペンハーゲン
通貨 1デンマーク・クローネ=18.58円
所得 68300ドル　宗教 福音ルーテル派
住民 デンマーク人（北方ゲルマン系）
言語 デンマーク語　独立 ―

童話と福祉の国。『人魚姫』の作者、アンデルセンの出身国で、首都コペンハーゲンには人魚姫の像がある。社会福祉制度は世界最高水準で、医療費は無料。国連の関連団体が発表した2022年の幸福度ランキング2位。北極圏にある世界最大の島グリーンランドは、この国に属する。

＊日本銀行報告省令レート20年12月分に基づき韓国ウォンを米ドル換算

231

ドイツ Germany

面積 36　人口 8319　首都 ベルリン
通貨 1ユーロ=140.25円
所得 51660ドル
宗教 プロテスタント、カトリックなど
住民 ドイツ人（ゲルマン系）
言語 ドイツ語　独立 ―

世界屈指の工業国。GNI（国民総所得）は世界4位。自動車、電気、化学などの製造業が経済を牽引。ベートーベンやバッハなどの音楽家、ニーチェ、マルクスなどの思想家が輩出。ロシアによるウクライナ侵攻が始まって以降、ロシア産ガスへの依存低減が課題に。

トーゴ Togo

面積 5　人口 828
首都 ロメ
通貨 1CFAフラン=0.21円
所得 960ドル　宗教 伝統宗教など
住民 エヴェ族。ほかに約40の部族
言語 フランス語など　独立 1960

ギニア湾に面する西アフリカの国。ガーナとベナンの間に挟まるように、南北に細長い国土を持つ。労働人口の7割が農業に従事する農業国で、主産品はカカオ、コーヒー豆、綿花など。そのほか、リン鉱石やセメントを輸出する。後発開発途上国のひとつ。経済基盤の強化が課題。

ドミニカ共和国 Dominican Republic

面積 5　人口 1095　首都 サントドミンゴ
通貨 1ドミニカ共和国・ペソ=2.33円
所得 8100ドル　宗教 カトリック
住民 アフリカ系とヨーロッパ系の混血。ほかにアフリカ系など
言語 スペイン語　独立 ―

多数の米大リーグ選手が輩出している野球大国。15世紀にコロンブスが発見した西インド諸島イスパニョーラ島の東側3分の2を占める。主産業は観光業。邸宅や墓など、コロンブスにまつわる史跡が人気。そのほか、砂糖やコーヒー豆、カカオなどの農業、繊維工業など。

ドミニカ国 Commonwealth of Dominica

面積 0.08　人口 7　首都 ロゾー
通貨 1東カリブ・ドル=49.43円
所得 7790ドル
宗教 カトリック、プロテスタント
住民 アフリカ系など
言語 英語など　独立 1978

多数の島々が浮かぶ、カリブ海の小アンティル諸島にある島国。熱帯雨林に覆われ、多種多様な植物が原生していることから、「カリブ海の植物園」と呼ばれる。バナナ、ココナツ、ライムを生産する。巨大ハリケーンが頻繁に襲来。2017年にはGDP比200%以上の被害が発生した。

トリニダード・トバゴ Trinidad and Tobago

面積 0.5　人口 140
首都 ポートオブスペイン
通貨 1トリニダード・トバゴ・ドル=19.33円
所得 15000ドル　宗教 キリスト教など
住民 インド系、アフリカ系など
言語 英語など　独立 1962

カリブ海諸国の代表的な産油国。小アンティル諸島の南端に位置し、トリニダード島とトバゴ島の2島からなる。アンモニア生産国としても世界屈指。国際原油価格変動の影響を受けるため経済は不安定。ヨーロッパから伝わったカーニバルでは、スチールパンのリズムに乗り人々が熱狂する。

トルクメニスタン Turkmenistan

面積 49　人口 620　首都 アシガバート
通貨 1トルクメニスタン・マナト=37.32円
所得 6970ドル
宗教 イスラム教スンニ派
住民 トルクメン人。ほかにロシア系、ウズベク系など
言語 トルクメン語　独立 1991

中央アジア諸国の中で、最も乾燥した国。国土はカラクム砂漠に覆われている。全長1100kmに及ぶカラクム運河による灌漑農業で綿花を生産。天然ガスの埋蔵量は世界4位。2022年、独裁を続けてきたベルディムハメドフ大統領の長男セルダル氏が3代目大統領に選出された。

トルコ Turkey

面積 78　人口 8468　首都 アンカラ
通貨 1トルコ・リラ=7.05円
所得 9900ドル　宗教 イスラム教スンニ派
住民 トルコ人。ほかにクルド人、アルメニア人など
言語 トルコ語、クルド語　独立 ―

国土の大部分がアジア大陸にあるが、政治経済ではヨーロッパとの関係が強い。中世にはオスマン帝国が欧州、アジア、アフリカまで勢力を伸ばした。シリア問題などで米国やEUと対立。ロシアのウクライナ侵攻に際しては両国の仲介役を担う。2023年2月に大地震が発生。

トンガ Tonga

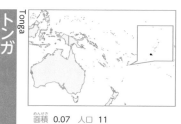

面積 0.07　人口 11
首都 ヌクアロファ
通貨 1パアンガ=55.59円
所得 4930ドル　宗教 キリスト教
住民 ほとんどがポリネシア系
言語 英語、トンガ語　独立 1970

日本向けのカボチャが最大の輸出品という南太平洋の島国。漁業も盛んで、日本にマグロを輸出する。経済力は弱く、海外からの援助に頼っている。国王が強い政治権限を持つ。2022年1月、同国付近の海底火山で大規模な噴火が発生。大量降灰や津波による被害が発生した。

ナイジェリア Nigeria

面積 92　人口 20614　首都 アブジャ
通貨 1ナイラ=0.29円　所得 2080ドル
宗教 イスラム教、キリスト教、伝統宗教
住民 ハウサ人、ヨルバ人、イボ人など約250の民族
言語 英語など　独立 1960

人口と石油生産量、GDPでアフリカ一の国。人口約2億人は、2位のエジプトの約2倍。アフリカ有数の埋蔵量を誇る石油の輸出で経済発展を遂げたが、近年は原油価格の変動を受け不安定。イスラム過激派など武装集団による襲撃事件が多発。治安対策が課題。

ナウル Nauru

面積 0.002　人口 1
首都 ヤレン
通貨 1オーストラリア・ドル=90.29円
所得 16920ドル
宗教 キリスト教　住民 ミクロネシア系
言語 英語、ナウル語　独立 1968

島の中央にある台地から採掘されるリン鉱石の輸出で豊かな社会を築いた国。近年はリン鉱石が枯渇。他に産業もなく、経済は破綻状態。オーストラリアから経済支援を受けている。面積21㎢と、品川区ほどの大きさ。政府観光局が発信するツイッターが日本で話題に。

ナミビア Namibia

面積 82　人口 254　首都 ウィントフーク
通貨 1ナミビア・ドル=7.70円
所得 4650ドル　宗教 伝統宗教、キリスト教
住民 オバンボ族。ほかにカバンゴ族、ダマラ族など
言語 英語、アフリカーンス語　独立 1990

世界最古といわれるナミブ砂漠が広がる国。オレンジ色の砂地が無限に広がる様子から、世界一美しい砂漠ともいわれる。1945年から90年まで南アフリカが不法統治していた。ダイヤモンド、ウラン、銅、天然ガスなど地下資源が豊富。環境にも恵まれ、漁業や牧畜業が盛ん。

ニウエ Niue

面積 0.03　人口 0.19　首都 アロフィ
通貨 1ニュージーランド・ドル=83.09円
所得 15924ドル(19・GDPベース)*
宗教 キリスト教
住民 ニウエ人(ポリネシア系)など
言語 ニウエ語(ポリネシア語系)、英語　独立 ―

ニュージーランドの北東2400㎞の南太平洋上に浮かぶ島国。世界で2番目に人口が少ない(約1600人)。面積は日本の徳之島と同程度。かつてはニュージーランド属領だった。現在は同国と自由連合関係を結び、防衛や外交を委ねている。産業はココナツ、タロイモなどの農業や観光業。

ニカラグア Nicaragua

面積 13　人口 662
首都 マナグア
通貨 1コルドバ=3.60円
所得 1950ドル　宗教 カトリック
住民 先住民とスペイン系の混血など
言語 スペイン語　独立 ―

中米の真ん中に位置する高温多湿の国。カリブ海側は熱帯雨林地帯、太平洋側は火山地帯で、世界でも珍しい淡水産のサメがすむニカラグア湖がある。コーヒー豆や砂糖、牛肉を輸出する。貧困問題が深刻。オルテガ大統領の独裁政治に対し、国際社会の非難が高まっている。

ニジェール Niger

面積 127　人口 2513　首都 ニアメー
通貨 1CFAフラン=0.21円
所得 590ドル　宗教 イスラム教など
住民 ハウサ族、ジェルマ・ソンガイ族、カヌリ族など
言語 フランス語、ハウサ語　独立 1960

国土の大部分がサハラ砂漠に覆われた国。ウランの生産量は世界有数。ウランの需要低迷で経済が一時困窮したが、近年は価格が再び上昇し、採掘が活発化。後発開発途上国のひとつで、農村開発が課題。イスラム武装勢力の活動が活発。テロや襲撃事件が多発している。

ニュージーランド New Zealand

面積 27　人口 504　首都 ウェリントン
通貨 1ニュージーランド・ドル=83.09円
所得 45230ドル　宗教 キリスト教
住民 ヨーロッパ系。ほかに先住民マオリなど
言語 英語など　独立 1947

日本の4分の3ほどの国土に約510万人が住む、人口密度が低い国。羊や牛の牧畜が盛んで、羊毛や牛肉、乳製品が輸出品の要。当地特有の飛べない鳥、キウイが国鳥。ラグビー強国。厳格な行動制限によって新型コロナウイルスの感染拡大を防いだことが注目された。

ネパール Nepal

面積 15　人口 2919
首都 カトマンズ
通貨 1ネパール・ルピー=0.99円
所得 1220ドル　宗教 ヒンドゥー教など
住民 グルン族、ネワール族など
言語 ネパール語　独立 ―

8000m超級の山々を見上げる山岳国家。ヒマラヤ山脈の南側に位置し、国境沿いには世界の最高峰エベレストがそびえる。主産業は米、トウモロコシ、小麦などの農業。後発開発途上国。2015年に巨大地震が発生し、国内外で約9000人が死亡。世界遺産の歴史的建造物も倒壊した。

ノルウェー Norway

面積 39　人口 542　首都 オスロ
通貨 1ノルウェー・クローネ=13.02円
所得 83880ドル
宗教 福音ルーテル派
住民 ノルウェー人(北方ゲルマン系)
言語 ノルウェー語　独立 ―

氷河に浸食されてできた複雑な地形、フィヨルドが大西洋沿岸を覆う国。水資源が豊富。国内の電力需要の大半を水力発電でまかなう。北海に油田があり、欧州を中心に石油・天然ガスを輸出。日本ではサーモンなど魚介類が有名。現代スキー発祥の地。EUには加盟していない。

ハイチ Haiti

面積 3　人口 1140
首都 ポルトープランス
通貨 1グルド=0.89円　所得 1430ドル
宗教 キリスト教、ブードゥー教
住民 アフリカ系など
言語 フランス語、クレオール語　独立 ―

世界で初めて黒人が築いた独立国。カリブ海に浮かぶイスパニョーラ島の西側3分の1を占める。1990年代から政情不安に陥り、経済は極度に困窮。2010年の大地震で30万人以上が死亡。治安悪化が深刻。武装集団による犯罪が横行している。コレラの流行が繰り返し起こっている。

*日本銀行報告省令レート19年12月分に基づきニュージーランド・ドルを米ドル換算

パキスタン
Pakistan

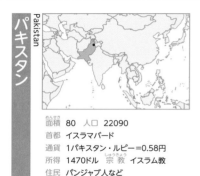

面積	80	人口	22090

首都　イスラマバード
通貨　1パキスタン・ルピー＝0.58円
所得　1470ドル　宗教　イスラム教
住民　パンジャブ人など
言語　ウルドゥー語、英語　独立　1947

インダス文明発祥の地にある国。モヘンジョダロ、ハラッパなど、古代都市遺跡がある。1947年にイギリス領インド帝国から独立。インドとは政治的に対立。経済基盤は脆弱。イスラム武装勢力によるテロが頻発している。2022年、大雨による洪水被害が拡大。約3千万人が被災した。

バチカン
Vatican

面積	0.00004	人口	0.06

首都　バチカン
通貨　1ユーロ＝140.25円
所得　—　宗教　カトリック
住民　イタリア人が多い
言語　イタリア語、ラテン語　独立　—

イタリアのローマ市内に位置する世界最小の独立国家。ローマ教皇を元首とし、国民はカトリック教会の聖職者か衛兵という、世界でも珍しい、宗教のために存在する国家。国土全体が世界遺産。新型コロナウイルス感染症の影響で観光業が低迷。一時、財政難に陥った。

パナマ
Panama

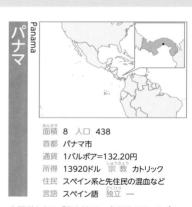

面積	8	人口	438

首都　パナマ市
通貨　1バルボア＝132.20円
所得　13920ドル　宗教　カトリック
住民　スペイン系と先住民の混血など
言語　スペイン語　独立　—

太平洋とカリブ海を結ぶ、全長約80kmのパナマ運河がある国。一般的な船の場合、9時間ほどでパナマを通り抜けられる。2016年には拡張工事が完了。運河を通る船は年間約1万4000隻。20年は新型コロナウイルス感染症流行の影響で通航船舶数が激減。通航料が値上げされた。

バヌアツ
Vanuatu

面積	1	人口	31	首都	ポートビラ

通貨　1バツ＝1円（21年12月）
所得　3240ドル　宗教　キリスト教
住民　ほとんどがメラネシア系
言語　ビスラマ語、英語、フランス語
独立　1980

足にゴムひもを結びつけて高所から飛び降りる、バンジージャンプが生まれた国。現地の成人の儀式がその起源といわれる。南太平洋に浮かぶ83の島々からなる。産業は観光業と農業。コプラ*や木材を生産する。ダイビングスポットとして知られ、一部の島ではリゾート開発が進んでいる。

バハマ
Bahamas

面積	1	人口	39	首都	ナッソー

通貨　1バハマ・ドル＝131.18円
所得　26490ドル
宗教　キリスト教
住民　アフリカ系。ほかにヨーロッパ系など
言語　英語　独立　1973

米フロリダ半島にほど近い大西洋上の島国。カリブ海諸国の中でも指折りのリゾート地。街にはパステルカラーの建物が並び、独特の景観をつくり出している。観光客は、昼はビーチで、夜はカジノで休暇を楽しむ。中央銀行が世界で初めてデジタル通貨を発行し、注目されている。

パプアニューギニア
Papua New Guinea

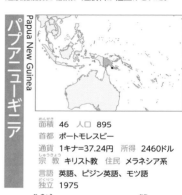

面積	46	人口	895

首都　ポートモレスビー
通貨　1キナ＝37.24円　所得　2460ドル
宗教　キリスト教　住民　メラネシア系
言語　英語、ピジン英語、モツ語
独立　1975

最後の秘境といわれる、原生林に覆われた島国。太平洋に浮かぶニューギニア島の東半分と周辺の島からなる。極楽鳥など珍しい動植物の宝庫。豊富な原生林を伐採、輸出しているほか、金、原油などの地下資源にも恵まれている。東部の自治州に独立を目指す動きがある。

パラオ
Palau

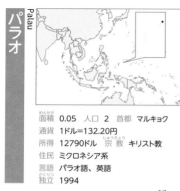

面積	0.05	人口	2	首都	マルキョク

通貨　1ドル＝132.20円
所得　12790ドル　宗教　キリスト教
住民　ミクロネシア系
言語　パラオ語、英語
独立　1994

日の丸にそっくりな、青地に黄色の丸が描かれた国旗を有する国。親日国として知られ、日本語を話す年配者も多い。太平洋に浮かぶ200以上の島々からなるが、人が住んでいる島は九つだけ。商業用漁業は禁止。海洋保護に力を入れることで、ダイビング客増を目指したい考え。

パラグアイ
Paraguay

面積	41	人口	713

首都　アスンシオン
通貨　1グアラニー＝0.018円
所得　5740ドル　宗教　カトリック
住民　ヨーロッパ系と先住民の混血など
言語　スペイン語、グアラニー語　独立　—

ブラジルとアルゼンチン、ボリビアに囲まれた内陸国。国民の多くが白人と先住民の混血。1930年代から日本人が移住し、農業に従事。大豆の生産拡大に貢献し、その輸出量は世界4位。牧畜も盛んで、牛肉輸出量は世界有数。天候の影響を受けやすい第1次産業中心で経済は不安定。

バルバドス
Barbados

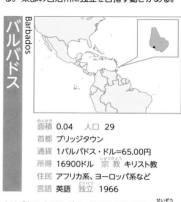

面積	0.04	人口	29

首都　ブリッジタウン
通貨　1バルバドス・ドル＝65.00円
所得　16900ドル　宗教　キリスト教
住民　アフリカ系、ヨーロッパ系など
言語　英語　独立　1966

カリブ海の小国ながら、観光や電子部品の製造、輸出で豊かな生活を築いた国。サトウキビの生産が盛んで、高級ラム酒の産地として知られる。2021年、エリザベス英国女王を元首とする立憲君主制から共和制へと移行。これまで総督を務めていたメイソン氏が初代大統領に就任した。

＊ココナツの加工品

バーレーン Bahrain

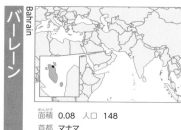

面積 0.08　人口 148
首都 マナマ
通貨 1バーレーン・ディナール＝346.58円
所得 22950ドル　宗教 イスラム教
住民 アラブ人
言語 アラビア語　独立 1971

サウジアラビアと橋で結ばれているペルシャ湾の島国。主産業は石油の輸出だが、資源の枯渇をにらみ、工業、金融、観光に力を入れる。中東初のF1グランプリ開催国。2011年、「アラブの春」をきっかけに民主化を推進したが政治体制の革新にはいたらなかった。

ハンガリー Hungary

面積 9　人口 970　首都 ブダペスト
通貨 1フォリント＝0.35円
所得 17740ドル　宗教 カトリックなど
住民 ハンガリー人など
言語 ハンガリー語
独立 ―

ヨーロッパ随一の温泉大国。首都ブダペストは「ドナウの真珠」と呼ばれ、世界遺産に登録されている。ノーベル賞受賞者など、有能な科学者が大勢輩出。非自由主義的姿勢をとるオルバン首相が支持を集める。2022年のウクライナ侵攻に際し、EUの対ロシア制裁案に反対した。

バングラデシュ Bangladesh

面積 15　人口 16630
首都 ダッカ
通貨 1タカ＝1.27円　所得 2570ドル
宗教 イスラム教、ヒンドゥー教
住民 ほとんどがベンガル人
言語 ベンガル語　独立 1971

人口密度がとても高い国。人口は日本より3800万人ほど多く、国土面積は日本の5分の2。ガンジス川とブラマプトラ川の恵みを受け、土壌は肥沃。衣料品の輸出が経済成長の牽引役。隣国ミャンマーで迫害を受け、この国に逃れてきた少数民族ロヒンギャ難民の帰還問題を抱える。

東ティモール Timor-Leste

面積 1　人口 130　首都 ディリ
通貨 1ドル＝132.20円
所得 1140ドル　宗教 キリスト教
住民 メラネシア系。ほかにマレー系など
言語 テトゥン語、ポルトガル語、インドネシア語、英語
独立 2002

いくつもの国に支配を受けた歴史を持つ国。1976年から独立まではインドネシアに併合されていた。独立後は国連東ティモール統合ミッションが治安維持にあたった。石油と天然ガスの収入が経済の柱。2022年、長年にわたり目標としてきたASEAN加盟が原則として承認された。

フィジー Fiji

面積 2　人口 90　首都 スバ
通貨 1フィジー・ドル＝59.35円
所得 4500ドル
宗教 キリスト教、ヒンドゥー教
住民 フィジー系、インド系など
言語 英語、フィジー語など　独立 1970

サンゴ礁に囲まれた島々からなる国。マリンリゾート地として知られている。産業の中心は観光、衣料、砂糖だが、砂糖産業は衰退が著しい。ラグビーが盛ん。インド系住民とフィジー系住民との対立を背景に、長年、政情不安が続いた。コロナ禍が経済に深刻な影響を及ぼしている。

フィリピン Philippines

面積 30　人口 10904　首都 マニラ
通貨 1フィリピン・ペソ＝2.33円
所得 3550ドル　宗教 キリスト教
住民 マレー系。ほかにスペイン系、中国系など
言語 フィリピノ語、英語　独立 1946

アジアのキリスト教国。スペイン植民統治と米国統治を経験。言語や現代文化は米国の影響を受けている。米、バナナなどを生産。近年は製造業や、コールセンターなどの業務請負が拡大。2022年に就任したマルコス大統領の下、さらなる経済発展と貧困削減を目指す。

フィンランド Finland

面積 34　人口 553　首都 ヘルシンキ
通貨 1ユーロ＝140.25円　所得 53510ドル
宗教 福音ルーテル派など
住民 フィン人。ほかにサーミ人など
言語 フィンランド語、スウェーデン語
独立 ―

「ムーミン」が生まれた国。国土の4分の1が北極圏。森林に覆われ、湖や沼も多いことから「森と湖の国」といわれる。国連の関連団体が発表した2022年の幸福度ランキング1位。IT産業が拡大。2022年のEU加盟国デジタル進捗ランキング（DESI）1位。NATO加盟申請中。

ブータン Bhutan

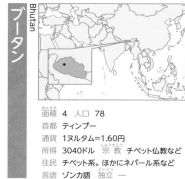

面積 4　人口 78
首都 ティンプー
通貨 1ヌルタム＝1.60円
所得 3040ドル　宗教 チベット仏教など
住民 チベット系。ほかにネパール系など
言語 ゾンカ語　独立 ―

ヒマラヤ山脈東端の農業国。水力発電で得た電力を輸出しているのをはじめ、インドと経済的に強く結びついている。1970年まで鎖国状態にあった。国民の幸福を尊重する国として知られる。国民は伝統や精神性を大切にしている。人々は和服によく似た民族衣装を着用している。

ブラジル Brazil

面積 851　人口 21400
首都 ブラジリア
通貨 1レアル＝23.82円
所得 7740ドル　宗教 カトリックなど
住民 ヨーロッパ系、混血、アフリカ系など
言語 ポルトガル語　独立 ―

南米一の経済大国。近年はマイナス成長を経験するなど停滞気味。人種のるつぼといわれる。多数の日系人が在住。コーヒー豆の生産量世界一。2020年以降、新型コロナウイルスの感染拡大が深刻。死者数約69万人は世界で2番目に多い。22年の大統領選で左派のルラ氏が返り咲いた。

フランス France

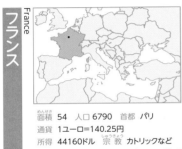

面積	54　人口 6790　首都 パリ
通貨	1ユーロ＝140.25円
所得	44160ドル　宗教 カトリックなど
住民	フランス人（ケルト系、ゲルマン系など の混血）など
言語	フランス語　独立 ―

高い技術力を持つ先進工業国。ＧＤＰで世界7位の経済大国。ＥＵではドイツとともに主導的役割を果たしている。16〜18世紀には華やかな王朝文化が花開いた。第2次世界大戦頃まで、世界各地に植民地を築く。平野が広がり、いく筋もの大河が流れる恵まれた地形から、西欧最大の農業国となっている。近年、テロが多発。2015年のパリ同時多発テロでは130人が死亡。20年以降、新型コロナウイルス対策に苦心。3年間に約16万人が死亡した。22年に再選されたマクロン大統領は、ロシアによるウクライナ侵攻に際して積極的な仲介外交を行った。

POINT
★18世紀のフランス革命で旧体制が崩壊し、共和制成立
★19世紀初頭、ナポレオンが欧州を席巻
★1940年、ドイツ軍に占領される。44年に解放

フランス大統領選挙の決選投票が2022年4月24日に行われ、中道の現職マクロン氏が極右政党、国民連合のルペン氏（写真）を退けて再選を果たした。ルペン氏も4割を超す票を集め、極右候補として過去最高を更新した

ブルガリア Bulgaria

面積	11　人口 690　首都 ソフィア
通貨	1レフ＝70.62円
所得	11200ドル　宗教 ブルガリア正教など
住民	ブルガリア人。ほかにトルコ系、ロマ など
言語	ブルガリア語　独立 ―

ヨーグルトで有名な国。その起源は5000年前にさかのぼる。農業が盛んで、小麦、タバコなど多様な作物を生産する。国花のバラは、この国の特産品。高級なローズオイルの生産量で世界1位。機械、石油化学などの工業が発達している。ＥＵの単一通貨ユーロを2024年に導入予定。

ブルキナファソ Burkina Faso

面積	27　人口 2150　首都 ワガドゥグ
通貨	1CFAフラン＝0.21円
所得	830ドル
宗教	イスラム教、伝統宗教、キリスト教
住民	モシ族、グルマンチェ族、ヤルセ族など
言語	フランス語など　独立 1960

サハラ砂漠の南部に位置し、マリ、ガーナ、トーゴなど6カ国と国境を接する。粟やタロイモ、綿花を生産する農業国。隣国に出稼ぎに行く労働者が多い。国軍と武装勢力が長年にわたり対立。政情は極めて不安定。2022年には軍事クーデターが2回発生した。

ブルネイ Brunei

面積	0.6　人口 46
首都	バンダルスリブガワン
通貨	1ブルネイ・ドル＝97.41円
所得	30320ドル　宗教 イスラム教など
住民	マレー系。ほかに中国系など
言語	マレー語、英語、中国語　独立 1984

マレーシアに三方を囲まれる小さな国。国王が世界屈指の金持ちとして知られる。収入源は石油と天然ガス。日本は同国の石油輸出量の約5%、天然ガスの約6割を輸入している。資源の枯渇を見越し、産業の多角化を推進。イスラム教を国教とし、飲酒や男女共学は禁止。

ブルンジ Burundi

面積	3　人口 1153　首都 ブジュンブラ
通貨	1ブルンジ・フラン＝0.063円
所得	220ドル
宗教	キリスト教、伝統宗教
住民	フツ族。ほかにツチ族、トゥワ族
言語	キルンジ語、フランス語　独立 1962

コンゴ民主共和国とルワンダ、タンザニアの3国に囲まれた国。独立以来、国民の大多数を占めるフツ族と少数派のツチ族が激しく対立し、多数が死亡した。国土のほとんどが標高1500m以上の高原。コーヒーや茶を生産、輸出する。そのほか金を輸出している。経済基盤は極めて脆弱。

ベトナム Viet Nam

面積	33　人口 9762
首都	ハノイ
通貨	1ドン＝0.0056円
所得	3590ドル　宗教 大乗仏教など
住民	キン族。ほかに53の少数民族
言語	ベトナム語　独立 1945

インドシナ半島東部の海岸沿いに細長く続く国土を有する。南北に分裂した国家は、1960年代のベトナム戦争を経て統一され、社会主義国家になった。衣料品から携帯電話まで、さまざまな製品の生産拠点として発展。コロナ禍で後退した経済が急回復。今後も成長が続くと期待されている。

ベナン Benin

面積	11　人口 1212　首都 ポルトノボ
通貨	1CFAフラン＝0.21円　所得 1350ドル
宗教	伝統宗教、キリスト教、イスラム教
住民	フォン族、ヨルバ族、アジャ族、バリバ族など46部族
言語	フランス語　独立 1960

ギニア湾に面する西アフリカの国。国土は東西に100km、南北が670km以上と細長い。かつて奴隷貿易の拠点があり、沿岸は奴隷海岸と呼ばれた。1989年に社会主義政策から自由経済に転身した。主産物は綿花やパーム油など。貿易港コトヌーの港湾サービスも重要な収入源。

ベネズエラ Venezuela

面積	91　人口 2795
首都	カラカス
通貨	1ボリバル・デジタル＝26.34円(21年10月)
所得	13010ドル　宗教 カトリック
住民	ヨーロッパ系、先住民など
言語	スペイン語　独立 ―

南米を代表する産油国。石油埋蔵量は世界1位。原油高を背景に豊かな社会を築いたが、長期政権を維持してきたチャベス大統領が2013年に死去してから状況が一変。国際原油価格の下落によって経済危機に陥った。ハイパーインフレや物不足など、社会情勢は混乱を極めている。

ベラルーシ Belarus

面積 21 人口 926 首都 ミンスク
通貨 1ベラルーシ・ルーブル=51.91円
所得 6940ドル 宗教 ロシア正教など
住民 ベラルーシ人。ほかにロシア人、ポーランド人など
言語 ベラルーシ語、ロシア語 独立 1991

ヨーロッパ東端の内陸国。旧ソ連構成国。街には旧ソ連風の建物が立ち並ぶ。主力産業は化学肥料や自動車など。1986年のチェルノブイリ原発事故によって200万人が被曝。ロシアと密接な関係にある。2022年のウクライナ侵攻ではロシアへの支援態勢を明確に打ち出した。

ベリーズ Belize

面積 2 人口 41 首都 ベルモパン
通貨 1ベリーズ・ドル=65.05円
所得 6070ドル
宗教 カトリック、英国国教会など
住民 先住民とスペイン系の混血など
言語 英語、スペイン語など 独立 1981

かつてマヤ文明が栄えた地にある国。ユカタン半島の付け根に位置し、カリブ海に面している。国土の3分の2が森林。その中に壁面の装飾が美しいマヤ文明の遺跡が点在する。森林は資源としても活用され、家具の材料に最適なマホガニー材が特産物。主産業は農業と観光業。

ペルー Peru

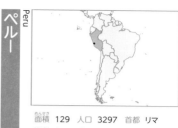

面積 129 人口 3297 首都 リマ
通貨 1ソル=34.42円
所得 6460ドル 宗教 カトリック
住民 先住民、ヨーロッパ系など
言語 スペイン語、ケチュア語、アイマラ語
独立 ―

黄金仮面で知られるインカ帝国が栄えた地。空中遺跡マチュピチュやナスカの地上絵など遺跡が観光資源になっている。銅、金、亜鉛などの輸出が経済の基盤。内需が活発。政治は混乱が続く。2022年には罷免された大統領の支持者らによるデモが激化し死者が出た。

ベルギー Belgium

面積 3 人口 1149 首都 ブリュッセル
通貨 1ユーロ=140.25円
所得 50490ドル 宗教 カトリック
住民 フラマン人(オランダ系)、ワロン人(フランス系)など
言語 フランス語、オランダ語、ドイツ語 独立 ―

レストラン数が多いことや、ワッフル、生チョコレートなどのお菓子で知られるグルメの国。小便小僧発祥の地。主産業は工業。自動車や電気機器、医薬品、プラスチック・ゴム製品など多様な工業製品を輸出する。北部のオランダ語圏と南部のフランス語圏に政治的対立がある。

ボスニア・ヘルツェゴビナ Bosnia and Herzegovina

面積 5 人口 326 首都 サラエボ
通貨 1コンベルティビルナ・マルカ=70.49円
所得 6810ドル
宗教 イスラム教、セルビア正教、カトリック
住民 イスラム系、セルビア人、クロアチア人
言語 ボスニア語、セルビア語、クロアチア語 独立 1992

旧ユーゴスラビア構成国。イスラム系とクロアチア人中心のボスニア・ヘルツェゴビナ連邦と、セルビア人中心のスルプスカ共和国からなる。3民族は1990年代に激しい紛争を繰り広げた。現在も民族間に対立が存在する。主産業は鉱業と林業、繊維工業など。経済基盤の強化が課題。

ボツワナ Botswana

面積 57 人口 240 首都 ハボローネ
通貨 1プラ=10.18円 所得 6430ドル
宗教 伝統宗教、キリスト教
住民 ツワナ族、カランガ族、ムブクシュ族など
言語 英語、ツワナ語 独立 1966

世界屈指のダイヤモンド生産国であり、銅、ニッケル、石炭など、地下資源に恵まれた豊かな国。北部には巨大湿原が広がる。カラハリ砂漠に覆われた南部には、その生活が映画に取り上げられたことで注目を集めた先住民のサン族(ブッシュマン)が暮らしている。

ポーランド Poland

面積 32 人口 3801
首都 ワルシャワ
通貨 1ズロチ=29.52円
所得 16850ドル 宗教 カトリック
住民 ほとんどがポーランド人(スラブ系)
言語 ポーランド語 独立 ―

東ヨーロッパ諸国の中で、いち早く民主化の道を進んだ国。国名が野原を意味する「pole」に由来するという説があるように、国土には平原が多い。主産業は鉄鋼、機械工業など。音楽家ショパンの出身地。2022年、ロシアの侵攻を受けた隣国ウクライナから、多数の難民を受け入れた。

ボリビア Bolivia

面積 110 人口 1151
首都 ラパス(憲法上の首都はスクレ)
通貨 1ボリビアーノ=18.97円
所得 3290ドル 宗教 カトリック
住民 先住民、ヨーロッパ系など
言語 スペイン語、ケチュア語、アイマラ語 独立 ―

世界最高地点の首都(ラパス)がある国。金、銀、天然ガスを輸出する。リチウムの埋蔵量も豊富。ウユニ塩湖に世界の50%のリチウムがあるといわれる。先住民人口比率が高い(約4割)。2019年、先住民の権利拡大を実現したモラレス大統領(当時)が不正選挙疑惑を追及され亡命。

ポルトガル Portugal

面積 9 人口 1029
首都 リスボン
通貨 1ユーロ=140.25円
所得 23890ドル 宗教 カトリック
住民 ポルトガル人
言語 ポルトガル語 独立 ―

ヨーロッパ大陸最西端にある国。大航海時代の主役の一国で、南米やアフリカ、アジアに多数の植民地を築いた。観光が重要な産業。ポートワインが有名。コルクの生産で世界一。経済の長期低迷から財政破綻の危機に陥ったが、EUやIMF(国際通貨基金)の支援を受けて景気回復。

統計｜世界｜世界の国ぐに

ホンジュラス

Honduras

面積 11　人口 975
首都 テグシガルパ
通貨 1レンピラ=5.31円
所得 2490ドル　宗教 カトリック
住民 先住民とスペイン系の混血など
言語 スペイン語　独立 ―

紀元前から16世紀まで中米に存在したマヤ文明の遺跡がある国。サッカー・ワールドカップ予選を機に、隣国エルサルバドルとの戦争に発展した1969年のサッカー戦争が有名。主産業は農業と水産業。治安悪化が深刻。近年、この国を脱出し、米国に向かう移民集団が発生している。

マーシャル諸島

Marshall Islands

面積 0.02*1　人口 6
首都 マジュロ
通貨 1ドル=132.20円
所得 6780ドル　宗教 キリスト教
住民 ミクロネシア系
言語 英語、マーシャル語　独立 1986

国土がすべて珊瑚環礁の島々という南太平洋の国。カヌーで島間を航海する先住民が暮らす。コプラ*2の生産と漁業が中心で、経済力は低い。国防と安全保障を米国に委ねる代わりに財政支援を受けている。1954年に同国のビキニ環礁で米国が水爆実験を行い、日本漁船が被曝した。

マダガスカル

Madagascar

面積 59　人口 2843
首都 アンタナナリボ
通貨 1アリアリ=0.029円　所得 490ドル
宗教 キリスト教、伝統宗教、イスラム教
住民 マレー系メリナ族など約18部族
言語 マダガスカル語など　独立 1960

アフリカのアジアと呼ばれる島国。アフリカ大陸から500km程のインド洋上にあるが、生態系はアフリカと異なる。この島だけにすむアイアイ、インドネシア原産のキツネザルが生息する。香料の原料となるバニラの生産は世界トップクラス。近年、干ばつによって深刻な飢餓が起きている。

マラウイ

Malawi

面積 12　人口 1965　首都 リロングウェ
通貨 1マラウイ・クワチャ=0.13円
所得 620ドル
宗教 キリスト教、イスラム教、伝統宗教
住民 バンツー系チェワ族、トゥンブーカ族など
言語 チェワ語、英語など　独立 1964

国土の5分の1をマラウイ湖が占める国。マラウイ湖は東西に80km、南北に600kmと細長く、国土もこれに沿うように細長い。労働者の大半が農業に従事。紅茶、タバコ、砂糖、コーヒー、ナッツを生産、輸出する。最貧国のひとつ。水害がたびたび発生し、大きな被害をもたらしている。

マリ

Mali

面積 124　人口 2086　首都 バマコ
通貨 1CFAフラン=0.21円
所得 820ドル　宗教 イスラム教など
住民 バンバラ族が最大。ほか22以上の少数民族
言語 フランス語、バンバラ語など　独立 1960

サハラ砂漠を往来するラクダ隊商の基地として栄え、数々の王国が盛衰を繰り返した場所にある国。主産業は農業と鉱業。2012年、リビア情勢の影響で政情不安に陥って以降、不安定な状況が続く。軍事支援を受けてきた旧宗主国フランスとの関係が近年、悪化している。

マルタ

Malta

面積 0.03　人口 52
首都 バレッタ　通貨 1ユーロ=140.25円
所得 30760ドル　宗教 カトリック
住民 北アフリカ系、中近東系、ヨーロッパ系
言語 マルタ語、英語　独立 1964

ヨーロッパとアフリカを結ぶ地中海の中継拠点として栄えた島国。中世のマルタ騎士団ゆかりの砦や紀元前の神殿などの歴史的建造物がある。主産業は観光業と造船などの製造業。政権幹部が関与したとされる2017年のジャーナリスト殺害事件の対応をめぐり、20年に首相が辞任した。

マレーシア

Malaysia

面積 33　人口 3275
首都 クアラルンプール
通貨 1リンギ=29.74円　所得 10710ドル
宗教 イスラム教、仏教、儒教、ヒンドゥー教など
住民 マレー系、中国系、インド系など
言語 マレー語など　独立 1957

外国企業の誘致で発展した東南アジアの国。天然ゴムやスズなど、植民地時代の産業から、エレクトロニクス製品の製造へと移行して成長を遂げた。現在も安定成長を維持。かつてはシンガポールとひとつの国だった。国土面積は日本と同程度。その7割が熱帯雨林に覆われている。

ミクロネシア連邦

Federated States of Micronesia

面積 0.07　人口 12　首都 パリキール
通貨 1ドル=132.20円
所得 3980ドル　宗教 キリスト教
住民 ミクロネシア系
言語 英語、現地の8言語　独立 1986

西太平洋の赤道近くに点在する600以上の島々からなる国。総面積は奄美大島と同程度。世界最大の環礁チューククラグーンに世界中からダイバーが訪れる。コプラ*2やバナナ、魚類を輸出。国防と安全保障を米国に委ねる代わりに受けている財政援助が収入の4割以上を占める。

南アフリカ共和国

South Africa

面積 122　人口 5778
首都 プレトリア　通貨 1ランド=7.72円
所得 6530ドル　宗教 キリスト教など
住民 バンツー系アフリカ人、ヨーロッパ系など
言語 英語、アフリカーンス語など　独立 ―

製造業や金融業が発展したアフリカ屈指の経済大国。アフリカ大陸のリーダー的存在。ダイヤモンド、金など鉱物資源が豊富。悪名高い人種隔離政策、アパルトヘイトを実施していたことで知られる。1991年に差別政策撤廃。2022年、大統領に不正資金疑惑が浮上。政治混迷が生じた。

*1 ビキニ環礁、エニウェトク環礁、クエゼリン環礁、マジュロ環礁、ロンゲラップ環礁、ウトリック環礁を含むラグーン（内海）の面積は1.2　*2 ココナツの加工品

南スーダン South Sudan

面積 64 人口 1106 首都 ジュバ
通貨 1南スーダン・ポンド=0.59円(21年2月)
所得 1040ドル
宗教 キリスト教、伝統宗教
住民 ディンカ族、シルク族、ヌエル族など数十の部族
言語 英語など 独立 2011

南北に分かれて内戦を繰り返してきたスーダンの南部地域が、2011年に分離独立してできた国。13年に政府軍と反政府勢力の戦闘が内戦に発展。両者は18年に和平合意し、現在は暫定政府が政権を担う。政情は不安定。深刻な食糧危機が続いている。

ミャンマー Myanmar

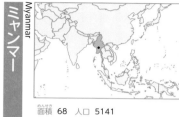

面積 68 人口 5141
首都 ネピドー 通貨 1チャット=0.062円
所得 1170ドル
宗教 仏教など
住民 ビルマ族。ほかに少数民族
言語 ミャンマー語 独立 1948

27年にわたり軍事政権が続いてきた国。2015年の総選挙で民主化指導者、アウンサンスーチー氏率いる政党が大勝し、16年に民主的な新政権が誕生した。しかし、21年のクーデターによって再び軍政に。抗議デモは武力鎮圧された。民主化勢力に対する軍の弾圧が続いている。

メキシコ Mexico

面積 196 人口 12601
首都 メキシコ市
通貨 1メキシコ・ペソ=6.74円
所得 9590ドル 宗教 カトリック
住民 スペイン系と先住民の混血など
言語 スペイン語 独立 ―

太陽の国と呼ばれる国。太陽を信仰するアステカ帝国が栄えた地にある。米国との国境沿いは乾燥地帯。太平洋沿岸は高温多湿。銀の産出量は世界有数。麻薬組織の犯罪が深刻。2020年以降、新型コロナウイルス感染症で約33万人が死亡。経済が大きな打撃を受けた。

モザンビーク Mozambique

面積 80 人口 3036
首都 マプト
通貨 1メティカル=2.04円
所得 480ドル 宗教 キリスト教など
住民 マクア・ロムウェ族など43部族
言語 ポルトガル語 独立 1975

アフリカ大陸の南東部にあり、海峡を挟んでマダガスカル島と向かい合う国。1975年にポルトガルから独立した後、内戦が繰り広げられた。現在は、豊富な資源と海外からの投資を背景に、経済が拡大。しかし一方、武装勢力が活発に活動。ガス田開発への影響が懸念されている。

モナコ Monaco

面積 0.0002 人口 4
首都 モナコ
通貨 1ユーロ=140.25円
所得 173688ドル(20年・GDPベース)
宗教 カトリック 住民 フランス系など
言語 フランス語 独立 ―

F1モナコ・グランプリが開催される国。世界で2番目に小さな国で、面積は約2km²と、皇居の2倍程度。観光が最大の産業。豪華なカジノ施設、グランカジノが世界的に有名。市街地ではF1レースが実施される。元首のアルベール2世は環境保護に熱心なことで知られている。

モーリシャス Mauritius

面積 0.2 人口 127 首都 ポートルイス
通貨 1モーリシャス・ルピー=2.99円
所得 9920ドル
宗教 ヒンドゥー教、キリスト教、イスラム教など
住民 インド系、クレオール系、中国系など
言語 英語など 独立 1968

アフリカ大陸東部のインド洋上に浮かぶマダガスカル島の、さらに東側にある島国。大航海時代にドードー鳥という珍種の鳥が乱獲され、絶滅したことで知られる。同時代から各国王室御用達のリゾート地。2020年、同国沖で日本の貨物船が座礁。重油流出により深刻な環境汚染が発生。

モーリタニア Mauritania

面積 103 人口 465
首都 ヌアクショット
通貨 1ウギア=3.55円
所得 1950ドル 宗教 イスラム教
住民 モール人、アフリカ系
言語 アラビア語、フランス語など 独立 1960

砂漠の中に人々が暮らす国。国土の4分の3以上をサハラ砂漠が占める。首都ヌアクショットはサハラ砂漠の中で最大の都市。砂漠の中の旧市街が、地の果てをイメージさせる。主産業は農牧業と漁業。特産のタコを日本に輸出する。2017年、憲法改正に伴い国旗のデザインを変更した。

モルディブ Maldives

面積 0.03 人口 56
首都 マレ
通貨 1ルフィア=8.46円
所得 9600ドル 宗教 イスラム教
住民 モルディブ人
言語 ディベヒ語 独立 1965

ダイバー憧れの美しいダイビングスポットで知られる国。1000以上の島からなる。海中には数百種の珊瑚と数千種の魚類が生息するという。標高が低く、最高地点は2.5m。国土水没の恐れがある。新型コロナウイルスの影響で一時、主産業の観光が低迷したが、現在は回復しつつある。

モルドバ Moldova

面積 3 人口 260 首都 キシナウ
通貨 1モルドバ・レイ=6.81円
所得 5370ドル 宗教 キリスト教(正教)
住民 モルドバ人。ほかにウクライナ人、ロシア人など
言語 モルドバ語 独立 1991

ウクライナとルーマニアに挟まれた、旧ソ連構成国。国土は肥沃な黒土に覆われ、農業が産業の中心。ロシア系住民が多い沿ドニエストル地域にはロシア軍が駐留し、独立状態にある。2022年のロシアによるウクライナ侵攻をきっかけに、ロシアに対する警戒感が高まっている。

統計｜世界｜世界の国ぐに

モロッコ Morocco

面積　45　人口　3603　首都　ラバト
通貨　1モロッコ・ディルハム=12.41円
所得　3620ドル　宗教　イスラム教
住民　アラブ人。ほかにベルベル人
言語　アラビア語、ベルベル語、フランス語
独立　1956

ヨーロッパに最も近いアフリカの国。スペインとは海を挟んで14kmの距離。アラブとアフリカ、ヨーロッパの三方から影響を受け、独自の混合文化が発展。モロッコじゅうたんが有名。同国が8割を実効支配する西サハラをめぐり、アルジェリアと長年にわたり激しく対立している。

モンゴル Mongolia

面積　156　人口　341
首都　ウランバートル
通貨　1ツグリク=0.039円(21年平均)
所得　3730ドル　宗教　チベット仏教
住民　モンゴル人。ほかにカザフ人など
言語　モンゴル語、カザフ語　独立　ー

遊牧民族が伝統を守って暮らす国。ゲルと呼ばれる移動式住居で暮らす遊牧民が多い。日本の大相撲でモンゴル出身者が活躍。石炭や銅、蛍石を輸出。金やウラン、レアメタルの開発にも積極的。新型コロナウイルス流行の影響で悪化した経済は徐々に回復している。

モンテネグロ Montenegro

面積　1　人口　62　首都　ポドゴリツァ
通貨　1ユーロ=140.25円　所得　9340ドル
宗教　キリスト教(正教)、イスラム教など
住民　モンテネグロ人、セルビア人、ボスニア系イスラム教徒など
言語　モンテネグロ語　独立　2006

2006年に旧セルビア・モンテネグロから独立して生まれた新しい国。「黒い山」を意味する国名の通り、国土は険しい山々に覆われている。アドリア海沿岸には中世の面影が残る城塞都市があり、年間約200万人の観光客が訪れる。主産業は観光業、アルミニウムの製造、農業など。

ヨルダン Jordan

面積　9　人口　1010　首都　アンマン
通貨　1ヨルダン・ディナール=183.51円
所得　4170ドル
宗教　イスラム教スンニ派
住民　ほとんどがアラブ人(パレスチナ系)
言語　アラビア語、英語　独立　1946

イスラエルやサウジアラビアなどと国境を接する国。古代遺跡をめぐる観光が重要な収入源。リン鉱石の産地として知られ、これを原料とする化学肥料を製造する。塩分が濃く、体が簡単に浮いてしまう湖、死海がある。経済低迷が続く。新型コロナウイルス感染症流行がさらなる打撃に。

ラオス Laos

面積　24　人口　734
首都　ビエンチャン
通貨　1キップ=0.0076円
所得　2500ドル　宗教　仏教、伝統宗教
住民　ラオ族。ほかに48の少数民族
言語　ラオス語　独立　1953

密林に覆われ、東南アジア最後の秘境といわれる国。国民の65%が仏教徒。山がちな環境や多雨を生かし、巨大ダムを次々と建設。水力発電による電力を隣国に売り、「東南アジアのバッテリー」と呼ばれている。中国との関係を深めている。2021年には両国を結ぶ鉄道が開通した。

ラトビア Latvia

面積　7　人口　189　首都　リガ
通貨　1ユーロ=140.25円　所得　19790ドル
宗教　プロテスタント、カトリック
住民　ラトビア人。ほかにロシア人、ベラルーシ人など
言語　ラトビア語　独立　1991

バルト海を望む、バルト三国の一国。首都リガは、中世の教会や城壁、アールヌーボー建築など、時の流れを感じさせる街並みから「バルトのパリ」と呼ばれ、世界遺産である。森林資源に恵まれ木材産業が盛んなほか、化学、製薬などの分野に強みを持つ。近年はIT産業も成長。

リトアニア Lithuania

面積　7　人口　281　首都　ビリニュス
通貨　1ユーロ=140.25円
所得　21740ドル　宗教　カトリック
住民　リトアニア人。ほかにロシア人、ポーランド人など
言語　リトアニア語　独立　1991

バルト三国の一国。中世にバルト海から黒海にかけて勢力を広げたリトアニア大公国が起源。4000以上の湖と森林が独特の景観を織りなす。天然琥珀の名産地。バスケットボールが国技。産業は製造業、木材加工、ITなど。台湾と関係を深めていることに中国が反発している。

リビア Libya

面積　176　人口　687
首都　トリポリ
通貨　1リビア・ディナール=27.20円
所得　8700ドル
宗教　イスラム教　住民　アラブ人
言語　アラビア語　独立　1951

エジプトとアルジェリアの間に挟まれた国。1969年の革命以来、カダフィ大佐が国を主導したが、2011年、反政府デモをきっかけに内戦化し大佐は殺害された。敵対していた暫定政府と反政府勢力が20年に停戦で合意。暫定統一政府が政権を担うが、権力闘争が再び激化し、政情不安。

リヒテンシュタイン Liechtenstein

面積　0.02　人口　4
首都　ファドゥーツ
通貨　1スイス・フラン=142.25円
所得　116600ドル
宗教　カトリック　住民　ドイツ系
言語　ドイツ語　独立　ー

アルプスの麓にある国。スイスとオーストリアに挟まれている。面積は世界で6番目に狭い。山間に小さな町々が点在し、落ち着きのある欧州の田舎といった風情だが、精密機械や歯科用機器の分野では世界屈指の技術力をもつ。19世紀から軍をもたない中立政策を続けている。

リベリア　Liberia

面積 11　人口 518　首都 モンロビア
通貨 1リベリア・ドル=0.84円
所得 630ドル
宗教 キリスト教、イスラム教
住民 クペレ族、バサ族、グレボ族など16部族
言語 英語　独立 ―

米国で解放された奴隷が西アフリカにつくった国。自由を意味するlibertyが国名の由来。この国の船として船籍を登録する他国の船が多いため、商船の船舶保有船腹量は世界2位（1位はパナマ）。2014年、致死率が高いエボラ出血熱が大流行し、4800人以上が死亡した。

ルクセンブルク　Luxembourg

面積 0.3　人口 63　首都 ルクセンブルク
通貨 1ユーロ=140.25円
所得 88190ドル　宗教 カトリック
住民 ルクセンブルク人（ゲルマン系）
言語 ルクセンブルク語、フランス語、ドイツ語
独立 ―

切り立つ岩の上に多くの要塞が築かれ、城塞都市として発展したヨーロッパの小国。国民1人あたりのGNI（国民総所得）は世界最高水準。2020年に世界で初めて全国で公共交通機関の運賃を無料化。伝統的に鉄鋼業が盛ん。金融サービスが発達し、欧州の金融センターの一角を担う。

ルーマニア　Romania

面積 24　人口 1903
首都 ブカレスト
通貨 1ルーマニア・レイ=27.98円
所得 14160ドル　宗教 ルーマニア正教
住民 ルーマニア人。ほかにハンガリー人
言語 ルーマニア語　独立 ―

15世紀のルーマニアに実在したドラキュラ公が、敵兵を残忍に殺害した史実が吸血鬼物語のモデル。東欧で唯一、ラテン民族によって構成される。石油などの資源に恵まれ工業も発達。世界金融危機（P98）後にIMF（国際通貨基金）などの支援を受けたが、構造改革で経済は回復。

ルワンダ　Rwanda

面積 3　人口 1263　首都 キガリ
通貨 1ルワンダ・フラン=0.12円
所得 840ドル　宗教 キリスト教、イスラム教
住民 フツ族。ほかにツチ族、トゥワ族
言語 キニヤルワンダ語、フランス語、英語
独立 1962

赤道の南側に位置する東アフリカの国。起伏が激しく、千の丘の国といわれる。多数部族のフツ族と少数のツチ族が激しく対立。1994年にはフツ族による大量虐殺が発生した。一時、経済破綻したが、近年になり急成長を遂げた。国会議員に女性が占める割合が世界一高い。

レソト　Lesotho

面積 3　人口 216
首都 マセル
通貨 1ロチ=7.64円
所得 1210ドル　宗教 キリスト教
住民 バント族
言語 英語、セント語　独立 1966

南アフリカに四方を囲まれた国。大部分が標高2000m以上の高地にあり、最も低い場所でも1300m以上。涼しく過ごしやすいため、観光客が多い。産業は衣類、靴などの軽工業。穀物を生産するが、土壌に恵まれず生産能力は低い。後発開発途上国。HIV対策が課題。

レバノン　Lebanon

面積 1　人口 529　首都 ベイルート
通貨 1レバノン・ポンド=0.087円
所得 5110ドル
宗教 キリスト教、イスラム教など
住民 アラブ人
言語 アラビア語　独立 1943

地中海に面し、イスラエル、シリアと国境を接する国。アフリカ、中東とヨーロッパの交易拠点にある。1975年から15年にわたる内戦で国内は荒廃。以来、政情不安が続いてきた。近年は経済危機が急進行。財政は破綻状態で、水や電力などの供給が滞るインフラ不全も起きている。

ロシア連邦　Russia

面積 1709　人口 14617
首都 モスクワ　通貨 1ルーブル=1.82円
所得 11610ドル　宗教 ロシア正教
住民 ロシア人。ほかにタタール人など少数民族
言語 ロシア語　独立 右欄★印参照

POINT
★18～20世紀にロシア帝国が繁栄
★ロシア革命を経て1922年にソビエト連邦建国
★1991年、ソビエト連邦が崩壊し、ロシア連邦成立

ロシアのウクライナ侵攻を受けて国際パラリンピック委員会は2022年3月3日、RPC＝ロシア・パラリンピック委員会とベラルーシの選手の北京冬季パラリンピック参加を認めないと決めた。写真はロシアのテレビ局のインタビューに答えるRPCの選手たち

最も面積が広い国。アジアから東欧にかけ、14の国と地続きで国境を接する。かつては米国と並ぶ超大国だったソビエト連邦の一構成国だった。冷戦時代、世界初の有人宇宙飛行を達成。バレエやクラシック音楽、文学など、芸術・文化が独自に発展。石油生産量は世界有数。巨大な軍事力を背景に国際社会に影響を及ぼす。2022年、突如として隣国ウクライナに軍事侵攻を開始。首都キーウをはじめ同国各地に激しい攻撃を繰り返した。プーチン大統領は、国際社会の非難も意に介さず、核攻撃の可能性に言及するなど強硬姿勢を示し続けている。

世界 自然

地球は「水の惑星」といわれるが、大きさや海と陸の割合はどうか。また地球上にはどのような山や海、川、島、砂漠、海溝(海底の特に深いところ)があるか。どこにあるかも確認しよう。

地球の大きさ

【資料】天文年鑑2023、理科年表2023（国立天文台）ほか

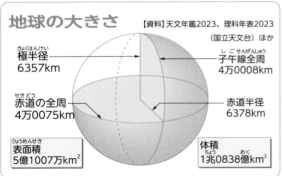

- 極半径 6357km
- 子午線全周 4万0008km
- 赤道の全周 4万0075km
- 赤道半径 6378km
- 表面積 5億1007万km²
- 体積 1兆0838億km³

海と陸地の割合

【資料】理科年表2023（国立天文台）

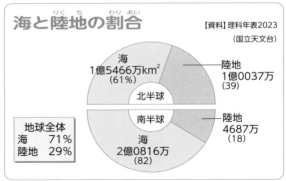

- 北半球 海 1億5466万km²（61%）、陸地 1億0037万（39）
- 南半球 海 2億0816万（82）、陸地 4687万（18）

地球全体	
海	71%
陸地	29%

海の広さ

【資料】理科年表2023（国立天文台）

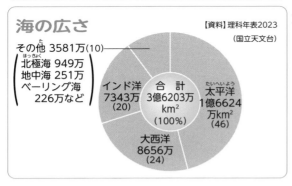

- その他 3581万（10）
  - 北極海 949万
  - 地中海 251万
  - ベーリング海 226万など
- インド洋 7343万（20）
- 合計 3億6203万km²（100%）
- 太平洋 1億6624万km²（46）
- 大西洋 8656万（24）

深い海溝

【資料】理科年表2023（国立天文台）

	な　ま　え	深さ(m)	長さ(km)	幅(km)
①	マ リ ア ナ	1万0920	2550	70
②	ト ン ガ	1万0800	1400	55
③	フ ィ リ ピ ン	1万0057	1400	60
④	ケ ル マ デ ッ ク	1万0047	1500	60
⑤	伊 豆・小 笠 原	9780	850	90
⑥	千 島・カムチャツカ	9550	2200	120
⑦	北ニューヘブリデス	9175	500	70
⑧	ヤ ッ プ	8946	700	40
⑨	ニ ュ ー ブ リ テ ン	8940	1100	50
⑩	プ エ ル ト リ コ	8605	1500	120

【注】深さは、もっとも深いところ。幅は平均。

高い山

【資料】理科年表2023（国立天文台）

	な　ま　え	あるところ	高さ(m)
①	チョモランマ	ヒ マ ラ ヤ	8848
②	K 2	カラコルム	8611
③	カンチェンジュンガ	ヒ マ ラ ヤ	8586
④	ロ ー ツ ェ	〃	8516
⑤	マ カ ル ウ	〃	8463
⑥	チ ョ ー オ ユ	〃	8201
⑦	ダ ウ ラ ギ リ	〃	8167
⑧	マ ナ ス ル	〃	8163
⑨	ナンガパルバット	〃	8126
⑩	アンナプルナ	〃	8091

【注】チョモランマ＝エベレストまたはサガルマタ、K2＝ゴドウィンオースチンとしても知られる。

大きな島

【資料】理科年表2023（国立天文台）

	な　ま　え	国　　名	大きさ(万km²)
①	グリーンランド	デ ン マ ー ク	217.56
②	ニューギニア(イリアン)	インドネシアほか	80.85
③	ボルネオ(カリマンタン)	〃	74.56
④	マ ダ ガ ス カ ル	マ ダ ガ ス カ ル	58.70
⑤	バ フ ィ ン	カ ナ ダ	50.75
⑥	ス マ ト ラ	イ ン ド ネ シ ア	47.36
⑦	本 州	日 本	22.74※
⑧	グレートブリテン	イ ギ リ ス	21.85
⑨	ビ ク ト リ ア	カ ナ ダ	21.73
⑩	エ レ ス メ ア	〃	19.62

※国土地理院2022年10月データでは、22.79万km²。

長い川

【資料】理科年表2023（国立天文台）

	な　ま　え	河口のある国	長さ(km)	流域面積(万km²)
①	ナ イ ル 川	エ ジ プ ト	※6695	335
②	ア マ ゾ ン 川	ブ ラ ジ ル	6516	705
③	長江(揚子江)	中 国	6380	196
④	ミ シ シ ッ ピ 川	ア メ リ カ	※※5969	325
⑤	オ ビ 川	ロ シ ア	＊5568	299
⑥	エニセイ-アンガラ川	〃	5550	258
⑦	黄 河	中 国	5464	98
⑧	コンゴ(ザイール)川	コンゴ民主共和国	4667	370
⑨	ラプラタ-パラナ川	アルゼンチン・ウルグアイ	4500	310
⑩	アムール-アルグン川	ロ シ ア	4444	＊＊(186)

【注】※カゲラ源流からの長さ。※※ミズーリ源流からミシシッピ河口までの長さ。＊イルチシ源流からの長さ。＊＊アムール川のみの面積。

広い砂漠

【資料】理科年表2023（国立天文台）

	な　ま　え	あるところ	広さ(万km²)
①	サ ハ ラ	アフリカ北部	907
②	ア ラ ビ ア	アジア(アラビア半島)	246
③	ゴ ビ	モンゴル、中国北東部	130
④	パ タ ゴ ニ ア	アルゼンチン南部	67
⑤	グレートビクトリア	オーストラリア中西部	65
⑥	タール(大インド)	インド、パキスタン	60
⑦	カ ラ ハ リ	アフリカ南部	57
⑧	タ ク ラ マ カ ン	中 国 北 西 部	52
⑨	グレートベーズン	アメリカ南西部	49
⑩	チ ワ ワ	メキシコ北部	45

【注】オーストラリア中部には、ほかにも連続して砂漠が分布し、合計337万km²(世界2位)。中央アジア・トルキスタンの多くの砂漠を合算すると194万km²(世界4位)。

世界各地の気候は、緯度、地形、海からの距離、標高、風向などで分類できる。それぞれの特徴をつかもう。世界の年平均気温は変動を繰り返しながら上昇。長期的に100年あたり0.74℃の割合で上昇。

自然 世界

世界の気候

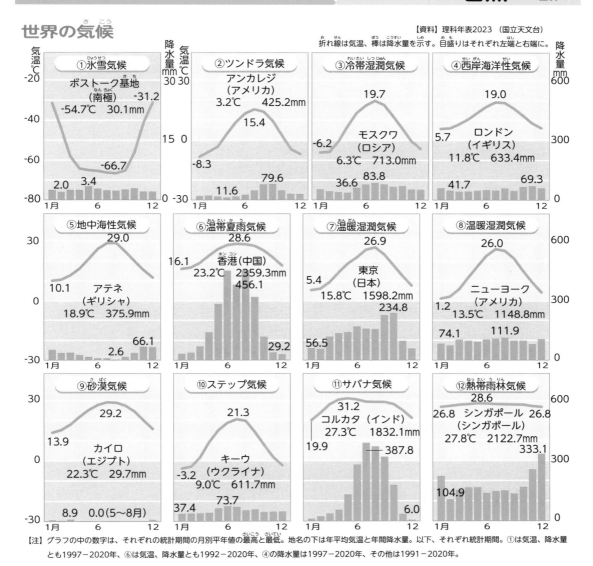

【資料】理科年表2023 （国立天文台）
折れ線は気温、棒は降水量を示す。目盛りはそれぞれ左端と右端に。

① 氷雪気候
ボストーク基地（南極） -31.2
-54.7℃ 30.1mm
-66.7
2.0 3.4

② ツンドラ気候
アンカレジ（アメリカ）
3.2℃ 425.2mm
15.4
-8.3
11.6 79.6

③ 冷帯湿潤気候
19.7
モスクワ（ロシア）
-6.2
6.3℃ 713.0mm
36.6 83.8

④ 西岸海洋性気候
19.0
ロンドン（イギリス）
5.7
11.8℃ 633.4mm
41.7 69.3

⑤ 地中海性気候
29.0
アテネ（ギリシャ）
10.1
18.9℃ 375.9mm
2.6 66.1

⑥ 温帯夏雨気候
28.6
香港(中国)
16.1
23.2℃ 2359.3mm
456.1
29.2

⑦ 温暖湿潤気候
26.9
東京（日本）
5.4
15.8℃ 1598.2mm
234.8
56.5

⑧ 温暖湿潤気候
26.0
ニューヨーク（アメリカ）
1.2
13.5℃ 1148.8mm
74.1 111.9

⑨ 砂漠気候
29.2
13.9
カイロ（エジプト）
22.3℃ 29.7mm
8.9 0.0(5〜8月)

⑩ ステップ気候
21.3
キーウ（ウクライナ）
-3.2
9.0℃ 611.7mm
37.4 73.7

⑪ サバナ気候
31.2
コルカタ（インド）
27.3℃ 1832.1mm
19.9
387.8
6.0

⑫ 熱帯雨林気候
28.6
26.8 シンガポール 26.8
（シンガポール）
27.8℃ 2122.7mm
333.1
104.9

【注】グラフの中の数字は、それぞれの統計期間の月別平年値の最高と最低。地名の下は年平均気温と年間降水量。以下、それぞれ統計期間。①は気温、降水量とも1997−2020年、⑥は気温、降水量とも1992−2020年、④の降水量は1997−2020年、その他は1991−2020年。

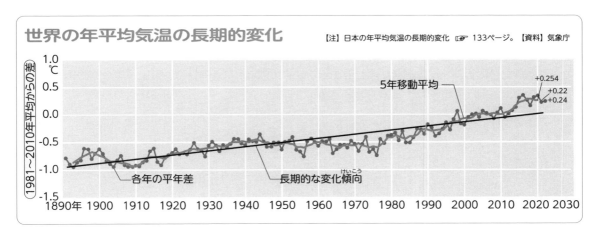

世界の年平均気温の長期的変化

【注】日本の年平均気温の長期的変化 ☞ 133ページ。【資料】気象庁

5年移動平均
+0.254
+0.22
+0.24
各年の平年差
長期的な変化傾向

（1981〜2010年平均からの差）

243

国民総所得

世界各国の国民総所得（GNI）を比べてみよう。国民総所得と1人あたりGNIを比べると国の順位はどのように変わるか。それはどのようなことを意味するだろうか。219〜241ページも参照しよう。

国民総所得（GNI）と、国民1人あたりGNI（2021年）

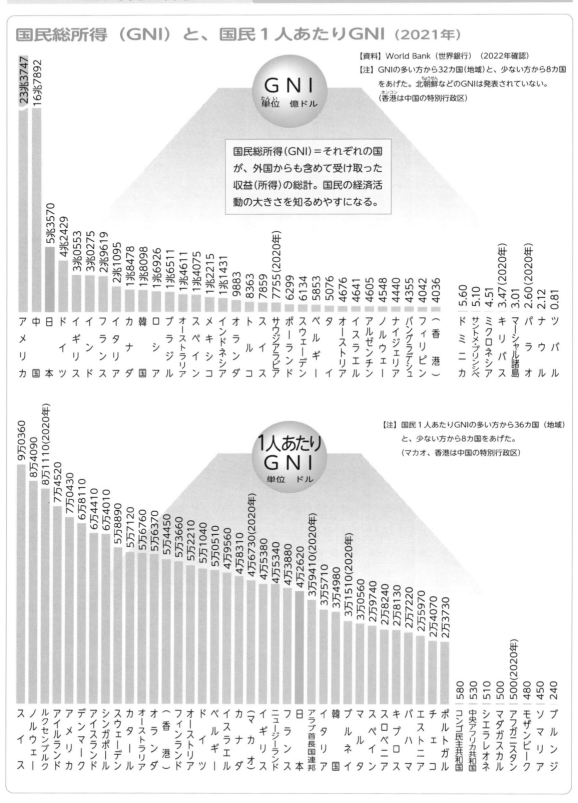

【資料】World Bank（世界銀行）（2022年確認）
【注】GNIの多い方から32カ国（地域）と、少ない方から8カ国をあげた。北朝鮮などのGNIは発表されていない。（香港は中国の特別行政区）

GNI 単位 億ドル

国民総所得（GNI）＝それぞれの国が、外国からも含めて受け取った収益（所得）の総計。国民の経済活動の大きさを知るめやすになる。

国	GNI（億ドル）
アメリカ	23兆3747
中国	16兆7892
日本	5兆3570
ドイツ	4兆2429
イギリス	3兆0553
フランス	3兆0275
イタリア	2兆9619
カナダ	2兆1095
韓国	1兆8478
ロシア	1兆8098
ブラジル	1兆6926
オーストラリア	1兆6511
スペイン	1兆4611
メキシコ	1兆4075
インドネシア	1兆2215
オランダ	1兆1431
トルコ	9883
スイス	8363
サウジアラビア	7859
ポーランド	7755（2020年）
スウェーデン	6299
ベルギー	6134
タイ	5853
オーストリア	5076
イスラエル	4676
アルゼンチン	4641
ノルウェー	4605
ナイジェリア	4548
バングラデシュ	4440
フィリピン	4355
（香港）	4042
ドミニカ	4036
サントメ・プリンシペ	5.60
ミクロネシア	5.10
キリバス	4.51
マーシャル諸島	3.47（2020年）
パラウ	3.01
ナウル	2.60（2020年）
ツバル	2.12
（ ）	0.81

【注】国民1人あたりGNIの多い方から36カ国（地域）と、少ない方から8カ国をあげた。（マカオ、香港は中国の特別行政区）

1人あたりGNI 単位 ドル

国	1人あたりGNI（ドル）
スイス	9万0360
ノルウェー	8万4090
ルクセンブルク	8万1110（2020年）
アイルランド	7万4520
アメリカ	7万0430
デンマーク	6万8110
アイスランド	6万4410
シンガポール	6万4010
スウェーデン	5万8890
オーストラリア	5万7120
カタール	5万6760
オランダ	5万6370
（香港）	5万4450
フィンランド	5万3660
オーストリア	5万2210
ドイツ	5万1040
ベルギー	5万0510
カナダ	4万9560
イスラエル	4万8310
（マカオ）	4万6730（2020年）
イギリス	4万5380
ニュージーランド	4万5340
フランス	4万3880
日本	4万2620
アラブ首長国連邦	3万9410（2020年）
イタリア	3万5710
韓国	3万4980
ブルネイ	3万1510（2020年）
マルタ	3万0560
スペイン	2万9740
スロベニア	2万8240
キプロス	2万8130
バハマ	2万7220
マダガスカル	2万5970
（ ）	2万4070
（ ）	2万3730
ポルトガル	580
チェコ	530
エストニア	510
コンゴ民主共和国	500
中央アフリカ共和国	500（2020年）
シエラレオネ	480
アフガニスタン	450
モザンビーク	240

（下段の国名：ブルンジ、ソマリア、ニジェール…）

世界の人口は、2050年には96億8744万人になり、65歳以上が16%を占めると予測されている（2022年の国連の推計）。各国の人口や出生率・死亡率・寿命、外国と日本の人の行き来などを確認しよう。

州（大陸）別人口（2021年）

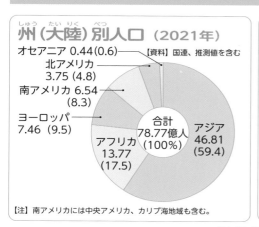

オセアニア 0.44（0.6）
北アメリカ 3.75（4.8）
南アメリカ 6.54（8.3）
ヨーロッパ 7.46（9.5）
アフリカ 13.77（17.5）
アジア 46.81（59.4）
合計 78.77億人（100%）

【資料】国連、推計値を含む

【注】南アメリカには中央アメリカ、カリブ海地域も含む。

爆発する人口（世界の将来人口）

【資料】国連

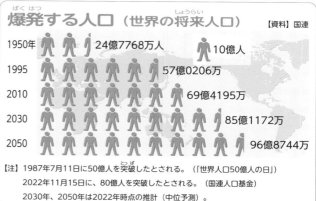

1950年	24億7768万人
1995	57億0206万
2010	69億4195万
2030	85億1172万
2050	96億8744万

10億人

【注】1987年7月11日に50億人を突破したとされる。（「世界人口50億人の日」）
2022年11月15日に、80億人を突破したとされる。（国連人口基金）
2030年、2050年は2022年時点の推計（中位予測）。

おもな国の出生率・死亡率・平均寿命

【資料】UNICEF、世界銀行

国　名	合計特殊出生率 調査年	合計特殊出生率 女性一人あたり	5歳未満の死亡率 調査年	5歳未満の死亡率 出生1000人あたり	15〜50歳の死亡率 調査年	15〜50歳の死亡率 15歳人口1000人あたり	平均寿命 調査年	平均寿命 男（歳）	平均寿命 女（歳）
日　本	2021	1.30	2021	2.4	2021	18.3	2021	81.8	87.7
韓　国	〃	0.88	〃	2.9	〃	22.3	〃	80.4	86.8
中　国	〃	1.16	〃	6.9	〃	35.2	〃	75.5	76.8
イ　ラ　ン	〃	1.69	〃	12.6	〃	55.0	〃	71.2	76.8
エ ジ プ ト	〃	2.92	〃	18.9	〃	51.9	〃	67.9	72.6
エチオピア	〃	4.16	〃	47.2	〃	129.6	〃	61.9	68.3
イ ギ リ ス	〃	1.56	〃	4.1	〃	36.4	〃	78.7	82.8
アイスランド	〃	1.73	〃	1.5	〃	18.8	〃	81.2	84.2
スウェーデン	〃	1.67	〃	2.4	〃	21.8	〃	81.1	84.9
ド　イ　ツ	〃	1.53	〃	3.6	〃	26.3	〃	78.1	83.2
ロ シ ア	〃	1.49	〃	4.9	〃	126.3	〃	64.2	74.8
ア メ リ カ	〃	1.66	〃	6.3	〃	65.9	〃	74.3	80.2
オーストラリア	〃	1.60	〃	3.4	〃	11.8	〃	83.2	85.8

【注】日本の平均寿命は世界最高の水準。

外国に行った日本人と、日本に来た外国人

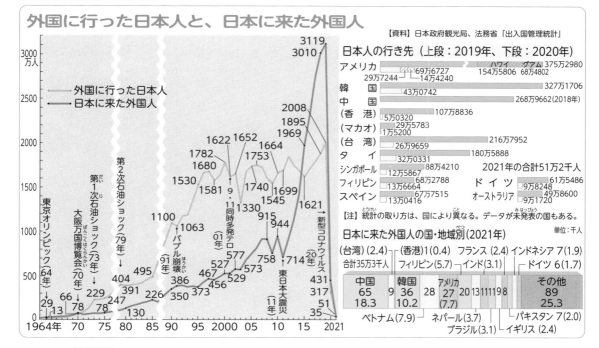

【資料】日本政府観光局、法務省「出入国管理統計」

— 外国に行った日本人
— 日本に来た外国人

東京オリンピック（64年）
大阪万国博覧会（70年）
第1次石油ショック（73年）
第2次石油ショック（79年）
バブル崩壊（91年）
9.11同時多発テロ（01年）
東日本大震災（11年）
新型コロナウイルス（20年）

日本人の行き先（上段：2019年、下段：2020年）

	2019年	2020年
アメリカ	369万6727	29万7244
ハワイ	154万5806	14万4240
グアム	68万4802	
韓国	327万1706	43万0742
中国	268万9662（2018年）	
（香港）	107万8836	5万0320
（マカオ）	29万5783	1万5200
（台湾）	216万7952	26万9659
タイ	180万5888	32万0331
シンガポール	88万4210	12万5867
フィリピン	68万2788	13万6664
スペイン	67万7515	13万0416
ドイツ	61万5486	9万8248
オーストラリア	49万8600	9万1720

2021年の合計51万2千人

【注】統計の取り方は、国により異なる。データが未発表の国もある。

日本に来た外国人の国・地域別（2021年）

単位：千人

合計35万3千人

国・地域	上段（千人）	下段（%）
中国	65	18.3
韓国	36	10.2
アメリカ	28	(7.9)
ベトナム	27	(7.9)
ネパール	13	(3.7)
フィリピン	(5.7)	
インド	(3.1)	
ブラジル	(3.1)	
イギリス	(2.4)	
フランス	(2.4)	
パキスタン	7	(2.0)
インドネシア	7	(1.9)
ドイツ	6	(1.7)
（台湾）	(2.4)	
（香港）	1	(0.4)
その他	89	25.3

かんれん　各国の人口 ➡ 219〜241ページ

統計｜世界｜国民総所得・人口・人の交流

世界　**農業**

日常的にもっとも多く利用する食べ物を主食といい、世界は代表的な主食により三つの食べ物文化圏(米・小麦・イモや雑穀)に分かれる。地域と主食の関係、日本の主食と自給率の関係などを調べてみよう。

米・小麦・大麦の生産量 (2020年)

単位 万t

812(5%) イギリス

1077(7%) ドイツ

2491(3%) ウクライナ

830(5%) トルコ

8590(11%) 2094(13%) ロシア

2億1361(28%) 1億3425(18%) 中国

3518(5%) 1074(7%) カナダ

5491(7%) バングラデシュ

2510(3%) ミャンマー

971 95 22 (1%) 日本

4969(7%) アメリカ

2525(3%) パキスタン

1929(3%) フィリピン

4276(6%) ベトナム

3014(4%) 1027(7%) フランス

1億7831(24%) 1億0759(14%) インド

1013(6%) オーストラリア

3023(4%) タイ

5465(7%) インドネシア

1147(7%) スペイン

【注】日本を除いて、それぞれ世界8位まで。

世界合計　米(もみ) 7億5674万t　小麦 7億6093万t　大麦 1億5703万t

トウモロコシの生産量 (2020年)

単位 万t

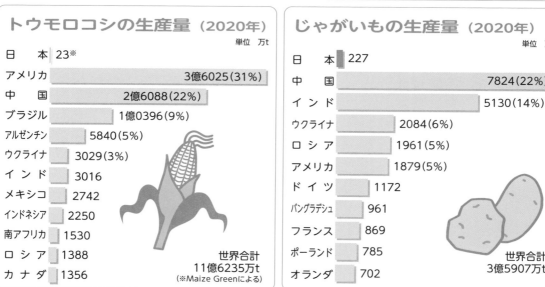

日 本	23※
アメリカ	3億6025(31%)
中 国	2億6088(22%)
ブラジル	1億0396(9%)
アルゼンチン	5840(5%)
ウクライナ	3029(3%)
イ ン ド	3016
メキシコ	2742
インドネシア	2250
南アフリカ	1530
ロ シ ア	1388
カ ナ ダ	1356

世界合計 11億6235万t
(※Maize Greenによる)

じゃがいもの生産量 (2020年)

単位 万t

日 本	227
中 国	7824(22%)
イ ン ド	5130(14%)
ウクライナ	2084(6%)
ロ シ ア	1961(5%)
アメリカ	1879(5%)
ド イ ツ	1172
バングラデシュ	961
フランス	869
ポーランド	785
オランダ	702

世界合計 3億5907万t

【注】246～247ページは特記ないものはFAOSTAT(国連食糧農業機関の統計データベース)による。

人口の割に生産量が多いものは、重要な輸出品となるが、どの国で何が多く生産されているか。近年、バイオ燃料の原料として大豆やトウモロコシが栽培されている。

農林業・畜産・漁業　世界

大豆（2020年）

日　本	22万t
ブラジル	1億2180 (34%)
アメリカ	1億1255 (32%)
アルゼンチン	4880 (14%)
中　国	1960 (6%)
インド	1123
パラグアイ	1102
カナダ	636
ロシア	431
ボリビア	283
ウクライナ	280

世界合計 3億5346万t

綿（綿花、2021-22年）

中　国	584万t (23%)
インド	531 (21%)
アメリカ	382 (15%)
ブラジル	255
パキスタン	131
オーストラリア	125
トルコ	83

世界合計 2520万t　USDAによる

天然ゴム（2020年）

タイ	470万t (32%)
インドネシア	337 (23%)
ベトナム	123 (8%)
インド	96
コートジボワール	94
中　国	69
マレーシア	51
グアテマラ	44

世界合計 1484万t

木材（2020年）

日　本	0.30億m³
アメリカ	4.30 (11%)
インド	3.51 (9%)
中　国	3.37 (9%)
ブラジル	2.66
ロシア	2.17
カナダ	1.32
インドネシア	1.22
エチオピア	1.17

世界合計 39.12億m³

牛肉（2020年）

日　本	48万t
アメリカ	1236 (18%)
ブラジル	1010 (15%)
中　国	605 (9%)
アルゼンチン	317
オーストラリア	237
メキシコ	208
ロシア	163
フランス	143
カナダ	138

世界合計 6788万t

ぶた肉（2020年）

日　本	131万t
中　国	4210 (38%)
アメリカ	1285 (12%)
ドイツ	512 (5%)
スペイン	500
ブラジル	448
ロシア	428
ベトナム	355
カナダ	230
フランス	220
ポーランド	199

世界合計 1億0984万t

鶏肉（2020年）

日　本	235万t
アメリカ	2049 (17%)
中　国	1582 (13%)
ブラジル	1379 (12%)
ロシア	458
インドネシア	371
メキシコ	358
インド	355
アルゼンチン	222
イラン	222
ポーランド	220

世界合計 1億1950万t

羊肉（2020年）

中　国	275万t (28%)
オーストラリア	69 (7%)
ニュージーランド	46 (5%)
アルジェリア	34
イギリス	30
インド	28
イラン	27
スーダン	27
パキスタン	24

世界合計 989万t

羊毛（2020年）

中　国	33万t (19%)
オーストラリア	28 (16%)
ニュージーランド	15 (8%)
トルコ	8
イギリス	7
モロッコ	6
イラン	6
ロシア	5
南アフリカ	5
インド	5

世界合計 178万t

魚（2019年）

2015〜19年の推移を右表に示す

日　本	316万t (3%)
中　国	1400 (15%)
インドネシア	748 (8%)
インド	546 (6%)
ロシア	497
ペルー	481
アメリカ	480
ベトナム	343
ノルウェー	231
フィリピン	205

世界合計 9250万t

【注】中国とインドは約$\frac{1}{3}$が淡水魚、ほかの国はほとんどが海の魚。
魚・漁獲高には、甲殻類・軟体動物を含む。養殖は含まない。

漁獲高の移り変わり

単位 万t

	2015	2016	2017	2018	2019年
世界合計	9168	8967	9320	9662	9250
中　国	1639	1579	1537	1465	1400
インドネシア	669	654	674	722	748
インド	484	518	553	532	546
ロシア	446	476	486	511	497
ペルー	482	380	416	717	481
アメリカ	504	490	503	474	480
ベトナム	286	308	331	335	343
日　本	340	320	321	326	316
ノルウェー	230	203	239	249	231
フィリピン	215	202	189	205	205

世界

資源

さまざまな鉱物の産地（国）と生産量を確認し、どんな産業で何が使われるか調べよう。IT産業で必要な資源は何か。鉱物資源をめぐり、紛争も起きている。

鉄鉱※（2020年）

オーストラリア	5億6500万t（37%）
ブラジル	2億4700（16%）
中 国	2億2500（15%）
インド	1億2700（8%）
ロ シ ア	6950（5%）
ウクライナ	4930
カ ナ ダ	3610
南アフリカ	3540
イ ラ ン	3250
スウェーデン	2540

※ 鉄含有量　世界合計
15億2000万t

すず（2020年）

中 国	8.4万t（32%）
インドネシア	5.3（20%）
ミャンマー	2.9（11%）
ペ ル ー	2.1
コンゴ民主共和国	1.7
ブラジル	1.7
ボリビア	1.5
オーストラリア	0.8
ベトナム	0.5
ナイジェリア	0.5

世界合計
26.4万t

なまり鉱（2020年）

中 国	190.0万t（43%）
オーストラリア	49.4（11%）
アメリカ	30.6（7%）
メキシコ	26.0
ペ ル ー	24.2
ロ シ ア	21.0
インド	20.4
スウェーデン	7.0
ボリビア	6.5
ト ル コ	6.3

世界合計
438.0万t

あえん鉱（2020年）

中 国	406万t（34%）
ペ ル ー	133（11%）
オーストラリア	131（11%）
インド	72
アメリカ	72
メキシコ	64
ボリビア	36
ロ シ ア	28
スウェーデン	23
カザフスタン	22

世界合計
1200万t

ボーキサイト（2020年）

オーストラリア	1億0400万t（27%）
中 国	9270（24%）
ギ ニ ア	8600（22%）
ブラジル	3100
インドネシア	2080
インド	2020
ジャマイカ	755
ロ シ ア	557
カザフスタン	500
サウジアラビア	431

【注】ボーキサイトは
アルミニウムの原料。

世界合計
3億9100万t

ウラン鉱（2021年）

カザフスタン	2万1819tU（45%）
ナミビア	5753（12%）
カ ナ ダ	4693（10%）
オーストラリア	4192
ウズベキスタン	3500
ロ シ ア	2635
ニジェール	2248
中 国	1885
インド	615

tU＝トン・ウラン
100%の濃度のウランに
換算した重量（トン）

世界合計
4万8332tU

金鉱（2020年）

日 本	7（2018年）
中 国	365t（12%）
オーストラリア	328（11%）
ロ シ ア	305（10%）
アメリカ	193
カ ナ ダ	170
ガ ー ナ	125
メキシコ	102
ウズベキスタン	101
南アフリカ	96
ス ー ダ ン	90

世界合計
3030 t

銀鉱（2020年）

日 本	15（2018年）
メキシコ	5540t（24%）
中 国	3380（14%）
ペ ル ー	2770（12%）
チ リ	1580
オーストラリア	1340
ロ シ ア	1320
ポーランド	1250
アメリカ	1030
ボリビア	930
アルゼンチン	710

世界合計
2万3500 t

タングステン（2020年）

中 国	6万6000t（84%）
ベトナム	4500（6%）
ロ シ ア	2400（3%）
ボリビア	1350
オーストリア	890
ルワンダ	860
ポルトガル	550
スペイン	500

世界合計
7万8400 t

【注】金鉱の日本はJOGMEC（エネルギー・金属鉱物資源機構）、ウラン鉱は世界原子力協会、その他はUSGS（米地質調査所）。推測値を含む。

エネルギー消費量について1950年以降の推移を原動力別に確認しよう。また1人あたりの消費量、石油埋蔵量、発電量、石油の輸出入について各国の経済などの状況も考えよう。

エネルギー　世界

エネルギーの消費量

【注】数値は石油換算。（　）内は％。
【資料】BP Statistical Review of World Energy
2013年以前の資源別エネルギー比率は推測値。

世界合計（億t）

1950年 (27)(61)(10)(2)	16.45
60 (33)(50)(15)(2)	26.99
70 (44)(34)(20)(2)	44.29
80 (45)(31)(21)(3)	60.15
90 (37)(30)(24)(10)	76.05
2001 (39)(27)(28)(6)	82.82
05 (34)(33)(28)(5)	94.52
10 (32)(36)(27)(5)	113.79
15 43.41(33) 37.85(29) 31.47(24) 3.67(3)	131.05
水力8.83(7) 原子力5.83(4)	
21 44.00(31) 38.24(27) 34.72(24) 9.53(7)	142.15
水力9.62(7) 原子力6.05(4)	

■ 石油　■ 石炭　天然ガス　水力・原子力　その他

1人あたりの消費量（2021年）

【資料】BP Statistical Review of World Energy

【注】国民1人が1年間に使うエネルギーを石油の量であらわした。少ない国、多い国の中からおもな国を選んだ。
＊（香港を除く）

バングラデシュ	236kg
インド	607
エジプト	869
アルジェリア	1321
世界平均	1806
中国	2606＊
日本	3363
ドイツ	3630
韓国	5854
アメリカ	6685

石油（原油）の確認埋蔵量（2020年末）

【資料】BP Statistical Review of World Energy

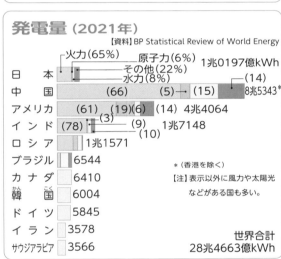

OPEC以外の国 5177　　1兆2147 OPECの国

メキシコ 61
アゼルバイジャン 70
ノルウェー 79
ブラジル 119
カタール 252
中国 260
カザフスタン 300
アメリカ 688
ロシア 1078 (6)
カナダ 1681 (10)
赤道ギニア 11
ガボン 20
コンゴ共和国 29
アンゴラ 78
アルジェリア 122
ナイジェリア 369

その他3038億バレル (18)
589
世界合計 1兆7324億バレル (100%)
バレル
ベネズエラ 2975 (17)
サウジアラビア
イラン 1578 (9)
イラク 1450 (8)
クウェート 1015 (6)
アラブ首長国連邦 978(6)
リビア 484

【注】1バレルは0.159kL。OPEC（石油輸出機構）は石油の生産国のうち13カ国（2020年末）が集まっている組織。

発電量（2021年）

【資料】BP Statistical Review of World Energy

日本 火力(65%) 原子力(6%) その他(22%) 水力(8%)	1兆0197億kWh
中国 (66) (5) (15)(14)	8兆5343＊
アメリカ (61) (19)(6)(14)	4兆4064
インド (78) (3)(9)(10)	1兆7148
ロシア	1兆1571
ブラジル	6544
カナダ	6410
韓国	6004
ドイツ	5845
イラン	3578
サウジアラビア	3566

＊（香港を除く）
【注】表示以外に風力や太陽光などがある国も多い。

世界合計 28兆4663億kWh

石油の産出国と輸入国（2019年）

単位 万t

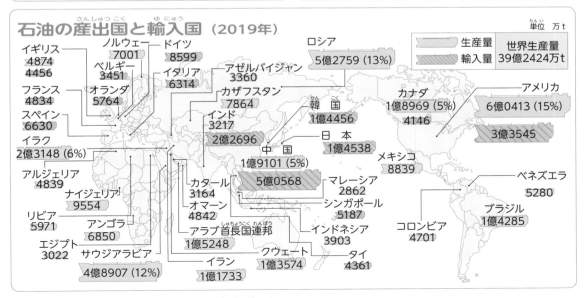

■ 生産量　■ 輸入量　世界生産量 39億2424万t

イギリス 4874 / 4456
ノルウェー 7001
ドイツ 8599
ベルギー 3451
イタリア 6314
フランス 4834
オランダ 5764
スペイン 6630
イラク 2億3148 (6%)
アルジェリア 4839
ナイジェリア 9554
リビア 5971
アンゴラ 6850
エジプト 3022
サウジアラビア 4億8907 (12%)
イラン 1億1733
アラブ首長国連邦 1億5248
カタール 3164
オマーン 4842
クウェート 1億3574
インド 3217 / 2億2696
カザフスタン 7864
アゼルバイジャン 3360
韓国 1億4456
中国 1億9101 (5%) / 5億0568
日本 1億4538
マレーシア 2862
シンガポール 5187
インドネシア 3903
タイ 4361
ロシア 5億2759 (13%)
カナダ 1億8969 (5%) / 4146
メキシコ 8839
アメリカ 6億0413 (15%) / 3億3545
コロンビア 4701
ベネズエラ 5280
ブラジル 1億4285

【注】資料の記載のないものは "Energy Statistics Yearbook"（国連）による。
※「エネルギーの消費量」の2010年までは "Energy Statistics Yearbook"、2015年からは "BP Statistical Review of World Energy"

世界

工業

世界の工業に影響力の大きい国ぐにはどこだろうか。どの国がどんなものを多く作っているかを確認しよう。また247ページの農林業などとも比べて、国による産業の傾向を考えてみよう。

鉄の生産量（粗鋼、2021年）

【資料】日本鉄鋼連盟（JISF）

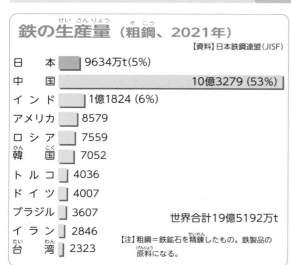

日　　本	9634万t（5%）
中　　国	10億3279（53%）
インド	1億1824（6%）
アメリカ	8579
ロ　シ　ア	7559
韓　　国	7052
トルコ	4036
ド　イ　ツ	4007
ブラジル	3607
イ　ラ　ン	2846
台　　湾	2323

世界合計19億5192万t

【注】粗鋼＝鉄鉱石を精錬したもの。鉄製品の原料になる。

産業用ロボットの稼働台数推定

【資料】国際ロボット連盟、日本ロボット工業会

	2018年	2021年
日　　　本	31万8110台 （13%）	39万3326台 （11%）
中　　　国	65万0497台 （27%）	122万4236台 （35%）
韓　　　国	30万0197台 （12%）	36万6227台 （11%）
アメリカ	28万5014台 （12%）	34万0785台 （10%）
ド　イ　ツ	21万5795台 （9%）	24万5908台 （7%）
イタリア	6万9142台	8万9330台
台　　湾	6万7768台	8万4009台
フランス	3万8079台	4万9312台
メキシコ	3万2713台	4万5956台
スペイン	3万5209台	4万0072台
タ　　イ	3万2331台	3万8402台
世 界 合 計	244万0593台	347万7127台

造船（2021年）

【資料】国連

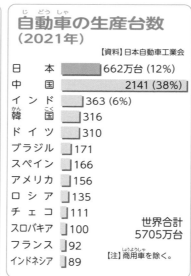

日　　本	1073万総トン（18%）
中　　国	2686（44%）
韓　　国	1969（32%）
フィリピン	64
イタリア	50
ド　イ　ツ	38
ベトナム	37
フィンランド	22
台　　湾	18
フランス	18
ノルウェー	15

世界合計 6078万総トン

【注】総トンとは船全体の大きさを表す単位で、100立方フィート（約2.83m³）が1トンとなる。

自動車の生産台数（2021年）

【資料】日本自動車工業会

日　　本	662万台（12%）
中　　国	2141（38%）
インド	363（6%）
韓　　国	316
ド　イ　ツ	310
ブラジル	171
スペイン	166
アメリカ	156
ロ　シ　ア	135
チェコ	111
スロバキア	100
フランス	92
インドネシア	89

世界合計 5705万台

【注】商用車を除く。

パルプの生産量（2020年）

【資料】日本製紙連合会

日　　本	706万t（4%）
アメリカ	4337（24%）
ブラジル	2102（12%）
中　　国	1914（11%）
カ　ナ　ダ	1437
スウェーデン	1168
フィンランド	1034
ロ　シ　ア	863
インドネシア	835
チ　　リ	494

世界合計 1億7867万t

合成ゴムの生産量（2020年）

【資料】ゴム年鑑（2022年版）

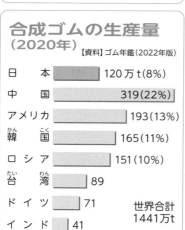

日　　本	120万t（8%）
中　　国	319（22%）
アメリカ	193（13%）
韓　　国	165（11%）
ロ　シ　ア	151（10%）
台　　湾	89
ド　イ　ツ	71
インド	41

世界合計 1441万t

化学繊維の生産量（2019年）

【資料】日本化学繊維協会

日　　本	82万t
中　　国	5953（89%）
インド	519（8%）（2018年）
台　　湾	153（2%）
韓　　国	117（2%）
ブラジル	24

世界合計 6694万t（2017年）

窒素肥料の生産量（2020年）

【資料】FAOSTAT

日　　本	53万t
中　　国	3201（26%）
インド	1374（11%）
アメリカ	1326（11%）
ロ　シ　ア	1119
エジプト	450
インドネシア	429
パキスタン	337
カタール	294
サウジアラビア	276
カ　ナ　ダ	273
ポーランド	210
イ　ラ　ン	183
ベトナム	165

世界合計 1億2315万t

多くの国が多くの国と貿易をしている。各国の輸出入総額や、取引している国、輸入と輸出のバランスなどから、国と国との関係も考えよう。日本の貿易については175～178ページも参考にしよう。

貿易の相手国・地域（2021年）

【資料】国連

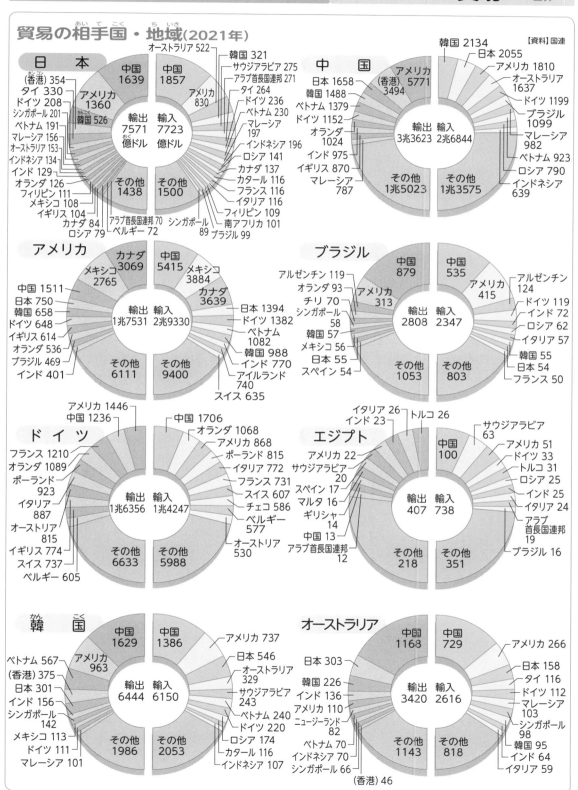

日本

輸出 7571億ドル　輸入 7723億ドル

輸出：中国 1639／アメリカ 1360／韓国 526／（香港）354／タイ 330／ドイツ 208／シンガポール 201／ベトナム 191／マレーシア 156／オーストラリア 153／インドネシア 134／インド 129／オランダ 126／フィリピン 111／メキシコ 108／イギリス 104／カナダ 84／ロシア 79／アラブ首長国連邦 70／ベルギー 72／シンガポール 89／その他 1438

輸入：中国 1857／アメリカ 830／オーストラリア 522／韓国 321／サウジアラビア 275／アラブ首長国連邦 271／タイ 264／ドイツ 236／ベトナム 230／マレーシア 197／インドネシア 196／ロシア 141／カナダ 137／カタール 116／フランス 116／イタリア 116／フィリピン 109／南アフリカ 101／ブラジル 99／その他 1500

中国

輸出 3兆3623　輸入 2兆6844

輸出：アメリカ 5771／（香港）3494／日本 1658／韓国 1488／ベトナム 1379／ドイツ 1152／オランダ 1024／インド 975／イギリス 870／マレーシア 787／その他 1兆5023

輸入：韓国 2134／日本 2055／アメリカ 1810／オーストラリア 1637／ドイツ 1199／ブラジル 1099／マレーシア 982／ベトナム 923／ロシア 790／インドネシア 639／その他 1兆3575

アメリカ

輸出 1兆7531　輸入 2兆9330

輸出：カナダ 3069／メキシコ 2765／中国 1511／日本 750／韓国 658／ドイツ 648／イギリス 614／オランダ 536／ブラジル 469／インド 401／その他 6111

輸入：中国 5415／メキシコ 3884／カナダ 3639／日本 1394／ドイツ 1382／ベトナム 1082／韓国 988／インド 770／アイルランド 740／スイス 635／その他 9400

ブラジル

輸出 2808　輸入 2347

輸出：中国 879／アメリカ 313／アルゼンチン 119／オランダ 93／チリ 70／シンガポール 58／韓国 57／メキシコ 56／日本 55／スペイン 54／その他 1053

輸入：中国 535／アメリカ 415／アルゼンチン 124／ドイツ 119／インド 72／ロシア 62／イタリア 57／韓国 55／日本 54／フランス 50／その他 803

ドイツ

輸出 1兆6356　輸入 1兆4247

輸出：アメリカ 1446／中国 1236／フランス 1210／オランダ 1089／ポーランド 923／イタリア 887／オーストリア 815／イギリス 774／スイス 737／ベルギー 605／その他 6633

輸入：中国 1706／オランダ 1068／アメリカ 868／ポーランド 815／イタリア 772／フランス 731／スイス 607／チェコ 586／ベルギー 577／オーストリア 530／その他 5988

エジプト

輸出 407　輸入 738

輸出：イタリア 26／インド 23／トルコ 26／アメリカ 22／サウジアラビア 20／スペイン 17／マルタ 16／ギリシャ 14／中国 13／アラブ首長国連邦 12／その他 218

輸入：中国 100／サウジアラビア 63／アメリカ 51／ドイツ 33／トルコ 31／ロシア 25／インド 25／イタリア 24／アラブ首長国連邦 19／ブラジル 16／その他 351

韓国

輸出 6444　輸入 6150

輸出：中国 1629／アメリカ 963／ベトナム 567／（香港）375／日本 301／インド 156／シンガポール 142／メキシコ 113／ドイツ 111／マレーシア 101／その他 1986

輸入：中国 1386／アメリカ 737／日本 546／オーストラリア 329／サウジアラビア 243／ベトナム 240／ドイツ 220／ロシア 174／カタール 116／インドネシア 107／その他 2053

オーストラリア

輸出 3420　輸入 2616

輸出：中国 1168／日本 303／韓国 226／インド 136／アメリカ 110／ニュージーランド 82／ベトナム 70／インドネシア 70／シンガポール 66／（香港）46／その他 1143

輸入：中国 729／アメリカ 266／日本 158／タイ 116／ドイツ 112／マレーシア 103／シンガポール 98／韓国 95／インド 64／イタリア 59／その他 818

251

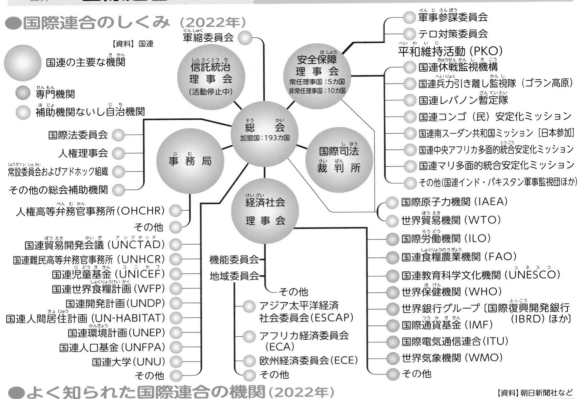

世界 国際連合（こくさいれんごう）

国際連合の機関を確認しよう。活動資金は加盟国の分担金（ぶんたん）による。分担率は3年に1回、改定され、2022〜24年の分担率が21年に決まった。1位はアメリカ合衆国で22.0%、2位の中国は15.25%、3位の日本が8.03%となった。

●国際連合のしくみ（2022年）

【資料】国連

- 国連の主要な機関
- 専門機関
- 補助機関ないし自治機関

軍縮委員会

信託統治理事会（活動停止中）

安全保障理事会
常任理事国：5カ国
非常任理事国：10カ国

- 軍事参謀委員会
- テロ対策委員会
- 平和維持活動（PKO）
- 国連休戦監視機構
- 国連兵力引き離し監視隊（ゴラン高原）
- 国連レバノン暫定隊
- 国連コンゴ（民）安定化ミッション
- 国連南スーダン共和国ミッション［日本参加］
- 国連中央アフリカ多面的統合安定化ミッション
- 国連マリ多面的統合安定化ミッション
- その他（国連インド・パキスタン軍事監視団ほか）

総会
加盟国：193カ国

事務局

- 国際法委員会
- 人権理事会
- 常設委員会およびアドホック組織
- その他の総会補助機関

国際司法裁判所

経済社会理事会

- 人権高等弁務官事務所（OHCHR）
- その他
- 国連貿易開発会議（UNCTAD）
- 国連難民高等弁務官事務所（UNHCR）
- 国連児童基金（UNICEF）
- 国連世界食糧計画（WFP）
- 国連開発計画（UNDP）
- 国連人間居住計画（UN-HABITAT）
- 国連環境計画（UNEP）
- 国連人口基金（UNFPA）
- 国連大学（UNU）
- その他

機能委員会
地域委員会
- その他
- アジア太平洋経済社会委員会（ESCAP）
- アフリカ経済委員会（ECA）
- 欧州経済委員会（ECE）
- その他

- 国際原子力機関（IAEA）
- 世界貿易機関（WTO）
- 国際労働機関（ILO）
- 国連食糧農業機関（FAO）
- 国連教育科学文化機関（UNESCO）
- 世界保健機関（WHO）
- 世界銀行グループ〔国際復興開発銀行（IBRD）ほか〕
- 国際通貨基金（IMF）
- 国際電気通信連合（ITU）
- 世界気象機関（WMO）
- その他

●よく知られた国際連合の機関（2022年）

【資料】朝日新聞社など

機関名（略称）	本部 できた年	加盟国	目的や働きと近年の動き
国連児童基金 UNICEF	ニューヨーク（アメリカ）1946	—	世界の子どもの保健、福祉、教育のための基金。戦争や災害、貧困、暴力に苦しむ子どもたちを保護・支援。日本も1949〜64年、支援を受けた。2022年10月にはユニセフのウクライナ事務所主催で子どもたちの心のケアを支援する戦略会議を開催。ロシアによるウクライナ侵攻で700万人の子どもに心身へのリスクがあることを発表。
国連大学 UNU	東京 1973	—	平和や環境など、地球的な問題を世界の学者が共同で研究。2020年、新型コロナウイルスの影響により世界で4億人以上が貧困状態に陥り、貧困問題が10年前に戻る恐れを予測。
国際労働機関 ILO	ジュネーブ（スイス）1946(1919)	187	賃金や労働時間など労働者の権利をまもり、社会保障を広げるなど社会全体の生活水準引き上げをめざす。強制労働に従事する人は世界で2800万人、児童労働を余儀なくされている子どもは世界に1億6千万人いると推計。輸出入などを通じて海外と取引のある日本企業も強制労働排除に向けたガイドラインの策定などを進めている。
国連食糧農業機関 FAO	ローマ（イタリア）1945	194+EU+準加盟国2	食物が世界に平等にゆきわたり飢えがなくなるよう持続可能な土地利用、品種改良など農漁業の技術指導をする。2022年日本政府はFAOを通じ、侵攻を受け輸出が滞るウクライナでの穀物貯蔵庫設置に協力。22年7月に滋賀県琵琶湖地域を世界農業遺産に認定。
国連世界食糧計画 WFP	ローマ（イタリア）1961	36	世界最大の人道支援機関。世界の10人に1人が十分な食料を得られない中、飢餓のない世界を目指し2021年に120以上の国と地域で1億2820万人を支援。21年には紛争、新型コロナウイルス、気候変動などで最大8億2800万人の飢餓が発生したと報告。
国連教育科学文化機関 UNESCO	パリ（フランス）1946	193、準加盟地域12	教育、科学、文化を通じて世界の平和につくす。世界遺産の登録・保存も大きな役目。2022年に日本全国の盆踊り、太鼓踊りなどを含む「風流踊」が無形文化遺産に登録。7月「ウクライナのボルシチ料理（郷土料理）の文化」を「緊急に保護する必要のある無形文化遺産」のリストに登録。
世界保健機関 WHO	ジュネーブ（スイス）1948	194	すべての人の健康を目標に、医学研究や保健事業を指導。伝染病やエイズ対策、生活習慣病にも取り組む。新型コロナウイルスをめぐり、ワクチン供給のための条約や協定の策定をめざして2021年に加盟国による協議機関を設置。23年は緊急事態でなくなることを期待しつつ中国での感染拡大も注視。22年11月いわゆる「サル痘」の新たな呼称を「M痘」とすると発表。
国際通貨基金 IMF	ワシントンD.C.（アメリカ）1944	190	通貨の国際協力と貿易の拡大をはかる。為替相場の安定のため、通貨が不安定な国への融資や金融政策を監視。2022年にはウクライナ危機などによる物価高から世界の3分の1の国が景気後退すると予測。23年に公表した世界経済見通しでも、世界経済の減速を確認した。
国際原子力機関 IAEA	ウィーン（オーストリア）1957	175	原子力の軍事使用を監視し、平和利用を推進。2005年、ノーベル平和賞受賞。IAEAはウクライナ国内にあるすべての原子力発電所の事故を防ぐため、専門家を派遣することを決定。ロシア軍が占拠するザポリージャ原発をめぐって、IAEAは「安全保護区域」の設置を提唱。

世界には、どんな経済や政治の組織があるか。そのなりたちや加盟国を確認して、それぞれの組織が、どんな問題を解決しようとしているか、どんな世界をめざしたらいいのかなどを考えてみよう。

経済組織（2022年）

【資料】朝日新聞社など

組織名	加盟国	なりたちと目的　（　）はできた年
世界貿易機関（WTO）	日本、アメリカ、イギリス、フランス、ドイツ、中国、ベトナム、ブラジル、イスラエル、エジプト、ロシアなど164カ国・地域	世界貿易推進のため、関税貿易一般協定（GATT）を引き継いで発足。GATTで除外されてきた農業、サービスなどの新分野も含め、貿易全体を統一ルールで監視。2021年2月にアフリカ出身のオコンジョイウェアラ氏が事務局長に。途上国の視点を理解した調整役が求められている。22年6月の閣僚会合ではウクライナ侵攻による食糧危機への対応として農産品の不必要な輸出規制を抑制することで一致。不満の多い加盟国間の紛争処理制度については、まだ具体的な改革案を示せていない。●本部：スイスのジュネーブ（1995年）
経済協力開発機構（OECD）	日本、アメリカ、イギリス、フランス、ドイツ、オーストリア、デンマーク、ベルギー、アイルランド、ギリシャ、イタリア、オランダ、カナダ、オーストラリア、韓国など38カ国	加盟国の高度の経済成長・生活水準の向上、発展途上国の援助、世界貿易の拡大が目的。第2次世界大戦後に発足したヨーロッパ経済協力機構が発展。巨大IT企業などを対象に、法人税最低税率15%とする新しい課税のルール作りを主導。2022年、日本の教育費（大学レベル）の家計負担割合が35カ国4番目に高いとする報告書を公表。加盟国平均22%に対し日本は52%。●本部：フランスのパリ（1961年）
ヨーロッパ連合（欧州連合、EU）	フランス、ドイツ、イタリア、ベルギー、オランダ、ルクセンブルク、アイルランド、デンマーク、ギリシャ、スペイン、ポルトガル、スウェーデン、チェコなど27カ国	ヨーロッパ共同体をもとにした組織。2002年1月から単一通貨ユーロの流通が開始。04年6月にEU憲法を採択。加盟国総人口は約5億人。12年ノーベル平和賞を受賞。22年10月、35年にガソリン車新車販売を禁止することを正式決定。22年12月の首脳会議ではウクライナに180億ユーロの支援で合意。ロシアに対しては鉱業への投資などを禁じる方針を示した。●本部：ベルギーのブリュッセル（1993年）
北米自由貿易協定（NAFTA）➡米・メキシコ・カナダ協定（USMCA）	アメリカ、メキシコ、カナダの3カ国	3カ国内での関税撤廃など貿易の自由化が目的。アメリカの企業は安い労働力を求めて生産拠点を国外に移し製造業の雇用が減少。域内で関税ゼロの条件についてメキシコ、カナダは自動車が対象になるよう柔軟な解釈をするが、アメリカは厳しい解釈。2021年8月のメキシコ製輸出車で関税ゼロでないものは15%。NAFTAの頃の1%から大幅に上昇。●事務局：カナダのオタワなど（1994年）
アジア太平洋経済協力会議（APEC）	オーストラリア、日本、アメリカ、カナダ、ニュージーランド、韓国、中国、ASEAN7カ国、台湾、メキシコ、ロシアなど21カ国・地域	アジア・太平洋地域の経済の成長と発展、交流を促進する目的で、貿易・投資などの作業部会をおく。2022年11月の首脳宣言ではロシアによるウクライナ侵攻を非難しつつロシアの立場も併記。アジアの国との関係維持を意識したロシアが非難を盛り込むことに妥協したとされる。●事務局：シンガポール（1989年）
石油輸出国機構（OPEC）	イラク、イラン、クウェート、サウジアラビア、ベネズエラ、アルジェリア、リビア、UAE、ナイジェリア、アンゴラ、ガボン、赤道ギニア、コンゴ共和国の13カ国	産油国がメジャー（国際石油資本）に対抗してつくった。原油生産の調整と価格の安定がねらい。1973年の第4次中東戦争では「石油戦略」として値段を大幅に引き上げ。産油国では世界で原油需要が減る恐れがあるとして、産油国の利益を維持する目的で2022年11月から原油を減産し、米国などが批判。中国のゼロコロナ政策緩和などで今後の原油価格は不透明。●事務局：オーストリアのウィーン（1960年）
アジアインフラ投資銀行（AIIB）	中国、韓国、タイ、ミャンマー、イギリス、イタリアなど57カ国で発足。2022年には105カ国・地域に。	経済発展に不可欠なインフラ整備の資金をアジアの国ぐにへ融資するため、中国が設立を呼びかけて発足。2022年3月にはウクライナ侵攻の被害者に哀悼の意を示し、加盟しているロシア、ベラルーシに関連する案件を保留・再検討すると発表。●本部：中国の北京（2016年）

政治・軍事組織（2022年）

【資料】朝日新聞社など

組織名	加盟国	なりたちと目的　（　）はできた年
北大西洋条約機構（NATO）	アメリカ、カナダ、イギリス、フランス、イタリア、ベルギー、オランダ、ルクセンブルク、ノルウェー、デンマーク、アイスランド、ポルトガル、ギリシャ、トルコ、ドイツ、スペイン、北マケドニアなど30カ国	旧ソ連・東欧に対抗する軍事組織として設立。武力攻撃やテロ、大量破壊兵器の脅威に対応する。2021年11月の外相会議で、ウクライナ周辺で軍備を増強しているロシアに対して警告。21年12月にロシアはウクライナなど旧ソ連構成国にNATOを拡大しないよう、米・NATOに求めた。22年2月にはロシアがウクライナに侵攻。スウェーデン、フィンランドは中立政策を転換し、NATO加盟に向けて関係国と協議。トルコはこの2カ国の加盟に慎重姿勢。●本部：ベルギーのブリュッセル（1949年）
非同盟諸国会議	アジア・オセアニア：北朝鮮、インドなど39カ国とPLOの1機構、アフリカ：53カ国、ヨーロッパ：1カ国、中央・南アメリカ：キューバなど26カ国　合計119カ国と1機構	1950年代以降の東西対立時代に、どちら側にも属さず中立を守るためアジア、アフリカなどの国が団結。冷戦終結後は、貧困、紛争の平和解決を討議し国際社会に発言。2016年に、国連や国際金融機関での途上国の発言権拡大や国連安全保障理事会をより民主的で効率的、透明性ある組織にすべきだとの共同宣言を採択。（1961年）
東南アジア諸国連合（ASEAN）	タイ、マレーシア、フィリピン、インドネシア、シンガポール、ブルネイ、ベトナム、ミャンマー、ラオス、カンボジアの10カ国	東南アジア地域の経済、社会の発展に努める。1976年、加盟国全首脳が集まり、ASEAN協和宣言を採択。2021年2月に加盟国のミャンマーで国軍によるクーデターが発生。21年4月にミャンマーを含むASEANは暴力停止・特使派遣などを合意したが、合意事項は実現できておらず、22年11月のASEAN首脳会議にミャンマー国軍トップの出席が認められなかった。オブザーバーの東ティモールは数年後に正式加盟の見込み。●事務局：インドネシアのジャカルタ（1967年）
アラブ連盟（LAS）	レバノン、エジプト、ヨルダン、サウジアラビア、モロッコ、チュニジア、クウェート、シリア*、アルジェリア、カタール、ソマリア、コモロなど21カ国と1機構（PLO）	西南アジアと北アフリカにあるアラブ人の国の独立と主権を守る。2022年11月には3年ぶりの首脳会議を開催。しかし、サウジアラビア、UAE、オマーン、クウェート、バーレーンなどが欠席。加盟国間でパレスチナ問題をめぐり溝があるとされる。議長国アルジェリアは首脳会議前に、イスラエル占領下にあるパレスチナ各派と会合。一方、UAE、バーレーンなどはイスラエルとの国交正常化に踏み切っている。●本部：エジプトのカイロ（1945年）
アフリカ連合（AU）	アルジェリア、エジプト、リビア、スーダン、エチオピア、コンゴ共和国、リベリア、チュニジア、ガーナ、ギニアなど、アフリカの55カ国・地域	貧困、飢餓、部族紛争、内戦などアフリカの諸問題に取り組む世界最大の地域機関。平和維持軍を独自にまとめ派遣する機能を持つ。1963年に創設されたアフリカ統一機構（OAU）が前身。2020年11月、エチオピア政府と反政府勢力が勃発。22年11月、アフリカ連合が主導して、両者が停戦合意。紛争による人権侵害や、紛争地域周辺への国連等の援助物資が届かない事態が発生している。●本部：エチオピアのアディスアベバ（2002年）
米州機構（OAS）	アメリカ、カナダ、アルゼンチン、バルバドス、ニカラグア、パナマ、ボリビア、ブラジル、チリ、コロンビアなど、北米から中南米までの全35カ国、常任オブザーバー国71カ国とEU	アメリカ大陸の平和と安全の強化などをめざす。日本は1973年から常任オブザーバー国。2017年、ベネズエラは周辺諸国から独裁政治を非難されたことに抗議し脱退表明（対抗組織：アメリカ・カナダを除いた33カ国で構成するラテンアメリカ・カリブ諸国共同体＜CELAC＞11年発足）。22年4月にはロシアの常任オブザーバー国としての資格を停止。●本部：アメリカのワシントンD.C.（1951年）

＊ 2011年11月から資格停止。

さくいん

あなたの選択、すでにエコ。

長持ちロールは、地球に優しい。

ゴミ削減

芯が減ります

CO$_2$削減

運ぶトラックが減ります

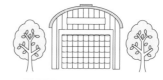

省スペース化

倉庫のスペースが減ります

日本製紙グループ
日本製紙クレシア株式会社　https://scottie.crecia.jp/
®/™ Trademarks of Kimberly-Clark Worldwide, Inc. or its affiliates ©KCWW

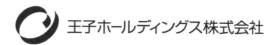

協力者一覧

●写真

AFP 時事、NASA（米航空宇宙局）、OCVB、PA Wire/Press Association、RtoS 研究会、（社）明石観光協会、朝日新聞フォトアーカイブ／デジタル本部データベースセクション、（社）石狩観光協会、（公社）石川県観光連盟、（国研）宇宙航空研究開発機構（JAXA）、（社）愛媛県観光物産協会、（公財）大阪観光局、（公社）岡山県観光連盟、（公社）香川県観光協会、（公社）鹿児島県観光連盟、京都府漬物協同組合、ググッとぐんま写真館、（社）江東区観光協会、国立国会図書館、（社）佐賀県観光連盟、（公社）静岡県観光協会、（社）志摩市観光協会、太地町役場、（公社）千葉県観光物産協会、デジタルグローブ、（財）徳島県観光協会、鳥取県、（公社）とやま観光推進機構、（社）長崎県観光連盟、（公財）ながの観光コンベンションビューロー、奈良県、（財）VISIT はちのへ、広島県、（公社）びわ湖大津観光協会、福岡市、宮城県観光プロモーション推進室、横須賀市

●取材協力

朝日新聞社会部／報道センター／総局、江口和良、佐久間健一、佐久間美知子

●資料提供

BP Global、CIA（米中央情報局）、FAO（国連食糧農業機関）、ITU（国際電気通信連合）、（独）JETRO（日本貿易振興機構）、（独）JOGMEC（エネルギー・金属鉱物資源機構）、USGS（米地質調査所）、恩田裕之、春日鉱山（株）、環境省、気象庁、（社）漁業情報サービスセンター、経済産業省、警察庁、公害等調整委員会（総務省）、厚生労働省、国際自動車工業連合会、国際連合広報センター、国際連合統計部、国際ロボット連盟、国税庁、国土交通省、国土地理院、国立国会図書館、国立社会保障・人口問題研究所、国立天文台、（株）小僧寿し本部、財務省、参議院、資源エネルギー庁、消防庁、水産庁、（株）すかいらーく、世界銀行、世界原子力協会、世界保健機関（WHO）、（財）石炭フロンティア機構、石油化学工業協会、石灰石鉱業協会、（株）セブン - イレブン・ジャパン、（公社）全国出版協会・出版科学研究所、全国たばこ耕作組合中央会、総務省、電気事業連合会、（社）電子情報技術産業協会、天然ガス鉱業会、東海旅客鉄道（株）、十枝慶二、内閣府、西日本旅客鉄道（株）、（社）日本 ABC 協会、日本化学繊維協会、（社）日本ガス協会、日本銀行、日本 KFC ホールディングス（株）、（社）日本原子力産業協会、（社）日本自動車工業会、日本自動車輸入組合、（社）日本新聞協会、（公財）日本水泳連盟、日本製紙連合会、（社）日本造船工業会、（社）日本地下鉄協会、（公財）日本中学校体育連盟、（社）日本電機工業会、（社）日本トンネル技術協会、日本年金機構、（社）日本舶用工業会、（財）日本不動産研究所、日本放送協会、（社）日本民間放送連盟、日本郵政（株）、（公財）日本陸上競技連盟、（株）日本リモナイト、農林水産省、服部美佐子、東日本旅客鉄道（株）、広島県地域政策局、（株）ファミリーマート、fermata（株）、（国研）物質・材料研究機構、ブルームバーグ エル・ピー、PETボトルリサイクル推進協議会、別府志海、防衛省、法務省、本州四国連絡高速道路（株）、三井串木野鉱山（株）、文部科学省、湯浅浩史、ユネスコ（国際連合教育科学文化機関）、林野庁、（独）労働政策研究・研修機構、（株）ローソン、和鋼博物館

●AD

サトズ（佐藤芳孝）

●デザイン・DTP

サトズ（佐藤芳孝）、ファンクション（西村淳一）、パラレルヴィジョン（福田優香、小林淳、本間章成）

●イラスト

石月誠人、田崎トシ子

●図版

マーリンクレイン（福士統子、鈴木聖加、立岡みゆ、宮田遥）、平凡社地図出版

●編集協力

オフィス朔（松本紀子、鈴木佳子、村山聡美、田川由美子、大熊文子、吉田香）、ガーリックプランナーズ（弘中ミエ子）、大河原晶子、岸尾祐三、小林佳世、近藤裕美、田中明日香、外崎航、深田り由、古田かれん、吉川明子、渡辺智子

●校閲

朝日新聞総合サービス出版校閲部（藤井広基、大橋美和、小倉亜紀、畝佳子、志保井杏奈、山田欽一、川浪史雄）

●「朝日ジュニア学習年鑑」編集部

福井洋平、石原美紀子、大室みどり、高田保子

朝日ジュニア学習年鑑 2023

2023 年 3 月 30 日　第 1 刷発行

発行者	片桐圭子
発行所	朝日新聞出版
	〒104-8011　東京都中央区築地 5-3-2
編者	朝日新聞出版 生活・文化編集部
電話	03-5541-8833（編集）
	03-5540-7793（販売）
印刷所	大日本印刷株式会社

© 2023 Asahi Shimbun Publications Inc.

創刊 1949 年 6 月 15 日

ISBN978-4-02-220824-8　定価は裏表紙に表示してあります。
落丁・乱丁の場合は弊社業務部（電話 03-5540-7800）へご連絡ください。
送料弊社負担にてお取り替えいたします。

世界の国旗

［この国旗の使い方］
◎国の場所が知りたいとき―国旗の下にある番号を巻頭の「世界の国ぐに」の地図のなかからさがす。

・219ページからの「世界の国ぐに」も参照すること。
・国旗のタテ、ヨコの比率は国によって異なるが、国連の方式の2：3に統一した。

アジア

 ❶ アフガニスタン
 ❷ アラブ首長国連邦
❸ イエメン
❹ イスラエル
❺ イラク
❻ イラン

❼ インド
❽ インドネシア
❾ オマーン
❿ カタール
⓫ カンボジア
⓬ キプロス
⓭ クウェート

⓮ サウジアラビア
⓯ シリア
⓰ シンガポール
⓱ スリランカ
⓲ タイ
⓳ 大韓民国
⓴ 中華人民共和国

㉑ 朝鮮民主主義人民共和国
㉒ トルコ
㉓ 日本
㉔ ネパール
㉕ パキスタン
㉖ バーレーン
㉗ バングラデシュ

㉘ 東ティモール
㉙ フィリピン
㉚ ブータン
㉛ ブルネイ
㉜ ベトナム
㉝ マレーシア
㉞ ミャンマー

アフリカ

㉟ モルディブ
㊱ モンゴル
㊲ ヨルダン
㊳ ラオス
㊴ レバノン
㊵ アルジェリア

㊶ アンゴラ
㊷ ウガンダ
㊸ エジプト
㊹ エスワティニ
㊺ エチオピア
㊻ エリトリア
㊼ ガーナ

㊽ カボベルデ
㊾ ガボン
㊿ カメルーン
51 ガンビア
52 ギニア
53 ギニアビサウ
54 ケニア

55 コートジボワール
56 コモロ
57 コンゴ共和国
58 コンゴ民主共和国
59 サントメ・プリンシペ
60 ザンビア
61 シエラレオネ

62 ジブチ
63 ジンバブエ
64 スーダン
65 赤道ギニア
66 セーシェル
67 セネガル
68 ソマリア

69 タンザニア
70 チャド
71 中央アフリカ
72 チュニジア
73 トーゴ
74 ナイジェリア
75 ナミビア

76 ニジェール
78 ブルキナファソ
79 ブルンジ
80 ベナン
81 ボツワナ
82 マダガスカル
83 マラウイ

84 マリ
85 南アフリカ共和国
86 南スーダン
87 モザンビーク
88 モーリシャス
89 モーリタニア
90 モロッコ

ヨーロッパ

91 リビア
92 リベリア
93 ルワンダ
94 レソト
95 アイスランド
96 アイルランド

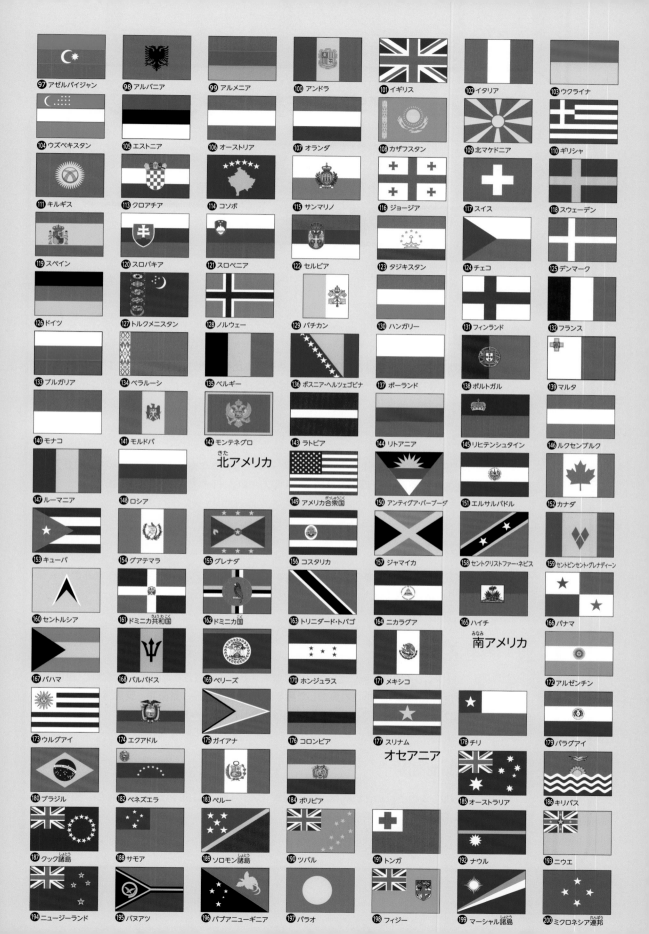

97 アゼルバイジャン 98 アルバニア 99 アルメニア 100 アンドラ 101 イギリス 102 イタリア 103 ウクライナ

104 ウズベキスタン 105 エストニア 106 オーストリア 107 オランダ 108 カザフスタン 109 北マケドニア 110 ギリシャ

111 キルギス 113 クロアチア 114 コソボ 115 サンマリノ 116 ジョージア 117 スイス 118 スウェーデン

119 スペイン 120 スロバキア 121 スロベニア 122 セルビア 123 タジキスタン 124 チェコ 125 デンマーク

126 ドイツ 127 トルクメニスタン 128 ノルウェー 129 バチカン 130 ハンガリー 131 フィンランド 132 フランス

133 ブルガリア 134 ベラルーシ 135 ベルギー 136 ボスニア・ヘルツェゴビナ 137 ポーランド 138 ポルトガル 139 マルタ

140 モナコ 141 モルドバ 142 モンテネグロ 143 ラトビア 144 リトアニア 145 リヒテンシュタイン 146 ルクセンブルク

147 ルーマニア 148 ロシア

北アメリカ

149 アメリカ合衆国 150 アンティグア・バーブーダ 151 エルサルバドル 152 カナダ

153 キューバ 154 グアテマラ 155 グレナダ 156 コスタリカ 157 ジャマイカ 158 セントクリストファー・ネビス 159 セントビンセント・グレナディーン

160 セントルシア 161 ドミニカ共和国 162 ドミニカ国 163 トリニダード・トバゴ 164 ニカラグア 165 ハイチ 166 パナマ

167 バハマ 168 バルバドス 169 ベリーズ 170 ホンジュラス 171 メキシコ

南アメリカ

172 アルゼンチン

173 ウルグアイ 174 エクアドル 175 ガイアナ 176 コロンビア 177 スリナム 178 チリ 179 パラグアイ

180 ブラジル 182 ベネズエラ 183 ペルー 184 ボリビア

オセアニア

185 オーストラリア 186 キリバス

187 クック諸島 188 サモア 189 ソロモン諸島 190 ツバル 191 トンガ 192 ナウル 193 ニウエ

194 ニュージーランド 195 バヌアツ 196 パプアニューギニア 197 パラオ 198 フィジー 199 マーシャル諸島 200 ミクロネシア連邦

解答

問1

答え：3. 1%

解説：日本の難民認定率は例年 1%程度と諸外国に比べて極端に低いと批判されています。ちなみに、2021 年のカナダの難民認定率は 62%です。(P9)

問2

答え：2. 秋田県

解説：秋田県の面積は約 1 万 1638 平方メートルです。ちなみに、北海道の面積は約 8 万 3424 平方キロメートル、岡山県は約 7114 平方キロメートルです。(P21、P138)

問3

答え：3. 17

解説：SDGs は 2030 年までの実現を目指す 17 の目標と、具体的な課題となる 169 のターゲットから構成されています。(P40)

問4

答え：2. 原敬

解説：在任中もしくは退任後に何らかの形で襲撃を受けて殺害されたのは、伊藤博文、原敬、高橋是清、浜口雄幸（狙撃され負傷した翌年に死亡）、犬養毅、斎藤実、安倍晋三です。原敬は 1921 年に東京駅で暗殺されました。(敬称略、P60 ～ 63)

問5

答え：3. 北海道

解説：2021 年のそばのとれ高は、北海道が 1.73 万トン、山形県が 0.36 万トン、長野県が 0.25 万トンです。(P149)